KB115191

왜 7공화국인가

왜 7공화국인가

2020년 3월 27일 초판 1쇄 펴냄

지은이 / 김대호

펴낸이 / 길도형
편집 / 박지윤
제책 / PM&123
펴낸곳 / 타임라인
출판등록 / 제406-2016-000076호
주소 / 경기도 고양시 일산서구 덕산로 250
전화 / 031-923-8668 팩스/ 031-923-8669
E-mail / jhanulso@hanmail.net

Copyright ⓒ 김대호, 2020

ISBN 978-89-94627-83-0 03330

이 도서의 국립중앙도서관 출판예정도서목록(CIP)은
서지정보유통지원시스템 홈페이지(http://seoji.nl.go.kr)와
국가자료종합목록 구축시스템(http://kolis-net.nl.go.kr)에서
이용하실 수 있습니다.(CIP제어번호 : CIP2020009607)

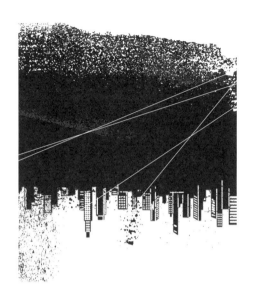

왜 7공화국인가

김대호 지음

나는 1982년에 서울대 공대에 입학하여 10여 년간 학생운동, 야학
운동, 구로·금천 지역 중소기업 노동운동을 하였다. 1990년을 전후하
여 중국(천안문사태), 소련, 동유럽, 북한의 민낯도 보고, 대기업, 공기
업 노조들이 노동운동을 주도하는 것을 보고, 노동운동에 투신하려던
당초 진로를 재설계하게 되었다. 호구지책으로 잠깐 학원 강사 생활을
하고 있는데 김우중 전 대우그룹 회장과 인연이 닿아 1995년에 대우자
동차에 입사하여 구매개발과 품질 엔지니어로 일하다가 2004년 기술
연구소 차장으로 퇴사하였다.

대우자동차는 호구지책으로 입사한 게 아니라 대우자동차를 세계적
인 자동차 회사로 만드는 데 크게 일조하고자 입사하였다. 한마디로
뼈를 묻으려 입사하였다. 그렇기에 1998년부터 2001년 사이의 대우그

룹과 대우자동차의 어려움은 국가 경제, 산업, 금융, 노동, 고용 정책 등을 치열하게 고민하지 않을 수 없게 만들었다. 그때 했던 고민과 연구가 내 생의 첫 번째 책『대우자동차 하나 못 살리는 나라』(사회평론, 2001)와『한 386의 사상혁명』(시대정신, 2004)에 응결되어 있다.

책을 쓰는 과정에서 나는 대한민국 정치와 관료와 386운동권·진보·노동세력과 지식사회의 무지몽매와 시대착오를 절감한 뒤로, 이들이 내놓는 진단과 대안, 담론 등에 대한 근거를 캐묻는 습성이 몸에 배게 되었다. 그러니 경제사회적 현안을 접할 때마다 내 관심과 고민 영역은 점점 확대, 심화되어 갔다. 2006년 가을 뜻이 통하는 몇몇 동지들과 함께 '사회디자인연구소'를 여의도에 설립하여, 한국판 '제3의길' 노선(종합적 경세방략)을 정립하고 실천하는 운동을 시작하였다. 당연히 주력 연구사업은 한국의 정치권과 진보, 노동, 시민 세력이 크게 잘못 알고 있는 것을 바로잡거나 지적 공백을 메우는 것이었다. 이 과정에서 내 관심과 고민은 산업, 노동, 고용, 공공, 재정, 지방자치, 사상이념 영역으로 더 확대, 심화되었다. 이는 사회디자인연구소 홈페이지의 수많은 글과『진보와 보수를 넘어』(백산서당, 2007),『노무현 이후』(한걸음더, 2009),『2013년 이후』(백산서당, 2011) 등과 같은 책들로 응결되어 있다.

한편, 사회디자인연구소장으로 일하면서 노동부장관, 교육부장관, 국회의장, 국민대통합위원회 등 정부기관(장)과 인천시장, 관악구청장, 서초구청장 등의 자문위원이나 특보로 위촉되어 좀 더 가까이에서 중앙정부와 지방자치단체의 정책, 사업, 예산 등을 살필 기회를 가졌다. 또한 대통령 후보나 당 대표 후보들과의 국가경영 비전·정책 관련 숱한 과외공부성 대담은 한국의 유력 정치인들의 지적 수준과 사고방식에 대한 경악과 우려를 자아내게 하였다. 최근에 출간한 『7공화국이 온다』(타임라인, 2020)는 40년 가까운 이런 경험과 고민의 총결산이다.

한국은 선진국에서 잘 작동하는 가치, 제도, 이론, 정책들이 탱자가 되는 경우가 비일비재하다. 탱자가 된 대표적인 제도가 노동조합, 정당, 지방자치단체다. 실은 자유, 민주, 공화, 정의, 권리, 법(치), 보충성원칙, 지방자치, 역사인식, 외교안보, 시장경제 등 대한민국을 지탱하는 핵심 가치들도 매우 왜곡되어 있거나, 크게 잘못 이해되고 있다. 자유민주주의와 자본주의 시장경제가 뿌리를 내린 토양에 주목하면 한국은 다른 나라와 확연히 구분되는 갈라파고스적 특성이 수두룩하다. 예컨대 자유민주주의와 자본주의 시장경제의 원산은 지중해(그리스·로마·히브리)문명이다. OECD 37개 국가를 대별하면 지중해 문명권(유럽, 북아메리카와 남아메리카 일부, 영연방) 국가와 터키, 일본, 한국이다. 러시아, 터키도 한국처럼 지중해문명권 국가와 공유하는 부분이 적어 자유민주주의와 자본주의 시장경제가 난항을 겪고는 있다. 하지만 한국과 공유하는 것은 강력한 전제 권력 하나 정도다.

『7공화국이 온다』에서 나는 대한민국 현실을 진단하는 핵심 열쇠말로 '갈라파고스', '귤화위지橘化爲枳', '합성의 오류', '1987체제' 등을 제시하였다. 그중에 그야말로 유별난 국가권력이 있다. 조선과 남북한의 권력은 히브리 민족의 유일신만큼이나 인류사적으로 특이한 존재가 아닐까 한다. 어떤 문명권이나 신은 있고 권력도 있다. 하지만 히 브리의 야훼 신과 조선과 남북한의 권력 같은 존재는 거의 없다. 권력이 '도덕'이나 '이념'으로 국제관계와 시장경제와 개개인의 일상생활과 영혼까지 규율하려고 하기 때문이다. 이런 권력을 그대로 두고서는 자유민주주의와 자본주의 시장경제는 제대로 작동할 수 없다.

그런데 1987년 이후 조선적 습속에 찌든 대중의 권력에 대한 영향력이 점증하면서, 헌법적 가치와 제도의 귤화위지 현상이 점점 뚜렷해지고 있다. 물론 지중해문명권에서 발아하고 성장한 헌법적 가치와 제도를 이식하면서, 한국의 독특한 토양을 개질改質 내지 개량改良하지 못하여서 벌어진 현상이다. '민족(심성) 개조론'이나 '문화(습속) 개조론'을 말하는 것이 아니다. 법과 제도를 통한 적절한 견제와 균형 장치를 설계하지 못하였다는 얘기다. 이것이 경제·고용 정책을 논하면서, 사회와 습속 등을 길게 얘기한 이유다. 내가 과문해서인지 몰라도 선진국의 경제·고용 담론은 경제학적 배경이 튼실한 전문가들의 주도로 튼튼하고 정교한 이론적 틀에 입각하여 예측도 하고 검증도 하는 것처럼 보인다. 그런데 소득주도성장정책이나 불평등·양극화 해소 담론 등 문재인정부와 그 집권 연합세력인 진보·노동세력이 휘두른 경제·고용 정책과 담론은 이론적 틀도 부실하고 예측과 검증(실사구시)과 비판적 토론을 몽땅 건너뛴, 낡은 고정관념 내지 종교적 신념의 실천 행위처럼 보인다. 한마디로 문재인정부의 경제·고용 정책은 경제학 혹은 경제이론의 문제가 아니다. 이것이 경제학적 배경도 부실하고 선진국의 주요 경제정책인 금융, 재정, 환율, 부동산 관련해서 문외한인 사람이 문정부의 경제·고용 정책을 길게 얘기한 이유다.

이 책은 원래 올 1월에 출간된 『7공화국이 온다』의 경제·고용 파트(한국경제 쟁점과 대안)로 씌어졌는데, 분량이 너무 많아 도저히 한 책에 묶을 수가 없었다.

이 책과 『7공화국이 온다』는 한국 정치와 지식인사회의 정치적, 정책적 사유체계를 바로잡아 보려는 시도의 일환이다. 사유가 들어가는 집의 골조를 바로잡고, 단편적인 정보·지식을 정리정돈하는 선반(책장)을 만드는 심정으로 썼다. 생각의 집의 골조가 바로 서지 않고, 정보·지식을 체계적으로 정리정돈하는 선반이 없으면 정보·지식은 고물상 야적장에 산더미처럼 쌓여 있는 고물이 된다. 이는 책 많이 읽고, 인터넷과 스마트폰을 통해서 단편적인 정보와 지식을 높이 쌓은 사람들에게서 흔히 느끼는 안타까움이다. 이런 답답함이 문제인식 방법론과 가치 배분의 3대 제도(국가-시장-사회)와 역사인식-정신문화-사상이념과 풍토와 지정학 등의 상호관계를 고민하게 만들었다고 할 수 있다.

이들 제도, 환경, 정신문화 등은 난마처럼 얽혀 있기에 이를 적절한 부, 장, 절로 분리하여 체계화하는 것이 너무 어려웠다. 어려움을 더한 것은 대한민국의 정치, 경제, 사회, 문화적 특성을 알기 위해서 조선, 일본, 중국, 프랑스, 영국, 독일, 미국, 스위스 등을 살피는 데 엄청난 시간이 소요된 것이다. 시간이 부족하여 문명의 점이지대인 러시아, 터키와 독자 문명권인 이슬람(중동), 인도를 거의 살피지 못하였다. 십수 년 뒤 큰 폭의 수정증보판을 낸다면 이들 나라와 문명까지 살펴 대한민국과 한반도의 정치, 경제, 사회, 문화적 특성을 말하게 되지 않을까 한다.

2020년 3월
여의도에서

차례

제4부
한국경제 어떻게 살릴 것인가

한국경제, 무엇이 문제인가

1. 15년 만에 자동차산업을 살펴본 소감

한국GM 군산공장 폐쇄가 큰 사회적 이슈이던 2018년 3월, 근 15년 만에 자동차산업을 중심으로 산업지표들을 찬찬히 들여다보다가 한숨이 터져나왔다.

'이 나라는 도대체 뭘 믿고 이러는가? 도대체 앞으로 뭘 먹고 사나?'

대한민국은 압축적으로 성장한 그 속도로, 압축적으로 쇠락하고 있는 것이 명약관화했기 때문이다. 산업과 기업이 질식하고 있었다. 모든 가치생태계가 앙상하게 말라 가고 있었다. 한국GM이 계륵 신세가 되어 백척간두에 선 것이야 다 아는 사실이다. 그런데 진짜 문제는 한국 자동차산업의 거의 전부라고 해도 과언이 아닌 현대기아차에도 비상벨이 울리는 징후가 뚜렷하다는 것이다.

2017년 현대기아차 판매량은 725만 대로 목표 대비 100만 대 미달이다. 2014~15년에는 800만 대를 넘겼고 2016년에는 788만 대였는데, 2017년에 725만 대로 추락했다. 2008년 같은 세계적 금융위기가 터진 것도 아닌데도 그랬다.

현대기아차야 슈퍼갑이니 판매 부진에 따른 충격을 1차 협력업체(을)에게 전가하는 방식으로 어느 정도 완충할 수 있을 것이다. 하지만 1차 협력업체는 샌드위치다. 2차, 3차, 4차 협력업체는 급격히 오른 최저임금의 영향으로 단가 인상을 요구하는데, 원청(현대기아차)이 저 모양이니 1차는 그저 샌드위치가 될 수밖에 없다. 원래 덩치(매출과 고용 규모)에 비해 고정비가 높고 이윤율이 낮은 현대기아차 1차 협력사들은 매출 감소 폭탄, 통상임금 폭탄, 최저임금 폭탄, 각종 노동 규제 폭탄, 공정거래 규제 폭탄, 현실을 도외시한 상속법 등을 동시 다발적으로 얻어맞았다. 아니나 다를까, M&A 시장에는 1차사 매물이 부지기수다.

중국의 추격은 너무나 거세고, 독일·일본의 기술, 부품, 소재, 장비 장벽은 여전히 높다. 현대기아차는 상속 문제를 해결하지 못하면서, 자동차산업 패러다임 대전환기에 노후화된 경영 리더십이 제 역할을 못하고 있다.

뒤늦게 알아보니 오토바이 메이커인 대림과 효성도 사실상

망하다시피 하였다. 당연히 잔디 깎기 등에 쓰이는 예초기 등의 소형 내연기관 기기 산업도 그 뒤를 따르고…. 업계 관계자들은 이구동성으로 "잘못된 규제의 후과後果"란다.

2000년 전후하여 연산 400만~500만 대짜리 5~6개 자동차 회사만 살아남는다는 괴담이 떠돈 적이 있다. 그러나 규모가 작아서 망한다던 일본의 혼다, 마쓰다, 스즈키는 여전히 펄펄 살아 있다. 1948년 오토바이로 시작하여 1960년대 초 자동차에 진출한 혼다는 얼마 전에 제트기까지 만들었다. 중국 등 신흥국 자동차 수요의 증대를 일본, 독일, 중국 업체가 대부분 쓸어 담고 있다. 르노닛산에 미쓰비시도 합류했다. 그런데 이들의 동맹은 이들의 강점을 더 살리는 동맹이다. 한국GM으로 된 대우처럼 GM이 두는 장기판의 상象, 마馬, 포包 같은 존재가 아니다. 그래서 대우 브랜드가 사라지고 쉐보레가 붙었다. 요컨대 일본은 동맹이고 우리는 자회사로 합병된 것이다. 물론 청산당하지 않고 이렇게라도 사는 것도 다행이다만.

우리는 경직된 법규제와 자동차문화로 인해 자작차/튜닝카 산업이 자라나지 못했다. 경직된 환경 규제로 수십 년 된 차들이 굴러다니지도 못한다(이게 굴러다니면 후방연관효과가 작지 않다. 수천 명이 이런 차 수리하고 부품 제작하느라 먹고 살 수 있을 것이다).

모든 국가 규제는, 개인이 책임지거나 소비자·시장이 제어할 일을 면피의식으로 똘똘 뭉친 국가(관료)가 통제하려고 하는 탓이다. 이는 세월호 참사 이후 연안해운 관련 규제에서 여지없이 드러났다. 당장 내 고향 삼천포~제주 사이를 운항하던 배편이 없어졌다. 텅 빈 거대한 부두 시설은 자동차 운전연습장처럼 되어 버렸다. 몇 년 전에는 공인인증서 업자들과 은행을 규제하고, 블록체인 협회를 만들려던 사람들을 규제하더니, 2018년 초에는 연속혈당측정기를 수입해서 써 보고 온라인에서 소개하고 사용후기를 올린 소아당뇨 아동 엄마를 의료기기법 24조를 휘둘러 단죄하려 한 것[1]도 다 마찬가지다.

중국에서 전기차 관련 규제는 산업과 기업을 잘 아는 관료들이 만들고 고친다. 아마 다른 산업도 다르지 않을 것이다. 미국에서는 전기차—자율주행차—차량공유서비스를 잇는 파괴적 혁신이 등장하면서 테슬라 등 새로운 자동차업체가 100개가량 출현했다. 그런데 한국은 감히 신규로 자동차회사를 하겠다고 나서는 곳이 없다. LG도 삼성도 전기차용 배터리 사업 이상으로 나아가지 않으려고 한다.

솔직히 나라도 대규모 고용이 필요한 사업은 겁이 나서 하지 못할 것 같다. 워낙 시장의 변화 부침도 극심한데 경쟁자는 강력하고, 한번 채용하면 정년을 보장해야 하고, 언제 파업을 할지 모르고(2, 3년에 한 번 파업하는 것은 애교로 봐줘야 한단다), 임금도 자유롭고 공정한 노동시장 수준의 두세 배를 주어야 하니, 정말 사람 고용한 죄를 너무 세게 묻는다. 그러니 GM의 군산공장 폐쇄 조치를 그저 감내할 수밖에 없다. 인수할 업체가 없으니 그 좋은 공장과 부두를 썩힐 수밖에 없다.

일본, 독일, 미국과 한국의 자동차산업의 저변의 폭과 깊이

---

1) 청와대 국민청원(https://www1.president.go.kr/petitions/121323) 참조.

차가 너무 난다. 노벨상 과학부문 수상자의 차이와 산업 저변의 차이가 그리 다르지 않을 것이다. 19조 원이 넘는 한국의 R&D 예산이 얼마나 소모적으로 쓰이고 있는지 아는 사람은 다 안다. 모든 예산이 약탈의 대상이 되었다. 선거는 '예산 약탈자 선발대회'[2]처럼 되었다. 공무원의 낭비성 외유(해외 연수나 유학) 행태도 그렇다. 공무원이 하는 일에 비해 얼마나 높고 안정적인 처우를 누리는지는 노량진 고시 폐인들과 그 가족, 친구들이 다 안다. 아니, 모르는 국민이 없다.

　중소기업이나 농업이 중요하다 하면, 으레 '국가의 보호육성'을 처방으로 내놓는다. 우리 헌법 경제 조항에 국가의 보호육성 대상이 줄줄이 나열되어 있다. 그런데 중소기업이 99퍼센트이기에 결국 모든 시장, 경제, 기업, 사업 영역에 국가가 보호, 육성(진흥), 인증의 금을 긋고 벽 쌓고 거미줄을 친다. 정부의 손은 미다스(마이다스)의 손과는 정반대로, 손대는 산업마다 질식시키는 '마이너스'의 손이다. 그럼에도 그 못된 손길을 멈추지 않는다. 경제민주화, 녹색경제, 창조경제, 사회적경제, 블록체인, 제4차산업혁명 같은 유행만 뜨면 날렵하게 무슨 사업과 협회를 만들어 예산과 인력을 늘린다.

---

2) "우리 국민은 국가경영을 위한 입법자를 뽑고 있다. 그럼에도 불구하고 거리의 현수막에서 보이는 선거전은 전연 딴판이다. 국회에 가서 자기 선거구를 위해 돈을 만들어 올 '예산 약탈자' 선발 대회를 치르는 느낌도 든다." 강형기, '국회의원다운 공약을 하라', 조선일보 2016. 2. 25(http://news.chosun.com/site/data/html_dir/2016/02/24/2016022404341.html). 압권은 2015년 4월 인천 서구·강화군을 국회의원 재보궐 선거에 출마한 안상수 새누리당 후보의 현수막이다. 이 현수막에는 '믿고 맡길 큰 인물'이라는 제목 아래 "길이 뚫린다. 물길이 열린다. 땅값이 오른다"고 씌어 있었다.

한국의 산업정책은 마당 전체를 '공구리(콘크리트)'쳐 놓고 구멍 몇 개 뽕뽕 뚫어 화초와 묘목을 심고 거기에 물과 거름을 집중적으로 투여하여 키우는 방식이다. 과거에는 공구리라도 엉성해서 식물이 전후좌우로 뻗어 나갔는데, 이제는 공구리가 점점 치밀하고 단단해져 그저 힘겹게 자랄 뿐이다. 식물이 죽거나 자리를 옮기면 그곳은 텅빈 채 남는다. 기존의 산업과 일자리는 사라지는데, 새로운 산업과 일자리는 생겨나지 않는다. 그래서 더더욱 기존 고용 보호에 집중한다. 그러니 제대로 된 청년실업 대책이 나올 수가 없다.

문재인 정부와 자칭 노동세력, 진보세력이 시장과 기업을 바라보는 눈은 조선의 양반사대부가 화폐와 상공인을 바라보던 눈과 흡사하다. 노동—자본의 대립 프레임으로 세상을 재단한 마르크스주의 프레임이 똬리를 틀고 있다. 기본적으로 (노동과 을에 대한) 착취 프레임, 불법(부도덕) 프레임, 불공정 거래 프레임이다. 시장·기업·자본은 보수이고, 규제·노동은 진보라는 프레임을 가지고 있다. 분절화, 파편화된 사회가 시야를 협소하게 만들고, 생각을 뒤죽박죽으로 만들고, 자신도 모르게 자신이 속한 상위 10~20퍼센트의 이해와 요구만 대변하는 담론을 만들어 낸다.

공무원도 국책연구기관 연구원들도 자신의 존재 근거인 국민 전체를 모른다. 공공부문과 대기업에 포진한 조직 노동은 미조직 노동의 처지와 조건을 모른다. 단언컨대 한국GM 부평공장 사람들은 장기 실업자가 될 운명에 처한 군산공장 사람들의 피눈물을 모를 것이다.

한국의 갑은 을을 모르고, 을은 병을 모르고, 병은 정을 모른다. 제조업 종사자들은 서비스업 종사자들의 애환을 모르고, 근로자들은 영세 자영업자들을 모르고, 취업자들은 실업자와 비경제활동자들을 모른다. 결혼 관문을 통과한 사람들은 통과하지 못한 사람들을 모른다. 정규직 교수는 시간강사를, '인서울' 대학 교직원과 학생들은 '지잡대' 교직원·학생을 모르고, 수도권·충청권은 나머지 지방의 애환을 모른다. 상위 10~20퍼센트에 속한 사람들은 그 아래 사람들이 어떻게 사는지를 모르고, 현 세대는 미래 세대의 삶의 조건을 너무 모른다. 한국사회의 고질병인 파편화, 분절화가 지난 20년 동안 더 심화되었다. 이는 사회통합 기능을 전제로 각종 특권과 특혜를 부여받은 정부, 법원, 공무원, 정당, 노동조합, 국책연구기관 들이 제 역할을 하지 못하기 때문이다.

박근혜 정부 시절의 통상임금 판결과 문재인 정부가 대차게 내지른 최저임금, 근로시간, 빠리바게뜨 직고용, 공공부문, 비정규직, 문재인 케어 관련 정책은 기본적으로 분절화, 파편화된 사회 내지 사상, 담론이 만들어 낸 것이다. 기본권 상향을 부르짖는 사람들은 그 기본권을 보장하는 주체의 의무와 부담을 생각하지 않는다. 노동권 상향은 곧 자본·기업의 의무와 부담의 상향임을 잊는다. 그런데 공무원은 슬그머니 노동이되어, 열악한 국민이라는 고용주에게 엄청나게 높은 의무와 부담을 부과한다.

이 나라에는 권리에 따르는 책임, 부담, 의무 개념이 없다. 법봉을 휘두르는 자들은 복잡미묘한 경제사회 현실을 모르면서 군인, 상인, 공인 들이 피와 땀과 눈물을 흘려 만든 성과나 질서를 간단히 부정해 버린다. 대법원(2012년 김능환 소부, 2018년 김명수 전원합의체)의 징용공 배상 판결과, 기업의 경영적 판단에 따른 해고나 정리해고를 간단히 부정하는 행태를 두고 하는 말이다. 법에도 눈물이 있어야 한다면서, 법리나 상식에 반하는 온정주의적 판결을 쏟아낸다. 남북관계는 불확실하고 불안정한데, 대화와 협상이 잘 안 될 경우에 대한 대비(비상상황에 대비한 훈련) 자체를 하지 않는다. 훈련할 엄두가 나지 않는다. 그런 점에서 임진왜란을 목전에 둔 1590~91년의 조선과 2018년의 대한민국은 완벽히 닮았다. 그리고 2019년의 대한민국은 더 닮아 간다.

대한민국 잔치는 끝났다. 오래 전에 끝났다. 구매력지수로 평가한 소득은 일본과 같은데 국가 역량, 즉 기업, 정치, 정부(정책, 규제), 사법, 노조, 대학, 지식인·전문가 역량은 너무 차이가 난다. 이런 엄청난 불균형이 절대로 지속가능할 리가 없다. 외환위기 전에도 우리 역량에 비해 엄청나게 고평가된 원화가 있었다. 지금은 우리 역량에 비해 너무 흥청망청하는 사회가 있다. 조선 망국을 성찰하지 않았으니, 조선으로 회귀하는 것은 놀라운 일이 아니다. 위기의 핵심은 조선 선비나 아전 수준의 약탈적 마인드와 시장·기업에 대한 무지를 겸비한 자들이 청와대, 정당, 정부, 국회를 가득 채우고 있다는 것이다.

간만에 자동차산업을 들여다본 소감이다. 대한민국은 1987 체제의 철학, 가치, 제도, 정치지형을 때려 부수는 혁명이 필요하다.

2. 실체와 인식, 기억과 개념의 괴리

정책이란, 어떤 문제나 위기가 있을 때 이를 해결할 주체의 그에 대한 인식과 반응(해법)이다. 국가의 경제정책은, 한국경제의 문제에 대한 정부의 인식과 해법이다. 그러므로 문제 해결의 첫걸음, 즉 정치적·정책적 사고는 우리나라가 맞딱뜨린 '중요한' '문제'를 '정확하게' 인식하는 것이다. 그다음이 문제의 본질 규명과 원인 진단, 마지막이 처방(해법)이다.

문제를 인식하고 직시하는 것부터가 결코 만만한 문제가 아니다. 내가 인식한 문제, 대중이 아우성치는 문제가 '실제 문제'가 맞는지, '중요한 문제'가 맞는지, 정치(프레임)와 언어(개념)에 의해 문제가 누락, 왜곡, 확대 또는 축소된 점은 없는지, 세계 보편적인 문제인지 아니면 한국 고유의 문제인지 등을 따져 보는 것이 문제 인식인데, 이것이 간단치 않다.

길거리에 지나가는 사람들을 붙잡고 "심각하고 절실한 요구나 불만, 국가적 과제를 얘기해 보라"고 하면 아마 격차(불평등, 양극화, 불균형, 경제력 집중), 저성장, 돈벌이(소득), 일거리와 일자리, 불공정(갑질), 저성장, 저출산 등 경제문제를 빠뜨릴 사람은 별로 없을 것이다. 남북 간이나 미북 간에 잡음이 들리면 평화·안보·통일 이슈가, 한일 간에 갈등이 발생하면 외교 문제가, 이상기후(가뭄, 폭우·폭설, 고온, 저온)나 재해(지진, 산불)가 일어나면 환경생태 문제가 일시 급부상할 것이다. 하지만 요즘 대부분의 사람은 경제문제를 가장 지속적이고 중요한 문제로 지목한다. 그러나 이렇게 대답하는 다수는 대체로 생산 현장에서 상대적으로 먼 사람들이다. 한국의 밥줄에 해당하는 제조업과 수출 및 주력 산업 종사자들은 흔히 '중국의 전방위적인 추격과 추월'을 가장 중요한 문제로 지목한다. 한국경제의 현재 먹거리도 문제지만 미래 먹거리가 더 문제라고 생각한다.

1987년 이후 점점 강성해져 드디어 문정부를 통해 정부의 영혼이 된 철학, 가치, 정책은 하나같이 능력 있는 사람들의 창업과 민간기업 취업을 꺼리게 만들고, 능력 있는 기업들과 여유 있는 가계의 국내 투자와 고용을 꺼리게 만들고, 여유 있는 계층의 국내 상품·서비스 소비를 꺼리게 만든다. 한국에서 번 돈의 대부분을 본국에 송금하는 후진국 근로자들에게는 한국은 천국이지만, 일자리를 놓고 이들과 경쟁해야 하는 한국의 취약 근로자들에게는 지옥이다.

3. 인간 인식의 한계

인간은 객관적 현실(실체)과 주관적 인식(기억과 개념) 사이의 괴리, 이른바 '지적 편향'이 심한 존재다. 불경(『아함경阿含經』)에 나오는 유명한 '장님 코끼리 만지기'는 개인의 경험, 지식, 관점에 따라 현실을 다르게 인식하는 것을 꼬집은 것이다. '자라 보고 놀란 가슴 솥뚜껑 보고 놀란다'라는 속담은 기억(트라우마)에 의한 인식의 왜곡을 이야기한 것이다. '망치 든 사람은 모든 것이 못으로 보인다'라는 격언은 인간이 자신이 아는 범위 내에서만 문제를 인식하고 해결하려는 경향을 지적한 것이다.

개인의 경험과 기억은 각자의 처지와 조건, 시간(세대), 이론(프레임)과 개념, 기억의 강도(트라우마) 등에 따라 편차와 편향이 심하다. 집단적 경험과 기억이 바로 역사인데, 역사 또한 예외없이 특정 이론과 사관史觀, 심지어 정치적 의도에 따라 선별되고 편집된 것이다.

대한민국은 권력 획득에 올인하는 정치권과 광장에서 함성을 지르는 이념·이익집단과, SNS를 통해 거칠게 의사를 표출하는 '정치대중'이 앞장서서 '문제=위기'를 규정하려 들고 나아가 '역사' 편집에까지 깊게 관여해 왔기에, 역사와 현실(문제)가 걸핏하면 왜곡 누락, 과장·축소, 호도糊塗[3]되어 왔다.

---

3) '오도誤導'와 구별할 것. 호도는 '풀을 바른다'라는 뜻으로, 일시적으로 감추거나 흐지부지 덮어 버린다는 말이다.

문재인 정권과 집권연합(진보·노조·공공) 세력은 경제문제의 핵심을 격차(불평등, 양극화), 좋은 일자리 부족, 불공정(갑질 난무), 신자유주의 등으로 규정하고, 그 해법으로 경제민주화(재벌개혁과 갑질 근절), 보편적 복지, 국가규제(최저임금, 근로시간, 비정규직 등) 상향, 범법 기업주 단속처벌 강화, 공공부문 규모 및 업무영역 확대 등을 주된 해법으로 내놓았다.

4. 세계적 보편성과 한국적 특수성

나를 알려면 남을 알아야 하고, 안을 알려면 밖을 알아야 한다. 한국경제를 알려면 다른 나라 경제를 알아야 한다. 대한민국의 정치적, 정책적 문제와 위기를 진단하려면 한국적 특수성과 세계적 보편성을 함께 조명해 보아야 한다. 우리가 맞닥뜨린 국가적 문제와 위기가 다른 나라에서는 어떻게 나타나고, 그들은 이를 어떻게 해결하는지, 그게 견주어 한국은 문제가 어떻게 같고 다른지, 해법은 무엇이 같고 다른지 등을 살피는 일이다. 문제의 세계 보편적인 측면은 앞서 이를 겪고 해결한 선진국의 논의와 정책을 참고함으로써 고민과 시행착오를 줄일 수 있다. 하지만 한국에 특수한 문제라면 우리의 경험과 지혜로써 해결할 수밖에 없다.

선진국의 문제 정의定義나 지적 유행을 맹목적으로 추종하는 경향이 강한 한국에서는 우리가 맞닥뜨린 문제 그 자체에 대한 연구가 정말로 필요하다. 한편 우리 눈앞에 펼쳐진 현실은 과거 역사의 연속이자 축적이기에, 문제를 바라볼 때 사고의 공간적 확장(보편성과 특수성 관점)과 함께 시간적 확장도 필요하다. 한국경제에 대해 말한다면, 그 열악한 조건 속에서 우리가 어떻게 여기까지 왔나를 캐묻는 것이다. 다시 말해 조선의 질긴 유산(지독한 착취, 억압, 나태 등), 분단의 결손, 전쟁의 폐허, 사람 외에는 경제적 자원이 거의 없는 열악한 조건 하에서 '한강의 기적'을 창조한 요인을 캐묻는 것이다. 이를 알지 못하면 유효기간이 한참 지난 해법을 고집하거나, 여전히 유효한 기적을 만든 지주(요인)들을 무참히 파괴해 버릴 수 있다.

인간은 경제문제 같은 복잡한 현상을 신속하게 파악하기 위해 현상을 단순화, 유형화(모델화)한다. 다시 말해 국가나 경제나 인간의 동역학을 통합하는 것처럼 보이는 이념(체계적인 생각)을 찾아내려 한다. 그렇게 해서 한국 지식인들이 찾아낸 것이 신자유주의, 국가주의, 발전국가 모델, 미국식 발전모델 등이다. 당연히 그 실체와 개념의 적합성(실체와 괴리 여부 등)을 캐물어야 한다. 이는 실사구시에 게으른 사람 내지 확증편향이 심한 사람이 많고, 특히 이념으로 사람을 재단하기를 즐기는 지식인과 정치인들이 넘쳐나는 대한민국에서 특별히 중요하다.

5. 국가경영·공공정책 담론의 황당무계함

반도체, 선박, 자동차, 반도체, 의학(약품, 기기) 등 산업·과학기술 관련 연구와 논의는 세계 첨단에 도달한 곳이 많을 것이다. 이곳에서는 세계의 연구, 고민 동향 정도는 파악하고 있고, 대체로 따라잡기 위해 몸부림을 치고 있다. 그러나 국가(정치, 외교안보, 행정, 사법, 공공기관)가 지배하는 분야나 공무원이나 노조가 핵심 이해관계자인 분야(고용·노동)의 담론은 세계적인 흐름과 너무나 다르다. 한마디로 크게 뒤처져 있다. 19세기 유럽, 미국, 일본의 사회과학, 자연과학, 공학과 조선의 그 비슷한 것 간의 격차를 보는 느낌이다. 선진 민주국가는 말할 것도 없고, 중국·대만·베트남·인도 등과 비교해도 그야말로 황당무계한 수준이다.

미국 등에서 베스트셀러가 된 경제 관련 대중서를 통해 연구주제와 수준을 엿보는데, 한국에 대한 시사점은 별로 없다. 설사 불평등·양극화·일자리 문제를 다룬 책이라 할지라도 말이다. 내용이 틀려서가 아니라, 한국은 그보다 훨씬 선차적이고 근본적이고 심각한 주제가 많기 때문이다. 한국은 국가규제(로컬 스탠더드)가 위력을 발휘하지 않는 분야와 미국 등 선진국이 주도하는 글로벌 스탠더드가 규율하는 분야(국제항공, 국제해운, 국제금융자본시장 등)의 고민 내용이 너무나 다르다. 상품서비스나 기술은 글로벌 스탠더드에 의해 규율되지만 정신문화, 정치, 공공, 노동, 교육, 의료, 금융 등 대부분은 철저하게 로컬 스탠더드가 작동한다.

제1부

한국 경제의
마녀 사냥

제1장
문재인 정부 경제정책의 골조와 철학

1. 실체와 인식, 기억과 개념의 괴리

국가정책이든 경제정책이든, 정책이란 해결 주체가 인식하는 어떤 문제나 위기에 대한 반응이다. 문재인 정부의 경제정책은 문재인 정부가 인식하는 한국경제 문제에 대한 나름의 해법이다. 한국경제는 장님이 만지는 큰 코끼리와 같아서 관점이나 개념, 이념이나 이론에 따라 그 모습이 너무나 다르게 보인다.

상식적으로 국가적 현안 문제 해결의 첫 걸음은 국가가 맞닥뜨린 '중요한' '문제'를 '정확하게' 인식하는 것이다. 문제의 본질, 원인, 해법은 그 다음이다. 그런데 문제 인식과 정의는 결코 만만한 문제가 아니다.

내가 인식한 문제 혹은 대중이 아우성치는 문제가 실제로 '문제'인 게 맞는지, 또 '중요한' 문제가 맞는지, 정치와 언어(개념과 프레임)에 의한 문제의 누락·왜곡·침소봉대는 없는지, 세계 보편적인 문제인지 아니면 한국에 특수한 문제인지 등을 따져 묻는 것은 결코 간단한 문제가 아니다.

인간은 실제 현실(실체)과 주관적 인식(기억과 개념)의 괴리가 심한 존재이다. 불경 『아함경阿含經』에 나오는 유명한 '장님 코끼리 만지기' 우화는 개인적 경험, 지식, 관점의 차이에 따른 인식의 차이를 얘기한 것이다. '자라 보고 놀란 가슴 솥뚜껑 보고 놀란다'는 속담은 트라우마에 의한 인식의 왜곡을 얘기한 것이다. '망치를 든 사람은 모든 것이 못(질)으로 보인다'는 경구는 인간은 자신이 아는 범위 내에서 원인을 찾는 경향이 강하다는 얘기다. 인간은 자신이 해결할 수 있는 문제만 문제로 인식하는 경향이 있다. 소득주도성장은 틀린 말일지 몰라도, '해결 수단 주도의 문제 규정'이나 '자기 이익 주도(옹호)의 문제 규정'은 틀린 말은 아니다.

개인의 경험과 기억은 각자의 처지와 조건, 시간(세대), 이론(프레임)과 개념, 트라우마 등에 따라 편차와 편향이 심하다. 집단적 기억이란 곧 역사인데, 역사는 예외 없이 어떤 정치적 의도나 이론에 의해 '편집'된 것이다. 예를 들어 선진국들의 주류 역사관인 '역사란 자유와 민권 확대·강화의 과정' 같은 것이다.

인식과 기억에는 한계가 오류가 있는 만큼, 문제(위기)를 인식하고 규정하는 '주관과 개념(언어)'에 대한 의심을 내려놓으면 안 된다. 대한민국은 권력 찬탈에 올인하는 '정치집단'과, 광장에서 함성을 지르는 '이념·이익집단'과, SNS를 통해 의사를 거칠게 표출하는 '정치 대중', 이 삼자가 각기의 주관에 따라 '문제=위기'를 규정하고 나아가 '역사 편집'에도 깊게 관여해 왔기에, 역사와 현실(문제)을 호도糊塗, 왜곡, 누락, 침소봉대하기 쉽다.

문재인 정부와 집권연합(진보·노조·공공) 세력은 경제 문제의 핵심을 격차(불평등·양극화), 좋은 일자리 부족, 불공정(갑질), 신자유주의 등으로 규정하고, 경제 민주화(재벌 개혁과 갑질 근절), 보편적 복지, 국가

규제(최저임금·근로시간·비정규직 등) 상향, 어기는 기업주 단속 처벌 강화, 공공부문 규모와 업역業域 확대 등을 주된 해법으로 내놓았다. 식자층에서는 제법 영향력이 있는, 해외에서 공부를 했거나 해외 연구 동향이나 언론 보도를 열심히 챙겨 보는 논객이나 연구자들은 선진국이 부여잡은 화두話頭[1]를 한국의 화두 내지 주된 문제로 규정한다.

상식적으로 안을 알려면 밖을 알아야 하고, 나를 알려면 남을 알아야 하듯이, 한국경제를 알려면 다른 나라 경제를 알아야 한다. 그런 점에서 대한민국의 정치적, 정책적 문제·위기를 진단할 때 세계적 보편성과 한국적 특수성이라는 양 측면에서 조명하는 것만큼 중요한 것은 없다. 이는 우리가 맞닥뜨린 국가적 문제·위기가 다른 나라에서는 어떻게 나타나고 어떻게 해결하는지, 한국은 무엇이 어떻게 다른지, 해법은 무엇이 같고 무엇이 다른지 등을 캐묻는 것이다. 세계 보편적인 문제라면 선진국의 논의와 정책을 참고하면 연구 고민과 시행착오를 줄일 수 있다. 하지만 한국에 특수한 문제라면 우리의 경험과 지혜로써 해결할 수밖에 없다.

선진국의 문제 정의定義나 지적 유행을 맹목적으로 추종하는 경향이 강한 한국에서는 우리가 맞닥뜨린 문제 그 자체에 천착하는 일에 정실하다. 한편 우리 눈앞에 펼쳐진 현실은 과거 역사의 연속이자 축적이기에, 문제를 바라볼 때 사고의 공간적 확장(세계적 관점)과 더불어 시간적 확장(역사적 관점)도 필요하다. 한국경제에 대해 말한다면, 조선의 정신문화적 유산, 빈곤, 분단의 결손, 전쟁의 폐허, 사람 외에는 경제적 자원이 거의 없는 등 열악한 조건 하에서 우리가 어떻게 여기까지 왔나를 캐묻는 것이다. 한마디로 '한강의 기적'을 창조한 동력을 캐묻는 것이다. 이러한 성찰이 없으면 유효기간이 한참 지난 해법을 고집

---

1) 동아시아 선종(간화선看話禪)의 수행 방법에서 나온 것으로, 관심을 두어 중요하게 생각하거나 이야기할 만한 것.

하거나, 여전히 유효한 발전 동력들을 무참히 파괴해 버릴 수 있다.

인간은 경제 문제 같은 복잡한 현상을 신속하게 파악하기 위해 현상을 단순화, 유형화(모델화)하곤 한다. 다시 말해, 국가나 경제나 인간의 동역학을 통할하는 것처럼 보이는 체계적인 생각, 즉 '이념'을 찾아내려 한다. 그렇게 해서 한국 지식인들이 찾아낸 것이 신자유주의, 국가주의, 발전국가 모델, 미국식 발전 모델 등이다. 당연히 그 실체와 개념의 적합성(실체와 괴리 여부 등)을 캐물어야 한다. 이는 한국에서 특별히 중요하다. 한국에는 실사구시에 게으른 사람이나 확증편향이 심한 사람이 많고, 특히 이념이나 친소관계로 사람을 재단하려 드는 지식인과 정치인들이 많기 때문이다.

한국의 반도체, 선박, 자동차, 의학(약품·기기) 등 산업, 과학기술 관련 연구와 논의는 세계 첨단 수준에 도달한 분야가 많을 것이다. 이런 분야에서는 세계의 연구, 고민 동향 정도는 파악하고 있고, 대체로 따라잡기 위해 몸부림을 치고 있다. 그러나 국가(정치, 외교안보, 행정, 사법, 공공기관)가 지배하는 분야나 공무원이나 노조가 핵심 이해관계자인 분야(고용·노동)의 담론은 세계적인 흐름에서 너무 뒤처져 있다. 19세기 유럽·미국·일본의 사회과학·자연과학·공학과 동시대 조선의 해당 영역 사이의 격차 비슷한 것을 보는 느낌이다. 선진 민주 국가는 말할 것도 없고, 중국·대만·베트남·인도 등과 비교해도 이들 분야는 처참한 수준이다.

미국 등에서 베스트셀러가 된 경제 관련 대중서를 통해 연구 주제와 수준을 엿보려 해도 한국에 적용할 만한 시사점이 별로 없다. 심지어 불평등, 양극화, 일자리 문제를 다룬 책들도 그렇다. 내용이 틀려서가 아니라, 한국에는 그들이 지금 다루는 것보다 훨씬 선차적이고 근본적이고 심각한 주제가 많기 때문이다. 한국은 국가 규제(로컬 스탠더드)가 위력을 발휘하지 않는 분야와, 미국 등 선진국이 주도하는 글로벌 스탠더드가 규율하는 분야(국제항공, 국제해운, 국제금융자본시장 등)의 고민 내용이 너무나 다르다. 상품 서비스나 기술은 글로벌 스탠더드에 의해 규율되지만 정신문화, 정치, 공공, 노동, 교육, 의료, 금융 등 대부분은 철저하게 로컬 스탠더드가 작동한다.

2. 문 정부 국정운영 5개년계획

문재인 정부의 경제정책은 『문재인정부 국정운영 5개년계획』(국정기획자문위원회, 2017. 7)에 제시한 '5대 국정목표, 20대 국정전략' 중 '국정목표 2. 더불어 잘사는 경제' 하위 5개 국정전략에 집약되어 있다.

문재인정부
국정운영 5개년 계획

『문재인정부 국정운영 5개년계획』 12쪽 하단에는 '더불어 잘사는 경제' 5대 국정전략이 정리되어 있는데 다음과 같다.

전략 1. 소득주도성장을 위한 일자리경제
전략 2. 활력이 넘치는 공정경제
전략 3. 서민과 중산층을 위한 민생경제
전략 4. 과학기술 발전이 선도하는 4차 산업혁명
전략 5. 중소벤처가 주도하는 창업과 혁신성장

'더불어 잘사는 경제' 5대 전략의 철학적 원칙과 배경 설명은 이렇게 되어 있다(이하, 강조 인용자).

○ 더불어 잘사는 경제는 **경제의 중심을 국가와 기업에서 국민 개인과 가계로 바꾸고**, 성장의 과실이 국민 모두에게 골고루 돌아가는 경제
○ **가계의 소득이 늘면 소비가 살아나고 투자와 생산이 증가하게 되는** 국민경제의 선순환 복원
○ 더불어 잘사는 **경제의 핵심 과제는 일자리 창출로, 일자리는 성장을 촉진하는** 최고의 복지
○ **대기업은 세계시장에서 경쟁하고**, 중소기업은 중견기업으로 성장하며, **골목상권에서는 소상공인과 자영업자의 창의력이** 발휘되는 경제를 모색
○ 4차 산업혁명을 선도하기 위해 과학기술의 발전과 미래 성장산업을 적극적으로 지원하고, 역동적인 벤처 생태계를 만들어 창의적 벤처 기업과 혁신적 창업자를 육성

여기 적시된 철학, 즉 "가계의 소득이 늘면 소비가 살아나고 투자와

생산이 증가"하며 "일자리는 성장을 촉진"하기에 "경제의 핵심 과제를 일자리 창출"로 놓는 경제철학으로부터, '비정규직의 정규직화'와 '공공부문 규모 확대'(81만 개 창출)가 자연스럽게 도출된다. 52시간 근로시간 상한제도 노동시간 단축에 따른 추가 고용(좋은 일자리) 수요로 연결하고, 늘어난 저녁 시간을 국내 소비로 연결하기만 하면 소득주도성장 정책에 완벽히 부합된다.

'전략 1. 소득주도성장을 위한 일자리경제'의 철학적 원칙은 다음과 같이 기술해 놓았다.

○ 더불어 성장의 핵심과제는 '좋은 일자리가 마련된 대한민국'으로, **일자리 창출로 가계소득을 늘리고, 늘어난 소득으로 소비를 확대하여 내수 활성화 및 성장으로 이어지는 '경제 선순환 구조' 구축**

○ 일자리 문제 해결의 핵심은 **일자리를 늘리고, 노동시간과 비정규직을 줄이며, 고용의 질을 높이는 '늘리고, 줄이고, 높이는'** 전략. 이를 위해 **정부가 81만 개의 공공부문 좋은 일자리를 만들어 앞장서고,** 기업과 노동자는 사회적 대타협과 강력한 산업혁신으로 일자리를 많이 만들어 내는 것이 중요

양질의 일자리 창출과 최저임금 인상이 내수 활성화와 경제성장으로 연결된다는 것으로, 기존 통념과는 정반대지만 정치인들은 너무나 좋아할 도식이 아닐 수 없다. 이는 누가 봐도 '좋은 일자리 창출'이라는 **결과**와 '내수 활성화 및 성장(으로 이어지는 경제 선순환 구조 구축)'이라는 **원인**을 뒤바꾼 것이다. 수레(고용)를 끌어 말(경제)을 움직이는 격이다.

소득주도성장 정책 3대 축

소득주도성장의
3대 정책

■ 임금소득자　**가계소득 증대 정책**　■ 자영업자

가계지출 경감 대책
■ 생계비 경감
■ 생활환경 개선

안전망확충 ·복지 정책
■ 고용안전망 확충
■ 이전소득 보강

http://ilg.go.kr/html/sub2_1.do

　5대 국정목표를 굵은 가지, 그 아래 20대 국정전략을 중간 가지에 비유한다면, 그 아래 100대 '국정과제'와 487개 '실천과제'라는 잔가지들이 달려 있다. 최저임금 인상, 카드 수수료·상가 임대료 경감, 의료비 경감(문재인 케어), 기초연금 확대, 노동시간 단축 등 외에, 비정규직 감축, 공공부문 일자리 81만 개 등은 '더불어 잘사는 경제'의 맨 끝에 달린 잔가지들에 해당하는 과제들이다.

　'더불어 잘사는 경제' 아래 중간 가지(5대 국정전략)로는 소득주도성장 정책 외에 '공정경제', '민생경제', '4차 산업혁명', '혁신성장'이 있다. 그중 '공정경제'의 토대가 되는 경제철학은 "대기업은 세계시장에서 경쟁하고, 골목상권에서는 소상공인과 자영업자의 창의력이 발휘되는 경제", 달리 말하면 대기업은 골목상권을 침범하면 안 된다는 사업 영역 구획 내지 규제를 당연시하는 경제철학이 자리하고 있다.

　여기서 우선 주목하고자 하는 것은 '더불어경제' 5대 국정전략을 관통하는 경제철학이다. 경제철학의 근저에는 역사·현실 인식이 있기 마련이다. 건물의 기둥들은 결국 어떤 토대를 딛고 서 있는데, 경제철학이라는 기둥은 정치철학이라는 기둥과 동일한 역사·현실 인식이라는 토대 위에 서 있다. 경제철학, 정치철학이라는 기둥뿐 아니라 대북·대일·대미·대중 관계를 아우르는 외교안보철학, 또 복지철학이라는 기둥도 서 있다.

문 정부 국정운영 5개년계획의 최상단에는 '국가비전: 국민의 나라 정의로운 대한민국'이 있어, 정치·경제·복지 등 내치内治 철학의 기조가 어느 정도 드러나 있다. 그것은 "정의正義는 국민의 분노와 불안의 극복, **적폐청산**과 민생 개혁의 요구를 담아 내는 핵심 가치이자 최우선의 시대적 과제"라는 말이다.

국가비전: 국민의 나라 정의로운 대한민국

□ 왜 '국민의 나라'인가

  ○ 두 가지 목표

  ① 국민 개개인이 국정의 전 과정에 참여하여 정책을 같이 만들어갈 수 있도록 함

  ② 권력자 한 사람의 정부, 엘리트 중심의 정치가 아니라 (…) '두 국민'이 아닌 '한 국민'을 지향하는 협치와 통합의 정치

□ 왜 '정의로운 대한민국'인가

  ○ 2014년 세월호 참사, 2016년 촛불시민혁명은 국가가 무엇을 위해 존재하며, 권력이 어떻게 행사되어야 하는가를 일깨워

  ○ 사유화된 국가권력과 무능한 정부에 대한 분노, 불공정한 기회에 대한 불만, 격차 확대로 인한 희망의 상실, 이로 인한 개인과 사회 모두의 불안이 우리 사회의 현 주소

○ **정의**는 국민의 분노와 불안의 극복, **적폐청산**과 민생 개혁의 요구를 담아내는 핵심 가치이자 최우선의 시대적 과제

그런데 여기서 강조하는 '정의'가 플라톤─아리스토텔레스─존 롤스의 맥을 잇는 '공정한 분배(권리와 의무의 할당)'를 문제 삼는 적극적·긍정적 정의인지, 적폐 같은 어떤 나쁜 것을 청산·척결하는 부정적 정의인지는 좀 모호하다. '기회의 평등, 과정의 공정, 결과의 정의'를 천명한 문 대통령의 취임사는 얼핏 전자(적극적·긍정적 정의)를 내세우는 듯했지만, 이후 문 정부의 말과 행동(정책적 행보)은 전적으로 후자(부정적 정의)에 시종하고 있는 것으로 보이기 때문이다. 결국 문재인 정부의 정치·경제철학 내지 역사·현실 인식은 국정운영 5개년계획의 번지르르한 수사修辭에 현혹될 것이 아니라 더불어민주당·정의당 집권연합의 정당 강령들, 주요 정치지도자의 언행, 민주노총·친문 언론·친문 SNS부대의 행태 등을 면밀히 분석하고 종합해 파악해야 한다.

3. 민주당과 정의당의 경제강령

한국 정당들의 강령에는 그 정당의 주류 세력이 공유하는 생각과 정서가 집약적으로 표현되어 있다. 문재인 대통령의 역사·현실 인식과 경제철학과 가치는 그정의당 강령에 가장 가깝다.

정의당 강령(2015. 3)은 '우리의 현실, 승자 독식의 불행한 대한민국'이라는 소제목 아래 경제 문제를 서술하고 있다.

양극화와 불평등은 점점 극심해지고 있다. **개발 독재의 특권과 특혜가 키워 낸 거대 재벌**은 독식 성장을 계속해 왔다. 반면 노동자의 삶

은 더욱 위태로워졌고 농민과 빈민은 희생되었으며 중소기업과 영세 자영업자는 설 자리를 잃어버렸다. **신자유주의 세계화**는 민영화, 유연화, 감세와 규제 완화를 밀어붙여 양극화를 더욱 극심하게 만들었다. **재벌과 국제 금융자본**은 초국적 블록을 형성해 경제는 물론 사회 전 영역을 지배하며 우리 사회를 **승자 독식 사회**로 폭력적으로 재편해 왔다. (…) 재벌대기업의 나홀로 성장은 계속되고 있으며, 대기업과 중소기업, 정규직과 비정규직 사이의 불평등은 심화되고 있다. 패자 부활전은 사라지고 계층 상승의 사다리는 끊어졌다. 세대를 넘어 이어지는 불평등은 청년들을 좌절로 몰아가고 있다. 노동권의 모든 지표는 경제 규모에 비해 현저히 낮은 수준에 머무르고 있다. (…) 무자비한 경쟁과 적자생존의 사회 (…) 강자에 의한 배제와 폭력이 일상화 (…) 여성과 장애인, 이주민과 성소수자는 배제와 폭력의 가장 큰 희생자가 되고 있다. 승자 독식과 탐욕은 생태 파괴의 주범이다. (…) 원전은 핵폐기물을 비롯한 감당 불가능한 환경적 부담을 증대시키고 나아가 수습하기 어려운 재앙을 예고하고 있다. 세월호 참사는 성장 만능, 승자 독식 사회가 빚어낸 비극이다. (…) 이제 대한민국의 좌표를 **사람 우선, 생명 우선으로 과감하게 바꾸는 전 방위적인 혁신**이 이뤄져야 한다.

문 대통령이 몸담은 더불어민주당의 옛 강령에도 한국경제 문제에 대한 압축적 진단이 서술되어 있었다.

대한민국은 분단의 어려움 속에서도 산업화와 민주화에 성공한 역사를 가지고 있다. 국가주도의 경제발전전략으로 압축성장을 이루었다. 그러나 **정부·재벌·금융 부문의 유착과 도덕적 해이**로 인해 1997년 외환위기를 겪었다. 이후 한국은 국제통화기금의 구조조정 과정을 거쳐 경제위기를 극복했다. 그러나 세계적 추세였던 **신자유주의의 영향**으로 **사회·경제적 양극화가 심화**되는 부작용을 초래하였다. **특권과 기득권의 강화**, 중산층의 붕괴와 서민경제의 파탄, 실업의 증가와 비정규직의 확대, 청년실업과 노인빈곤의 심화, 취약한 복지제도, 일자리는 물론 소득도 없는 성장 속에 저출산·고령화가 심화되고 국민들의 삶은 피폐해지고 불안해졌다. (⋯) 1987년의 정치민주화에도 불구하고 (⋯) 정치·경제·사회 부문의 권력집중구조는 민주주의의 기본 원리를 철저히 무시하고 권력기관의 중립성을 크게 훼손시키고 (⋯) **공정 경쟁의 원칙과 공정한 시장경제질서를 확립하지 못한 결과, 정경유착의 폐해가 발생**하고 (⋯) 정부 및 국가기관에 대한 신뢰가 떨어지고 사회적 통합을 위한 공동체의식이 사라지고 있다. (2016. 8. 27)

문재인 정부 출범 후, 국정운영 5개년계획 발표 1년여 뒤에 강령은 약간 표현이 완곡해졌는데, 5개년 계획을 상당부분 반영한 결과로 보인다.

대한민국은 분단의 어려움 속에서도 민주화와 산업화에 성공한 역사를 가지고 있다. 1987년 이후 열린 민주화시대는 절차적 민주주의의 성과에도 불구하고, **엘리트 중심의 정치, 국가중심의 국가운영이라는 한계**를 드러냈으며, 제도정치와 시민사회가 괴리되는 상황이 지속되었다. 또한 국가주도의 경제발전전략으로 압축성장을 이루었다. 그 과정에서 **재벌중심의 경제구조가 고착화**되었으며, **정경유착과 도덕적 해이로 1997년 외환위기**의 어려움을 겪기도 했다. 또한 **신자유주의 사조에 매몰된 성장신화는 재벌의 경제력집중과 불공정한 경제구조로 연결되었으며, 사회·경제적 양극화가 심화되는 부작용을 초래하였다.** 사유화된 국가권력과 무능한 정부에 대한 분노, 저성장과 경제적 불확실성 및 사회불평등의 증대로 인한 차별과 격차 심화, 서민경제의 파탄과 중산층의 붕괴, 사회갈등의 분출과 불안한 생애과정, 그리고 이로 인한 사회와 개인 모두의 불안 해소가 우리 사회의 과제이다. (2018. 8.25 이후)

정의당과 더불어민주당 강령으로 보면 '불평등, 양극화, 일자리, 저활력, 저성장, 저출산' 등 한국경제의 거의 모든 문제의 핵심 원흉은 '재벌'과 '1997년 외환위기'와 '신자유주의'다. 정의당은 한국 재벌이 **"개발 독재의 특권과 특혜가 키워" 냈고, "독식 성장" "나홀로 성장"을** 계속했고, **"재벌과 국제 금융자본은 경제는 물론 사회 전 영역을 지배하며 우리 사회를 승자 독식 사회로 폭력적으로 재편해 왔다"**고 본다. 민주당은 2016년 강령에서는 1997년 외환위기의 원인을 "정부·재벌·금융 부문의 **유착과 도덕적 해이**"에서 찾았고, 2018년 강령에서는 (압축성장 과정에서 **재벌중심의 경제구조가 고착화**되었다고 서술하면서) 역시 **"정경유착과 도덕적 해이"**에서 그 원인을 찾았다. 요컨대 경제주체들의 불법과 부도덕을 외환위기의 원인으로 지목했다고 할 수 있다. 국정운영 5개년계획 서두에 "정의는 국민의 분노와 불안의 극복, 적폐 청산과 민생 개혁의 요구를 담아내는 핵심 가치이자 최우선의 시대적 과제"라는 언명은 이런 인식을 깔고 있는 것이다.

한편 정의당은 민영화, 유연화, 감세와 규제 완화를 밀어붙이는 **"신자유주의 세계화"**에서 **"극심한 양극화"**의 원인을 찾았다. 민주당도 별로 다르지 않다. 2016년 강령에서는 **"신자유주의의 영향으로 사회·경제적 양극화가 심화"**되고, **"특권과 기득권의 강화**, 중산층의 붕괴와 서민경제의 파탄, 실업의 증가와 비정규직의 확대, 청년실업과 노인빈곤의 심화, 취약한 복지제도, 일자리는 물론 소득도 없는 성장 속에 저출산·고령화가 심화되고 국민들의 삶은 피폐해지고 불안해졌다"고 하였다.

2018년 강령에서도 "신자유주의 사조에 매몰된 성장신화"가 "재벌의 경제력집중과 불공정한 경제구조로 연결"되고, "사회·경제적 양극화 심화"로 나타났다고 한다. 이쯤 되면 '신자유주의'와 '재벌의 경제력 집중'이 만악의 근원이라고 해도 과언이 아니다.

정의당과 민주당 공히 재벌과 신자유주의를 불평등, 양극화, 경제력 집중, 불공정, 무한경쟁과 승자독식 사회의 원흉으로 지목한다. 두 당의 주적主敵은 신자유주의와 재벌이다. 부도덕하고 불법적인 약탈과 억압 원흉론, 정경유착 원흉론이라고 할 수 있다.

문재인 정부가 가장 중시하는 고용노동 문제와 관련된 정책적 기조 역시 정의당 강령에 잘 나타나 있다.

> (시민의 보편적 권리, 노동권의 확대) (…) **최저임금을 대폭 높여** 인간다운 생활이 가능하도록 하고, **노동자 간 임금격차를 해소할 것이다. 공공 부문에서부터 비정규직 사용을 금지하고**, 민간 부문에서 **비정규직 사용 사유를 엄격히 제한해** 동일노동−동일임금을 실현할 것이다.

민주당 강령의 해당 내용은 2016년과 2018년 것이 거의 같으며 정의당보다는 훨씬 완곡하다. 하지만 국가의 규제와 단속, 처벌을 통해 고용노동 문제를 해결한다는 생각은 별로 다르지 않다.

> (안정적인 노동환경 구축) (…) **최저임금을 적정화**하고 저임금 노동자의 불안정 노동을 해소하기 위해 근로기준 준수와 사회보험료 지원을 강화한다. (…) **위험의 외주화를 방지**하며 책임을 강화한다. 또한 우리는 **근로감독을 강화**하여 **위법적 노동행위를 근절**하고 **무분별한 정리해고의 남용을 방지**한다.
>
> (일자리 차별 해소) **비정규직의 고용안정을 확보**하고 **임금격차를 해**

소한다. 공공부문의 비정규직을 점차 정규직으로 전환하며, 민간부문의 정규직 전환을 위해 다양한 지원책을 강구한다.

노동조합의 강령이나 (강령적) 선언에서는 경제를 약탈과 억압으로 보는 사고방식이 더욱 적나라하게 표현되어 있다. 다음은 현대기아차 노동조합 등이 소속된, 민주노총 산하 전국금속노조의 강령과 선언의 일부다.

전국금속노동조합 선언

우리 금속노동자는 (…) 자본주의 착취와 억압구조, 외세에 맞서 한국 노동운동의 선봉에 서서 투쟁해왔다. (…).우리 금속노동자는 예속과 차별, 빈곤의 확산을 가져오는 신자유주의 자본의 세계화에 맞서 (…) 투쟁할 것이며 (…)

전국금속노조 강령

(평등사회) 우리는 초국적 자본과 독점자본에 대한 **규제를 강화**하고, 다수의 빈곤을 기반으로 소수의 부를 보장하는 정치, 경제, 사회구조를 개혁하고 **평등사회건설**을 위해 투쟁한다.

(국제연대) 우리는 전 세계 노동자와 연대하여 국가간 예속과 불평등, 그 어떤 명분의 전쟁에도 반대하며, **신자유주의 타파**를 위해 투쟁한다.

민노총 산하 전국서비스산업노조, 한국노총 산하 전국금속노동조합연맹 등도 비슷한 인식을 강령에서 드러내고 있다.

전국서비스산업노동조합연맹 강령(민노총)

우리는 신자유주의적 세계화, 민영화, 개방화를 통한 노동착취에 맞서 전세계 노동자와 연대하여 국제노동운동의 역량강화에 기여한다.[2]

전국금속노동조합연맹 강령(한국노총)

7. 우리는 전 세계 노동자와 연대를 강화하여 초국적 자본의 횡포와 **경쟁만능의 신자유주의**에 맞서 인간의 존엄성을 지키며 전쟁을 막고 세계 평화를 이룩한다.[3]

4. 문 대통령의 경제문제 인식

문재인 대통령은 대통령선거 과정에서는 '신자유주의'라는 단어를 쓴 적이 없다. 하지만 낙선한 2012년 대선 간판 구호인 '사람이 먼저다'는 반反 신자유주의를 에둘러 표현했다고 보아야 한다. 2014년 세월호 참사 한 달여 뒤에 나온 문재인 전 대표(당시) 특별성명(2014. 5. 20)은 사고의 원인을 "기업주의 돈벌이와 자본의 이윤추구"를 뒷받침한, '생명·안전·공존 등 사람의 가치를 극단적으로 무시하는 이명박, 박근혜 정부의 규제 완화 정책'에서 찾았다.

대통령 취임 후 발표한 국정운영 5개년계획에서는 신자유주의의 대중적 표현인 '시장만능주의'와 '무한경쟁과 각자도생의 논리'를 언급했다. 주로 복지, 노동, 교육, 성평등, 문화 정책을 망라한 '국정목표 3. 내 삶을 책임지는 국가'에서다.

---

2) http://service.nodong.org/xe/kftu_01_02

3) http://metall.or.kr/declaration

3. 내 삶을 책임지는 국가

○ **시장만능주의의 확산**은 불평등과 격차 확대, 공공성 약화 현상을 초래

따라서 **국가가** △사회·경제적 불평등을 해소하고 △국민의 품위 있는 삶을 유지하며 △사회 구성원의 유대를 강화하기 위해 **적극적 행위자로서의 역할 필요**

○ 복지·보육·교육·안전·환경 등에서 국가의 책임성을 강화하고, 이를 통해 국민의 삶의 질을 제고

○ **노동이 존중되고** 성평등이 실현되는 것을 포함하여 각 영역에서 차별 없는 공정사회를 추구

○ **무한경쟁과 각자도생의 논리**에서 벗어나 국민 모두가 더불어 공존하고 번영하는 질 높은 사회통합을 실현

○ 지식정보사회의 진전에 대응해 개인의 자유가 보장되고 창의성이 발휘되며 국민 모두의 행복이 실현되는 문화국가를 모색

□ **'내 삶을 책임지는 국가' 5대 국정전략**

① 모두가 누리는 포용적 복지국가

② 국가가 책임지는 보육과 교육

③ 국민안전과 생명을 지키는 안심사회

④ 노동존중·성평등을 포함한 차별 없는 공정사회

⑤ 자유와 창의가 넘치는 문화국가

집권 이후 문재인 대통령은 주요 회의나 연설을 통해 '신자유주의'를 종종 직접 언급했다.

2018년 7월 23일 청와대에서 열린 수석·보좌관회의에서 문 대통령은 "우리 경제에 여전히 어려운 부분들이 많다"면서 그 원인을 **"오랫**

동안 계속된 신자유주의 경제정책이 경제적 불평등을 확대해 성장동력을 떨어뜨리고 그와 함께 고용 없는 성장이 계속돼 왔기 때문"이라고 진단했다. 문 대통령은 "우리의 '포용적 성장' 정책은 **신자유주의 성장 정책에 대한 반성**으로 주요 선진국들과 국제기구가 함께 동의하는 새로운 성장 정책"이라고 말했다.[4]

2018년 9월 1일 청와대 당·정·청 전원회의에서는 "경제 발전의 놀라운 성취 뒤로 **특권과 반칙이 난무하는 정의롭지 않은 사회**가 됐다"면서, "강력하고 지속적인 **적폐 청산으로 불의의 시대**를 밀어내고 공정하고 정의로운 대한민국 만들어야 한다", "성장동력을 되살리는 한편 **배제와 독식**의 경제가 아니라 공정과 상생의 경제, 소수가 부를 독점하지 않고 다함께 잘사는 경제를 이뤄야 한다"고 말했다.

2019년 6월 14일(현지 시각) 스웨덴 의회 연설을 앞두고 스웨덴 의원들과의 면담에서는 "**한국은 미국식 발전 모델**에 따라 높은 성장을 이뤄냈다. 하지만 그만큼 극심한 양극화가 생겨나는 등 풀어야 할 과제도 많다"고 말했다(고민정 당시 청와대 대변인 전언).

5. 문 대통령의 재벌문제 인식

재벌 개혁과 경제 민주화에 대해서는 선거 연설, 선거 공약과 취임 후 대통령 업무지시성 발언으로 여러 번 얘기했다. 2017년 1월 10일 '대한민국 바로세우기 3차 포럼: 재벌적폐 청산' 좌담회 기조연설문은 한국경제와 재벌개혁 및 경제민주화에 대한 생각을 집약적으로 또 선명하게 표현했다고 해도 과언이 아니다.

---

4) 출처: http://news.chosun.com/site/data/html_dir/2018/07/23/2018072302065.html

재벌개혁 없이 경제민주화도, 경제성장도 없습니다. (…) 그동안 재벌경제는 우리 경제성장의 견인차였습니다. 그러나 한편으로 공정한 시장을 어지럽혔습니다. **반칙과 특권, 부정부패로 서민경제를 무너뜨렸습니다. 함께 이룬 결과물을 독차지하거나 남의 것을 빼앗았습니다.** (…) 이번에 단호하게 **정경유착의 고리를 끊고 재벌적폐를 청산**해야 우리 경제를 살리고 국민 모두 잘 사는 나라로 갈 수 있습니다.

발언만 보면 재벌을 거의 범죄 집단처럼 본다고 해도 과언이 아니다. 이 연설에서 문 대통령은 역대 정부마다 재벌개혁을 공약했지만 성공하지 못한 이유를 "정부의 의지가 약한 탓도 있었고, 규제를 피해 가는 재벌의 능력을 정부가 따라가지 못한 측면도 있다"면서, 보다 발 빠른 규제와 강력한 처벌을 공언했다. "**범 4대 재벌을 제외한 중견 재벌의 경우 3분의 1은 부채비율이 과다하거나 이자보상배율이 1 미만이거나 심지어 마이너스 부실 상태**"라면서 "10대 재벌, 그중에서도 **4대 재벌의 개혁에 집중**"하겠다고 했다. 어떻게 보면 문제의 핵심은 "부채비율이 과다하거나 이자보상배율이 1 미만이거나 심지어 마이너스 부실 상태"인 중견 재벌일 텐데, 이를 어떻게 정상화할지에 대한 얘기는 전혀 없다. 법과 제도와 정책이란 모름지기 보편성을 띠어야 하는데, 내놓겠다는 제도와 정책들을 중견 재벌에 대해서 어떻게 작용할지는 고민한 흔적이 없다.

연설에서 대통령은 재벌개혁의 첫째 과제로 "지배구조를 개혁해서 투명한 경영구조를 확립하는 것"을 들었다. "재벌 총수 일가는 **분식회계, 비자금 조성, 세금 탈루, 사익 편취 등 수많은 기업 범죄의 몸통**"이었다면서, "재벌 총수의 불법적이고 불투명한 경영 고리를 (…) 끊어 내기" 위해 "우선 총수 일가의 전횡을 견제할 수 있는 (…) **집중투표제와 전자투표, 서면투표를 의무화**하여 (…) 공정한 감사위원과 이사가 선출되도록 제도화"하겠다고 했다. 그러면서 "먼저 **공공부문에 노동자추천이사제를 도입하고, 이를 4대 재벌과 10대 재벌의 순으로 확대하고** (…) 재벌 총수가 회사에 피해를 입히거나 사익을 편취한 사실이 드러나면 **소액주주가 배상을 청구할 수 있게 하고** (…) 총수 일가의 사익 편취가 주로 비상장 계열사에서 일어나는 점을 감안하여 **다중대표소송과 다중장부열람권도 제도화하겠다**"고 했다. "**중대한 반시장범죄자는 기업 경영에 참여할 수 없게 하여 시장에서 퇴출시키고** (…) **법정형을 높여 집행유예가 불가능하게 하고 대통령의 사면권을 제한하겠다**"고도 했다. 이는 대선 과정에서 재벌개혁 공약(선관위 제출 공약 제3번)의 '2) 재벌의 불법 경영 승계, 황제경영, 부당 특혜 근절 등 재벌개혁 추진'에 집약되어 있다.[5]

둘째 과제로는 "재벌의 확장을 막고 경제력 집중을 줄여 나가겠다는 것"을 들었다. 이를 위해 "**우선적으로 10대 재벌에 집중하여 강력한 규제를 도입하고** (…) **재벌의 문어발 확장의 수단이** 되고 3세 승계 수단으로 악용되는 (…) **지주회사 요건과 규제를 강화하고** (…) **자회사 지분 의무소유비율을 높이겠다**"고 했다. "재벌들이 골목상권을 넘보면 안 된다"면서 "**재벌의 업종 확대를 제한하고** (…) **일감 몰아주기, 부당 내부거래, 납품 단가 후려치기** 같은 재벌의 갑질 횡포에 대한 **전면적 조사와 수사를 강화**하고 엄벌하기 위해 검찰·경찰·국세청·공정위·감사원·중소기업청 등 범정부 차원의 '**을지로위원회**'를 **구성**"하겠다고 했다. "**중소기업에 적합한 업종은 중소기업이, 서민 기업에 적합한 업종은 서민 기업**이 경영하게 하고 (…) (금융이 재벌의 금고가 되지 않도록) **금산분리로 재벌과 금융은 분리시키고** (…) 재벌이 장악한 제2금융권을 점차적으로 재벌의 지배에서 독립시키고 (…) 금융 계열사의 타 계열사 의결권 행사를 제한하고 계열사 간 자본출자를 자본적정성 규제에 반영하는 통합

---

5) △계열 공익법인, 자사주, 우회출자 등 우회적 대주주 일가 지배력 강화 차단 방안 마련, △ 다중대표소송제, 집중투표·전자투표·서면투표제 도입 추진, △횡령·배임 등 경제범죄 엄정 처벌 및 사면권 제한 등.

금융감독시스템을 구축하겠다"고 했다. 이는 공약의 '3) 문어발 재벌의 경제력 집중 방지'에 집약되어 있다.[6]

셋째 과제는 "우리 경제를 공정한 시장경제로 만들겠다"는 것이다. **"재벌 대기업과 중소기업 간의 불공정거래로 하도급 업체에 종사하는** 600만이 넘는 비정규직 노동자들이 저임금에 시달리고 있습니다. (…) 재벌 대기업에 쌓여 있는 700조 **사내유보금이 중소기업과 가계로 흘러내리도록** 하고 (…) 재벌의 갑질 횡포를 사전에 예방할 수 있도록 징벌적 손해배상제를 강화하고 불공정거래를 근절하기 위한 특단의 대책을 도입하겠다"고 했다. "또한 **국민연금을 비롯한 기관투자자들이 적극적으로 주주권을 행사할 수 있도록** (…) **주주권 행사 모범규준인 스튜어드십코드**(stewardship code)의 **실효성을 높이고**, 재벌 대기업에 대한 **조세 감면 제도는 폐지하거나 축소하고, 대기업에 혜택이 집중되고 있는 값싼 산업용 전기료를 현실화**하여 에너지 과소비형 산업 구조를 개선하겠다"고 했다. 그런데 대선 공약과 국정운영 5개년계획 어디에도 사내유보금에 대한 언급은 없다.

반면, 대기업의 부담을 경감하는 내용은 대기업 준조세를 줄여 주겠다는 내용 하나뿐이라고 해도 과언이 아니다. 대기업이 2015년 한 해에만 납부한 준조세가 16조 4천억 원에 달한다면서, **"대기업 준조세금지법을 만들어 정경유착의 빌미를 사전에 차단하고 기업을 권력의 횡포에서 벗어나도록 하겠다"**는 것이 요지다. 그러나 '노동자추천이사제', '중대한 반시장범죄자 기업 경영 배제', '골목상권 침범 규제', '중소기업과 서민기업 적합 업종 규제', '국민연금 스튜어드십코드', 귀고

---

6) △지주회사 요건과 규제 강화, 자회사 지분 의무소유비율 강화, △검찰, 경찰, 국세청, 공정위, 감사원, 중소기업청 등 범정부차원의 '을지로 위원회' 구성하여, 일감 몰아주기, 부당 내부거래, 납품 단가 후려치기 같은 재벌의 갑질 횡포에 대한 전면적 조사와 수사를 강화하고 엄벌, △소상공인 생계형 적합 업종 지정 특별법 제정, △금산분리로 재벌이 장악한 제2금융권을 점차적으로 재벌의 지배에서 독립, △금융 계열사의 타 계열사 의결권 행사를 제한하고 계열사 간 자본출자를 자본적정성 규제에 반영하는 통합 금융감독시스템 구축.

리도 코걸이도 될 수 있는 '재벌의 갑질 횡포 엄벌', 누가 경영을 하든 경영 판단 착오는 있기 마련인데 총수 일가가 '회사에 피해를 입히거나 사익을 편취'한 사실이 드러나면 소액주주에 의한 배상 청구가 쉽게 하겠다는 엄포 등은 기업에 대한 권력의 횡포를 수만 배는 더 강화할 소지가 있다는 것을 의식하지 못하는 것처럼 보인다.

요컨대 문재인 대통령과 친문 양당·노조·언론·여론을 아우르는 집권연합은 처지와 조건, 능력(생산성)과 운, 전략과 전술 등이 천차만별인 수많은 경제주체(개인, 기업, 국가) 간의 경쟁과 협력, 선택과 거부(밀당), 비교우위에 따른 분업·협업과 국제무역에 의해 형성된 시장질서와 경제 현상을 거의 불법적 착취, 수탈, 약탈, 억압, 갑질, 유착, 야합과 식민지 침탈과 지배종속 논리에 의해 형성된 것으로 본다.

김상조 등 진보 학자들이 초안을 잡아 줬을 대통령 연설문에 사용된 단어와 문장은 이들의 세계관과 심리의 표현이다. "(재벌은) 반칙과 특권, 부정부패로 서민경제를 무너뜨리고, 함께 이룬 결과물을 독차지하거나 남의 것을 빼앗고", "재벌 총수 일가는 분식회계, 비자금 조성, 세금 탈루, 사익 편취 등 수많은 기업범죄의 몸통" 운운하는 것들이 그렇다. 정의당 강령은 "**재벌과 국제 금융자본**은 (…) 우리 사회를 **승자독식 사회**로 폭력적으로 재편해 왔고 (…) 무자비한 경쟁과 적자생존의 사회 (…) 강자에 의한 배제와 폭력이 일상화"되었다는 현실 인식 하에 재벌과 국제 금융자본을 악마시한다.

대통령과 집권연합의 이런 세계관은 시장질서에 대한 불신과 경제 행위에 대한 도덕적 분노를 부르고, 국가권력의 '정의로운 개입', 특히 불법을 저지르는 강자에 대한 '단호한 응징(폭력)'을 부른다. 단적으로 국가의 규제·단속·처벌 강화와 노조 활동 보호·장려가 필요하다는 결론이다. '피해자=선량한 약자' 보호와 배려 대 '재벌=사악한 강자' 규제와 처벌이 국가 정책의 양대 축이 된다. 이런 생각은 민주당과 정의당 강령, 문재인 대선공약, 국정운영 5개년계획에 집약적으로 서술되어 있고 이후 각종 연설 등에서 끊임없이 재소환되는 문재인 정부 경제정책의 핵심 주제다.

한국의 경제 발전 수준을 감안하면 시장, 자본, 재벌대기업 등에 대한 과도한 불신과 도덕적 분노는 불가사의가 아닐 수 없다. 그 반면에 북한의 대내적 폭압과 대외적 핵·미사일 위협이나 중국의 주권 침해 행위(사드 보복)에 대한 놀라울 정도의 관대함이라는 불가사의가 있다. 재벌에 대한 반감에 못지않은 분노 표출로 2019년 7월 일본의 최혜국 대우(화이트리스트) 철회 방침에 대한 반응(경제 침략, 의병 운운)이 있다. 해방된 지 75년, 한일기본조약 체결 55년이 흘렀고, 산업을 포함한 여러 방면에서 일본을 추월했고 소득도 일본에 근접하여 심리적으로 일본에 대해 자신감을 회복했음에도 불구하고 폭발한 반일 감정 내지 반일 선동은 불가사의가 아닐 수 없다. 뒤에 말하겠지만 이러한 분노는 기본적으로 기억과 정서에서 자연 분출된 것이 아니라 정치적으로 조작되고 증폭된 것이다.

6. 선진국 정부와의 인식 격차

문재인 정권과 집권연합은 처지와 조건, 생산성과 교섭력(무력=파괴력), 생존 번영을 위한 전략과 전술이 천차만별인 자본과 노동, 기업과 가계, 갑(재벌 대기업)과 을(중소협력업체), 건물주와 임차인, 프랜차이즈 본사와 가맹점 등 수많은 경제주체를 무도한 강자(약탈 억압자)와 선량한 약자(피약탈 피억압자)로 뭉뚱그린 후, 후자의 권리를 보호하기 위해 전자에 대한 국가 규제와 강력한 단속 처벌을 가하는 것이 진보요 개혁이라고 생각한다. 법에도 눈물이 있어야 한다면서 법리를 무시하고 내지른 약자 편향적 판결을 정의로운 판결이라고 칭송한다. 물론 그 판결에 따르는 책임과 부담은 오로지 강자가 진다. 국가가 지는 일은 거의 없다.

국가의 강자 규제, 약자 보호의 수단은 자본 및 재벌 대기업 등 우월적 지위에 있는 경제주체의 횡포를 엄벌하고(형사처벌, 경영 참여 제한), 이들에게 더 많은 의무와 부담을 할당하고, 최저기준을 상향하는 것이 골자다. 하한을 규제하는 최저임금 제도, 상한을 규제하는 근로시간 제도, 기간과 사유를 제한하는 비정규직 규제, 법원이 그 정당성을 심판하는 해고 규제, 행위를 제한하는 부당노동행위 규제, 적극적 조치(어퍼머티브 액션)로서 장애인 또는 청년 고용 의무할당 등이 대표적이다. 격차, 불안, 저임금, 장시간 노동 등 경제적 모순과 부조리를 싸잡아 강자의 불법적 탐욕과 갑질의 산물로 보면, 사법적 수단으로 재벌 적폐를 청산하여 공정경제를 이룩하고, 국가 규제로 최저임금을 확 끌어올려 저임금 근로자들이 당하는 착취와 수탈 문제를 해결하고, 비정규직 규제로 고용 불안을 해소하고, 근로시간 상한제(52시간)를 확대하는 한편 어기는 사용주를 처벌하여 근로자들에게 '저녁이 있는 삶'을 선사하고, 부동산 임대차 규제를 통해 임차인을, 프랜차이저 규제를 통해 가맹점을 보호하고, 공공부문을 팽창시켜 신자유주의를 저지하려고 하게 되어 있다. 한일 관계 역시 19세기 말에서 20세기 중반의 식민지 시대 프레임으로 보면, 일본이 시사한 경제보복 조치를 '한국경제발전에 대한 시샘과 한국경제 죽이기'로 규정하여 항일 독립(의병) 전쟁을 호소하고, 경제적 침략 내지 지배·종속 야욕을 분쇄하기 위해 분업·협업 관계(경제적 연관성)를 축소·해소하는 쪽으로 내달릴 수밖에 없다. 문제의 진단부터가 지극히 일면적이거나 허구적이니 제대로 된 대응책이 나올 수가 없다. 선한 의도는 현실 앞에서 무참히 배신당할 수밖에 없다.

북한의 엽기적인 언행도 저들이 인식하는 국제정치질서의 산물이다. '승냥이·날강도 같은 미·일 제국주의와 그에 빌붙은 남조선 괴뢰정권'이 북한을 호시탐탐 노린다고 생각하니 국가를 병영 체제로 만들어 인권을 말살하고, 핵과 미사일에만 의존해 체제를 지키려는 것이다. 물론 기회만 주어지면 남한을 군사적으로 점령하여 통일을 하겠다는 의도가 없을 리 없다. 공격이 최선의 방어(체제 보위) 수단이기 때문이다.

북한의 미국 및 국제정치질서에 대한 인식과 현 집권연합세력의 재벌과 경제 현상과 한일 관계에 대한 인식은 공히 지독한 무지, 착각, 허구, 사기와 공포의 산물이다. 그런데 진실은, 남과 북 두 정권 공히 19세기 말의 국제정치관과 20세기 초·중반의 경제관에 따른 대립 구도로 국민과 인민을 통제, 동원하지 않으면 정권을 유지할 수 없기 때문이 아닐까?

시장질서와 경제 현상은 자유로운 상거래(비교우위에 따른 분업·협업과 국제무역 등)에 의해 생긴 측면도 있고, 경제주체 간 생산성이나 교섭력(선택권과 거부권 등) 격차에 따른 합법적·불법적 갑질과 그 나름의 생존과 번영을 위한 전략 전술과 타협 절충으로 인해 생긴 측면도 있다. 정말 너무나 다양한 요소들이 얽히고설켜 있다. 시장질서와 경제 현상을 처지와 조건, 생산성과 교섭력 등이 천차만별인 경제주체들 각기 나름의 합리적 행동의 소산으로 여기면, 경제주체 간 '밀당'에 의해 형성된 가격(최저임금 등)이나 고용 형태 등을 국가 권력이 함부로 건드리지 않는다. 또한 상품, 가격, 공급자 자격 제한을 함부로 하지 않고, 경제주체에게 함부로 권리와 의무를 할당하지 않는다.

선진국들은 국가가 책임과 부담을 떠안는 사회간접자본 건설, 사회안전망(고용, 보육, 의료 등) 확충, 교육·주택·세금(근로장려세제) 정책 등을 주요한 수단으로 삼아 격차, 불안, 소외 등을 해소하거나 완화하려 한다. 그래서 OECD 국가 대부분은 미세조정을 통해 어떤 불균형을 해소하는 것을 경제정책의 목표로 한다. 근본적으로 경제 문제를 불법 부당한 착취, 수탈, 약탈, 억압, 갑질, 지배 종속의 문제로 보지 않기 때문이다. 금융정책(금리, 환율, 금융 완화), 재정정책(세금, 예산 포트폴리오 변경), 민간 투자를 유도하는 법, 규제 합리화 정책이 대종이다.

그러나 문 정부는 기업이나 관련 전문가 다수의 요구를 완전히 깔아 뭉개고 최저임금 대폭 상향, 경직된 근로시간 상한제(52시간), 비정규직 제로화(파리바게뜨 5,378명 직고용 명령과 공공기관 협력업체의 자회사로 흡수), 공공부문 급팽창, 노조에 대한 기업의 정당방위행위(부당노동행위) 처벌, 국민투표나 의회 논의를 건너뛴 탈원전, 이해관계자들의 숙의를 건너뛴 문재인 케어, 시간강사 대량 실업 사태를 초래한 시간강사법, 악덕 기업주에 대한 전 국가기관을 동원한 먼지털이식 조사와 수사 등, 그야말로 엄청나게 폭력적이고 반민주적인 정책을 구사하고 있다. 반면에 자타가 공인하는 한국경제의 고질병들인 노동시장 이중화, 노조와 공공부문의 지대추구 등은 개선은커녕 오히려 병을 더 악화시켰다.

한국은 OECD 국가들과 다른 방식으로(국가 주도, 수출 주도) 경제를 발전시켜 왔기에, 그들과 경제 문제가 같을 수 없다. 그래서 OECD 국가들이 여간해서 잘 하지 않는 구조개혁을 하는 것 자체가 이상한 것은 아니다. 특히 IMF 외환위기 직후 출범한 김대중 정부는 역대 그 어떤 정부보다 과감한 구조개혁을 시도했다. 그 구조개혁을 관통하는 것은 시장 원리를 막힘없이 흐르게 하는 것이어야 한다. 기업·금융·공공·노동의 '4대 개혁'이 단적인 예다. 대한민국 역사를 "반칙과 특권과 기회주의가 득세한 역사"로 규정하기도 한 노무현 정부조차 가능한 한 시장질서를 존중하려고 했다. 2005년 5월 16일 "대·중기 상생협력대책회의"에서 노무현 대통령이 한 "권력은 이미 시장으로 넘어간 것 같다. (…) 대기업과 중소기업이 함께 가는 대책이 있어야 하는데 이것도 기본적으로 시장에서 이뤄져야지 정부가 정책적 간섭을 하는 것은 바람직하지 않다"는 발언이 그 단적인 예다. 그런데 문 정부가 밀어붙이는 경제정책은 김대중·노무현 정부를 포함한 역대 정부들의 정책 기조와 완전히 다르다. 시장 원리 존중이 아니라 시장 원리 억압이다. 비정규직 문제에 대한 인식이 그 단적인 예다.

2017년 5월 25일 한국경영자총협회(경총) 포럼에서, 문 정부의 비정규직 정책에 대해 김영배 경총 상임부회장은 "세계적으로 널리 활용하는 아웃소싱을 유독 우리만 문제 삼는 건 옳지 않다", "기업마다 다른 인력 운용 방식을 고려하지 않고 '좋다' '나쁘다' 이분법으로 접근하면 갈등만 부추기고 사회 전체 일자리를 감소시킨다"는 등의 발언을 했다. 이에 대해 박수현 청와대 대변인은 **"경총은 비정규직으로 인한 사회적 양극화를 만든 주요 당사자다. 책임감을 갖고 진지한 성찰과 반성이 먼저 있어야 한다"**면서 문 대통령이 유감을 표명했다고 전했다. 같은 날 국정기획위 박광온 대변인도 경총의 발언에 대해 "지극히 기업 입장만을 반영한 것 같아 대단히 유감"이며 "한마디 반성도 없이 비정규직이 너무도 당연한 것처럼 말하는 것은 너무도 안일한 시각이다. 지극히 기업 입장만 대변하는 아주 편협한 발상"이라고 비판했다. 김진표 국정기획위원장도 "(재계에서) **압박으로 느낄 땐 느껴야 한다**", "개혁은 잘못된 기득권을 정상적으로 가져오는 거고, 거기엔 고통이 따른다"고 비판했고, 우원식 더불어민주당 원내대표는 "비정규직을 나쁜 일자리로 만든 주체가 할 말이 있느냐"고 비판했다. 이는 문제의 구조와 원인을 파악하지 못하고, 정부의 문제와 기업의 문제, 제도의 문제와 사람(기업)의 문제를 분별하지 못한다는 증거다.

문 정부와 집권연합은 경제 문제와 시장질서를 심각하게 뒤틀린 경제사회정의 내지 불법부당한 탐욕과 갑질의 문제로 본다. 저임금도 재벌 탓, 중소기업의 어려움도 재벌 탓, 시장에서 혁신이 잘 안 일어나는 것도 재벌 탓, 불평등 양극화 일자리(비정규직 등) 문제도 재벌 탓이다. 다시 말해 신자유주의를 등에 업은 재벌의 과도한 탐욕(단가 후려치기 등)과 독식, 불법적 갑질과 약탈(기술탈취, 사익 편취 등), 정경유착에 의한 특권·특혜에서 경제사회적 양극화의 원인을 찾는다. 경제 문제의 구조와 원인 분석이 너무나 단순무식하기에 문제가 생산성 문제인지 지대(약탈) 문제인지조차 분별하지 못한다. 낮은 생산성으로 인한 저임금·저수익을 자본과 재벌 대기업의 약탈의 문제로 간주한다. 또한 제도의 문제인지, 사람의 문제인지, 환경의 문제인지도 분별하지 못한다. 재벌을 향해 삿대질하는 자들, 정치인과 직업관료, 강단 좌파, 노조, 시민단체 등의 사고방식과 행위야말로 전형적인 약탈과 억압임에도, 적반하장으로 재벌 대기업을 그 원흉으로 지목한다.

한국경제에 선진국 경제에서는 찾아보기 힘든 갑질(약탈과 강압)이 존재하는 것은 사실이다. 경제주체 간의 생산성 격차도 크고, 교섭력 격차도 크다. 국가 규제에 의해 과잉시장과 과소시장이 동전의 양면처럼 존재한다. 그런데 문 정부와 집권연합은 이 전체를 균형적으로 보지 못하고, 그 원인과 해법은 더더욱 알지 못하니, 문제를 더 악화시키는 정책만 계속해서 쏟아 낸다. 수술(구조개혁)이 필요한 부분은 수술하지 않고, 수술도 약도 필요 없이 가만 놔두면 치유가 되는 부분(근로시간 단축과 최저임금 등)에는 거칠게 칼을 들이대는 식이다.

제2장
문재인 정부의 무지와 착각의 뿌리

문재인 정부 2년 반 동안 경제에 지대한 영향을 미친 주요 정책은 열 손가락으로 헤아리기 힘들다. 소득주도성장론에 입각한 최저임금 대폭 상향, 공공부문 고용 대폭 확대, 비정규직 개념 확대와 비정규직 제로화(공공부문 주도, 민간부문 규제 강화. 예컨대 파리바게뜨 5,378명 직고용 명령 등), 노동시간 단축, 공공부문 노조정책 폐기(2대 지침 등), 보조금 1천만 원 제공 청년일자리 대책(2018. 3. 15), 초강력 부동산 대출 규제와 서울 인접 지역 신도시 건설, 민간 택지 분양가 상한제, 한은 금리 동결, 도시재생 뉴딜(50조 원)과 가상화폐 규제, 법인세 인상, 문재인 케어, 탈원전과 태양광 대폭 확대, 소상공인 생계형 적합 업종 지원 특별법(2018. 12. 13 시행), 국민연금(인사)과 스튜어드십코드. 주요 기업 세무조사, 삼성전자서비스 노조 탄압 처벌, 한진 일가에 대한 집중 털기, 삼성바이오 회계분식 혐의 거래 중지…. 일본과의 외교 갈등 역시 경제에 적지 않은 영향을 주었다. 개별 정책 하나하나에 대한 정밀한 평가도 필요하다. 하지만 다양한 정책들의 모태 내지 등뼈에 해당하는 기본 사고방식을 파악하는 것도 필요하다.

문재인 정부는 하나같이 이상은 고귀했던 조선과 북한, 사회주의 국가들의 피폐와 야만을 성찰한 적이 없다. 뿐만 아니라 1987 체제의 그늘도, 외환위기의 원인과 후과도, 참여정부의 실패와 좌절도 성찰한 적이 없다. 대한민국이 20세기에 이룩한 빛나는 기적에 대해서도 그 동력과 환경을 성찰한 적이 없다. 그리고 불평등, 양극화, 일자리, 저임금, 저성장, 저출산, 소모적인 경쟁과 갈등 문제 등 거의 모든 국가적 현안에 대해서도 제대로 연구 고민해 본 적이 없다. 가장 가까운 참여정부의 실패와 좌절에 대해서도, 진보적 가치와 정책을 세게 밀어붙이지 못해 지지층의 이해와 요구를 배신했기 때문이라고 보는 듯하다.

1. 문재인 정부의 혼동

(1) 원인과 결과의 혼동

문재인 대통령과 정부의 경제, 고용, 공공(규제, 예산, 공공기관, 공무원), 사법, 의료, 원전 등 실물에 대한 놀라운 무지는 대통령의 언행과 정부의 주요 정책에서 숱하게 확인된다. 사실 문 정부가 정권 출범 초기에 야심차게 내놓은 『국정운영 5개년계획』 자체부터가 모순적인 주장으로 가득 차 있었다.

5개년계획에 의하면 '소득주도성장을 위한 일자리경제'의 철학적 원칙은 다음과 같다.

○ 더불어 성장의 핵심과제는 '좋은 일자리가 마련된 대한민국'으로, **일자리 창출로 가계소득을 늘리고, 늘어난 소득으로 소비를 확대하여 내수 활성화 및 성장으로 이어지는 '경제 선순환 구조' 구축**

○ 일자리 문제 해결의 핵심은 **일자리를 늘리고, 노동시간과 비정규직을 줄이며, 고용의 질을 높이는 '늘리고, 줄이고, 높이는' 전략.** 이를 위해 **정부가 81만 개의 공공부문 좋은 일자리를 만들어 앞장서고,** 기업과 노동자는 사회적 대타협과 강력한 산업혁신으로 일자리를 많이 만들어 내는 것이 중요

결과(좋은 일자리 창출)와 원인(내수 활성화 및 성장으로 이어지는 '경제 선순환 구조' 구축)을 뒤바꾼 이 논리는 고용노동부 대통령 업무보고(2018) 등에서 무한 재생되었다. 마차(고용)를 움직여 말(경제)을 움직인다는 발상과 다를 바 없다.

출처: 2018년 고용노동부 업무보고(소득주도성장) 5쪽,
https://www.moel.go.kr/policy/busireport/busireportList.do

인과관계나 상관관계, 안이 있으면 밖이 있고, 산이 높으면 골이 깊고, 빛이 있으면 그늘이 있고, 본체가 있으면 그림자가 있다는 것 등은 삼척동자도 체화했을 법한 논리적 사고의 기본 품새다. 그런데 욕망이 간절하면 헛것이 보이고, 아주 기본적인 의문을 건너뛰고, 명명백백한 과학적 사실을 무시하게 되기도 한다. 소득주도성장 정책은 그 전형이다. 경제, 고용, 외교, 안보 등에 엄청난 충격을 주는 복잡미묘한 사안을 전문가들의 숙의나 민주적 절차를 건너뛰고 무슨 군사작전 하듯이 밀어붙인 것은, 이 문제들을 주로 사악하고 탐욕스러운 소수 악당들의 소행으로 봤기 때문이다. 실물에 대한 몰이해, 실사구시 과

소, 분노·도덕·자신감 과잉 등 말고는 문 정부의 단순무식하고 과감한 행태를 설명할 길이 없다. 다른 한편, 고시와 공무원시험을 통과한 엘리트 직업공무원들조차 도대체 기본적인 논리조차 결여한 이 정책을 조선 왕의 어명이나 북한 수령의 교시처럼 받아 안는 풍토는 한국 민주주의와 직업공무원 제도의 부실함을 증명해 준다. 수천 수만 명의 엘리트 직업공무원들이 문 정부의 무지몽매한 행보에 전혀 제동을 걸지 못하는 것은 이들의 용기 결여나 양심 불량 탓이라기보다, 정권의 각종 보복성 인사와 표적 감사·조사·수사를 견제할 수단이 거의 전무하기 때문이다. 한마디로 권력의 전횡을 견제하는 법적, 제도적 장치가 부실하기 짝이 없다는 얘기다.

문 정부의 폭정과 실정의 대부분은 사물 현상의 원인(의도)과 결과, 투입과 산출, 본질과 현상의 관계를 제대로 파악하지 못한 데서 비롯된다. 투입과 산출, 혹은 의도와 결과가 비교적 잘 맞아 떨어지는 농경사회의 유산인지, 인간의 완성(수기修己와 수신修身)을 사회 완성(치국평천하治國平天下)의 요체로 본 유교 사상의 유산인지는 모르겠지만, 어떤 사회악, 예컨대 세월호 참사 같은 사고나 불평등 양극화 고갈등 같은 모순·부조리 뒤에 '힘센 악당'이 있다고 생각하는 것은 뿌리 깊은 한국적 사고의 병폐다. 문 정부와 집권연합은 그 악당을 보수 정치세력, 신자유주의, 재벌, 인간의 탐욕 등으로 설정하는 것처럼 보인다. 각자가 사적 욕망 혹은 비용 대비 편익 극대화를 추구해도 공공선을 얼마든지 만들어 낼 수 있다는 한비자나 애덤 스미스의 통찰을 진보는 말할 것도 없고 보수조차도 자주 망각하는 것처럼 보인다. 반면에 정반대 편향인, 인품과 덕망이 높은 권력자가 솔선수범하고 인사人事를 잘 하면 수많은 악덕이 해결된다는 유치한 사고방식이 맹위를 떨친다. 유교나 사회주의 이상 같은 좋은 의도가 현실에서는 처참한 결과를 초래했다는 역사의 교훈을 자주 망각한다. 풍토가 다르면 귤을 심어도 탱자가 열릴 수 있다는 귤화위지 고사도 마찬가지다. 사물의 인과관계를 따져 묻지 않으면 외과의사, 기술자, 건축가, 예술가 등의 지적 능력을 권력자의 덕성에 비해 경시하게 마련이다.

(2) 정상과 비정상의 혼동

문재인 정부의 최대 역점 사업 중 하나는 '좋은 일자리 창출'이다. 이는 『국정운영 5개년계획』의 국정과제 16번에 서술되어 있다. **'국민의 눈높이에 맞는 좋은 일자리 창출'**이라는 제하에 '(2022년까지) 공공부문 일자리 81만 개 창출'을 핵심 정책으로 제시하고 있다.

그런데 지금 대한민국에서 '좋은 일자리'의 대명사는 대략 200만이 넘는 공무원 및 공공기관 직원, 통칭해 '공공부문'이다. 특히 공무원은 임금, 연금, 복리후생, 교육 기회, 정년 보장 등을 종합하면 세계 최고 기업인 삼성전자 직원보다 생애소득이 높다는 것이 공공연한 비밀이다. 그 뒤를 지대추구를 사명으로 하는 현대기아차 등 민간 독과점 대기업과 은행 등 규제산업 종사자들이 따르고 있다. 도심 요지 건물주나 면허 직업(의사, 변호사 등)도 선망의 대상이긴 하지만, 아무리 많이 잡아도 30만 명 이하로 숫자도 많지 않거니와, 무엇보다 부모를 잘 만나든지 본인의 능력이 출중해야 한다는 등의 한계가 있어 논외로 한다.

임금, 복지, 고용안정성 등 근로조건의 측면에서 보면, 한국의 좋은 일자리(공공부문, 규제산업, 대기업 등)는 우리보다 GDP(무역환율기준) 수준이 20~30퍼센트 높은 일본보다 더 많다. 더 심각한 것은, 삼성전자 직원의 고임금은 높은 생산성에 기초하고 있지만, 공공부문과 규제산업 대부분은 전혀 그렇지 않다는 사실이다. 이들 일자리의 지불능력(=소득)의 주된 원천은 한마디로 '부당한 초과이윤=지대'이다. 그런 점에서 문재인 정부가 '국민 눈높이'를 말할 때, 그 국민이란 많이 잡아야 취업자의 대략 20퍼센트(500만 명) 미만인 공공부문·규제산업·대기업의 정규직(영구직), 한마디로 '성안 사람'인 것이다. '2020년까지 최저임금 1만원', '공공부문 규모 확대', '비정규직의 정규직화'와 '공공부문의 솔선수범' 등은 우리의 생산력(1인당 GDP나 GNI)이나 변화 부침과 탄생 소멸이 극심한 시장 환경에 비해 너무 높은 눈높이의 산물이다.

문재인 정부는 '정규직=정상, 비정규직=비정상'이라는 도식에 입각하여 전자를 늘리고 후자를 줄이는 정책으로 일관하고 있다. 그런데 OECD 국가 중에 한국의 정규직만큼 고용 보장이 튼튼한 나라는 없다. 쌍용차나 한진중공업 정리해고 사태에 대한 여론의 반응에서 보듯이 기업의 구조조정을 죄악(범죄)시하는 나라는 한국 외에는 없다. 최저임금이나 공무원 임금, 연금 등을 생산력 수준이나 중위임금 수준을 감안하여 책정해야 한다는 개념도, 변화 부침이 심한 시장 환경을 감안해 고용보호 수준을 정해야 한다는 개념도 없다. 노동권과 재산권 및 경제적 자유권이 균형을 이루지 않으면 자본의 국내 투자와 고용 의지를 말살해 버릴 수 있다는 시장경제의 상식도 제대로 자리 잡지 못했다.

한국에서 임금은 기업별 노조의 단체교섭과 (공공부문과 민간 대기업에 만연한) 생산성과 무관하게 가파르게 올라가는 호봉제에 의해 올라가는 것을 당연시하기에 생산성과 임금의 괴리가 심하다. 좋은 직장의 장기근속자들의 고임금과 좋은 근로조건의 원천은 자신이 생산한 가치가 아니라, 다른 사람이 생산한 가치를 약탈하고 자신이 응당 져야 할 부담을 전가한 '지대'이다. 그럼에도 이런 지독한 비정상을 정상으로 간주하고 정규직을 늘리려 하니, 정규직을 늘리면 늘릴수록 기업의 국내 투자와 고용 의욕은 줄어들 수밖에 없고, 청년 등 미래세대에게는 '기회의 사막'이 펼쳐질 수밖에 없다. 불평등과 양극화도 더 심화되고, 그 성격은 지독한 악성이 될 수밖에 없다.

그런 정책을 지지하는 '성안 국민'은 여론조사 결과로 보면 소득 상위 20퍼센트 계층과 직업적으로는 공무원·교사·규제산업 종사자가 주축인 화이트칼라로 추측된다. 그 '성안 국민'의 눈높이에 맞춰 제반 규제와 표준을 책정하는 정책이야말로 경제 자살, 고용 학살, 청년일자리 말살의 원흉이라고 해도 과언이 아니다.

문재인 정부는 '국민 눈높이' 자체를 성찰하고 반성하기는커녕 최근에는 '표준고용계약'으로 성안 국민 친화 정책을 더 정당화하고 있다. 김상조 청와대 정책실장은 2018~19년 불과 2년 동안에 30퍼센트 가까이 올리는 최저임금 정책에 대해, "**표준고용계약** 틀 안에 있는 사람에게 긍정적인 영향을 줬다"면서 "상시근로자 비중이 느는 등 고용구조 개선을 확인했고, 이런 성과를 계속 이어가야 한다"고 자화자찬했다. 반면에 "임금노동자와 다를 바 없는 영세자영업자·소상공인 등 **표준고용계약** 틀 밖에 있는 분들에게 부담이 된 것은 부정할 수 없다"며 "건보료 지원 등을 통해 보완 대책을 마련하고 충격 최소화에 노력했으나 구석구석 다 살피기에 부족한 점이 없지 않았단 점을 인정한다"고 했다. 특히 "더구나 최저임금 정책이 을과 을의 전쟁으로 사회 갈등의 요인이 되고 정쟁의 빌미가 된 것은 가슴 아프다는 점을 고백하지 않을 수 없다"고 말했다.[7] '표준' 또는 '표준고용계약'의 타당성은 묻지 않고, 표준고용계약 틀 밖에 있는 무수히 많은 사람들에 대해 언 발에 오줌누기식 지원 정책을 내놓은 것이다.

---

7) https://www.mk.co.kr/news/politics/view/2019/07/519592/

(3) 강자와 약자의 혼동

적과 친구, 강자와 약자, 부자와 빈자 등을 따지고 전자를 적대·경계·질시하는 것은 인간의 원시적 본능이다. 이런 원시적 본능이 과학적인 인식(분별력)의 발목을 잡는 일이 다반사라는 것은 상식이다.

사실 강자와 약자, 부자와 빈자의 자유·권리와 의무·책임은 정의·공정론의 핵심 주제다. 그러나 정책에서 관건은, 과연 강자와 부자에 대한 규제나 의무·책임 부과가 약자나 빈자의 자유·권리의 확대·강화에 기여하는가이다. 강자의 힘과 부자의 부가 부당한 갑질(약탈과 억압)의 결과이거나 부당한 갑질을 낳는다면 당연히 국가의 규제와 처벌이 가해져야 할 것이다. 하지만 그 힘과 부가 높은 생산성(창의, 열정, 지속적인 노력 등)의 결과라면 국가의 규제가 반드시 사회적 약자를 포함한 사회 전체의 자유·권리 내지 물질적, 문화적 생산력 증대에 기여한다고 할 수 없다.

또 적과 친구, 부자와 빈자를 분별하는 것은 비교적 쉽지만, 강자와 약자, 갑과 을을 분별하기는 쉽지 않다. 흔히 강·약 또는 갑·을 관계로 뭉뚱그려지는 자본과 노동, 재벌 대기업과 중소 협력업체, 건물주와 임차인, 프랜차이저 본사와 가맹점 등에서 강자(갑)나 약자(을)로 분류되는 집단은 결코 동질적 집단이 아니다. 단적으로 한국철도공사나 현대기아차 노조원과 영세기업 근로자나 청년 구직자들은 하나의 '노동'으로 뭉뚱그려지지만, 그 처지와 조건은 하늘과 땅 차이다. 건물주는 의심할 여지 없는 강자(갑)으로 보이지만, 대출금을 갚지 못해 골머리를 앓거나 임차인을 구하지 못해 발을 동동 구르는 건물주도 부지기수다. 속정 모르는 제3자의 눈에는 불리한 거래계약처럼 보이는데도 양자가 만족하는 관계인 경우도 많다. 무엇보다도 갑과 을, 강자와 약자라는 관계는 고정불변이 아니고 상황에 따라 얼마든지 역전될 수 있다.

그런데 복잡미묘한 실물을 잘 모르는 사람들은 악덕 기업주의 횡포, 노조 와해 공작, 건물주 갑질(서촌 궁중족발 사건), 일감 몰아주기, 기술 탈취 등 몇 개의 극단적인 사건을 일반화하여, 모든 거래관계를 '탐욕스런 강자(갑)와 착한 약자(을)' 프레임으로 양단한다. 단적으로 기술탈취 사건은 많은 사람의 공분을 일으켜 강자(갑)에 대한 규제와 처벌을 뒷받침하는 강력한 근거가 될 것 같지만, 실제에서는 사법적으로 단죄된 일이 거의 없는, 대체로 한쪽의 일방적인 주장일 뿐이다. 사실 중소기업에는 대기업이 탈취할 기술이 별로 없다. 기술인력 빼가기는 다반사로 일어나는데, 문제는 노동시장의 이중구조로 인해 제어하기가 쉽지 않다. 기술인력을 중소기업의 노예처럼 매놓을 수는 없기 때문이다. 이런 복잡다단한 고려 없이 몇 개의 극단적인 사건을 가지고 전체 그림을 일반화해 버리면 자본, 기업, 건물주, 프랜차이저 본사 등 강자의 경제적 자유권과 재산권을 침해하는 방식으로 약자로 규정된 존재들의 권리와 이익을 보호하려 하게 된다. 결과적으로 창의와 열정이 넘치는 개인과 기업을 국가가 억누르고, 약자로 위장한 강자 집단(공공부문 종사자와 대기업 노조원)을 과보호하게 된다. 이렇게 되면 경제 활력의 원천인 개인과 기업의 창의와 열정은 숨쉴 수 없고, 잘나가는 기업은 국내 투자와 고용 의지가 살아나기 어렵다. 결과적으로 불평등, 양극화, 일자리 문제가 해소될 수 없다.

요컨대 세상을 '악한 강자'와 '선량한 약자'로 양단해 버리면, 여성·근로자(노동)·중소기업·자영업자·농어민·소비자 등은 약자로 뭉뚱그려진다. 전혀 약자가 아닌 존재가 약자로 포장되는 것도 문제지만, 더 큰 문제는 대부분의 경제주체가 약자로 되어, 국가의 규제·보호·간섭이 끼어들 영역이 무한대로 확장된다는 것이다. 결과적으로 거의 전 국민과 전 경제주체가 국가의 보호와 배려의 대상이 되어 버리는 것이다. 최대의 수혜자는 시장 경쟁의 무풍지대에 있으면서 국민의 세금이나 국가 독점 업역을 가지고, 일반 국민보다 월등히 높고 안정된 근로조건을 누리는 공무원과 공공기관 종사자(대부분이 노조원)들이 된다.

결과적으로 갑 기업의 근로자는 기업의 근로자를 약탈한다. 진짜 강자인 공공이 민간을 약탈하고, 대기업 조직노동은 중소기업주와 중소기업 미조직 노동을 약탈하고, 이른바 표준고용계약의 틀 안에 있는 근로자는 그 바깥의 진짜 약자인 자영업자와 실업자를 약탈한다. 약자 행세를 하는 중장년 근로자는 진짜 약자인 청년 구직자를 약탈하고, 대학 등록금 지원과 청년수당 등을 받는 고학력자는 일하는 저학력자를 약탈하고, 현세대는 미래세대를 약탈한다.

(4) 불법적 약탈, 합법적 약탈(지대), 높은 생산성의 혼동

문재인 정부와 집권연합은 불평등과 양극화, 저임금과 고용불안의 원흉으로 자본, 재벌대기업, 프랜차이즈 본사, 건물주 등 우월적 지위에 있다고 믿어지는 경제주체(강자)의 불법적 갑질(약탈과 억압)을 지목한다. 노조와 국가·공공이 자행하는 합법적이지만 부당한 갑질은 안중에 없다. 또한 기업 이윤과 공공부문 및 민간기업 근로자의 임금이 생산성(정당한 격차)과 지대(부당한 격차)의 중첩이라는 사실도 알지 못한다. 이는 기본적으로 자본과 노동, 돈과 사람, 이윤·탐욕과 생명·안전, 시장과 국가, 민간(사익)과 공공(공익), 사邪와 정正의 대립구도로 세상을 보기 때문이다. 이는 조선의 성리학적 세계관과 근대 마르크스주의 세계관의 잔재다. 세상을 이렇게 보니, 국가권력에 의한 약자 보호와 강자 규제·처벌을 전가의 보도처럼 휘두른다. 신자유주의를 만악의 근원처럼 여기는 것은 이 사조가 상대적으로 우월한 지위에 있는 경제주체의 손발에 채워진 족쇄를 무분별하게 끊어 버렸다고 보기 때문이다.

문제를 자본과 재벌대기업의 불법과 부도덕, 즉 과도한 탐욕과 불법적 갑질에서 찾으면 해법은 간단하다. 국가권력으로 재벌대기업의 불법·부당한 행위를 강력하게 응징하고, 이들의 곳간에 수북이 쌓여 있는 부를 공정한(실은 우호적인) 하청단가와 세금 등으로 환수하는 것이다. 요컨대 법적 강제(규제, 단속 처벌, 세금 등)와 재벌대기업의 선의와 노조운동 등을 통해 불평등과 양극화를 해결한다는 것이다. 쉽게 말해 세금 더 걷고, 임금 올리고, 주주 배당 늘리고, 협력업체 납품단가 올리고, 국내 투자와 고용을 늘리자는 것인데, 그야말로 모순적이고 환상적이다. 어디 꿈속에서나 가능한 일이다.

한국의 격차, 불평등, 양극화 문제의 원인 진단과 해법이 잘 나오지 않는 것은, 문제를 오직 사법적 단죄가 가능한 불법성에서 찾거나, 신자유주의가 기업에 채워진 족쇄를 푼 데서 연유한다는 사고방식 때문이 아닐까 한다.

(5) 제로섬적 사고가 필요한 곳과 아닌 곳의 혼동

격차나 경제력집중 프레임은 특정 시점에서 전체 파이를 100으로 놓고, 각 경제주체(기업, 가계, 정부, 자본, 노동 등)가 거기서 차지하는 몫을 따진다. 이런 100분위 통계로 세상을 보면 특정 경제주체의 몫(비중)이 늘어나면 다른 경제주체의 몫이 줄어드는 것처럼 보인다. 오랜 폐쇄적 농업경제 사회에서 살아온 인간은 빈부격차를 대체로 약자(빈자)에 대한 강자(부자)의 불법·부당한 착취와 억압에서 찾는 경향이 있다. 문재인 정부와 집권연합의 사유체계에는 폐쇄적 (농업)경제가 각인시킨 제로섬(zero sum)적 사고가 면면히 흐르고 있다. 부자가 가진 부는 빈자의 몫을 빼앗은 것이고, 재벌대기업의 부는 하청협력업체나 비정규직의 몫을 빼앗은 것이라는 사고방식이다.

한반도에서 제로섬적 사고는 뿌리가 깊다. 조선은 기본적으로 상업경제와 담 쌓은 폐쇄적 농업경제 사회였고, 조선을 지배한 성리학 사상은 특별히 균등한 분배를 중시했다. 양반사족의 물질적 탐욕을 제어할 필요성은 안빈낙도安貧樂道 사상을 낳았다. 20세기 초에 한반도에 들어온 마르크스레닌주의도 인류 사회의 핵심 모순·부조리를 자본의 착취나 식민지 종주국(제국주의)의 초과 착취에서 찾았다.

제로섬적 사고는 한국인의 뼛속 깊이 각인되어 다양한 변주를 낳았다. 자본은 노동의 몫을 빼앗고, 기업은 가계의 몫을 빼앗고, 원청은 하청 몫을, 대형마트는 골목상권 몫을 빼앗아서 격차가 커졌다는 생각이 그것이다. 그러면서 희한하게도, 진짜 제로섬적 관계 또는 동전의 양면이라 할 수 있는 정규직 대 비정규직, 조직노동 대 미조직 노동, 공공 대 민간, 현세대 대 미래세대의 관계에 대해서는 이런 사고방식이 비껴간다.

(6) '노동 대 자본'과 '정正 대 사邪' 프레임

한국은 사상, 이론, 개념 등을 주로 수입해 온 나라이다 보니 유럽, 미국, 일본 등 선진국의 이론과 개념으로 세상을 보는 습성이 강하다. 선진국에서 문제로 인식해야 문제로 인식하고, 한국 국민들에게 엄청난 고통을 주는 문제라 할지라도 선진국에는 없는 문제라면 아예 문제로 인식하지 않는다. 단적으로 공무원과 공공기관 종사자의 양반귀족화와 지대추구 성향은 경제정의와 효율을 크게 좀먹지만, 선진 민주국가에서는 찾아보기 힘든 문제이다 보니 한국에서는 그리 심각하게 여겨지지 않는다. 반면에 영국 등 유럽 좌파들이 주로 써먹는 노동-자본의 대립 프레임은 자본-임노동 관계가 제대로 형성되지도 않은 1930년대부터 한국 사회를 분석하는 유력한 프레임이었다. 1980년대 이후에는 신자유주의, 즉 경제적 자유 과잉이 한국경제 문제를 진단하는 유력한 프레임이 되었다.

문재인 정부와 집권연합이 세상을 보는 프레임은 최소 3개로 추정된다. 하나는 마르크스주의에 뿌리를 둔 '부자-빈자, 자본-노동, 돈(이윤)-사람, 안전-생명, 기업-가계, 시장-공공'의 대립 프레임이고, 또 하나는 조선 성리학에 뿌리를 둔 '정-사, 정의-불의, 개혁-적폐, 나쁜 강자-착한 약자'의 대립 프레임이다. 그 밖에 종족주의적 민족주의에 뿌리를 둔, '우리 민족-미·일 외세' 프레임도 있는 듯하다. 프레임은 세상을 보는 창이거나 편광안경이기에, 엄연한 모순이나 심각한 대립관계를 못 보게 하거나 그에 매우 둔감하게 한다.

과거 유럽 좌파가 세상을 본 유력한 프레임인 자본과 노동의 대립 프레임은 처지와 조건이 천차만별인 자본과 노동을 각각 균질적인 존재로 잘못 인식했다. 이 프레임은 영국, 프랑스, 독일 등 자본주의 선도 국가에서 실제 존재했던 대립 갈등 구도를 반영하기에 현대 자본주의 국가의 정치, 경제, 사회를 분석하는 유력한 프레임으로 기능한 것이 사실이다. 하지만 한국은 노동도 자본도 기업별로 쪼개져 있기에 그야말로 천차만별이다. 이 프레임으로 경제를 보면 언론에 노출 빈도가 가장 높은 존재를 자본과 노동의 대표주자로 착각할 수밖에 없다. 그 결과 자본의 대표주자는 삼성 등 재벌대기업이 되고, 노동의 대표 주자는 노조가 되었다.

문 정부와 집권연합이 받아 안은 자본-노동 대립 프레임의 변주라고 할 수 있는 신자유주의 프레임은 국가의 규제·간섭, 국가 의존, 국가를 활용한 약탈·강압이 기승을 부리는 '국가과잉(만능주의)'의 나라에서, 오히려 '시장과잉(신자유주의)'을 최고 최대의 문제로 여긴다. 영국의 대처와 미국의 레이건 등이 받아 안은 신자유주의(작은 정부, 민영화, 규제 완화, 친시장, 반노조 등)가 맹위를 떨치면서, 자본과 기업의 손발에 채워진 족쇄는 약화되고 노조의 손발에 채워진 족쇄가 강화되어, 노동소득분배율과 가계소득 비중이 감소했다고 진단한다. 그러면서 세계화, 자유화, 금융화, 지식정보화 효과와 인구대국인 중국과 인도 등의 세계시장 참여 효과는 외면한다. 보수와 진보를 초월하여 사상·이념의 식민지 근성이 남아 있는 한국에서는 비정규직도 외환위기 이후 물밀듯이 밀려온 신자유주의에서 비롯되었다고 보고, 대기업의 사내유보금을 자본의 과잉착취의 유력한 증거로 지목한다.

민주당의 2016년 총선 공약과 2017년 문재인 대선 공약을 비교해 보면, 2016년에는 사내유보금 관련 주장이 있었는데 2017년에는 완전히 빠졌다. 사내유보금의 실체가 많은 논객과 학자들에 의해 밝혀졌기 때문이다. 그럼에도 자본·재벌·대기업의 과잉착취에서 불평등과 이중화의 원인을 찾고 싶어 하는 심리는 너무나 그럴듯한 증거인 사내유보금에 대한 집착을 내려놓지 않는다.

문 정부와 집권연합이 시대정신처럼 받아 안은 격차(불평등, 양극화) 해소 프레임은 노동-자본, 원청-하청, 갑-을, 재벌-중소기업, 부자-빈자, 건물주-세입자 간의 (잉여를 둘러싼) 갈등에 주목한다. 하지만 국가와 시장, 국가와 개인, 국가와 사회공동체(커뮤니티), 공공과 민간(시장, 사회, 개인) 등 제도와 제도, 제도와 개인 간의 갈등은 간과한다. 자본-노동의 대립 프레임으로만 현실을 진단하면 자본 대 자본, 노동 대 노동(비정규직, 비경제활동인구, 비임금근로자, 공공 대 민간), 기존 취업자 대 미래 구직자, 현세대 대 미래세대의 대립·갈등을 무시하거나 간과하게 된다. 아마 한국에서 가장 심각함에도 불구하고 외면되는 대립·갈등 관계 중의 하나가 국가(법, 규제, 예산, 사법 등)나 노조의 보호를 받으며 지대를 수취하는(하는 일에 비해 월등한 권리·이익을 누리는) '성안 사람'과, 국가나 노조나 기득권 집단(내부자)에 의해 내팽겨쳐진, 하는 일에 비해 형편없는 권리·이익을 누리는 '성밖 사람'(외부

자) 간의 갈등일 것이다. 시간강사와 청년 구직자들이 대표적이다. 북한과 종족주의적 민족주의가 주도적으로 유포한 '우리 민족 대 미·일 외세'의 대립 프레임으로 역사와 현실을 진단하면, 문명과 야만, 자유주의와 전체주의의 대립이 잘 보이지 않는다. 말기 조선과 그 계승자인 김씨조선(북한)의 패악질도 잘 보이지 않는다. 자유, 민주, 공화, 법치, 인권 등이 뒷전으로 밀리고 '자주'만 성큼 앞으로 나오면서, 정치공동체의 가치가 완전히 전도된다.

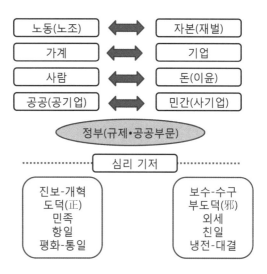

문재인 정부 경제고용 정책의 주요 사고 프레임

세상을 자본−노동 프레임과 정(개혁·진보)−사(적폐·보수) 프레임으로 보면 정책적 결론은 공공부문 고용 확대, 국가규제 강화, 국가독점 사업영역 확대=시장 영역 축소 등을 통해 사회공공성을 제고하고, 재벌의 불법부당한 갑질을 엄단하여 정의를 바로 세우고, 최저임금 대폭 상승을 통하여 가계소득을 증대시켜 사회 양극화를 완화하고, 노동시간 단축을 통해 고용률과 삶의 질(저녁이 있는 삶)을 보장하고, 비정규직 규제 및 엄격한 집행과 노조와의 연대를 통해 자본의 탐욕을 제어하고, 고등교육법 개정을 통해 시간강사(비정규직)를 교원(정규직)화해 대학재단의 탐욕을 억누르고, 부동산 규제를 통해 투기도 제어하고, 의료 규제(비급여 영역 대폭 축소=문재인 케어)와 탈상품화를 통해 의료비를 절감하고 의료 공공성을 제고하려 한다. 한 해 70만 명 이상 태어나 노동시장에 진입하기 시작한 1991~95년생의 취업난을 해소하기 위해서는, 한시적으로 기업에 한 명당 연1천만 원의 보조금을 제공하는 정책도 내놓는다.

이런 시대착오적인 프레임은 보수에게는 수구, 부패, 기득권, 친일매국, 냉전, 반평화, 반통일, 세월호 은폐 조작 등 온갖 악덕을 다 덮어씌운다. 그리고 상위 1퍼센트 부자와 재벌대기업 비호·대변 세력으로 규정하여 이들의 재산권과 경제적 자유권을 침해하려 한다.

자본-노동 프레임은 노동권 강화, 즉 재산권과 경제적 자유권에 대한 통제 강화를 진보와 개혁의 상징으로 보기에 노동(현재의 근로자)에 대해 온갖 보호 규제를 투하한다. 그러다 보니 노동의 갑 중 갑이자 하는 일에 비해 월등히 높은 처우를 누리는 노동(공공부문, 대기업, 규제산업 근로자)이 최대의 수혜자가 된다. 이렇게 노동(근로자) 일반을 국가의 보호 대상으로 보고, 기업 구조조정을 기업주의 탐욕을 위한 불법 무도한 행위로 보면 위기에 처한 기업의 인력·사업 구조조정이 심각한 애로를 겪을 수밖에 없다. 이는 2001년 대우자동차 사태, 2009년 쌍용차 사태, 2011년 한진중공업 영도조선소, 2015년 이후 대우조선 사태, 2017년 한국GM 사태 등에 대한 문 정부 지지층의 인식에서 단적으로 드러난다. 프랜차이즈 빵집 중 1위 업체인 파리바게뜨에 5,378명 직고용 명령과 (미이행시) 천문학적 과태료를 때려 몇 천 명의 임금을 대폭 올리고 고용을 안정시키려는 발상의 뿌리는 '파리바게뜨는 부자이고 곳간에 곡식이 많아 보이니, (사회를 위해) 좀 내놓거나 아니면 부잣집

식솔 수라도 늘리라'는 것이다. 하지만 그로 인해 수많은 투자자가 달아나고, 기존 투자자가 투자와 고용을 늘리려는 생각을 아예 접어 버린다는 사실은 잘 이해하지 못한다.

부자와 빈자, 기업주와 노동자가 송사를 붙으면 법리적으로 분명히 부자나 기업주가 정당함에도 불구하고, "당신은 부자고 기업주니 손해 좀 보라"는 식의 판결이 속출한다. 2014년 쌍용차 2심 판결과 통상임금 판결이 대표적이다. 그 판결을 보고 규제 리스크나 사법 리스크나 노조 리스크 등을 보고 공포에 질려 국내 투자와 고용 의사를 접어 버리는 수많은 자본·기업들 생각을 안 한다. 판결의 길고 긴 파장을 생각하지 않고 눈앞에 보이는 약자의 눈물이나 닦아 주는 것이 정의라는 생각이 재산권과 경제적 자유 침해를 초래한다. 매출 이익의 90퍼센트를 해외에서 얻는 삼성을 무슨 노동 착취와 협력업체 착취와 대관對官 로비로 이익의 대부분을 얻는 악덕 기업으로 생각한다.

(7) 생사람 잡는 망나니 칼춤, '정의와 공정'

말만 그럴싸할 뿐 속은 텅 빈 가치나 구호가 사회를 퇴행시키는 경우가 종종 있다. 조선에서는 왕의 덕德과 인仁이 그랬고, 지금 대한민국에서는 정의와 공정이 그렇다.

조선에서는 자연재해든 외침外侵이든 민생고든 원인을 왕의 부덕不德에서 찾는 경우가 많았다. 이런 사고방식의 원류는 '제 몸과 마음을 닦은 후에 남을 다스린다'는 수기치인修己治人사상이다.

황현黃玹(1855~1910)의 『매천야록梅泉野錄』이 소개한 고종 시대의 일화를 보자.

고종이 즉위 후 열린 경연經筵에서 물었다.

"어떻게 하면 연운燕雲의 땅(베이징 일대)에 말을 몰아 우리 조종祖宗

의 치욕(병자호란)을 씻는단 말인가?"

이에 오늘날 대통령 안보비서관에 해당하는 무승지武承旨 신정희(신헌의 아들)는 "그것은 아주 쉬운 일"이라면서 "전하께서 덕德을 닦으시옵소서"라고 답했다.

이 밖에도 '덕'과 '수신' 만능주의를 보여 주는 문답이나 사고방식이 부지기수다. 그런데 조선의 지배 엘리트(도덕철학자)들은 '남에게 해를 끼치지 않고 각자 자유롭게 사는 세상'이 아니라, 자신들이 생각하는 윤리도덕(예와 인)이 충만한 사회를 꿈꿨다. 이들은 소극적으로 악을 행하지 않으려고만 한 것이 아니라, 적극적으로 선을 행하려 했다. 선과 악, 정과 사, 예와 비례非禮를 갈라 후자를 징치懲治하고 백성을 교화하는 유일무이한 존재는 성리학에 정통한 권력자와 지배 엘리트였다. 이들은 공자가 강조한, '가난하지만 즐거워하고(貧而樂) 부유하지만 예를 좋아하는(富而好禮)' 태도는 주목하지 않았다.

왕의 덕과 선비의 수신 만능주의 사상의 뿌리에는 개개인, 특히 위정자의 인격 완성이 사회 완성으로 가는 유일한 길이라는 믿음이 있다. 이상적 인간만이 이상적 사회를 만들 수 있다는 얘기다. 조선을 관통한 수신 만능주의는 과학기술과 산업 진흥, 법·제도 개혁 등을 통해 부국강병·식산흥업殖産興業으로 향해야 할 사회적, 정신적 에너지를, 정적을 공격하는 무기로 언제든 활용하기 안성맞춤인 '덕'과 '수신'에 가둬 버렸다.

조선의 덕이나 수신처럼 사회적, 정신적 에너지를 엉뚱한 데로 몰아가서 물질적·문화적 생산력을 억누르는 가치가 하나 있는데, 그것이 바로 '공정'이다.[8] '공정'과 '정의'는 원래 애매모호하다. 이해관계자

---

8) 사실 '공정'이라는 가치는 문 정부 출범 훨씬 전부터 나도 많이 강조한 것인데, 2000년대 첫 5~6년까지만 해도 공정은 기회의 균등, 출발선의 평등을 의미했다. 이러한 공정 담론은 정책을 개인과 가족의 자조·자립을 돕는 방향으로 유도한다. 복지, 교육, 사회투자국가 같은 모델인데, 이런 식의 공정은 당연히 지금도 중요한 가치요 정책이다. 그런데 문정권의 '공정'은 국가

의 목소리나 교섭력에 따라 오락가락하고, '공정한 판관'인 관료·정치인·여론의 도덕감정에 따라서도 오락가락한다. 처지와 조건이 천차만별인 당사자가 합의한 가격이나 거래조건을 제3자(정부나 도덕군자)가 함부로 불공정하다고 판단할 수 없는 일이다. 게다가 불공정이나 불평등을 초래하는 요인은 너무 많아서, 자칫하면 또는 의도적으로 전혀 엉뚱한 존재를 원흉으로 지목하여 마녀사냥을 할 수도 있다. 실제로 지금 한국에서는 '공정'과 '정의'의 모호함, 난해함, 폭력성을 알지 못하는 국가권력이 단순무식한 조직폭력배처럼 돌아다니며 강자로 간주된 존재들에게 주먹질과 족쇄질을 하고 있다. 시장을 예로 들어 보자. 한국은 유럽, 미국, 일본, 중국에 비해 잘 작동하는 시장의 대전제인 공급자와 수요자 자체가 적어 독과점화된 영역이 많고, 거래당사자 간의 힘(상호선택권과 거부권)의 격차가 크다. 시장의 이런 결함이나 허물을 침소봉대하여, 은근슬쩍 국가권력이 정의·공정의 판관 자리를 꿰차 버리면 어떻게 될까? 그런 일이 문 정권에서는 부지기수로 일어나고 있다.

인류가 축적한 지혜는 애매모호하기 마련인 정의·공정을 직접 판단하는 대신 간접적으로 판단할 수 있는 최적의 장치 하나가 '잘 작동하는 시장과 민주주의'임을 깨달았다. 시장에서 이뤄지는 상거래는 공급자와 소비자가 합의해야만 성사된다. 개개인은 사적 욕망을 쫓더라도, 잘 작동하는 시장을 통해 수요와 공급, 분업과 협업이 원활하게 이뤄지면 공동선을 만들어 낼 수 있다는 애덤 스미스 『국부론』(1776)의 통찰이 대표적이다. 그런데 이상적 통치자(성왕, 성군)나 정부가 강제하지 않아도 괜찮은 사회를 만들 수 있다는 가설이 성립하려면, 권력이 강제하지 않아도 인간 본성 속에 내재한 어떤 속성(공감, 연민 등)

권력이 사적 자치 영역(시장과 사회)과 경제사회 주체 간의 거래 관계에 거칠게 개입하면서 오히려 공정을 해친다.

이 자생적 질서의 조화와 균형을 만들어 낼 수 있어야 한다. 스미스가 이를 설파하기 위해 『국부론』보다 앞서 쓴 것이 『도덕감정론』(1759)이다. 스미스보다 100년쯤 뒤, 존 스튜어트 밀의 『자유론』(1859)의 '타인에게 해만 끼치지 않는다면 최대한 자유를 누려야 한다'는 생각은 이상적 인간에 대한 집착도, 이상적 사회에 대한 집착도 없다. 스미스와 밀의 사상은 기본적으로 인간의 자유와 사적 욕망을 긍정한다. 더 나은 사회를 만들려고 하는 지적 에너지를 시장질서 등 사회적 관계를 어떻게 합리적으로 설정할 것인가에 쏟는다. 위정자나 정부(권력)의 역할을 결정적인 요인으로 놓지 않는다.

한국 정치인, 관료, 강단 교수, 시민단체 등이 자신의 소명으로 여기는 정의·공정론의 문제는 다음과 같다.

첫째, 한국의 보통 사람들이 흔히 생각하는 정의·공정이란 나쁜 짓을 한 사람을 벌하는 '권선징악'과, 강한 자를 억누르고 약한 자를 도와주는 '억강부약抑强扶弱'이다. 하지만 플라톤, 아리스토텔레스, 롤스 등의 정의·공정론은 동화적인 권선징악·억강부약과는 거리가 있다. 서구의 정의·공정론 전통의 중심에는 공동체의 지속가능한 조화와 안전, 발전과 통합을 위한 가치의 분배(전리품 분배, 권리의무의 할당 등)가 있다. 지하철에서 선교하는 사람들의 '예수 천당, 불신 지옥'이 완전히 틀린 교리는 아니지만 신앙의 본질을 많이 왜곡하고 있듯이, 동화적인 정의·공정론은 관계, 시간, 전략 등에 따라 엎치락뒤치락하는 강자(악)와 약자(선)를 구분할 수 없는 현실에서 아무 짝에도 쓸모가 없다.

우월적 지위를 남용한 갑질은 기본적으로 거래 당사자 간의 선택권 및 거부권의 비대칭성·비대등성에서 연유한다. 그렇다면 아무리 불량한 서비스를 제공해도 응징하거나 거부할 방법이 없는 정부·공공기관과 지역 독과점 정당이야 말로 최대의 불공정행위일 수밖에 없다. 입법, 예산, 인사 등에서 지방분권이라도 많이 되어 있으면 중앙정부의 갑질은 덜하기 마련이다. 미국, 스위스 등 폭넓은 자치권을 가진 지방정부가 있는 나라들에서는 지방정부들이 되레 '을'이 되어 기업을 상대로 공공서비스 품질 경쟁을 한다. 기업들도 해외로 사업장을 옮길 때, 소비지 근접성이나 자원 근접성 같은 조건이 같다면 규제, 세금, 행정서비스 등 공공서비스가 괜찮은 지역을 우선순위로 한다. 한국이 지방자치가 잘 되어 있었다면, 문 정부가 대한민국을 대상으로 하는 거친 정책실험(소득주도성장론과 최저임금 대폭 인상 등)은 작은 지방정부 차원에서 먼저 실행하여 정책 가설을 검증한 후 확대 적용하는 과정을 밟았을 것이다. 그랬다면 지금 정부가 거세게 밀어붙이는 대부분의 정책은 폐기되었을 가능성이 높다.

요컨대 불공정은 우월적 지위를 활용한 횡포(갑질)에서 오고, 이는 거래 당사자 간의 선택권 및 거부권의 격차(비대칭성)에서 온다. 이렇게 본다면 조선과 남북한 공히 선택과 거부를 하기 힘든 정부·정치·정당이야말로 최대의 불공정행위자요 갑질 주범이다. 아무리 불량한 서비스(규제, 예산, 형벌, 정책, 인사, 감사 등)를 제공해도 응징하거나 거부할 방법이 마땅치 않기 때문이다. 요컨대 문 정부는 강자 중의 강자, 갑질의 지존인 정부와 공공기관과 독과점 정당을 직시하지 못하니 정의·공정이 바로 설 리가 없다.

둘째, 한국에서 선과 악, 정과 사, 강자와 약자 구분은 조선 선비들만큼이나 실물을 잘 모르고 실사구시도 게을리하는 정치인, 관료, 시민단체 활동가와 변호사 등의 표피적 인상이나 느낌만으로 결정된다. 이들의 인상이나 느낌은 언론에 보도된 몇몇 극단적인 사건에 크게 영향을 받는다. 대통령과 정권 핵심부의 시장·경제·재벌 인식은 그렇게 만들어진 것이다. 이들 자칭 서민 내지 중산층이지만 실제는 상층인 관료들은 "겨우 그 돈으로 어떻게 사냐"면서 자신 같은 사람들의 권리를 강화하면 다수 서민과 중산층의 권리도 강화된다고 착각한다. 최저임금, 근로시간, 공공부문 고용 확대, 비정규직 제로화, 사내 하청 직고용 명령, 노조에 편파적인 수사 등이 이런 철부지 현실 인식에 뿌리를 두고 있다.

사실 억강부약 논리가 가장 잘 적용되는 관계가 자본과 노동 관계다. 거칠게 보면 자본은 강자고 노동은 약자다. 따라서 정의와 공정의 이름으로 노동을 보호하기 위해 현재 취업자(노동)에 대해 더 많은 보호 장치를 제공하는 것이 정의·공정이요 진보다. 당연히 무소불위의 강자이자 하는 일에 비해 월등히 높은 처우를 누리는, 본질적으로 지대추구자인 공공부문 종사자와 대기업, 은행 등 규제산업 근로자들이 가장 강력한 국가의 보호를 받는다.

셋째, 강자의 횡포를 정확하게 분별해 냈다 하더라도 이것이 국가 개입으로 해결할 문제인지, 약자가 자위·자조·연대를 강화하여 해결할 문제인지 냉철하게 따지지 않고 무작정 국가권력의 관여·개입 영역을 확대하고 단속 처벌만 강화하려 하기 때문이다. 한마디로 정부와 공공기관 손에 '더 큰 몽둥이와 더 강한 족쇄'를 쥐어 주는 방향으로 달려간다. 억강부약을 고창하는 이재명 경기지사의 "근로감독관을 10배 증원해 최저임금 위반 악덕 사업주를 엄벌하면 수백만 명의 최저임금 미달자 문제를 해결할 수 있다"는 생각이 그 전형이다. 문 정부 들어 공정과 정의를 파는 권력기관들이 물 만난 고기처럼 된 이유다. 털어내고, 잡아넣고, 강제한다.

넷째, 경제는 원래 '파이'를 만들고 이를 적절하게 나누는 것인데,

한국의 공정·정의론은 파이를 만들 일은 뒷전인 채 나눌 일만 생각한다. 사실 지금 민주·진보·노동·시민을 표방하는 단체의 주요 인사들이 청년기를 보낸 1980년대 중반 이후 20년간은, 중국이 사회주의와 문화혁명 등으로 잠자고 있을 때 한국이 먼저 국가 주도, 수출 주도 경제 발전 전략을 채택하여 세계 시장으로 내달린 선출발 내지 급출발(가속) 효과가 살아 있었다. 이 시절의 인상이 굳어지면서, 정치와 정부의 일은 오로지 정의와 공정만 구현하는 것이라고 생각하게 되었다. 그 결과 격차(불평등, 양극화) 해소가 최상위 가치로 되고, 경제 민주화와 보편적 복지가 핵심 해법이 되었다. 그런데 지금 대한민국은 30년에 걸친 중국의 당·정부·산업의 삼위일체 추격·추월로 인해 반도체를 제외한 거의 모든 주력산업이 뿌리째 흔들리고 있다. 거제, 창원, 울산, 포항, 군산, 인천 등이 한때 미국 제조업을 선도하다가 고철로 전락한 디트로이트 등 러스트벨트(Rust Belt)처럼 될 가능성이 농후하다. 그런데 문 정부와 진보·노동 세력과 86세대들은 이런 미증유의 위기를 보지 못하니, 엔진은 급속도로 약화되는데도 브레이크만 더 세게 밟는 우를 범하고 있다.

총체적으로 문재인 정부의 현실 인식과 중시하는 가치는 너무 시대착오적이다. 문 정부와 민주·진보·노동 세력과 86세대의 현실 인식과 가치는, 과속이 일상이고 과속으로 인한 대형 사고가 많이 나던 고속도로의 관리자가, 상황이 완전히 일변한 시대에도 과속 단속에만 골몰하는 것에 비유할 수 있다. 과속을 방지하기 위해 과속 감지 카메라를 곳곳에 설치하고, 범칙금을 인상하고, 안전거리와 안전띠 위반 차량도 단속하고, 과속방지턱까지 설치했지만, 상황이 변해서 오가는 차량 자체도 적고 과속이 문제가 아니라 저속이 문제라면 도로 관리의 패러다임 자체가 바뀌어야 하지 않겠는가.

문재인 대통령과 김상조 정책실장(직전 공정거래위원장 시절 포함) 등이 휘두르는 공정·정의 담론의 가장 치명적인 패악은, 한 사회의 성장 발전의 엔진이자 물질적·문화적 생산력의 선도자 역할을 하는 창의든 열정이든 탐욕이든 에너지가 넘치는 모든 기업과 개인을 도덕과 법 규제로 옭아매고 억압하려 하는 것이다. 지금 해외에서 매출 이익의 80~90퍼센트를 얻는 재벌들에게 하는 짓이 그런 것이다.

　경제 사회 발전의 엔진은 급속도로 약화되는데 급브레이크만 밟는 나라의 말로는 뻔하다. 바로 덕 만능주의, 수신 지상주의로 망한 조선의 전철이 그것이다. 공정은 잘 쓰면 명약이지만 과하면 독약이 된다. 이 정부는 그 약을 너무 과하게, 또 엉뚱한 데다 쓰고 있다.

　문 정부의 정의·공정론은 가장 힘센 강자의 횡포도 인식하지 못한다. 역사적으로 한반도에서 가장 힘센 세력은 외세(원·명·청·일본)와, 국가권력을 쥔 왕·관료·양반사족과, 넓고 비옥한 땅을 가지고 가혹한 소작료를 수취한 지주였다. 한때 '외세(미·일) 대 우리 민족'이라는 대립 프레임이 풍미할 때는 매사를 외세의 착취와 종속의 문제로 바라보았다. 이 프레임이 퇴조하고 난 후 들어선 '노동 대 자본' 대립 프레임은 매사를 자본의 착취와 신자유주의적 규제 완화 문제로 바라보게 한다. 그래서 정작 국가권력을 쥔 자(공공부문 종사자)와 부동산 소유주가 불평등, 양극화, 일자리 문제의 원흉에서 제외되었다.

　유럽, 미국, 일본에서 공공부문 종사자들의 지대추구가 큰 문제가 되지 않았던 것은, 주민=납세자가 지근거리에서 공공서비스 공급자들을 지휘 감독해 온 지방자치 전통이 튼실하고, 또 대의민주주의가 잘 작동하여 공공부문 종사자들을 잘 통제해 왔기 때문이다. 그 심각성이나 영향력에 비해 부동산 문제가 제대로 주목 받지 않는 것도 뜻밖인데, 이 역시 유럽, 미국, 일본의 부동산 문제가 우리만큼 심각하지 않기 때문일 것이다. 대도시 인구 집중도 우리보다 덜하고, 부동산을 임차해 사업을 하는 자영업자가 우리보다 적기 때문이 아닐까 한다.

물론 부동산 문제를 지적한 세계적 명저인 『진보와 빈곤』의 저자 헨리 조지(1839~1897)가 살았던 시대에는 미국과 유럽 대도시들도 인구가 폭발적으로 증가하면서 부동산 문제(토지·주택 부족, 지대=불로소득 과다 등)가 심각했다고 알려져 있다. 하지만 그 시대에도 인구 과밀 문제는 한국 수도권만큼 심각하지도 않았고, 무엇보다 토지·주택 정책과 세금 정책이 한국보다 더 공정하고 공평했다는 것이 중론이다. 2000년대 이후 전 세계적인 금리 인하에 따라 부동산 가격 상승 문제는 대부분의 선진국에서도 골칫거리가 되고 있지만, 그 폐해가 한국만큼은 아니라고 알려져 있다.

2. 1997년 외환위기: 독감 환자에게 대수술과 항암치료를

(1) 민주당·김대중·강만수의 진단

1997년 IMF 외환위기의 원인을 더불어민주당 2016년 강령은 "정부·재벌·금융 부문의 유착과 도덕적 해이"에서 찾았고, 2018년 강령도 대동소이하게 "재벌 중심의 경제구조 고착", "정경유착과 도덕적 해이"[9]에서 찾고 있다.

더불어민주당이 '자신들이 만든 첫 번째 대통령'이라고 선전하는 김대중 전 대통령의 자서전은 외환위기의 원인에 대해 이렇게 썼다.

한국경제의 외환위기는 **정경유착과 관치금융**에서 비롯되었다. 대

---

9) 도덕적 해이(moral hazard)는 미국의 보험시장에서 처음 사용하던 용어로, 정부나 보험사가 위험이나 손해를 받쳐 줄 것이라는 믿음 하에 기업이나 개인이 정당한 위험·손해 회피 노력을 하지 않는 행위를 뜻한다.

부분의 기업들은 양적 성장의 관행에서 벗어나지 못했고 빚을 내어 그저 덩치만 키웠다. 이른바 **대마불사의 환상**에서 벗어나지 못하고 있었다. **정부와 금융기관은 이를 방치했다.** (⋯) 재벌들은 **과잉중복투자도 서슴지 않았다. 경쟁력과 수익성은 면밀하게 따지지 않고** (⋯) 금융기관의 자금을 내 돈처럼 끌어다 쓰고, 성공하면 좋고 실패하면 정부가 그 부실을 떠안았다. 그러다 보니 **기업은 경쟁력을 잃고 금융기관은 부실해졌다.**

(김대중, 『김대중 자서전 2』, 삼인, 2010, 22쪽)

김대중은 외환위기의 원인을 경쟁력과 수익성을 면밀히 따지지 않는 (기업들의) 양적 성장 관행, 재벌의 대마불사의 환상에 따른 차입경영과 과잉중복투자를 지목했다. 정부와 금융기관의 죄는 이를 방치한 것이다. 이는 재벌과 정부와 금융기관의 유착이 있었기 때문이라고 보는 듯하다. 더불어민주당의 경제강령에는 김대중의 외환위기 인식이 진하게 배어 있다. 희한하게도 더불어민주당은 전임 대통령들의 주요 정신과 방법 중 계승한 것이 거의 없으면서, 김대중의 '북한과 북핵에 대한 근거 없는 낙관주의'와 '재벌개혁에 대한 편집증적인 집착' 이 두 가지는 계승했다(노무현의 정신과 방법은 그 어느 것 하나 계승한 것이 없다). '정경유착'은 사법적으로 단죄하고, 제도적으로 방지할 범죄이다. '도덕적 해이'는 경제주체가 정당한 위험(손해) 회피 노력을 기울이지 않도록 만드는, 한마디로 대마불사를 믿도록 하는 불합리한 위험완충(보험 등) 시스템이 만든 '부도덕'이다. 그런데 한국에서는 의외로 많은 사람들은 도덕적 해이도 사법적으로 단죄할 어떤 '불법행위'로 본다. 그래서 정경유착의 주범도 재벌이고, 도덕적 해이의 주범도 불합리한 시스템이 아닌 재벌이라고 본다. 문제 진단이 이러하다면 처방은 자연스럽게, 정의로운 국가권력이 이들의 검은 유착을 깨뜨리는 것이다. 그 핵심은 유착의 주범인 재벌과 종범인 보수 정권을 처벌하는 것이다.

그런데 외환위기의 원인을 포함해 불평등, 양극화, 일자리 문제 등 국가적 과제 대부분은 그 원인을 행위자(사람이나 기업), 법과 제도, 문화, 환경 요인 등으로 분리, 분해해서 보아야 정확하게 진단할 수 있다. 하지만 한국 지식사회는 대체로 행위자에게 그 책임을 돌리고 있다. 김대중의 외환위기 진단과 처방에서 알 수 있듯이, 한때 유능한 사업가였고 '자타가 공인하는 역사상 가장 준비된 대통령' 김대중조차 한국 지식사회의 질긴 악습(행위자의 법적, 도덕적 흠결만 집요하게 캐묻는 것)에서 자유롭지 않은 것처럼 보인다. 무엇보다도 기업의 생리나 행태에 대한 이해가 별로 높지 않아 보인다. 재벌·기업과 금융기업에 대해 너무 과도한 책임을 묻는 것이 그 증거다.

한편 1997년 당시 재정경제원 차관으로 외환위기 수습을 진두지휘하던 강만수는 외환위기의 원인을 이렇게 진단했다.

> 1997년의 위기는 **외환부족에 의한 유동성 위기**라는 측면과 **고비용, 저효율에 의한 구조적 위기**라는 측면을 갖고 있었다. (…) 유동성 위기의 핵심 요인은 **환율의 고평가, 외화차입 관리의 실패, 동남아 위기의 전이효과** 등이었다. 구조적 위기의 핵심 요인은 **8% 단일관세율, 과격한 노조, 기술개발의 부진, 대마불사의 차입경영** 등이었다.
>
> (강만수, 『현장에서 본 한국경제 30년』, 삼성경제연구소, 2005, 507쪽)

'대마불사의 차입경영'과 관련, 강만수는 직업관료라는 신분상 정경유착·관치금융을 지목할 처지가 못 되니 재벌을 비난할 뿐이다.

김대중과 강만수가 공히 성토하는 재벌·대기업들의 과잉중복투자와 대마불사의 차입경영은 그렇게 간단하게 비판만 할 악덕이 아니다. 무엇보다 투자의 과잉·중복 여부는 경영의 신이 아닌 이상 누구도 결코 알 수 없다. 이제민 교수는 당시의 투자들에 대해 "국가적 차원에서 보면 과잉투자가 아니었지만, 단위 재벌 차원에서는 과잉투자였다"고 진단한다.

> (한국은) 1990년대 과잉투자를 했다고 보기 어렵다. 기본적으로 투자가 제2의 자본주의 황금기가 도래하는 시점에서 상당 기간 국제경쟁력이 있을 것으로 기대되는 제조업의 설비투자 중심으로 증가했기 때문(이다.) (…) 거시경제적으로 보아서는 과잉투자는 아니었지만, 미시경제적으로 볼 때에는 재벌기업의 과다차입에 의한 과잉투자였다.
>
> (이제민, 『외환위기와 그 후의 한국경제』, 한울아카데미, 2017, 191-192쪽)

당시에는 기업이나 은행이나 대마불사에 대한 믿음이 퍼져 있어서, 과다차입에 의한 사업 확장(과잉 투자)이 경영 상식이 되어 있었다.

사실 기업의 경쟁력과 수익성은 외부자가 판단하기 쉽지 않다. 사업 초기 또는 단기적으로는 경쟁력과 수익성이 없어 보이더라도 중장기적으로는 얼마든지 갖출 수 있다. 실제 사업가나 투자자들도 중장기 전망을 보고 투자를 결행한다. 그런데 중장기라는 시간이 얼마만큼인지는 또 기업주나 투자자의 '감'에 따라 편차가 크다. 어떤 투자는 엄밀히 타산하고, 또 어떤 투자는 기업주의 직관이나 직감으로 하기도 한다. 한국의 주력산업으로 일컬어지는 반도체, 자동차, 선박 등도 경쟁력과 수익성을 면밀히 따져서 투자해 성공시킨 산업이 아니고 이병철·이건희·정주영의 직감에 의해 결행한 것이다.

대마불사는 박정희 정부가 주도적으로 만든 창의적인 '위험 완충 시스템'에 의해 만들어진 믿음이었다. 위험을 줄여 주고 이익은 키워서 재벌대기업으로 하여금 더 과감하게 투자와 고용에 나서도록 만들었고, 기업은 그에 적응했다는 얘기다. 이 시스템은 20세기 세계경제사의 기적의 하나인 '한강의 기적'을 창조했다. 그런데 기업으로서는 그 유효기간이 언제까지인지 알기 어렵다. 그러나 정부가 그 유효기간과 전제조건을 정할 수 있고, 각인시킬 수 있다. 하지만 김대중 정부는 이를 정하지도, 제대로 각인시키지도 않았다. 사실 정권이 바뀌고 나서 어느 날 갑자기 재벌·금융·노동·공공 개혁 원칙을 선포한다고 해서 각인되는 것도 아닐 것이다.

아무튼 도덕적 해이를 초래하는 시스템과 대마불사의 신념은 정부가 주도적으로 심어 놓고, 위기가 터지자 '합리적으로 행동한 죄'밖에 없는 재벌대기업에게 과잉중복투자를 했다고 가혹하게 책임을 물었다.

(2) 김대호와 이제민의 진단

1997년 외환위기는 충격과 공포의 기억들이 너무 많다 보니, 한국 자본주의의 거의 모든 악덕이 외환위기와 그 후의 구조조정에서 시작되었고, 그 원흉은 재벌과 신자유주의라는 논리가 의외로 넓은 저변을 가지고 있다. 1997년 외환위기에 대해서는 졸저 『2013년 이후』(백산서당, 2011)에서 길게 쓴 바 있다. 책에서 한국 사회가 겪는 고통과 절망의 대부분은 "1987년(민주화와 노동권 강화)의 그늘과 1997년의 그늘이 중첩"되어 생겼고, "1997년의 그늘조차도 단지 신자유주의의 패악만은 아니다"라고 썼다. 그런데 지금은 여기에 더하여, '제대로 해체하지 않은 조선 유교 체제의 그늘'도 추가해야 할 것 같다.

『2013년 이후』의 외환위기 분석을 간추려 본다.

기업과 금융기관의 리스크를 정부나 선단식 경영이 다 떠안아 주어 과감하고도 무모한 투자를 하도록 유도하던 1961년 체제의 모순은 1997년 외환위기로 폭발했다는 것이 정설이다. 하지만 인화성 물질이 널려 있다고 다 대형화재가 나는 것은 아니다. 1961년 체제의 모순이 외환위기로 폭발하기까지는 장기간에 걸친 정치적·정책적 실패가 있었다. 그 핵심은 세계화, 자유화, 민주화, 경제발전 등에 따라 크게 바뀐 산업, 통상, 금융환경에 한국사회의 주류(정치, 관료, 재벌, 금융, 지식사회 등)가 제대로 적응하지 못한 것이다. 외환위기의 폭발력을 키운 것은 위기 수습과정에서 노하우 부족과 (이번 기회에 새로운 경제사회 질서를 뿌리내리게 하겠다는) 김대중 정부의 의욕과잉도 크게 작용하였다.

(김대호, 『2013년 이후』, 백산서당, 2011, 156쪽)

널리 받아들여지는 외환위기의 간접적 원인과 직접적 원인은 다음과 같이 분석했다.

전자(간접 원인)는 경기과열(1994년 8.8%, 95년 8.9%, 96년 7.2% 성장), 8% 단일관세율, 경상수지적자 누적과 반도체 호황으로 인한 무역수지 착시, 재벌의 과잉중복투자, 종금사 허가 및 감독 문제를 들 수 있다. 후자(직접 원인)는 1990년대의 전 세계적인 외환금융 자율화 상황에서 시장을 지나치게 무시한 금리·환율정책을 들 수 있다. 단적으로 당시 국내와 국외의 금리차는 6~10%였기에 단기외화 차입을 통한 원화대출이 급증하게 되어 있었다. 저리에다 저평가된 외채를 빌려 한국, 태국, 러시아 등에서 고리로 돈놀이를 하는 것이 결코 이상하지 않은 상황이었다. 이는 소득 1만 달러라는 업적을 유지하고자 하는 김영삼 정부의 정치적 허영심이 환율을 지나치게 높은 수준으로 유지한 탓이 크다. 시장을 지나치게 무시한 금리·환율

정책의 이면에는 금융통계(장단기 외채 만기 현황 등)의 부재도 한몫하였다. (⋯) 종합금융사 설립을 허가하는 등 금융규제를 풀었으면 감독과 검사는 더 철저하게 해야 하는데, 전혀 그렇지 않았다. 아니 그럴 수 없었다. 감독권과 검사권은 관료들의 힘이고 이권이다 보니 수많은 부처들이 이를 조각조각 나눠서 움켜쥐고 있었기 때문이다. (⋯) 이는 14년이 흐른 2011년 현재에도 별로 개선되지 않았다.

(김대호, 『2013년 이후』, 159-160쪽)

이제민은 1997년 한국의 외환위기에 대해 "기업과 금융의 부실이라는 미시경제적 요인이 아니라 외채 규모에 비해 정부의 외환보유액이 부족하다는 거시경제적 요인 때문에 일어난 것"이라고 본다. 전적으로 정부 책임이라는 얘기다. "라틴아메리카 국가 등 대다수 개도국의 외환위기는 외채의 상환 능력 부족 — 외화를 벌어올 수 있는 국제경쟁력 있는 기업 또는 상품서비스의 부족 — 이라는 거시경제적 문제가 원인인 반면, 한국의 외환위기는 **정부의 유동성 부족**이라는 거시경제적 문제가 원인"이었다는 것이다. 한마디로 "단기자본이동이라는 외부적 요인"에 의해 일어났다는 얘기다(이제민, 117쪽).

"한국이 잘못한 것은 단기자본시장을 열면서[10] 그런 외부적 요인에 대처할 만큼 외환보유액을 쌓지 못했다는 것이다. (⋯) 단기자본시장을 개방한 것은 재벌기업이 저금리로 빌릴 수 있는 해외차입을 계속 요구하였기 때문"이다(118쪽). 전적으로 기업 책임이라는 김대중의 진단과 반대로 정부 책임, 즉 정부의 외환금융 관리 능력의 문제라는 얘기다.

---

10) 1990년대 중반 금융기관의 해외영업에 대한 규제 대폭 완화하였다. 1994~96년 24개 투자금융회사가 종합금융회사로 전환하면서 해외 영업이 가능하게 되었다. 은행들도 28개의 해외지점 개설하였는데, 종금사와 은행의 해외 영업활동에는 단기차입도 포함되었다. 이제민, 120쪽 참조.

(한국은) 당시 경상수지의 적자의 원인을 **자본 유입에 따른 환율 하락**에서 찾지 못하고 생산 및 수출 구조에서 찾았다. (…) 당시 정부 당국자는 한국 자본시장의 뒷문이 열린 상태라는 것을 모르고 있었다. **빨리 그 뒷문을 닫아서 환율이 내려가는 것을 막고 경상수지 적자를 줄여야 했지만**, 환율은 시장에 맡겨야 한다는 논리 때문에 그렇게 하지 않은 것이다. 거기에다 OECD 가입이라는 제약조건이 있었다. 정부는 환율을 올리기 위해 자본 유입을 제한하는 것은 OECD에 가입하기로 결정한 상태에서 원칙적으로 할 수 없는 일이라고 생각했다.

(이제민, 109쪽)

　정부는 경상수지 적자가 확대되고 있는 상태에서 예정대로 외국인 주식 소유 한도를 늘리는 등 자본 시장을 추가로 개방했다. 그러는 한편 정부는 자본 유출을 장려했다. (…) 정부가 은행의 단기외채 도입을 그대로 둔채 자본 유출을 장려하자 은행들은 해외 차입을 더욱 늘려서 해외에서 바로 투자하게 되었다. 그렇게 빌린 돈으로 투자한 것 중 일부가 동남아시아로 갔다가 1997년 동남아시아 위기에서 부실자산이 되었다.

(이제민, 110쪽)

　동아시아 외환위기는 (…) 미국이나 유럽에 본거지를 둔 헤지펀드나 뮤추얼펀드 같은 투기자본이 갑자기 자금을 빼 나감으로써 일어난 것이 아니고, 일본의 은행들이 무역신용이나 은행 간 대출로 빌려주었던 단기 자금을 갑자기 회수함으로써 일어났다. (…) 일본 은행들이 갑자기 자금을 회수한 이유는 일단 재벌의 대규모 도산으로 한국의 은행이 부실하다는 것을 깨달았기 때문이다. (…) 또 일본 은행들은 한국에서뿐 아니라 다른 동아시아 국가들에서도 자금을 회수하고 있었다. (…) 1997년 일본 대형 보험사의 도산 등 자국의 국내 금융위기가 일어나자 일본 은행들도 국제결제은행이 정한 자기자본비율을 맞추기 위해 자금을 회수하였다. (한국정부는) 1997년 8월 25일 은행의 외채에 대한 정부의 지불보증을 선언하였다.

(이제민, 110–111쪽)

한국의 외환위기는 IMF 구제금융이 아니라 채권의 (미 재무성의 행정지도에 의한) '만기 연장' 방식을 통해서 해결되었다(이제민, 133쪽). IMF의 통상적인 구제금융 방식은 외환위기에 처한 나라에 유동성을 제공하여 채권자가 빚을 받아서 나가는 것을 보장함으로써 채권자가 경쟁적으로 자금을 빼 나가는 것을 막는 조치다. "IMF 플러스 개혁, 고금리, 구조개혁, 자본시장 완전개방"(133쪽)은 잘못된 진단에 의한 잘못된 처방인 것이다. 거칠게 말하면 독감 환자에게 오장육부 외과수술을 강행하고 강력한 항암치료제까지 투입한 격이라고나 할까.

8퍼센트 단일관세율은 거의 전적으로 노태우·김영삼 정부와 통상관료의 문제이다. 대마불사의 차입경영은 재벌의 책임도 있지만, 위험관리를 등한시한 금융(감독)기관과 위험이나 손해를 과도하게 줄여 준 정부의 책임이 더 크다. 금융감독 및 검사의 허술함과 외화차입 관리의 실패는 전적으로 금융관료의 문제이다. 환율의 고평가는 전적으로 김영삼 정부의 정치적 허영심의 문제이다.

문제는 1990년대 초중반부터 불거졌고 외환위기를 계기로 극명하게 드러난 정치·관료·금융의 능력과 모럴의 문제가 20년이 흘러도 나아지기는커녕 오히려 퇴행한 조짐이 역력하다는 것이다. 관료의 문제는 사실 정치의 문제이다. 강만수의 말대로 "실패한 경제관료 뒤에는 실패한 정치인"이 있고, "정치가 안 되면 경제가 안 되는 것"이다. 따라서 관료의 지휘감독권자이자 관료의 책임과 권능의 설계자인 정치가 외환위기, 양극화에 대해 자신의 책임이 얼마나 크고 무거운지 통감하고 있지 않은 것만큼 한국 사회의 심각한 위기는 없을 것이다.

1997년 외환위기를 제대로 성찰 반성하지 못하면서, 한쪽에서는 재벌의 과잉중복투자와 관료 포획(이를 정경유착이라 한다) 때문, 또 한쪽에서는 금융자율화 때문이라는 단순무식한 논리가 맹위를 떨치게 되었다. 그 결과 경제적 자유나 '자율화' 자체를 지극히 위험하게 생각하는 분위기가 만연하게 되었다. '자율화의 패악'은 관료에게는 강한 규제를 정당화할 근거이고, 기존 사업자에게는 신규 진입자를 봉쇄할 명분이다. 이 때문에 한국은 대형은행 몇 개가 과점 구조에 안주하여 쉽게 돈을 벌고, 금융상품은 사실상 허가제로 운영하고, 감독과 검사는 한갓 법규 위반을 찾아내는 식으로 운영되고, 시장은 수많은 보호·제한·규제로 구획된 가두리 양식장처럼 되었다.

3. 신자유주의라는 유령

사실 나는 신자유주의 프레임으로 한국경제와 사회를 진단하는 습성이 이리도 질길 줄 몰랐다.

2004년에 출간한 『한 386의 사상혁명』(시대정신)의 제1장 제목이 '신자유주의'였다. 책 45~84쪽까지 총40쪽을 할애하여 논했다. 그래도 신자유주의 시비가 잦아들지 않아서 2007년에 출간한 『진보와 보수를 넘어』(백산서당)에서 '신자유주의 반대라는 헛발질'이라는 제목으로 254~268쪽(15쪽)을 할애했다. 2009년에 출간한 『노무현 이후』(한걸음 더)에서는 '새로운 진보의 눈: 양극화, 신자유주의, 평등을 바로 보라'라는 제목으로 304~325쪽(22쪽)에 걸쳐 신자유주의, 양극화, 평등 문제를 논했다. 2011년 연말(12월 30일)에 출간한 『2013년 이후』에서는 제2부('거대한 착각')의 제7장 '신자유주의 프레임, 진보를 우반신 마비 중풍환자로 만들다'에 233~253쪽(21쪽)을 썼다. 신자유주의 타령을 비판한 것이 나만은 아닐 것이다. 노무현 전 대통령조차 "오른쪽으로부터는 좌파로 비난받고, 왼쪽으로부터는 신자유주의를 신봉한다고 비난받는다"면서, 자신이 '좌파 신자유주의자'로 되어 버렸다고, 어처구니없는 심정을 토로했다.

『2013년 이후』에서 썼지만, 신자유주의 프레임의 최대 패악은 진보로 하여금 자유화·유연화·민영화의 허물에는 매우 예민하고, 시장원리나 경쟁과 개방의 과소로 인한 패악에는 둔감하게 만든다는 것이다. 그런데 한국 사회는 자원을 최적으로 배분하는 시장원리, 경쟁원리, 소비자 선택권이 안 통하는 곳이 너무 많다. 그럼에도 시장·경쟁·개방의 힘을 활용하려는 제반 움직임을 신자유주의로 낙인찍어 거부감을 불러일으키고, 국가 규제를 아주 경직되게 운용하도록 한다.

신자유주의 프레임은 미국적 모순 부조리와 한국의 그것을 구분하지 못하도록 만든다. 양극화, 청년실업, 비기득권자에게 기회와 도전의 죽음의 시대로 만든 책임을 전적으로 자본(기업), 자유시장과 낮은 복지지출, 느슨한 규제 탓으로만 돌린다. (…) 시장의 패악만 주목하다 보니, 시장이 가진 건강함 힘을 어떻게 살릴지 대안이 있을 리 없다. 신자유주의를 주적으로 삼는 자들은 노무현 정부의 실패를 더 과감하게 좌클릭하지 못한 데서, 한마디로 '소심한 진보주의'에서 찾았다. (…) 이들은 김대중, 노무현 정부가 신자유주의를 과도하게 수용하여 현재와 같은 고통과 불안을 초래했다고 보고, 참여정부 집권기간에는 참여정부를 주 타격방향으로 삼았다. (…) 신자유주의 프레임이 맹위를 떨치는 것은 바로 1997년을 계기로 확연히 달라진 팍팍한 현실이 존재하기 때문이다. 더 정확히 말하면 한국의 정치사회와 지식사회가 여기에 대해 균형 잡히고 설득력 있는 해석과 대안을 내놓지 못하였기 때문이다.

(김대호, 246쪽)

한국의 생산물과 생산요소(노동, 금융, 부동산 등) 시장을 자세히 살펴보면 그 어떤 나라보다도 국가·권력의 지배·통제·간섭이 심하다. 북한이나 구소련 등 사회주의 국가를 제외하고는 한국만큼 국가권력의 힘이 강한 국가는 없다. 물론 이 힘은 경제를 잘되게 할 수 있는 힘이 아니라, 안되게 할 수 있는 힘이다. 특히 상품서비스 시장에 대한 국가 규제는 악명이 높다.

문재인 정부 출범 이후 시행된 강력한 시장 개입 정책으로 카드수수료 인하, 상가 임대차 보호, 골목상권 보호제도(소상공인 생계형 적합업종 제도), 화학물질관리법[11] 등이 있다. 대폭 상향한 최저임금과 경직되게 적용하는 52시간 근무제와 비정규직 규제도 거기 속한다. 세계경제포럼(WEF) 등이 발표한 국제비교지표(국가경쟁력 순위)로 보면, 정부의 규제와 정책에 대한 국제경쟁력 순위는 최후진국 수준이다. 2017년 WEF 국가경쟁력 평가(2017. 9. 27)에 따르면 정부 규제 부담(105→95위), 정책 결정 투명성(115→98위)은 최하위다.

미국 시장조사기관 CB인사이츠(CBInsights)가 선정한 세계 100대 스타트업 국적(최근 1년간 투자받은 스타트업 중 누적 투자액 상위 100개 업체의 국적)은 미국 56, 중국 24, 영국 6, 독일 3, 기타 11개였고 한국은 전무했다. 이들 스타트업의 사업 모델을 한국 시장에 적용할 때 규제에 저촉될 가능성을 살펴본 결과, 이 중 40.9퍼센트는 국내에서 창업이 불가하였다. 예컨대 우버(UBER)는 여객자동차 운수사업법에 저촉

---

11) https://www.hankyung.com/economy/article/2019051450421

되고, 에어비앤비는 숙박업 요건을 충족하지 못한 개인은 불가하였다. 30.4퍼센트는 조건부 창업만 가능했고, 국내법상 별 문제없이 창업 가능한 사업 모델은 28.7퍼센트에 불과했다.[12] 한국에만 존재하는 고급(?) 택시 서비스업체인 타다는 여객자동차법 시행령상 예외 조항("11인승 이상 15인승 이하 승합차를 빌리는 사람은 운전자를 알선할 수 있다")에 근거해서 서비스를 제공해 왔는데, 이용자들이 이를 렌터카 아닌 택시로 인식하고 있다면서, 검찰이 업체 대표를 기소하였다(2020. 2. 19. 1심 무죄).

최근 들어서는 안전환경 규제도, 소상공인 생계형 적합업종 제도 등도 점점 강화되고 있다. 게다가 국민연금으로 상장 대기업 지분을 많이 매입하여, 정의·공정의 이름(스튜어드십코드)으로 상장 대기업의 의사결정에도 개입한다. 국세청 세무조사는 기업 징벌의 전가의 보도다. 오죽하면 기업에 대한 세무조사 면제가 무슨 특혜처럼 여겨질 정도다.

그 밖에도 국가의 고유한 책무인 국방과 복지는 말할 것도 없고, 에너지(전기, 가스, 석유, 원전, 화전, 태양광 등)산업, 토목·건설(도시, 주택, SOC)산업, 교통(KTX, 버스, 택시, 연안해운 등)·물류산업, 농업, R&D, 방송통신, 공공정책 분야는 국가가 핵심 행위자(key player)다. 공공기관이나 공기업 형태로 직접 사업을 하거나, 가격과 자격(인허가)을 통제하거나, 예산과 정책을 통해 사업과 사업자의 명줄을 쥐고 있다. 교육(초·중·고·대학)도 법령과 예산으로 국가가 통제한다. 가격의 일종인 대학 등록금, 교원의 급여, 교육과정(콘텐츠), 교육자 자격 등을 국가가 촘촘하게 통제한다. OECD 국가는 말할 것도 없고 중국과 인도보다도 더 강하고 촘촘하게 통제한다. 대학과 방송통신과 공공정책 연구 분야를 국가·권력이 예산·인사·인허가권 등으로 좌지우지해, 언

---

12) 김수호 맥킨지코리아 파트너 발표 및 소개, '스타트업코리아 정책 제안 발표회'(2017. 7. 13, 아산나눔재단과 구글캠퍼스 서울 주관). http://news1.kr/articles/?3047261

론인들과 지식인들에게는 눈치 보기와 몸 사리기가 생존전략이 되었다. (민간)복지·보건의료산업도 예외가 아니다. 건강보험의 급여 제도를 통해 상품서비스(치료 기법, 장비, 약)와 가격을 통제하고, 관련 법령으로 보건의료사업자 자격을 정하고, 사업자가 거부하면 처벌하는 각종 의무를 할당했다. 문재인 케어는 국가의 상품서비스와 가격 통제 영역을 대폭 확장했다.

문재인 정부 들어 가격 통제가 새로 행해지거나 강화된 것으로 의료서비스 가격 외에 카드수수료, 부동산 (민간택지) 분양가 등도 있다. 대학 등록금은 2009년 이후 실질적 동결 상태다. 문 정부는 국가의 일부 보조금 지급을 근거로 개인 재산으로 설립된 사립 유치원과 민간 요양시설을 무슨 공공기관처럼 그 운영을 촘촘하게 통제하여, 자본 투자에 따른 수익금을 가져가지 못하게 한다.

노동시장, 금융시장, 부동산시장 역시 그 어떤 나라보다 국가의 규제, 감독, 행정명령, 사법(법원 판결)이 지대한 영향을 미친다. 단적으로 해고 규제(정당한 이유 없는 해고 불가), 최저임금제, 52시간 근무제, 비정규직 규제가 대표적이다. 그 외에도 기업의 노조에 대한 정당방위 행위도 부당노동행위로 규정하여 처벌하고, 노조의 재산권 침해 행위 내지 지대추구 행위는 조장 방조하여, 노조와 사용자의 힘의 불균형을 심화시켜 노동시장을 엄청나게 왜곡시켰다. 다시 WEF 국가경쟁력 평가를 보면 고용·해고관행(113→88위), 노사협력(135→130위), 은행 대출 용이성(92→90위), 벤처자본 이용 가능성(76→64위)이다.

부동산 시장은 좁은 국토, 더 좁은 대지면적, 높은 인구밀도와 수도권 집중 등으로 인해 규제가 많을 수밖에 없다. 분양가 상한제, 청약 제도, 총부채상환비율(DTI), 주택담보대출비율(LTV) 등, 다른 나라에서는 찾아보기 힘든 부동산 관련 규제가 수두룩하다.

이렇듯 한국은 수많은 분야가 진입(자격) 규제, 상품서비스 규제, 가격 규제, 행위 규제 등으로 칭칭 감겨 있다. 국가 규제, 예산 투입, 국가 독점의 명분은 시장의 폭력 혹은 강자의 우월적 지위 오남용(불법, 탈법) 방지와 약자(골목상권, 소상공인 생계형 업종) 보호, 유치산업 보호·육성, 미래산업 진흥 등이다. 경쟁과 개방을 촉진하는 규제는 정말로 드물다. 그래서 대부분의 규제는 불완전 경쟁시장을 만든다. 당연히 지대(렌트)가 발생하여 시장을 왜곡한다. 또 하나 특이한 것은 지방의 자치·자율권이 거의 없다는 사실이다. 최저임금도, 근로시간 규제도, 비정규직 규제도, 산업환경 관련 규제도 지방 차원에서 창조적으로 변형하거나 완충할 여지가 없다.

이렇듯 한국은 신자유주의가 문제가 아니라, 국가주의[13] 내지 국가의 어마어마한 규제와 간섭이 문제인 나라이다.

이영훈은 『한국형 시장경제체제』(이근 외, 서울대 출판문화원, 2014)에서 한국경제의 핵심 특성을 고도의 개방성, 국가경쟁력의 중심인 대기업과 혁신 역량 없는 방대한 생계형 소기업, 불안정한 노동시장, 인력수급 불균형, 직접금융이 우세한 금융시장, 강력한 국가 규제 등 7가지로 정리했다. 즉 강한 국가 개입(규제)과 약한 이익단체(기업 및 노동자 단체)가 '국가주의 시장경제'를 만들었다는 것이다. 신자유주의를 주된 대립물로 삼는 사상적 경향성은 완전히 방향 착오, 번지수 착오, 시대 착오이다.

빗나간 신자유주의 시비가 노리는 것은 금융시장과 노동시장에 시장원리(고용·임금 유연성, 공정성 등)가 들어오지 못하게 하는 것이다. 또한 공기업과 공공기관에 시장원리(민영화, 분사화 등)가 들어오지 못하게 하는 것이다. 그 외에 보건의료산업과 유통산업 등 일부 상품서비

---

13) 정치학에서 국가주의(statism)란 국가를 가장 우월적인 조직체로 인정하고 국가 권력이 경제나 사회 정책을 통제해야 한다고 주장하는 신조를 말한다. Jonah D. Levy, The State After Statism: New State Activities in the Age of Liberalization (Cambridge, MA: Harvard University Press, 2006), p. 469, https://ko.wikipedia.org/wiki/국가주의 재인용.

스 시장에 시장원리가 들어오지 못하게 하는 것이다. 신자유주의 시비는 본질적으로 유효기간이 다한 기존의 공급자 기득권을 지키는 것일 뿐이다.

신자유주의 프레임의 질긴 생명력은 '경제적 자유 과잉' 내지 '국가의 규제 감독의 부실'에 따른 패악이 실재하기 때문이다. 더 정확하게 말하면 광범위하게 존재하는 경제주체들 간의 힘(선택권과 거부권)의 불균형 내지 무기의 비대등성, 즉 팍팍한 현실을 국가의 규제 감독을 발전시켜 해결하는 쪽(국가의 책임)이 아니라 경제주체들의 자유를 억압해서 해결하는 쪽(기업과 개인의 책임)에서 해법을 찾는 어떤 사고방식(습속)이 강력하게 작동하기 때문이다. 단적으로 김상조는 『종횡무진 한국경제』(오마이북, 2012)에서 '신자유주의의 과잉 및 구자유주의의 결핍'을 한국경제의 핵심 문제의 하나로 지목하긴 하는데, 국가(규제 감독)에서 해법을 찾는 것이 아니라 민간 경제주체의 자유나 행태에서 해법을 찾는다. "한국의 기득권 세력은 구자유주의적 과제의 실천을 자신의 역사적 책무라는 사실을 인식하지 못하고 있다"는 것이다. 결국 신자유주의 프레임으로 경제 제현상 및 경제적 모순 부조리를 분석하는 질긴 악습을 몰아내는 데는 실사구시적 분석 외에는 달리 해법이 없다.

제3장
재벌이라는 마녀사냥

1. 세계적 보편성과 한국적 특수성

더불어민주당과 정의당 강령, 문재인 대통령의 재벌 인식, 김상조·
장하성·박상인·이병천 등 진보 학자들의 재벌 비판 성토 담론 등을
종합해 보면, 재벌은 신자유주의와 더불어 한국경제의 만악의 근원이
라고 해도 과언이 아니다.

사실 재벌은 6·25 직후 김일성도, 5·16 직후 박정희도 문제 삼았고,
1970년(『사상계』 5월호[14])에 실린 김지하의 담시(譚詩) 「오적五賊」이 지
목한 첫 번째 적도 바로 재벌이었다(나머지 넷은 국회의원, 고급공무원, 군
장성, 장차관). 당연히 역대 정권 중에서 재벌개혁을 공언하지 않은 정
권은 없다. 그럼에도 한국경제에서 재벌의 위상은 줄어들지도 않았고,
따라서 성토도 줄어들지 않았다.

---

14) 처음에는 서점에 배포된 것을 수거하는 선에서 마무리될 뻔했으나 당시 제1야당 신민당(당
수 유진산)의 기관지 『민주전선』에 재수록되면서 김지하와 『사상계』 발행인 부완혁, 편집장 김
승균이 반공법 위반 혐의로 구속되고, 『민주전선』은 압수되고, 『사상계』는 휴간 끝에 1970년 9
월 27일에 폐간되었다.

그런데 성토하는 강도나 시간에 비해 재벌에 대한 실사구시적 연구는 너무나 빈약하다. 다른 개발도상국 재벌과 한국 재벌이 어떻게 다른지, 1960~80년대 한국 재벌과 21세기 한국 재벌이 무엇이 같고 무엇이 다른지, 국가권력(규제, 단속 처벌, 세금, 예산 등)으로 바꿀 수 있는 것과 없는 것이 무엇인지, 왜 그 많은 특권·특혜를 제공받았던 재벌 중에서 사라진 재벌이 그렇게 많은지, 도대체 '경제력 집중'이라는 말이 무엇인지, 왜 의심할 여지가 없는 악덕인 '중소기업 기술탈취'로 단죄된 재벌이나 대기업은 거의 없는지 같은 것들이다. 한국이 맞닥뜨린 대부분의 문제가 그렇지만, 한국 재벌도 '세계적(개도국적) 보편성'과 '한국적 특수성'이라는 관점에서 조망할 필요가 있다. 그와 더불어 전설처럼 떠도는 엽기적인 악덕(기술탈취 등)의 사실 여부도 규명할 필요가 있다. 이런 악덕이야말로 국가 규제와 단속 처벌 강화의 핵심 근거이기 때문이다. 암살·납치·폭파 등을 저지르는 공작원의 존재가 국가(공안)기관의 불법적 폭력을 정당화해 주는 것과 같은 이치다.

'가족이 지배하는 비관련 다각화 기업집단'인 재벌은 개도국의 공통 현상이다. 개도국뿐만 아니라 선진국에도 스웨덴의 발렌베리 가문 같은 사례가 있다. 나아가 이영훈에 따르면 독립적 대기업이 기업의 지배적 형태를 이루는 것은 미국과 영국 정도로, 세계에서 오히려 예외적인 경우라고 한다.

> 많은 나라에서 기업집단은 가문에 의한 소유의 집중과 경영 참가의 특징을 보이고 있다. 그 점에서 한국의 대기업 집단은 결코 예외적인 존재가 아니다. 다만 총수 일가의 지배권과 기업집단의 현금흐름 사이의 괴리가 매우 큰 가운데, 그것에 유인되어 총수 일가의 예외없는 경영참가와 경영권의 세습이 다른 나라에 비해 강렬하게 획일적으로 나타나는 특징을 이루고 있다.

(이영훈 엮음, 「한국형 시장경제체제」, 서울대학교 출판문화원, 2014, 29-30쪽)

한국 재벌(삼성, 현대기아차, LG, SK, 현대중공업 등)의 주된 수익 기반은 반도체, 자동차와 부품, 선박, 석유화학, 휴대폰, LCD 등으로, 거의 한국의 주력 수출 품목이다. 반면에 대부분의 개도국 재벌의 주된 수익 기반은 1차산품(석유, 가스, 원당 등 광공업·농산품)이거나 망산업(전기, 통신, 항공, 은행, 소매점 등)이거나 내수산업이다. 한마디로 땅 짚고 헤엄치기 사업이거나 손쉽게 지대를 수취할 수 있는 사업이다.

한국 4대 재벌의 하나인 SK의 주력 계열사 SK텔레콤은 국내 이동통신 사업이긴 하지만, 최근 들어서는 반도체 제조회사인 하이닉스가 SK의 캐시카우(cash cow, 수익창출원)가 되었다. 1960~70년대 한국 재벌의 주된 수익 기반이 국가의 특혜적 지원(지대 할당)이었는지는 몰라도, 적어도 1990년대 이후로는 달라졌다. 이는 10대 수출 품목이 말해준다. 지대수취형 사업인 국내 주택건설 계열사의 상대적 비중도 많이 줄었다. 1970~80년대에는 재벌 소유 건설회사도 중동과 동남아 등 해외 건설사업을 통해 큰 수익을 얻었다. 한국 재벌이 박정희·전두환·김대중 정부 하에서 개혁의 대상이 되었음에도 불구하고 한국경제의 견인차 지위를 놓치지 않았던 것은 기본적으로 한국 특유의 시장(금융, 기술, 문화, 대리인 비용 등) 환경에 최적화된 존재이기 때문이라고 보아야 한다.

개도국처럼 시장이 불완전한 상태에서 새로운 고부가가치 산업에 진입하는 데는 그 산업에 특유한 지식이나 기술 등을 보유하는 것보다 기존 산업에서 기업을 경영하면서 얻은 범용적인 기술, 경험, 노하우 등이 더 유리하게 작용한다. (⋯) 기존의 산업에서 영업하고 있는 기업이 새로운 고부가가치 산업에 진입하게 되고 그에 따라 다각화가 일어났다. (…) 규모 확장과 다각화를 통해 내부금융 능력을 갖추게 되면 금융시장의 정보의 비대칭성 — 기업이 투자 기회에 대한 정보가 있지만 금융기관에 전달하지 못해서 생기는 과소투자 문제 해결 — 을 더 잘 극복할 수 있다. (…) 평생 고용 보장에 따른 외부 효과도 빼놓을 수 없다.

(이제민, 55쪽)

한국 정부가 산업을 육성하는 방식은 "육성 대상 산업을 선별하고 진입할 (소수의) 기업을 지정한 다음 집중적으로 지원하는 방식"이었다. 하지만 한국경제의 버팀목인 반도체는 초기에 정부가 어떤 지원도 하지 않았다. 대체로 재벌은 기존 계열사의 출자로 자본금을 마련(가공자본)하고, 계열사의 지불보증을 통해서 은행으로부터 대규모 차입을 했다. 은행 이외의 금융기관도 재벌이 소유했기에 이들 계열 금융기관으로부터 자금을 조달했고, 계열사 간 내부거래를 통해 자금이나 인력을 지원받았다(이제민, 56쪽).

요컨대 재벌을 불사신으로 만든 것은 자본·금융 시장이 발달되지 않은 상황에서 사업 확장이나 신수종 사업 진출에 소요되는 자본을 조달하는 방법이 수익성 좋은 주력 계열사의 보증 외에 마땅한 방법이 없었기 때문이다. 또 하나, 재벌이 선택한 산업이 필요로 하는 기술인력과 관리인력을 계열사 간 전출입으로 해결하고, 필요한 기술은 해외에서 라이선스를 주고 사 오는 방식으로 조달할 수 있었기 때문일 것이다. 본인 또는 가족이 재벌 계열사 경영진으로 들어간 이유도, 대리인(전문경영인) 비용이 큰 데 비해 배당이익은 작았기 때문이다.

2. 경제력 집중이라는 수수께끼

1980년 12월 31일 국가보위입법회의에서 제정되고 1981년 4월 1일 자로 시행된 '독점규제 및 공정거래에 관한 법률'(공정거래법) 제1조(목적)는 다음과 같다.

> 이 법은 사업자의 **시장지배적 지위의 남용**과 **과도한 경제력의 집중**을 방지하고, **부당한 공동행위 및 불공정거래행위**를 규제하여 공정하고 자유로운 경쟁을 촉진함으로써 창의적인 기업활동을 조장하고 **소비자를 보호**함과 아울러 국민경제의 균형있는 발전을 도모함을 목적으로 한다.

이 조항은 법 제정 이후 지금까지 거의 40년간 한 자도 바뀌지 않았다. 그런데 '경제력 집중'이라는 말이 여간 모호한 말이 아니다.

사실 자본주의 시장경제를 채택하는 한 독점, 시장지배적 지위의 남용, 부당한 공동행위 및 불공정거래의 규제, 소비자 보호는 국가가 결코 등한시할 수 없는 가치다. 하지만 '과도한 경제력의 집중'은 다르다. 공정거래법 제2조는 법에서 사용하는 용어를 정의해 놓았는데, '경제력 집중'의 정의는 없다. 실은 '경제력'이라는 말부터가 애매하다. 자산을 말하는지, 소득을 말하는지, 생산수단이나 고용 규모를 말하는지? 박상인은 경제력 집중을 "특정인이나 특정 집단이 경제적 가용자원의 상당부분을 실질적으로 통제"하는 것으로 정의한다. 실질적 통제란 아마도 '실질적으로 소유하거나 통제(좌지우지)'하는 것으로 해석해야 할 것이다.

이렇게 본다면, 규제·형벌·예산·기금·공무원·공공기관 등을 움켜쥐고 있는 대통령과 직업 관료들이야말로 엄청난 경제적 가용자원을 실질적으로 통제하는 존재들이다. 그럼에도 이들은 재벌과 달리 시장은 물론이고 선거를 통해서도 전혀 견제받지 않는다.

경제력 집중이 어느 정도라야 '과도한' 것인지도 판단하기 어렵다. 무엇보다, 부(경제력)는 한쪽이 많이 가지면 나머지는 적게 가지는 제로섬 게임이 아니다. 삼성전자 등 국제경쟁력이 있는 상품서비스를 소유하고 판매하는 개인이나 집단은 해외에서 엄청난 부를 가져올 수 있다. 그렇게 되면 '경제력 집중'이 생길 수밖에 없다. 하지만 시장지배적 지위를 오남용하면 몰라도, 집중 자체를 이유로 능력 있는 개인이나 집단을 억누르는 것은 결코 정당하지 않다.

그래서인지 김상조는 『종횡무진 한국경제』의 제5장('성장의 엔진인가, 탐욕의 화신인가? 재벌의 지배구조 개혁')에서 재벌 문제를 다루면서 "1997년 이전의 재벌 개혁의 기조는 경제력 집중 억제였으나, 그 이후는 재벌의 후진적 지배구조 개혁을 통한 총수 일가의 전횡 견제로 바뀌었다"고 한다. 하지만 "재벌 지배구조가 건전하다고 해도 기업집단의 규모가 너무 크면 시장지배력을 남용하여 중소기업의 존립을 위협하고 대기업으로 성장하는 길을 막을 수 있고, 더 나아가 사회 전반에 대한 이데올로기적 지배력을 통해 민주주의를 위협할 수 있기에 경제력 집중 억제는 여전히 의미를 가진다"고 하였다. 다만, 생산성 향상을 기반으로 국내외 시장에서 점유율을 높여 나가는 것 자체는 비판의 대상이 아니라고 하였다. 재벌의 경제력 집중이 문제가 되는 것은 '천민성과 독점성' 때문이라고 하였다.

그런데 독점성은 모든 나라가 문제 삼지만, '천민성'은 보기 나름이다. 이는 권력이 자의적(도덕적) 잣대로 시장이나 기업을 좌지우지할 수 있는 근거가 된다.

김상조·장하성에 이어 최근 몇 년 동안 '재벌개혁 전도사'로 부상한

박상인은 재벌 문제를 '황제경영과 총수 일가의 사익 편취라는 **기업 거버넌스' 문제**와 '**경제력 집중' 문제**로 대별한다. 황제경영은 '무자격한 총수 일가의 경영 참여나 갑질' 문제이고, 총수 일가의 사익 편취는 '**계열사 간 내부거래, 계열사 간 인수합병, 총수 일가인 임원의 과도한 겸임과 보수**' 문제다. 이러한 박상인의 견해는 문재인의 재벌 개혁 관련 연설에 거의 반영되었다.

그러나 '무자격하다'는 말과 '갑질'이 무엇을 뜻하는지는 모호하다. 무자격은 경영 능력의 문제인가? (부하직원에게 물컵을 던지는 등 범죄로 규정하기 어려운) 폭언과 무례, 불법적 약탈은 똑같이 갑질인가? 사익 편취는 상법이나 공정거래법상에 범죄의 정의와 구성요건이 정해져 있고 판례를 통해 보완되고 있지만, 무자격과 갑질은 그렇지 않다.

박상인은 "기업 거버넌스의 문제는 기업집단의 규모와 상관없이 발생"하는 데 반해 "경제력집중의 폐해는 대규모 기업집단에서 발생하는 문제"라 하였다. 경제력 집중은 "특정인이나 특정 집단이 경제적 가용자원의 상당부분을 실질적으로 통제"하는 것으로 정의했다. 경제력 집중의 문제로 "민주주의와 시장경제의 형해화" 외에 두 가지를 더 들었다. 하나는 "경제력집중이 우려되는 기업집단의 도산이 경제위기로 전이되는 이른바 시스템 리스크 가능성"이고, 다른 하나는, "경제력집중이 시장의 경쟁을 말살하게 되어 경제의 혁신과 역동성을 앗아간다"는 것이다.[15]

이런 진단에는 여러 가지 논리적, 현실적 모순이 담겨 있다. 국내적으로는 시장지배적 지위를 가진다 하더라도 해외의 강력한 경쟁자가 있으면 혁신을 추동하는 경쟁 자체는 줄어들지 않기 때문이다. 이는 삼성전자의 반도체·휴대폰과 현대기아차의 자동차의 혁신 노력이 증

---

15) 박상인, "왜 재벌개혁인가?"(프레시안, 2019. 6. 24), http://www.pressian.com/news/article?no=246143#09T0

명한다. 국내에서는 시장지배적 지위로 인해 협력업체에 대해 압도적으로 힘의 우위를 보인다 해도 세계 시장에서 치열한 경쟁이 있는 한, 또 협력업체의 경쟁력(생산성)이 완제품 경쟁력의 핵심 요소인 한, 지속가능한 협력 체제를 구축할 동인은 얼마든지 있다.

다음은 『시사인』 대담 기사(2019. 4. 1)의 한 대목이다.[16]

> 이종태 현대차 같은 선도기업이 기술력은 없으면서 협력업체 착취로 가격 경쟁력만 유지하다 보니 혁신을 소홀히 하고 있는 것 아닌가? 그 결과, 세계적 대세인 전기차가 아니라 수소차에 쓸데없는 투자를 하게 되었다고 한다.
>
> 송영조 이상한 소리다. 협력업체들이 선도기업에 순응하다 보니 정작 자사의 제품 혁신 능력을 키우지 못했다는 비판은 말이 된다. 그러나 선도기업마저 연구개발 투자를 방기하고 혁신하지 않았다는 주장은 터무니없다. 현대차 같은 선도기업은 세계시장에서 자사보다 뛰어나거나 대등한 업체들과 경쟁하기 때문에, 어떻게 보면 혁신을 강제당하는 처지다. 현대차는 수소자동차와 전기자동차를 모두 준비해왔다.

시스템 리스크는 정치(권력)에도 있고, 금융에도 있고, 전후방연관효과가 큰 산업에도 있다. 대체로 자기 자본에 비해 부채가 많을 수밖에 없는 금융이 시스템 리스크에 많이 노출되어 있다. 시스템 리스크는 어떤 경제주체나 정치주체에 대한 사회의 의존도가 높으면 생긴다. 하지만 위험하다고 해서 비행기 대신 기차를 탈 수 없고, 다른 대안에너지가 없는 상황에서 원자력발전소를 가동하지 않을 수 없다. 이는 기

---

16) "5만 4000개 기업 데이터 분석, '재벌해체론' 틀렸다"(『시사인』 602호), https://www.sisain.co.kr/?mod=news&act=articleView&idxno=34251

본적으로 관리의 문제일 뿐이다. 시스템 리스크를 이유로 특정 경제주체나 정치 주체를 분할·축소·무력화하는 것은 바보스러운 일이라는 얘기다.

자본주의 시장경제에서는 '규모의 경제'만 있는 것이 아니라 '규모의 비경제'도 있기에, 기업의 규모에는 자연 한계가 있다. 즉, 규모의 비경제로 인해 '특정인이나 특정 집단이 경제적 가용자원을 실질적으로 통제'하는 데는 한계가 있을 수밖에 없다는 얘기다. 다수 독립기업의 지분을 많이 가지고 있다 하더라도 독립기업은 나름의 이사회와 경영진이 있고, 상법은 이 각각에 권한과 책임을 부여하고 있다.

3. 잘못 짚은 불평등 책임

(1) 재벌의 불공정·불법이 만악의 근원인가

재벌개혁론의 가장 큰 논리적 결함은, 각종 격차·갈등·불안·저활력·저성장 등 경제적 부조리 현상을 초래한 주요한 원인에 대한 정확하고 사실에 입각한 진단 없이 그 원흉으로 재벌 또는 재벌의 횡포(불공정하고 불법적인 행태)를 지목해 버리는 것이다. 이는 과거 중세 말 유럽 사회가 맞닥뜨린 주요한 부조리의 원흉으로 마녀를 지목한 것과 다를 바 없다.

예컨대 장하성은 『왜 분노해야 하는가』(헤이북스, 2015)에서, 한국의 임금 격차의 원인으로 **"정규직과 비정규직으로 양분된 고용 불평등"**과 **"대기업과 중소기업, 원청기업과 하청기업 간의 불균형"**을 지목했는데, 장하성은 이를 근거로 "소득 불평등의 원초적 책임은 **재벌의 불공정하고 불법적인 행태**"에 있다고 했다(28쪽).

재벌대기업의 불공정하고 불법적인 행태는 협력업체·소비자·노동자(비정규직 등)에 대한 착취(갑질)와 변칙 상속 등일 것이다. 핵심 원인을 이렇게 규정하면, 해법은 자연히 규제·감시·단속·처벌을 강화하자는 쪽으로 달려가기 마련이다. 문재인의 대선 공약이 그런 문제의식을 충실히 반영하고 있다. "횡령·배임 등 경제범죄 엄정 처벌 및 사면권 제한", "일감 몰아주기, 부당내부거래, 납품단가 후려치기 같은 재벌의 갑질 횡포에 대한 전면적 조사와 수사를 강화하고 엄벌" 등이다. 하지만 재벌·대기업의 수익성의 원천이 국내 부당이익이 아니라 높은 국제경쟁력(생산성)인 이상, 국내적으로 '공정하고 합법적인 경영'을 강요해서 경제력 집중이 해소될 리가 없다.

(2) 전속거래 하청구조

박상인은 재벌대기업 중심의 **전속거래 하청구조**가 "제조업 중간재 부문에서 공정한 경쟁의 실종과 이로 인해 제조업의 고도화를 가로막아 제조업 위기를 야기"하고 있다고 한다. 즉, 재벌대기업은 "기술탈취와 하청기업들에대한 단가 후려치기로 가격경쟁력을 확보"하기에 "스스로 혁신할 유인을 잃고, 중소기업의 저생산성과 대기업과 중소기업의 임금 양극화의 원인"이 되고 있단다.

2019년 7월 초 일본이 반도체와 휴대폰 제조 공정에 필수적인 재료와 부품[17] 등의 한국 수출을 규제하는 조치를 시행한다고 발표하자, 부품 소재 장비 국산화를 이루지 못한 이유도 재벌대기업 중심의 하청구조 탓이라고 견강부회하는 사람들이 있다. 부경대 남종석교수, 송영조 연구원과 『시사인』 이종태 기자가 재벌 문제를 주제로 나눈 앞의 대담 기사(2019. 4. 1)에 따르면, 두 연구자는 신용평가업체 한국기

---

17) 텔레비전과 휴대전화의 화면(EL)을 만드는 데 쓰는 '플루오린 폴리이미드'와 반도체 제조에 필요한 '리지스트'와 '에칭가스(고순도 불화수소)'.

업데이터의 170만여 개(2006~2011년) 기업 정보[18] 중에서 주요 표본 5만 4천여 개를 추출, 실증 분석해, "국내 주요 기업들이 서로 어떻게 거래하고 재무상태는 어떤지 거의 파악"할 수 있게 되었다고 한다. 남종석 교수에 따르면 "(재벌대기업으로부터 갑질을 당하지 않는) 독립기업들이 협력업체에 비해 규모, 기술력, 임금 등에서 훨씬 열악하다. 더욱이 독립기업 가운데 27.5%가 정부조달 기업이고 평균 공급비중이 32.93%에 달한다. (…) 상당수 독립기업들의 독자적 생존력을 의심할 수 있는 근거 중 하나다. 냉정하게 말하자면, 좋든 싫든, 한국 중소기업의 주력은 대기업에 납품하는 협력업체라고 판단할 수밖에 없다"고 한다. 공동연구자인 송영조 연구원은 업체 수로만 보면 독립기업이 협력업체보다 많지만, 매출 기준으로 보면 대기업 중심의 거래 네트워크에 속한 업체가 80퍼센트 정도를 점유한다고 하였다.

남종석　2000년대 들어 한국 제조업의 성과는 눈부셨다. 매출액·생산성·임금 등의 증가율이 경제협력개발기구(OECD) 회원국 중 가장 높은 국가군에 속했다. 당시 활발하게 제기된 '제조업 위기론' '재벌 원흉론' 등이 이해되지 않을 정도다. 그러나 2010년대 들어 기업 부문의 매출액 성장률(매년 매출액이 늘어나는 정도)이 계속 떨어지고 있다. 2014년에는 매출액 성장률이 처음으로 마이너스를 기록했다(매출액이 전년도보다 줄었다). 영업이익률도 비슷한 추세다. 수출증가율도 전자 업종을 빼면 2012년 이후 정체된 상태다.

송영조　그 결과, 통계청 기업활동 조사자료에 따르면 제조업의 경우 적자기업(영업이익 기준)이 전체의 약 17%에 이르게 되었다.

---

18) 각 기업이 어떤 업체에 납품하는지, 해당 기업의 재무상태(자산·매출·영업이익 등)는 어떤지 등.

적자까지는 아니지만 순수익이 적어서 이자도 제대로 못 갚는 기업이 25%에 달한다. 한국은행의 2018년 12월 〈금융안정 보고서〉에 따르면 2018년 상반기 현재, 이자를 감당하지 못하는 중소기업은 50% 정도이고, 대기업은 26.9%다. 이런 추세가 심화되고 있다.

이종태 "그(기업간 양극화 추세) 원인은? 혹시 재벌 때문인가?

남종석 딱 잘라서 말하자면, 세계적 추세다. 글로벌 차원에서 무역 수요가 크게 떨어졌다. 우리나라 기업들의 매출액 실적을 그래프로 그려보면 세계무역의 등락과 함께 움직인다. 국내 대기업의 수출 실적이 악화되니까 협력업체도 같은 상황에 처하게 된 것이다. (…) 세계적 차원에서 보면 한국은 임금 수준을 높이면서도 독일 다음으로 선전했다.

송영조 흔히 "재벌 체제 때문에 한국 경제를 망쳤다"라고 말하지만 실제 데이터로 냉정하게 살펴보면, 한국 기업 가운데 세계 적으로 성장한 업체는 재벌 대기업밖에 없다.

이종태 '재벌 해체가 중소기업 발전의 방안이 될 수 없다'는 이야기를 하는 건가?

남종석 재벌 체제로 인해 중소기업이 지금 정도로나마 발전할 수 있었다는 주장도 가능하기 때문이다. 1980년대 이후 삼성이나 현대차 등이 사실상 협력업체들의 발전을 견인해온 측면도 봐야 한다. 중소기업에 설계도 제공하고, 엔지니어도 파견 하고 심지어 생산 라인까지 깔아줬다. 선도기업이 특정 제품을 개발하면, 중소기업은 그 제품에 필요한 부품 생산 공정을 혁신해 완제품 단가를 낮추는 역할을 맡았다. 이런 과정에서 1차 협력업체의 규모가 커지면서 핵심 중견기업으로 발전해온 것이다. 연구팀 데이터베이스에 나오는 협력업체와 독립기업의 영업이익률 추세를 살펴보면, 대기업들이 협력업체의 생존에는 나름 신경 썼다는 것을 알 수 있다. 독립기업은 호경기에는 수익률이 높고 불경기에는 매우 낮다. 그러나 협력업체는 어려울 때는 영업이익률이 4%대 초반이고 잘나갈 때도 5%를 크게 웃돌지 않는다. 선도기업이 호경기에 협력업체의 수익을 착취하는 대신 불경기에는 매출액을 일정하게 보장해준 것으로 보인다. 착취와 협력이 미묘하게 섞였다.

(3) 기술탈취와 단가 후려치기

격차와 빈곤의 원흉으로 우월적 지위에 있는 기업의 부당한 착취와 억압을 지목하는 사람들에게는 '기술탈취와 단가 후려치기'만큼 악덕 내지 편견에 딱 들어맞는 불법이 없다.

박상인은 재벌대기업이 "기술탈취와 하청기업들에 대한 단가 후려치기로 가격경쟁력을 확보"하기에 스스로 혁신할 유인을 잃었다는 증거로 주요 완성차 회사의 매출액 대비 R&D 투자비를 들먹인다. 자동차산업을 보면, 매출액 대비 R&D 투자비는 한국 자동차 5사 평균 2.8퍼센트, 일본 토요타 3.6퍼센트, 독일 폭스바겐 5.7퍼센트다. 그런데 평균 연봉(임금)은 한국 9,072만 원(2016년)인 데 반해 토요타는 8,391만 원, 폭스바겐은 8,303만 원이다. 1인당 GDP 대비 한국 5사는 2.85배, 토요타는 2.04배, 폭스바겐은 1.74배다. 매출 대비 인건비 비중은 한국 5사가 12.3퍼센트, 토요타 5.8퍼센트, 폭스바겐 9.9퍼센트다. 완성차 회사의 생산직 임금과 매출액 대비 인건비가 높다는 것은 다른 이해관계자(주주, 협력업체, 비정규직, R&D 분야 등)에게 갈 몫을 가로챘기는커녕 오히려 더 줄여야 한다는 것을 의미한다.

박상인은 "재벌대기업 중심의 하청 구조에서 기술탈취가 만연한 것은 이미 상식이 되었다"고 말한다. 사실 기술탈취는 엽기적인 사건이다. 사실이라면 만인이 공분할 범죄 행위다. 하지만 특허로 그 독점성을 보장받아야 할 '기술'의 실체와 범위를 정하는 것은 만만한 문제가 아니다. 대체로 피해자를 자처하는 측의 일방적인 주장에 불과하다. 실제 범죄로 규정되어 기소된 사건은 매우 드물다. 김상조 공정거래위원장 취임(2017. 6. 13) 이후 공정위와 중소벤처기업부의 협업을 통해 적발한 기술탈취 사건 제1호가 '두산인프라코어의 하도급업체 기술탈취 후 납품 대금 후려치기' 사건이었다. 여기에 대해 공정위는 과징금 3억 7,900만 원을 처분하고 법인과 직원 5명을 검찰에 고발했다.[19] 하지만 그 이후 기술탈취 사건을 적발할 것은 거의 없다.

한국 제조업이 조립가공산업이나 장치산업 중심 구조에서 **고부가가치 중간재나 특수재(부품, 소재, 장비) 산업으로 고도화(진화)되지 않는 바탕에는 국가 규제, 금융 시스템, 고용 체제, 교육 체제(숙련 형성 체제), 상속 제도, 기업 문화 등 너무나 다양한 요소가 복잡하게 얽혀 있다.** 무엇보다, 원청 대기업과 협력업체는 경쟁 관계가 아니다. 그래서 부품 구입 단가를 깎을 유인은 차고도 넘치지만 기술탈취 유인은 별로 없다. 탈취한 기술을 구현할 설비·장비·인력 등도 없는 경우가 대부분이다. 무엇보다도 협력업체에는 탈취할 기술 자체가 없다. 협력업체의 적은 경쟁 협력업체일 뿐이다.

기술탈취 시비가 벌어지는 한국 특유의 이유 중 하나는, 한국은 대기업과 중소기업 간 근로조건 격차가 크기에, 중소기업에서 길러진 노하우가 자발적 이직이나 스카우트 형태로 대기업이나 경쟁사로 옮겨가기 일쑤이기 때문이다. 하지만 이를 기술탈취라고 하기는 어렵고,

---

19) https://www.yna.co.kr/view/AKR20180723055100002

재벌대기업을 엄단해서 해결될 문제도 아니다. 사람 값이 직무가 아니라 소속(기업)에 따라 천양지차인 한국 특유의 부조리를 해소해야만 해결될 문제다. 또 하나는 중소기업이 기술인력에게 제공할 다른 유인 보상 수단이 없어서 생기는 문제다.

동서고금을 막론하고 경쟁 국가들끼리, 경쟁업체들끼리도 기술(노하우) 훔치기는 일상이다. 그래서 특허 보호 제도가 있는 것이다. 하지만 원청과 하청 간에는 기술탈취 유인이 별로 없다.

단가 후려치기(이른바 CR: cost reduction)도 『시사인』 인터뷰에서 거론됐다.

> **이종태** 대기업이 단가 후려치기 등으로 중소 협력업체의 성장을 억제해 온 것은 사실이다. 대기업 중심의 수직계열화 때문에 중소기업에서 혁신이 일어나지 않는다는 주장도 나온다. (…)
>
> **남종석** 중간재 시장에서는 협력기업이 공급자이고 대기업은 수요자다. 협력기업의 수는 엄청나게 많은 반면 선도기업은 현대차, 삼성전자 등 손으로 꼽을 정도다. 결국 선도기업들이 '수요 독점자'라는 우월적 지위로 중간재의 가격 결정에 절대적 영향력을 미치게 된다. 그렇다면 준수직계열화를 해체하고 아웃소싱으로 가는 것이 대안일까? 그렇지 않다. 만약 협력기업이 독점적 기술력을 가졌다면, 중간재 단가 결정에서 선도기업보다 오히려 우월한 협상력을 발휘한다. 그 회사에서만 살 수 있는 제품이 있기 때문이다. 지멘스, 덴소, 보쉬 같은 해외 거대 부품업체들이 그렇다. 한국 중소기업은 규모가 작고 연구개발 여건도 척박하다. **기술력이 낮으면 준수직계열화에서든 아웃소싱에서든 단가 후려치기를 당할 수**

밖에 없다. 근본적 문제는 '아웃소싱이냐, 준수직계열화냐'가 아니라 **중소업체의 기술력인 것이다.** 아웃소싱 체제로 가면 현대차 같은 선도기업들이 국내 중소기업에서 중간재를 매입할 이유가 없어지게 된다. 지멘스 같은 업체에서 사면 된다. 중소기업 역시 아웃소싱 체제로 매출이 보장되지 않게 되면, 혁신은커녕 지금 수준의 연구개발 투자도 포기할 것이다.

'단가 후려치기'라는 갑질과, '생산성 향상에 따른 단가 인하'라는 시장원리는 구분하기 어렵다. 생산량이나 생산 기간이 증가하면 생산성(숙련) 향상이 이뤄지면서 수익이 증가하게 되어 있고, 따라서 이 성과를 나누고자 하는 움직임이 있기 마련이다. 그래서 세계적 자동차 메이커들은 다 단가 재협상=후려치기를 한다. 한국도 예외가 아니다. 그런데 한국이 상대적으로 가혹한 이유는 협력업체의 모기업 의존도가 높고, 자신만의 독보적인 기술력이 없기 때문이다. 또한 자동차사 원가 구조에서 보았듯이 노조가 주도적으로 올린 임금 및 인건비 때문에 부품과 자재 조달 비용을 떨어뜨릴 유인이 크다.

원래 시장가격이나 거래조건은 판매자와 구매자의 처지에 따라 크게 차이가 난다. 예컨대 갑질, 장부 들춰보기, 단가 후려치기 등을 하나도 안 해도, 그냥 경쟁입찰만 하면 원청이 요구를 하지 않아도 스스로 단가를 가혹하게 후려쳐서 입찰한다. 이것을 불공정거래라 할 수는 없다.

대통령과 청와대 참모와 장·차관의 관계, 국회의원과 보좌관 관계도 마찬가지지만, 갑이 생사여탈권을 쥐었는데 갑질이 일어나지 않는 경우는 별로 없다. 재벌대기업의 높은 수익이 협력업체나 소비자에 대한 불법적 갑질, 즉 단가 후려치기나 판매 가격 인상 등의 산물인지는 실증적으로 확인해야 할 문제다. 단적으로 재벌 대기업의 '왕초'인 삼성전자와 현대기아차 등 재벌 주력기업의 매출과 이익의 대부분은 해외 시장에서 얻어진다.[20] 국내 협력업체나 소비자에 대한 약탈은 한참 후순위다. 1차 협력업체의 경영 성과와 임금도 원·하청 관계에 편입되지 않은 독립기업에 비해 대체로 좋다. 상당수 협력업체가 납품 단가 후려치기 등을 성토하지만, 이들은 말할 것도 없고 훨씬 많은 기업들이 잘나가는 재벌대기업의 협력업체가 되지못해 안달하는 것이 현실이다.

문제의 핵심은 불법적 약탈이 아니다. 공정위, 검찰 등이 아무리 유능하고 공정해도 결코 처벌할 수 없는 합법적, 제도적 부조리가 핵심이다. 바로 기업 또는 개인 간 생산성 격차[21]와 대항력(불리한 거래조건 거부권) 격차다. 이는 국가 규제와 단속 처벌로 해결할 수 없는 문제다. 재벌 개혁의 전도사를 자임하는 김상조·장하성·박상인 등은 일부 재벌대기업의 높은 수익이 높은 생산성의 산물인지, 독과점이나 국가 규제에 의한 초과이윤의 산물인지, 사법적 수단으로 단죄해야 마땅한 불공정하고 불법적인 행태의 산물인지를 구분하지 않는다. 아마 현실은 세 요소가 다 섞여 있을 것이다. 그럼에도 장하성은 '고용 4퍼센트를 차지하는 초대기업이 순이익의 60퍼센트를 차지한다'는 것만을 근거

---

20) 2016년 삼성전자 매출 201조 9천억 원 중 국내에서 발생한 액수는 20조 2천억 원으로 전체의 10퍼센트로 집계됐다. 주요 국외 매출은 미주(68조 7천억 원) 34퍼센트, 유럽·CIS(38조 3천억 원) 19퍼센트, 중국(35조 6천억 원) 18퍼센트이다. 전체 매출에서 차지하는 국내 매출 비중은 2011년 16퍼센트에서 2012년 14퍼센트, 2013년 이후 10퍼센트 수준에 머물고 있다.

삼성전자 총매출·조세공과금 국내 비중 추이

	2014년	2015년	2016년
총매출	206조 2천억 원	200조 7천억 원	201조 9천억 원
국내 매출	20조 7천억 원	20조 8천억 원	20조 2천억 원
국내 비중	10%	10%	10%
총 조세공과금	5조 5천억 원	7조 8천억 원	8조 9천억 원
국내 비중	53%	51%	67%

http://www.yonhapnews.co.kr/bulletin/2017/07/23/
0200000000AKR20170723021900003.html

21) 세계화, 지식정보화, 중국의 부상과 과학기술혁명 등은 경제주체들의 능력=생산성 격차를 확대하는 경향이 있다.

로 사법적 단죄가 가능한 '불공정하고 불법적인 행태'의 산물로 규정한다. 화재 사고가 많이 난다고 해서 국가 소방 인력과 장비를 강화하고, CCTV를 많이 설치하고, 사고 낸 사람을 엄히 처벌하는 것은 하책 중의 하책이다. 상식적으로 상책은 인화 물질 등 화재 요인 자체를 없애고, 유사시 최대의 피해자요 화재 현장에 가장 가까이 있는 민간의 노력으로 화재를 초동 진압하는 것이다. 한마디로 원인 제거와 자위, 자조다.

물론 정글과 같은 시장생태계에서 압도적으로 우월한 지위를 가진 갑의 불공정하고 불법적인 행태가 없을 리 없다. 공정위와 사법기관이 매의 눈으로 살펴 강력하게 응징하면 이런 행태를 많이 줄일 수는 있을 것이다. 그렇게 해서 격차의 근원인 기업 간 생산성 격차와 불리한 거래조건을 걷어차고도 살아갈 수 있는 '을'의 대항력 격차마저 줄일 수는 없다. 납품 단가 후려치기 등을 호소하는 협력업체들도, 재벌 대기업이 완전히 공정하고 합법적인 경쟁입찰을 통해 부품이나 자재를 공급받는다고 했을 때 거래조건이 지금보다 나아지리라는 보장도 없다. 독과점 시장구조 등으로 원청이 하청의 목줄을 쥐고 있는 이상 거래조건은 나쁠 수밖에 없지만 이는 사법적 수단이나 도덕적 호소로 해결될 문제가 아니다. 1960~80년대 정부 주도의 산업 발전 정책에 따라 만들어진 수많은 국가독점기업, 민간독과점 시장구조와 높은 진입장벽은 불공정의 본산이지만 사법적 단죄로 해결할 문제가 아니다. 이는 기본적으로 경쟁, 개방, 규제 합리화, 공기업 분할 및 민영화, 합리화 정책 등으로 해결할 문제다.

(4) 재벌 봉건체제와 '6대 갑질'

건설, 보험, 증권, 광고, SI(system integration: 삼성SDS, LGCNS 등), 물류, 구매대행 등 이른바 B2B(business to business) 분야에서 재벌 2~4세

가 오너인, 고만고만한 크기의 '땅 짚고 헤엄치기'식 사업을 하는 재벌 계열사들이 우후죽순 생겨난 것은 사실이다. 박창기는 이를 '재벌 봉건체제'라 부른다. 하지만 미국 등 선진국에서는 이런 분야에서 세계적인 기업이 생겨나고 있다. 재벌개혁론은 이런 부조리가 생기는 구조와 원인을 분석하지 않고, 대체로 재벌의 탐욕(일감 몰아주기=주주 이익 편취 등을 통한 변칙 상속 등)에 책임을 돌리고, 국가 규제와 단속 처벌을 해법으로 내놓는다.

사실 한국 재벌대기업의 문제는 삼성전자와 현대기아차 등 해외에서 돈 많이 벌어 오는 간판 기업에 있는 것이 아니다. 해외에서 돈도 잘 못 벌어 오면서 간판 기업에 기대어 연명하고, 더 나아가 시장 생태계까지 교란하는 수많은 내수 위주 중간 재벌대기업 계열사들에 있다. 이들이야말로 불공정의 본산인 경우가 많다.

가맹점 거래 분야의 고가 인테리어 비용 전가 행위, 대리점 거래 분야의 밀어내기(판매 강제 행위), 대형 유통거래 분야의 부당 반품 행위, 하도급 거래 분야의 납품 단가 후려치기(부당 단가 인하나 부당 대금 결정), 제조·용역 하도급 분야의 기술탈취와 기술 유용 행위, 건설 하도급 분야의 추가공사대금 미결제 행위 등 각 분야의 전형적인 불공정행위를 '6대 갑질', 줄여서 '육갑'이라고 부른다. 삼성전자는 육갑 어느 것도 해당되지 않고, 현대기아차는 납품 단가 후려치기로 악명이 높긴한데, 이는 완성차 제조업 분야에서는 보편적이다.

한국 재벌대기업의 주요한 문제는 역사적으로 변화해 왔다. 과잉중복투자, 문어발식 확장(경제력 집중), 황제경영, 일감 몰아주기, 변칙편법 상속, 재무통이 주도하는 지나친 보수적 경영 등, 시기적으로 주요 문제가 다르다. 그런데 지금의 핵심 문제는 재벌대기업이 얼마나 악덕이냐가 아니라, 삼성전자 등 몇몇 기업을 빼놓고는 중국의 빠른 추격에 밀려 뿌리째 흔들리고 있다는 사실이다. 이들을 대체할 새로운 성장주도산업과 혁신적 중소·중견 기업이 별로 없기도 하고, 나오기도 힘들게 되어 있다. 단적으로 한국의 생산물시장, 노동시장, 금융시장은 공히 소비자·노동자·약자 보호라는 이름으로 온통 기득권 보호용 규제로 칭칭 감아 놓았다. 핵심 생산요소인 돈과 인재에 대한 유인보상체계도 지극히 안정지향적이고 지대추구적이다. 고시·공시 열풍이 그 기념비다. 그럼에도 김상조·장하성·박상인 등은 유력 재벌의 계열사들과 중소규모 재벌의 불공정하고 불법적인 행태에 대한 국민적 반감을 삼성그룹 또는 삼성전자 같은 대표 기업의 많은 이익(사내유보금 등)과 연결하여, 국가 규제와 사법적 수단으로 재벌대기업 전체를 옥죄려고 한다. 결과적으로 1960~80년대 산업정책이 낳아 기른 몇 안 남은 황금알을 낳는 거위조차 죽여 버리거나, 별 볼일 없는 알을 낳는 거위로 만들려고 한다고 해도 과언이 아니다.

'경제력집중 심화→경제위기 발생→사회양극화와 경제력집중의 심화'라는 악순환이 반복되면 한국은 이른바 중남미형 사이클에 빠질 수 있다. 그런데 경제력이 크다면 시장지배력 남용 가능성도 있고, 민주주의 왜곡 가능성도 있다. 이는 경제력 자체를 억제할 대상으로 삼는 것이 아니라, 시장지배력 남용과 민주주의를 왜곡하는 메커니즘을 개혁해서 해결할 일이다. 김상조는 재벌의 경제력집중 및 오남용과 1990년대 이래 **기업규모의 영세화와 기업 규모별 양극화**(구조개편) 현상을 연결한다. 하지만 이는 **중국 효과**(제조업의 타격), **노조 효과**(외주화 비용이 많이 싸짐), **산업의 서비스화**의 산물로 보아야 한다.

김상조는 1970년 이후 설립된 젊은 기업이 하나도 없는 이유로, 소수 대**기업 중심의 경직된 구조=경제력 집중** 탓을 한다. 재벌에 대해서는 정경유착과 경제력집중의 주범이요, 내부거래를 통한 탈세와 총수 일가의 사익 편취, 새로운 사업 기회의 독식, 적은 지분으로 많은 계열회사를 거느리면서 이익의 사유화와 책임의 사회화에 따른 과잉중복투자를 자행하고, 저이윤·고부채·문어발·황제경영을 일삼는다고 비판한다.

(5) 재벌이라는 대마왕의 분루憤淚

재벌을 무슨 대마왕이나 골리앗으로 규정하고 자신은 무슨 정의롭고 용기 있는 다윗인 것처럼 행동하는 정치인(문재인), 국회의원(박용진), 정무직 관료가 된 진보 교수(장하성, 김상조 등), 시민단체 활동가들이 적지 않다. 이들은 재벌의 부는 기본적으로 불법적이고 불공정한 행태, 즉 이익의 사유화와 비용의 사회화 등으로 형성되었다고 생각한다. 이병천 지식인선언네트워크 공동대표의 칼럼이 그 같은 시각을 단적으로 드러낸다.

> (재벌 지배 세습자본주의) 한국 재벌은 지속적 불균형 발전 과정에서 비용의 사회화로 이익을 전유한 최대 수혜자다. 총수 가문의 지배권 및 부의 대물림을 위해 정경유착, 무노조 경영 등 어떤 비리도 서슴지 않으며 금수저·흙수저의 불공정, 불평등 구조 재생산을 선도했다. 삼성이 그 꼭짓점에 있다. 이재용은 박근혜·최순실과 함께 국정농단의 주역이었고 삼성바이오 회계사기의 주동 혐의도 매우 짙다. 삼성은 해외에서도 무노조 경영 전략을 도모했음이 폭로됐고 노동권 침해 혐의로 프랑스에서 기소되기에 이르렀다.
> (약탈적 산업생태계) 대기업이 비용을 하층 기업에 전가해 비용절감 수단으로 활용하는 강자독식의 다단계 이중구조 문제다. 하층기업은 다시 그 비용을 하청노동자한테 전가함으로써 갑을문제는 얼굴을 달리한 계급문제가 된다. 이는 기업·산업 수준에서 공정한 상생협력과 사회적 분업의 확장을 억압하고 소득주도성장도 가로막는다. 이 정부에서 징벌적 손해배상제도나 생계형 적합업종제도 도입,

인건비 변동에 따른 납품대금 조정 신청 등 일정한 진전이 있었다.[22]

물론 삼성 등 재벌이 광고홍보비로 언론을 길들이고, 국내 투자와 신입사원 공채 규모와 시기 등으로 정부의 정책에 영향을 미친다는 것은 공공연한 비밀이다. 특히 삼성은 정부(검찰, 법원, 국세청, 공정위 등), 언론계, 학계, 정치권, 시민운동권 등 곳곳에 장학생들을 두려 하거나 두고 있다는 것도 공공연한 비밀이다. 그러나 그렇게 수십 년을 투자해 봤자 재벌과 자본이 간절히 원함직한 '진짜 큰 것'은 전혀 얻지 못하고 있다. 대표적으로 적은 지분으로 경영권을 안정화시키는 황금주, 포이즌필 등은 얻어낼 수 없다. 삼성생명의 삼성전자 지분 보유 기준 완화도 마찬가지다. 글로벌 스탠더드나 보편 이성에 맞게 고용유연성을 제고하는 노동관계법도 얻어 내지 못한다. 노조가 압도적으로 힘의 우위에 있지만 기업은 정당방위를 할 수가 없다. 홍수처럼 정부 기금 계좌로 밀려들어오는 국민의 노후자금(국민연금)으로 대기업 지분을 사서 경영에 간섭할 수 있는 수단도 어쩌지 못하고 있다. 게다가 진짜 거대한 신수종 사업이 될 수 있어서, 삼성이 정말 간절히 원하는 금융 규제와 보건의료 규제도 바꾸지 못한다. 4차 산업혁명이 제공하는 기회를 움켜쥐는 것을 막는 무수히 많은 규제 역시 바꾸지 못한다. 산업 맞춤형 교육을 하기 위해 교육 법령과 정책을 바꾸고 싶어도 전혀 바꾸지 못하고 있다. 사실 교육 역시 ICT 기술을 도입하고, 교육 공급자 카르텔을 깨면 엄청난 신수종 산업이 될 수 있는데도 말이다. 이런 것들은 재벌뿐만 아니라 자본 거의 전체가 간절히 원하는 것들이다.

대기업의 좌절의 열쇠는 인간 본성이나 보편지성에 완전히 반하는 한국 상속세법을 비롯한 법령에 있다. 한국의 법령은 선진국과 달리

---

22) "(이병천 칼럼) 이익 사유화와 비용 사회화, 지체된 전환", http://www.hani.co.kr/arti/ opinion/column/901503.html

엄격한 계약문서라기보다 도덕적 당위나 이상을 표방해 놓은 경우가 많고, 기업 관련 법령의 대부분에는 형사처벌 조항이 있다. 단적으로 주 52시간을 어겨도, 최저임금을 위반해도, 노조 대응(약화) 방안을 담은 문서를 만들어도 구속당할 수 있다. 배임, 탈세, 불공정거래 등 애매모호한, 즉 귀에 걸면 귀걸이, 코에 걸면 코걸이가 되는 조항도 많다. 권력자의 말을 안 듣고 소신과 양심으로 일하는 공무원에게 큰 불이익을 줄 수 있는 수단도 많다. 표적감사, 조사, 수사를 하면 웬만한 공무원은 견디지 못하는데, 이를 견제할 수 있는 장치가 별로 없다. 그래서 권력자가 정부 각 부처에다 재벌·기업에 대한 총공격 명령을 내리면 그대로 집행이 된다. 몇 년 뒤에 그 명령권자가 권한남용으로 처벌을 받을 것은 나중 문제다. 국가권력이 마음먹고 특정 재벌·기업에 불이익을 주려고 하면 재벌·기업에게는 재앙일 수밖에 없다.

삼성 등 재벌이 탁월한 로비 수완을 보이는 것은 소수가 밀실에서 만지작거리는 특정 기업을 타깃으로 한 규제, 행정명령(처분), 검찰과 경찰 수사, 국세청·공정위·금융위 조사와 사법부 판결일 뿐이다.

외환위기를 전후해 30대 재벌 중 16개가 파산하거나 주인이 바뀌었고, 해방 전에 만들어진 시중은행도 다 인수합병되었다. 이건 결코 시장원리가 아니었다. 초고금리, 부채비율 200퍼센트, BIS비율 8퍼센트도 정부가 얼마든지 재량권을 발휘할 수 있었지만, 그렇게 하지 않았다. 지금도 국가권력이 엄격한 규제를 들이대면 박살 날 재벌이 한둘이 아닐 것이다. 군산복합체(military-industrial complex)의 위험을 경계한 미국 아이젠하워 대통령의 고별연설(1961. 1. 17)[23]이나 노무현의 "권력은 시장으로 넘어갔다"는 말을 인용하여 재벌이나 거대 경제권력이 정치권력 위에 있다고 얘기하는 사람들이 있다. 미국, 영국, 독

---

23) "미국 민주주의는 새로운 거대하고 음험한 세력의 위협을 받고 있다. 그것은 군산복합체다."

일 같은 나라에서는 어느 정도 맞는 말일지 모르겠지만, 한국과 중국에서는 전혀 아니다.

많은 사람들이 잊고 있는데, 재벌·대기업은 독과점이나 담합이 불가능한 글로벌 시장에서 경쟁을 해서 외화를 벌어 온다. 대기업은 국내가 아니라 글로벌 시장의 규율을 받고 있다는 얘기다. 그런데 재벌을 규제하는 국가권력이야말로 완벽한 독점이다. 게다가 한국은 세금, 예산, 규제, 공기업 등에서 폭넓은 자율권(자치권)을 가진 지방정부가 없기에, 국가권력의 독점 수준이 월등히 높다. 중국보다 한국이 훨씬 심할 정도다. 그리고 법령과 인사(승진, 보직, 감사) 시스템도 재벌·기업을 죽이려고 마음만 먹으면 죽일 수단이 무궁무진하게 많다. 그런 점에서 적어도 한국에서 재벌권력이 정치권력 위에 있다는 말은 완벽한 무지거나 착각이거나 사기다. 그러므로 우리 시대 진짜 용기 있는 자는 박정희가 만든 국가주도 수출지향 발전 시스템을 통해 성장한 재벌·대기업의 빛과 그늘을 균형적으로 보고, 빛을 보존하고, 그늘을 합리적으로 줄이려고 하는 사람이다. 변칙·편법으로 성공한 우리의 소중한 역사를 부인하고 갑자기 선진 자본주의의 잣대를 들이대어 재벌대기업을 무슨 파렴치한 반칙왕처럼 폄하하며 몽둥이질을 하고 족쇄를 채우려는 자는 경제자해범이요 고용학살범이라고 해도 과언이 아니다.

김상조·장하성·전성인·박상인 등의 재벌개혁론에 경청할 만한 지적이 왜 없겠는가. 하지만 법규제, 정책, 세금, 예산, 사법, 공기업 등을 좌지우지하면서 천만 배의 패악을 저지르는 국가권력 문제에 대한 인식이 없으면, 문제를 더 악화시키기 십상이다. 사실 정치와 정부가 틀어쥔 법규제와 세금·예산·사법만 선진적이면, 재벌이 있어도 재벌 문제는 한참 줄어들 것이다.

무분별한 자본·재벌·대기업 때리기와 옥죄기로 인해 자본의 한국

탈출 조짐은 뚜렷하다. 한국수출입은행 해외경제연구소 자료(2018. 6. 28)에 따르면 문재인 정부 출범 후 2017년 3사분기부터 2018년 1사분기까지 우리나라 제조업의 해외투자 신고금액은 114억 3,996만 달러였다. 이는 전년동기(2016년 3사분기~2017년 1사분기) 신고금액과 비교해 68퍼센트나 급증한 것이다. 신고에 그치지 않고 실제 투자로 이어지는 규모도 폭증했다. 제조기업의 해외투자 실적금액은 73억 773만 달러로 전년동기 대비 28퍼센트 늘었다.

그런데 공정위가 문재인 대통령에게 보고한 '2018년 업무추진 방향'(2018. 1. 15)은 엉뚱하게도 재벌개혁의 핵심 추진과제는 '대기업집단의 경제력 남용 방지'이고, 이에 따른 핵심 실천과제는 '사익편취 및 부당내부거래와 편법적 지배력 확대 차단'이라고 규정했다. 사익편취 및 부당내부거래 차단을 위해 '일감 몰아주기 등 사익편취 행위에 대한 엄정한 법집행'이 필요하다고 했다. 편법적 지배력 확대 차단이란 곧 '공익법인, 순환출자, 금융계열사 등을 통한 지배력 확대'를 차단하겠다는 것인데, 핵심은 '금융·보험사 의결권 제한'이다. '지배구조 개선'과 관련해서는 파괴력 있는 규제나 정책은 없다. '시장 감시 강화 및 포지티브 캠페인'을 기조로, '기업집단 현황 공개 및 공시 점검 강화 등을 통한 시장 감시 기능 제고'(주식 소유 8월, 내부거래 9월, 지주회사 11월, 지배구조 12월 현황 등)를 위해 '대기업집단의 소유지배구조와 낡은 경영 관행의 개선 유도 및 소통'을 강화하고 '대기업집단 지정·관리 제도 개선'을 추진한다는 정도다. 대기업집단 지정·관리 제도 개선과 관련해서는 "경영 현실과 맞지 않게 지정되어 책임성 확보가 어려운 동일인 사례를 재검토"한다고 했는데, '지분 상속 등 경영권 승계가 마무리되었으나 기존 총수가 동일인 지위를 유지하는 경우, 동일인이 의식불명 등 경영이 사실상 어려운 경우 등"을 예로 들었다.

공정위의 업무 추진 방향만 갖고 보면, 문재인 정부의 '재벌개혁' 정책의 초점은 사실상 삼성그룹의 지배구조를 바꾸자는 것이다. 더불어 민주당은 이를 법적으로 지원하기 위해, 금산분리 원칙을 내세워 금융사의 비금융 상장사 의결권을 5퍼센트로 제한하는 공정거래법 개정안을 발의하였다. 통과되면 삼성생명과 삼성화재가 갖고 있는 삼성전자 의결권(10%)은 반토막이 난다. 이렇게 되면 삼성그룹의 지배구조는 뿌리째 흔들리거나, 대응하려면 엄청난 비용이 드는데, 그렇게 해서 얻는 것이 무엇인지 궁금하지 않을 수 없다.

(6) 사춘기적 인식과 정서

한마디로 문재인 정부와 집권연합은 사춘기 소년 소녀 수준의 인식과 정서를 가지고 있다. 이들은 도덕과 법, 힘(국가의 군사력과 경제력, 기업·개인의 생산성과 교섭력 등)과 계책, 절충과 타협이 뒤섞인 현실의 복잡다단함을 이해하지 못한다. 순진무구해서 잔혹한 이 사람들은, 경제는 자유롭고 공정한 거래·계약으로 굴러가는 줄 알았는데 뒤늦게 아니라는 것을 발견하고 극도로 분노한다. 대한민국 역사는 친일 부역자들이 깨끗하게 청산되고 독립지사들이 주역이 된 순결한 역사인 줄 알았는데 아니어서 분노한다. 국제관계는 자주 독립 국가들끼리 평등하고 호혜적인 관계인 줄 알았는데 아니어서(미국 1극 패권 체제라서) 분노한다. 주류 역사교육이 가르친 것과 달리 미국은 그저 맘씨 좋은 아저씨가 아니어서 분노한다. 조선 성리학의 유산인지 몰라도 아무튼 선한 동기(마음)를 중시하기에, 결과에 대해서는 별로 관심이 없어서, 일본이 식민지 시대에 한반도에서 한 일(근대화)과 미국이 대한민국 건국 이후에 한 일(원조와 안보)은 다 그네들 자국의 이익을 좇아 한 행위라며 폄하한다.

경제에 대한 사춘기적 분노는 불평등, 양극화, 일자리, 저성장 등 경제적 모순과 부조리의 대부분을 재벌대기업 등 우월적 지위에 있는 경제주체들의 불법적이고 부도덕한 갑질에서 찾는다. 이로부터 자본과 재벌대기업에 대한 국가의 촘촘한 규제와 강력한 처벌을 요구하고, 재벌의 이념적 원흉으로 신자유주의를 지목하고 만악의 근원으로 비난한다. '오뚜기그룹처럼 착한 기업'은 비정규직을 쓰지 않고, 임금도 많이 주고, 정리해고 같은 만행을 저지르지 않는다고 생각하는 식이다.

국제관계에 대한 사춘기적 분노는 무도한 일본과 무례한 미국에 대한 대책 없는 분노로 비약한다. 북한과 중국에 대해서는 원래 기대가 낮아서인지 그 어떤 험악한 말을 해도 놀랍도록 관대하고 무덤덤하다.

역사에 대한 사춘기적 분노는 대한민국 건국과 산업화의 주도 세력에 대한 무차별 부정으로 비약한다. 친일·독재·부패의 모자를 씌워 청산, 척결, 궤멸시켜야 한다고 부르짖는다.

미국·유럽 등에서 공부하고 돌아온, 상대적으로 부유한 집안의 자제들(강남좌파)이 교수(강단좌파)가 되어서는 세상 물정 잘 모르는 '순진무구한 30~50대 사춘기 소년 소녀들'의 분노에 기름을 붓는다. 한때 세계를 제패해 본 선진국과 비교하면 한국은 거의 모든 면에서 비루하고 뒤틀려 있기 때문에 비난하기도 쉽다. 이들 강남좌파의 분노 역시 대한민국을 "이 수준으로밖에 못 만든" 주류·보수 세력을 향한다. 선비, 나이든 사춘기 소년 소녀들, 강단·강남 좌파들, 행정·사법 관료들, 자칭 진보 정치인과 시민운동가들의 공통점은 힘과 도덕과 법, 그리고 계책과 타협이 뒤엉켜서 만들어진 현실을 도덕과 법감정의 잣대로 재단한다. 그 '짧은 생각과 따뜻한 마음'의 교배로 탄생한 것이 '길고 냉혹한' 현실이다.

제4장
잊어버린 성공 신화,
성찰·반성 없는 실패 역사

1. 역사를 잊은 민족

'우리가 어떻게 여기까지 왔나'를 묻는 것은 우리의 초기(출발) 조건, 발전 전략, 핵심 동력, 국제(정치경제) 환경, 리더십, 행운 등을 묻는 것이다. 동시에 현재의 발전의 족쇄나 장벽을 묻는 것이다. 이 중에는 이미 사라져 복구할 수 없는 것도 있고, 유효기간이 다한 것도 있고, 여전히 유효하여 창조적으로 계승 발전시켜야 할 것도 있을 것이다.

한국은 과거(역사)와 현재(현실)를 하나의 스토리로 일관되게 설명하지 못하고 있다. 부분적 진실을 종합하지 못하고, 이론과 실제를 통일적으로 설명하지 못하고 있다. 이런 지적 능력의 부족으로 인해 수많은 돌팔이 진단과 처방이 난무하고 있다. 조선의 빈곤과 망국, 일본 에도 시대의 성취와 서세동점 시대의 놀라운 응전(적응)을 제대로 설명하지 못하고 있다. 19~20세기에 오랜 왕조와 이를 침탈 병합한 식민 종주국은 조선과 일본만이 아닌데, 유독 조선-일본은 에티오피아-이탈리아, 베트남–프랑스, 티벳–중국과 달리 왜 전쟁다운 전쟁도 없이 병합되었는지도 설명하지 못하고 있다.

조선의 두텁고 질긴 악성 유산, 분단의 결손, 전쟁의 폐허를 딛고 이룩한 한강의 기적도 제대로 설명을 못 하고 있다. 1997년 외환위기의 원인과 교훈도, 그 후의 변화와 도전도, 현재의 극심한 정치 사회 갈등과 퇴행도, 북한의 반짝 성공 뒤 끝없는 추락과, 실패 국가치고는 엄청난 내구력도 제대로 설명하지 못하고 있다.

과거의 실패와 성공을 거울삼아 현재를 설명하고 미래를 설계하지 못하는 것은 우리 시대 남남갈등과 남북갈등, 그리고 완연한 정치·경제 위기의 주요한 요인이 아닐까 한다.

18~19세기 조선과 동시대 일본, 중국, 베트남, 유럽 주요국을 비교하면 조선의 침체·퇴행의 원인을 어느 정도 알 수 있다. 특히 조선을 아는 것은 근대 문명 수용 당시의 초기 조건을 아는 것이다. 동시에 역사적 유산과 우리의 정신문화의 바탕을 아는 것이다. 또한 (민에 의해 제대로 통제되지 않는) 국가 또는 권력의 패악을 아는 것이다.

인구의 10~20퍼센트가 기아로 사망한 경신대기근(1670~71)과 을해·병자대기근(1695~96년), 최근으로는 최소 수십만 명이 기아로 사망한 북한 '고난의 행군'(1995~98) 등, 자연재해 등으로 식량 생산이 급감해 고통을 겪은 기억은 한반도 거주민의 뼛속 깊이 물질적 부의 축적과 증식에 대한 욕망을 강하게 각인시켰을 것이다. 좁은 땅뙈기로 많은 식구 및 인구를 부양하려면 근면·성실과 유사시 초근목피로라도 연명하는 내핍 외에 다른 생존 전략이 없기 때문이다.

그러나 물질적·세속적 욕망이 두드러지는 정신문화와 별개로, 말기 조선의 나태·무기력·빈곤은 이 땅을 찾은 외국인들을 경악하게 만들었다. 조선 말기의 참상은 외국인들의 수많은 여행기가 말해 준다. 조선은 중앙관료, 재지在地 양반, 아전 등 지배층이 하나같이 가렴주구에 여념이 없는 나라였다. 관료의 약탈이 하도 심해서 대다수 백성들이 가난한 탈피하기 위해 열심히 부를 일굴 필요성을 느끼지 못하는 나라였다.

1894년에 조선에 와서 3년에 걸쳐 조선, 중국, 연해주 일대를 여행한 이사벨라 버드 비숍(Isabella Bird Bishop)은 조선의 핵심 부조리를 정부의 가렴주구와 거의 전무한 재산권 보호 제도를 지목했다.

> 모든 한국 사람들은 가난이 그들의 최고의 방어막이며, 그와 그의 가족에게 음식과 옷을 주는 것 이외에 그가 소유한 모든 것은 탐욕스럽고 부정한 관리들에 의해 빼앗길 것이라는 사실을 안다. (…) 만일 한 사람이 얼마의 돈을 모든 것으로 알려지면 관리는 그것을 빌려달라고 요구한다. 그것을 들어주면 빌려준 사람은 원금 또는 이자를 결코 받지 못한다. 만일 상환을 요구하면 그는 체포되어 조작된 죄목에 의해 부과된 벌금 때문에 투옥되고 자신이나 친척이 관리들이 요구하는 금액을 낼 때까지 매를 맞는다. (…) 겨울이 아주 추운 한국의 북부에서 농부들은 수확으로 얼마간의 현금을 가지게 될 때, 그것을 땅속의 구멍에다 넣고 거기에다 물을 뿌리는데, 관리와 도적들로부터 안전해질 때까지 돈꾸러미는 그렇게 얼려진 땅속에 묻힌다.
>
> (이사벨라 버드 비숍, 이인화 옮김, 『한국과 그 이웃 나라들』
> 살림, 1996, 389–390쪽)

그리고 찢어지게 가난한 나라였다. 선교사로 조선에 와 시골 생활을 체험한 제이콥 로버트 무스(Jacob Robert Moose)의 증언이다.

> (서울의) 그 많은 집들 중에 2층 이상의 집은 몇 채 안 되는데, 그 2층집들은 모두가 서양인들이 온 이후에 지어진 것이다. 이 점이 내

가 보고 들은 다른 도시들과 서울의 차이점 중 가장 두드러진 것이다. 서울은 기와와 짚으로 덮인 1층집들의 도시다. (…) 서울에는 상업용 가옥이 거의 없다. 즉, 전적으로 영업 목적만을 위해 사용되는 집이 없다는 뜻이다. 상점이나 가게로 쓰이는 집은 대개 가족들이 다른 한쪽을 쓰고 있다. (…) 서울에는 일이 없어 한가한 사람들이 많다. 시간이 넘치는 양반들이다. 그들은 양반이기 때문에 노동이나 상업 같은 너저분한 일에는 관여하지 않는다. (…) 양반의 일이란 관직을 갖고 백성을 다스리는 것이며 (…) 이 양반들의 대부분이 평생 관직을 기다리며 허송세월하지만 그 지위를 끝내 얻지는 못한다. 관직을 살 만한 돈이 없기 때문이다.

(제이콥 로버트 무스, 문무홍 외 옮김, 『1900, 조선에 살다』, 72-73쪽)

"(부산과 그 주변에 살고 있는 조선인들은) 관리들이 도둑이나 다름없다는 사실을 잘 알고 있고, 애써 돈을 모아봐야 이들에게 강탈당할 것이라고 생각했다. 그러니 생활비와 담뱃값 이상으로 돈을 벌 필요가 있겠는가? 실제로 푼돈이라도 남으면 은밀한 곳에 숨기거나 땅에 묻는다 부유한 상인들조차 이런 방법을 사용한다. 하지만 돈을 숨겼다가 발각되었는데도 바치기를 거부하면 대부분 전 재산을 몰수당한다"

(에른스트 폰 헤세 바르텍, 정현규 옮김, 『조선 1894년 여름』,
책과 함께, 24쪽)

한국에는 봉급이 시원찮은 말단 관리들이 넘쳐난다. (…) 말단 관리의 탐욕을 겁내하는 상인, 제조업자, 농민들은 될 수 있는 한 자신의 이윤과 수입을 숨기면서 가난한 시늉을 한다. 가능한 모든 것을 자급자족하고, 가능한 한 덜 팔고 덜 사고자 하는 것도 그런 이유에서이다.

(바츨라프 세로셰프스키, 김진영 외 옮김, 「코레야 1903년 가을」, 305-306쪽)

문객은 가난한 양반으로, 부유하고 영향력 있는 일가친척 관리의 집에 식객으로 붙어사는 사람을 말한다. (…) 그들은 (…) 부유한 상인이나 제조업자를 잡아와서 자신이 붙어사는 고관집이기 십상인 곳에 감금한 후, 매질을 해대고 굶겨가며 몸값을 요구한다. 몸값은 물론 '자발적인 대부'의 형식을 띠지만, 실제로는 부채를 갚는 적은 없다.

(『코레야 1903년 가을』, 301-302쪽)

시어도어 루스벨트 대통령의 친구인 조지 케넌(George Kennan)은 한국을 둘러보고 『아웃룩(The Outlook)』 잡지(1905. 10. 7)에 한국에 대해 다음과 같은 글을 기고했다.

현 대한제국 정부의 활동 실태는 다음과 같이 요약될 수 있을 것이다. 정부는 국민으로부터 그들이 간신히 생계를 위하여 벌어들이는 모든 것을 간접 또는 직접으로 수탈하며, 실제로 되돌려주는 것은 아무것도 없다. 생명 재산에 대한 아무런 적절한 보호책도 제공하지 않는다. 눈에 뜨일 만한 아무런 교육 시설도 제공하고 있지 않다. 도로 건설도 항만 개량도 하지 않는다. 해안에 등대도 없다. 도로의 청소와 위생에 대하여 아무런 관심도 기울이지 않는다. 전염병의 예방이나 단속 방안도 취하고 있지 않다. 무역과 산업을 장려하는 노력도 없다. 가장 저속한 미신을 장려하고 있다. 인권 문제를 다룸에는 현대에 거의 유례가 없을 정도의 거짓과 부정과 배신과 잔인성과 보란 듯한 만행을 일삼는 본보기를 국민에게 보임으로써 국민을 타락시키고 풍속을 문란케 하고 있다.

요컨대 조선은 백성은 가난하고, 지방 양반·관료·아전들의 세금 포탈(과세 대상 토지 누락 등)과 중간착취 등이 심해서 정부가 세금을 제대로 걷지 못하는 나라였다. 왕권은 대원군 집권 시기를 제외하고는 양반 관료들을 제대로 제압하지 못했다. 대동법 시행에 장구한 시간이 걸렸던 이유다. 결국 조선 후기에는 약탈 면허증처럼 취급되던 관직을 팔아서 재정을 조달하는 나라였다. 목마르다고 마신 바닷물이 더 심한 갈증을 부르듯, 매관매직은 양반관료의 가렴주구를 더욱 심화시켰다.

양반 관료들은 비옥한 전답은 과세대장에서 누락시키고, 등재한 농지는 경작 면적을 축소하여 세금을 사적으로 착복했다. 1907년 제3차 한일신협약(정미 7조약)으로 아전들의 징세권의 박탈하고 과세대장을 새로 작성하여 직접 징수에 나서자 "1905년 216만 원이던 지세 수입이 1910년에는 3배 가까운 600만 원으로 급증하였다"(이광훈, 『조선을 탐한 사무라이』, 포북, 2016, 387쪽). 과세 대상에서 누락시킨 토지를 뜻하는 '은결隱結'이 대거 적발되었기 때문이다.

이 하나만 봐도 조선이 총 한 방 못 쏴 보고 어이없이 망한 것이 놀라운 일이 아니다. 망국 후 뜻있는 사람치고 왕정복고나 입헌군주제를 주장한 사람이 거의 없었던 이유도 설명된다. 1919년 대한민국 임시정부에서 별다른 논란 없이 국체를 민주공화국으로 정하는 데는 조선왕조의 지독한 무능과 가렴주구도 한몫했을 것으로 보인다.

조선은 벼슬 품계와 출신 가문을 기준으로 한 차별 외에도 양천良賤 차별, 적서嫡庶 차별, 사농공상, 장유유서 등 동시대 어떤 사회보다 위계와 서열을 중시했다. 실력에 따라 신분이 유동적이지도 않았다. 조선식 '예치禮治'가 타락한 결과였다. 그래서 전 세계에서 경어가 가장 발달한 나라로 알려져 있다. 그런데 높은 신분이나 위계의 사람들에 대해 그에 상응하는 책임과 의무를 부과하지 않았다. 높은 사람들이 낮은 사람들을 부리는 것이 소명처럼 여겨졌다.

> 양반의 피를 받지 못한 모든 마을 사람들에게 그는 반말로 대한다. 다른 사람들은 자신에게 높임말로 대할 것을 요구한다. (…) 양반은 이웃의 권리에 대해 거의 배려가 없다. 이웃이 갖고 있는 것 중 무엇이든 자신이 원하면 가격을 정하거나 대가를 지불하지 않고 멋대로 취한다. 만약 심부름시킬 사람이 필요하면 서인들 중에 한 사람을 부르고, 부름을 받은 사람은 그 명을 감히 거역하지 못한다.
>
> (무스, 140쪽)

위로 올라갈수록 책임, 부담은 없고, 권리, 권한만 있으니 사람들은 양반 족보를 사서 족보에 끼어들든 관직을 사든 그 어떤 형태로든 높은 위계와 서열로 올라가려고 몸부림을 쳤다.
　그러나 조선 밖 한국인들의 생활은 그렇지 않은 것을 보며 이사벨라 비숍은, 이것이 기질의 문제는 아닐 것이라 추측한다.

> 한국에 있을 때 나는 한국인들을 세계에서 제일 열등한 민족이 아닌가 의심한 적이 있고, 그들의 상황을 가망없는 것으로 여겼다. 그러나 나는 이곳 프리모르스크(연해주)에서 내 견해를 수정할 상당한 이유를 발견하게 되었다. 이곳에서 한국인들은 번창하는 부농이 되었고 근면하고 훌륭한 행실을 하고 우수한 성품을 가진 사람들로 변해갔다. (…) 한국에 남아있는 민중들이 정직한 정부 밑에서 그들의 생계를 보호받을 수만 있다면 천천히 진정한 의미의 '시민'으로 발전할 수 있을 것(…)
>
> (비숍, 277쪽)

여행자들은 한국인의 게으름에 많은 느낌을 가진다. 그러나 러시아령 만주에서의 한국인들의 에너지와 근면함, 그리고 그들의 검소하고 유족하고 안락한 집의 가구들을 보고 난 후에 나는 그것이 기질의 문제로 오해되고 있는 것이 아닌가 하는 생각이 들었다. '협잡'을 업으로 삼는 관아의 심부름꾼과 그들의 횡포, 관리들의 악행이 강력한 정부에 의해 줄어들고 소작료가 적정히 책정되고 수납된다면 (…) 한국의 농부들이 일본 농부처럼 행복하고 근면하지 못할 이유가 없다. 다만 **생업에서 생기는 이익을 보호해 주어야 한다**는 것이다.

(비숍, 389쪽)

조선은 안보를 요행과 중국(청, 나중에는 일본과 러시아)에 의존하던 나라였다. 1892년 조선 주재 일본 공사로 부임한 오이시 마사미(大石正巳)는 본국에 보낸 보고서에 이렇게 썼다.

조선은 이미 망실되었다. (…) 국가를 조직하는 골격이 모두 붕괴해 버려서 거의 절망의 지위에 있다고 말할 수 있다.

(한철호, "개화기(1880~1906) 역대 주한 일본공사의 경력과 한국 인식",
『한국사상사학』 25집, 한국사상사학회, 2005)

오이시는 그 증거로 "강대국 러시아와 국경을 접하면서도 국경에 방위할 군사가 한 명도 없는데다가 해안에 군함이나 군항이 하나도 없을 정도로 국방력이 아프리카 토인보다 못한 세계 최악이고, 관리의 부패와 뇌물 수수로 정부의 재정이 궁핍할 뿐만 아니라 경제 전체가 침체되었으며, 근대식 교육제도가 미비해서 앞날의 희망도 보이지 않고, 이러한 국가의 위기를 극복하기 위해 대책을 강구할 만한 인재도 없기 때문에 망한 나라나 다름이 없다"는 것을 들었다(이광훈, 385-386쪽).

조선의 위정자들이 조선의 물질적·문화적 피폐·퇴행의 본질과 구조를 제대로 간파하지 못했듯이, 지금 대한민국의 위정자들도 불평등, 양극화, 청년 일자리, 저성장, 저출산 문제의 본질과 구조를 제대로 간파하지 못하고 있다.

'헬조선'이라는 2010년대 신조어는 빼어난 통찰력을 담고 있다. 대한민국 문제의 뿌리, 본질이 조선과 거의 같기 때문이다. 어떻게 보면 남한뿐만 아니라 북 '조선'도 조선의 유산에 의해 질식당하고 있는지도 모른다. 물론 19세기 조선의 양반 관료에 해당하는 존재는 달라졌다. 21세기 대한민국의 양반 관료는 세금소득자와 지대수취자다. 이들은 땅, 단결력, 국가독점, 민간독과점, 규제산업·직업 등을 통해 하는 일에 비해 월등한 처우를 누린다.

2. 남한과 북한, 대한민국과 타 개도국의 운명을 가른 것

대한민국의 경제 발전은 일제시대 깔린 제도적 인프라(기본 인권과 재산권 보호, 전근대적 신분 차별 폐지, 경제활동의 자유, 근대적 재판제도, 법치주의 등)와 물질적 인프라(항만, 철도, 도로, 공장, 저수지, 상하수도, 전기, 통신, 병원, 학교, 은행, 화폐제도 등)를 빼놓고 설명할 수 없다. 하지만 일제강점기에 주로 북한 지역에 집중 형성된 산업 인프라는 6·25전쟁 과정에서 거의 파괴되었다. 이는 남한도 마찬가지였지만, 전후 남한에서는 제도적 인프라가 빠르게 복구되고 발전되었다. 하지만 북한에서는 모든 제도가 스탈린 시대의 사회주의와 조선적 제도의 혼종으로 기괴한 모양을 띠었다.

예컨대 북한 헌법의 재산권 조항은 다음과 같다.

제20조 조선민주주의인민공화국에서 생산수단은 국가와 사회협동
단체가 소유한다.

제21조 국가소유는 전체 인민의 소유이다. 국가소유권의 대상에는
제한이 없다. 나라의 모든 자연부원, 철도, 항공운수, 체신
기관과 중요공장, 기업소, 항만, 은행은 국가만이 소유한다.
국가는 나라의 경제발전에서 주도적역할을 하는 국가소유
를 우선적으로 보호하며 장성시킨다.

국가의 인적 실체는 남한에서는 선출직 공직자와 직업공무원이고,
북한에서는 임기가 없는 수령과 당 간부 및 당원과 직업공무원이다.
북한은 수령을 당과 인민의 뇌수로 보기에 결국 수령이 모든 생산수단
을 소유하고, 그 소유권의 대상에는 제한이 없다는 얘기가 된다. 물론
이론뿐만이 아니라, 현실이다.

대한민국 제헌헌법의 재산권 관련 조항과 비교해 보면 그 차이가 극
명하게 드러날 것이다.

제15조 재산권은 보장된다. 그 내용과 한계는 법률로써 정한다. 재산
권의 행사는 공공복리에 적합하도록 하여야 한다. 공공필요
에 의하여 국민의 재산권을 수용, 사용 또는 제한함은 법률이
정하는 바에 의하여 상당한 보상을 지급함으로써 행한다.

싱가포르 수상을 역임한 리콴유(이광요)는 1990년대 초중반 사회주
의 베트남에 대해 이렇게 평가했다.

그들(베트남 정부)은 한 사람의 투자자가 만족하면 더 많은 투자
자를 불러들인다는 사실을 이해하지 못했다. 투자가 한 명을 낚으면

최대한 이득을 짜내겠다는 생각에 머물고 있었다. (…) 1세대 원로들은 (…) 경제를 잘 안다거나 탁월한 행정능력을 보여준 결과로 고위직에 오른 것이 아니다. 이들은 30년 이상 북쪽에서 남쪽까지 땅굴을 파는 데서 능력을 보여준 사람들이다. (…) 덩샤오핑과 같이 간부집단에서 부동의 지위를 확보하고 개혁 이외에 다른 출구가 없다는 확고한 신념을 가진 인물이 없다. (…) 중국 공산주의자들은 평화시기에 수십 년의 행정경험을 통해 실제 효과가 있는 것들을 실용적으로 판단해서 계속 유지발전시켜야 할 이념과 믿음을 정교화시켜 나간 사람들이다. 반면 베트남 공산주의자들은 미국과의 참혹한 게릴라전에 묶여 국가 운영에 필요한 학습을 전혀 하지 못하였다.

(리콴유, 유민봉 옮김, 『리콴유의 눈으로 본 세계』, 박영사, 2017,

183-184쪽)

　북한뿐만 아니라 대부분의 아프리카·아시아·라틴아메리카의 사회주의 정부들도 1990년대 베트남처럼 기업(투자자) 하나가 들어오면 최대한 이득을 짜내려고 했다. 내가 목격한 우리 지방자치단체들도 그리 다르지 않았다. 이런 행태로 인해 다른 투자자가 달아난다는 생각을 하지 못했다. 기업주와 노동자가 송사를 붙으면 법리적으로 분명히 기업주가 정당함에도 불구하고, '당신은 부자니 양보 좀 해라'는 식의 판결도 적지 않다. 쌍용차 2심 판결과 통상임금 판결이 대표적이다. 그 판결로 인해 규제 리스크, 사법 리스크, 노조 리스크 등을 확인하고 국내 투자와 고용 의사를 접어 버리는 수많은 국내외 기업들을 생각하지 않았다. 판결이 일파만파로 불러올 파장을 생각하지 않고 그저 약자 손을 들어주는 것이 정의라고 생각하는 판사가 부지기수였다.

　파리바게뜨 협력업체 직원 5,378명에 대해 직고용 명령을 내린(이행하지 않으면 천문학적 과태료를 부과) 고용부 공무원도 판사와 사고방식이 비슷하다. 이렇게 하면 몇천 명의 임금을 대폭 올리고, 고용을 안정시킬 수 있다. 하지만 이런 무지막지한 정부의 행위는 국내 투자와 고용 의지를 짓밟게 되어 있다.

뿐만 아니라 매출 이익의 90퍼센트를 해외에서 얻는 삼성을 노동 착취, 협력업체 착취, 대관 로비로 이익의 대부분을 얻는 악덕 기업으로 생각한다. SNS에서는 법리와 사실을 따져 강자 편을 들어 주면 "돈 먹었다"고 성토하는 사람들이 부지기수다. 경제 운용 훈련과 국가 경영 훈련을 제대로 받지 못한 베트남 공산주의자의 사고방식과 흡사한 것이다.

하지만 21세기 베트남은 과거의 오류를 철저히 성찰 반성하여 베트남을 꽤 매력적인 투자처로 만들었다. 그런데 문재인 정부와 적지 않은 행정·사법 관료와 시민단체, 진보언론, 진보 논객과 진보 성향 여론주도층도 리콴유가 비판한 1990년대 초 베트남 정부와 흡사한 마인드를 가지고 있다. "국가 운영에 필요한 학습을 전혀 하지 못하여" 국내 투자와 고용 의지를 내쫓는 정책 내지 경제 발전에 역행하는 정책을 무수히 많이 펼치고 있다는 얘기다.

책갈피▶

한강의 기적을 만든 요인

대한민국이 20세기에 창조한 위대한 기적을 만든 주·객관적인 요인(동력, 전략, 환경 등)을 세계적 보편성과 한국적 특수성 관점에서 조명하는 작업은 한 사람이 인생을 걸고 매달려도 쉽지 않은 작업일 것이다. 그럼에도 불구하고 문 정부와 집권연합이 위대한 기적을 만든 요인들을 파괴하는 조짐이 역력하기에, 얕은 지식이지만 거칠게라도 조망해 보지 않을 수 없다.

대한민국이 만든 위대한 기적을 알기 위해서는 동서고금의 많은 국가의 흥망사에 비춰보아야 한다. 북한·대만·필리핀과 아시아, 라틴아메리카의 많은 동시대 출발선이 비슷했던 국가들과 비교는 필수다. 특히 체제만 다를 뿐 나머지는 거의 비슷했던 북한과 대한민국의 비교는 국가발전학에서 세계사적인 비교 연구 사례일 것이다.

'한강의 기적'으로 불리는 대한민국 경제 발전 요인으로 간주되는 것은 굵직한 것만 꼽아 보아도 열 손가락이 모자랄 것이다. 철저한 농지개혁과 보통교육(초·중학교)의 확대, 1960~70년대 치열했던 남북 간 체제 경쟁과 적화 공포, 베트남 통일과 동서 데탕트 분위기에 의해 촉발된 안보 불안과 자주국방 노력(방위산업 및 중화학공업 육성), 박정희 정부의 경제발전 전략(국가주도 경제발전, 직접투자는 거부하고 차관 도입을 통한 수출지향적 공업화)과 행정적 수완 등이 가장 먼저 꼽힐 것이다.

1961년 이후 본격화된 경제개발 과정에서 한국은 국가주도 지대할당 전략, 즉 특정 부문·산업·기업에 희소한 자원을 몰아주는 방식으로 고도성장을 이루었다. 국가가 자원을 집중적으로 몰아준 곳은 수출산업과 중화학공업 분야였다. 개발 연대 한국의 경제발전 전략에 대해 변양균은 이렇게 말했다.

> "경제기획원은 기획국에서 5개년계획을 수립하면, 그 계획에 맞추어 외자(차관 등)와 내자(세금 등)를 배분하는 구조였다. 배분 방식은 기업의 생산요소인 자본 등을 개별 기업에게 직접 지원해주는 방식이었고, 전체가 아닌 선별적 지원이었다. 소위 '집중과 선택' '불균형 성장론'이라 할 수 있다. 국가적으로 중요하거나 돈벌이가 잘되는 사업은 누가 할 것인지 사업 주체도 결정해 주었다. 사실상 국가면허제도였으며 '국가자본주의'였다. 그러므로 중대한 국책 사업은 5개년계획이라는 행정적인 절차에는 포함되지 않았

고 정치적으로 결정되었다. 경부고속도로, 포항제철, 중화학공업 등이 대표적인 정치적 결정의 산물이었다. 오늘날 재벌은 1960년대부터 80년대 중반까지 약 25년에 걸친 선별적 직접지원의 산물이며, 대외 수입 규제로 국내 독점이익도 보장받았다. 최근에 '땅콩 회항 사건'을 일으킨 대한항공조차 국민의 세금으로 직접지원을 해주었고 조종사의 해외 취업도 금지시켜 독점 고용이 가능하도록 도왔다. 개별 기업에 대한 직접적인 지원과 경쟁 제한은 자본 부족에 시달리는 국내 기업의 획기적인 성장에 기여했다"

(변양균, 『경제철학의 전환』, 바다, 2017, 115-116쪽)

이렇듯 한강의 기적은 인허가권 제한과 수입 제한 등으로 시장 참여자를 제한하고, 능력이 있어 보이는 개인 또는 기업에게 사업권과 공장부지와 저리의 정책자금 등을 특혜적으로 공급하는 방식, 즉 지대할당 방식에 크게 힘입었다. 물론 그렇게 했어도 무수히 많은 재벌대기업이 파산을 했다. 하지만 삼성전자, 현대자동차, 포스코 등 소수는 살아남아서 한국경제의 버팀목이 되어 있다. 대략 1968년부터 공기업 민영화가 추진되었지만, 워낙 국가독점(공기업)의 비중이 크기도 하고, 관료와 공기업 임직원들의 결사적인 저항으로 인해 여전히 공기업 비중이 크다.

그 밖에 생산기술 위주의 추격모방이 가능한 산업구조, 수출 실적을 통한 성과 확인 후 지대를 할당한 산업정책, 미국의 우호적 통상환경, 중국의 자력갱생과 문화대혁명에 따른 혼란, 수출제일주의와 정주영·이병철·김우중 등 유능하고 모험적인 기업가의 존재, 실업고(공고·상고)·이공계 대학 및 전문대학을 대거 육성한 교육제도, 금융 억압·노동 억압과 과도한 경제예산, 정·경·관·언·법 유착에 따른 기업의 변칙·편법·범법에 관대한 사법 관행, 기업 친화, 기업가 우대, 경쟁 찬양, 실적주의와 실용주의(흑묘백묘론), 개척정신, 격차(불평등)에 대한 둔감 등을 '한강의 기적'의 요인으로 볼 수 있겠다.

한강의 기적을 창조한 과거의 가치, 제도, 정책, 정신문화, 리더십, 통상 환경 등은 거의 다 무너졌다. 무엇보다도 중국의 등장 – 초기 '세계의 굴뚝'에서 지금은 세계의 R&D센터, 벤처창업센터, 미래상품과 기술시험장으로 발전하고 있다 – 에 따라 시장 환경이 크게 변했다. 개발연대 기업의 무모하기까지 한 공격적 과잉 투자를 뒷받침하던 국가·재벌·금융·노동의 위험 분산 완충과 지대할당 시스템을 중핵으로 한 발전 체제는 외환위기를 계기로 확실히 무너졌지만, 새로운 발전체제는 만들어지지 않았다. 성안과 성 밖의 낙차는 큰데 사회안전망(고용보험 등)이 부실하다 보니 한번 좋은 직장(성안)에서 쫓겨나면 엄청난 충격을 받았다. 패자부활의 사다리도 없고, 소질과 적성에 맞는 곳으로 건너가는 징검다리(재교육과 전직 시스템)도 없다. 그러니 구조조정 비용이 너무나 높다. 기업가에게도 연대보증제라는 족쇄가 있어서 한 번의 실패로 온 가족이 길거리에 나앉고, 평생 채무 노예 신세로 될 위험이 있다. 기업하는 것 혹은 창업은 패가망신의 지름길로 인식된다.

새로운 시대에 걸맞은 통일성과 체계성을 갖춘 가치, 제도, 정책, 정신문화, 리더십 등의 총체 인 발전체제의 중요성에 대한 인식도 취약하니 대강에 대한 합의는 아예 없다. 그래서 '부분 개선, 전체 퇴행'의 합성의 오류를 초래하는 가치·정책이 난무한다. 경제 민주화(재벌에 대한 규제와 처벌 강화), 노동권 강화, 복지 강화(보편적 복지, 무상복지 확대), 더 내고 덜 받기 식의 국민연금 개혁, 생활비 저감(반값등록금), 기업소득과 가계소득 간 분배구조 개선(소득주도성장), 공공부문 고용 확대 등이 그것이다.

낡은 것(발전 체제)이 사라진 뒤 새것(새로운 발전 체제)이 등장하지 않은 공백과 혼란, 그것이 바로 지금의 상태다. 가치와 가치, 제도와 제도, 제도와 환경 등이 전방위적으로 충돌하지만, 새로운 발전 체제에 대한 개념적 합의조차 없다. 분명한 것은, 새로운 발전 체제는 정치(입법, 행정, 사법, 공공기관 등), 경제(산업, 고용, 기술 등), 사회, 문화, 리더십 전반의 유기적

통일성이 있어야 하고, 바뀐 국제정치, 경제, 기술 환경에 조응해야 한다는
것이다. 또한 시대에 맞는 유인보상 체계, 위험완충 체계, 지배운영구조를
포함해야 한다는 것이다.

3. 위대한 결단, 국가주도 수출지향 공업화 혹은 세계경영

한국의 괄목할 만한 경제발전 전략으로서 가장 높이 평가되는 것은
'국가주도 수출지향 공업화'다. 이 전략은 동시대 많은 개도국(라틴아
메리카, 인도, 중국 등)과 비교하면 매우 특이하고 두드러진 것이다.

아시아의 '네 마리 용'인 한국·대만·싱가포르·홍콩 중에서 싱가포
르와 홍콩은 원래부터 영연방과 긴밀히 연결된 도시국가였기에 국제
분업(무역) 질서에 전향적으로 참여하는 것은 너무나 자연스런 일이었
다. 대만도 일본 등 해외 시장과 긴밀한 분업과 협업 체제를 자연스럽
게 받아들였다. 하지만 일제 식민통치에 대한 반감과 대일 경제종속
우려가 넘치는 한국인에게는 오히려 수입대체 공업화나 내포적 공업
화(민족경제론)가 자연스러웠다. 사실 이것이 당시 개도국의 보편적인
가치와 정책이기도 하였다. 그런 점에서 박정희 정부의 국가 주도 수
출지향 공업화는 위대한 역사적 결단이 아닐 수 없다.

수입대체 공업화는 1930년대 라틴아메리카에서 시작되었는데, 수입
에 의존하던 최종소비재를 보호와 규제, 보조금을 통해 국내에서 생산
하는 것이다(이제민, 31쪽) 한국도 당초 농수산물과 광산물을 일본에 수
출하고 제조업 제품을 수입했기에, 수입대체 공업화 전략이 어쩌면 자
연스러울 수도 있다. 실제 대다수 개도국은 소비재를 중심으로 하는
'제1차 수입대체'가 끝나고 난 뒤 소비재 산업에 필요한 생산재를 다

시 국내 생산하는 '제2차 수입대체'로 나아갔다. 이는 세계 경제와의 '통합'을 줄이는 방식이다.

그에 반해 수출지향적 공업화는 생산재 수입대체로 본격적으로 나아가기 전에 제1차 수입대체에서 건설된(제조된) 공산품을 수출하는 것이다. 그런데 수출지향적 공업화는 소비재 생산 및 수출이 늘면 생산재 수입도 따라 느는 구조이다. 따라서 수출과 수입이 동시에 늘어나기에 대외의존도가 높아질 수밖에 없다(32쪽). 이는 세계 경제와의 통합이 강화된다는 것을 의미한다. 그래서 윤소영 등은 1990년대까지 한국경제의 모순 부조리의 핵심을 "독점 강화, 종속 심화"라고 하였다. 박현채의 민족경제론이나 북한의 자주자립 경제도 남한 경제를 이런 관점에서 볼 것이다.

수입대체 공업화 전략을 개도국의 보편적 경제발전 전략으로 채택하게 만든 것은 식민지 경험이다. 식민지 경험은 세계 경제와의 통합 강화를 '대외의존도 증대=종속 심화'로 이해하게 만들었다. 1950~70년대 중국과 인도의 자립경제(자력갱생) 노선은 그런 인식의 산물이다. 중국보다 인도가 더 오랜 기간 수입대체 공업화에 집착한 것도 인도의 긴 식민지 경험과 관련이 있다. 또 수입대체 공업화 전략은 식민지 트라우마와 더불어 보호와 규제를 통해 이익을 얻는 기득권 집단을 제대로 개혁하지 못한 탓도 클 것이다.

이제민은 미국이 반공의 전초기지인 한국의 지정학적 가치를 높이 사 특별한 배려를 해 주었다는 설명에는 부정적이다. 미국은 1950년대 GATT 체제 하에서 유럽, 일본, 아시아, 라틴아메리카의 개도국들에 공산품 시장을 열어 주었는데, 이는 누구에게나 열린 보편적 기회였지만, 개도국 중 수출지향 공업화 전략을 추구한 아시아의 네 마리 용만 기회를 잡았기 때문이다. 한마디로 냉전 상황에서 미국과의 특수한 관계 때문에 한국에 특혜를 준 것이 아니었다는 얘기다.

한국이 냉전에서의 미국과의 특수한 관계 때문에 대미 수출에서 특혜를 받은 것은 아니다. 그것은 당시 GATT에 구현된 무차별 원칙 때문에 불가능했다. 다만, 한국이 미국 원조에 대한 의존도가 특히 심했기 때문에 원조가 줄어드는 데 대비해야 하는 입장이었다는 것이 중요했을 것이다. 이웃 일본이 노동집약적 제조업 제품을 미국 시장에 수출하는 것을 본 경험도 영향을 미쳤을 것이다.

(이제민, 39쪽)

이제민은 한국의 산업육성 정책이 보다 나았던 이유를 두 개 든다(54쪽). 첫째는 수출지향적 공업화를 추진하면서 장래에 비교우위를 획득할 가능성을 위주로 산업을 선별하였다는 것이다. 반면 다른 개도국들은 국내 소비재 산업의 수요를 근거로 생산재 산업을 육성했다. 이는 민족경제론 등이 주장하는 내포적 공업화 전략이다. 둘째는 정부가 보조금이나 보호를 제공하면서 그 성과를 확인하였는데, 그 핵심은 로비로 어찌하기 힘든 수출 실적이었다는 것이다. 한국은 많은 중화학공업이 유치산업 상태에서 수출보조금에 힘입어 수출을 하였고, 수출을 통해 국제시장으로부터 경험과 학습을 통해 생산성을 급격히 향상시켰다고 본다.

물론 국가주도 수출지향적 공업화는 전략적 방향만 맞게 설정한다고 되는 것이 아니다. 종합적이고 체계적이고 효과적인 추진력 없이는 전략은 구현되지 않는다. 그런 점에서 박정희 정부의 행정적 수완과 장기집권(독재)에서 나온 긴 호흡과 일관성도 빼놓을 수 없는 기적 창조 요인이다.

한국 경제의 고도성장은 정부가 주도하여 세계시장에서 국제경쟁력을 갖춘 대규모 공장을 기간산업에서부터 차례로 건설해가는 과정이었다. (…) 공장의 성공적 건설과 경영은 소수의 신뢰할 만한, 능력이 검증된 기업가들에게 맡겨졌다. 정부는 그들의 재산권을 보장하였으며, 외국자본으로부터 그들을 보호하였으며, 다소간 경쟁력을 갖추었다고 판단되면 국제시장에 진출하도록 몰아쳤다. (이상철 1998) 박정희 정부의 공학적 경제건설이 성공할 수 있었던 것은 공장건설의 프로젝트가 원료, 중간재, 기계, 기술의 단계적 소추遡追(거슬러 올라감)에서 과학적이었을 뿐 아니라, 세계시장의 동향을 예측하고 시장점유율을 끌어올림에 있어서 정확하고 집요하였기 때문이다. (…) 고도성장의 개발체제는 재벌로 불리는 대기업집단을 성장시켰다. 대기업집단의 경쟁력은 그가 보유한 우수한 인적자본이 발휘하는 다각적 프로젝트의 수행능력에 있었다. (…) 오랜 기간 반상제의 차별을 견뎌온, 잘 교육된 우수한 인적자본이 계층 상승의 기회를 찾아 잔뜩 웅크리고 있는 나선사회의 짜임새에서 대기업 집단의 등장은 정치와 관료제를 대체하는, 또 하나의 중앙집권적 위산과 위계의 창출을 의미하였다. (…) 재벌은 순식간에 전국적 범위에서 사회의 창조적 에너지를 흡수하는 선풍의 핵을 이루었다.

(이영훈, 417쪽)

한국은 일본과 수직적(보완적) 분업 관계를 취한 대만과 달리, "왜놈들이 하는데 우리라고 못할쏘냐" 하면서 철강, 조선, 자동차, 반도체, 석유화학 등에서 일본과 정면대결 노선을 취하였다. 이는 정주영, 이병철, 김우중, 박정희의 자신감과 도전정신, 그리고 이를 뒷받침하는 탁월한 수완이 뒷받침되었기 때문이다.

관민이 혼연일체(합심단결)로 받들어 일종의 시대정신이 된 '잘살아보세' 캠페인, 즉 새마을운동도 빼놓을 수 없는 기적 창조 요인이다. 조선왕조 이후 한반도에서 평화 시기에 "성현의 가르침에 따라 바르게 살아야 한다(인과 예를 알아야 한다)"는 취지의 재지 사족 주도의 캠페인(향약 등)은 있었지만, 국가와 국민(백성, 인민)이 모두 합심하여, 즉 근면·자조·협동 정신으로 물질적 생산력을 높여 "우리도 한번 잘살아보세" 하는 캠페인은 새마을운동이 유일무이하다. 새마을운동은 관 주도로 시작했지만, 전국 방방곡곡의 마을에서 자발적인 동의를 받았다. 이 캠페인의 핵심 내용은 '새마을 노래'에 집약되어 있다.

그 외에도 전쟁을 치러 본 군인(장교) 특유의 실용주의, 임기응변(변칙, 편법 포함), 결단력과 추진력("까라면 깐다"), 상무정신 등도 빼놓을 수 없을 것이다. 결코 재연될 수도 없고 재연되어서도 안 되지만 독재 권력의 장기집권도 종합적이고 체계적인 경제사회 발전 전략의 자락을 깔아 주었다. 박정희·전두환 정권의 추진 전략(행정)을 가로막는 것은 정권이 좌지우지하기 힘든 외부적 요인뿐이었고, 국내적 변수는 거의 다 정권이 통제할 수 있었다. 요컨대 야당도, 언론도, 재벌도, 노조 등 특수이익집단의 지대추구 행위도 그리 큰 장애물이 아니었다. 그래서 공무원은 자타가 공인하는 박봉이었고, 그 대가(후불임금)로 제공된 것이 퇴임 후 두둑한 연금이었다. 박정희·전두환 시대는 확실히 친 기업적이고, 반노조(운동)적이었다. 변칙·편법에 관대하고, 환경 안전 개념은 별로 없었다. 여가도 휴가도 휴일 개념도 별로 없었다. 까라면 까는 일본 군대식 문화가 병영과 공직 사회와 생산 현장에 만연하였다. 결코 재연할 수도 없고, 재연되어서도 안 되는 것들이다.

하지만 이제까지 지적한 한강의 기적을 만든 요인 중에는 여전히 유효한 것도 있다. 그 핵심은 세계를 무대로 펼친 개척과 도전 정신이다. 중국이 잠자고 있을 때 미국·유럽·일본 문명을 과감히 수입, 재창조하여 세계경영에 나선 것이다. 분업과 협업, 생산과 소비, 투자와 고용 등을 지구촌을 무대로 펼쳤다는 얘기다. 이는 조선의 질긴 유산을 쓸어냈기 때문이다. 개인과 기업을 국가로부터 자유롭게 하고, 활동 무대를 국경(한반도 반쪽 섬)에 가둬 놓지 않았다는 얘기다. 사회심리적 위계서열을 사농공상이 아니라 '상공농사商工農士'로 전도시켜, 질긴 국가의존 경향과 지대추구 경향을 억눌렀다. 기업가(상인과 제조업자)와 기술자와 기능인을 우대했다. 단, 제도교육을 통해 좋은 학위와 학벌과 자격증을 따는 데 진력한 교육열은 한강의 기적과 거리가 멀다.

책갈피 ▶ 『2013년 이후』의 박정희 모델 평가

『2013년 이후』에서는 1961년 체제=박정희 모델을 다음과 같이 평가했다.

국가주도, 수출주도의 산업화 체제로도 불리고, 주식회사 한국 시스템, 박정희 시스템, 관치경제 시스템 등 다양한 이름으로 불리는 1961년 체제는 남북 간의 체제경쟁과 군부쿠데타 정권의 정통성 열위를 의식한 국가(관료) 주도의 압축적인 산업화 체제라고 할 수 있다. 반공의 전초기지인 한국의 국제정치적 위상을 활용하여 국제분업 질서 속에서 한국의 자리를 재빨리 찾아간 체제이다. 이를 위해 당시 대부분의 신생 독립국가들과 달리 해외시장, 자본, 기술, 자원을 과감히 활용하였다. 국가가 경제산업 부문을 총괄 기획하고, 한 손에는 채찍(각종 억압, 규제책)을, 다른 한 손에는 당근(관치금융, 촉진책)을 틀어쥐고, 당시 사업경험이 비교적 풍부한 재벌, 대기업이나 박태준 같은 믿을 만한 장교를 신산업 개척(후발 추격 산업화)과 해외시장 개척의 선봉에 내세웠다.

또한 여기에 필요한 산업인력을 공급하기 위해 국민 보통교육을 강화하는 한편, 실업고(공고)와 이공계 대학 설립 및 진학을 촉진하였다.[24] 농촌 유휴인력을 도시 공장 노동력으로 전환하기 위해 저곡가정책 등 농민권 억압 정책을 폈다. 독일, 일본의 경제개발 경험을 참고하여 후발 추격(catchup) 전략을 기조로 제조업, 수출산업, 중화학공업(방위산업), 사회간접자본 등에 자원을 집중하였다. 기업의 리스크를 줄여 주기 위해 수입제한, 정책금융, 조세특혜, 싼값의 토지불하, 일부 기능인력에 대한 병역혜택 등 각종 특권, 특혜를 제공하였다. 기업은 말할 것도 없고 전 사회를 일사불란한 병영체제처럼 운영하기 위해 노동권과 언론, 출판, 집회, 결사의 자유권을 강력하게 억압하는 한편, 국회를 일종의 통법부로, 사법부를 독재권력의 시녀로, 은행을 독재권력의 사금고로 만들었다. 물론 아프리카 후진국 독재자와 달리 대체로 은행 돈을 실적이 좋은 수출대기업을 위해 많이 쓰려고 노력하였다. 하지만 그렇다고 하더라도 정경유착의 패악(특권, 특혜 제공)으로부터 그리 자유롭지는 못하였다.

민간, 산업, 수출, 전문직 부문으로 인재들을 배치하려는 전략에 따라 공무원의 근로조건은 매우 낮게 유지하는 대신, 말 잘 듣는 공무원에 대해서는 임금 보상적 성격의 후한 공무원연금을 제공했다. 뿐만 아니라 개발정보가 앞설 수밖에 없는 공무원들의 부동산투기를 은근히 방조하였다. 퇴임 뒤에는 관료들이 로비스트(전관예우)로 변신하는 것도 방조하였다. 적게 내고 많이 받는 공무원연금 제도와 함께 부동산투기권(?)과 약간의 부정부패권(?)은 공무원의 박봉과 장시간노동에 대한 대가로 주어졌다고 해도 과언이 아닐 것이다. 1961년 체제는 많은 부담을 민간으로, 또 후대로 넘긴 체제다.

1961년 체제는 강력한 노동권 억압체제였기 때문에 기업 규모에 따른 근로조건 격차가 별로 없었다. 대기업 노동현장에서도 '조인트 까기', '두발

---

24) 조국 근대화의 기수라는 이름으로 실업계고와 이공계 학과(대학)를 확충하여 똑똑한 학생들을 대거 쓸어 갔다. 못 배운 사람을 멸시천대하고, 반대로 고학력자, 명문학교 출신자, 유학파를 과도하게 우대하고 존중하면 (못 배운 설움을 뼈에 사무치게 하여) 묻지 마 대학 진학과 과잉 고학력화(세계 최고 수준의 대학진학률)를 초래하게 되어 있다.

검사' 등 군대식 통제가 횡행하였다. 그래서 보다 자유롭게 근무하면서 다방면의 업무를 익혀 자기 사업이라도 해보고 싶은 사람들은 일부러 중소기업으로 오기도 하였다. 대기업과 중소기업의 노동력 이동은 지금보다 훨씬 원활하였다. 이렇게 무수히 많은 불의를 저지르는 체제가 언론통제와 정보정치를 하지 않을 리 없을 것이다. 당연히 중앙정보부, 경찰, 검찰, 국세청 등을 활용하여 사회 다방면에 대한 정보정치를 일삼고, 언론에 대한 매수와 탄압을 일삼았다.

한편 복지제도도 도입하였다. 이는 군인, 공무원, 교원, 대기업 근로자 등 비교적 형편이 나은 사람들부터 먼저 적용하였다. 퇴직금(1961), 생활보호(1961), 공무원 및 군인연금(1963), 사학연금(1974), 전국민의료보험(1977), 국민연금(1988) 제도가 그것이다. 하지만 이러한 복지제도는 오랫동안 국민적 관심사는 아니었다. 보장 범위도 좁았고 가입자들의 사회보험료 납입 연한도 짧았으며 인구구조도 젊었다. 또한 당시까지는 전통적인 대가족 복지(상호부조) 제도가 작동하고 있었다. 무엇보다도 경제가 급성장하면서 취업이나 창업의 기회가 넘쳤다. 이명박 정부의 경제사령탑 역할을 한 강만수는 1961년 체제의 중요한 단면을 이렇게 증언하고 있다.

"(1978년 국세청 직접세 담당관으로 가서 보니) 근로소득, 사업소득, 재산소득의 실효세 부담률을 분석한 결과 상식과 달리 근로소득의 세부담률이 가장 높았다. 다음이 사업소득이었고, 재벌 대주주의 부담이 가장 낮았다."

강만수는 1961년 체제의 성격을 집약적으로 보여주는 1972년의 8·3긴급조치(경제의 안정과 성장을 위한 긴급조치)에 대해 이렇게 평했다.

"당시 신생 재벌은 창업이 아니라 은행의 수출금융을 이용한 기업인수를 통해 계열기업을 이루는 경우가 많았다. (…) 모기업만 자생능력이 있고 계열기업은 기관차에 끌려가는 객차와 같은 '기차 재벌'이었다. 재벌기업은 돈을 빌렸다고 사채 동결, 중화학공업을 한다고 면세, 수출하고 투자한다고 저리의 정책자금 대출, 증자한다고 증자소득 공제, 배당한다고 법인에게 법인 간 수입배당 세액공제를 하고, 주주에게는 내지도 않은 법인세를 낸 것으로 간주하여 배당세액 공제를 해 주었다. 특혜 위에 특혜를 얹어 주는 실로 엄청난 특혜였다. 특혜성 은행자금을 이용해 거래기업을 마구 인수했으니, 8·3긴급조치는 재벌 탄생에 큰 기여를 했다. 세계에 유례없이 정부가 빚을 갚지 못하도록 강제한 8·3긴급조치는 우리 기업에게 부채를 겁낼 줄 모르고 몸집을 불리는 차입경영과 그룹경영으로 치닫게 했다. 자본을 충실히 하고 특정 사업에 집중하던 우량기업들이 오히려 시장경쟁에서 밀려나는 계기도 되었다. 많은 대기업들이 사채동결, 특혜성 자금지원, 대폭적인 조세감면이라는 편법에 의존하여 성장했다. 구조조정의 어려움도 없었고 진정한 위기관리 능력도 상실하게 되어 1997년 외환위기를 맞는 먼 원인의 하나가 되었다."

박정희의 최대 정적으로 『대중경제론』이라는 당시로는 보기 드문 국가비전을 가지고 있었던 김대중의 평가는 어떨까? 김대중은 "이승만 정부 이래 한국경제는 권위주의 정부와 특혜 집단을 중심으로 한 특권 경제가 판치고 있었다"고 전제하고, 박정희 정부에 대해서는 이렇게 진단했다.

"박 정권은 소수 특권층에게 천문학적 특혜를 주었다. 박 정권의 경제정책은 정부가 가격결정, 여신분배, 노사관계를 포함한 시장기능 전반을 간섭하며 오로지 성장에만 매달렸다. 정부의 간섭은 한국경제를 극심한 불균형 상태로 몰아갔다. (…) 한마디로 농민과 노동자의 희생 위에 대기업들의 특혜를 보장하는 것이 박정희 정부 경제의 본질이었다."

1961년 체제는 몇 번의 정치적·경제적 위기, 즉 1969년 차관기업 위기, 1972년 8·3조치, 1970년대 말에서 80년대 초의 중화학공업 위기, 1980년대 초반의 외채위기 등을 겪었는데, 그때마다 한일국교 정상화, 월남특수, 중동특수, (전두환 시대의) 3저호황 등 예기치 않은 국제적 특수에 힘입어 이를 무사히 넘기면서 한강의 기적을 창조하였다. 하지만 이처럼 정의롭지도 효율적이지도 않은 시스템이 오래갈 수 없다는 것은 불문가지.

1970년대 들어 뚜렷한 한계를 보인 1961년 체제를 해체·재편하려고 한 노력(경제자유화, 개방화 노력)은 전두환 정부에서 시작되어 3저호황에 힘입어 확고한 대세가 되었다. 1961년 체제, 곧 관치경제에 대한 청산은 무엇보다 재벌대기업의 요구이자, 금융의 요구이자, 중소상공업자의 요구였기에 거칠 것이 없었다. 하지만 재벌들은 자신에게 유리한 규제는 끈질기게 존치하려 하였고, 유리한 자유화는 후유증을 고려하지 않고 거칠고 빠르게 추진하였다. 그래서 유치산업 및 중소기업 보호 규제와 외환금융 규제는 지나치게 빨리 풀어 버렸다. 그 결과가 (8% 단일관세율로 인한) 중소기업의 몰락, 급격한 해외이전이요, 재벌의 과잉투자, 종금사의 무분별한 외환차입, 1997년 외환위기였다.

현행 헌법과 노동관계법은 1987년 이전의 권력과 자본의 전제적 지배가 가능하던 시대, 한마디로 노동의 무권리 상황을 전제하고 있다. 노동권 강화를 진보요, 개혁으로 간주하면서 공무원 등 공공부문 종사자, 규제산업 종사자, 독과점 대기업 종사자 등 먹이사슬의 최상단에 있는 노동 — 시장(소비자나 경쟁자)에 의해 통제되지 않는 노동 — 과 스스로 자신의 권리와 이익을 지키고, 강화할 수 있는 노동이 가장 강한 보호를 받게 되었다. 이들은 노동권을 과보호하는 노동관계법의 엄호까지 받아, 단체교섭을 통해 엄청난 지대를 수취하면서, 구직자들의 최고 선망의 직장이 되었다. 한국의 고용노동 정책 담론과 관련 국회상임위는 높은 임금과 고용안정을 핵심 미션으로 하는 노동조합과 스스로 특수이익집단이 된 공무원 혹은 이들로부터 물적 지원을 받는 연구자(연구기관)들에 의해 주도되었다.

헌법 제33조에 따라 "자주적인 단결권·단체교섭권 및 단체행동권"을 보장받은 노동조합은 특수이익 추구를 본령으로 삼는다. 노동계급 일반의 이익 내지 기업횡단적인 근로조건의 표준(노동시장의 공정가격)을 형성하여, 교섭력이 약한 근로자의 노동권을 유지 상향하는 것이 노조운동의 본령이라는 생각이 전혀 없다. 헌법도 노동자와 노동조합 역시 사용자 및 사용자

단체와 마찬가지로 특수이익을 추구하는 존재라는 것을 망각하고 있다. 힘의 균형이 무너지면, 이른바 갑을 관계가 얼마든지 역전될 수도 있다는 사실도 간과하고 있다.

'한강의 기적'은 개발연대의 가치, 제도, 정책, 정신문화, 리더십, 통상환경 등이 나름대로 조화와 균형을 이룬 창의적 발전체제(가치정책 플랫폼)의 산물이었다. 정치·공공·산업·기업(재벌)·금융·노동·교육 등 제반 제도와 정책들이 유기적으로 통합되어 높은 효율을 발휘하였다. 그러나 이 발전체제는 수명을 다했다. 1987년 민주화 투쟁과 노동운동과 1997년 외환위기를 계기로 거칠게 해체되었지만 변화한 환경에 맞는 새로운 발전체제는 만들어지지 않았다. 그럼에도 불구하고 제반 가치, 제도, 정책 등이 유기적으로 통합된 발전체제의 필요성조차도 별로 인정되지 않고 있다. 그 결과 특정한 가치와 이익(권리, 혜택 등)을 확대, 강화하는 것이 진보요, 개혁처럼 되었다. 한국 정치, 경제, 사회, 문화의 위기는 바로 여기에 있다.

제2부

21세기 한국의 약탈과 강압 메커니즘

제1장
법과 규제, 전통적인 약탈과 강압 메커니즘

지금 대한민국에 밀어닥치는 거의 대부분의 위기의 진원지는 기능부전 상태의 정치다. 정치가 통할하는 법과 정부가 최대의 낭비자, 약탈자, 억압자, 파괴자, 갈등 조장자다.

대한민국 위기의 원흉을 딱 하나만 얘기하라면, 그것은 부실한 정치가 양산하는 부실한 법이다. 국가·권력의 골조가 법이라면, 법의 핵심은 도덕적 당위(희망사항)와 금지·제한의 총체인 '규제'와, 어길 때 가하는 '형벌'이다. 예산, 정책, 사법, 정부조직은 법·규제라는 골조에 의해 지탱되는 존재다.

법과 규제가 부실하면 국가·권력이 통할하는 거의 모든 것이 부실해진다. 경제고용 위기는 압도적으로 부실한 법·규제로부터 온다. 이는 대한민국이 조선 유교 체제, 식민통치, 분단·전쟁과 정전체제, 국가주도 경제발전 체제로 이어져 온 독특한 역사로 인해 국가·권력의 영향력이 상업·무역·계약과 지방자치 분권의 전통이 강한 OECD 국가들(유럽, 미국, 일본, 영연방, 멕시코, 칠레 등)과 비교할 수가 없을 정도로 크기 때문이다. 단적으로 한국의 생산물 시장과 생산요소(노동, 금융, 부동산) 시장은 그 어떤 나라보다도 국가의 규제와 간섭이 심하다. 노동시장, 금융시장과 에너지(전기, 가스, 석유 등)산업, 보건의료산업, 토목·건설(주택과 SOC)산업, 교육, 농업, 국방, R&D, 방송통신, 공공정책 분야 등은 행정 각부의 법령, 정책, 예산과 사법행위(공정위, 금융위, 검찰의 처분과 법원의 판결)와 공공기관에 의해 주도되거나 좌지우지된다. 대학과 방송통신과 공공정책연구 분야 역시 그리 다르지 않다.

1987 체제를 주도한 양대 정치세력은 법과 규제를 보편 이성과 상식의 표현으로 생각하지 않았다. 부분과 전체, 가치와 가치 간 조화와 균형을 구현한 종합적 발전체제(국가플랫폼) 개념 없이 특정한 가치(자유와 권리, 책임과 의무, 특수 이익 등)만 강화하려고 하였다. 법과 규제가 이를 조정하지 못하자 정치, 경제, 사회, 문화가 다 기능부전 상태로 빠져들었다.

한국 정부서비스의 현주소는 사업 등을 통해 실물을 만져본 사람이면 다 안다. WEF 등의 평가 지표를 통해서도 그 국제적(상대적) 수준을 가늠할 수 있다. 한국 경제의 위기는 법과 규제의 위기이고, 이는 곧 정치 위기에 다름 아니다. 그런 점에서 경제고용 위기를 신자유주의와 재벌대기업에서 찾는 정치, 노동, 공공 참칭 세력이야말로 진정한 경제고용 파괴범이라고 할 수 있다.

규제는 국민의 자유와 권리(재산권, 경제적 자유권 등)를 제한하거나 의무를 부과하는 것이다. 규제의 본체는 어디까지나 법률이다. 대통령령 등 행정명령은 법률에 근거한다. 따라서 부적절한 규제는 이를 만들고 고치는 정치(인), 정당, 국회의 책임이 압도적이다.

한국은 법률 사항을 제외한 대통령령 이하를 규제로 간주한다. 행정규제기본법(제2조)에서 행정규제란 "국가나 지방자치단체가 행정 목적을 실현하기 위하여 국민의 권리를 제한하거나 의무를 부과하는 것"으로 정의하고, 법 시행령 제2조에서는 행정규제의 구체적 범위를 적시해 놓았다.

행정규제 기본법 [시행 2016.11.30.] [법률 제14184호, 2016.5.29.,
타법개정]

제2조(정의) ① 이 법에서 사용하는 용어의 뜻은 다음과 같다.

1. "행정규제"(이하 "규제"라 한다)란 국가나 지방자치단체가 특정한 행
   정 목적을 실현하기 위하여 국민(국내법을 적용받는 외국인을 포함한
   다)의 권리를 제한하거나 의무를 부과하는 것으로서 법령 등이나 조
   례·규칙에 규정되는 사항을 말한다.

2. "법령 등"이란 법률·대통령령·총리령·부령과 그 위임을 받는 고시(告
   示) 등을 말한다.

행정규제기본법 시행령 [시행 2016.9.13.] [대통령령 제27498호,
2016.9.13., 일부개정]

제2조(행정규제의 범위 등) ① 법 제2조 제2항의 규정에 의하여 행정규
제(이하 "규제"라 한다)의 구체적 범위를 다음 각 호의 1에 해당하
는 사항으로서 법령등 또는 조례·규칙에 규정되는 사항으로 한다.

1. 허가·인가·특허·면허·승인·지정·인정·시험··검사·검정·확인·증명
   등 일정한 요건과 기준을 정하여 놓고 행정기관이 국민으로부터 신청
   을 받아 처리하는 행정처분 또는 이와 유사한 사항

2. 허가취소·영업정지·등록말소·시정명령·확인·조사·단속·과태료부
   과·과징금부과 등 행정의무의 이행을 확보하기 위하여 행정기관이 행
   하는 행정처분 또는 감독에 관한 사항

3. 고용의무·신고의무·등록의무·보고의무·공급의무·출자금지·명의대여
   금지 기타 영업 등과 관련하여 일정한 작위 또는 부작위의무를 부과하
   는 사항

4. 기타 국민의 권리를 제한하거나 의무를 부과하는 행정행위(사실행위를 포함한다)에 관한 사항

② 법 제2조 제1항 제2호 및 법 제4조 제2항 단서에서 "고시 등"이라 함은 훈령·예규·고시 및 공고를 말한다.

법 제3조에서는 적용 제외 범위(대상)을 명시해 놓았다. 결국 법률 사항은 규제에서 제외한 것이다. 대통령령으로 좌지우지할 수 있는 것만 규제로 보고 있는 것이다.

제3조(적용 범위) ② 다음 각 호의 어느 하나에 해당하는 사항에 대하여는 이 법을 적용하지 아니한다. 〈개정 2016.5.29.〉
1. 국회, 법원, 헌법재판소, 선거관리위원회 및 감사원이 하는 사무
2. 형사(刑事), 행형(行刑) 및 보안처분에 관한 사무
3. 「국가정보원법」에 따른 정보·보안 업무에 관한 사항
4. 「병역법」, 「통합방위법」, 「예비군법」, 「민방위기본법」, 「비상대비자원관리법」 및 「재난 및 안전관리기본법」에 규정된 징집·소집·동원·훈련에 관한 사항
5. 군사시설, 군사기밀 보호 및 방위사업에 관한 사항
6. 조세(租稅)의 종목·세율·부과 및 징수에 관한 사항

과다하고, 경직되고, 사익편향적인 규제의 모태는 중국, 조선, 대한민국이 공유하는 질긴 습속과 1987체제의 유산인 법률과 (1987년을 기점으로 형성된) 정치지형이다. 이 정치지형은 민주·진보가 도덕적 우위를 점하며, 조선적 습속과 이전 발전체제의 그늘을 배경으로 국가의 더 많은 책임·보호를 강조하고, 시장과 기업의 자유와 탐욕을 온갖 악덕(불평등, 양극화, 고용불안 등)의 주범으로 간주하며, 규제와 형벌로써

이를 징치하여 분배구조를 개선하려 하였다. 수세에 처한 보수는 방어에 급급하면서, 민주·진보의 가치를 점차적으로 수용하였다.

1987년 이전에도 그랬지만, 그 이후에도 국가의 시장, 사회, 개인에 대한 촘촘한 행위·자격·상품·가격 등에 대한 규제는 그리 변하지 않았다. 문재인 대통령은 후보 시절에 연 '재벌적폐 청산 좌담회'(2017. 1. 10) 등에서 "재벌의 확장을 막고 경제력 집중을 줄여 나가겠다"면서, "재벌들이 골목상권을 넘보면 안 된다", "중소기업 적합 업종은 중소기업이, 서민기업 적합 업종은 서민기업이 경영하게" 해야 한다는 등의 말을 쏟아냈다. 천변만화하는 시장을 국가규제로써 사업 영역을 정하려 하는데 규제의 대상부터가 애매모호하기 짝이 없다. 중소기업이야 자본금이나 종사자 수를 가지고 어찌어찌 대상을 정할 수는 있지만, '골목상권'과 '서민기업'은 그 개념부터 애매하다. 그래서 규제 대상은 주로 시행령(별표)에서 정하는데, 이를 둘러싸고 이해관계자(사업자 단체)들은 공무원이나 국회의원을 대상으로 치열한 로비전을 펼친다.

이런 규제들은 세계를 무대로 사업을 하는 외국 기업을 규제하지 못하니 국내 기업의 손발만 묶는 역차별 규제가 되기 십상이다. 재벌적폐를 청산한다면서, 유지하는 대표적인 규제인 금산분리(금융과 산업의 분리), 은산분리(은행과 산업의 분리) 규제도 자금이 부족해 대출 자체가 특혜이던 시절에 만든 규제이다. 재벌대기업 대주주가 은행 등 금융기관을 사금고화하는 것을 막겠다는 것이다. 그런데 지금은 재벌대기업의 경우 주식이나 회사채를 발행하여 필요한 자금을 얼마든지 조달할 수 있다.

'한강의 기적'을 낳은 개발독재 시대의 국가의 민간 재산권 침해와 경제적 자유 억압 규제는 대체로 성장(투자, 고용) 친화적이었다. 이 시스템은 1987년 민주화, 1997년 외환위기와 몇 년간의 개혁을 계기로 많이 해체되었다. 하지만 극히 일부만 해체되었을 뿐이다. 1987년 이후 이해관계자 간 힘(선택권과 거부권)의 불균형이 심화되면서 새로운 형태의 약탈과 억압이 출현하였다. 지금의 약탈과 억압의 주체는 국가와 공공기관과 노동조합이고, 그 방식은 법(규제, 표준=당위)과 사법(행정적 처분과 법원의 판결), 예산과 정책, 우월적 지위를 활용한 지대추구(rent) 등이다. 하지만 오로지 시장의 자유와 재벌 갑질을 불평등, 양극화, 일자리 문제의 원흉으로 간주하는 조선 성리학—사회주의—진보적 사조(반 신자유주의와 소득주도성장론) 등을 관통하는 질긴 사고방식 때문에 이를 제대로 인식하지 못하고 있다.

한국의 시장은 자유롭고 공정한 경쟁과 협력 혹은 수요와 공급에 의해 규율되는 영역도 많다. 세계화, 자유화, 지식정보화로 인해 이런 영역은 점점 넓어져 왔다. 하지만 이런 시장이 전부가 아니다. 여전히 국가·권력이 좌지우지하는 영역이 광대무변하다. 상품, 가격, 자격, 표준을 국가가 직접적으로 규제·결정하는 영역, 공무원의 행정명령이나 법원의 판결에 의해 시장이 크게 요동치는 영역, 사정기관(검찰, 국세청, 공정위, 금융위, 감사원 등)의 표적수사, 조사, 감사 등이 활개 치는 영역, 국가 예산·기금과 공기업 등 공공기관이 주요한 행위자인 영역이 너무나 넓다. 대한민국은 시장, 규제, 사람·기업의 관계에 관한 한 백치나 다름없으면서도, 개개인이 인격자가 되면 이상사회가 된다는 조선 성리학적 사고방식이 저변에 깔려 있다. 그 위에 억압, 강제, 동원의 식민통치와 분단·정전체제의 유산이 있고, 그 위에 국가주도 발전체제의 유산이 있다. 그 위에 극심한 시장의 불균형과 지역 간 발전 격차, 국가가 적극적으로 '억강부약'에 나서야 한다는 국가주의적 사고방식 등이 첩첩이 쌓여 있다.

규제개혁이 어려운 것은 정치가 비용—편익, 위험—이익을 타산하여 규제를 만들고 고치려는 의사(책임의식)도 능력이 없기 때문이다. 정치와 국회는 이 책임을 대통령과 정부에 떠넘기고, 대통령과 정부(관료)는 말단 책임자와 피규제자(사업자)에게 돌려 왔다고 해도 과언이 아니다. 규제개혁은 넓은 시야, 정확한 실물 지식, 튼실한 공심을 가지고 국가·시장·사회·지방 등을 조망하면서 각각이 잘 작동 가능하도록 국가의 철수와 개입을 적절히 구사할 수 있는 정치에 달려 있다. 사실 남한과 북한의 명운을 가른 것도, 선진국과 한국의 결정적인 차이도 규제의 질이다. 규제의 일파만파 파장을 타산하여, 있어야 할 규제는 만들고, 없어야 할 규제는 없애고, 강해야 할 규제는 강하게, 약해야 할 규제는 약하게 가져갈 수 있는 그 능력 말이다.

제2장
정부와 공공,
1987년 이후 약탈과 강압의 제왕

1. 공공부문이라는 복마전

한국에서 널리 통용되는 공공부문(개혁)은 거의 공공기관(개혁)이다. 대체로 정부는 제외된다. 하지만 국제통계는 정부와 정부에 의해 컨트롤되는 제도 단위 전체를 공공부문이라 부른다. 그래서 공공부문의 인적, 재정적 규모를 따질 때는 일반정부(정부+정부 사무)와 공기업이 다 포함된다. 공공부문의 인적, 재정적 규모를 따지게 되면 필연적으로 공무원 및 공공기관의 고용임금과 공무원연금까지 거론하게 된다. 최근 들어 비로소 국제기준에 입각한 공공부문의 인적, 재정적 규모와 재정 지출 내역 관련 통계가 나오고 있다. 하지만 이 통계만으로는 한국의 국가=공공부문의 핵심적인 특징을 알 수가 없다.

그런데 한국 국가=공공부문의 핵심적인 특징은 그 인적, 재정적 규모와 지출 내용이 아니라, 금지·제한·강제의 총체인 법령(법률+시행령)과 사법(형벌)에 있다. 하지만 이는 계량화(통계화)가 곤란해서인지 국제비교 통계를 찾기 어렵다. 사실 법과 규제는 실물이나 속살을 천착하지 않으면 그 실체도, 영향도 알기 어렵다.

그럼에도 불구하고 공공부문의 인적, 재정적 규모와 내용은 공공부문의 윤곽을 알려주는 요긴한 통계이다. 2017년 대선에서 문재인 후보에 의해 촉발된 공공부문 고용규모 논란[1]은 공공부문 관련 통계 자체의 부실과 그 상세 내역을 우리 사회가 제대로 천착하지 않은 데서 연유한다.

공공부문은 국가(권력)에 의해 직접적으로 지배되는 영역을 말한다. 국제적으로 통용되는 회계기준인 UN 2008 SNA(System of National Accounts, 국민계정체계)[2]의 정의에 따르면, "공공부문은 정부단위와 정부단위에 의해 소유되거나 지배(통제)되는 모든 제도단위"이다.

공공부문은 판매하는 상품서비스의 시장성 유무 등에 따라 일반정부(general government)와 공공법인기업(public corporations)으로 나뉜다. 일반정부는 중앙지방정부, 직업군인, 공공비영리단체, 사회보장기금(국민연금, 국민건강보험 등)을 망라한다. 여기서 말하는 공공비영리단체는 NGO(비정부기구) 등 시민사회단체가 아니라, 수많은 기금이나 특별회계에 근거를 둔 (위탁)운용·집행 기관을 말한다. 공공법인기업은 금융공기업(한국은행, 산업은행 등)과 비금융공기업(한국전력공사, 가스공사, 토지주택공사 등)으로 나뉜다.

---

1) 2013년 기준 전체 고용에서 공공부문이 차지하는 비중은 한국이 7.6%로, OECD 평균 21.3%의 3분의 1 수준밖에 안 된다. 따라서 공공부문 고용 비중을 OECD 평균의 절반으로 늘리려면 전체 고용의 3%p=81만 명을 늘려야 한다.

2) 유엔이 제정했으며 1968년(초판), 1993년, 2008년 버전(최신)이 있다. 현재 유엔, 세계은행, IMF, OECD 등 주요한 국제기구들이 사용하며, 한국은 2008 SNA에 따라 작성된 통계를 2014년부터 발표하고 있다.

공공부문의 분류

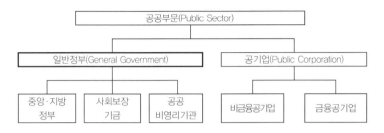

2008 SNA는 공공부문 정의를 위한 정부 지배(control) 여부 판단을 위한 요건을 다음과 같이 권고하였다.

공공부문 정의를 위한 정부의 지배(control) 여부 판단 요건(SNA의 권고)

법인기업	비영리단체
과반수 이상의 의결권의 보유	임원의 임면권 보유
이사회나 기타 협의체 기구에 대한 통제	기타 법률 등에 의한 지배
주요 인사의 임면권에 대한 통제	**계약·협정 체결에 관여할 수 있는지 여부**
핵심 위원회에 대한 통제	**정부로부터의 자금 지원 정도**
황금주(golden shares) 등의 보유	비영리기업의 활동에 따르는 위험을
사업영역 및 가격정책 등에 대한 규제 및 통제	정부가 부담하는 정도
지배적 고객으로서의 영향력 행사	
정부 대출과 연계된 통제	

만약 '이사회나 기타 협의체 기구에 대한 통제', '주요 인사의 임면권에 대한 통제', '사업영역 및 가격 정책 등에 대한 규제 및 통제', '지배적 고객으로서의 영향력 행사', '정부 대출과 연계된 통제', '정부로부터의 자금 지원 정도' 등을 적용한다면, 한국 공공부문은 지금보다 훨씬 더 늘어난다. 단적으로 정부 예산이 주 수익원인 수많은 민간·비영리기업 및 단체와 지방교육재정에서 급여가 나가는 사립중고등학교 교사가 대표적이다. 국민건강보험의 의료수가 기준에 따라 수익의 대부분을 국민건강보험에서 얻는 병의원과, 정부가 수립한 기준에 따라 보육료 지원을 받는 민간 보육시설까지 공공부문으로 볼 수도 있다. 프랑스 등 유럽

의 많은 나라에서 보건의료, 보육, 초중고 교육 분야 종사자는 대부분 공무원이거나 공공부문 종사자로 분류한다. 프랑스는 보건의료 종사자의 대부분을 공공부문이 고용을 하는데, 이 인원이 100만 명이 넘는다. 이것이 유럽의 공공부문 고용비중이 한국보다 높은 주된 이유 중의 하나다.

'사업영역 및 가격 정책 등에 대한 규제 및 통제'와 '지배적 고객으로서의 영향력 행사'를 기준으로 판단하면, 2016년 지하철 2호선 구의역 사고로 숨진 김모 군이 다니던 은성PSD와 인천공항공사의 수십 개 민간 협력업체(총고용 7천 명 내외) 등 수많은 '무늬만 민간기업'들이 다 공기업으로 분류되어야 한다. 은성PSD는 지방공기업인 서울메트로의 한 부서(기능)가 떨어져 나와 생긴 회사로서 수익의 100퍼센트를 서울메트로에 의존하고, 인천국제공항공사의 민간 협력업체들도 수익의 거의 100퍼센트를 인천공항공사에 의존하기 때문이다.

이들 협력업체들이 유럽과 달리 '무늬만 민간기업'으로 존재하는 이유는 두 가지다.

하나는 기업별 노조의 강력한 지대추구('신의 직장' 추구) 성향이다. 유럽 노동시장과 노조에는 보편적으로 수용되는 직무별 근로조건의 표준 개념 없이, '단결하면 힘 생기고, 투쟁하면 쟁취한다'는 신념으로, 하는 일에 비해 월등히 높은 근로조건을 쟁취해 온 노동시장에 만연한 약탈주의적 충동을 거대한 단일 공기업 체제로는 제어하기 곤란하기 때문이다.

다른 하나는 한국의 노동관계법이 그 요건과 절차가 아주 까다로운 정리해고와 징계해고 외에는 정규직을 해고할 수가 없도록 했기 때문이다. 설상가상으로 대기업의 경우 2001년 대우자동차, 2009년 쌍용자동차 정리해고 사태에서 보았듯이, 정리해고 요건과 절차를 다 충족해도, 대기업과 중소기업의 극심한 근로조건 격차 때문에 결사항전을 초래한다. 이 때문에 정부는 '국가공무원 총정원령'과 '총액인건비제' 등으로 공공부문의 정규직 고용을 강력하게 통제해 왔다.

한편 소유(지분)구조로 보면 민간기업이지만 실질적으로 정부가 임원을 선임하는 포스코, KT, 농협과 수많은 산업은행 관리 기업 등도 정부 통제 기업이다. 공기업 아닌 공기업인 것이다. 실제로 포스코, KT, 농협 회장은 정권의 전리품으로 취급받아 왔다. 이사회에서 합법적으로 선임된 회장이라 할지라도 이전 정부 하에서 선임되었다면 검찰이 표적 수사, 조사를 통해서 비자금, 뇌물수수, 납품비리 혐의로 구속 혹은 자진사퇴를 유도하는 일이 반복되어 왔다. 이는 2008 SNA를 사용하는 유엔, IMF, OECD 등은 상상도 하지 못하는 '창의적인' 정부 지배 방식인 것이다.

역대 농협 회장 잔혹사

한호선	재임기간: 1988년 3월~1994년 3월 **비자금 조성, 4억여 원 유용 혐의 1994년 4월 구속** 징역 2년 6개월, 집행유예 4년
원철희	재임기간: 1994년 3월~1999년 3월 **비자금 조성, 3억여 원 유용 혐의 1999년 4월 구속** 징역 2년 6개월, 집행유예 3년
정대근	재임기간: 19993??? 3월~2007년 11월 **뇌물수수 혐의 2007년 7월 구속** 징역 10년

최원병 회장(2007. 11~2015. 3)은 임기는 무사히 마쳤지만, 동생과 측근은 대거 구속되었다.

역대 포스코와 KT 회장 잔혹사

포스코 역대 회장	KT 역대 사장
유상부 원래 임기: 1998년 3월~2003년 3월 2003년 2월 노무현 정부 출범 2003년 3월 퇴임 **(연임 원했으나 낙마, 배임 혐의 기소)**	**이용경** 원래 임기: 2002년 8월~2005년 8월 임기 만료 퇴임 **(연임 도전하다 막판 사퇴, 용퇴로 해석)**
이구택 원래 임기: 1차 2003년 3월~2010년 3월(연임) 2008년 2월 이명박 정부 출범 2009년 2월 퇴임 **(세무조사 무마 로비, 후임 회장 선임 관련 외압설)**	**남중수** 원래 임기: 1차 2005년 8월~2011년 2월(연임) 2008년 11월 퇴임 **(납품 비리 의혹 수사, 배임 혐의 구속)**
정준양 원래 임기: 1차 2009년 3월~2015년 2월(연임) 2013년 2월 박근혜 정부 출범 2014년 3월 퇴임 **10대그룹 총수 간담회 제외, 세무조사,** 경영 악화, 각종 안전사고	**이석채** 원래 임기: 2009년 1월~2015년 2월(연임) 2013년 11월 퇴임 **(청와대 사퇴 종용, 유선통신분야 실적부진 등)**

'정부 대출과 연계된 통제'도 간과하면 안 된다. 대표적인 금융공기업인 산업은행은 자산이 연결기준 약 300조 원이며(삼성은 348조 원), 5퍼센트 이상 지분을 가진 기업이 377개(장부가액 9조 2천억 원), 15퍼센트 이상의 지분을 가진 사실상 자회사가 128개다. 이는 산업·기업 구조조정 과정에서 우리은행, 대우조선해양, 대우건설 등 부실 금융기관과 기업을 계속 떠안았기 때문이다.

최근 6년간 산은 자회사나 대출 기업에 포진한 산은 출신 '낙하산'은 총 102명이다. 홍기택 전 산업은행장에 따르면, 산업은행 자회사의 최고경영자(CEO), 감사, 사외이사 등에 대한 인사와 관련해서는 "청와대가 3분의 1, 금융당국이 3분의 1을 자신들 몫으로 가져갔고 산업은행이 자체적으로 행사한 인사권은 3분의 1 정도였다."[3]

자산규모(2015년 3월 말 기준) 279조 4천억 원에 대출규모 212조 2천

---

3) "대우조선 지원, 최경환·안종범·임종룡이 결정(홍기택 전 산업은행장 인텁)", 경향신문 2016. 6. 8.

억 원인 우리은행도 정부가 소유하고 있다. 신한, 하나, 국민(KB), 농협(NH) 등 4대 금융지주회사의 회장과 주요 은행장도 정권의 전리품처럼 취급되고, 실제 그럴 수 있는 다양한 수단도 있다. KB와 농협 금융그룹은 대주주가 없기에 정부가 좌지우지하고, 신한과 하나 금융그룹은 대주주는 있지만 유무형의 금융 규제와 감독 때문에 정권의 낙하산(회장)을 받아들일 수밖에 없게 되어 있다.

한국은 산업 특성과 국가규제 특성으로 인해 금융산업(은행과 증권 등)과 보건의료산업(병원)과 방위산업 등은 유럽, 미국, 일본에 비해 훨씬 강력하고 촘촘한 정부 통제를 받는다. 따라서 2008 SNA 기준에 따르면 공공부문으로 분류되어야 마땅하지만, 정부도 해당 산업·기업 종사자들도 공적인 목적을 전혀 의식하지 않는다. 다만 과도한 규제에 신음하고 항의할 뿐이다.

분명한 것은 음성적, 변칙적으로 통제되는 산업과 기업이 공공적 역할을 제대로 할 리가 만무하다는 것이다. 명(민간기업)과 실(정치권력이나 행정권력에 의한 지배)이 다른 곳은 예외 없이 권력형 비리와 '관피아'의 온상이 될 수밖에 없다.

어쨌든 2008 SNA 기준을 적용한 통계가 2014년부터 나오기 시작하면서 공공부문의 인적, 재정적 규모는 파악할 수 있게 되었다. 하지만 여전히 공공법인기업의 협력업체, 정부예산과 기금에 절대 의존하는 산업·기업과 각종 국가규제와 편파적 국가형벌권(검찰의 표적 수사, 국세청과 행정부처의 표적 조사, 감사원의 감사 등)을 통해 사실상 좌지우지되는 영역은 여전히 오리무중이다. 그런 점에서 공공부문은 가히 복마전이라고 해도 과언이 아니다.

2. 공공부문의 재정적 규모

최근 몇 년 사이에 한국 공공부문의 베일을 벗겨주는 통계 몇 개가 생산되었다. 2008 SNA 기준을 적용한 가장 최신 통계는 통계청의 '2018년 일자리행정 통계(2019. 12. 5)', '2017년 공공부문 일자리통계'(2019. 2. 19) 한국은행의 '2018 공공부문 계정(잠정)'(2019. 9. 4) 등이다. '2018 공공부문 계정(잠정)'에 따르면 일반정부(General Government)와 공공법인기업(Public Corporations)(비금융공기업+금융공기업) 전체의 총수입은 854.1조 원으로 2017년(807.7조원)에 비해 46.4조 원 증가하여, GDP의 45.1퍼센트(2017년 대비 1.1%p 증가)에 이르렀다. 총지출은 804.7조 원으로 GDP의 42.5퍼센트(2017년 대비 1.4%p 증가)에 이르렀다.

공공부문 주요 재정지표[1)]

(조원, 퍼센트, 퍼센트p)

	2013	2014	2015	2016	2017 (C)	2018ᵖ (D)	(D−C)
총수입(A)	678.6 ⟨3.0⟩	711.7 ⟨4.9⟩	733.1 ⟨3.0⟩	768.1 ⟨4.8⟩	807.7 ⟨5.2⟩	854.1 ⟨5.7⟩	46.4
(조세[2)])	260.2	270.5	291.2	320.7	348.3	380.9	32.6
(매출액[3)])	202.4	217.1	213.0	204.6	207.0	208.4	1.5
(사회부담금[4)])	111.1	120.0	128.5	136.5	143.9	154.0	10.1
총지출(B)	681.2 ⟨2.7⟩	694.2 ⟨1.9⟩	700.7 ⟨0.9⟩	720.9 ⟨2.9⟩	753.7 ⟨4.5⟩	804.7 ⟨6.8⟩	51.1
(최종소비[5)])	224.8	238.0	250.1	265.3	283.0	305.5	22.5
(투자[6)])	114.4	103.5	105.3	107.1	112.6	120.7	8.1
(사회수혜금[7)])	61.8	68.2	77.3	85.0	91.4	99.6	8.3
수 지(A−B)	−2.6	17.5	32.4	47.2	54.1	49.3	−4.7
명목GDP 대비 비율							
(총수입)	(45.2)	(45.5)	(44.2)	(44.1)	(44.0)	(45.1)	(1.1)
(총지출)	(45.4)	(44.4)	(42.3)	(41.4)	(41.1)	(42.5)	(1.4)
(수지)	(−0.2)	(1.1)	(2.0)	(2.7)	(2.9)	(2.6)	(−0.3)
(최종소비+투자)	(22.6)	(21.8)	(21.4)	(21.4)	(21.6)	(22.5)	(1.0)

주 : 1) ⟨ ⟩ 내는 전년 대비 증감률 2) 생산 및 수입세+경상세+자본세
3) 국공립대학교의 수업료 등 판매수입 포함 4) 국민연금, 건강보험 등 사회보험료 납부액
5) 인건비, 운영비, 건강보험 급여비 등 6) 총고정자본형성+재고증감
7) 기초연금 및 국민연금 수령액 등

전체적으로 49.3조 원(GDP의 2.6%) 흑자다. 흑자의 대부분(54.4조 원)은 국민연금 등 사회보장기금에서 발생했다. 인구구조상 아직은 지출보다 수입이 많게 되어 있기 때문이다.

일반정부 주요 재정지표[1]

(조원, 퍼센트, 퍼센트p)

	2013	2014	2015	2016	2017 (C)	2018ᵖ (D)	(D−C)
총수입(A)	471.5	494.4	523.6	565.8	604.9	649.1	44.2
	〈2.9〉	〈4.9〉	〈5.9〉	〈8.1〉	〈6.9〉	〈7.3〉	
(조세[2])	260.2	270.5	291.2	320.7	348.3	380.9	32.6
(사회부담금[3])	109.3	118.4	126.7	134.6	141.9	152.1	10.2
(재산소득, 수취)	31.0	29.9	28.4	29.0	31.3	32.1	0.7
총지출(B)	452.2	475.5	504.0	527.4	555.7	595.5	39.9
	〈1.9〉	〈5.1〉	〈6.0〉	〈4.6〉	〈5.4〉	〈7.2〉	
(최종소비[4])	224.8	238.0	250.1	265.3	283.0	305.5	22.5
(투자[5])	70.7	67.5	71.2	75.7	80.5	83.6	3.2
(사회수혜금[6])	60.0	66.7	75.4	83.1	89.4	97.7	8.3
(재산소득, 지급)	25.6	26.6	25.2	23.7	22.1	21.7	−0.4
수지(A−B)	19.3	18.9	19.6	38.5	49.2	53.6	4.4
명목GDP 대비 비율							
(총수입)	(31.4)	(31.6)	(31.6)	(32.5)	(33.0)	(34.3)	(1.3)
(총지출)	(30.1)	(30.4)	(30.4)	(30.3)	(30.3)	(31.5)	(1.2)
(수지)	(1.3)	(1.2)	(1.2)	(2.2)	(2.7)	(2.8)	(0.1)
(최종소비+투자)	(19.7)	(19.5)	(19.4)	(19.6)	(19.8)	(20.6)	(0.7)

주 : 1) 〈 〉 내는 전년 대비 증감률　　　2) 생산 및 수입세+경상세+자본세
3) 국민연금, 건강보험료 등 사회보험료 납부액　　4) 인건비, 운영비, 건강보험 급여비 등
5) 총고정자본형성+재고증감　　6) 기초연금 및 국민연금 수령액 등

　일반정부, 비금융공기업, 금융공기업으로 나눠서 수입과 지출을 살펴보면 다음과 같다. 2018년 기준 공공부문의 총지출은 일반정부 595.5조 원으로 GDP의 31.5퍼센트이다. 한국전력공사, 한국토지주택공사, 한국가스공사 등 비금융공기업 166개의 총지출은 183.3조 원(GDP의 9.7%)이고, 한국은행, 한국산업은행, 한국수출입은행 등 금융공기업 13개의 총지출은 32.5조 원(GDP의 1.7%)이다.

2018년 공공부문의 수입, 지출, 수지 내역

(조 원, %)

	일반정부		비금융공기업		금융공기업	
	금액	GDP대비 비중	금액(조원)	GDP대비 비중	금액	GDP 대비 비중
총수입	649.1	34.3%	173.3	9.2%	38.2	2.0%
총지출	595.5	31.5%	183.3	9.7%	32.5	1.7%
수지	53.6	2.8%	−10.0	−0.5%	5.7	0.3%

일반정부의 총수입은 649.1조 원으로 GDP의 34.3퍼센트다. 이는 2018년 조세부담률 20.0퍼센트(2016년 18.3%), 국민부담률(2017년) 26.9퍼센트에[4] 비해 월등히 높다. 왜 이렇게 차이가 나는 걸까? 2018년 기준 일반정부의 총수입에는 조세수입 380.9원, 사회부담금 수입 152.1원, 정부의 재산수입(배당금, 이자 등) 32.1조 원 외에도 상품·비상품 판매(국공립대 수업료, 상하수도 사용료, 각종 시설공단의 주차장, 대관료 수입 등) 34.6조 원, 경상이전수취(각종 부담금, 과태료 등) 43.3조 원이 포함되어 있기 때문이다. 조세수입 380.9조 원은 생산 및 수입세(부가세, 소비세, 관세 등) 195.4조, 경상세(법인세, 소득세 등) 177.8조, 자본세(상속증여세 등) 7.7조 원이 포함되어 있다. 2018년 일반정부 수입(GDP의 34.3%)과 복지지출 수준(2018년 기준 GDP의 11.1%)에 견주어 보면, 한국은 중부담 저복지 국가다.

주요국 공공사회복지 지출

국가/연도	2000	2005	2010	2015	2016	2017	2018
한국	4.5	6.1	8.2	10.2	10.5	10.6	11.1
일본	15.4	17.2	21.3	21.9	−	−	−
터키	7.5	10.1	12.3	11.6	12.5	−	−
미국	14.3	15.6	19.4	18.8	18.9	18.9	18.7
프랑스	27.6	28.7	31.0	32.0	32.0	31.8	31.2
독일	25.4	26.2	25.9	24.9	25.1	25.1	25.1
그리스	17.8	19.9	24.9	25.4	25.7	24.8	23.5
이탈리아	22.7	24.2	27.1	28.5	28.3	28.1	27.9
네덜란드	18.8	20.2	17.8	17.7	17.5	17.0	16.7
스페인	19.5	20.4	24.7	24.7	24.3	23.9	23.7
스웨덴	26.8	27.3	26.3	26.3	26.4	26.1	26.1
스위스	13.9	15.6	15.1	15.9	15.9	16.1	16.0
영국	16.2	18.3	22.4	21.6	21.2	20.8	20.6

---

4) GDP 대비 국민부담률을 보면, 한국은 2000년 21.5%에서 2015년 25.2%, 2017년 26.9%로 증가하였으나, OECD 평균은 34.0%에서 34.4%로 거의 변화가 없다.

자료: http://kosis.kr/statHtml/statHtml.
do?orgId=101&tblId=DT_2KAAD21_OECD&conn_path=I3
OECD〈http://stats.oecd.org〉 2019. 8. Public Social Expenditure. 가구나 개인이 복지에 불리한 환경에 처해 있는 동안 공적 제도에 의한 사회적 급여나 재정적 지원을 말하며, 지출 항목은 노령, 유족, 보건, 가족, 주거, 실업, 근로무능력 관련 급여, 적극적 노동시장 프로그램, 기타로 분류.

한국의 복지지출 비중이 낮은 것은 아직은 노령화가 덜 진행됐고, 연금 수급자가 상대적으로 적어서 보건의료 지출과 연금 지출 비중이 낮기 때문이다. 그 외에도 가족과 적극적 노동시장 관련 프로그램이 적기 때문이다. 단적으로 2012년 기준 OECD 평균 연금(노령+유족) 지출액은 GDP의 7.8퍼센트지만, 한국은 3.29퍼센트(2014)에 불과하다. 2015년 기준 보건의료 관련 정부 지출은 (공적건강보험의 보장률 차이가 있긴 하지만 어쨌든) 한국이 GDP대비 4.34퍼센트, OECD평균은 6.53퍼센트이다.[5]

그런데 OECD 국가들은 대체로 국가가 보건의료기관 및 인력의 대부분을 보유하여 의료 공급과 소비(비용)를 통제할 수 있지만, 한국은 전혀 그렇지 않다. OECD 통계로 보면 한국의 의료 지출 비중은 2005년 GDP의 5퍼센트에서 2014년 7.1퍼센트로 증가하였다. 그런데 인구구조(노령화의 심화)로 보나, 추세로 보나, 의료비 통제 기제로 보나, 한국의 의료 관련 지출은 OECD 평균(9%)과 한국과 비슷한 시스템을 가진 미국(17.2%) 사이에 위치하게 되어 있다.

요컨대 한국은 시간이 흐르면, 새로운 복지 프로그램을 신설하지 않아도 공적연금 지출 및 보건의료 지출에서만 최소 GDP 대비 7~10퍼센트포인트 정도의 지출이 증가하게 되어 있는 것이다. 따라서 시간이 흐르면 한국은 다른 복지 프로그램을 신설하지 않아도 복지지출이

---

5) 〈OECD Health Statistics 2017〉에 따르면 2015년 기준 GDP대비 경상의료비 지출은 한국이 7.7%, OECD평균 9.0%고, 이중 정부와 의무가입보험 재원의 비중은 각각 56.4%, 72.5%이다.

OECD 평균(20% 내외)에 도달하게 되어 있다.

그런데 한국은 터무니없이 빈약한 복지 프로그램이 많다. 2012년 기준 출산 대책 및 여성 경제활동 지원과 직결되는 '가족(family)' 지출은 한국은 1.16퍼센트(2014)인 데 반해, 덴마크 4퍼센트, 영국 4퍼센트, 스웨덴 3.6퍼센트, 프랑스 2.9퍼센트, OECD 평균 2.2퍼센트로, 최소 1퍼센트포인트의 상승 요인이 있다. GDP에서 차지하는 실업급여 지출은 한국이 0.3퍼센트(2013년 기준)로, 실업급여 상위권 국가인 벨기에(3.2%) 스페인(3.1%)의 10분의 1 수준이다. 여기서도 1~2퍼센트포인트의 상승 요인이 있다고 보아야 한다. 취업 취약계층을 지원하는 '적극적 노동시장 프로그램(active labor market programs)' 지출액은 한국이 GDP의 0.45퍼센트(2014)이지만, 덴마크 2.2%, 스웨덴 1.2%, 핀란드 1%, OECD 평균 0.5퍼센트이다. 요컨대 2016년 기준 한국 일반정부의 재정지출 비중(GDP의 32.4%)은, 한국의 노령화 수준과 연금 성숙도 등을 감안하면 일본(43%), 독일(44.7%), G7(영국, 프랑스, 독일, 이탈리아, 호주, 캐나다, 일본) 평균 42%(2014) 수준으로 보아야 한다.

한국의 복지지출 비중은 국민연금과 의료지출만 늘어나도 GDP의 20퍼센트에 금방 도달하게 되어 있다. 그렇게 되면 일반정부의 재정지출 비중은 GDP의 40퍼센트대 초반에 도달하여 OECD 평균 수준이 된다.

이런 상황에서 지금처럼 방대한 공공법인기업 지출(GDP의 11% 내외)을 유지한다면 한국은 OECD 국가 중에서 공공부문이 가장 큰 나라가 될지 모른다. 설상가상으로 한국은 2008 SNA 기준으로는 파악하기 힘든, 국가규제와 국가형벌권으로 국가가 쥐락펴락하는 부문(산업, 금융, 보건의료, 교육 등)이 많다. 그런데 WEF 등이 발표한 국제비교 지표(국가경쟁력 순위)로 보면, 정부의 규제와 정책에 대한 국제경쟁력 순위는 최후진국 수준이다. 국제경쟁력이 가장 낮은 분야의 영향력 내지 지배력이 점점 확대된다는 얘기다.

재정 구조로만 보면 한국은 중부담 저복지 국가에서 고부담 중복지 국가로 가게 되어있다. 중부담 저복지 국가를 중부담 중복지 국가로 바꾸거나, 고부담 중복지 국가를 중부담 중복지 국가로 바꾸려면 선진국과 확연히 다른 재정 씀씀이(지출구조)를 개혁해야 한다는 것은 불문가지. 이는 국제비교를 통해 고비용 저효율로 의심되는 공공부문 인건비, 교육비, 국방비, R&D 지출, 노동시장 등에 대한 대대적인 개혁이 필요하다는 것을 의미한다.

2018년 기준 GDP의 34.3퍼센트(649.1조 원)에 이르는 일반정부 재정수입과 2019년 10말 기준 712.1조 원을 돌파했고, 2020년 말 781조 원, 2041년 1,778조 원까지 증가할 것으로(2018년 제4차 재정계산 결과) 예상되는 국민연금기금 적립금 등은 기본적으로 민간 수중에 있었다면, 생산·소비나 민간저축에 사용될 돈이기에 당연히 효율을 물어야 한다. 예산의 항목 하나하나는 그 효과성과 효율성을 묻고, 국민연금 등은 (수십년 뒤의 미래를 대비한다면서) 과잉축적을 하는 것이 아닌지, 남 좋은 일(안전한 대기업 주식가격 부양 등)만 시키는 것이 아닌지 캐물어야 한다.[6] 기회비용을 철저히 따져야 한다.

GDP 대비 한국 공공부문=관치 내지 정치부문은 조세부담률과 국민부담률보다 훨씬 크다. 그런데 더 중요한 것은 양적 규모보다 질적 영향력이다. 한마디로 가치생태계 파괴력이 월등히 크다는 얘기다.

---

6) 2016년 11월 말 국민연금의 총규모가 545조 원이었는데, 국내 채권투자는 280조 원 가량으로 전체 포트폴리오 대비 51.5%. 국내 주식투자 금액은 약 100조 원(18.2%), 해외채권과 해외 주식 포트폴리오는 각각 22조 9천억 원(4.2%)과 80조 7천억 원(14.8%)이며, 부동산·인프라 등을 포함한 대체투자자산은 59조 8천억 원(11%)이었다. 우정사업본부 운용자금은 2016년 말 기준 110조 원을 넘어섰고, 사학연금은 14조 원, 군인공제회 10조 원, 공무원연금 7조원 등이 있다.

조세 부담률

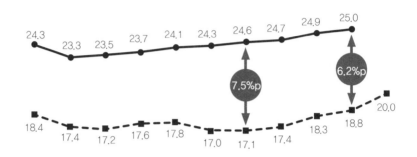

국민 부담률

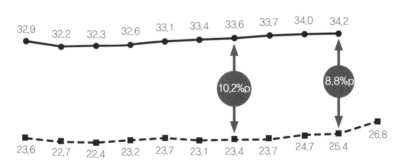

* 조세부담률 및 국민부담률은 SNA 2015 기준
경상GDP성장률을 적용하여 산출

국회 예산정책처가 발간한 『2019 조세수첩』(2019. 8)에 따르면 조세
부담률은 2016년 18.3퍼센트에서 2018년 20.0퍼센트로 1.7퍼센트포
인트 증가하고, 국민부담률은 동기간에 24.7퍼센트에서 26.8퍼센트로

2.1퍼센트포인트 증가했다.

3. 공공부문의 인적 규모

　공공부문(공무원 및 공공기관 임직원)의 인적 규모와 피용자 보수는 통계청의 공공부문 일자리 통계와 한국은행 공공부문 계정을 활용하여 그 전체적인 윤곽을 알 수 있다. 이 둘은 2008 SNA 기준에 따라 작성된 것이다.

　통계청이 발표한 행정자료[7]를 통해서 집계한 '2017년 공공부문 일자리통계'(2019. 2. 19)에 따르면, 일자리 개수는 중앙정부 77만 4천 개, 지방정부 125만 1천 개, 사회보장성기금[8] 3만 7천 개로 일반정부의 일자리 개수는 총 206만 3천 개다. 여기에는 사실상 정부 일을 하는 공공비영리단체[9]들과 정식 공무원(공무원연금과 군인연금 대상자)이 아니면서도 정부에 고용되어 일을 하는 비정규직 등이 포함되어 있다. 공립학교 교직원은 인사혁신처 분류 기준으로는 중앙공무원이지만, 지방교육청 관할임을 감안하여 통계청 통계에서는 지방정부에 포함시켰다. 군인연금 대상자도 중앙정부에 포함되어 있다.

---

7) 국민연금, 건강보험, 고용보험, 산재보험, 근로소득지급명세서, 일용근로소득신고자료, 사업자등록자료 등.

8) 국민연금공단, 국민건강보험공단, 공무원연금공단, 근로복지공단, 사립학교교직원연금공단, 건강보험심사평가원 등 총 6개.

9) 중앙정부 공공비영리단체 209개, 지방정부 공공비영리단체 516개.

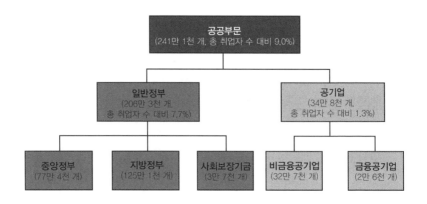

연금(공무원연금과 군인연금)을 기준으로 공무원과 비공무원을 나누면 2017년 기준 공무원 일자리는 128만 3천 개, 비공무원이 58만 4천 개로 도합 186만 7천 개다.

공공부문 섹터별 일자리 규모(2017년)

(만 개, %, %p)

구분			일자리	구성비(%)
공공부문			241.1	100
	일반정부		206.3	85.6
		중앙정부	77.4	32.1
		지방정부	125.1	51.9
		사회보장기금	3.7	1.5
	공기업		34.8	14.4
		비금융공기업	32.2	13.4
		금융공기업	2.6	1.1

※ 일반정부		2017년	
※ 일반정부		일자리	구성비(%)
일반정부		206.3	85.6
	정부기관	186.7	77.4
	공공비영리단체	19.6	8.1

주)지방정부에는 공립학교 교직원(중앙공무원이지만 지방 교육청 관할) 포함. 공공비영리단체에는 사회보장기금 포함

공무원(공무원연금+군인연금) 및 비공무원 현황(2017년)
(만 명)

	계	남자	여자
정부기관	186.7	97.8	88.9
−공무원	128.3	77.2	51.0
−비공무원	58.4	20.6	37.8

2008 SNA 기준에 따르면 '공공기관의 운영에 관한 법률'(공운법)과 '지방공기업법'에 따라 공공기관 혹은 공기업으로 분류하는 기업의 상당수가 일반정부에 포함된다. 공운법을 적용한 정부 공공기관 통계(알리오와 클린아이시스템)에 따르면 2016년 기준 중앙정부 공공기관은 총 332개에 임직원 현원(거의 정규직)은 총 28만 5,818명, 지방공기업은 398개에 현원은 총 7만 7,048명(2015년 기준)이다. 하지만 2008 SNA 기준을 적용한 '2017년 공공부문 계정(잠정)'(2018.6.22.)에 따르면, 공기업은 180개(중앙공기업 127개+지방공기업53개)다. 일자리 개수는 정규직과 비정규직 합쳐서 34만 8천 개다.

공직자윤리법 제3조의2(공직유관단체)는 "정부와 지자체의 출자·출연·보조를 받는 기관·단체(재출자·재출연을 포함), 그 밖에 정부 업무를 위탁받아 수행하거나 대행하는 기관·단체" 980여 개를 법 적용 대상으로 하고 있는데, 이 중 어디까지가 공공부문 통계 작성시 포함되었는지는 알 수 없다.

바른사회시민회의(2017. 11. 11)에 따르면, 중앙정부 산하 공공기관 331곳(공기업·준정부기관·기타공공기관 포함) 중 관련법에 설립 및 운영 방식과 관련된 근거가 있는 공공기관이 265곳(80.0%)이었다. 한마디로 법정공공기관이다. 한국가스공사 등 74곳은 별도의 법(한국가스공사법)이 있고, 한국지역난방공사 등 191곳은 관련 조항(집단에너지사업법 제29조)이 있다. 공기업은 전체 35곳 중 24곳(68.5%), 준정부기관은 전체 88곳 중 82곳(93.1%), 기타공공기관은 전체 208곳 중 159곳(76.4%)이 법정공공기관이다. 법정공공기관의 상당수는 사업 범위, 임원 선임, 이사회 운영, 재정 조달 등 상세 사항들이 법제화돼 있기에 공공기관 운영위원회를 통해 사업 재조정이나 통폐합 등 구조조정이 쉽지 않다.

2008 SNA에 따라 작성된 통계청의 '2017년 기준 일자리행정 통계'와 한국은행의 '2017년 공공부문 계정(잠정)'에 따르면 일반정부의 일자리는 총 206.3만 개이고, 피용자 보수는 120조 1,060억 원이다. 공공법인기업(정부산하기관)은 공기업 180개, 비금융공기업 167개(중앙114개, 지방53개), 금융공기업 13개로, 총 종사자(일자리 개수)는 34만 8천 개다. 이들에게 지급되는 피용자보수는 22조 9,270억 원(비금융공기업 20조 5,240억 원+금융공기업 2조 4천억 원)이다.

공공부문의 피용자 보수 추이

(억 원)

	2011	2012	2013	2014	2015	2016	2017
공공부문 총계	103,535	109,324	115,455	121,205	128,061	133,965	143,034
일반정부	86,822	91,028	96,546	102,410	107,623	112,515	120,106
비금융공기업	14,745	16,274	16,715	16,580	18,184	19,032	20,524
금융공기업	1,968	2,022	2,194	2,216	2,254	2,419	2,403

출처: 2017년 공공부문 계정(잠정)

일반정부 피용자 보수(120조 1,060억 원)을 일반정부 일자리 개수(206만 3천 개)로 나누면 대략 5,821만 원이다. 일반정부 일자리는 공무원 128만 3천, 비공무원 58만 4천 개, 공공비영리단체 19만 6천 개로 구성되어 있는데, 당연히 그중 공무원의 처우가 월등하기에 공무원 피용자 보수는 5,821만 원을 훨씬 넘는다고 보아야 한다.

4. 정부의 시장지배력

한국 생산물시장, 금융시장, 부동산시장, 노동시장의 핵심 특징 중의 하나는 거대한 공기업군과 국가의 법령(규제) 및 사법(검찰, 법원)에 의한 변칙적 통제다. 공기업이 주도하는 에너지시장은 말할 것도 없고, 그 외에 공공기관, 정부예산, 규제감독에 의해 좌지우지되는 교육, 방송통신, 보건의료, 건설·주택, R&D 분야도 정부가 핵심 선수(key player)이다. 정부 통제는 주로 보호, 육성, 진흥, 촉진, 계도와 범법행위 단속, 처벌을 명분으로 행해진다. 이는 사적 자치(공급자와 소비자 간의 자유로운 계약) 내지 경제주체들의 자율책임 하에 맡겨 둔 곳이 그만큼 협소하다는 것을 의미한다. 이는 국가(정치인, 직업관료, 전문가 등 권력자)의 요구이기도 하고, 사적 자치에 맡겨 놓으면 힘의 격차 등으로 인해 오히려 불리할 것이라고 생각하는 민간 경제주체들의 요구이기도 하다.

한국은행 '2018년 공공부문 계정(잠정)'(2019.9.4.)에 따르면, 공공부문(일반정부+공기업)의 GDP 대비 총수입 비중은 45.1퍼센트, 총지출 비중은 42.5퍼센트이다. 이 중 공기업(비금융공기업+금융공기업)의 수입과 지출 비중은 각각 11.2퍼센트, 11.4퍼센트이다. 이렇게 비대한 공기업을 가지고 있는 나라는 프랑스 외에는 없다.

한국은 중국 등 사회주의 국가만큼이나 공기업이 경제에서 차지하는 위상과 비중이 크다. 독점 업역을 가진 공기업의 헌법적 명칭은 국영기업이다.[10] 한국에서 공기업의 성격은 관치기업 내지 정치기업이라고 불러야 마땅하다. KBS, MBC 등 공영방송은 노영勞營방송 내지 정권방송이라 불러야 마땅하다. 지배구조에 공공성, 중립성이 들어갈 소지가 별로 없기 때문이다. 이름을 바로잡아야 그 성격이 분명히 드러난다. 공기업의 위상과 비중이 큰데 이를 관리운영하는 정치(시스템)와 관료의 품질이 저열하면, 시장생태계를 교란하여 많은 기회와 자원

---

10) 헌법 제89조 16항에는 "검찰총장·합동참모의장·각군 참모총장·국립대학교 총장·대사 기타 법률이 정한 공무원과 국영기업체 관리자의 임명"도 국무회의 심의 사항으로 되어 있다.

을 낭비하기 마련이다.

공정거래위원회의 기업집단포털(https://www.egroup.go.kr/egps/ps/io/kap/appnSttusList.do)은 대기업집단을 공시해 왔는데, 2016년까지는 민간기업과 공기업을 가리지 않았다. 그런데 2017년 5월부터는 기준을 바꿔 공기업들을 대기업집단에서 제외하였다. 그에 따라 2016년 4월에는 65개였던 대기업집단이 2017년 5월에는 31개로 줄었다. 2019년 5월 현재 총 59개인데, 공사들은 여전히 제외되고 대신에 하림, 카카오, 에이치디씨, 셀트리온, 넥슨, 넷마블, 애경, 다우키움 등이 새로이 포함되었다.

2016년 4월 공시에 따르면 자산 기준 서열은 1위 삼성, 2위 현대자동차, 3위 한국전력공사, 4위 한국토지주택공사, 10위 한국도로공사, 14위 한국가스공사, 20위 SH공사 순이었다. 뿐만 아니라 8위 포스코, 13위 농협(4대 금융지주회사의 하나), 17위 KT는 공기업은 아니지만, 정부가 변칙적 방식 — 주로 검찰의 표적 수사와 국세청의 표적 조사 등 — 으로 비자금, 뇌물수수, 납품비리 혐의로 경영진을 구속 혹은 자진 사퇴를 유도한다. 이들은 무늬만 민간기업이라고 보아야 한다. 수협과 4대 금융지주회사 등도 마찬가지다.

산업은행과 우리은행이 관리하는 부실기업들은 공기업은 아니지만, 정부의 영향력에서 자유로울 수 없다. 이들도 무늬만 민간기업인 것이다. 24위 대우조선해양과 36위 대우건설은 국책은행인 산업은행이 실질적으로 지배하는 기업이다.

OECD 국가 중에 프랑스를 제외하고는 이렇게 공기업의 위상과 경제적 비중이 큰 나라는 없다. 또 공기업이 고액 연봉, 철밥통, 느슨한 노동규율의 '신의 직장'이 된 나라는 단 하나도 없다. 주요 생산수단의 국유화를 추구하던 사회주의 전통이 강한 프랑스 공기업은 한국 공기업과 달리 시장경쟁의 한가운데 있어서 독과점 지대를 거의 누리지 않고, 그 지대를 임직원들이 나눠 갖지도 않는다. 프랑스 공기업은 한국과 전혀 다른 존재다. 시장 독점도 아니요, 철밥통도 아니요, 신의 직장도 아니다.

2016년 대기업 집단 지정 현황

(개, 10억 원)

순위	기업집단명	동일인	계열회사 수	자산총액 (공정자산)	비고 (필자 분류)
1	삼성	이건희	59	348,226	
2	현대자동차	정몽구	51	209,694	
3	한국전력공사	한국전력공사	27	208,286	공기업
4	한국토지주택공사	한국토지주택공사	5	170,022	공기업
5	에스케이	최태원	86	160,848	
6	엘지	구본무	67	105,849	
7	롯데	신격호	93	103,284	
8	포스코	(주)포스코	45	80,233	사실상 공기업
9	지에스	허창수	69	60,294	
10	한국도로공사	한국도로공사	3	57,656	공기업
11	한화	김승연	57	54,697	
12	현대중공업	정몽준	26	53,497	
13	농협	농업협동조합중앙회	45	50,104	사실상 공기업
14	한국가스공사	한국가스공사	4	40,532	공기업
15	한진	조양호	38	37,025	
16	두산	박용곤	25	32,383	
17	케이티	(주)케이티	40	31,315	사실상 공기업
18	신세계	이명희	34	29,165	
19	씨제이	이재현	62	24,763	
20	에스에이치공사	에스에이치공사	2	23,665	공기업
21	부영	이중근	18	20,434	
22	엘에스	구태회	45	20,230	
23	한국수자원공사	한국수자원공사	2	19,305	공기업
24	대우조선해양	대우조선해양(주)	14	19,227	산업은행 관리기업
25	대림	이준용	28	18,829	
26	한국철도공사	한국철도공사	9	18,411	공기업
27	한국석유공사	한국석유공사	2	17,466	공기업
28	금호아시아나	박삼구	24	15,246	
29	현대백화점	정지선	35	12,777	
30	현대	현정은	21	12,282	
31	오씨아이	이수영	22	11,590	
32	효성	조석래	45	11,546	
33	미래에셋	박현주	28	10,944	
34	에쓰-오일	에쓰-오일(주)	2	10,893	
35	인천도시공사	인천도시공사	3	10,773	공기업
36	대우건설	(주)대우건설	16	10,691	산업은행 관리기업
37	영풍	장형진	23	10,561	
38	하림	김홍국	58	9,910	

| 39 | 케이씨씨 | 정몽진 | 7 | 9,806 | |
| 40 | 케이티앤지 | (주)케이티앤지 | 10 | 9,649 | 사실상 공기업 |

　정치와 정부는 전력, 가스, 석탄 등 에너지산업 외에도, 규제와 예산을 통하여 국방, 교육, 방송통신, 보건의료, 건설·주택, R&D 분야에서도 핵심 행위자다. 그럼에도 문 정부는 국민연금 스튜어드십 코드를 도입하여 기업 경영 간섭에 나서고 있다.[11]

　전문가 14명으로 구성된 수탁자위는 2018년 12월 23일 1차 회의에서 격론 끝에 "주주권 행사 불가"를 결정했다. 복지부도 관련 보도자료를 냈다. 그런데 대통령이 "국민연금을 통해 대기업 대주주 탈·위법을 엄중 처벌해야 한다"고 한마디 하자, 박능후 장관은 사흘 뒤 국민연금 최고의결기구인 기금운용위원회를 열어 수탁자위의 결정을 뒤집고 '주주권 행사'를 의결했다.

　대주주들의 탈법에 국민연금이 적극적으로 주주권을 행사한다는 것은 전형적인 '짧은 생각의 긴 폭력'이다. 지금도 대주주 탈법이라면 검찰, 국세청, 공정위, 금융위 등이 나서서 처벌할 수 있다. 표적수사·조사 해서 탈탈 털면 그 누구든지 탈법 혐의를 수두룩하게 잡을 수 있다. 한 개인도 탈탈 털면 탈법행위 적발이 어렵지 않을 텐데 기업이라면 백 퍼센트다. 그래서 이미 권력이 전제권력이 되었는데, 거기다가 사법처리가 곤란한 부도덕이나 품위(막말 등)까지 시비하면 어떻게 되겠는가. 국민연금이 적극적으로 주주권을 행사한다는 것은 기업에 엄청난 공포이다. 필요하면 이사진 선임에 개입할 수도 있고, 기업의 다양한 전략(고용, 외주화 등)에 개입할 수도 있다는 얘기다.

　이렇게 되면 이미 상장된 기업들은 대주주의 경영권 방어를 위해 지분율을 올리기 위해 자사주 소각에 나선다. 2018년 11월 30일 기사

---

11) https://news.joins.com/article/23317303

12)를 보면 "삼성전자가 보유하고 있는 자기주식 5억 3만여 주(당시 시가로 22조 원어치)를 소각한다"고 되어 있다. 기사 제목이 말해 주듯이 "소각 비용을 신규투자에 쓰는 게 장기적으로 유리"하다. "기업이 자사주 매입하고 소각하면 유통되는 주식 수가 줄어든다. 자연스레 주가가 오르고 주주의 자산 증가 효과가 있다. 하지만 자사주를 매입하고 소각할 비용으로 신규 투자에 나서서 수익률을 올리는 것이 장기적으로 주가 상승에 더 효과적"이다. 삼성전자뿐만 아니다. 국민연금이 경영권을 흔들어 댈 수 있는 모든 기업들이 이런 행동을 하게 되어 있다.

더 큰 문제는 상장 안 된 기업들이다. 이들은 아예 상장 자체를 꺼릴 가능성이 크다. 원래 인간도 국가도 젊었을 때는 노동소득으로 살다가, 나이들면 재산(자본)소득으로 산다. 국내 주식시장은 재산소득을 국민 다수가 나눠 갖는 장치다. 이 장치가 약해서 소득 양극화가 심화되는 측면이 있다. 주식이 외국인에게 너무 많이 가 있고, 그나마 국내에서는 너무 소수가 들고 있기 때문이다. 그런데 문재인 정부는 기업의 상장 의지를 죽이고, 유통 주식수 자체를 줄인다. 결과적으로 국내 유휴자금을 부동산에 더 쏠리게 한다. 또, 국내에서 살 수 있는 좋은 주식이 없으면 해외 주식을 사게 되어 있다.

공기업의 핵심인 중앙정부 산하 공기업 30개는 대체로 국가주도 경제개발의 선봉에 섰던 산업자원부(상공부–동력자원부 후신), 국토교통부, 해양수산부 소속이다. 산업자원부 산하에는 에너지(가스, 석탄, 석유, 전력 등) 공기업 12개가 있고, 국토교통부 산하에는 도로, 철도, 공항, 수자원, 토지주택 등 사회 인프라 관련 공기업 9개, 해양수산부 산하에는 주로 항만 관련 공기업 5개가 있다. 하나같이 '단일' '공기업'으로 존재해야 하는지 의문이 드는 기업들이다.

공기업이 심각한 것은 하는 일에 비해 너무 높고 안정적인 고용임금

---

12) https://news.joins.com/article/23170054

으로 인해 청년인재와 기업가 정신의 블랙홀이 되는 것만이 아니다. 그 못지않게 심각한 것은 해당 산업생태계에 미치는 영향이다. 이들 공기업들은 에너지(전력, 가스, 석유, 석탄)산업, 도로건설산업, 철도산업, 공항·항만 건설·운영산업, 관광산업, 경마산업, 수자원 및 농어촌 개발산업, 상하수도 건설·운영산업 관련 생태계의 중심 기업이다.

상식적으로 산업화 초기가 아닌 이상, 독과점 공기업 형태로 관련 산업 생태계를 건강하게 유지할 수는 없는 법이다. 공기업의 비중과 업역으로 보면 중국이 훨씬 더하지만, 중국은 그래도 30여 개의 자치 정부 — 성省, 직할시, 자치주, 특별행정구역 — 차원에서 자율적으로 경영을 하기에, 어느 정도는 시장원리에 따라 규율된다. 하지만 한국은 다르다. 유럽의 한가운데 있으면서 유럽의 민간기업과 경쟁하는 프랑스 공기업도 다르다. 요컨대 한국의 공기업은 시장에 의해서도 규율되지 않고, 정부에 의해서도 규율되지 않는다. 사실상 붙박이 종업원이 주인이라고 해도 과언이 아니다. 문제는 이들이 기업별 노조로 조직되어, 보편이익(기업 횡단적인 근로조건의 표준 등)을 추구하는 것이 아니라 경영 자율화, 노사 자율화라는 이름으로 자신들의 특수이익, 즉 두터운 지대만 추구한다는 것이다.

5. 사라진 공기업 민영화 담론

한국에서 공공부문에 대한 논의의 상당 부분은 공공기관, 그 중에서도 공기업, 그것도 민영화와 관련된 것이다. 재계의 핵심적인 이해관계가 걸려 있기 때문이다. 사실 한국은 공기업 민영화를 통해 지금의 주력 산업·기업들이 태어났다고 해도 과언이 아니다.

1968년 한국기계(대우중공업), 해운공사, 조선공사(한진중공업) 민영화가 이뤄졌고, 1973년까지 인천중공업, 대한항공, 광업제련, 워커힐호텔 등이, 1981~84년에는 한일은행, 제일은행, 서울신탁은행, 조흥은행 등 4대 은행 민영화 등이 이뤄졌다. 하지만 민간기업이나 일반투자자들에게 공개적으로 지분을 매각했고, 산업자본의 은행 소유를 막기 위해 (산업자본의) 주식소유상한제를 실시하여 주인이 모호한 상태로 만들어 버렸기 때문에 정부가 계속 지배했다.

1987년에는 민영화추진위원회를 설치하여 25개 정부투자기관과 5개 정부출자기관을 포함, 모두 30개 기관을 민영화 대상으로 선정하였으나 실제 결과는 목표에 많이 못 미쳤다. 이는 이후 정부에서도 반복되었다. 김대중 정부는 공공개혁='작지만 효율적인 정부' 기치 하에 '규제개혁'과 '공기업 민영화'를 거세게 밀어붙였다. 총 108개 공기업에 대해 완전 민영화, 단계적 민영화, 통폐합 및 구조조정을 추진하였다. 강도 높은 인력 감축, 성과와 경쟁 원리의 강화를 병행하였다.

노무현 정부는 민영화보다는 공공기관 경영 합리화를 중점적으로 추진하였다. '공공기관 혁신; 지배구조 개선과 종합관리대책' 가이드라인을 제시하고, 정부 이전과 함께 인사개혁, 자율 및 책임경영체계 구축 등의 소프트웨어 개혁에 집중하였다. '공공기관의 운영에 관한 법률'(2007. 1. 19)을 제정하긴 했으나, 노무현 정부 들어 28개의 공공기관이 신설되었다. 경영 자율을 빌미로 공공기관 임금과 자회사도 크게 증가하였다. '공기업=신의 직장'이라는 인식도 참여정부 시기에 널리 확산되었다.

이명박 정부는 2009년까지 총 6차에 걸쳐 '공공기관 선진화 방안'을 발표했다. 그 주요 내용은 민영화, 통폐합, 기능조정, 경영효율화 등이었다. 1987년 이후 최강의 권력(행정권력과 입법권력)을 가진 이명박 정부에서도 민영화는 계획대로 추진되지 못하였다.

박근혜 정부는 공공기관 합리화, 정상화를 제창하였는데, 그 핵심은 부채감축과 자율적인 경영혁신, 점검체계 구축과 이를 위한 부채관리, 방만경영 개선, 정보공개 강화 등이었다. 박근혜 정부의 공공기관 합리화 정책은 공공기관 경영혁신 제고에 초점을 두었던 노무현 정부의 정책과 유사하게 되었다. 이제는 담대한 정부개혁 담론도, 민영화를 포함한 담대한 공기업 개혁도 사라졌다.

공무원의 조선 양반·아전화

정약용이 1818년에 쓴 『목민심서』의 요체는 자기 자신을 다스리는 것, 즉 '율기律己 6조'이다. 즉, 1) **칙궁飭躬**, 2) **청심淸心**, 3) **제가齊家**, 4) **병객屛客**, 5) **절용節用**, 6) **낙시樂施**이다. 청심·병객[13]·절용은 청렴·청탁거부·근검절약을 말한다.

"청렴은 수령의 본무本務로서 모든 선善의 원천이요 모든 덕德의 근본이다. 청렴하지 않고서 수령 노릇을 잘 할 수 있는 자는 없다."

"벼슬살이하는 데에 석 자의 오묘한 비결이 있으니, 첫째는 맑음[淸]이고, 둘째는 삼감[愼]이고, 셋째는 부지런함[勤]이다."

정약용이 두 번째로 강조하는 것은 '아전 단속'이다.

"백성은 토지로 논밭을 삼지만, 아전은 백성을 논밭으로 삼는다. 백성의 가죽을 벗기고 골수를 긁어내는 것을 농사짓는 일로 여기고, 머릿수를 모으고 마구 징수하는 것을 수확으로 삼는다. 이것이 습성이 되어서 당연한 짓으로 여기게 되었으니, 아전을 단속하지 않고서 백성

---

13) 지방 관청에 있는 책객册客·겸인傔人 등 객인客人과 외부로부터의 청탁을 물리침.

을 잘 다스릴 수 있는 자는 없다."

아전衙前[14]은 요즘 기준으로 보면 정부의 직업공무원과 공공기관 임직원들이고, 지방관은 정무직(고위직) 공무원과 주민들이라고 할 수 있다. 물론 토지는 국내외 시장이다. 조선 아전의 문제는 전적으로 지방관의 혼미, 무능, 탐욕에서 기인했다는 것은 길게 설명할 필요가 없다.

6. 베일에 싸인 공무원 수 및 인건비 규모

한국일보(2019. 3. 11)는 '2018년 공무원 보수 지침', 기획재정부 '재정통계', 인사혁신처 발표 자료, 공무원 보수규정 등을 통해 '공무원 인건비 실상'을 분석하여 다음과 같은 표제의 기사를 썼다.

> 아무도 모르는 공무원 총 인건비… 올해 168만명 80조원 추산
> 본보, 공무원 인건비 실상 최초 분석
> 기재부·인사혁신처, 집계 대상 제각각… "인건비 예산 공개 시급"[15]

한국일보 보도에 따르면 보도시점 현재 전체 공무원 연봉과 관련해 공개되는 자료는 기획재정부의 공무원 인건비 예산과 인사혁신처의 공무원 기본연봉(봉급표), 기준소득월액 등이 전부다. 여기에 대통령·국무총리·장관 등 정무직 공무원들의 기본연봉과 호봉제 공무원들의

---

14) 군수·현령 등 지방수령이 근무하는 정청正廳의 앞에 그들이 근무하는 청사가 있었기 때문에 생긴 이름.

15) http://www.hankookilbo.com/News/Read/201903101471797630

봉급표 정도만 공개되는 수준이라고 하였다. 기재부가 발표하는 인건비 예산은, 공무원 범위가 모호하고, 그나마 총액만 공개되고 봉급표는 직군별, 호봉별 기본급만 발표한다. 기준소득월액은 100만 명 내외의 공무원의 과세소득만 보여 준다. 민주공화국으로서는 이 자체가 부끄럽기 짝이 없는 코미디 내지 부조리라고 해도 과언이 아니다.

'e나라지표'가 공개한 공무원 인건비 규모는 다음과 같다.

연도	2009	2010	2011	2012	2013	2014	2015	2016	2017	2018	2019
인건비 (조 원)	24.0	24.1	25.4	26.5	27.7	28.9	30.7	32.1	33.4	35.7	37.1
증가율 (%)	2.7	0.5	5.3	4.1	4.8	4.3	6.2	4.6	4.0	6.8	3.8

http://www.index.go.kr/potal/main/EachDtlPageDetail.do?idx_cd=2739#quick_02

2019년 인건비는 전년 35조 7천억 원에서 3.8퍼센트 증가한 37조 1천억 원이다. 공무원 인건비 예산은 2011년 25조 4천억 원에서 8년 동안 연평균 4.87퍼센트씩 증가했다. 공무원의 포괄 범위를 설명하지는 않았다.

지표에 대한 설명은 다음과 같다.

■ **지표의 개념**

1. 공무원 인건비 규모

○ 정부지출에서 공무원 인건비로 지출되는 금액

○ 공무원 인건비 산정시 국가공무원법상 공무원(국립교원 포함), 법령에 근거한 기타직 인력(청원경찰, 위원회 상근직 등), 헌법기관(국회, 대법원 등), 군인(직업군인, 사병) 및 군무원 포함

■ **지표의 의의 및 활용도**

1. 공무원 인건비 규모

○ 공무원 인건비 규모 지표는 민간임금 접근률 등 공무원 처우개선에
관한 사항, 공무원 인력 증원 및 감축에 관한 사항을 논의시 기초가
되는 수치를 제공

공무원연금법 시행령에 따라 인사혁신처가 매년 4월 공개하는 공무
원 기준소득월액은 2018년 522만 원(연봉 환산 6,264만 원), 2019년 월
530만원(연봉 환산 6,360만 원)이었다.

공무원 전체 기준소득월액 평균

연도	적용기간	공무원 전체 기준소득월액 평균(원)	연봉 환산(원)
2010년	2010. 5. 1. ~ 2011. 4. 30.	3,730,000	44,760,000
2011년	2011. 5. 1. ~ 2012. 4. 30.	3,950,000	47,400,000
2012년	2012. 5. 1. ~ 2013. 4. 30.	4,150,000	49,800,000
2013년	2013. 5. 1. ~ 2014. 4. 30.	4,350,000	52,200,000
2014년	2014. 5. 1. ~ 2015. 4. 30.	4,470,000	53,640,000
2015년	2015. 5. 1. ~ 2016. 4. 30.	4,670,000	56,040,000
2016년	2016. 5. 1. ~ 2017. 4. 30.	4,910,000	58,920,000
2017년	2017. 5. 1. ~ 2018. 4. 30.	5,100,000	61,200,000
2018년	2018. 5. 1. ~ 2019. 4. 30.	5,220,000	62,640,000
2019년	2019. 5. 1. ~ 2020. 4. 30.	5,300,000	63,600,000

이는 정무직, 법관, 검사, 외교관, 교사, 경찰·소방, 일반직공무원
등을 포함한 전체 공무원 중 전년도 연간 계속 근무자(1.1~12. 31)를 대
상으로 산정한다. 신규채용자, 휴직자·복직자 등은 제외한다. 인사혁
신처 고시(제2019-6호, 2019. 5. 2 시행)에 따르면 2018년도 공무원 기준
소득월액은 522만 원이었는데, 신규채용자, 휴직자·복직자를 포함한
전체 재직 공무원(2018. 12. 31 현재)의 기준소득월액 평균은 4,815,009
원이고, 일반직 공무원의 평균액은 4,498,844원이다. 공무원 기준소
득월액 평균은 공무원연금 기여금과 연금과 (유족)보상금 등의 산정 기
준이 되는 금액으로, 일정 기간 재직하고 얻은 소득에서 비과세소득을

제외한 금액의 연지급 합계액을 12개월로 평균한 금액이다.[16] 개인과세소득을 모체로 하기에 1인당 100만 원 내외(2017년 기준 1조 2,457억원)의 복지포인트도 빠지고, 정부가 사용자로서 부담하는 연금액 등도 빠진다. 기준소득월액은 애초부터 공무원 평균보수를 산정하기 위한 용도가 아니기 때문이다.

문제는 한국에서 공무원 평균 보수를 산정하는 별도 규정이나 법이 없다는 사실이다. 2015년 12월 31일 기준 '빅데이터 분석을 통해 본 대한민국 공무원' 통계에서, 공무원 102만 6천 명 보수의 평균값을 도출한 적이 있다. 당시 평균연령은 42.2세, 재직기간 15.7년, 월평균 초과근무시간 25.1시간, 세전 연봉은 5,892만 원이었다. 이는 2016년 기준소득월액 연봉환산값과 동일하다. 하지만 이 역시 복지포인트와 공무원연금 부담금 등 실제 고용주(정부) 부담이 빠져 있다. 뿐만 아니라 공간, 책상, PC, 생수, 냉난방, 통신 등 수많은 간접경비도 빠져 있다.

빅데이터 분석을 통해 본 대한민국 평균 공무원

공무원수	평균연령	평균연봉	평균 재직기간	월평균 초과근무	평균자녀	최연소/ 최고령
1,026,201명 *남자 568,661명 *여자 457,540명	42.2세	5892만원	15.7년	25.1시간	2명	18/81세

한국일보는 기사에서 공무원 숫자 및 구성과 인건비 예산 등을 그림으로 요약하였다.

---

16) 전년(2017년)도 개인과세소득에서 개인별 3개 수당 연간지급액을 빼고, 직종·직급별 3개 수당(성과급여, 초과근무수당, 연가보상비) 평균액을 더한 후, 12개월로 나누고 처우개선율(2.6%)을 더한 것이다(전년도 개인과세소득−개인별 3개 수당 연간지급액+직종·직급별 3개 수당 평균액)×(1+보수인상률)/12.

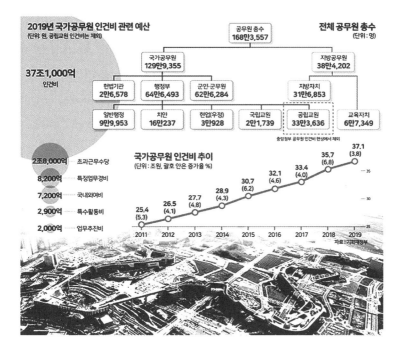

2019년 국가공무원 인건비 관련 예산
(단위: 원, 공립교원 인건비는 제외)

37조 1,000억
인건비

- 2조 8,000억 — 초과근무수당
- 8,200억 — 특정업무경비
- 7,200억 — 국내외여비
- 2,900억 — 특수활동비
- 2,000억 — 업무추진비

공무원 총수
168만 3,557

전체 공무원 총수
(단위: 명)

국가공무원 129만 9,355
지방공무원 38만 4,202

- 헌법기관 2만 6,578
- 행정부 64만 6,493
- 군인·군무원 62만 6,284
- 지방자치 31만 6,853

- 일반행정 9만 9,953
- 치안 16만 237
- 현업(우정) 3만 928
- 국립교원 2만 1,739
- 공립교원 33만 3,636
- 교육자치 6만 7,349

중앙정부 공무원 인건비 편성에서 제외

국가공무원 인건비 추이
(단위: 조원, 괄호 안은 증가율 %)

- 2011: 25.4 (5.3)
- 2012: 26.5 (4.1)
- 2013: 27.7 (4.8)
- 2014: 28.9 (4.3)
- 2015: 30.7 (6.2)
- 2016: 32.1 (4.6)
- 2017: 33.4 (4.0)
- 2018: 35.7 (6.8)
- 2019: 37.1 (3.8)

자료: 기획재정부

공무원 기준소득월액을 연봉으로 환산(6,264만 원)한 뒤, 인사혁신처가 공개한 2017년 공무원 수(약 106만 명)를 곱하여 66조 원을 산출하고, 초과근무수당, 특수활동비(특활비), 특정업무경비, 국내외 여비 등을 합하여 공무원 총 인건비를 대략 80조 원 정도로 추정하였다. 하지만 공무원 총수는 106만 명을 훨씬 상회한다.

공무원 평균 기준소득월액이 447만 원(연 5,364만 원)이던 시절 나라살림연구소(소장 정창수)의 '2015년 서울시 자치구 예산안 분석'(2014. 12. 8)에 따르면, 서울시 25개 자치구 공무원 2만 9,047명의 총액 기준(세전) 인건비는 1조 9,701억 5,600만 원으로, 1인당 7,034만 6천 원이다. 이는 보수와 직급보조비, 성과상여금 및 포상금, 연금부담금(개인통장에 찍히지 않는다)이 포함된 수치다. 여기에 공무원 복지포인트와 급량비 등을 합하면 1인당 평균 수령액은 7,437만 원이다. 출장 공무원들에게 안전행정부 지침에 따라 지급하는 월 15만~20만 원을 합치면 1인당 현금성 지원금액은 7,700만 원에 달한다. 이는 당시 기준소득월액의 144퍼센트에 해당한다. 그런데 이 밖에도 콘도와 휴양소 등 지원으로 공무원 한 명에 배정된 예산 평균 12만 9천 원이 따로 있다.

2018년 기준소득월액을 연봉으로 환산하면 6,264만 원이기에, 이 비율(144%)을 그대로 적용하면 1인당 현금성 지급 금액은 대략 9천만 원이 된다. 여기에 공무원 및 군인연금 적자보전금 3조~4조 원(2012년 이후)을 얹고, 공간, 책상, PC, 생수, 냉난방, 통신 등 간접경비 등을 포함하면 1인당 노동비용은 1억 원을 훨씬 상회할 것으로 추정된다.

한국납세자연맹(회장 김선택)은 2017년 공무원 기준소득월액 평균액 510만 원을 기준으로 계산한 평균연봉 6,120만 원에다, 공식 수당 외 복리후생적 비용, 공적연금, 사회보험료, 기본경비 등을 합쳐서 공무원 1인 유지비용이 연평균 1억 799만 원(월 900만 원)이라고 발표했다. 평균근속연수 28년을 곱하면 공무원 1인당 거의 30억 원이 든다. 그 상세 내역은 다음과 같다.

공무원 1명 유지에 필요한 세금

구분	항목	평균액(월)	평균액(연)	평생비용 (28년 근속)	비율 (%)	비고
현금급여	평균기준소득월액	5,100,000	61,200,000	1,713,600,000	56.7	과세분
	복리후생적 급여	211,704	2,540,448	71,132,544	2.4	식대(비과세분), 복지포인트, 콘도이용 등 휴양지원
	퇴직수당 (퇴직금)	165,750	1,989,000	55,692,000	1.8	20년 이상 재직시 기준소득월액의 39%
	공적연금	2,514,898	30,178,774	845,005,680	27.9	연금부담금(국가부담분), 연금적자보전분, 유족연금부담분
	소계	7,992,352	95,908,222	2,685,430,224	88.8	
기타	사회보험료	165,685	1,988,223	55,670,237	1.8	재해보상부담금, 건강보험료, 노인장기보험료
	기본경비 (간접비)	841,500	10,098,000	282,744,000	9.4	행자부의 기본경비비율 16.5% 적용
	소계	1,007,185	12,086,223	338,414,237	11.2	
총계		8,999,537	107,994,445	3,023,844,461	100	

한국납세자연맹은 2017년 기준소득월액과 공무원연금 및 복지포

인트를 포함한 공무원의 실질연봉은 8,853만 원으로 연말정산을 하는 전체 근로자의 상위 7퍼센트에 해당한다고 밝혔다. 공공기관의 경우 중앙정부 산하 314개 공공기관의 정규직 평균연봉은 6,253만 원으로 2014년 공무원 평균기준소득 5,364만 원보다 900만 원가량 높았다. 6,253만 원은 2014년 연말정산을 한 근로자 1,668만 명 중 상위 13퍼센트(2,030,292등)이고, 근로소득자 중간연봉인 2,225만 원의 2.8배, 평균연봉 3,172만 원의 2배에 해당되는 금액이다. 한국산업은행(8,975만 원)과 중소기업은행(8,650만 원)이 상위 5퍼센트, 한국석유유공사(8,116만 원), 한국가스공사(7,843만 원), 한국전력공사(7,454만 원)는 각각 상위 6퍼센트, 7퍼센트, 8퍼센트에 들었다.

인사혁신처가 매 5년마다 발표하는 공무원총조사에 따르면 2018년 공무원 현원은 106만 8,629명이다. 정원은 106만 5,581명(2018. 6. 30 기준)이고, 국정원, 경호처, 군인·군무원, 정무직, 한시임기제·외국인, 국회 별정직은 현원에서 제외된다.

공무원 현원에 군인 및 군무원 62만 6,284명을 합치면 한국일보가 추정한 공무원 총수(168만 3,557명)에 근접한다. 하지만 공공부문 일자리 통계(128만 3천 명)와는 여전히 상당한 차이가 있다.

한편 공무원 총조사에서 응답 대상 인원 102만 1,932명 중 실제 응답한 행정부 공무원 95만 6,096명을 대상으로 분석한 결과 평균연령은 2018년 현재 만 43.0세, 임용 후 평균 재직기간은 16.2년이었다. 평균연령은 일본의 '일반행정직원' 14만 93명의 평균연령 43.5세와 비슷하지만, 근속기간은 일본이 평균 6년가량 더 길다.

행정부 공무원(956,096명) 평균연령

구 분	2003년	2008년	2013년	2018년
평균연령	40.5세	41.1세	43.2세	43.0세

일본 일반행정직원의 평균급여월액은 41만 940엔이었다. 2015년 일본의 1인당 명목소득은 월 34만 5,979엔이기에 일반행정직원의 평균급여월액은 1인당 명목소득의 1.19배에 불과하다. 한국으로 치면 2015년 기준 3,658만 원(1인당 명목소득 3,074만 원)에 해당한다. 그런데 실제 한국의 2015년 공무원 평균 기준소득월액을 연봉으로 환산한 금액은 5,604만 원이었다.

7. 공무원의 과잉 고학력

공무원 학력은 한국이 단연 일본에 앞선다. 한국 공무원은 고졸 이하 10.8퍼센트, 전문대졸은 13.2퍼센트에 불과하지만, 일본은 고졸 이하가 29.9퍼센트, 단과대 졸업이 12.7퍼세트다.

행정부 공무원(956,096명) 평균학력

(명, %)

구분	합계	대학원 이상		대졸		전문대졸		고졸이하	
		인원(명)	비율	인원	비율	인원	비율	인원	비율
2013년	887,191	194,026	21.9	429,416	48.4	122,799	13.8	140,950	15.9
2018년 계	956,096	208,161	21.8	518,348	54.2	126,418	13.2	103,169	10.8
국 가	153,276	25,353	16.5	80,719	52.7	21,791	14.2	25,413	16.6
경찰·소방	168,715	6,902	4.1	74,409	44.1	52,543	31.1	34,861	20.7
교육	319,634	145,424	45.5	174,190	54.5	19	0.0	1	0.0
지방	314,471	30,482	9.7	189,030	60.1	52,065	16.6	42,894	13.6

일본 공무원(일반행정직원) 최종학력 추이(1998~2018. 4)

	대졸이상	초급대졸	고졸	중졸
헤이세이 30(2018) (약 14만 명)	57.4	12.7	29.9	0.0%
헤이세이 20(2008) (약 16만 3천 명)	49.1	12.7	36.2	0.1
헤이세이 10(1998) (약 22만 5천 명)	36.1	12.4	50.9	0.7

문제는 높은 학력이 높은 품질의 공공서비스를 담보하는 것이 아니라는 사실이다. 이는 과잉 고학력이라고 보아야 한다.

8. 예산·기금과 재정건전성

2018년 기준 국가(중앙정부) 채무(708조 원)는 GDP(1조 7,823억 원)의 40퍼센트 내외이고, 공기업 부채(555조 원 추정)는 30퍼센트 내외이다.[17] 하지만 '2018회계연도 국가결산' 보고서에 따르면 국가부채에 포함되는 공무원·군인연금 충당부채가 939조 원이다. 이를 감안하면 한국의 재정건전성은 결코 좋다고 할 수가 없다.

한국은 식량과 에너지를 자급하지 못한다. 원화는 엔·유로·파운드·위안화 같은 국제결제통화도 아니다. 반면에 엄청나게 개방된 주식·금융 시장을 운영하고 있고, 무엇보다도 재정건전성을 급속히 악화시킬 요인들(인구구조, 국민연금, 공무원연금, 사회복지 지출 등)이 줄을 서 있다. 하지만 우리의 주력산업은 반도체 하나만 빼놓고 중국의 거센 추격과 추월에 노출되어 있다. 그럼에도 불구하고 공무원 관련 노동비용조차 파악하지 못할 정도로 공무원 같은 힘센 이익집단의 지대추구 행위에 무력하다. 설상가상으로 정치와 사회 전반이 분식과 먹튀(부담 떠넘기기) 성향이 강하기에, 재정건전성에 관한 한 비상벨이 켜졌다고 보아야 한다.

윤희숙 KDI 국제정책대학원 교수의 지적을 인용해 본다.

---

17) 물론 공기업 부채는 국가부채에 포함되지 않지만, 공기업 경영 상황은 좋을 때는 몰라도 나쁠 때는 공기업 임직원이 책임지는 것이 아니라 국가=국민이 책임지게 되어 있기에 국가부채와 무관하지 않다.

근래 10여 년은 (재정의 지속가능성에 관한 한) 가히 무계획의 시대라 할만하다. 새로운 제도를 도입할 때는 마치 5년 만 존재할 국가처럼 임기 내 지출 소요만 제시할 뿐 그것이 급속한 고령화 속에서 재정에 어떤 영향을 주게 될지는 발표조차 하지 않는다. 좀 더 근본적으로 장기적인 재정 관리 목표와 그에 비춘 점검이 없다. 수치화된 관리 목표가 존재하지 않으니 대규모 지출이 영구적으로 발생하는 제도를 도입하는 것이 새틸처럼 자유롭다. 선거 때마다 대형 공약이 속출하고 바로 다음해 예산으로 직행한다. 주요 제도들 역시 바닥이 보이기 시작한 지 오래인데도 대안은 없다. 국민연금은 설계부터 지속 가능성과 거리가 멀었지만 부담을 후세대에 미루기만 하는 구조가 지속될 뿐 아니라 연금을 더 받게 해준다는 약속까지 덧입혀지고 있다. 건강보험은 작년 지출 증가율이 10%가 넘었고, 향후 불과 10년 안에 법정 보험료 한계를 넘어설 것으로 예측되는 등 적신호가 번쩍거리는데도 지출 관리 계획조차 존재하지 않는다. 경제협력개발기구(OECD) 국가 중 이렇게 재정 전반이나 대표적 복지제도에 대해 중장기 재정 관리 목표가 사실상 전무한 나라는 찾기 어렵다. 짧은 기간에 재정운영 모범국에서 후진국으로 바뀐 것이다.[18]

예산의 효과와 효율성만큼 심각한 문제는 별로 없다. 항목 하나하나를 뜯어봐도 그렇고, 예산에 대한 일반적인 인식('먼저 먹는 게 임자')을 봐도, 예산을 편성하고 평가·감독하는 거버넌스를 봐도 그렇다. 예산 관련 최고의 거버넌스인 국회 및 정당은 지역구 예산(특히 1퍼센트도 안 되는 쪽지예산)에만 혈안이고 예산 전반에 대한 관심이 별로 없다. 예산의 큰 틀을 흔들 안목도 없고, 세부 항목을 따질 디테일도 없다.

---

18) 조선일보 2017. 1. 27. http://news.chosun.com/site/data/html_dir/2017/11/26/2017112601633.html

국회 예산정책처가 펴낸 '2019 대한민국 재정'(2019.3)에 따르면 2019년 중앙정부의 총수입은 476.1조 원으로 2018년 추경(447.7조 원) 대비 28.4조원(6.3%) 증가하였는데, 예산수입(국세 294.8조 원+ 세외수입 26.6조 원) 321.4조 원, 기금수입은 154.7조 원으로 계획되었다. 총지출은 469.6조 원으로 2018년 추경(432.7조 원) 대비 36.9조 원(8.5%) 증가하였는데, 일반회계 279.1조 원, 특별회계 49.8조 원 등 예산이 328.9조 원이며, 기금이 140.7조 원이다. 2019년도 총지출 469.6조 원을 16대 분야별로 살펴보면 사회복지(고용 포함) 148.9조 원, 일반·지방행정 76.6조 원, 교육 70.6조 원, 국방 45.3조 원 순이다. 2014~2019년 연평균 지출 증가율을 살펴보면 사회복지(고용 포함) 8.9퍼센트, 교육 6.9퍼센트, 일반·지방행정 6.0퍼센트, 문화 및 관광 6.0퍼센트로 총지출 증가율(5.7%) 보다 높게 나타났다. 반면, 교통및물류−△3.7퍼센트, 국토 및 지역개발 △3.1퍼센트, 예비비 △3.2퍼센트, 통신 △0.2퍼센트로 감소하고 있는 추세다.

소관 부처별 총지출 규모(2019년 기준, 예산+기금)는 교육부 74.9조 원, 보건복지부 72.5조 원, 행정안전부 55.7조 원, 국토교통부 43.2조 원, 국방부 33.1조 원, 고용노동부 26.7조 원 순이다.

16대 분야별 재원(본예산 기준) 배분 추이

(단위: 조원, %)

분야 \ 연도	2014	2015	2016	2017	2018	2019	연평균 증가율
1. 일반·지방행정	57.2	58.0	59.5	63.3	69.0	76.6	6.0
2. 공공질서 및 안전	15.8	16.9	17.5	18.1	19.1	20.1	5.0
3. 통일·외교	4.2	4.5	4.7	4.6	4.7	5.1	3.7
4. 국방	34.7	36.7	37.8	39.0	41.8	45.3	5.5
5. 교육	50.7	52.9	53.2	57.4	64.2	70.6	6.9
6. 문화 및 관광	5.4	6.1	6.6	6.9	6.5	7.2	6.0
7. 환경	6.5	6.8	6.9		6.9	7.4	2.8
8. 사회복지	97.2	105.3	112.9	119.1	133.8	148.9	8.9

9. 보건	9.2	10.4	10.5	10.4	10.9	12.1	5.6
10. 농림수산	18.7	19.3	19.4	19.6	19.7	20.0	1.3
11. 산업·중소기업 및 에너지	15.4	16.4	16.3	16.0	16.3	18.7	4.1
12. 교통 및 물류	18.9	20.3	19.8	18.6	15.3	15.7	△3.7
13. 통신	7.4	7.6	7.5	7.0	7.0	7.3	△0.2
14. 국토 및 지역개발	4.8	4.5	3.9	3.5	3.7	4.1	△3.1
15. 과학기술	6.1	6.6	6.8	7.0	7.1	7.3	3.8
16. 예비비	3.5	3.0	3.2	3.0	3.0	3.0	△3.2
총지출	355.8	375.4	386.4	400.5	428.8	469.6	5.7

자료: 2019 대한민국 재정(국회예산정책처), 94쪽

사회복지·고용··보건 예산(161.0조 원)은 대체로 개인에게 직접 가거나, 의료기관이나 복지시설(어린이집 등) 등을 경유해서 가기에 대체로 사람들이 그 효능을 피부로 느낀다. 따라서 시시비비를 하는 사람도 많고 자칫 끊어지거나 줄어들면 '대란'이 일어난다. SOC(교통 및 물류+국토 및 지역개발) 예산 19.8조 원도 이용자들이 그 효능 내지 효과를 피부로 느낀다. 텅 빈 공항, 한산한 도로, 인적이 드문 공공건물, 비싼 이용료와 너무 높은 최소수익보장 등(수익형 민자사업Build Transfer Operate, 임대형 민자사업Build Transfer Lease). 그래서 2014~19년 기간에 매년 3퍼센트 이상 감소하고 있는지도 모른다. 그럼에도 불구하고 아직은 민간사업자들의 배만 과도하게 불리는 등 여전히 누수가 적지 않다고 알려져 있다.

그런데 나머지 예산들은 대체로, '마피아'적 관계를 맺고 있는 관료와 업자와 전문가 외에는 시비할 사람이 별로 없다. 효능이랄까 비용대비 편익을 국민들이 피부로 느끼기 힘들기 때문이다. 일반·지방행정 76.6조 원은 공무원의 과도한 임금, 연금, 복지에 소요되는데 시비하는 사람이 거의 없다. 국방예산 45.3조 원과 R&D예산 20.5조 원[19]

---

19) 과학기술 예산 7.3조 원+ 교육, 보건 등 타분야 예산을 합산한 금액. 2019 대한민국 재정, 93쪽, 12대 분야별 재원

은 시시비비를 할 수 있는 지식, 정보 자체가 거의 특수이익집단(마피아)화된 사회관계망에게 독점되어 있다. 예컨대 국방예산(2019년 정부안 기준 46.7조 원)은 병력운영비(18.8조 원), 전력유지비(12.5조 원), 방위력개선비(15.4조 원)로 대별한다.[20]

병력운영비(급여 13.7조 원, 연금기금전출금 등 2.9조 원, 급식 및 피복 2.2조 원)는 병력 규모와 처우 등에 대해 상식을 가지고 시비할 수 있다. 그래서인지 총예산이 전년 대비 3.6퍼센트 증가하는 와중에 국방예산 전체는 무려 5.2퍼센트(8,100억 원) 증가하였다. 특히 사병 봉급(상병 기준)은 2015년 15만 4,800원에서 2016년 17만 8천 원으로, 2017년에는 19만 5천 원으로 매년 10~15퍼센트씩 폭발적으로 증가하고 있다. 지난 2012년 이후 거의 2배는 오른 듯하다. 15.4조 원 규모의 방위력 개선비는 항공기 5.1조 원, 유도무기 2.7조 원, 함정 2.26조 원, 기동화력 2.2조 원 등이 계상되어 있는데 이는 가성비(가격 대비 성능)를 따질 수 있어야 하고, 이를 위해서는 군사 전략 전술과 무기의 가성비 등을 알아야 한다. 하지만 이와 관련된 지식은 사관학교 동문인 군 고위장교 출신 외에는 알기 어렵다. 사실 상식으로 시비할 수 있는 병력 운영비조차도 병력을 먹고 입히는 수많은 물품을 구매해야 한다. 그런데 이 역시 상명하복에 수많은 사항들이 기밀로 취급되는 병영 내에서 일어난다. 구조적으로 비리가 생기지 않을 수 없게 되어 있다. '맨주먹 붉은 피로' 비리와 싸운 김영수 중령 같은 영웅 몇 명으로 해결하기 힘든 구조적 문제다. 하물며 공공성과 전문성을 가진 전문가가 가성비를 면밀히 따져야 하는 방위력 개선비야 말할 필요가 없다. 근본적으로 서울 북방 44킬로미터 거리에 있는 북한이 핵무장을 한 마당에 이 엄청난 돈의 효용을 근본에서 재검토할 필요성이 있다.

양상훈 조선일보 논설주간 얘기다.

---

20) 연합뉴스 2018.8 https://www.yna.co.kr/view/AKR20180827139700014

북은 경제력 열세로 남한과 군비 경쟁을 할 수 없다는 솔직하고 현실적인 판단을 내리고 비대칭 전력에 올인했다. 돈이 많이 드는 공군과 기갑부대 등 전통적 군사력 투자를 사실상 멈추고 핵미사일 개발과 우리 수도권을 겨냥한 전술 포병에 투자를 집중했다. 그 결과 20년 만에 남북 군사력 균형을 일거에 무너뜨리는 대성공을 거뒀다.

한국 군부는 북의 이런 전면적인 전략 변경을 뻔히 보고도 낡고 고루한 사고방식에 안주하다가 20년이란 시간과 수천억 달러에 이르는 전력 증강비를 낭비했다. 북의 비대칭 전력에 국가 방위력 전체가 무력화한 지금 이 순간에도 우리 장군들 사이에서 처절한 반성과 혁명적 발상 전환에 대한 논의는 싹도 보이지 않고 있다. 북은 한국 군부의 이 매너리즘을 이용해 남한의 국방비가 엉뚱한 곳에 계속 들어가게 만드는 전략적 기만에도 성공했다. 이제 우리는 이 사실을 알아도 방향을 틀기도 어렵다. 수많은 방위산업체의 이해관계와 계약 관계뿐만이 아니다. 장군들의 머릿속에 들어 있는 '국방 예산 쉽게 더 많이 타먹기 궁리'가 정말 고질이기 때문이다. 이들이 때만 되면 "비행기도 북이 많고 탱크도 북이 많고…" 하면서 북의 낡은 재래식 전력을 뻥튀기하고 있다.[21]

국방 예산만 그런 것이 아니지만, 상명하복 조직에 온갖 것이 기밀 취급되고 전문가들의 대부분이 학연과 선후배로 얽힌 상황에서 국방 예산의 효율성과 효과성은 연목구어다. 당연히 현실을 알고, 정의감이 살아 있는 사람들의 원성과 한탄이 홍수처럼 흐르고 있다. 하지만 좀체 개선될 기미가 없다.

한편 중·고교 교실에서 학생들 절반이 엎드려 자는 현실을 생각하면

---

21) 조선일보 2016. 2. 11. http://news.chosun.com/site/data/html_dir/2016/02/10/2016021002128.html

2019년 교육예산 70.6조 원도 투입(비용) 대비 산출(편익)이 가장 낮은 예산의 하나이다. 농림수산 예산 20.0조 원과 산업(중소기업) 및 에너지 예산 18.8조 원도 헛돈질로 악명이 높다. 그럼에도 불구하고 이 예산을 편성, 운용, 평가, 감독하는 거버넌스에는 소비자(학생, 학부모, 가난한 농민 등)의 안목, 이해와 요구를 대변할 사람이 별로 없다. 예산의 목적, 의도와 실제 효용을 엄격히 평가하는 구조가 없다. 다른 예산도 다 마찬가지겠지만. 그리고 산업(중소기업) 예산과 R&D 예산의 상당 부분은 정부가 산업과 기술의 육성, 촉진자로 기능하던 산업화 시대의 유물일 가능성이 높다.

지방재정을 2018년 당초 예산[22] 통합재정지출[23] 기준으로 살펴보면 일반재정은 209조 3,430억 원, 교육재정 66조 2,216억 원으로, 2018년 국가재정(본예산 총지출 기준 428조 8,339억 원)과 지방재정(일반), 지방재정(교육)의 규모를 비교하면 60.9 : 29.7 : 9.4이다. 총 재정 사용액은 중앙정부가 279조 2,437억 원, 지방자치단체 일반재정은 207조 5,503억 원, 지방교육재정 68조 5,441억 원으로 50.3 : 37.4 : 12.3의 비율이다. 2018년 순계 기준 지방정부의 세입을 살펴보면, 자체수입 100.6조 원(지방세 77.9조 원+세외수입 22.7조 원)과 중앙정부에서 내려 보내주는 예산(이전수입) 85.9조 원(지방교부세 37.9조 원, 국고보조금 48.0조 원)이다(『2019 대한민국 재정』, 35쪽).

---

22) 전년도에 지방의회에서 심의·확정한 예산. 본예산(기금운용 계획안 포함)과 같은 의미.
23) 통합재정지출(순계)=일반회계 지출+특별회계 지출+기금지출−보전지출(지방채 상환, 지난 연도 이월금 등)

2018년 재원별 세입예산 규모

(단위: 억 원, %)

구분		2016	2017		2018	증감	
		최종예산	당초(A)	최종	당초(B)	B-A	(B-A)/A
자체 수입	지방세	689,207	711,891	750,239	779,140	67,249	9.4
	세외수입	262,006	223,362	258,111	226,917	3,555	1.6
	소계	951,213	935,253	1,008,350	1,006,057	70,804	7.6
이전 수입	지방교부세	373,103	337,384	433,792	378,699	41,315	12.2
	보조금	451,085	440,673	467,874	480,061	39,388	8.9
	소계	824,187	778,057	901,666	858,760	80,703	10.4
보전수입 등 및 내부거래		331,843	195,465	345,484	222,062	26,597	13.6
지방채		40,573	22,757	24,176	19,905	△2,852	△12.5
합계		2,147,816	1,931,532	2,279,676	2,106,784	175,252	9.1

자료: 행정안전부(2018. 4), 「지방자치단체 통합재정개요」,
「2019 대한민국 재정」, 38쪽에서 재인용

2018년 당초 예산 기준 지방자치단체 세출예산은 총210조 6,784억 원으로, 사회복지 57조 1,293억 원(27.1%), SOC 32조 4,694억 원(15.4%), 인력운영비[24] 27조 9,434억 원(13.3%) 등이다. 일반회계 166조 5,021억 원으로 79.0퍼센트이고, 특별회계가 44조 1,763억 원으로 21.0퍼센트이다.(「2019 대한민국 재정」, 38쪽)

예산의 절반 이상을 집행하는 지방자치단체의 경우 거버넌스 문제가 여간 심각하지 않다. 무엇보다도 지방정치가 중앙정치(정당)의 식민지처럼 되어 있다. 중앙정치와 마찬가지로 지자체장도 지방 발전 비전, 전략, 실력으로 선택받지 않는다. 머리는 구조적으로 텅 비게 되어 있는데, 권능(인사권, 예산권)은 거의 소황제급이다. 그런데 지방의회도, 지방정부 감사기구도, 지방 언론도, 지방 시민단체도 이를 효과적으로 견제, 감시할 수 없다. 지식과 소명과 용기를 가진 사람도 거

---

24) 보수, 기타직보수, 무기계약직보수, 직급보조비, 성과상여금, 연금지급금, 국민건강보험금 등을 합한 액수이다.

의 없고, 권능은 확실히 없기 때문이다. 이런 구조에서 지방예산이 합리적으로 운용될 거라고 생각할 수가 없다.

전체적으로 한국의 예산구조는 개인이 직접적 수혜자가 되는 '개인예산'(인건비, 복지비 등)은 상대적으로 적지만, 기업(이익집단)이나 기관, 대학 등이 직접적 수혜자가 되는 예산이 많다. 복지나 교육 예산 중에도 많고(어린이집, 유치원 원장에게 가는 예산), 국방, R&D, 건설토목 관련 예산은 거의 대부분이다. 각종 진흥·육성 예산도 많다. 이것이 국가의 시장(기업)과 사회(공동체)와 전문가 집단에 대한 관료 지배력의 원천 중의 하나다. 하지만 국회나 지방의회나 언론 등에 의한 감시, 통제가 매우 허술하다.

예산의 집행자인 관료에 대한 내부감사 시스템도 매우 부실하다. 그래서 (꼭 부정부패를 하지 않는다 하더라도) 이권을 주무르거나 승진이 잘되는 보직에 공무원들은 목을 매게 되어 있다. 한편 승진 인사는 해고나 감봉·강등이 사실상 없기에, 일단 승진을 하면 임금과 연금이 높은 트랙을 탄다. 이 또한 인사권자(대통령과 지자체장)의 관료 지배력의 원천이다. 국회의원의 경우 전체 예산에 비해 조족지혈이지만 생색내기 좋은 '쪽지예산'에 관심이 집중되어 있다. 결국 예산은 국리민복 중심이 아니라, '부처에 이롭고 공무원에 복된' 부리공복部利公福 중심으로 짜이게 되어 있다.

재정은 예산과 기금(2016년 기준 총 64개, 총지출 115.3조 원, 총수입 133.6조 원, 운용규모 504.7조 원)으로 대별된다. 그 핵심인 국민연금은 본질적으로 당장의 생산과 소비에 쓰일 수도 있는 돈이 역삼각형 모양의 인구구조로 인해(후세대의 충격을 완화하기 위해) 2040년대 초반까지 국가의 수중에 과잉적립된다. 국민연금이 고래라면 한국 시장은 연못이나 다름없기에, 국민연금은 수익성과 안정성을 좇아 해외투자를 할 수밖에 없다. 본질적으로 남 좋은 일만 시키는 것이라고 할 수 있다.

또한 수익성과 안정성을 좇는 한 국채와 대기업 주식에 집중적으로 투자할 수밖에 없다.

하지만 이런 투자 포트폴리오가 국민경제의 관점에서 정당한지는 의문이다. 그나마 연금 지출이 폭발적으로 늘어나서 국민연금 자산을 처분할 때 이 가격이 유지될지도 의문이다. 게다가 우리의 조선, 철강, 석유화학, 해운 등 대부분의 주력산업이 휘청대는 마당에 대기업 주식 가격조차도 유지될지, 나중에 환금성이 있을지도 의문이다. 그런 점에서 2040년대 초반까지 적립을 하는 구조 자체를 근본적으로 재검토해야 한다는 것은 분명하다.

제3장
노조, 1987년 이후 억압과 약탈의 선봉대

1. 문재인 대통령의 노동 및 노조관

문재인 대통령은 후보 시절인 2017년 1월 15 조선일보 인터뷰에서 대기업 노조 문제에 대해 이렇게 말했다.

- 비정규직 문제를 해결하기 위해 귀족 노조, 정규직 노조가 양보해야 한다는 주장도 있는데.

"그 사람들이 양보하면 어떻게 되는데요? 그러면 비정규직 봉급이 올라가나? 그렇게 하고도 막대한 사내 유보금을 쌓아두는데 사내 유보금은 어디다 쓰나? 우선 비정규직 문제를 해결하려면 정규직, 비정규직의 격차를 해소해야 한다. 그런 가운데 일자리 나누기 이런 것을 하려면 노동 시간 단축도 필요하고 노동 시간 단축하면 연장 노동이 줄어들면서 생기는 인건비 문제는 어떻게 할 것인지 하는 문제도 있는데, 이러한 부분에서 노동 쪽에서도 고통을 분담해야 한다. 노사정이 함께 고통을 분담해 나가야 한다."

- 대기업 노조 등 노동 개혁에 대해서는 어떻게 생각하나.

"맞는 말이긴 한데 균형이 없다고 생각한다. 우리나라 노조 조직률이 10%다. 그 가운데 방금 말한 대기업 노조가 얼마나 될 것이며 그 가운데 일자리 대물림 하는 대상이 얼마나 되겠나. 그런 점은 노조에서도 바로잡아야 될 문제이고 고임금 소득자들이 파업을 계속 반복한다는 것은 바람직하지 않다. 그러나 그런 현상이 우리 경제를 어렵게 만든다는 것은 극히 일부다. 오히려 전체적으로 공정하지 못하다. 아직은 노동자들의 권익이 열악하다. 전체를 균형있게 봐야한다. 아직도 수없이 많은 노동자들이 제대로 보호받지 못하고 정리해고 당하고 정년이 60세로 돼있지만 평균 퇴직 연령이 52세다. 법적 정년도 제대로 못채우고 직장에서 밀려나는 현실인데 말하자면 극히 일부의 노동자들이 누리고 있는 점을 내세워 오히려 '노조가 문제야' 하는 건 문제가 있다고 본다."

문재인 정부 국정운영 계획(2017. 7. 19)에는 문 정부의 노동 및 노조관이 적시되어 있다. 100대 국정과제 중 63번 '노동존중 사회 실현(고용부)'에 집약되어 있는데 그 내용은 다음과 같다.

63. 노동존중 사회 실현(고용부)

□ 과제목표

○ 노동기본권 신장 및 취약근로자 권리 보장을 위해 노사정 사회적 대화를 통한 노사관계 법·제도 개선

○ 임금체불, 부당해고, 직장내 괴롭힘 등으로부터 근로자 권익 구제 강화

□ 주요내용

○ (노동존중) 노사정 사회적 대화로 노동존중 사회 기본계획 수립('18년)

○ (노동기본권 신장을 위한 법·제도 개선) '17년에 2대 지침 폐지, 공공기관 성과연봉제 관련 조치 폐기, 위법·불합리한 단체협약 시정지도 등 개선

    − 고용형태 다양화 등 새롭게 제기되는 수요를 반영하고 취약근로자의 노동권 보호를 위해 '18년부터 노사관계 법·제도 개선 추진

○ (ILO 핵심협약 비준) 강제노동에 관한 제29호 및 제105호 협약, 결사의 자유 및 단결권·단체교섭권 보호에 관한 제87호 및 제98호 협약 비준 추진

○ (근로자 이해대변제도의 확충) '18년부터 근로자 대표제도 기능 강화, 중소·영세 미조직 노동자 권익 보호를 위한 지원체계 구축

○ (체불·부당해고 구제) 체불근로자 생계보호 강화 및 체불사업주 제재 강화, 부당해고 구제절차 개선(~'18년)

○ (청년 일자리 기본권) 학교 노동인권교육 활성화, '18년에 직장 내 괴롭힘으로부터 근로자 보호를 위한 종합대책 마련·시행

□ 기대효과

○ 노동기본권 및 취약근로자 권리가 보장되고, 근로자의 생계 및 인격침해 행태 근절

국정과제 12번 '사회적 가치 실현을 선도하는 공공기관(기재부)'에는 "'18년부터 공공기관 감사 독립성 강화 및 노동이사제 도입"을 적시했다.

문재인 정부는 성과연봉제와 공공기관 노조에 대한 2대 지침(2016년 1월 도입)을 2017년 9월 폐기하였다. 성과연봉제는 박근혜 정부가 공공

부문 비효율을 개선하기 위해 추진한 것이고, 2대 지침은 현저한 저성과자에 대한 일정한 교육 후에도 성과가 나지 않을 때 해고가 가능하도록 하는 등의 해고 기준을 규정한 '공정인사지침'과 노조나 근로자 과반수의 동의가 없더라도 사회통념상 합리성이 있다면 취업규칙 변경이 가능하도록 기준을 완화한 '취업규칙 해석 및 운영지침'을 말한다. 당연히 대선 기간 내내 대·공기업 노조의 기득권을 어느 정도 양보해야 한다는 발언은 일체 하지 않았다. 한편 노동이사제는 박원순 서울시장에 의해 서울시 산하 공공기관에서 이미 실행하고 있다.

문재인 정부는 '노동기본권 신장'과 '취약근로자 권리 보장'이 현실에서 충돌하고 있다는 사실을 보지 못한다. '노사정 사회적 대화' 기구(경제사회노동위원회)에서 '노'의 대표가 사실상 근로자의 최상층이자 자신들의 특수이익만 고집하는 '노조'라는 사실을 모르거나 외면하고 있다. 뿐만 아니라 노동권과 재산권(경제적 자유)이 상충한다는 사실도, 공공기관의 노동권과 납세자이자 소비자인 대다수 국민의 권리가 상충한다는 사실도 모르거나 외면한다. 처지와 조건이 천차만별인 자본과 노동을 하나의 균질적인 집단으로 뭉뚱그리니 200만 명을 상회하는 노조원의 권리·이익과 나머지 근로자와 국민들의 권리·이익이 상충될 수도 있다는 개념이 없다. 권리에 따르는 책임, 의무, 부담은 전혀 생각하지 않고, 권리는 많으면 많을수록, 높으면 높을수록 좋다고 생각하는 것처럼 보인다.

2. 한국 노동조합의 민낯

고용노동부가 발표한 '2018년 전국 노동조합 조직현황'(2019. 12.

25)에 따르면, 2018년 말 기준 전체 조합원 수는 233만 1천 명으로 2017년 208만 8천 명에서 24만 3천 명 증가하였다. 노동조합 조직률은 1989년 19.8퍼센트를 정점으로 경향적으로 하락하여 2010년 9.8퍼센트까지 하락하였으나, 2011년 복수노조 허용을 계기로 상승하여 2012년~2016년까지 10.3퍼센트를 유지하다가 2017년 말 10.7퍼센트(조직대상 19,565천 명), 2018년 말 11.8퍼센트(조직대상 19,732천 명)로 늘어났다. 조직대상은 임금 노동자 수에서 노조 가입이 금지되는 공무원(5급 이상, 군인·경찰 등)과 일부 교원(교장, 교감 등)을 제외한 수치다.

상급단체별 조직현황을 보면 2018년 말 기준 민주노총 41.5퍼센트(968천 명), 한국노총 40.0퍼센트(93만 3천 명), 공공노총 1.5퍼센트(3만 5천 명), 전국노총 0.9퍼센트(2만 2천 명) 순이며 상급단체에 소속되지 않은 노동조합(미가맹)은 16.1퍼센트(37만 4천 명)를 차지했다. 2017년 말까지만 해도 한국노총 41.8퍼센트(87만 2천 명), 민주노총 34.0퍼센트(71만 1천 명), 전국노총 1.6퍼센트(3만 2천 명), 공공노총 1.2퍼센트(2만 5천 명), 상급단체에 소속되지 않은 노동조합(미가맹)이 21.4퍼센트(44만 6천 명)였다. 불과 1년 사이에 민주노총 조합원이 무려 36.1퍼센트(71만 1천 명 → 96만 8천 명)나 늘어났다. 반면에 미가맹 노조는 44만 6천 명에서 37만 4천 명으로 큰 폭으로 줄었다. 문재인 정부 하에서 민주노총의 성격과 위상을 짐작할 수있다. 민주노총 홈페이지(2020년 1월)는 2019년 4월 기준 조합원 수를 101만 4,845명이라고 공시했다.

한편 2018년 말 기준 조직률을 보면 민간부문 9.7퍼센트, 공공부문 68.4퍼센트(공공기관 경영정보 공개시스템, 361개)이다.

부문별 노조조직률 추이(2014~18)

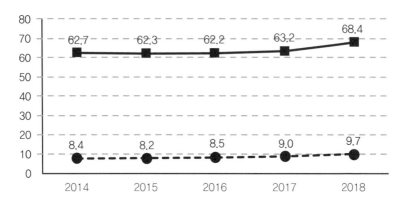

민간부문은 무한경쟁 상황에 놓인 중소기업 노동조합은 거의 없다. 처음부터 그랬던 것은 아니고, 1989년 이후 근 30년이 흐르면서 회사가 폐업이나 해외 이전 등으로 없어지거나, 노조가 없어지거나 하여 그리 된 것이다. 이는 민주노총의 전신인 전노협의 주력 노조들의 현주소(대부분 폐업으로 소멸)를 보면 알 수 있다. 그래서 살아남은 노조는 대부분 현대기아차 같은 독과점·대기업이나 국가독점 공공기관(철도, 지하철, 전력, 가스, 건보공단, 국민연금공단 등)이거나, 은행, 증권, 방송, 통신, 병원 같은 규제산업 등에 뿌리를 박고 있다. 이들은 예외 없이 소비자나 협력업체에 대해 갑질을 통해 초과이윤(렌트)을 확보할 수 있는 존재들이다.

한국의 노동조합이 사회적 약자의 무기가 아니라 강자의 무기라는 것을 보여 주는 증거 중의 하나는 사업체 규모별 노조 조직률이다. 300명 이상 기업은 50.6퍼센트, 100~299명 10.8퍼센트, 30~99명 2.2퍼센트, 30명 미만 0.1퍼센트이다.

기업 규모별 노동조합 조직 현황(2018년 말 기준)

구 분	30명 미만	30~99명	100~299명	300명 이상
임금노동자 수(명)	11,753,000	3,891,000	2,008,000	2,494,000
조합원 수(명)	12,846	87,500	216,781	1,261,634
조직률(%)	0.1	2.2	10.8	50.6

2017년 말과 비교하면 불과 1년 사이에 30명 미만 규모 기업의 조합원 수는 2만 6,909명에서 1만 2,846명으로, 30~99명 규모의 조합원 수는 13만 6,537명에서 8만 7,500명으로, 100~299명 규모는 30만 7,146명에서 21만 6,781명으로, 300명 이상은 141만 3,654명에서 126만 1,634명으로 줄었다. 그럼에도 불구하고 조합원 수와 조직률이 늘어난 것은 공공부문 때문이다.

기업 규모별 노동조합 조직 현황(2017년 말 기준)

구 분	30명 미만	30~99명	100~299명	300명 이상
임금근로자 수(명)	11,568,000	3,927,000	2,057,000	2,466,000
조합원 수(명)	26,909	136,537	307,146	1,413,654
조직률(%)	0.2	3.5	14.9	57.3

한편 조합원 수별로 노동조합 조직 현황을 보면, 조합원 수 300명 이상 노동조합은 전체 노동조합 수의 13.7퍼센트(793개소)이지만, 조합원 수는 87.5퍼센트(204만 297명)를 차지한다. 반면에 조합원 수 100명 미만 노동조합은 전체 노동조합 수의 68.0퍼센트(3,948개소)이지만, 조합원 수는 5.0퍼센트(11만 5,442명)에 불과하다.

노동조합 규모별 노동조합 조직 현황(2018년 말 기준)

구분	30명 미만	30~99	100~299	300명 이상	총 계
노조수* (비율)	2,392 (41.2)	1,556 (26.8)	1,061 (18.3)	793 (13.7)	5,802 (100)
조합원수 (비율)	27,313 (1.2)	88,129 (3.8)	175,893 (7.5)	2,040,297 (87.5)	2,331,632 (100)

한국 노동조합은 조직 형태는 초기업일지라도 전교조를 제외하면 대부분의 노조(지부나 지회)들의 연대의식이나 우리(공동체) 의식은 기업 울타리를 넘어서지 못한다. 전교조가 예외적인 존재가 된 것은 교원의 임금, 복지, 연금 등의 재원은 사실상 세금(지방교육재정)이라서 학교(재단) 재정 형편에 따라 교원의 근로조건이 다르지 않고, 이를 정부(교육부)와 교섭을 통해 정하기 때문이다. 하지만 전교조를 제외한 다른 노조는 기업의 형편(수익성)과 노조의 힘(교섭력)에 따라 근로조건이 천차만별이다. 하는 일이 거의 같아도 처우(임금 등)는 천차만별인 것이다.

1987년 이후 30년 이상 한국 노동조합 운동을 주도해 온 민주노총 조직과 그 모태가 되는 산업·기업과 시장구조를 보면, 완전경쟁시장에서 살아가는 존재들은 별로 없다. 2018년 말 기준 민주노총의 조직 현황을 보면, 전교조(조합원 5만 10명)와 전국공무원노조(전공노, 9만 5,948명)는 국가 예산으로 급여를 받는 존재들이다. 전국공공운수노조연맹(20만 8,910명)의 주력은 한국철도(코레일), 도시철도(지하철), 건강보험공단, 국민연금관리공단, 가스공사 등인데, 기본적으로 국가 규제로 독점적 업역을 보장받는 존재들이다. 은행이 주축인 전국금융산업노조(한국노총 소속), 증권보험사가 주축인 전국사무금융노조(6만 8,921명), 대형병원이 주축인 전국보건의료산업노조(6만 6,288명) 등은 국가 규제로 사업자 자격, 행위, 상품, 가격 등을 통제받는 존재들이다. 조합원 17만 6,343명의 전국금속노조의 경우 현대자동차, 기아자동차, 한국GM, 만도 등 완성차 회사 및 부품사와 조선회사, 철강회사 등이 주력인데, 국제적으로는 무한경쟁을 하지만 국내적으로는 협력업체에 대해 압도적 우위에 있는 슈퍼갑들이다. 민주노총이 좀 심하긴 하지만 한국노총, 국민노총, 미가맹 노조의 성분도 그리 다르지 않다.

민주노총 조직 현황 및 주요 회사 및 산업의 성격

가맹조직	노조수 (지부/지회)	조합원 현황(2018년 12월 말 현재) 전체	여성	비정규직	평균연령	전임(상근)간부 수	확대간부 (단위대의원 포함)수	성격
전국건설산업노동조합연맹	노조 4 (지부 91)	142,283	531	135,743	44.5	257	512	주요 건설사, 플랜트, 타워크레인 등
전국공공운수노동조합	지부 225	208,910	63,172	84,384	–	–	–	공공(철도, 지하철, 건보공단, 가스공사 등)
전국공무원노동조합	본부 19 (지부 219)	95,948	39,000	0	42.4	227	2,353	공공(학교)
전국교수노동조합	지부 13	401	–	0	–	–	–	
전국금속노동조합	지부 20 (지회 333)	176,343	10,094	13,857	44.4	249	5,732	글로벌과점&국내독과점 (완성차/부품사,조선 등)
전국대학노동조합	본부 16 (지부 135)	8,024	–	–	–	45	186	공공(학교)
전국민주일반노동조합연맹	노조 17	34,797	8,373	24,357	48	119	1,759	
전국보건의료산업노동조합	본부 11 (지부 174) (지회 5)	66,288	51,359	3,877	–	300	2,500	규제산업
한국비정규교수노동조합	분회 10	1,846	–	1,846	–	3	116	
전국사무금융노동조합연맹		68,921	–	–	–	–	–	규제산업(농협, 축협, 증권사, 보험사, krx 등)
전국서비스노동조합연맹	노조 84	81,947	66,165	56,323	41.5	285	2,228	호텔, 백화점, 대형마트
전국언론노동조합	지부 147	14,460	4,537	625	–	–	–	
전국여성노동조합연맹		2,953	2,230	2,527	–	6	27	
전국교직원노동조합	지부 17 (지회 252) (분회 9,964)	50,010	34,649	30	46.1	76	1,871	공공(학교)
전국정보경제서비스노동조합연맹	노조 22	5,438	2,188	0	42	30.5	342	
전국민주화학섬유노동조합연맹		28,614	3,864	918	40.1	172	3,143	
총계		987,183	286,162	324,487	43.6	1,770	20,769	

요컨대 현재 한국 노조, 특히 민주노총의 주된 조직 기반은 소비자나 협력업체나 국민세금을 털어 지불능력을 얼마든지 만들어 낼 수 있는 산업 및 기업들이다. 이들은 시장(경쟁)으로부터 오는 충격을 얼마든지 아래로, 소비자에게로 전가할 수 있다. 슈퍼갑(공공기관), 갑(대기업), 독과점기업, 규제산업 들이기 때문이다.

3. 노동시장 이중구조의 주범, 노동조합과 공공부문 근로자

노조의 실제 역할과 기능만큼 한국에서 큰 착각과 무지와 사기가 횡행하는 경우는 없다. 이 역시 실체와 관념(인상), 실물과 이론의 괴리의 기념비다.

대부분의 선진국에서는 노동조합과 공공부문은 임금소득 격차(양극화)를 억제하는 역할을 하지만 한국에서는 완전히 반대다. 노동 3권의 대전제는 노조가 산업적, 계급적 연대성을 발휘하여 사회적 약자를 보호하고 사회 양극화를 완화하는 기능을 한다는 것인데, 한국 노동조합은 이 대전제가 성립하지 않는다.

이인제 의원실에 따르면 100인 이상 사업장 소속 민주노총 조합원의 2014년 월평균 임금은 423만 원, 한국노총 조합원은 374만 원, 무노조는 286만 원, 전체 평균은 341만 원이다. 가장 높은 집단은 공무원 노조들이 대종인 상급단체 미가입 노조로 408만 원이었다. $$여기 자료가 낡았음

상급단체 소속별 월평균임금(100인 이상 사업장 기준)

상급단체	민주노총	한국노총	상급단체 미가입	무노조	전체 평균
평균임금(만 원/월)	423	374	408	286	341

자료: 매일경제(2015. 12. 13. '일자리 나누기·임금피크제 "NO"…
노동자 위의 노동자'), 이인제 의원실

한국에서 정규직-비정규직, 원청(갑)-하청(을), 생산자-소비자 등으로 구성된 산업·업종 노동자 및 이해관계자 전체의 지속가능한 공생(균형) 발전을 의식하는 노조는 어디에도 없다. 노조의 철학, 가치, 조직형태 상 불가능하다. 원청, 대기업, 정규직의 경우 계급, 산업, 업종 차원의 연대 없이도 원하는 것을 거의 따낼 수 있기 때문이다. 오히려 연대를 하여 산업·업종 차원의 직무에 따른 근로조건 표준을 만들

면 수익성과 단결투쟁력이 좋은 자신들의 요구를 많이 접어야 하기 때문이다.

2015년 12월 31일 기준 '빅데이터 분석을 통해 본 대한민국 공무원' 102만 6천 명의 평균은 연령 42.2세, 재직기간 15.7년, 월평균 초과근무시간 25.1시간, 세전 연봉은 5,892만 원이다. 이는 2016년 4월 27일 관보에 게시된 공무원[25] 전체의 기준소득월액 평균액(491만 원)을 연봉으로 환산한 금액과 같다. 2019년(2019. 5. 1. ~ 2020. 4.30) 이 금액은 월 530만원(연 6,360만원)으로 올랐다. 하지만 여기에는 복지포인트와 공무원연금 부담금 등 실제 고용주(정부) 부담액이 빠져 있다. 점용 공간, 책상, PC, 생수, 냉난방, 통신, 피복비, 식대(일부) 등 수많은 간접 경비도 빠져 있다.

일본 인사원 자료에 따르면 일본의 국가공무원은 58만 3천 명, 지방공무원은 274만 5천 명이다. 국가공무원은 일반직 28만 5천, 특별직 29만 8천 명으로 구성되어 있고, '공무원급여법' 적용 대상은 일반직이다. 일반행정직, 외교관, 세무서 직원, 형무관(교도소 직원), 해상보안관, 의사, 간호사 등이 그 대상이다. 일본 '공무원급여법'에는 공무원 급여를 정하는 기준과 원칙이 있는데, 비교 대상 기업 규모는 50인 미만 36.9퍼센트, 50인 이상 63.1퍼센트이고, 여기에다가 역할(직급), 근무 지역, 연령, 학력을 고려한다. 따라서 공무원 급여의 기준인 민간기업 임금이 전년에 비해 떨어지면 공무원 임금도 자동으로 떨어지게 되어 있다.

2016년(平成 28) 4월 1일 기준 공무원급여법 적용 대상 인원은 25만 3,624명인데, 평균연령 43.3세(평균경력 21.7년), 평균급여는 41만 7,394엔(연봉 500만 8,728엔)이다. 2015년 12월 31일 기준 '빅데이터 분석을

---

25) 산정 대상은 2016년 1년 동안 휴직하지 않고 계속해서 근무한 공무원 95만 5천여 명 대상. 여기에는 성과상여금, 직무성과금, 시간외근무수당, 야간근무수당, 휴일근무수당, 연가보상비 등이 모두 포함되며, 복지포인트 등은 제외했다.

통해 본 대한민국 공무원' 102만 6천 명과 비교하면, 일본이 평균연령
은 1.1세가 많고, 평균근속연수는 6.0년이 길지만 연봉은 한국의 87퍼
센트에 불과하다(100엔=1,023원 기준).

일본은 행정직 1급과 공안직 2급은 평균에 근접하고, 교육직과 연구
직은 평균보다 다소 높다. 의료직 1급(의사)은 평균의 거의 2배 수준인
데, 의료직 2급·3급과 복지직은 35만 엔 내외다. 의사가 대부분인 의
료직 1급은 83만 6,386엔(평균연령 51.1세, 평균경력 24.3년), 간호사 등
이 대종인 2급은 35만 2,319엔(평균연령 45.5세, 평균경력 20.4년)이다. 환
율을 감안하면 일본 국가공무원 평균연봉은 5,124만 원이다. 일본 후
생노동성이 공시한 근로자 평균임금은 월 30만 4천 엔(42.2세, 11.9년)
으로, 남성 33만 5,200엔(43.0세, 13.3년), 여성 24만 4,600엔(40.7세, 9.3
년)이다. 일본 국가공무원의 급여 수준은 근로자 평균임금의 137퍼센
트에 불과하다. 나이는 한 살 많고, 근속기간은 거의 10년이나 긴데도
그렇다.

일본 국가공무원 직별 평균 봉급(2016)

	직원수 (명)	평균연령 (세)	평균근속 연수(연)	평균급여 월액(엔)
전봉급표	253,624	43.3	21.7	417,394
행정직봉급표(一)	140,786	43.6	22	410,984
행정직봉급표(二)	2,876	50.4	29.8	329,358
전문행정직봉급표	7,594	42	19.7	442,036
세무직봉급표	50,925	43.3	22.2	442,569
공안직봉급표(一)	22,082	41.3	20	371,411
공안직봉급표(二)	22,652	41.1	19.5	406,808
해사직봉급표(一)	178	45.2	23.6	469,676
해사직봉급표(二)	295	41.9	23	385,710
교육직봉급표(一)	80	45.9	21.8	471,916
교육직봉급표(二)	82	48.5	24.2	459,780
연구직봉급표	1,419	45.9	22.5	557,131
의료직봉급표(一)	532	51.1	24.3	836,386
의료직봉급표(二)	458	45.5	20.4	352,319
의료직봉급표(三)	1,787	46.9	21.7	346,820
복지직봉급표	243	42.4	18.5	379,832

2016년 OECD 연평균임금(Average Annual Wages)통계에서 일본과 한국을 비교하면 일본의 평균임금은 연 424만 5,380엔, 한국은 3,378만 1,368원이기에 한국 공무원의 보수 수준은 평균임금의 1.81배, 일본은 1.18배다. 원-엔 환율을 적용하면 일본 연평균임금은 4,343만 237원으로 한국의 1.29배다.

OECD 주요국 평균임금(2000~16)

연도\국가	2000	2005	2010	2015	2016 (USD PPPs)
한국(원)	18,253,432	24,776,472	29,534,332	33,093,096	33,781,368 (32,399)
일본(엔)	4,628,234	4,387,981	4,234,061	4,212,685	4,245,380 (39,113)
프랑스(유로)	25,465	29,828	33,887	36,315	36,809 (42,992)
독일(유로)	28,013	30,499	32,818	37,575	38,302 (46,389)

2017년 4월 IMF가 발표한 1인당 GDP(2016년)도 일본이 3만 8,282달러, 한국이 2만 9,115달러로 일본이 1.31배다. 그럼에도 불구하고 일본의 공무원 평균임금은 한국의 87퍼센트에 불과한 것이다. 이 차이는 공무원 보수 기준에서 온다.

일본의 공무원연금도 한국에 비해 많지 않다. 윤석명의 '일본 공무원연금 운영 현황과 시사점'(한국행정학회 기획세미나 자료, 2015)에 따르면, 2012년 기준 일본 민간 근로자연금인 '후생연금'의 월평균연금액은 16만 1천 엔이고, 국가공무원 공제연금 평균액은 월 21만 4천 엔이다. 그런데 공적연금 일원화 조치로 인해 2015년 10월부터 국가공무원 공제연금이 일반 국민대상의 후생연금 월평균액인 16만 1천 엔(2012년 가치)으로 같아진다. 그런데 한국은 2016년 말 기준 1인당 공무원연금 평균은 241만 9천 원이고, 2020년에는 20년 이상 재직한 공무원연금 월평균이 284만 원(2014년 10월 국정감사 자료)에 달할 것으로 예상되었다. 보험료 부담 수준은 일본보다 낮고 1인당 국민소득은 일본의 67퍼센트에 불과한데도 그렇다.

한국에서 왜 공공부문이 최고 선망의 직장인지, 왜 공무원 총정원제 같은 규제로 인력 팽창을 억눌러야 하는지, 왜 소방직 등 일부 직무는 사람이 없어서 격무에 시달리고 필요한 예산 지원도 잘 안 되는지, 왜 공공부문의 잉여인력이 정리되지 않는지, 왜 직무급이 필요한지, 왜 중향평준화가 필요한지는 공무원 보수 수준과 체계가 말해 준다. 그와 반대로 왜 20년 제로성장에도 불구하고 일본 사회가 해체되지 않는지, 왜 일본에는 고시·공시 열풍이 불지 않는지 등은 공무원급여법이 말해 준다.

이렇듯 한국의 노조도 공무원도 공공기관 임직원들도 산업·업종 차원의 근로조건 표준(노동시장의 공정가격)을 설정한다는 개념 자체가 없다. 노조의 조직 형태가 초기업이라 하더라도 기본 철학, 가치는 기업별 노조 시절과 조금도 달라지지 않았다. 즉, 지불능력과 교섭력이 허용하는 한 '신의 직장'을 만드는 것이다. 노조는 슈퍼갑 혹은 갑 기업 사용자와 담합하거나, 이들을 겁박하여 전후방 가치생산 사슬(협력업체, 비정규직, 사무기술직, 소비자, 미래세대 등)이 가져가야 할 잉여를 과도하게 빨아들여 가치 생산 생태계를 피폐하게 만드는 데 일조하였다. 결과적으로 양극화의 완화가 아니라 촉진자처럼 되었다.

유럽에서 노조는 기본적으로 사회적 약자와 특정 산업·업종 근로자의 보편적 권리·이익을 옹호하는 조직이다. 그런데 한국에서는 전혀 아니다. 하는 일에 비해 훨씬 높은 권리이익을 누리는 사회적 강자들의 이해와 요구를 대변하는 조직일 뿐이다. 하는 일(직무성과)과 받는 처우의 조응 개념도 없고, 산업 차원의 동일가치노동 동일임금(공정시장가격) 개념도 없고, 가치생산 생태계의 조화로운 발전 개념도 없거나 거부한다. 따라서 한국 국회와 유럽 주요국 의회 사이에 한강이 흐른다면, 한국 노조와 유럽 노조 사이에는 황해바다가 가로놓여 있다고 할 정도로 그 간극이 크다. 이는 유럽 사람들과 한국 사람들의 심성이나 사상이 달라서가 아니다. 노동관계법과 노사문화가 노조로 하여금 기업을 넘어서서, 노동자의 보편적 권리이익을 의식할 필요가 없도록 만들어 버린 것이다.

4. 노조운동의 사상·이념적 지체

동서고금을 막론하고 노조운동은 근로조건 유지 개선(부가가치의 분배구조 개선)을 목표로 한다. 그런데 한국 노조운동은 식민지 시대에 발아했고, 일제가 노조 탄압의 전면에 나섰기 때문에 일제와 맞서 싸우는 독립운동의 일환이었다. 이는 좌파 지식인 운동가들이 자신의 이념을 투사한 (전 세계적 차원에서 진행된) 사회주의 운동이기도 하였기에, 파시즘에 경도된 일제의 탄압은 더 가혹했다. 일제, 미군정, 이승만, 박정희, 전두환 정권 시절에는 노동운동에 공권력이 깊숙이 개입하여 자주 노-정 대결구도가 형성되었다.

1960~80년대 박정희·전두환 정부는 단위기업의 노사분규에 깊숙이 개입해 들어왔다. 동시에 산업 차원의 연대를 파괴하기 위해 노력했다. 그 때문에 정부(권력)의 부당한 억압, 간섭을 반대하고 단위기업에서라도 분배구조를 개선하는 것이 한국 노조운동의 핵심 가치로 되었다. 그래서인지 노동시간 단축 운동이나 3자개입 금지조항 철폐 등 노동관계법 개정운동도 있었지만, 산업 차원의 근로조건 표준 정립이 화두가 된 적은 거의 없었다. 한국 노조운동의 기본 철학과 가치는 자

본과 권력의 착취와 억압에 맞서 싸우면서, 짓밟힌 노동인권과 '빼앗긴 내 권리'를 찾는 것이 되었다.

한편 한국 노조운동의 핵심 근거지인 대공장은 못 배우고 가난하여 약자의식이 가득한 수많은 미숙련·반숙련 노동을 대거 결집하였다. '노동자는 가진 것 없고, 배운 것 없다'는 약자의식이 현실적 근거가 있었던 것이다. 그런데 유럽 노조운동은 노동의 상층에 해당하는 숙련 근로자(장인)들의 공제조합으로 시작했기에 사회의 중상층이라는 의식이 있었다. 최소한 농민과 미숙련 근로자보다는 지성과 덕성이 훨씬 낫다는 자의식이 있었다. 그런데 한국 노조운동을 주도한 제조업 대공장 노동자들은 사회적 약자의식을 갖고 있다 보니, 자신의 권리 이익의 확장 외에는 다른 가치는 고민하지 않게 되었다. 즉, 자신의 권리 이익의 지속가능성(세대간 균형)이나 노동-자본, 갑-을 간의 권리 이익의 충돌과 조화 문제가 고민 대상에서 빠져 버렸다고 해도 과언이 아니다. 물론 공동체의 지속가능한 발전에 대한 고민 부재 등은 노조만의 문제라기보다는 한국의 정치, 관료, 전문직, 좌우파 지식인 등이 공통적으로 안고 있는 문제이긴 하다.

어쨌든 '단결하면 힘 생기고, 투쟁하면 쟁취한다', '잔업 특근을 밥 먹듯 하더라도 기회가 생길 때 많이 벌어서 자식에게만은 공장노동을 시키지 않겠다'는 의식이 노동현장에 뿌리를 내렸다. 물론 최근 들어서는 '하는 일에 비해 엄청 높은 처우를 누리는' 좋은 일자리를 어떡하든 자식에게 물려주려고 한다.

요컨대 수공업(장인) 길드 조직과 자유방임주의 단계를 거친 유럽과 달리 한국 노조는 공장 안에서 생겨났다. 평균적 의식은 공장의 담벼락을 뛰어넘기 힘들었다. 사인(私人) 관계인 노사간의 자율교섭, 공정가격(직무에 따른 근로조건의 표준)과 실력주의(예컨대 직무직능급)가 내면화되지 않았다. 노사간 합리적인 잉여 나눔의 경험도 부재하고, 시장

원리가 아닌 힘에 의한 약탈과 쟁취로 임금과 복지 수준이 정해지면서, 노동을 업고 있는 존재인 자본(기업과 산업)과 시장의 처지 및 동력학에 대한 고민과 이해는 완전히 백안시 되었다.

1987년 이후 점진적으로 정부가 노사갈등 현장에서 물러나면서, 대기업과 공공부문에서는 노조의 힘이 압도적으로 우세해졌다. 특히 사업장 점거 파업이 관행화되고(공안 차원에서 파업 대오가 공장 밖으로 나오지 못하게 한 데도 원인이 있다), 파업시 대체인력 투입을 엄격히 금지하였기 때문이다. 정부와 사용자들은 불법파업에 대한 업무방해죄 고소·고발이나 민사상 손해배상 등을 무기로 사용하였으나, 대기업에서는 먹혀들지 않았다. 결과적으로 노조는 공무원과 더불어 1987년 이후 반독재 민주화 투쟁과 정치적 교착 체제의 최대 수혜자가 되었다.

지식인 노동운동가와 좌파 지식인들이 노동운동에 투사한 이념은 애초부터 낡았을 뿐만 아니라, 노동현장에 제대로 침투되지도 않았다. 새로운 생산관계, 새로운 국가, 새로운 문명을 만든다는 19세기 유럽 노동운동의 지적 전통도 거의 스며들지 않았다. 그럼에도 불구하고 여기에 대한 성찰 반성도, 새로운 모색도 없다. 이 징표 중의 하나가 한국 주요 노조들의 강령이다. 이는 한국 노조운동의 이념적, 정서적 지체의 기념비다.

전국금속노동조합 선언

우리 금속노동자는 생산의 주역으로서 금속산업 발전과 사회발전에 이바지해왔으며, 또한 자본주의 착취와 억압구조, 외세에 맞서 한국 노동운동의 선봉에 서서 투쟁해왔다. (…) 우리 금속노동자는 예속과 차별, 빈곤의 확산을 가져오는 신자유주의 자본의 세계화에 맞서 (…) 투쟁할 것이며 (…)

전국금속노조 강령

(평등사회) 우리는 **초국적 자본과 독점자본에 대한 규제를 강화**하고, 다수의 빈곤을 기반으로 소수의 부를 보장하는 정치, 경제, 사회구조를 개혁하고 **평등사회건설**을 위해 투쟁한다.

(정치세력화) 우리는 노동자 중심의 정치세력화가 중요함을 인식하고, **노동자·민중의 정당 강화를 통해 노동자·민중 정권 창출**을 위해 투쟁한다.

(국제연대) 우리는 전세계 노동자와 연대하여 국가간 예속과 불평등, 그 어떤 명분의 전쟁에도 반대하며, **신자유주의 타파**를 위해 투쟁한다.

(통일) 우리는 우리의 국토를 강점한 **미군을 조속히 철수**시키며, 자주·평화·민족대단결의 원칙에 기초해 **통일조국을 건설**하기 위해 투쟁한다.

금속노조의 강령적 사고는 2019년 민주노총 사업계획('투쟁의 요구 및 의제')에도 면면히 흐르고 있다. 민주노총의 2019년 '투쟁의 목표'는 "가) ILO핵심협약 비준과 노동3권 완전 쟁취, 나) 재벌독점체제 전면개혁 및 업종·산업·정부정책 대전환, 다) 비정규직 철폐와 최저임금 1만원 실현, 라) 사회공공성·사회안전망 대대적 확대, 마) 한반도 평화·자주통일과 민주주의 진전"이며, '2) 투쟁의 요구 및 의제'에는 '한반도 평화·자주통일과 민주주의 진전'이라는 주제하에 "한미상호방위조약, 한일군사정보보호협정, 국가보안법 폐기, 한반도 자주교류 확대, 연동형비례대표제 제도화 및 사법개혁"이 명기되어 있다.

국민의 공복으로 간주되는 전국공무원노조 역시 '권력과 자본'을 주된 대립물로 삼는다.

구분	세부 내용
ILO 핵심협약 비준과 노동3권 완전 쟁취	·ILO 핵심협약 비준 ·교원·공무원·특수고용노동자 노동3권 완전보장 ·파견(외주·용역)노동자의 노동3권 완전보장 ·복수노조 창구단일화·타임오프제도 철폐 ·노동시간유연화 반대 및 노동시간 상한 단축 ·성폭력·성차별 없는 성평등 노동환경 구축 ·5인 미만 사업장 근로기준법 전면보장 ·산별교섭 기반구축 및 공공부문 노정교섭 제도화
재벌독점체제 전면개혁과 업종·산업·정부정책 대전환	·원하청 불공정횡포 근절 ·중소영세자영업자에 대한 경제보호조치 확대 ·민간 좋은 일자리 창출 ·좋은 공공·사회서비스 일자리 확충 ·정부·총자본과 대등한 대정부·대자본 교섭체제 구축
비정규직 철폐와 최저임금 1만 원 실현	·비정규직 철폐와 차별해소 ·최저임금 1만 원 실현 및 최저임금법 개악 반대 ·저임금−차별고착−직무성과형 임금체계 반대
사회공공성·사회안전망 대대적 확대	·원격의료 제도화, 서비스산업발전법 입법 반대 ·영리병원 도입 반대 ·보육·교육·의료·요양 사회서비스 공공성·보장성 강화 ·국민연금 보장성 확대와 기초연금 강화 ·건강보험 상병수당 도입 및 국고지원 확대 ·사회보험 사각지대 해소 ·핵심 공공서비스 민영화·외주화 전면철회 및 민주적 공공관리 확대 ·정부 긴축재정정책의 확대재정정책으로의 대전환
한반도 평화자주통일과 민주주의 전진	·한미상호방위조약·한일군사정보보호협정·국가보안법 폐기 ·한반도 자주교류 확대 ·연동형비례대표제 제도화 및 사법개혁

전국공무원노조 창립선언문(2002. 3. 23)

　오늘, 우리는 기나긴 어둠의 터널을 지나 밝은 세상으로 첫발을 내딛는 엄숙한 순간을 맞이하였다. 돌이켜보면, 우리 공무원들은 지난 50여년간 권력과 자본이 시키면 시키는 대로 할 수밖에 없었으며, 주면 주는 대로 받아왔다. 국민들로부터는 정권의 하수인이요, 부정부패의 장본인으로 원망과 질책의 대상이었고, 정권은 정권대로 정권유지의 도구로 이용했다. 정권이 바뀔때면 어김없이 정권의 정통성 확보를 위한 희생양으로 우리들에게 사정의 칼날을 들이대는 악순환을 당해왔다. 세상의 모든 사람들이 제각각 인간임을 선언하고 제몫 찾기에 열을 올릴때도 우리는 특별관계라는 두터운 껍질 속에서 복종과 침묵으로만 일관하였다. (…) 공무원노조는 지난날 군사정권에 의해 빼앗긴 노동자라는 이름을 되찾는 것이며 (…) 권력과 가진 자들에 의하여 흔들려온 공직사회를 곧추세우고 (…) 상식과 정의가 바로 서는 나라를 만드는데 주체가 될 것이다

민주주의가 잘 작동하면 권력은 국민의 위임을 받아 직업공무원을 지휘 통제하고 사익집단의 지대추구를 제어하는 등 공공성의 구현자가 된다. 자본의 주구도 아니고, 공무원을 정권의 탐욕의 하수인으로 활용하지 않을 수 있다는 것이다. 그런데 한국 노동운동의 문화적 전통은 정권에 맞서서 자신의 권리 이익을 쟁취·사수하는 것이 진보요, 개혁이요, 정의요, 민주주의처럼 되어 버린 것이다. 실은 자본 역시 국가 규제와 시장에서의 지위에 따라 피착취·피억압자가 되기도 하고 그 반대가 되기도 한다. 즉, 소비자와 협력업체와 국민을 약탈하는 존재가 될 수도 있다는 얘기다. 그런데 자본(실제는 기업주나 공공기관 경영자)에 맞서서 자신의 권리 이익을 쟁취·사수하는 것을 노조운동의 본령처럼 여긴다면 엄청난 시대착오가 되지 않을 수가 없다.

5. 노조조직률의 오해

노동조합은 영어로 trade union, '교섭을 위한 연합'이다. 직무에 따른 산업 차원의 근로조건의 표준, 즉 노동시장의 공정가격을 형성하는 것이 본령이다. 노조는 노동자계급 내지 소집단의 연대(단결)를 촉진하여 이들의 보편적 이익을 옹호한다. 바로 이런 믿음(가정) 하에 헌법에

서 단체행동권(합법적 업무방해권)을 포함한 노동 3권이 기본권이 된 것이다.

그런데 헌법정신과 달리 한국노동조합은 노동자계급의 보편적 이익을 옹호하는 것이 아니라 철저히 자기 식구(종업원)의 이익만 추구한다. 하는 일에 비해 엄청난 고임금을 누리면서도 끊임없이 권리 이익의 상향을 추구하는 노조가 롤모델이면 절대로 조직률 상향이 불가능하다. 대다수 을·병·정 기업의 기업주들은 더 많은 이윤을 위해서가 아니라 기업의 생존 차원에서 노조와 사생결단의 대결을 벌이게 되어 있다. 그렇게 해도 대기업은 견딜 수 있지만, 중소기업은 1~2년이라면 몰라도 5년, 10년 이상 노조를 유지하고 존속시키기 어렵다. 1990년을 전후한 시기 전노협(민주노총의 전신)의 중심이었던 서울지역노조협의회, 인천지역노조협의회, 경기남부노동조합총연합의 핵심이었던 민간 중소기업 노조들이 거의 다 사라지거나 무력화된 현실을 보면 알수 있다. 더구나 새로이 탄생하는 산업·기업은 기업 규모를 가능하면 키우지 않으려 한다. 분사화, 외주하청화, 자동화를 거세게 추진하게 되어 있다. 기존 중소기업은 사라지거나 쪼그라들고 새로 생기는 기업은 여간해서는 (노조활동이 용이하도록) 규모를 키우지 않다 보니 1989년에 비해 조직률이 거의 절반으로 떨어진 것이다.

한국에서 노조의 정치적, 경제적, 사회적 영향력은 그 조직률보다 월등히 크고 강하고 치명적이다. 노조가 조합원의 권리 이익만 끌어올리는 것이 아니라 노무담당 관리자, 임원과 화이트칼라, 고위공무원 등 근로자 전체의 임금도 끌어올리기 때문이다. 무노조를 조건으로 동종업계 최고 대우를 표방하는 삼성전자와 포스코의 임금도 끌어올린다. 또한 대학 행정직이나 교육공무원 노조의 임금인상은 유학 등으로 투자도 많이 했고 노동시장에도 늦게 진입한 대학교수의 임금을 끌어올린다. 이는 결국 공무원의 임금을 끌어올리고, 공무원 임금은 역으로 공공부문과 규제산업 전반의 직·간접적 기준이 되어 산업과 사회의 요구·기대수준을 끌어올린다.

노조는 생산성과 임금의 괴리를 당연시하고, 고용의 과도한 경직성(철밥통)을 당연시함으로써 상고·공고를 졸업한 사람들의 계층 상승 사다리(대기업의 생산직, 은행의 사무직 등)를 없애 버리고 대학진학률을 끌어올린다. 하늘 높이 올라간 고용임금은 쌍용차나 한진중공업 같은 괜찮은 일자리에서는 해고가 살인이 되게 만든다. 이는 대기업으로 하여금 신규 정규직 채용을 극도로 기피하게 만든다.

고용임금 수준과 요구·기대를 과도하게 상향시켜 거대한 거품을 만든 노조, 공무원, 공공기관, 규제산업 등은 직장계급 사회, 공공양반 사회, 지대추구 사회, 본말전도 사회를 만들어 놓고는 그 책임을 자본과 재벌대기업에 일방적으로 전가하고 있다. 살인적 경쟁 환경을 만들어 놓고 그 책임을 경쟁교육, 선행교육 등에 덮어씌우기도 한다. 현실의 고통·부조리와 전혀 맞지 않는 진단, 처방 — 법인세 인상, 청년고용 할당 등 — 을 내놓게 한다. 한국 노조는 공무원과 더불어 지독한 비정상을 정상으로 간주하는 시대착오적 고용노동 시스템(표준, 패러다임, 철학, 가치, 관행 등)을 통해 5천만 국민의 고용임금 사정을 훨씬 악화시킨다.

한국에서 노조의 힘이 이렇게 커진 것은 일차적으로는 공공부문과 노동관계법이 이를 제어하기는커녕 편승하고, 공고화하고, 확산하기 때문이다. 단적으로 한국의 노동관계법은 일단 관문만 통과하면, 즉 정규직원만 되면 대과가 없는 한 정년이 보장되고, 별것 아닌 일을 해도 임금은 근속연수와 단체교섭을 통해 가파르게 올라가는 것을 당연하게 여겨 왔다. 또한 파업시 공장점거가 가능하고, 일부 산업·업종을 제외하고는 대체인력 투입이 불가능하다. 반면 사용자의 무기인 직장 폐쇄 요건은 지극히 엄격하다. 결과적으로 한국 사용자는 파업에 대한 대응수단이 없다. 당연히 대기업과 공공부문에서는 노조가 압도적으로 힘의 우위에 있고, 중소기업에서는 그 반대이다.

뿐만 아니라 조직된 이익집단이 별로 없는 한국 정치현실에서 노동조합과 공무원은 유이하게 조직된 집단으로서, 국회 의석의 절반 가까이를 차지한 진보 정치세력에 엄청난 영향력을 행사한다. 그런데 더 나쁜 것은 대통령과 국회의원은 자타가 공인하는 힘센 사람으로 알려져 있고 그만큼 사방으로부터 견제·감시·질타를 받는데, 노조와 공무원은 이들 뒤에 숨어 있다 보니 이들의 힘에 상응하는 견제·감시·질타를 받지 않는다는 것이다.

한국은 노조조직률이 낮은 것은 분명하다. 하지만 한국의 주력산업과 에너지, 교통, 통신, 금융, 건강보험 등 중추기능을 완벽하게 장악하고 있고, 더 나아가 정부의 하부 집행기능도 장악하고 있다. 역대 정권들은 이들의 치명적인 이해관계(임금, 연금, 독점 업역 등)를 거의 건드리지 않았기에 이들의 위력을 실감하지 못하였다. 하지만 화물연대 파업, 서울지하철 파업, 철도 파업, 항만 파업, 항공기 조종사 파업, 발전자회사 파업, 현대자동차 파업 등을 통해 그 힘을 확인하였다. 공무원노조의 위력은 2015년 공무원연금 개혁 반대 투쟁 과정에서 보여주었다. 물론 이들 한국 노조의 위력이 큰 것은 이들이 장악하고 있는 중추 기능 및 조직력 못지않게, 정부 정책에 대한 반대를 능사로 할 수밖에 없는 야당과의 연대 때문이다. 야당이라면 보수정당이든 진보정당이든 상관없다.

한국의 노조는 지불능력의 원천(불완전경쟁시장의 초과이윤 여부 등)도 묻지 않고, 우리의 생산력(국민 평균) 수준도 묻지 않고, 자신들의 근로조건을 개별 기업의 지불능력의 함수로 만들었다. 성과가 많이 나면 배당과 주가 등으로 그 혜택을 누리는 주주의 권리와, 적자가 난다고 해도 함부로 책임을 물을 수 없는 노동자의 권리 중 좋은 것만 행사한다. 한마디로 우리의 생산력과 직무성과와도 조응하지 않고, 변화부침이 심한 시장·산업 환경과도 전혀 맞지 않는 고용임금 체계와 패러다임을 표준으로 만들었다. 공무원은 이런 시대착오적 표준과 패러다임을 받아 안아 더욱 공고하게 만들어 널리 확산하였다. 사실 한국 노조의 대부분은 시장(소비자, 경쟁자, 협력업체 등)이 아니라 국가의 규율을 받는 존재이기에, 노조의 기형성에 관한 한 국가(정치, 행정, 사법)의 책임이 결정적이다.

노조는 아니지만 그 정신과 행태 측면에서 노조와 다를 바 없는 존재들도 부지기수다. 기업(인), 재벌, 공무원, 변호사, 의사, 교수, 대학(국공립, 법인), 사학(재단), 언론사, 종교집단 등도 자신의 기여, 부담, 책임, 실력에 비해 과도한 권리, 이익, 권능을 행사하려 한다는 점에서 노조와 다를 바 없다. 따지고 보면 선거 승리를 위해 민심에 가장 예민하게 반응하게 되어 있는 양대 정당조차도 선거·정당제도 등 자신의 치명적인 기득권 앞에서는 몰염치, 무원칙하기 이를 데 없다. 일종의 지대(렌트) 추구자다. 물론 변호사, 의사, 공무원, 종교인, 정치인 중에는 고매한 인품과 높은 덕성을 가진 사람도 적지 않을 것이다. 하지만 집단으로서는 노조와 그리 다르지 않다.

그런 점에서 한국은 국가의 중추기능을 틀어쥔 강자들은 조직되어 있고, 약자들은 조직되어 있지 않다. 물론 대부분의 이익집단들이 장기적이고 포괄적인 이익이 아니라 단기적이고 협소한 이익을 추구하는 것은 노조 때문이 아니다. 오히려 사회적 강자들의 이런 행태 때문에 선진국에서는 좀체 찾아볼 수 없는 특이한 노조가 만들어진 것이다. 물론 이는 공무원과 사회지도층이 솔선수범한다고 될 일은 아니다. 사회적 견제·감시·응징 장치가 부실하여 노조 등 이익집단들로 하여금 장기적이고 포괄적인 이익을 추구하지 않아도 되게 만들어 놓았다는 얘기다.

한국은 노조 등 이익집단들의 조직률은 20~30퍼센트는 족히 될 것이다. 하지만 유럽 산별노조들처럼 직무에 따른 근로조건의 표준(노동시장의 공정가격 내지 협약가격)을 정하는 등 노조의 본령에 충실한 노조는 거의 없다. 유럽 복지국가는 장기적이고 포괄적인 이익을 추구하는, 자신의 본령에 충실한 노조조직률이 높아서 복지국가가 된 것이지, 단기적이고 협소한 이익을 추구하는 노조조직률이 높아서 복지국가가 된 것이 아니다. 오히려 한국형 노조의 조직률이 높으면 복지국가에서 더 멀어지게 되어 있다. 수익성과 교섭력이 있는 기업에서는 노조는 아무래도 국가복지보다 훨씬 높은 수준인 기업복지(고용안정, 거액의 명퇴금, 사원주택 등 주거비 지원, 학자금 지원 등)를 쟁취하려 하기 때문이다. 국가복지는 고임금 집단인 노조 입장에서는 코끼리 비스킷처럼 변변찮기도 하거니와, 무엇보다도 많은 세금을 요구하기 때문이다. 그래서 현재와 같은 노조로는 노조조직률이 절대로 높아질 수가 없다.

노조의 힘이 세지면, 다시 말해 노조조직률이 높고 경영 참가 수준이 높으면, 저임금·비정규직·고용불안·임금격차 문제 등이 획기적으로 해결될 수 있다고 주장하는 사람이 많다. 이는 일자리나 양극화 문제를 기본적으로 자본의 힘의 우위에 따른 과잉착취의 산물로 보기 때문인데, 스스로를 민주·개혁·진보·노동 세력이라고 자부하는 사람들 중에 이런 식의 인식을 갖고 있는 사람들이 많다. 이들은 노조조직률과 (단체)협약 적용률이 높은 유럽 국가의 경제사회 통계를 그 증거로 제시한다. 세계은행(2002), OECD(2004), 국제노동기구(ILO, 2004) 실증분석 결과, 김유선은 "노조조직률이 높고 단체협약 적용률이 높을수록 임금교섭 집중도(centralization)가 높고, 조정도(coordination)가 높을수록 임금불평등은 낮다"고 분석한다. 박명림은 "투표율이 높은 나라는 노조조직률이 높고 사회적 갈등이 현저히 낮다. 반대의 경우 늘갈등이 의회가 아닌 거리로 나간다"고 한다.

민주 진보 진영의 노조에 대한 무지와 착각은 보통 심각하지 않다. 2015년 새정치민주연합의 'The Truth Team'이 널리 퍼뜨린 '노동개혁: 진실 혹은 거짓' 시리즈의 노조조직률 관련 내용을 보자.

⑤ 노조조직률

우리나라는 노조 때문에 해고가 어렵다? 레알? 한국 노조조직률은 OECD 최하위권인데?

※한국의 노조조직률 겨우 → 10.3%! 직원 100명 미만 기업은 → 2%!!

비정규직 노동자 → 1.4%!!!

부당해고에 노조의 힘으로 싸울 수 있는 노동자는 10명 중 1명. 800만 비정규직은 거의 노조조차 없는데 노조 때문에 해고가 어렵다는 박근혜 정부 주장은 어느 나라 얘기인지 모르겠습니다.

⑩ 근로자의 경영참가

노동조합 때문에 기업 경영이 어렵다구요? 레알? 유럽 선진국은 근로자 경영참여가 우리보다 더 활발한데?

※EU 국가 27개 중 17개 나라가 근로자 경영참가 보장

※근로자 경영참가가 공공·민간에서 널리 인정되는 나라 → 독일·프랑스·오스트리아·덴마크·스웨덴·핀란드·네덜란드 등 14곳

독일 기업들은 공동결정제 시행 → 감사회에 근로자 대표가 절반. 스웨덴·덴마크·오스트리아는 이사회에 1/3이 근로자대표, 프랑스도 2013년부터 근로자 경영참여 확대. 선진국은 근로자가 경영참가 하면서도 국민소득 4만불 달성. 우리는 근로자 때문에 3만 달러 못했다? 오바마도 노조 가입하라는데 우리는 노조 탄압하고 근로자 핍박

하면서 선진국 될까요?

이는 기본적으로 '지금' '한국에서' 노조의 실제 역할과 기능을 모르기 때문이다. 이름이 trade union 혹은 labor union으로 같다고 해서 한국 노조와 유럽 노조 및 (오바마 대통령이 결성을 독려한다는) 미국 노조를 대충 비슷한 존재로 보기 때문이다. 그런데 실제는 전혀 다르다. 마치 한국의 국회(의회)와 유럽 주요국의 의회가 이름이 같지만 그 역할과 기능은 엄청나게 다른 것처럼.

6. 탱자가 된 귤

"귤이 회수淮水를 건너면 탱자가 된다(귤화위지橘化爲枳)."
『안자춘추晏子春秋』에 나오는 말이다. 유럽 등 선진국에서 잘 작동하는 제도·정책들이 한국에서는 탱자가 되는 경우가 한둘이 아닌데, 노동조합과 농업협동조합이 그 전형이다. 따지고 보면 국회, 정당, 지방자치, 선거, 예산제도 등 민주공화주의를 지탱하는 핵심 기관과 제도들도 상당 정도 그렇다. 대체로 공공성을 전제로 독점적 권능과 특별한 보호가 주어지는 존재들이 탱자가 되어 있다. 그러므로 제도와 정책(귤)을 수입할 때는 그 배경(기후와 토질)과 정신, 방법을 정말로 면밀히 살피지 않으면 탱자가 돼 버리기 십상이다.
한국에서는 사람값(근로조건)은 직무성과=생산성이 아니라 소속(직장)에 따라 천양지차가 난다. 노조운동의 본령인 산업 차원의 근로조건의 표준이 사실상 없을 뿐만 아니라 추구하지도 않는다. 그래서 좋은 직장에 들어가면 '팔자'가 피고, 못 들어가면 비루해진다. 좋은 직장은 근로자의 창의와 열정을 최대한 끌어올려 높은 생산성을 구현하는 훌륭한 조직문화와 경영능력이 있는 곳도 없지는 않지만, 대종은 공공부문(정부와 공기업), 은행, 방송, 통신 같은 규제산업과 독과점 산업·기업이다. 대체로 초과이윤=지대가 많이 제공되는 곳이다. 한국의 노조는 주로 이곳에 포진되어 있다. 지대는 본질적으로 소비자나 협력업체나 세금(국민)을 약탈한 것이기에, 노조는 한국에 즐비한, 공공성을 파는 거대한 지대추구 집단의 하나이다. 게다가 한국 노조의 철학, 가치, 행태는 전후방 가치생산 사슬에 종사하는 다수 근로자를 조직하지도 보호하지도 못한다. 오히려 그 반대다.

한국 노동조합은 세계적인 기형이고 '귤화위지'의 전형이다. 노조 본래의 사명인 '직무에 따른 기업횡단적인 근로조건의 표준=노동시장의 공정가격 형성' 개념은 완전히 증발했다. 그래서 근로조건을 기업의 지불능력과 노조의 교섭력의 함수로 만들어 버렸다. 사회적 약자가 아니라 사회적 강자의 무기요, 이들의 합법적 약탈과 억압, 즉 지대추구의 수단으로 변질되었다.

한국 노동조합은 민주·진보·노동 진영의 핵무력 같은 존재다. 2018년 말 현재 민주노총의 전임(상근) 간부는 총 1,770명, 시간 할애를 얼마든지 받을 수 있는 확대간부(대의원 포함)는 2만 769명으로 엄청난 조직동원력과 자금력(수백억 원의 조합비. 민주노총 본부 예산만 100억 원 이상)도 있다. 그런데 이보다 더 강력한 힘은 한국의 에너지, 교통, 통신, 금융 등 핵심 인프라와 자동차, 조선 등 주력산업의 현장을 노조가 얼마든지 멈춰 세울 수 있다는 사실이다. 게다가 승자독식의 선거제도 하에서 이들의 레버리지는 너무나 크다. 설상가상으로 민주당과 정의당과 진보언론은 이들을 핵심 우군으로 여긴다. 철학과 가치를 폭넓게 공유하고 있다.

한국 노동조합의 힘은 2013년 SRT 문제로 철도노조 파업 당시 그

위력을 잠깐 보여 주었다. 특히 민주노총은 2015년 백남기 농민 사망을 초래한 민중총궐기대회를 주도했고, 2016년 광화문 촛불시위에 필요한 인적, 물적 자원의 상당 부분을 공급했다. 그럼에도 불구하고 정부나 여론은 노조에 대해서는 도덕적 호소(양보와 자제)만 줄기차게 늘어놓았다. 반복되는 악덕을 낳는 구조(제도와 문화)를 살피지 않았다.

한국 노동조합을 세계적인 기형으로 만든 핵심 요인은, 파업시 노조의 사업장 점거는 가능한 데 반해 사용자의 대체인력 투입은 틀어막은 노동관계법이다. 이로 인해 대기업과 공공기관에서는 노조가 압도적으로 힘의 우위를 가진다. 이런 시대착오적인 노동관계법 개정 없이 노조의 조폭화, 귀족화는 교정이 불가능하다고 보아야 한다.

국가 규제(진입장벽)와 우월적 지위를 기반으로 생산성에 비해 월등히 높은 근로조건을 누리는 공공부문, 독과점산업, 규제산업 및 면허직업의 고용임금 수준을 상세히(분위별로) 인터넷에 공개하도록 의무화해야 한다.[26] 또한 노조가 압도적으로 힘의 우위에 있는 산업·기업의 경우, 철도나 병원 등 필수공익사업장에 단체행동 관련 제한을 두듯이 적정한 규제(대체인력 투입 관련 규제 완화 등)가 절실하다.

노조를 전면 부정하는 것은 가능하지도 정의롭지도 않다. 노조가 그 본연의 소명을 다하도록 만들어야 한다. 그 핵심은 노조로 하여금 전후방 가치생산 사슬 전반을 조직하고, 기업횡단적인 근로조건의 표준, 즉 노동시장의 공정가격을 추구하지 않을 수 없도록 만드는 일이다. 공장 담벼락을 뛰어넘어 폭넓은 연대를 추구하는, 명실상부한 산별노조로 진화하도록 법제도적 장치를 마련할 필요가 있다는 얘기다. 더불

---

26) 납세자연맹에 따르면 미국, 캐나다, 독일 등은 이미 공공영역 임금공개법(캐나다)이나 유사 법제를 통해 전면공개를 원칙으로 삼고 있다. 이를 바탕으로 납세자연맹은 2015년과 2017년 두 차례 공무원 총보수를 직종·직급별로 공개하라는 정보공개 청구를 했으나 인사혁신처는 기본급과 7개 수당만 공개했다. 그러다 보니 공공부문 일자리정책에서 소요 예산이 무려 3배 가량 차이가 나는 사태가 벌어졌다.

어 실업자와 중소기업의 경우, 근로자의 자조와 연대(노동회의소, 공제조합, 노조 등)를 정부와 정당들이 촉진하고 지원해야 한다. 공정거래와 무기대등의 원칙은 생산물시장에만 적용되는 원칙이 아니라 노동시장에도 적용되어야 한다.

책갈피▶

광주형 일자리 사업

'광주형 일자리' 사업은 광주시와 현대차가 합작법인을 설립하여 광주 인근 공단(빛그린산단)에 7천억 원을 투자하여 연간 10만 대 규모의 1천cc 미만 경형 SUV(스포츠용 자동차) 공장을 건설하고, 주44시간 기준 연 3,500만 원의 초임을 받는 근로자 수천 명을 채용한다는 것이다.

발단은 2014년 6월 지방선거에서 새정치민주연합의 광주시장 후보로 나서 당선된 윤장현 광주시장의 선거공약 '사회협약을 통한 광주형 좋은 일자리 1만 개 창출'이다. 선거공약서에서는 이 사업의 개요를 이렇게 설명했다.

"평균급여를 1인당 국민소득의 2배 내외로 맞추는 노사정간 사회협약을 통해 기업은 해외로 나가지 않고, 이곳 광주에서 최적의 투자처를 찾게 됩니다. 벤츠 자동차로 유명한 독일의 슈투트가르트시를 기아차 노조위원장과 방문하여 가능성을 확인한바 있습니다. 이 일이 완성되면 광주의 청년들은 양질의 일자리를 6만 개 이상 갖게 됩니다. 시민대표, 시청, 기아차, 노조, 협력업체 대표, 정부, 관계부처 등으로 광주자동차 밸리 건설추진위원회를 구성하여 (…) 사업완료시 (…) 세계적인 명품자동차 도시로 제2의 탄생을 하게 됩니다."

윤 시장의 갖은 노력에도 불구하고 재임중(2014. 7. 1~2018. 6. 30) 이렇다 할 진전이 없었다. 하지만 문재인 정부가 윤시장의 공약을 받아안아, '문재인정부 국정운영 5개년계획'(2017. 7)의 국정과제 16번 '국민의 눈높이에 맞는 좋은 일자리 창출'에 "사회적 대화를 통한 지역·산업 맞춤형 일자리 창출"과 "노사상생형 일자리 모델(예: 광주, 담양 등) 전국적 확산"을 명기하였다. 문 정부의 고용노동정책을 주도하는 인사들의 물밑작업이 주효해서인지, 현대자동차는 2018년 6월에 광주시에 투자의향서를 제출하였다.

하지만 지역 노동계는 2017년 9월에 사업 불참을 선언했다가, 10월에 '현대차 투자유치 성공을 위한 원탁회의'를 구성하면서 재참여하였다. 그럼에도 불구하고 지역 노동계와 광주시·현대차의 큰 입장차를 좁히지 못하였다. 우여곡절 끝에 11월 27일 지역 노동계가 협상 전권을 광주시에 위임하여, 12월 4일 광주시와 현대차가 잠정협약안에 합의했다. 12월 5일 열린 광주 '노사민정협의회'에서 추인만 되면, 12월 6일로 예정된 광주형 일자리 투자협약식에 문재인 대통령도 참여할 예정이었다고 한다. 하지만 광주 노사민정협의회에서 광주 노동계는 강력히 반발하였다. 그러자 광주시는 일방적으로 잠정협약안을 수정하였다. 이번에는 현대차가 "광주시가 노사민정협의회를 거쳐 제안한 내용은 투자타당성 측면에서 받아들이기 어려운 안"이라며 거부 의사를 밝혔다. 이렇게 광주형 일자리 사업은 좌초하였다.

과잉중복투자에 임금의 하향평준화, 광주시 노동계─광주시와 현대차의 핵심 갈등 지점은 임금·단체협약을 사실상 5년 동안 유예하는 내용이 담긴 '노사상생발전 협의서' 제1조 2항이다. 5년 동안 노사 단체협상을 하지 않고 물가상승률과 경제성장률을 바탕으로 임금을 인상한다는 것이 요지다. 그런데 이를 입에 거품을 물고 반대한 노동계의 논리는 민주당 주류의 논리일 뿐 아니라 문재인 대통령도 의원 시절부터 일관되게 피력해 온 논리다. 현대차가 사업 포기를 선언한 표면적인 이유는 협상전권을 가졌다는 광주시와 맺은 잠정협약안의 일방적 변경이지만, 실은 그보다 더 큰 암초가 있었다.

잠정협약안이 언론에 보도되자마자 현대차노조는 하부영 현대차노조지부장 명의로 "광주형 일자리 철폐를 위해 총파업 투쟁에 돌입한다"는 긴급성명서를 발표했다. 현대차노조는 이미 11월 1일 대의원 대회를 열어, 광주형 일자리 사업을 "총파업을 통해서라도 저지"한다는 방침을 세워 두고 있었다. 총파업의 명분은 광주형 일자리 사업이 "과잉중복투자"이며 "지역별 저임금 기업 유치경쟁으로 인해 임금이 하향평준화"될 가능성이 있다는 것이다.

"광주형 일자리는 한국 자동차산업의 시설이 남아도는 판에 과잉중복투자로 모두가 함께 망하는 길로 가는 것이다. 또 지역형 일자리는 망국적인 지역감정의 부활로 지역별 저임금 기업유치 경쟁으로 기존 노동시장의 질서가 무너지고, 임금은 하향평준화 되어 경제파탄을 불러 올 수 있음을 엄중히 경고 해왔다. 하지만 문재인정권은 현대차 재벌의 약점을 잡아 기어이 굴복시켜 도장을 찍게 만들고 (…) 문재인정권의 반노동 친재벌 정책은 박근혜보다 더 나쁜 일자리를 만들기에 (…) 재앙적인 경제파탄을 저지하기 위한 역사적인 투쟁에 나설 것이다."

현대자동차지부의 상급단체인 금속노조와 민주노총도 동일한 취지의 반대성명을 냈다. 금속노조는 광주형 일자리 정책을 "한국노총을 제외한 노동계도 모두 한목소리로 반대한 자동차산업의 중복·과잉투자 정책"으로 규정하고, 이 정책의 핵심을 "낮은 임금의 일자리와 생산성을 맞바꾸겠다는 구상"으로 "끔찍한 반사회적 발상"이라 하였다.

성명서는 '1조 2항'에 대해서는 이렇게 말했다.

"어떻게 공무원의 머리에서 5년간 임단협 교섭 일체를 불가능하게 만들겠다는 발상을 할 수 있는지 경악하지 않을 수 없다. 노동3권이 부정당한 공장은 바로 자본가들이 꿈꾸던 '낙원'이다. 문재인 대통령은 (…) 지난 대선 기간 분명히 '동일노동 동일임금'을 공약으로 내걸었다. 지금 똑같은 현대자동차의 로고를 달고 나오는 자동차를 만드는 노동을 차등하겠다는 발상에 청와대는 제동을 걸기는커녕 후견인이 되어 반대하는 지자체를 압박하고, 노동조합의 손발을 묶기 위해 모든 수단을 동원했다."

민주노총도 12월 4, 5일에 걸쳐 광주형 일자리 합의를 격렬히 비난하였다. 그 주요 내용은 이렇다.

"애초 광주형 일자리는 얼마나 더 나쁜 노동조건 모델로 할 것인가가 쟁점이었다. 임금의 하한선이 아니라 법에도 없는 임금 상한선을 놓고 협상을 했다. 임금인상과 단체협상 최대 5년간 유예와 같은 초법적 노동3권 무력화 모델이 광주형 일자리 모델이다. 또한 광주시가 세금으로 주택, 교육지원 등을 한다고 하지만 이와 같은 혜택이 광주형 일자리에만 적용하는 것이 타당한지 또 형평성에 맞는지에 대해서는 공론화조차 되지 않았다. (…) 결국 광주형 일자리는 현대차의 외주공장이라는 점에서 비정규직 노동자들로 기아차 모닝을 생산하는 서산 동희오토 모델이고, 시장은 포화상태인데 광주에는 새 공장을 짓는다고 하는 중복투자 출혈경쟁 모델일 뿐이다. (…) 좋은 일자리 창출은 정략적인 광주형 일자리 방식이 아니라 노동시간 단축으로 재벌대기업과 각 계열사들에게 신규 고용을 창출하도록 하는 것이 가장 확실하고 빠른 길이다."('지속가능하지 않은 정략적 광주형 일자리에 5천억 공적자금투입, 누가 책임질 것인가', 12월 4일, http://nodong.org/7250926)

"언론에 보도된 잠정합의안엔 '신설법인 상생협의회 결정사항의 유효기간은 조기 경영안정 및 지속 가능성 확보를 위하여 누적 생산 목표대수 35만대 달성까지로 한다'는 조항이 적시돼 있는 것으로 드러났다. 이 조항은 연 7만대 생산을 전제로 5년간 사실상 단체협약을 하지 않는다는 위법한 조항이다. 또한 이 조항은 단지 단체협약을 부정하는 것일 뿐만 아니라 이른바 '상생협의회'란 이름으로 노조 할 권리를 봉쇄하고 무노조 경영을 천명한 것이기도 하다. 상생협의회는 무노조 경영을 방침으로 해온 삼성의 노사협의회, 포스코의 노경협의회의 다른 이름일 뿐이다. 노동조합을 자주적으로 결성할 수 있는 단결권과 단체교섭권을 상생협의회 결정사항으로 5년간 대체한다는 것은 광주형 일자리 합의가 노동3권을 전면적으로 부정하는 노동3권 프리존 합의임을 입증한다. 일자리 창출을 볼모로 한 대국민 사기합의다. 문재인 정부에게 광주형 일자리가 왜 이렇게 중요한 것인지는 모르지만 대통령이라 할지라도 5천억 원에 달하는 공적자금 투입과 함께 헌법과 법률을 위배하면서까지 광주에 자동차 공장을 세울 권한은 없다. (…) 앞에선 노동존중을 표방하고, 뒤에선 노동3권을 전면 부정하는 광주형 일자리 추진에 브레이크 없이 질주하는 것은 문재인 정부의 이중성을 여과 없이 확인시켜주고 있다. 문재인 정부는 또한 입만 열면 정규직과 비정규직의 격차해소를 이야기해왔다. 동의한다. 그런데 주 44시간, 연봉 3500만원은 완성차 정규직의 반값도 안 되는 임금이다. 양극화 해소의 출발은 저임금 노동자의 임금 수준을 높이는 것이어야 한다. 최저임금 대폭인상과 함께 비정규직의 정규직화 그리고 차별해소가 그 해법임은 상식이다. (…) 현대차 외주공장으로 이름만 정규직이지 사실상 비정규직 공장에 불과한 광주형 일자리는 격차를 더욱 확대하는 일자리일 뿐이다. 단체교섭권 35만대까지 유예 즉 5년 유예는 국제노동기준을 정면으로 위배하는 것일 뿐만 아니라 무역에 영향을 주는 방식의 노동기본권 제한으로 한미FTA 19.2조 위반이기도 하다. EU

또한 한국정부에 노동기본권 약속을 지킬 것을 지속적으로 요구하고 있다.”('무노조 특구, 노동3권 프리존을 만들겠다는 위법한 광주형 일자리 합의는 폐기되어야 한다', 12월 5일, http://nodong.org/7250932)

여기서 보듯이 광주시 노사민정협의회가 설사 잠정협약 원안을 추인했다 하더라도 현대차지부·금속노조·민주노총의 격렬한 반발은 산 넘어 산이다. 만약 박근혜 정부가 이 사업을 추진했으면, 금속노조와 민주노총의 성명서 내용은 야당인 민주당에서 나왔을 논평 내용과 거의 같았을 것이다. 사실 민주노총 성명서에 흐르는 불평등·양극화·일자리와 관련된 현실인식과 가치, 정책은 문재인 의원-당대표-대선후보-대통령 및 민주당 주류의 그것과 거의 일치한다.

광주형 일자리 사업이 나오게 된 배경은, 현대기아차를 포함한 한국 완성차회사의 임금 등 근로조건이 수요와 공급이 잘 작동하는 노동시장의 공정가격에 비해 월등히 높다는 사실이다. 적정 근로조건(임금, 근로시간, 복리후생 등)과 이를 담보하는 선진적 노사관계를 골자로 한 광주형 일자리 사업이 노조를 제외한 모든 이해관계자들로부터 열렬히 환영을 받은 이유다.

적정 근로조건은 한마디로 노동시장의 공정가격이요, 정상 가격이다. 하지만 하는 일에 비해 엄청난 고임금을 받는 한국 완성차 노조원들을 몹시 불편하게 만들 수밖에 없다. 반값 임금으로도 경형 SUV를 생산하는 공장이 국내에 있게 되면, 자신들이 엄청난 지대수취자(약탈자)라는 것을 똑똑히 보여 줄 것이기 때문이다. 이것이 광주형 일자리를 결사반대하는 핵심 이유다.

문 정부는 노조(민주노총, 금속노조, 현대기아차지부 등)와 노동시장의 정의=상식(적정한 근로조건) 사이에서 갈피를 잡지 못하고 있다. 기본 철학·가치와 집권전략은 '촛불혁명'의 주력부대를 자처하는 민주노총과 연대해야 하지만, 국내 투자 및 고용 여건 개선을 통한 지역경제 발전과 노동시장의 정의 실현 및 청년 일자리 창출을 위해서는 이들과 충돌할 수밖에 없기 때문이다.

사실 국정과제 16번 자체가 모순적이다. "국민의 눈높이에 맞는 좋은 일자리"를 얘기하면서 공공부문 일자리를 81만 개 창출하겠다고 한 것으로 미루어 보면, 그 눈높이는 다수 국민의 눈높이가 아니라 현대판 양반이나 다름없는 민주노총이나 공공부문 종사자의 눈높이다. 이를 정상으로 여기면 '노사상생형 일자리'가 절대로 만들어질 수가 없다. 독과점 대기업 노조원이나 세금이나 국가독점 업역을 가진 공공부문 종사자만 살찌고 나머지는 피골이 상접해지게 되어 있다.

광주형 일자리 사업을 좌초시킨 암초는 처음부터 끝까지 후진적 노사관계 내지 노조문화(행태)다. 더 정확하게 말하면 기업횡단적인 근로조건의 표준(노동시장의 공정가격) 형성이라는 소명을 망각한 지대추구형 노조운동이다. 이는 노조의 단결투쟁력과 기업의 지불능력이 허용하면 생산성과 상관없이 한없이 근로조건의 상향을 추구하므로, 선진국이라면 주주, 협력업체, 비정규직, 연구개발직, 소비자, 미래세대 등에게 귀속되어야 할 몫을 약탈하게 되어 있다. 그런데 이는 완전히 합법적이다. 한국의 노동관계법이 지대추구형 노조운동을 조장, 방치한다는 얘기다.

공공부문과 민간대기업에서는 노조가 압도적으로 힘의 우위에 있다. 공공부문과 민간대기업 노조들은 산업, 업종, 지역 차원에서 연대의 필요성을 전혀 느끼지 못한다. 폭넓은 연대 없이도 기업을 궁박한 처지로 몰아가서 자신들의 이해와 요구를 얼마든지 관철할 수 있기 때문이다. 공공부문과 민간대기업 노조가 기업횡단적인 근로조건의 표준을 위해 연대의 손을 내밀지 않으니, 중소기업에서는 자본이 압도적으로 힘의 우위에 있다. 그런데 문재인 정부는 이런 후진적 노사관계 내지 지대추구형(약탈적) 노조운동을 개혁하려고 하기는커녕, 오히려 촛불혁명의 주역을 자처하는 이들과 연대를 공고히 하는 움직임을 일관되게 보여 왔다. "국민눈높이에 맞는 좋은 일자리 창출"이라는 이름으로 엄청난 비정상을 정상으로 간주하고 있다.

광주형 일자리 사업이 순항하려면, 그래서 청년에게 기회와 희망이 있는 사회를 만들려면, 무엇보다도 먼저 우리 사회와 정부가 정상과 비정상을 분별할 수 있어야 한다. 정부 여당은 국민 눈높이를 현실에 맞게 끌어내려야 한다. 노조에 대한 인식과 자세의 대전환이 필요하다. 1987년 이후 이해당사자 간 무기의 대등성 원칙을 무시하고 점점 노조 편향적으로 개정된 노동관계법의 개정이 필요하다. 그리고 최저임금과 근로시간 등 근로기준과 노동관계법을 광역 지방정부가 지역의 처지와 조건에 맞게 유연화할 수 있도록 지방자치권의 확대가 필요하다. 보편 상식을 받아 안은 국민 여론의 힘을 업고 노조의 반발을 제압하지 않는 한 광주형 일자리 사업은 불가능하다. 광주형 일자리 사업은 정상과 비정상을 분별하지 못하면, 지대추구의 주력부대 민주노총과 일전을 불사하지 않으면 불가능하다.

제4장
지대, 1987년 이후 한국의 약탈과
억압 메커니즘

1. 지대의 개념

사람의 키는 발바닥부터 머리끝까지다. 그런데 키를 잴 때 바닥에 발을 붙이고 있는 사람보다, 의자나 탁자 위에 올라가 있는 사람의 키가 더 커 보인다. 지대(렌트rent)는 바로 의자나 탁자 같은 역할을 한다. 지대는 다양한 이름으로 불린다. 초과이득, 불로소득, 자리 프리미엄, 자리세, 부풀려진 생산성, 사회적 약탈 등.

자유롭고 공정한 시장이 검증한 생산성이 본래의 키라면, 지대는 수요와 공급이 자유롭지 않은 시장이 부풀린 생산성이다. 잘 작동하는 민주공화주의가 허용하는 공공부문의 권리 이익이 본래의 키라면, 민주공화주의가 한눈을 파는 사이에 공공부문 종사자들이 스스로 표준을 만들어 누리는 과도한 권리, 이익이 바로 지대다.

그런데 우리는 기업과 개인의 소득(임금)수준을 따질 때, 공공부문 종사자들이 올라가 있는 의자나 탁자를 보지 않고 키를 재고 있다. 당연히 우리가 아는 선진국은 시장에도, 공공부문에도 이런 의자나 탁자가 없거나 낮다. 권력에 대한 민주공화적 통제가 잘 이뤄지면, 국가부문=공공부문 종사자들이 조선의 양반사족 같은 지위를 누릴 수가 없다. 시장이 크고 자유로우면 공급자 간 경쟁으로 인해 초과이득에 해당하는 의자나 탁자가 존재하기 어렵다. 그러므로 한국에서 일자리(고용임금) 격차나 경쟁의 본질과 성격을 파악하기 위해서는 지대라는 개념이 필요하다.

지대는 원래 토지나 건물의 사용대가, 즉 임차료나 임대료를 뜻하는 말이다. 토지는 수요와 공급의 시장원리가 잘 작동하지 않는 대표적인 재화다. 공급은 한정돼 있는데 수요가 늘어나면 소유자는 아무런 생산적인 노동을 기울이지 않고도 적지않은 이득을 얻는다. 토지라는 재화의 이런 '공급 비탄력성'에 착안하여 경제학자들은 "어떤 생산요소든 그 공급이 고정돼 있는 것에 대한 보수", "생산요소의 공급이 비탄력적이기 때문에 추가로 지급되는 보수", "자원의 기회비용 이상으로 지불된 금액" 등으로 지대를 정의하였다. 다시 말해 지대는 수요와 공급이 자유롭고 경쟁과 거래가 공정한 '이상적인 시장의 가격'과 '현실의 시장가격'의 차이다. 이를 초과이득 혹은 경제적 지대(economic rent)라 부른다. 지대는 따라서 사회가 과도하게(불필요하게) 지불하는 비용이라고 할 수 있다.

유럽·미국의 경험이나 문제의식을 주로 담아낸 (개념어) 사전들은 'rent'를 이렇게 정의한다.

원래 렌트란 지대地代를 의미하는 영어이지만 오늘날의 경제학이나 정치학에서는 (…) 공적인 권력에 의해 공급량이 고정되어 있는 재財나 서비스의 공급자가 독점적으로 얻는 이익을 가리키는 개념이다. 예를 들면 수입제한이나 우선적인 정부 조달이라는 정부에 의한 규제나 보호를 받고 있는 산업은 그러한 규제나 보호가 없는 경우보다 높은 이익을 올릴 수 있다. 그 초과 이윤에 상당하는 부분을 렌트라고 한다. 이러한 렌트를 요구하는 (…) 행동을 렌트 시킹(rent-seeking)이라고 한다.

(네이버 지식백과 '렌트[rent]' ; 『21세기 정치학대사전』, 한국사전연구사)

그런데 공무원의 보수(권리)나 노동과 자본의 권리의 일부는 시장에서 정해질 수 없다. 이들 권리들의 적정성은 '이상적인 민주공화정'[27]을 바로미터로 측정할 수밖에 없다. 현재로서는 지대를 가늠하는 좀 거칠지만 쓸 만한 잣대가 바로 1인당 GDP/GNI/중위 수 대비 OECD 선진국의 각종 권리수준과 정치인의 자질이다.

지대는 토지나 건물을 사용한 대가로 지불하는 돈이라는 의미가 너무 강해서 '경제적 지대'의 의미를 잘 담아 내지 못하자, 최윤재(고려대 경영학교 교수)는 지대를 '자리세'로 쓰자고 제안한다. 임금 등 재화와 서비스의 가격이 자리, 위치, 소속(멤버십)에 따라 큰 차이가 나기 때문이다.

지대는 말 그대로 땅이나 자리나 소속을 근거로 주어지는 초과이득이다. 지대는 안과 밖을 가르는 경계나 단차가 뚜렷해야 생겨날 수 있다. 즉, 안과 밖을 가르는 경계를 근거로, 내부자에게 어떤 특권과 특혜를 제공하고, 외부자에게 어떤 배제와 차별을 한다면 자리 프리미엄, 즉 지대가 발생한다. 당연히 안과 밖, 소속과 비소속, 소유와 비소유를 가르는 경계나 단차가 없다면 지대가 생겨날 수가 없다.

지대가 무조건 악인 것은 아니다. 지대는 특정 영역(부위)에 인위적으로 자원을 몰아 준 이상, 유효기간이 지나면 부작용이 일어나기 마

---

27) 토크빌이 『미국의 민주주의』에서 묘사한, 1830년대 미국 뉴잉글랜드 지방의 지방자치나 대의제가 잘 작동하는 현대 선진 민주국가의 정치.

련이다. 제때 조정하지 않으면 국가경제 발전과 국민 전체의 이익을 저해하는 사회적 약탈행위 내지 가치파괴 행위가 된다. 따라서 지대는 적정하면 개인과 사회 발전의 촉진제가 되고, 과도하면 개인과 사회의 가치체계를 전도시켜서 소모적인 경쟁, 갈등, 지체, 퇴행을 초래한다.

현재 그 어떤 문명국도 창작자의 지대(상표권과 특허권 등)를 부정하는 경우는 없다. 미국의 거대한 물질적 문화적 생산력은 1787년에 비준된 연방헌법 제1조 제8절(연방의회에 부여된 권한) 제8항에 "저작자와 발명자에게 그들의 저술과 발명에 대한 독점적인 권리를 일정기간 확보해 줌으로써 과학과 유용한 기술의 발달을 촉진시킨다"는 내용을 명문화한 위대한 생각에서 나왔다고 해도 과언이 아닐 것이다. 물론 저술과 발명에 대한 독점적인 권리 역시 과도하면 오히려 "과학과 유용한 기술의 발달"을 저해할 수도 있다.

한국에서 지대를 부르는 이름은 한두 개가 아니다. 렌트, 초과이득, 불로소득, 자리세, 자리 프리미엄, 촉진제(인센티브), 사회적 약탈 등이다. 그런데 불로소득이나 사회적 약탈이라고 간단히 얘기할 수 없는 것은, 그 이득에 노동이 전혀 투입되지 않은 것은 아니기 때문이다. 예컨대 정상적인 시장이라면 100을 투입하여 100의 권리(이득)를 가진다면, 혁신적인 공급자나 독과점 공급자나 갑질 공급자는 500의 권리(이득)를 가질 수 있다. 그 경우 100은 정상이득, 400은 초과이득=지대가 된다. 이름을 바르게 하는 것[正名]이 정치의 기본이 맞는다면, 지대에 정확한 이름을 지어 주는 것이 한국사회의 중요한 지적 과제 중하나다.

2. 지대의 원천과 성격

지대는 어떤 존재가 누리는 권리(가격, 이윤, 임금, 소득 등)가, 수요와 공급을 가로막는 장벽이 없는 이상적인 시장이나, 시민적 이성을 왜곡하는 요소가 없는 이상적인 민주공화정이 결정·인정하는 수준보다 높을 때, 정상 권리·가격과 현실의 그것과의 차이를 가리킨다. 다시 말해 그 가격이 잘 작동하는 시장이나 민주공화정이 인정하는 가치가 있어서가 아니라, 단지 특정한 위치, 자리, 소속(멤버십)을 가졌다는 이유만으로 제공되는 프리미엄)이다. 지대의 원천은 다음 표와 같이 도식화할 수 있다.

지대의 원천

자본, 집단	자연, 부동산	국가권력(규제, 표준, 예산, 공기업, 갑질)	시장(독과점, 힘의 불균형, 정보 비대칭성)	브랜드, 기술
노동, 개인	가족주의(무임승차, 내외 차별), 연공주의, 약탈·쟁취주의			

지대의 원천은 자연(토지, 주파수 등)과 제도(국가, 시장, 사회)이다. 자연 지대는 땅, 길, 망 등 기술의 한계로 인해 공급이 곤란한 가치(재화)에서 생겨난다. 제도는 사상(쟁취주의, 가족주의, 연공주의, 학력·학위 우대 등)과 정치사회적 역관계의 산물이다. 제도지대는 주로 국가규제, 민간 독과점, 우월적 지위 오남용(대항력의 불균형, 정보의 비대칭성 등), 사상 등에서 생겨난다. 재화들의 소유·이용권에서 생겨나는 초과이득(불로소득)을 국가가 제대로 관리·이용하지 못할 때 지대가 발생한다. 시장이 잘 작동한다면, 모든 지대는 국가권력의 지대추구나 지대추구 방조의 산물이다. 권력 과잉과 지대 과잉은 별개의 현상이 아니다. 거의 모든 문명국은 혁신적인 공급자가 얻는 초과이득을 경제사회 발전

의 동력으로 규정하여 보호한다. 하지만 부동산이나 갑질(우월적 지위의 오남용)이나 독과점 기업이나 연공임금체계나 기업별 단체교섭으로 얻은 초과이득은 경제사회 발전의 걸림돌로 규정하여 모든 나라가 부정적으로 본다. 다만 특수한 시기에 한해 발전 촉진제로 보기도 한다.

한국의 격차와 일자리 문제를 얘기할 때는 지대에 의해 과도하게 상향, 팽창된 사회의 요구·기대·소비 수준을 직시하지 않으면 안 된다. 이것이 거대한 실망실업자(비경제활동인구)와 '3포세대'(연애, 결혼, 출산 포기)를 만들어 내기 때문이다.

(1) 부동산지대

창조주가 만든 '땅(대지)'과 거기에 인간이 만든 문명과 의지를 결합한 '부동산'은 다른 존재다. 부동산의 가치를 결정하는 요소, 즉 용도, 건폐율, 용적률과 인프라(도로, 전기, 상하수도 등)와 생활시설(공원, 상가, 학교 등) 및 생산시설과의 관계(공장, 항만, 공항 접근성 등)와 부동산 관련 각종 권리(소유권 등)·의무(세금 등)는 기본적으로 국가의 법, 규제, 정책의 산물이다. 한마디로 부동산은 '창조주가 만든 땅'과 '인간이 만든 문명과 국가의 의지'가 결합되어 탄생한 것이다. 도로망이나 전파망(주파수)도 마찬가지다.

21세기 대한민국의 발전을 옥죄는 지대의 선두에 부동산지대가 있다. 물리적, 기술적으로 공급이 힘든 재화라서가 아니라, 법과 규제와 정책을 적절하게 구사하지 못하여 악성으로 변한 것이다. 한국은 지형적 조건, 급격한 도시화(인구집중)와 부적절한 토지이용 규제 등으로 인해 토지·부동산의 자산가치 팽창이 지속적으로 일어났다. 아직도 정확한 규모를 알 수 없는 임차료나 임대료는 부동산지대의 하나일 뿐이다.

경제개발이 본격화된 1964년부터 2013년까지 49년간 쌀값이 50배, 연탄값 55.7배, 휘발유값 77.5배, 명목GDP는 1,933배 오르는 동안 제곱미터당 평균 땅값은 2,976배 올랐다. 2013년 한국의 실질GDP가 1,381조 원일 때 국민순자산은 1경 1,039조 원이었다. 그 중 부동산 자산 총액은 9,789조 5천억 원(땅값 5,848조+건물값 3,941조 5천억)으로, GDP의 7.1배, 국민순자산의 88.7퍼센트에 달한다.[28]

부동산은 본래 위치(소재지, 보유 지역 등)와 용도에 따라 가치가 천양지차다. 부동산 자산(토지, 건물, 주택 등)도 일종의 상품이기에 기본적으로 수요와 공급의 시장원리에서 자유로울 수 없다. 산업화, 도시화, 인구 증가에 따른 인구와 생산시설 집중과 토지 주택에 대한 수요 증가가 기본 변수이다. 그런데 한국은 인구와 산업이 밀집한 도시는 주택, 상가, 공장부지, 공원 등 토지 수요는 많은데, 공급은 적을 수밖에 없다. 게다가 그린벨트, 상수원 보호, 군사시설 보호, 수도권 과밀 억제 등 다양한 이유로 토지 공급을 규제하였다. 게다가 아파트 등 주택에 대한 규제도 촘촘했다. 전국 평균 땅값이 2,976배 올랐다면, 인구와 산업이 집중된 서울, 수도권, 지방 대도시와 산업도시와 도심지나 교통 요지의 부동산값은 훨씬 많이 올랐을 것이다. 산지보다는 농토가, 농토보다는 집이나 상가나 공장을 지을 수 있는 대지의 가격이 더 많이 올랐을 것이다. 자연히 이 지역에 부동산이나 땅(대지)을 소유하고 있는 사람들은 가만히 앉아서 엄청난 불로소득을 얻게 되어 있다.

한국에서 부동산의 가치는 국가권력이 좌지우지해 온 국토 및 도시 계획(도로, 철도, 항만, 공단, 공원 등), 토지주택 규제(용도, 용적률, 청약 자격 등), 부동산 관련 세금(보유세와 거래세)에 따라 크게 요동쳐 왔다. 분양가 자율화와 선분양제 같은 부동산시장 규제, 공기업(토지 주택 공사)의 택지공급 정책과 가격정책, 주택담보인정비율(LTV)과 총부채상환

---

28) "쌀값 50배, 기름값 77배 뛰는 동안 땅값은 3000배 올랐다"(중앙일보 2015. 11. 17).

비율(DTI) 같은 금융규제에 의해서도 요동쳤다. 물론 감정평가에 따라, 또 주관적 기대(투기)수익에 따라서도 크게 요동쳤다.

한국의 수도권–지방, 영남–호남의 지역갈등의 뿌리에 국토운용계획과 지역 간 발전격차에 따른 재산(보유 부동산) 격차와 취업 기회 격차 및 고용임금 격차가 자리하고 있다는 것은 의심할 여지가 없다. 2016년 가계금융복지조사에 따르면 2016년 3월 말 기준 평균 부동산 자산은 7대도시 중 서울이 3억 4,723만 원으로 가장 높고, 그 다음이 대구 2억 9,047만 원, 울산 2억 6,745만 원 순이며, 광주가 가장 낮은 1억 7,444만 원, 그 위가 부산 1억 9,795만 원이다. 9개 도 중에서는 경기가 2억 7,488만 원으로 가장 높고, 전남이 1억 5,124만 원으로 가장 낮고, 그 위가 전북 1억 5,392만 원이다. 가구소득도 울산이 6,018만 원으로 가장 높고, 그다음이 서울 5,357만 원, 부산이 4,387만 원으로 가장 낮다. 9개 도 별로 보면 경기가 5,205만 원으로 가장 높고, 그 다음이 경남 4,815만 원, 전북이 4,111만 원으로 가장 낮다.

한국에서 부동산 투기·투자는 기본적으로 토지이용 계획·규제권과 관련 정보 및 예산을 틀어쥔 정치와 관료 등 고위층이 주도했고, 중산층이 가세했다. 뒤늦게 뛰어든 중산층은 일부는 수혜자가 되고, 다수는 피해자가 되었다.

부동산으로 인한 한국의 생산·분배 구조의 왜곡은 국회의원을 지역구 부동산 소유자들의 앞잡이로 만드는 국회의원 소선거구제만이 문제가 아니다. 국가의 계획과 규제와 세금 제도에 의해 부동산 가치가 요동을 치는 한, 대통령과 유력 정당이라 하더라도 부동산 소유자들의 이해와 요구로부터 자유로울 수가 없었다. 동남권 신공항 건설을 둘러싸고 대구와 부산 정치권이 진영을 초월하여 지역으로 단결하여 격렬하게 대립했던 것을 보면 알 수 있다.

천정부지로 치솟은 부동산값(임차료 포함)은 국민 주거비를 올리고,

땅이 필요한 자본(사업자)에게는 넘기 힘든 진입장벽이 되고 있다. 또한 부동산은 다양한 형태의 재산소득(담보가치와 임대소득)을 창출했고, 지금도 창출하고 있다. 부동산에서 발생하는 임대소득의 상당 부분이 빌딩 관리회사에 가족을 취업시키는 형태 등으로 근로소득으로 외형을 바꾼다는 것은 공공연한 비밀이다. 부동산 불패 시대는 끝났다고 말하지만, 영악한 변호사 홍만표(2011년 검찰 퇴임 당시 재산신고액 13억 원)가 전관예우=현관비리로 번 돈의 대부분을 자신과 부인, 처남 명의로 오피스텔 67채, 자신이 실소유주인 A홀딩스 명의로 56채, 총 123채를 구입하는 데 쓴 것을 보면, 우리의 부동산 관련 이득을 관리하는 시스템이 여전히 허술하다는 것을 알 수 있다. 연예인이나 스포츠 스타가 돈을 벌면 도심 요지에 빌딩을 사고, 고교생들의 선망의 대상 1위가 공무원, 2위가 '건물주 및 임대사업자'인 이유도 여기에 있다.

그럼에도 불구하고 부동산 관련 지대를 획기적으로 줄이는 방법을 나는 알지 못한다. 어쩌면 수십 년의 시간 내지 인구구조가 해결해 줄지 모른다. 하지만 보다 시장친화적인 임대차 법령과 옵션계약 등을 통해 임대인과 임차인의 권리 이익의 균형을 도모하는 정책을 개발할 여지는 많이 있을 것이다.

(2) 국가(권력)지대

한국에서 악성 지대의 핵심 원천은 국가이다. 무엇보다도 국가부문 종사자(공무원과 공공기관 직원)가 심한 지대추구자다. 이들의 권리(임금, 연금, 복지, 고용 등)와 의무는 민주(공화)적으로 제대로 통제되지 않아 왔기 때문이다.

한편 국가는 수요와 공급 혹은 상품, 가격, 공급자를 규율하는 다양한 규제와 정책을 통해 지대를 만들거나 줄일 수 있다. 그런 점에서 국가의 적극적 보장이나 소극적 방조(미필적 고의)와 무관한 지대는 없다. 뒤에 말할 시장의 독과점 내지 갑질 지대도 법과 규제와 정책의 문제이다. 노조지대도 결국은 대기업이나 공공기관에서 노조의 압도적인 힘의 우위를 보장한 노동관계법에 있다. 앞에서 말한 부동산지대는 당연히 국가의 법과 규제와 정책의 산물이다.

사실 국가는 지대의 창조자이거나, 보호자이거나, 방조자다. 다만 한국에서는 그 정도가 너무나 심하다. 한때는 경제 활력과 부(가치)의 창조에 기여했으나, 지금은 경제 활력과 부의 파괴에 복무하고 있다. 아마 분단과 더불어 한국 특유의 부조리일 것이다.

국가는 본질적으로 시장원리와 무관한 독점사업체로서, 재화와 서비스의 가격, 수량, 품질, 공급 여부 등을 자의적·정치적으로 정한다. 또한 권력의 본질은 누군가를 우대, 차별, 배제, 강압(규제)하는 것이다. 국가는 소비자 보호, 과당경쟁 방지(공급자 질 관리), 자연독점, 시장 공급 곤란 등을 명분으로 공급 주체, 공급자 자격, 공급량, 재화와 서비스의 질, 판매가격 등을 일방적으로 정한다. 규제산업, 면허직업, 공기업 등이 대표적이다. 국가는 압도적으로 우월한 지위에 있기에 갑질도 무수히 많이 한다.

국가는 원래 시장(소비자)에 둔감하다. 설상가상으로 국가가 민주공화적 통제마저 벗어던지면, 사양화된 직무와 조직과 인력을 얼마든지 유지시킬 수 있다. 공무원과 공공기관 임직원들의 처우수준을 노동시장 수준에 비해 월등히 높게 유지시키기도 한다.

일반적으로 민주공화적 통제가 제대로 되지 않으면 국가(공공)부문 종사자는 가장 크고 강력한 지대추구자가 될 수밖에 없다. 이는 역사와 전통을 자랑하는 망국병인 가렴주구苛斂誅求가 된다.

한국 공공부문 종사자들의 권리(고용과 임금 등) 수준은 국가(권력)지대의 심각성을 말해 준다. 공공부문의 권리수준은 기본적으로 공무원의 권리수준과 연동되어 있다. 한국에서 공무원 보수 수준은 단지 직업공무원 100만 명이나 공공부문을 넘어 전 사회적인 표준으로 작용하면서, 사회에 국가표준을 통한 지대추구 문화를 확산시키고 공고히 한다.

(3) 시장지대

시장지대는 거래 당사자 간의 '힘(상호 선택권과 거부권)의 불균형', 또는 상충하는 이해관계자 간의 '무기의 비대등성'과 '정보의 비대칭성'에서 연유한다. 한마디로 시장지대는 우월적 지위(무기)를 가진 존재의 갑질(부당한 약탈과 억압)에서 연유한다. 부당하다는 것은 불법일 수도 있고 부도덕하지만 합법적일 수 있다는 의미다.

아무튼 우월적 지위를 가진 존재의 갑질은 원청과 하청(협력업체) 간에도, 공급자와 소비자 간에도, 노동과 자본 간에도, 노동과 노동, 노동과 비노동 간에도 일어나고, 현세대와 미래세대 간에도, 국가(정치, 행정, 사법, 공기업 등)와 민간(기업) 간에도 일어난다.

한국은 수요, 공급, 유통이 독과점화된 시장이 많다. 따라서 거래당사자(갑-을, 공급자-소비자) 간 선택권과 거부권의 비대칭성과 이해관계자 간의 대항력의 현격한 불균형이 발생한다. 시장경제의 대전제인 자유롭고 공정한 경쟁과 거래(계약)로 돌아가는 곳이 의외로 적다.

한국은 시장구조를 뜯어보면 몇 개 업체가 시장을 주도하는 업역이 유달리 많다. 공정위의 '2013년 기준 시장구조조사 결과'(2016. 4. 15 보도자료)에 따르면, 광업·제조업 총 476개 산업 중 독과점 산업은 56개였다. 독과점 수준(CR3=상위 3개 업체의 시장점유율)은 정유(출하액 129조 1,302억 원) 78.3퍼센트, 승용차(76조 1,320억 원) 92.4퍼센트, 화물차(4조 8,041억 원) 95.9퍼센트, 담배(2조 9,777억 원) 100.0퍼센트, 설탕(출하액 1조 1,898억 원) 100.0퍼센트, 맥주(출하액 2조 2,747억 원) 99.9퍼센트 등으로 56개 독과점 산업의 평균 CR3는 92.8퍼센트였다. 이 중에는 담배제조업처럼 국가의 산업정책(전매) 때문에 그리 된 것도 있지만, 기득권 편향의 진입규제 외에는 설명하기 곤란한 독과점 산업도 적지 않다. 단적으로 설탕, 맥주, 위스키 등이 대표적이다.

한국의 임금수준은 산업집중도(독과점 수준)와 높은 상관관계를 갖고 있다. 산업을 좀 더 세분화하여 평균임금을 집계한 재벌닷컴 통계(2013. 5. 27)는 임금수준과 독과점의 높은 상관관계를 보여 준다. 자동차업(부품제조업 포함)의 평균연봉이 8,046만 원으로 1인당 GDP의 3.1배로 가장 높고, 이어 정유업(7,883만 원), 은행업[29](7,466만 원, 시중은행 및 지주회사 포함), 증권업(7,389만 원), 조선업(7,377만 원), 가스제조업(7,272만 원), 보험업(6,687만 원), 철강업(6,671만 원), 통신업(6,320만 원), 항공업(6,183만 원) 순이다. 대체로 1인당 GDP의 2.5배를 상회하였다.

이들 산업의 특성과 수익의 원천을 보면, 자동차, 조선은 엄청난 자본이 투여되는 진입장벽이 매우 높은 글로벌 과점산업이고 국내적으로는 수요독점 산업이다. 정유업, 철강, 가스제조, 항공 산업도 대규모 장치산업으로, 역시 천문학적 설비투자와 거대한 공장부지가 높은 진입장벽을 형성하고 있다. 은행, 증권, 보험, 통신, 항공업과 공공기관(금융공기업 포함)은 기본적으로 규제산업으로 과당경쟁 방지와 불량사업자 원천봉쇄를 명분으로 한 자격, 행위, 가격(요금) 규제 등이 있다. 하지만 유럽, 미국, 일본에서는 자동차도 정유도 가스도 항공도 은행도 증권도 진입장벽이 높지 않아, 우리보다 훨씬 많은 업체들이 치열한 경쟁을 하고 있다.

한국에서 재벌·대기업과 중소협력업체의 상호 선택권 및 거부권의

---

29) 은행·증권은 2011회계연도 기준. 2012년 기준으로 하면 순위가 한두 단계 더 높아질 것이다.

불균형이 심한 것은, 선진 공업국가와는 반대로 정부주도 하에서 수출을 염두에 둔 조립 가공 대기업이 먼저 성립한 다음, 대기업의 부품 국산화 내지 조달처 다변화 전략에 따라 중소협력업체가 생겨났기 때문이다.

한국과 유럽, 영연방(호주, 뉴질랜드 등), 북미, 일본, 중국의 시장과 비교하면, 한국을 제외한 대부분의 경제권들은 공급자도 많고(독과점 업역이 상대적으로 적고), 수요자도 많고, 국가규제는 상대적으로 적다. 휴전선에 의해 대륙과 단절된 한국은 지리, 언어, 문화적으로 사실상 섬나라다. 일본보다 훨씬 작고 폐쇄적인 섬나라다. 게다가 한국은 지대 할당 방식의 산업발전 전략으로 인해 수요자와 공급자 자체가 적다. 다시 말해 지리·인구적 조건과 산업발전의 역사로 인해 수요와 공급이 독과점화 되어 있는 산업(업종)이 많다.

지금은 좀 덜하지만 한국 중소기업은 오랫동안 재벌대기업(납품이나 상사)을 통하지 않으면 해외시장에 접근하기 힘들었기에, 원청·대기업과 하청·중소기업의 힘(교섭력)의 격차가 클 수밖에 없었다. 바로 이런 이유들 때문에 시장(거래와 계약)에 대한 국가 간섭, 통제가 많다.

한국에서 시장이 잘 작동하는 영역, 즉 경쟁과 거래가 자유롭고 공정한 영역 내지 상호 대항력의 균형이 잡힌 영역은 의외로 적다. 이곳은 격차는 클지언정 약탈(초과착취)은 일어나지 않는다. 하지만 독과점, 국가규제 등으로 인해 시장이 잘 작동하지 않는 영역에서는 대체로 먹이사슬 구조가 형성되어 있고, 갑질이 횡행한다. 노동시장과 금융시장이 대표적이다.

한국에서 시장의 불균형에 대한 전통적인 해법은 국가의 더 많고 더 현명한 간섭, 조정, 통제, 보호였다. 불균형, 불공정, 불공평, 갑질 등을 약자의 힘을 강화하여 해결하는 방식은 뒷전에 두고, 약자를 겨냥한 국가의 더 많은 보호와 강자를 겨냥한 국가의 더 많은 간섭, 통제를 통해서 해결하려고 해 왔다. 하지만 국가의 핵심 개입, 조정, 통제 수단인 규제, 감독, 사법, 예산, 금융, 공기업, 공직 인사 등은 최상층 통할자인 정치의 부실(독과점, 혼미, 무능)로 인해 공공적이지도 않고, 유능하지도 않으면서 부동산지대, 국가지대, 시장지대와 노동지대가 점점 더 악성으로 변했다.

(4) 노동지대

속지주의와 속인주의

한국의 부문, 산업, 기업, 근속연수별 임금수준은 생산성 격차와 더불어 노동지대의 수준과 심각성을 잘 보여 준다.

대부분의 문명국에서 빈부격차의 중심에는 개인 또는 가계(가족) 간 소득격차가 있다. 이 대부분은 임금격차에서 연유한다. 그런데 한국에서 소득격차의 핵심인 개인 간 임금격차는 노동시장이 평가하는 개인의 능력(노동의 양과 질)이 아니라 소속 직장의 능력에 달려 있다. 이는 무임승차가 널리 용인된다는 것을 의미한다. 임금에 지대 요소가 크다는 얘기다. 바로 이 점이 한국과 선진국이 확연하게 다른 점이다.

사실 어느 나라나 산업, 기업, 지역별 이윤·임금 격차는 있다. 그런데 개인의 능력(공헌)과 소속 생산집단(부문, 산업, 기업)의 능력이 한국처럼 따로 노는 나라는 거의 없다. 대부분의 문명국에서 개인(노동)의 임금은 산업·지역·직무별 노동시장에서 형성된 임금(가격)과 큰 차이를 보이지 않는다. 선진국에서는 특정 산업, 기업, 지역의 근로자가 고임금이라면, 그는 고임금에 상응하는 고생산성을 발휘한다. 그런데 한국에서는 고임금이라 해서 고생산성을 발휘하는 것은 아니다. 물론 유럽과 미국 등에서도 청년 구직자들이 선망하는 직장은 있다. 당연히 그런 직장의 임금수준은 높다. 하지만 한국과 달리 직장이 고생산성이다. 유럽과 미국에서 청년 구직자들이 선망하는 직장은 개인의 창의, 열정을 최대한 발양시키는 고생산성 직장이다.

유럽은 산별 교섭을 통해 그 가격이 정해진 직무가 주요한 변수다. 반면에 미국은 산별 교섭은 적지만, 자유로운 해고 관행을 통하여 시장원리가 작동한다. 따라서 직무성과에 대한 사회적 평가와 기업(경영인)의 평가에 의해 임금수준이 결정된다. 미국과 유럽은 구직자(노동)도 구인자(자본)도 밥값 못 하는 사람까지 정년을 보장한다는 개념 자체가 없다. 한국처럼 일단 정규직 채용이라는 관문만 통과하면 정년까지 무임승차가 허용되지 않는다. 바로 그렇기 때문에 유럽, 미국, 일본 등에서는 '무슨 일 하는지'를 중시하고, 한국에서는 '어디 다니는지'를 중시한다. 한국이 직무가 아니라 직장을 중시하는 것은 학력, 숙련, 기술, 태도(열정)의 총화인 직무성과(생산성)보다도, 소속 직장이 사람의 운명에 결정적인 영향을 끼친다는 것을 알기 때문이다.

'업(직업, 직무)'을 중시하는 것을 속인주의, '소속(땅, 지위, 계급, 가족)'을 중시하는 것을 속지주의라고 해 보자. 한국에서 소속 직장의 성과나 능력을 그 종사자의 권리 이익으로 전환하는 한국 특유의 제도적, 사상적 뿌리에는, 집단의 성과를 개인의 성과와 동일시하는 가족주의 내지 속지주의적 임금관이 있다. 여기에 쟁취·약탈주의적 고용임금관이 포개져 있다. 고용임금은 본래 노동시장에서 정해지는 상품 가격이라는 개념 자체가 없다는 얘기다. 그래서 현대차 노조의 임금인상 요구에는 거의 매년 순이익 30퍼센트 분배 요구가 빠지지 않는다.

개인(노동) 간 격차를 기업 간 격차의 산물로 보는 사고방식 내지 노동시장의 이중화를 생산물시장의 이중화의 단순 투영이라고 생각하는 사고방식의 뿌리는 정말 깊다. 한국 특유의 노동시장의 이중화와 좋은 직장 정규직(영구직) 취업 몸부림은 고용과 임금에 대한 한국 특유의 사유체계를 빼놓고 설명할 수가 없다. 노동시장론이나 고용체제론을 얘기하는 사람들은 이 특이한 생각이 낳은 통계적 현상에 대해서는 많은 분석을 하지만, 그 뿌리가 되는 '생각 자체'를 짚지는 않았다. 한국에서 직장은 사실상 집(가족)처럼 여기는 사람이 많다. 직장과 가족은 같을 수가 없는데, 사람은 아무래도 보고 싶은 것만 보고, 취하고 싶은 것만 취하는 경향이 있다. 한국에서 괜찮은 직장 입사는 그 집의 일원(가족)이 되는 것이다. 모든 입사가 그런 것이 아니고 오직 괜찮은 직장 입사만 그렇다. 그만큼 고용임금이 경직되어 있기 때문이다.

직장을 집으로, 직장인을 가족으로 생각하면 사람 팔자는 '하는 일'이 아니라 '소속'에 따라 갈린다. 임금 등 근로조건이 직무·성과가 아니라 소속 직장의 지불능력에 따라 천양지차가 난다는 얘기다. 가족은 대가를 지급하지 않고 가치를 주고받는 관계다. 그래서 이것이 심해지면 '가족이 아니라 가축'이라는 비아냥이 나온다. 임금을 개인의 직무·성과의 함수가 아니라 직장의 수익 창출 능력의 함수로 생각하면, 즉 직장의 일원=가족이 되면 자동적으로 그 수익에 대한 권리가 생긴다고 생각하면, 무조건 부잣집에 들어가야 팔자가 핀다. 마당쇠를 해도, 머슴질을 해도 부잣집에 들어가야 한다. 지금도 이런 기업이 있을 것이다. 아무튼 가족관계에서는 부모는 자식에 대해 무한책임을 지는 존재고, 자식은 부모에게 얼마든지 요구할 수 있는 존재다. 또한 자식은 부모의 재산과 수입에 대한 권리가 생긴다고 생각한다. 동서고금을 막론하고 가족 내부자와 외부자 사이에는 건널 수 없는 강, 넘을 수 없는 장벽이 존재한다. 그래서 부잣집 식구와 가난한 집 식구의 생활수준 차이를 당연하게 생각한다. 직무에 따른 근로조건 표준 개념, 즉 '동일노동 동일임금'도 애초에 생길 수가 없다. 이런 사유체계에서는 회사 울타리 안에서는 기세등등하던 '동일노동 동일임금' 논리도 회사 울타리를 넘어가면 자취를 감춘다. 식구(가족) 사상이야말로 정직원=정규직(내부자)과 비직원=비정규직(외부자) 간의 커다란 격차 내지 차별의 뿌리다. 개인(가족)이든 기업이든 '각자도생주의'의 뿌리이기도 하다.

부잣집에 들어가는 관문(고시, 공시, 입사시험·면접 등)만 통과하면, 다시 말해 정식 근로계약만 체결하면, 아무리 일을 못해도 정리해고와 징계해고 외에는 해고시킬 수 없게 만든 근로기준법과 노동문화가 관문 통과에 더 사활을 걸게 만들었다. 전통적 고용임금 사상을 1987년 이후 노동운동과 진보운동이 만든 노동관계법이 더욱 공고하게 만든 것이다. 일단 입구(관문)만 통과하면 중간에 평가, 검증, 퇴출, 재교육하는 장치가 없는 것은 선진국에서는 좀체 찾아보기 힘든 한국 특유의 부조리다. 이는 바른 말 하는 노동자나 교수를 함부로 해고(재임용 탈락 등)하던 행태를 무력화시킨 1987(고용) 체제의 유산인데, 이제는 빛보다는 그늘이 크게 되었다.

한국에서 공무원, 교원, 의사, 변호사로 일단 임용되거나 자격만 취득하면 정년까지, 혹은 죽을 때까지 그 자격을 유지한다. 중간중간에 직무와 적성이 맞는지, 자격증이나 자리에 걸맞은 실력이 있는지를 검증하는 장치가 사실상 없다. 어떻게 보면 인턴, 임시직, 계약직 등이 이런 장치가 될 수도 있는데, 남용 가능성이 있다면서 이를 없어져야 할 비정상으로 여기면서 좋은 직업, 직장으로 들어가는 관문 통과 경쟁이 훨씬 치열해져 버렸다.

한국에서 최고의 부잣집은 정부(공무원)와 공공기관이다. 그다음이 규제산업과 재벌대기업이다. 가난한 집은 무한경쟁 시장에 놓여 있는 중소·영세 기업이다. 소속 직장에 따라 고용, 임금, 복지 및 사회적 대우가 과거의 양반과 노비만큼 차이가 난다. 같은 임금근로자라 해서 연대성도 없고, 직무가 같다 해서 연대성도 없다. 오히려 같은 직장의 퇴직자(OB)와 현직자 사이에 연대성이 있다. 이는 전관예우 등 마피아 현상의 뿌리다. 물론 국가가 자격을 공인하고 배타적 영역을 보호하는 면허직업(교사, 의사, 변호사, 약사, 변리사 등)은 연대성이 있는데, 이는 18~19세기 유럽의 기능공들처럼 자영업과 소기업 형태로 생산활동을 해왔기 때문이다.

더 심각한 문제는, 부잣집이 부잣집인 이유가 높은 생산성(글로벌 경쟁력)이 아니라는 사실이다. 공무원은 세금을 걷어서 자신들이 임의로 설정한 — 재벌대기업과 규제산업과 공기업을 기준으로 삼았다 — 높은 근로조건을 충족시킨다. 공공기관과 규제산업도 그 수익의 원천은 불완전경쟁시장의 초과이윤, 곧 지대다. 재벌대기업은 높은 생산성과 지대가 섞여 있다. 독과점, 갑질, 진입장벽 등에 의한 초과이윤을 누리는 재벌대기업도 많기 때문이다.

이렇듯 한국의 속지주의적 사고방식의 역사적, 문화적 뿌리는 정말로 깊다. 이는 개체성보다는 (집단과의) 관계성을 중시하는 동양적 사고까지 거슬러 올라가야 할지 모른다. 한국의 속지주의는 부잣집 자식이라면 응당 그 부모가 축적한 부를 물려받아야 한다는 동서양에 보편적인 관념이, 한국의 오랜 가족주의적 문화를 도약대로 하여, 자유로운 계약사회인 직장의 담을 훨쩍 넘어들어 온 모양새다. 그래서 한국에서는 직장 자체가 유럽, 미국에 비해 상대적으로 내부자와 외부자를 가르는 담벼락이 매우 높은 폐쇄적인 공동체로 운영된다.

동서고금의 거의 모든 문화권은 가족 구성원의 무임승차를 당연하게 여긴다. 문제는 사랑이나 호혜적 연대로 맺어진 공동체가 아니면서 큰 멤버십 이득=무임승차를 허용하거나 주장하는 집단이 한국에 유달리 많다는 것이다. 가족 내에만 머물러야 할 무임승차주의가 직장의 담벼락을 넘어 들어온 것이다. 기업으로 넘어 들어온 가족주의적 고용 임금 문화와 체계는 내부자(정규직)와 외부자(비정규직, 협력업체)를 '우리 식구'와 '남의 식구'처럼, 조선시대의 양반과 상놈처럼, 정실 자식과 서자처럼 차별한다.

연공임금지대와 지대추구적 고용임금사상

제조업 10인 이상 사업체를 대상으로 한 조사에 따르면, 1년 미만 근속자 임금을 100으로 할 때 한국은 20~30년 미만 근속자 임금이 313, 일본 241.6, 독일 191.2, 프랑스 146.3, 영국 156.7이고, 임금을 철저하게 생산성과 연동시킨 스웨덴은 10~15년 미만이 피크인 116.1이고, 20~30년 미만은 오히려 줄어 110.8이다.

제조업 근속연수별 임금격차 국제비교(1년 미만=100)

	한국	일본	독일	프랑스	이탈리아	영국	스페인	스웨덴
1~6년 미만	134.9	129.8	128.4	113.2	126.6	116.1	114.6	110.9
6~10년 미만	188	148.5	157.6	124.5	129.2	125	125	115.7
10~15년 미만	211.1	168.7	166.2	132.6	136.9	134.3	133.5	116.1
15~20년 미만	261.9	202.5	170.6	143.3	140.6	139.2	149.8	114.6
20~30년 미만	313	241.6	191.2	146.3	152.7	156.7	168.2	110.8

1. 고용노동부 임금구조 기본통계조사(2010)에서 계산(제조업, 10인 이상 사업체 대상)
2. 한국 및 일본 초과급여 제외 월임금총액, 유럽 월임금총액
3. 한국 및 일본 근속연수 범주는 1~6년 미만→1~5년 미만, 6~10년 미만→5~10년 미만

근속연수별 임금격차(제조업) 국제비교

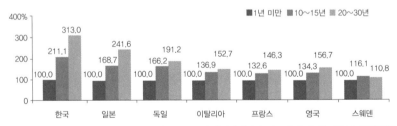

자료: 김동배, "정년연장과 임금체계 개편", 한국노동연구원, 고용률 제고를 위한 임금직무혁신 토론회(2013. 10)

이 통계는 한국에서 중장년 장기근속자 1명이 청년 신참자 3명 몫을 가져간다는 것을 의미한다. 물론 전자의 생산성 내지 숙련도가 다소 높겠지만, 후자의 3배는 아닐 것이다. 철저한 생산성 임금제를 취하고 있는 스웨덴의 임금체계로 볼 때 10~15년 근속자가 생산성이 가장 높

은지도 모른다. 연공임금체계로 인해 단기근속자나 신참 청년 근로자나 출산에 따라 경력이 단절된 여성은 하는 일(생산한 가치)에 비해 적게 받을 수밖에 없고, 장기근속자나 고참 중장년이나 경력단절이 없는 남성은 그 반대다.

주된 수혜자가 중장년 남성 근로자인 연공임금체계는 기업으로 하여금 중장년 장기근속 근로자에 대해 강력한 밀어내기(인력사업 구조조정) 충동을 일으킨다. 반면에 구조조정 대상자에게는 정리해고는 살인적 충격으로 다가오면서 결사항전 의지를 다지게 한다. 한국의 중장년 근로자가 고용안정에 집착하는 이유는 얇은 사회안전망 탓도 있겠지만, 주된 이유는 생산성에 비해 월등한 임금을 보장하는 연공임금체계로 인해, 다니던 곳을 나와서는 비슷한 수준의 임금을 받을 수 있는 곳을 절대로 찾지 못하기 때문일 것이다. 기업은 유사시 정리해고가 엄청난 비용을 초래하기에, 잘나갈 때라도 청년 직고용을 기피하게 되어 있다. 근속연수에 따라 임금과 직급이 가파르게 올라가는 한국식 연공임금체계는 한국 대기업과 공공부문에 강고하게 남아 있다.

박병원 한국경총 회장에 따르면(2016. 2. 18) 한국의 300인 이상 기업의 79.7퍼센트는 능력이나 성과와 무관하게 근속연수에 따라 임금이 상승하는 연공임금체계를 채택하고 있다. 그런 점에서 연공임금, 연공서열 체계는 예외나 비정상이 아니라 정상으로 간주된다고 보아야 한다. 따라서 연공임금체계를 적용받지 못하는 중소기업 근로자는 열패감과 박탈감에 빠질 수밖에 없다. 이것이 중소기업의 구인난과 대기업 취직난의 뿌리 중의 하나이다.

한국에서는 대기업-중소기업 간, 정규직-비정규 직 간, 남성-여성 간, 공공-민간 간에 근속기간의 격차가 크다. 근속기간에 따라 임금이 크게 차이가 나는 연공임금체계로 인해 양자간 임금격차가 크게 벌어지게 되어 있다. 한국에서 청년 일자리 문제를 엄청나게 악화시킴에도 불구하고, 이상하게도 잘 거론하지 않는 것이 바로 연공임금지대, 한마디로 세계에서 가장 가파른 호봉제다.

자본이 다양한 방식으로 만들어 낸 지대를 노동지대(초과임금)로 전환하는 것이 가족주의, 연공주의와 약탈(쟁취)주의다. 약탈주의는 고용임금을 생산성(수요와 공급에 따른 시장원리)의 함수로 보는 것이 아니라 교섭력(투쟁력)의 함수로 보는 사상이다. 이들 '주의'는 고용임금 관련 기업의 전략, 고용문화, 노사역관계와 국가규제 및 정책의 산물이다. 특히 노동관계법과 노조의 조직 형태가 큰 영향을 미친다.

한국은 엄격한 해고 규제(철밥통 당연시)와 파업시 대체인력 투입 금지 및 사업장 점거 파업 허용 등으로 인해 대기업과 공공기관에서는 노조가 압도적으로 힘의 우위에 있다. 이 곳의 임금수준 및 체계와 단체협약은 노조 갑질=지대추구의 증거다.

요컨대 한국 특유의 지대의 원천은 자본 또는 집단이 획득한 지대를 개인이 누리는 것을 당연시하는 가족주의(내외차별주의와 무임승차주의)와 기업별 노조의 고용임금 사상이다. 노조운동의 본령이 기업횡단적인 직무에 따른 근로조건의 표준(공정가격)을 형성한다는 개념 자체가 실종되어 있기 때문이다. 연공임금체계는 1960~80년대는 발전의 촉진제였지만 지금은 그 반대로 되었다. 속지주의적이고 약탈주의 내지 지대추구적인 고용임금 사상과 연공임금 지대를 결사적으로 지지 옹호하는 주력부대는 공공부문 임직원과 대기업 노조이다. 산업별로는 규제산업과 공기업 주도 산업이다. 세대별로는 중장년 세대이다.

3. 한국사회의 지대 양산 구조

한국사회는 부동산, 국가, 시장, 이념이 결합하여 부와 권리가 특정 지점에 집중되게 만들어 놓았다. 씨를 뿌리기만 하면 별 노력 없이도 높은 소출=지대를 얻는 비옥한 토지 같은 곳이 너무 많다. 이 비옥한 토지는 (공공)부문일 수도 있고, (규제)산업일 수도 있고, 면허직업일 수도 있고, 압도적으로 우월한 지위를 가진 갑일 수도 있다. 지대를 정당화하는 이념은 무임승차를 허용하는 고용임금 사상일 수도 있고, 연공임금체계일 수도 있다. 이 비옥한 토지들의 소출은 본질적으로 다른 사람이 창조한 가치를 약탈한 것이다. 다시 말해 국가의 인위적 가치 할당 또는 국가의 약탈·억압 방조로 인해 사실상 거저 주어진 것이다.

별 노력 없이도 높은 소출을 거두는 비옥한 토지 같은 곳이 있으면 대부분의 사람은 땀 흘려 자신의 토지를 일구기 위해 노력하는 것이 아니라, 좋은 토지를 갖기 위해 노력하거나, 좋은 토지를 가진 집안의 식구가 되기 위해 노력한다. 사실 이것이 한국의 교육·시험 경쟁이나 취업경쟁의 본질이다. 지대가 과잉이거나 합리적으로 관리되지 않는 시장에서는 경제주체들은 생산적 활동 보다는 좋은 땅=자리를 확보하거나, 좋은 위치=소속=지위를 확보하여 지대추구에 매진하게 된다. 고교생들의 로망이 건물주, 공무원, 공공기관 직원이 되거나 국가독점 면허직업을 갖는 것으로 된 것은 한국이 지대 관리를 제대로 하지 못하고 있다는 명명백백한 증거다. 결국 인간의 창의와 열정이 질식하고, 시장생태계가 황폐화된다.

유럽, 미국, 일본, 중국, 인도와 지리, 인구, 역사, 시장, 산업구조가 확연히 다른 한국에서 지대 문제를 빼놓고 빈부격차나 일자리 문제를 얘기할 수 없다. 지대는 소속과 위치(위계와 서열)에 따라 우대와 차별이 극심한 한국사회의 모순·부조리를 예리하게 포착하는 정말로 중요한 개념이다. 사물현상의 본질을 꿰뚫어보게 하는 훌륭한 안경이다.

그 어떤 문명국도 자연, 국가, 시장이 만든 지대는 있다. 문제는 한국은 권력의 무한확장과 독특한 우대와 차별 사상을 내장한 조선 성리학의 유산, 지리·지형적 조건(고립된 '섬나라'의 작은 시장과 엄청난 토지이용 규제), 국가주도 지대할당 방식의 산업화와 급격한 도시화(인구집중)와 독특한 고용임금 사상 등으로 인해 지대 과잉의 조건을 너무나 많이 갖추고 있다는 것이다.

4. 내 것과 남의 것을 분별하는 눈의 부재

지대는 내 것과 남의 것, 내 자리와 남의 자리를 분별하는 눈이다. 제 값, 제 몫과 제 자리, 제 소명, 제 자격(주제)을 분별하는 눈이기도 하다. '각자 마땅히 가져야 할 몫과 자리' 개념은 이상적인 시장경제와 민주공화정, 그리고 전지전능한 '신의 눈'을 의식해야 생겨난다.

'각자 마땅히 가져야 할 몫, 소명, 자리' 개념이 없으면 사회는 '힘센 놈'의 약탈·쟁취 판이 된다. 권좌와 예산은 '먹는 놈'이 임자가 된다. 임금, 연금, 복리후생, 고용안정, 승진조차도 직무성과에 따른 기업횡단적인 근로조건의 표준(노동시장의 공정가격)이 아니라 단결투쟁력으로 쟁취해야 할 어떤 것이 된다. 따라서 자신을 지킬 무기가 부족한 을, 미조직 노동자, 영세 자영업자, 청년 구직자, 미래세대 등이 가혹한 약탈과 억압을 당할 수밖에 없다.

'각자 마땅히 가져야 할 몫, 소명, 자리' 개념이 없으면, 누가 어떻게 부를 약탈하고, 권좌를 찬탈하고, 자유를 억압하는지 알지 못한다.

그렇게 되면 오히려 가치를 창조하는 존재(자본, 재벌, 대기업 등)를 묶고 때리고 내쫓고, 반면에 약탈과 억압을 일삼는 존재(국가, 공무원, 노조 등)에게 오히려 더 센 몽둥이와 더 많은 족쇄와 오랏줄을 쥐여 주는 일이 일어난다. 이렇게 되면 사회적 유인보상체계가 훼손되면서 경제사회적 활력도 실종된다. 자유, 민주, 진보, 공화, 공공, 복지 등 민주공화국의 핵심가치도 몽땅 실종된다. 왜곡된 정의·공정이 사회의 건강한 기풍과 가치생태계를 파괴하고 황폐화하는 독극물로 된다.

한국의 소득분배 구조와 고용임금 격차가 나쁜 것은 소수의 과점 때문만이 아니다. 개인의 실력과 생산성에 따라 지위와 처우가 결정되고 또 유동적인 것이 아니라, 소속 직장의 지불능력에 따라 사람의 계급이 결정되고, 연공에 따라 지위와 역할이 결정되기 때문이다. 실은 이 때문에 소득분배 구조와 고용임금 격차가 점점 더 악화되어 간다. 직장계급 사회, 연공서열 사회, 공공양반 사회에서는 청년의 직장·직업선택의 기준은 소명, 꿈, 직무적성이 아니라 압도적으로 임금, 복지, 안정성이다. 시장, 경쟁, 개방을 차단하여 많은 지대를 제공받는 직장이나 직업을 얻는 것이다. 그러니 용케 선망하는 직장 진입에 성공한 엘리트라도 막상 직무적성이 맞지 않아 마음이 떠나 버리는 일이 비일비재하다. 이는 공무원, 교사, 판사, 의사 등 선망의 직업인 중에서 적지 않다. 당연히 실패한 사람은 그 모멸감과 억울함 때문에 마음이 떠난다. 종종 나라를 떠나기도 한다. 염불보다 잿밥이 먼저인 본말전도 사회, 가치 창조가 아니라 가치 쟁취가 중심인 지대추구 사회는, 살인적 경쟁을 하는 하층, 말단, 실무자는 선진국보다 유능할지 몰라도 상층, 중심, 결정자로 갈수록 점점 무능해진다. 사회는 활력이 생길 수 없다. 자리 차지하기 경쟁과 갈등만 극심하다. 물질적 문화적 생산력이 총체적으로 퇴보한다. 어느 사회든지 변화, 혁신, 도전의 선봉인 청년에게 최악의 시스템은 청년 세대만 찌그러뜨리는 것이 아니라 사회의 활력과 공동체 전체를 찌그러뜨리기 마련이다.

권력의 관여, 개입 범위 자체를 줄이고, 권력이 바르게 행사되도록 수평적 견제도 만들고, 수직적(민에 의한) 통제장치를 만들어야 한다. 동시에 공공—민간, 갑—을, 생산자—소비자, 자본—노동, 조직노동—미조직노동, 노동—비노동, 현세대—미래세대 등 이해관계자의 힘=대항력의 균형을 회복해야 한다. 모든 직장의 고용임금의 유연성과 공정성을 제고해야 지대(멤버십 프리미엄)가 줄어들면서 가치체계가 바로서고, 대한민국이 산다.

5. 합법적이지만 부당한 약탈과 강압

지금 한국 정치·경제·사회·문화의 총체적인 붕괴 위기의 뿌리는 '합법적이지만 부당한 약탈과 강압'이 만연한 데 있다. 부당한 약탈과 강압은 곧 폭력인데, 그 중심에는 국가·권력이 있다. 부당한 약탈과 강압이 추구하는 것은 '경제적·사회적 지대', 즉 합법적·제도적 약탈이다. 이는 잘 작동하는 시장에서 결정되거나, 잘 작동하는 민주공화정이 부여하는 몫(자산, 소득, 이윤, 임금, 연금, 임차료 등), 자유, 권리, 이익, 혜택, 권한보다 월등히 많은 것을 가져가고, 누리는 것이다.[30]

지대추구가 만연한 것은 국가·권력(그리고 그 부문 종사자) 스스로가 지대추구를 하거나, 특수이익집단의 지대추구 행위를 방조하기 때문이다. 개발연대(1960~80년대)에도 국가·권력에 의한 약탈과 강압은 심했지만, 적어도 최상층 권력(박정희와 전두환)은 국가·권력 부문 종사자

---

30) 최저임금의 급격한 인상에 따른 중소·영세기업과 근로자의 불만을 돌리기 위해, 어려움의 원흉으로 지목된 상가임차료를 지대라 하는데, 이것이 시장원리에 의해 정해졌다면 경제적 지대라고 말할 수 없다.

의 지대추구를 막았고, 노조 등 특수이익집단의 지대추구도 억눌렀다. 지대는 수출·제조업·기술 관련 분야에 집중하여, 오히려 성장과 분배를 선순환시켰다. 다만, 부동산지대 관리에는 실패하였다.

국가·권력은 폭력(약탈과 강압)이 본령이기에, 사회주의 국가가 증명했듯이 국가·권력이 과대·과잉이면 반짝 성공은 할 수 있어도, 오래지 않아 국가와 사회가 몰락, 붕괴하게 되어 있다. 민주주의 체제에서 국가·권력이 과대·과잉이면, 이를 움켜쥐기 위한 권력투쟁으로 날이 새고 날이 지게 되어 있다. 그렇게 되면 독재로 회귀하거나, 아니면 특수이익집단의 합법적·제도적 약탈이 만연하여 모든 가치생태계가 피폐해지고, 정치·경제·사회·문화가 다함께 퇴행하다가 사회가 해체, 몰락하게 되어 있다.

1987년 이후 대한민국은 개방화, 자유화, 민영화에 따라 지대가 줄어든 분야도 제법 있지만, 국가·권력에 의한 지대추구와 지대추구 방조 현상이 점점 심해져 오다가, 문재인 정부에 이르러서는 극단적으로 심해졌다. 국가·권력 부문 종사자를 대폭 늘리고(공공부문 일자리 81만 개), 이들에 대한 개혁을 가로막고(노조 양대지침 폐기), 지대추구 집단의 중핵인 노조와는 강철대오를 형성했기 때문이다. 사실 이는 19세기 조선의 모순 부조리와 거의 같다. 조선 관리(지방관과 아전)의 자리에는 대한민국 공무원이 가 있고, 지방의 양반사족의 자리에는 시장경쟁으로부터 자유로운 공공기관 및 규제산업 종사자와 대·공기업 조직노동, 신분보장 된 교수 등이 가 있다.

대한민국은 국가·권력이 너무나 비대하다. 뒤집어 얘기하면 시장과 사회공동체와 개인이라는 사적자치 내지 자율책임 영역이 과소하다는 얘기다. GDP 대비 정부 수입과 지출만 보면 결코 비대하다고 할 수 없지만, 시장과 사회공동체와 개인에 대한 유·무형의 영향력을 보면 OECD 국가 중 최고일 것이다. 국가·권력의 과대는 국가권력에 의해 일방적으로 강제(결정, 조정, 통제, 약탈, 강압)되는 것들이 많다는 것을 의미한다.

국가·권력의 과대는 권력기관인 대통령과 비서실, 행정 각부, 국회의원과 국회, 공천권자와 정당, 지자체장과 지자체, 감사원, 검찰, 국세청, 공정위, 금융위, 공기업, 법원 등 권력기관(구성원)이 좌지우지하는 것이 너무 많다는 것이다. 그 핵심 수단은 규제, 형벌, 사법(재판), 공기업과 정부가 갑질을 할 수 있는 경제예산 등이다. 게다가 국회만 제외하고, 과대권력을 행사하는 권력기관은 견제받지 않고 인사권과 감사권 등을 마구 휘두를 수 있는 그 수장이 기관 전체를 쥐락펴락할 수 있다.

그런 점에서 국가·권력 자체가 과대하고, 그 힘은 중앙이나 상층(인사권자)에 집중되어 있는데, 권력기관 간 견제와 균형은 잘 작동하지 않고, 또 권력기관 또는 수장에 대한 아래로부터의 통제도 잘 되지 않는다. 달리 말하면 권력기관과 그 수장의 갑질에 시장과 사회와 개인과 (권력기관의 하부) 구성원들이 무방비 상태로 노출되어 있다고 할 수 있다. 권력기관이 사회의 보편 상식과 양심을 얼마든지 짓밟고 왜곡할 수 있다는 얘기다.

"절대권력은 절대 부패한다"는 말이 맞다면, 견제받지도 통제받지도 않으면서 풍부한 젖과 꿀, 그리고 미운 놈에게 먹일 사약과 오랏줄을 맘대로 주무르는 '과대권력'이 제 역할을 하지 못할 것은 당연한 일이다. 이 권력은 승자독식을 넘어 '패자 역적'이나 '패자 멸문'을 지향하기에 권력을 둘러싸고 사생결단의 대결이 필연이고, 따라서 정치의 본말전도도 필연이다. 정치의 목적이 권력쟁취 그 자체가 되면, 권력을 얻으면 경쟁 상대 제거와 권력 재생산에 올인하고, 권력을 잃으면 어떻든 역적이나 멸문을 피해 쉼없이 정권을 물고 뜯고 할퀴어야 한다.

이렇게 해서 한국은 권력의 '과대, 집중, 부실'이 악순환을 이루어, 온 사회가 국가·권력의 갑질(약탈과 강압)에 찢기고, 눌리고, 뒤틀린다. 권력에 기대거나, 권력을 활용한 약탈(지대추구)과 억압도 만연한다.

국가·권력은 본질이 공적인 폭력=강권력이다. 권력은 본래 우대와 차별의 질서, 즉 지대를 만들어 주요한 가치를 할당하기에 도덕과 이념을 필요로 한다. 성리학이든 파시즘이든 사회(민주)주의든, 국가주의적 이념을 필요로 한다. 그러므로 권력과잉은 곧 폭력의 과잉이요, 도덕과 이념 과잉(도덕적, 이념적 잣대로 단죄)으로 나타난다. 선진국이라면 사적자치(시장과 사회 혹은 이해관계자의 합의)나 지방자치나 공공성과 전문성을 가진 전문가들의 판단에 맡길 만한 일을 도덕과 이념을 표방하는 권력이 판단한다. 권력과잉은 시장과 사회(커뮤니티)와 개인과 기업의 사적자치(자율책임)에 대한 불신(오작동)을 먹고 자란다.

문재인 정부가 거세게 밀어붙인 최저임금 1만 원, 52시간 근무제, 비정규직 규제, 친노조, 반(反)구조조정, 공공부문 팽창, 탈원전, 문재인 케어 정책 등은 사정을 잘 아는 전문가나 비용을 부담할 사람들을 무슨 "(사익만 밝히는) 음험한 마피아", "신자유주의자", "탐욕스런 자본가" 등으로 싸잡아 깡그리 무시하지 않으면 그렇게 일방적, 강압적으로 밀어붙일 수 없는 정책이었다.

'경제적·사회적 지대'는 경제적 잉여나 자리에 대한 합법적 도적질의 결과이다. 단지 특정한 소속(멤버십), 위치(자리), 지위, 땅을 가졌다는 이유로, 잘 작동하는 시장이나 민주공화정이 인정하는 수준을 훨씬 넘는 몫을 차지하는 것이다. 바꿔 말하면 누군가는 응당 자신이 가져가야 할 몫을 빼앗긴다는 것을 의미한다. 합법적 도적질이 횡행하는 사회는 가치생태계가 황폐화되고, 약탈·쟁취·사수로 인한 균열과 갈등이 필연이다. 그렇다면 합법적 도적질 면허를 부여받은 국가부문으로 인재들이 쏠리기 마련이다.

권력과대와 지대과잉은 개인과 사회가 가진 발전 에너지를 실력을 쌓거나 생산성을 향상하도록 몰아가는 것이 아니라, 더 좋은 자리, 특히 권력에 더 가까운 자리를 차지하도록 몰아간다. 지대과잉, 곧 합법적 제도적 약탈의 만연은 동서고금의 역사(국가흥망사)가 검증한 가장 확실한 망국병이다. 사회를 소모적 경쟁과 갈등으로 몰아가고, 사회적 상벌체계=유인보상체계=가치체계를 왜곡한다. 직장계급사회, 공공양반=민간천민 사회, 연공계급사회, 부동산계급사회, 학위·학벌·면허증 계급사회, 영세자영업자[31]와 청년세대의 내부 식민지화는 지대추구사회의 다른 이름이다.

이렇듯 한국의 수많은 소모적 갈등과 퇴행 현상의 뿌리에도 과대권력과 과잉지대에 따른 가치전도가 자리하고 있다. 하는 일에 비해 월등한 권리를 누리는 좋은 자리를 차지한 사람은 극단적인 고용안정에 매달리게 된다. 그러면 좋은 위치=소속을 확보하기 위해, 수백 대 일의 경쟁을 뚫고 들어온, 한때 성실하고 유능했던 사람들이, 별로 노력하지 않아도 땅에서 샘솟는 부를 원천으로 하여 제공되는 기업복지, 연공임금, 단체교섭 임금에 튼실한 고용보장에 취해 점점 나태해지고 무능해진다. 한 사회의 부를 가장 많이 소모하고, 가장 중요한 권능을 가진 곳이 오히려 더 나태하고, 방만하고, 늙고 병들어 버리는 것이다. 동서고금을 막론하고 가치전도·본말전도 사회, 엘리트들을 나태하게 만드는 사회가 망하지 않은 경우는 없었다. 대한민국은 이대로 가면 진짜 '헬조선'이 되지 않을 수 없다. 권력과잉과 지대과잉은 20세기 한국의 성장과 통합(산업화, 민주화)의 엔진이자, 21세기 한국의 소모적인 경쟁(가치전도), 갈등(균열), 지체, 퇴행의 원흉이기도 하다.

---

31) 2003~12년 자영업자 폐업자 수는 794만 명이고, 창업 3년 후 자영업자 폐업률은 한국 60퍼센트, OECD 평균 15.8퍼센트, 미국 6.8퍼센트, 일본 11.8퍼센트다. 한국 자영업자의 82.6퍼센트가 생계형 창업이며 도·소매와 음식·숙박업과 같이 창업이 손쉬운 업종이다.

제5장
너무 높이 잡은 표준

1. OECD 임금보고서가 말하는 진실

다양한 국제 비교 통계는 우리가 보통 수준이라고 생각하는 임금수준이 우리의 생산력(1인당 GDP) 수준에 비해 매우 높다는 것을 보여 준다. 경제사회발전노사정위원회가 발간한 『2014 임금보고서』(2015. 2. 12, 부제 '국제비교 임금통계의 이해와 활용')에 따르면, 임금근로자 전체를 망라한 피용자보수 통계자료를 활용하여 도출한 2013년 기준 풀타임 근로자의 구매력(PPP) 환산 임금은 한국이 3만 6,354달러로 이탈리아(3만 4,561달러)나 일본(3만 5,405달러)보다 약간 높고 프랑스(4만 242달러)보다 약간 낮다.

OECD '2015 임금 과세(Taxing Wages)' 보고서는 상용직 5인 이상 사업체 근로자(1600만 여명) 평균 임금(총액 기준)을 비교하였는데 "구매력평가 기준으로 한국의 근로자 평균임금은 46,664달러(원화로는 3,978만1075원)로 OECD 14위"라고 하였다. 이는 일본(46,884)과 거의 같고, 스웨덴(46,379달러), 핀란드(46,165달러), 프랑스(44,136달러), 이탈리아(40,426달러), 캐나다(39,438달러), 스페인(39,029달러)보다 더 높은 수치다.

2014년 1인당 GDP(구매력 환산)를 기준으로 환산해 보면 한국 근로자 평균임금은 1인당GDP의 1.32배다. 일본은 1.24배,[32] 핀란드 1.14배, 스웨덴 1.04배, 프랑스 1.09배, 캐나다 0.89배다. 한국의 부문·산업·기업 규모별 임금격차가 매우 크다는 것을 감안하면, 1,600만여 명의 평균임금보다 훨씬 높은 한국 대기업과 공공부문 및 대기업의 임금이 얼마나 높은지 짐작할 수 있다.

OECD 임금과세(Taxing Wages) 보고서 근로자 평균임금과 GDP(구매력 환산) 배수

	한국	일본	스웨덴	핀란드	프랑스	이탈리아	캐나다	스페인
평균임금 (구매력 환산)	46,664	46,884	46,379	46,165	44,136	40,426	39,438	39,029
GDP (구매력 환산)	35,485	37,683	44,695	40,455	40,445	34,455	44,519	32,975
평균임금/GDP =PPP	1.32	1.24	1.04	1.14	1.09	1.17	0.89	1.18

(GDP는 2014년 IMF 기준)

한국의 상용직 5인 이상 기업 근로자들의 평균임금이 높게 나오는 것은 통계 대상(집단), 구매력평가 기준(GDP와 PPP의 간극), 연공임금 체계와 장시간 노동=적은 고용인원 등이 중첩되어 있기 때문이다. 즉, 통계 모집단이 상용직 5인 이상 사업체로 되어 임금근로자의 28.5

---

32) 배규식에 따르면 일본 후생노동성 2016년 말 통계(賃金構造基本統計調査 2016)에서 일본 전체 근로자의 월평균임금은 30만 4천 엔(한화 3,098만 원)이고, 평균연령은 42.2세, 근속연수는 11.9년(한국은 6.2년)이며, 연봉으로는 364만 8천 엔(3,717만 3천 원)이다. 일본 대졸자 초임은 기업 규모와 관계없이 대략 월 20만 엔(한화 200만 원 정도), 50대 초반이면 대기업 남성의 월급은 50만 2천 엔, 중기업은 40만 6천 엔, 소기업은 34만 엔 정도. 기업 규모별 차이가 적지 않지만, 한국만큼은 아니다.

퍼센트(2012년 기준)를 차지하는 1~4인 기업 종사자가 통계에서 빠져 있다.

물론 이들의 임금 및 복지 수준이 상용직 5인 이상 사업체와 엇비슷하면 빠져도 상관없다. 하지만 한국은 기업 규모와 종사자 지위에 따른 임금격차가 그 어떤 나라보다 크고, 1~4인 기업 종사자의 임금은 통계 대상(1,600만여 명) 보다 많이 낮기 때문에 OECD 통계는 한국의 임금수준을 더 높게 보이게 만든다. 문제는, 최저임금 수준을 정할 때는 이렇게 부풀려진 통계를 기준으로 하려고 한다는 것이다.

또 하나, 한국의 구매력 환산(PPP) 임금이 미국 달러화 기준 무역(교환)환율 환산 임금에 비해 1.23배나 높은 것은 무엇보다도 주거비(주택임차료), 공공요금, 이·미용, 세탁, 택시, 식당 등 서비스요금이 너무 싸기 때문이다. 이는 한국의 양극화 구조와 관련이 있다. 예컨대 통계청의 2014년 8월 경제활동인구조사 통계에 따르면 임금근로자의 50퍼센트가량이 월 200만 원 미만을 받고 있는데, 이들이 집중된 산업은 도매 및 소매업, 숙박 및 음식점업, 사업시설관리 및 사업지원서비스업, 보건업 및 사회복지서비스업, 예술·스포츠 및 여가관련 서비스업, 협회 및 단체, 수리 및 기타개인서비스업 등이다. 이들은 과거 조선으로 치면 양반들의 고상한 삶을 떠받치는 노비 역할을 한다고 보아야 한다. 싱가포르로 치면 이웃 국가에서 유입한 저임금노동자 같은 역할이다. 우리 청년들은 딱히 갈 곳이 없어서 이곳으로 밀려오고, 외국인 노동자들까지 가세한다. 바로 이런 산업(업종)들이 우리의 구매력 기준 소득을 끌어올리는 데 적지않은 역할을 한다.

한국의 구매력 환산 임금이 높은 또 하나의 이유는, 한국에만 있는 전세제도 등이 주거비를 떨어뜨려 임금의 구매력을 높이기 때문이다. 반면에 고등교육비나 사교육비는 비중 있게 고려되지 않았기 때문이다.

GDP(구매력 환산)와 GDP(미국 달러 기준)의 격차

	한국	일본	스웨덴	핀란드	프랑스	이탈리아	캐나다	스페인
GDP(구매력 환산) =A	35,485	37,683	44,695	40,455	40,445	34,455	44,519	32,975
GDP(USD환산) =B	28,739	37,540	57,557	50,451	45,384	35,512	50,577	30,113
A/B	1.23	1.00	0.78	0.80	0.89	0.97	0.88	1.10

(2014년 IMF 기준)

실제 구매력 기준이든 무역환율 기준이든 한국의 대기업과 공공부문의 임금이 높다는 것은 의심할 여지가 없다.

2013년 기준 우리나라의 가처분 구매력임금은 4만 782달러로 OECD 34개국 중 3위다. 스위스(5만 3,296달러), 노르웨이(4만 2,166달러) 다음이고, 일본(3만 7,452달러), 미국(3만 6,549달러), 독일(3만 4,945달러), 스웨덴(3만 4,044달러)보다 높다. 한국의 가처분 구매력임금은 OECD 평균(2만 9,592달러)의 1.38배다.

'2015 임금과세(Taxing Wages)' 보고서의 핵심은 제목 그대로 조세격차(Taxing Wages)다. 한국의 아이가 없는 단신 근로자의 평균임금은 5만 1,466달러인데 조세격차는 21.5퍼센트에 불과하다. 소득세로 4.6퍼센트 내고, 사회보장세는 근로자분 7.6퍼센트, 고용주분 9.3퍼센트다. OECD 평균은 36퍼센트이고, 미국은 31.5퍼센트, 일본 31.9퍼센트, 스웨덴 42.5퍼센트, 프랑스는 48.4퍼센트나 된다. 한국보다 조세격차가 작은 나라는 칠레(7.0%, 소득세가 아예 없다), 뉴질랜드(17.2%), 멕시코(19.5%), 이스라엘(20.5%)뿐이다. 이렇게 소득세와 사회보험료(사회보장세)로 떼 가는 돈이 적다 보니, 한국의 세후 순소득(4만 421달러)은 스위스(6만 6,506달러), 룩셈부르크(6만 158달러), 노르웨이(5만 9,355달러), 네덜란드(5만 9,280달러), 호주(5만 3,170달러)에 이어 세계 6위다. 미국, 독일, 프랑스, 영국, 일본(3만 6,691달러)을 모조리 제쳤다. 인구 5천만 이상 나라 중에서는 1위다.

낮은 소득세부담률은 누구나 알고 있는 부조리다. 그러나 우리 정치권은 이를 고칠 엄두도 내지 못한다. 상층 수백만 명의 기득권을 건드렸다가는 선거에서 낭패를 볼 수 있다고 판단하기 때문일 것이다. 이 외에도 실효세율이 낮게 유지된 뿌리 깊은 이유가 여럿 있다. 기본적으로 관에 의한 가렴주구의 역사가 남긴 상처와 불신도 깊고, 세금으로 사는 공무원들의 임금, 연금, 복리후생 수준도 너무 높고, 예산 낭비도 너무 심하여 증세를 과감하게 밀어붙이기 힘들기 때문이다.

한국의 5인 이상 기업의 평균임금(구매력 기준) 수준과 낮은 세금에 힘입은 세후 순소득 수준을 보면 오랜 수수께끼들이 주르르 풀린다. 왜 인구 대비 한국인 해외여행객이 그렇게 많은지, 해외 돈 씀씀이는 왜 그리 헤픈지, 역으로 외국인들의 돈 씀씀이는 왜 그리 쪼잔한지(검소한지) 등.

2. 17개 산업대분류별 임금수준의 불편한 진실

한국이 생산력(1인당 GDP)이나 생산성에 비해 (지대 기반) 이상異常 고임금이라는 것은 수많은 통계와 체험을 통해서 확인된다.

"2018년 임금근로 일자리[33] 소득(보수)결과"(통계청, 2020.1.22)에 따르면 평균소득이 가장 높은 산업은 전기·가스·증기 및 공기조절공급

---

33) 2018년 12월 임금근로일자리에서 하루 이상 근무한 근로자로, 4대사회보험(국민·건강·고용·산재)과, 직역연금(공무원연금·군인연금·사학연금·별정우체국연금)에 가입된 약 1,828만 개 일자리의 근로자를 모두 포함. 나머지 임금근로일자리(약 73만 개)의 근로자는 국세청으로부터 제공받은 표본자료를 활용해 추정한 결과임. 소득세법상 사업소득자로 간주되는 특수형태근로종사자는 제외. 단, 행정자료를 활용하는 특성 상 소규모 농가의 근로자, 사업장이 일정치 않은 근로자 등의 미신고 근로자는 불포함.

업(619만 원), 금융 및 보험업(617만 원), 정보통신업(396만 원), 제조업 및 공공행정·국방 및 사회보장행정(381만 원) 순이다. 반대로 가장 낮은 산업은 숙박 및 음식점업(132만 원), 사업시설관리·사업지원 및 임대서비스업(189만 원), 협회 및 단체, 수리 및 기타 개인 서비스업(198만 원) 순이다. 저임금산업은 진입장벽이 낮은 완전경쟁 산업이며, 고임금 산업은 국가독점 공기업이 주도하는 산업이거나, 민간 독과점 슈퍼갑산업이거나, 시장참여 자격과 상품·가격(수수료, 이자) 등에 대한 국가규제가 심한 규제산업이거나, 세금에서 소득을 얻는 공무원(공공행정·국방 및 사회보장행정)이다.

2018년 산업대분류별 소득 및 평균 연령·근속기간

(만 원, 세)

구분	평균 소득	중위 소득	평균 연령	평균 근속기간	2017년 평균소득	2018년
계	297	220	43.9	5.1	287	2,341.9
농업, 임업 및 어업	198	163	46	2.5	203	12.5
광업	400	350	51.2	7.7	399	1.5
제조업	381	300	42.3	6	366	468.2
전기, 가스, 증기 및 공기조절공급업	619	596	42.3	12.1	617	9.6
수도, 하수 및 폐기물 처리, 원료재생업	317	279	48.8	5.2	298	10.3
건설업	234	168	48.1	2.5	239	207.3
도매 및 소매업	252	190	41.5	3.5	238	300.6
운수 및 창고업	292	240	47.7	6.1	286	115.3
숙박 및 음식점업	132	110	39.8	1.9	122	149.2
정보통신업	396	320	38.7	5.8	389	73.4
금융 및 보험업	617	519	42.5	9.3	612	100.6
부동산업	240	187	53.3	3.4	229	109.2
전문, 과학 및 기술서비스업	346	253	41.6	4.4	334	90.0
사업시설관리, 사업지원 및 임대 서비스업	189	175	47.3	2.6	177	149.9
공공행정, 국방 및 사회보장 행정	381	363	43.2	11.1	369	117.4
교육서비스업	372	315	42.9	8.7	366	142.0
보건업 및 사회복지서비스업	225	171	45.5	3.3	211	195.5
예술, 스포츠 및 여가관련서비스업	223	180	39.4	3.8	226	24.5
협회 및 단체, 수리 및 기타 개인 서비스업	198	164	47	3.7	183	63.4
국제 및 외국기관	420	405	48.7	15.7	388	1.3

일자리개수

*일자리 1만 개 미만인 "가구내 고용활동및 달리 분류되지 않은 자가소비 생산활동"은 미공표

한국의 대표적인 고임금 산업들의 고임금의 기반은 공정한 시장이 검증한 높은 생산성이 아니다. 당연히 세계적 보편성이 아니다. 단적으로 1인당 국내총생산(GDP) 대비 은행원 평균연봉 비율을 보면 한국은 203퍼센트인 데 반해 미국은 101퍼센트에 불과했다(금융위원회, 2015. 9. 9). 한국의 1인당 GDP는 2만 8,486달러인데 은행원 평균연봉은 5만 7,941달러이고, 수천 개의 은행이 자유경쟁을 하는 미국은 1인당 GDP는 5만 4,412달러인데 은행원 평균연봉은 5만 4,760달러에 불과하다. 은행업의 원조국들인 영국, 프랑스, 독일, 스페인 등 유럽권 은행원의 평균연봉은 1인당 GDP의 152~183퍼센트 정도였다. 가까운 일본은 146퍼센트, 대만 134퍼센트, 호주 115퍼센트였다. 1인당 GDP가 한국의 4분의 1 수준(7,594달러)이며 국유은행이 주력인 중국은 1만 6,242달러(214퍼센트)였다.

1인당 국내총생산(GDP) 대비 은행원 평균연봉 비율

(%)

중국	한국	영국	프랑스	독일	스페인	일본	대만	호주	미국
214	203	183	173	170	152	146	134	115	101

(1인당 GDP는 2014년 기준. 은행원 평균연봉은 국가별 자료 입수 시기에 따라 일부는 2013년 또는 2015년 기준)

자료: "은행원 연봉, 1인 GDP 대비 美보다 2배 높다"(조선일보 2015. 9. 10)

조선일보에 따르면, 계약직 비중이 높은 여직원을 제외하고 대졸 남자직원만 따로 분류하면 국민은행(1억 400만 원), 신한은행(1억 300만 원) 등 대부분 은행에서 평균연봉은 1억 원 내외다.

최근 한국금융연구원이 발표한 '2014년 금융인력 기초통계 분석 및 수급 전망' 보고서에 따르면, 연봉이 1억~1억 5000만 원인 은행원이 전체의 23%, 1억 5000만 원 이상이 2.1%였다. 초임도 높다. 남자(군필자)는 5000만 원, 여자는 4500만 원 정도다. (이로 인해) 한국은 영업 활동 전반에 들어가는 판매관리비 가운데 인건비가 차지하는 비중이 미국 등 선진국보다 훨씬 높다. 미국 상업은행들의 판매관리비 대비 인건비 비중 평균치는 45.5%인 반면 국내 은행은 이 비율이 62.2%에 달한다.

(조선일보 2015. 9. 10)

은행의 2014년 사업보고서와 한국노동연구원의 임금자료를 분석한 장하성도 은행의 이익은 "정부로부터 인가받은 보호된 규제로부터 파생되는 이익이며, 특정 소수에게만 허용되는 인가 때문에 발생하는 과점 이익"이라고 하였다(장하성, 『왜 분노해야 하는가』, 101쪽).

은행권과 대·중소기업 평균임금 비교(2014)

	국민은행	신한은행	하나은행	우리은행	대기업	중소기업
대졸 남자 평균임금 (만 원)	10,400	10,300	10,000	9,500	5,800	3,600
국민은행 대비 수준(%)	100.0	99.0	96.2	91.3	55.8	34.6
명목GDP(2,945만 원) 대비 수준	3.53	3.50	3.40	3.23	1.97	1.22

자료: 각 은행의 2014년 사업보고서; 한국노동연구원 대기업·중소기업 임금자료
(장하성, 100쪽, 재가공)

실질임금 상승률(2008~2014년, %)

국민은행	신한은행	하나은행	우리은행	대기업	중소기업	근로자가구 경상소득	근로자가구 임금소득	GDP 증가율
35.0	28.6	23.4	20.3	6.7	4.6	5.8	5.0	20.9

자료: 장하성, 100쪽

은행은 예금의 원금 보장에 대한 최종적인 책임을 정부가 지는 '공공성을 지닌 기관'이며, 은행의 이익은 규제 이익이면서 동시에 과점이익이라는 것을 고려한다면 은행의 임금 수준이 기업의 임금 보다 두세 배 높다는 것은 쉽게 정당화 되지 않는다. 뿐만 아니라

2008년 금융위기 이후 2014년까지 6년 동안의 임금상승률도 기업보다 훨씬 더 높았다. (…) 금융위기 이후에 은행의 실질임금 상승률이 기업 임금과 가계 소득 실질 증가율의 4~6배에 이르는 것은 어떤 합리적 설명으로도 받아들이기 어려운 결과다.

(장하성, 102-103쪽)

그런데 장하성은 말하지 않았지만, 우리의 (사실상) 국책은행인 한국산업은행, 중소기업은행, 한국수출입은행, 농협중앙회, 수협중앙회, 한국은행 등의 임금 기준은 이들 민간은행의 90~95퍼센트라는 것이 공공연한 비밀이다.

한국산업은행 1인당 평균보수액(2011~2016)

(천 원)

구분	2011	2012	2013	2014	2015	2016(예산)
정규직	93,363	94,672	88,565	89,754	94,350	93,850
무기계약직	40,841	46,314	53,361	45,320	54,362	55,076

국책은행장 연봉 기준도 마찬가지다. 이들을 관리하는 재경부 관료들도 이런 관행을 묵과하거나 적극적으로 조장한다. "금융 인재들을 빼앗기지 않기 위해서"라면서, 또 퇴임 후 자신들이 갈 자리이기도 하니까!

한국생산성본부가 발표한 '2013년 노동생산성 국제비교 결과'(2015. 8. 4)에 따르면 대표적인 규제산업인 금융보험업과 정보통신업의 생산성은 세계적으로 생산성이 높은 제조업의 115.6퍼센트, 93.6퍼센트다. 반면에 과당(무한)경쟁산업으로 알려진 유통·운수·음식·숙박업과 기타서비스업의 노동생산성은 제조업의 27.0퍼센트, 18.1퍼센트에 불과하다. 자영업자 비중이 매우 높고 노동시간도 길기 때문일 것이다. 유통·운수·음식·숙박업의 자영업자 비중은 한국이 42.0퍼센트인 데 반해 OECD 평균은 15.8퍼센트이며, 기타서비스업 자영업자 비중은 한국 37.9퍼센트, OECD 평균 17.4퍼센트다.

주요 서비스업종별 시간당 노동생산성의 상대적 수준(2013)

(%)

	한국 제조업 대비	동종산업의 각국 제조업 대비 노동생산성				4개국 (단순)평균
		독일	프랑스	영국	이탈리아	
유통·운수·음식·숙박업	27	41.5	37.2	44.6	50.6	43.5
정보통신업	94	47.7	45.9	67.8	65.6	56.8
금융보험업	115.2	79.6	79.1	72.1	71.1	75.5
전문·과학· 관리·지원서비스업	39	50.3	46.1	53.1	70.5	55.0
기타서비스업	18	27.2	31.7	27.2	62.0	37.0

3. 독과점지대

한국의 산업과 기업의 임금수준은 산업집중도(독과점 수준)와 높은 상관관계를 갖고 있다. 공정위(2016. 4. 15)에 따르면, 2014년 4월 기준 자산규모 5조 원 이상 '상호출자·채무보증제한 대규모 기업집단'은 총 63개이고 계열사 수는 1,677개이다. 이 같은 대규모 기업집단이 광업·제조업 전체 출하액의 51.5퍼센트, **부가가치의 49.4퍼센트, 고용(종사자 수)은 18.8퍼센트**를 차지하고 있다. 제조업과 마찬가지로 고용 비중(18.8%)에 비해 부가가치 비중(49.4%)이 매우 높다는 것을 알 수 있다. 이는 대규모 기업집단의 생산성이 높다고도 볼 수 있고, 관점을 달리하면 고용이 적다고도 할 수 있다. 산업을 좀 더 세분화하여 평균임금을 집계한 재벌닷컴 통계(2013. 5. 27)는 임금수준과 독과점의 높은 상관관계를 보여 준다(제4장 '2. 지대의 원천과 성격'의 '(3) 시장지대' 참조). 또 앞에서 보았듯이 어느 나라에서나 강한 규제를 받고 있는 은행도, 유독 한국만 고임금이다.

주요 업종 직원 평균연봉 및 산업 특성(2012)

업종	직원 수 (명)	평균연봉 (만 원)	1인GDP (2,560만 원)의 배수	산업특성(필자)
자동차	143,179	8,046	3.1	글로벌 과점+수요독점
정유	8,409	7,883	3.1	장치산업+과점산업
은행	98,468	7,466	2.9	아주 강한 규제산업
증권	30,308	7,389	2.9	강한 규제산업+과점산업
조선	63,546	7,377	2.9	산업특성(글로벌 과점)
가스제조	6,165	7,272	2.8	산업특성(시설기준)
보험	35,683	6,687	2.6	강한 규제산업
철강	47,127	6,671	2.6	장치산업+과점산업
통신	47,157	6,320	2.5	망산업+과점산업
항공	27,969	6,183	2.4	망산업+과점산업

(2012회계연도 기준. 증권·보험은 2011회계연도 기준)
자료: 재벌닷컴

한국 산업의 독과점화는 20세기 초 미국처럼 치열한 시장경쟁의 산물이 아니다. 1960~70년대 수출전략산업 육성 차원에서 초기부터 유치산업 보호를 위한 각종 특혜를 제공했다. 애초부터 독과점과 국가규제로 돌아가는 시장을 만든 것이다. 그런데 1990년대 이후 개방 체제에서 외국기업과 제대로 된 경쟁구도가 만들어지지 않았음에도 불구하고, 독과점 구도를 적극적으로 혁파하려고 하지 않았다. 시장의 현격한 힘의 격차를 시정하지 않았던 것이다.

4. 자동차산업의 불편한 진실

현대기아차를 포함한 완성차회사의 임금 등 근로조건은 수요와 공급이 잘 작동하는 노동시장의 공정가격에 비해 월등히 높다. 단적으로 원화 기준 연봉(임금)은 한국 자동차 5사 평균은 9,072만 원인 데 반해, 일본 토요타는 8,391만 원, 독일 폭스바겐은 8,303만 원이다. 1인당 GDP를 기준으로 연봉을 비교하면 한국 5사는 2.85배, 토요타 2.04배, 폭스바겐 1.74배였다. 매출 대비 인건비 비중은 한국 5사 12.3퍼센트(현대차는 15%에 근접), 토요타 5.8퍼센트, 폭스바겐은 9.9퍼센트에 불과했다. 임금수준이든 인건비 비중이든 자동차 5사 평균보다 현대기아자동차가 높은 것은 말할 것도 없다.

완성차회사의 생산직 임금과 매출액 대비 인건비가 높다는 것은 다른 이해관계자(주주, 협력업체, 비정규직, R&D 분야 등)에게 갈 몫이 줄어든다는 것도 누누이 얘기했다. 조철(산업연구원 선임연구원)은 한국 자동차산업 위기의 원인으로 (완성차회사의) 높은 비용구조, 낮은 R&D 투자, 완성차회사와 부품공급사 간의 양극화를 지목하였다.

경쟁사에 비해 높은 임금과 인건비를 만든 현대기아차 노조의 파업 성향은 타의 추종을 불허한다. 현대차 노조는 1987년 설립 이후 1994년, 2009~2011년의 4년을 제외하고 32년간 매년 파업을 벌였다. '광주형 일자리' 저지 파업을 감행한 2018년은 2012년 이후 7년째 연속 파업이었다. 기아차 노조도 1991~2017의 27년 중 25년 동안 매년 파업을 벌였다. 그러나 토요타는 1962년 무파업 선언을 한 이후 56년째 파업을 하지 않고 있다. 토요타 노조는 2003년부터 4년간 자발적으로 임금동결을 선언했다.

한국 자동차 5사와 주요 경쟁사의 임금 및 생산성 비교

	한국 자동차 5사	일본 토요타	독일 폭스바겐	비고
임금(연봉)	9,072만 원	8,391만 원 (832만 엔)	8,303만 원 (65,051유로)	
1인당 GDP(2017)	29,744달러	38,428달러	44,470달러	1달러=1070.5원
1인당 GDP 대비 연봉(2017)	2.85배	2.04배	1.74배	
매출액 대비 인건비(2017)	12.3%	5.8%	9.9%	
대당 조립시간(HPV)(2015)	26.8시간	24.1시간	23.4시간	
매출액 대비 R&D지출 비중	2.8%	3.6%	5.7%	

자료: 한국자동차공업협회, IMF, 한국경제신문 기사[34] 종합

하는 일(노동시장의 공정가격) 혹은 생산성(창출한 가치)에 비해 엄청나게 높은 임금과 지대추구형 파업을 질기게 감행한 후과는 1996년 이후 완성차회사들로 하여금 한국에 자동차공장을 지을 엄두도 내지 못하게 만든 것이다.

5. 직장계급사회

한국노동연구원의 '광주형 일자리 창출 모델 연구용역 최종보고서'에 따르면 2014년 기준 기아차 광주공장 정규직 평균연봉은 1억 원, 사내하청 평균 5천만 원, 1차협력사 4,700만 원, 그 사내하청 3천만 원, 2차협력사는 2,800만 원, 그 사내하청은 2,200만 원이었다. 현대자동차 등 한국 자동차·조선·석유화학 산업 등 거의 모든 산업에서 비슷한 양상을 띤다. 예컨대 현대차 근로자의 연평균임금은 약 9,400만 원, 1차 부품업체(10곳)는 5,700만 원, 2차 부품업체(17곳) 3,400만

---

34) "토요타 '56년 무파업'… 현대車 노조는 32년간 툭하면 파업", 2018. 7. 16(https://www.hankyung.com/economy/article/2018071668301)

원, 3차 부품업체(12곳) 2,300만 원이다.[35]

광주 기아차나 현대자동차의 가치생산 사슬에서 드러난 임금격차는 숙련(노동의 질)이나 생산성 격차와 거의 무관하다. 동일한 노동이라 하더라도 그 임금수준은 소속이 어디냐에 따라 천양지차이기에 가히 '직장계급사회'의 징표라 할 만하다. 원청인 기아차나 현대차에 책임을 물을 수도 없다. 원청이 1차 부품업체의 단가를 좀 올려 준다고 해도 2차, 3차 등 가치생산 사슬 전반의 격차 문제가 자동으로 해결될리가 없다.

이 같은 임금체계는 현대기아차와 그 1차 협력업체 같은 비교우위 산업·기업의 국내투자와 (정규직) 고용을 위축시킨다. 운 좋게 이곳에 들어간 근로자들은 평소 생산성에 비해 월등히 높은 처우를 누려 왔기에, 해고는 살인이나 다를 바 없는 충격이어서, 고용의 경직성은 필연이다.

고용형태별 인원 및 연간임금

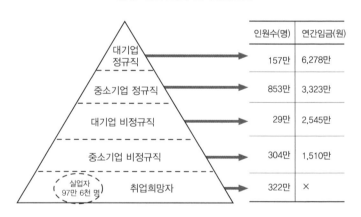

(취업희망자는 '실업자+시간관련 추가취업가능자+잠재경제활동인구'로, 체감실업자 개념)

출처: 고용노동부, 『2014년 노동조합 조직현황』;
고용노동부, 『2014년 고용형태별 근로실태 조사』;

---

35) "더 벌어진 대기업·中小 임금 격차 줄여야 靑年 고용 는다"(조선일보 2015. 3. 21).

통계청, 「2015년 경제활동인구 조사」; 박병원, "절체절명의 일자리 창출 전략: 서비스업의 투자활성화와 경쟁력 강화", 국회 미래전략자문위원회 보고서, 『미래를 위한 제언 2016(국회사무처, 2016), 318쪽

허재준이 작성한 '한국 노동시장의 부문별 차이'에 따르면, 2014년 기준 '대기업 & 유노조 & 정규직' 근로자 수는 136만 명인데 평균 월급은 392만 원이었다. 반면에 '중소기업 & 무노조 & 비정규직' 근로자 수는 485만 명, 평균 월급은 134만 원으로 대략 3분의 1 수준이었다. 근속연수는 13.4년 대 2.3년, 신규채용률은 6.2퍼센트 대 54.4퍼센트였다.[36]

한국 노동시장의 부문별 차이

	대기업&유노조 &정규직	중소기업&무노조 &비정규직	전체 평균
월평균임금(만 원)	392	134.5	223.4
근속연수(년)	13.4	2.3	5.6
신규채용률(%)	6.2	54.4	31.3
국민연금 가입률(%)	99.5	34.2	68.4
건강보험 가입률(%)	99.8	40.9	71.8
퇴직금 적용률(%)	99.6	36.4	68.9
상여금 적용률(%)	99.1	36.6	70.4
근로자수(천 명)	1,353	4,852	18,397
(비중, %)	(7.4)	(26.4)	(100)

자료: 허재준, "일자리 창출과 노동시장 구조개선을 위한 노사정의 역할"(2014. 11); 통계청, "경제활동인구조사 부가조사"(2014. 3)에서 계산

---

36) 세상 물정 모르는 사람들은 이 통계에 근거하여 비정규직을 정규직으로 바꾸고, 무노조를 유노조로 바꾸면, 즉 노조조직률을 올리고, 이게 여의치 않으면 노조가 맺은 단체협약 효력을 주변으로 확장하면 상향평준화시킬 수 있다고 생각한다. 그런데 이런 얘기를 하는 사람조차도 중소기업을 대기업으로 바꾸거나 중소기업을 많이 만들지 못하도록 규제하자는 주장은 하지 못한다. 상식적으로 말이 안 된다는 것을 알기 때문이다. 그런데 무노조를 유노조로, 비정규직을 정규직으로 바꾸는 문제와 중소기업(근로자)를 대기업(근로자)으로 전환하는 문제가 그리 다르지 않다. 최저임금 규제 등을 통해 저임금 노동자를 고임금 노동자로 상향, 전환하자는 주장도 마찬가지다.

허재준의 표에는 서울지하철 2호선 구의역 사망사고를 통해 드러난, 스크린도어 수리업체 '은성PSD 내의 임금격차', 즉 서울메트로 출신 정규직 월 442만 원(연 5,304만 원), 김군 등 청년 비정규직 및 정규직 월 140만~200만 원(연 1,680만~2,400만 원)는 대기업과 중소기업의 격차로 뭉뚱그려져 있다. 서울메트로의 일반직 임금은 2015년 기준 근속연수 평균 22년에 연 6,446만 원이며, 서울메트로 출신 이직자들은 이 금액의 80퍼센트 수준의 임금을 받기로 묵계가 되었다고 한다. 문제는 독점 업역을 가진 서울메트로의 근로자들의 임금이, (1인당GDP 등을 기준으로 비교할 때) 비슷한 일을 하는 해외 노동자들의 임금에 비해 월등히 높다면, 이는 일종의 국민 착취라는 것이다. 하지만 현재로서는 해외 지하철 노동자들의 근로조건을 알 수가 없다. 현대기아차의 가치생산 사슬의 임금격차나 은성PSD의 임금격차는 선진국에서는 상상할 수도 없는 악질적 격차다. 서울메트로 노조 및 퇴직자들의 야만적 중간착취 내지 출신성분에 따른 계급의식의 산물이다. 이는 서울메트로라는 공기업에 대한 민주적 통제 실패의 증거다.

유노조 근로자와 무노조 근로자의 임금격차는 교섭력 격차 외에 기업 규모 및 산업별 격차와 근속기간에 따른 격차가 중첩되어 있다. 유노조는 대체로 대기업이거나 공공부문이며 또 장기근속자고, 이들은 연공임금 체계에 따라 생산성에 비해 높은 임금이 지급된다. 대기업 및 공공부문 – 유노조 – 장기근속 – 가파른 연공임금체계는 밀접한 상관관계가 있다. 또한 대기업은 대체로 초과이윤을 누리는 독과점 기업이거나 규제산업이거나, 삼성전자·현대기아차 같은 세계적인 초대기업이다. 이들은 예외없이 소비자나 협력업체에 대해 압도적으로 우월한 지위에 있다. 뿐만 아니라 대기업의 상당 부분은 정부가 통제하는 공기업 및 공공기관이다. 여기엔 백 퍼센트 노조가 있고, 노조는 자신들만의 '신의 직장'을 만드는 것을 사명으로 하고 있다. 공기업과 공공기관을 통제할 권한과 책임이 있는 관료는 (유럽, 미국, 일본과 비교하건, 한국의 평균 또는 중위 수준과 비교하건) 스스로가 신의 직장 수준의 근로조건을 누리고 있기에, 공기업과 공공기관에 대한 통제를 할 명분도 없고, 동기도 없다.

지난 10년 동안 비정규직 축소(사용 억제)와 정규직—비정규직 및 대기업—중소기업의 임금격차 축소를 줄기차게 고창해 왔음에도 불구하고, 격차의 핵심인 대기업—중소기업 임금격차는 축소는커녕 확대되어 왔다. 대기업은 정규직에 장기근속자 비중이 높고, 중소기업은 비정규직에 단기근속자 비중이 높기에, 정규직—비정규직 임금격차도 점점 커지는 것으로 나타날 수밖에 없다.

6. 공무원 처우(표준)

한국에서 공무원의 임금, 연금, 복지, 고용안정성 등은 일반직 공무원과 국공립교 교사와 직업군인 등 130만 명[37]에게만 적용되는 표준이 아니다. 공공기관을 넘어 전 사회적인 표준으로 작용한다. 당연히 청년 일자리, 결혼, 저출산 문제에 엄청난 영향력을 미친다.

공무원과 공공기관의 고용과 임금은 국가가 만든 어떤 기준(표준)에 의해 정해진다. 공무원의 기본급은 호봉표에 나와 있다. 공무원 보수 기준은 '민간임금접근율'이라는 지표로 관리한다.

---

37) 연금(공무원연금과 군인연금) 납입자를 기준으로 보면 2017년 현재 공무원 일자리는 128만 3천 개이다.

통계표명: 공무원 보수 추이

(%)

	2004	2007	2010	2013	2014	2015	2016	2017	2018
민간임금접근율	95.9	89.7	84.4	84.5	84.3	83.4	83.2	86.0	85.2
공무원처우개선율	3.9	2.5	0	2.8	1.7	3.8	3.0	3.5	2.6

출처: 인사혁신처 '민관 보수수준 실태조사' 결과

[지표 설명: 공무원 보수 민간임금접근율]

- 비교 대상 민간임금: **상용근로자 100인 이상 사업체의 사무관리직 보수**(매년 6월 보수 기준)

- 비교 대상 보수는 초과근로시간에 연동된 변동적 초과급여를 제외한 임금총액이며, 공무원의 경우는 고정초과급여를 임금총액에 포함시킴. 비교방식은 공무원과 민간과의 학력수준과 연령 등 근로자 구성의 차이를 통제하고 격차지수를 산출하는 '피셔(Fisher) 방식'임

자료: e나라지표(http://www.index.go.kr/potal/
main/EachDtlPageDetail.do?idx_cd=1021)

이 기준으로 공무원 보수 수준을 따져 보니, 2004년에 95.9퍼센트까지 접근했다가 경향적으로 떨어져 2014년 84.3퍼센트, 2016년에는 83.2퍼센트까지 내려왔다가, 문재인 정부 출범 이후 2017년 86.0퍼센트, 2018년에 85.2퍼센트로 소폭 올랐다. 그런데 '박봉'의 공무원 임금(연 5,591만 원)은 2014년 연말정산자 1,668만 명 중 상위 16퍼센트(2,633,277등), 중간연봉(2,225만 원)의 2.5배, 평균연봉(3,172만 원)의 1.8배, 1인당 국민소득(GNI) 2,968만 원의 1.88배였다. 공공부문의 처우수준은 기본적으로 공무원의 보수기준 자체가 매우 높게 설정되어 있기 때문이다. 한국에서 공무원 보수체계는 단지 직업공무원 100만 명에게만 적용되는 표준이 아니다. 공공부문을 넘어 전 사회적인 표준으로 작용한다.

2017년 기준 상용근로자 100인 이상 사업체의 총 종사자 수는 482만 653명으로, 총 종사자 1,773만 6,224명의 27.2퍼센트, 총 취업자 2,672만 5천 명의 18퍼센트다. 상층근로자라는 얘기다.

사업체 수 및 종사자 수(2017)

규모별	2017년					
규모별	사업체 수	총 종사자 수 (명)	자영업자	무급가족 및 기타종사자	상용근로자	임시 및 일용근로자
전규모	2,017,707	17,736,224	1,253,671	1,218,045	12,641,647	2,622,861
1~4인	1,253,681	3,390,187	894,840	273,551	1,558,059	663,737
5~9인	461,609	2,955,493	282,304	125,221	1,979,334	568,634
10~29인	222,693	3,461,415	67,284	254,990	2,709,427	429,714
30~49인	38,875	1,456,281	5,320	204,024	1,082,160	164,777
50~99인	24,370	1,652,195	2,853	161,679	1,309,759	177,904
100~199인	10,230	1,384,900	864	96,407	1,124,660	162,969
200~299인	2,815	678,386	145	35,063	553,005	90,173
300~499인	1,803	681,230	52	32,789	544,553	103,836
500~999인	1,052	718,057	8	20,076	581,306	116,667
1000인이상	579	1,358,080	1	14,245	1,199,384	144,450
100인 이상 계	16,479	4,820,653	1,070	198,580	4,002,908	618,095

자료: 통계청(kosis.kr)

국세청 2018년 통계연보(2018. 12. 27)에 따르면 2017년 귀속 근로소득세 연말정산자(총1,801만 명)의 평균급여액은 3,519만 원(월 293만 2,500원)이고, 1인당 명목국민소득은 3,364만 원임을 감안할 때, 공무원의 평균소득이 얼마나 높은지 알 수 있다.

2013년 기준 프랑스 공공부문 종사자 규모는 19.8퍼센트다. 프랑스 공공부문은 국가 244만, 지방 191만, 병원 115만 명으로 구성되어 있다. 최광웅의 조사에 따르면 프랑스 공무원 평균연봉은 2015년 말 현재 3만 2,395유로(명목)로 민간인 1인당 명목소득 3만 133유로의 1,075배에 불과하다(2014년 비非농업분야 근로자의 중위연봉 2만 1,667유로). 물론 여기에는 전체적으로 노동시간이 짧고 파트타임 근로자가 많은 현실이 반영되어 있을 것이다. 그런데 한국의 공무원 보수는 대략 1인당 국민소득 또는 GDP의 2배에 근접한다. 당연히 노동시간이 긴 탓도 있다. 그런데 긴 노동시간도 공무원과 공공부문 종사자의 힘이요 권리다. 장시간 노동을 하고 싶어도 하지 못하는 사람 많다. 실업자와 알바생이 그들이다.

한국 공무원 보수 수준은 그 기준이 되는 '상용근로자 100인 이상 사업체'의 내역과 성격을 살펴보면 알 수 있다. 한국거래소, 한전, 토·주공, 도로공사, 코레일 등 '신의 직장' 소리를 듣는 공기업들, 높은 진입장벽으로 독과점 이익을 누리는 은행, 방송, 통신, 항공, 정유회사 등이 포함될 것이다. 일본, 미국, 유럽에서는 이들은 공기업이 아니거나, 최소한 독과점 이익은 누리지 못하는 기업·산업들이다. 물론 상당수는 삼성전자, 현대기아차, 현대중공업, 포스코 등 글로벌 기업이 포함된 제조업일 것이다.

한국은 기업 및 사업체 규모와 근속연수에 따른 임금격차가 가장 큰 나라다. 중소기업연구원 발표자료 '한국과 일본의 대·중소기업 간 임금격차 비교분석' 보고서(2019. 4. 21)에 따르면, 2017년 기준 한국 500인 이상 규모 대기업 근로자는 월평균 534만 7천 원(이하, 구매력 평가지수 기준)을 받아, 일본 대기업 근로자(345만 5천 원)보다 189만 2천 원을 더 받았다. 하지만 영세기업(1~4인)은 한국이 월평균 174만 5천 원, 일본은 227만 원으로 한국이 적다.

민간기업은 경쟁력이 떨어지면 끊임없이 퇴출=교체되고, 생산성 낮은 부문은 외주화되든지 비정규직 손에 맡겨지고, 사무자동화 기술의 도입으로 처절한 합리화가 일어난다. 공무원의 직접적 비교 대상인 사무관리직은 사원→대리→과장→부장으로 올라가면서 계속 줄어든다. '삼팔선'(38세 정년), '사오정'(45세 정년), '오륙도'(56세까지 버티면 도둑놈)라는 신조어가 나온 배경이다. 그래서 50~60세 민간기업 사무관리직은 대개 5 대 1, 10 대 1의 생존경쟁을 뚫고 올라온 '용장'들이다. 공정한 시장경쟁을 하는 기업이라면 생산성 자체가 높은 사람이 많아야 정상이다.

단적으로 한국경영자총협회는 2014년 11월 2일 전국 219개 기업을 대상으로 '2014년 승진·승급 관리실태 조사' 결과를 발표했는데, 신입사원이 부장으로 승진하는 비율은 2.41퍼센트, 임원으로 승진하는 비율은 0.74퍼센트다. 그나마 이 기업들이 10~20년 후에도 존속한다는 전제하에서다. 그런데 지금은 굴지의 대기업이라 하더라도 10~20년 후에 존속할지 아무도 모른다. 그러나 지금 공무원으로 임용된 사람은 20~30년 뒤에도 공무원 신분을 유지하고 있을 것이라는 것은 모두가 안다. 교사나 공무원은 대과가 없으면 정년까지 간다는 얘기다. 공무원연금은 평균수명 연장과 인구구조 변동에 따른 자동조절 장치를 달지 않았는데, 공무원 보수는 자동상승 장치를 달았다고나 할까. '뛰는 놈 위에 나는 놈, 나는 놈 위에 (그놈) 등에 업혀 가는 놈'이라는 말이 있다. 한국 공무원은 '나는 놈 등에 업힌 놈', 더 정확하게는 '나는 놈 배에 매달린 놈'이다.

처절한 구조조정에 노출된 피라미드 구조의 민간 사무관리직과 원기둥 구조인 공무원의 보수를 학력·연령 등이 비슷하다고 연동시키면, 하는 일에 비해 너무 높은 처우를 누리는 고호봉·고연금 공무원이 양산될 수밖에 없다. 이들은 신참=저호봉=저임금 시절에는 고참=고호봉자=고임자들을 위해 봉사한 만큼 고참=고호봉자가 되어서는 그 보상을 받아야 한다고 생각한다. 그래서 고호봉자가 되면 청년 두세 사람 몫을 가져간다. 현재가 너무 좋아서 나갈 수도 없고, 나갈 곳도 없다. 정년 연장에 더 목맨다. 구조조정에 결사항전한다. 결국 이들이 정년퇴직으로 빠질 때까지 기다리다 보니, 대폭 줄여야 할 직무, 예컨대 사양화된 교과목(시수) 등을 못 줄인다. 대기하고 있는 청년들의 줄이 길어도 너무 길다. 신규채용은 가뭄에 콩 나듯 한다.

그런 점에서 한국 공무원 보수의 기준=비교대상 자체를 완전히 잘못 잡았다고 할 수 있다. 제3장 '3. 노동시장 이중구조의 주범, 노동조합과 공공부문 근로자'에서 살핀 일본 공무원의 급여 및 연금 수준과 확연히 차이 나는 대목이다. 한국은 공무원 보수와 처우를 자동으로 양반·아전의 반열로 올려보내는 장치를 달았다면, 일본은 국민과 임금근로자의 중위수준을 크게 벗어나지 못하도록 하는 장치를 달았다고 할 수 있다.

7. 교사 임금이라는 창

한국의 부문·직업별 고용임금 체계의 문제는 비슷한 직업·직무의 고용임금 수준을 국제비교해 보면 극명하게 드러난다. 교사, 교수, 의사, 간호사, 비행기 조종사, 호텔 직원, 자동차공장의 생산직 등은 노동의 성격이 비슷하여, 1인당 GDP나 PPP를 기준으로 근로조건의 국제비교가 많이 이뤄진다.

국가나 문화권에 관계없이 교사의 노동의 성격은 비슷하다. 또한 교사의 처우 수준은 대부분의 나라에서 공공부문과 전문직 처우 수준의 바로미터이다. 어느 나라나 교사는 공공부문 인력 중 가장 큰 비중(한국은 대략 40%)을 차지하는 직군이기에 공공부문 종사자 임금의 대푯값이다. 국공립교 교사, 공무원, 공공기관 직원 등 비경쟁 공공부문의 임금은 시장이 결정하는 것이 아니라 국가 차원의 인재 배분 전략을 반영해 국가가 결정한다. 또 교사의 처우는 대개 의료, 법률, 고등교육 부문 등에 종사하는 전문직(교수) 처우의 하한선을 형성한다. 많은 나라에서 상위 전문직인 의사들의 임금은 교사 임금의 2배 내외다. 그러므로 국공립 교사들의 임금은 공공부문 종사자들과 전문직의 전반적인 임금 수준을 유추할 수 있게 해준다.

'OECD 교육지표 2019(Education at a Glance 2019)'에는 회원국 34개국, 비회원국 9개국 등 총 43개국의 교육 관련 통계가 정리되어 있다. 한국의 구매력 환산 1인당 GDP는 2018년 기준(2015년 불변가격) 4만 856달러이고, 중학교 교사 초임은 3만 2,548달러, 10년차 4만 9,021달러, 15년차 5만 7,242달러, 최고호봉 9만 973달러이다. 한국은 일본에 비해 초임, 10년차, 15년차 모두 높고 최고임금에서는 월등히 높다. 중학교 교사의 최고임금은 1인당 GDP(PPP 기준)의 2.23배, 초임의 2.8배로 타의 추종을 불허한다. 최고임금의 절대금액도 스위스(9만 9,703달러)와 거의 같은데, 스위스는 1인당 PPP가 6만 6,179달러다.

한국 1인당 GDP(PPP) 기준 교사 급여(2018)

(천 원)

학교＼연차	초임	10년차	15년차	최고	최고/초임 (배)
초등학교	32,485	48,959	57,179	90,911	2.80
중학교	32,548	49,021	57,242	90,973	2.80
고등학교	31,799	48,273	56,493	90,225	2.84

OECD 교육지표의 중학교 교사 임금 및 최고/초임 비교(2018)

국가	1인당 GDP (2018)	중학교(Lower secondary general education)				최고/ 1인당 PPP	초등학교	중학교	고등학교
		초임	10년차	15년차	최고		최고/ 초임	최고/ 초임	최고/ 초임
프랑스	42,507	32,492	36,910	39,320	56,283	1.32	1.77	1.73	1.73
독일	49,966	67,163	77,499	80,993	88,214	1.77	1.31	1.31	1.37
이탈리아	38,513	32,725	36,197	39,840	48,833	1.27	1.46	1.49	1.56
일본	41,983	30,560	43,658	51,339	63,562	1.51	2.08	2.08	2.13
한국	40,856	32,548	49,021	57,242	90,973	2.23	2.80	2.80	2.84
노르웨이	61,763	38,559	47,387	47,387	50,883	0.82	1.32	1.32	1.22
스페인	37,651	45,509	49,340	52,506	64,473	1.71	1.42	1.42	1.42
스웨덴	50,569	40,348	44,904	47,323	53,885	1.07	1.34	1.34	1.35

스위스	66,179	65,010	82,222	–	99,703	1.51	1.52	1.53	1.53
잉글랜드	50,569	29,040	–	48,956	48,956	0.97	1.69	1.69	1.69
미국	66,179	40,602	55,796	64,467	69,586	1.05	1.71	1.71	1.75

출처: https://read.oecd-ilibrary.org/education/education
-at-a-glance-2019_f8d7880d-en#page412

우리나라 교사 임금이 이렇게 높은 것은 이들이 임금인상 투쟁을 벌여서가 아니라, 교사를 국가공무원으로 분류하고 공무원 임금체계를 적용했기 때문이다. 다시 말해 교사의 임금수준이 높다는 것은 이와 긴밀히 연동되어 있는 공무원과 공기업의 임금수준이 높다는 것을 의미한다.

교사들의 임금수준은 교사 지원 인력, 노동시간, 여성취업률(부부 맞벌이의 일반화 여부), 문화적 전통(유교적 전통), 교원노조의 영향력 등과 밀접한 관련성이 있다. 하지만 이 모든 것을 감안해도 1인당 국민소득 대비 한국 교사의 임금은 국제수준에 비해서 매우 높고, 초·중·고의 격차는 의외로 거의 없다. 대부분의 나라 교사들은 10년차 혹은 15년차가 최고 호봉인 데 반해 한국 교사는 근무연수에 따라 임금수준이 가파르게 올라간다. 바로 공무원임금과 연동되어 있기 때문이다.

물론 한국의 공무원과 교사는 높은 임금 외에도 노령연금(공무원연금과 사학연금)도 좋다.

연금복권이라는 게 있다. 당첨되면 20년 동안 매달 390만 원씩 9억 좀 넘게 받는다. 확률은 315만분의 1이다. 그런데 이 연금 로또에 의무적으로 당첨돼야 하는 사람들이 있다. 바로 공무원들이다. 공무원 1인당 평균 연금 수령액은 11억원. 당사자가 죽었을 때 지급되는 유족 연금은 뺀 액수다. 2014년 8월 기준, 33년간 가입 후 퇴직한 공무원 기준이다. 공무원노조 강령 중에 이런 게 있다. '우리는 사회의 불평등 해소와 인간의 존엄성 실현을 지향한다.' 불평등 해소는 모르

겠고 공무원의 존엄성은 확실히 실현하신 거 같다.[38]

공무원은 고용보장과 진입장벽(자격증)도 높기에 생애소득 측면에서는 초일류 민간대기업보다 더 낮다는 것이 중평이다. 한국 청소년들에게 교사라는 직업의 인기가 고공행진을 하고, 결혼시장에서 교사에 대한 선호도가 최고인 것은 당연하다.

결혼정보회사 듀오의 '2019년 이상적 배우자상(像)'[39]에 따르면 '공무원·공사'(남 12.7%, 여 12.5%)와 '일반사무직'(남 11.9%, 여 11.4%), '교사'(남 9.9%, 여 7.6%)는 성별에 관계없이 선호하는 배우자 직업 1~3위를 차지했다. 이어 남성은 아내의 직업으로 '금융직'(6.8%), '회계사·변리사·세무사'(5.3%), '디자이너'(5.3%)를, 여성은 남편의 직업으로 '금융직'(6.6%), '교수'(6.6%), '회계사·변리사·세무사'(5.9%) 순으로 선호했다. 공무원·공사, 교사, 회계사·변리사·세무사, 금융직은 기본적으로 세금소득자이거나 규제산업 종사자이다. 이들이 최고 선망의 직업이 된 것은 국가의 최상위 거버넌스인 정치의 기능부전의 증거다.

그러나 교사는 다른 이유(공무원 연동)에서 고임금에 정년보장도 확고하기에 상당한 재정적 부담을 안길 뿐만 아니라, 구조조정도 곤란하기에 다양하고 변화하는 수요에 부응하는 교사를 적기에 충분히 채용할 수가 없다. 임시교사가 극심한 차별에 신음하는 이유이다. 그래서 대한민국 학교는 막상 교육시설 투자가 태부족하다 보니 '19세기 교실에서, 20세기 교사와 교과서로, 21세기 학생을 가르친다'는 한탄이 나오는 것이다.

---

38) 남정욱, "1%의 독식? 90%의 착각"(조선일보 2016. 3. 27, http://news.chosun.com/site/data/html_dir/2016/03/25/2016032502073.html)

39) "결혼정보회사 듀오, '2019년 이상적 배우자상' 조사 발표"(기호일보 2020. 1. 1). http://www.kihoilbo.co.kr/news/articleView.html?idxno=844279

어떤 사회든지 사회의 물질적 문화적 재생산에서 중핵 역할을 하는 소수의 전문직(엔지니어 등), 금융인, 기업가 등은 보수가 높아야 하고 높을 수밖에 없다. 교육훈련 기간이 길어 노동시장에 늦게 진입하는 의사, 교수 등도 마찬가지다. 보건복지부의 '국민 보건의료 실태조사'(2018. 3. 14)에 따르면 전국 보건의료 기관에서 일하는 의사의 월평균 임금은 2011년 1,006만 7,731원에서 해마다 평균 5.3퍼센트씩 증가해 2016년 1,304만 6,639원(연봉 1억 5,656만 원)이었다. 한국보건산업진흥원 연구팀이 건강보험공단에 신고된 소득자료를 이용해 계산한 결과다.

보건의료기관 활동 의사의 월평균 임금

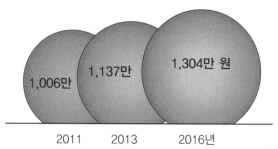

자료: 보건복지부

주요국의 근로자 평균임금 대비 의사 임금수준

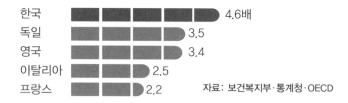

한국 4.6배
독일 3.5
영국 3.4
이탈리아 2.5
프랑스 2.2

자료: 보건복지부·통계청·OECD

100병상 미만 중소병원은 월 1,996만 원, 병상이 있는 의원은 1,917

만 원, 없는 의원은 1,362만 원이었다. 반면 상급종합병원(867만 원)이나 500병상 이상 종합병원(919만 원) 등 대형병원 의사들의 소득은 상대적으로 낮았다. 수련 과정에 있는 전공의 등 임금 수준이 낮은 의사들이 많기 때문이다.

통계청 '일자리 행정통계'에 따르면 2016년 전체 근로자의 월평균소득은 281만 원(연 3,372만 원)으로,[40] (전문의, 일반의, 수련 과정의 전공의와 수련의 등 모든) 의사들의 평균소득은 이것의 4.6배다. OECD 자료에서 월급을 받는 '일반의'는 평균 근로자에 비해 1.6(영국)~2.6배(칠레·멕시코), 월급 받는 전문의의 경우(2014~15년) 독일 3.5배, 영국 3.4배, 이탈리아 2.5배, 프랑스 2.2배, 폴란드 1.5배, 룩셈부르크 4.3배 등이다.[41]

대부분 선진국의 의사, 교수 등 전문직은 1인당 GDP의 2~4배 수준이며, 교사나 공무원의 평균은 1인당 GDP의 1~2배 수준이다. 그런데 한국은 공무원은 1인당 GDP의 2배에 근접하고, 자동차, 정유, 은행, 증권은 3배에 육박한다. 반면에 고용률도 높고 복지수준도 높은 스웨덴은 대부분의 직업이 1인당 GDP의 1~2배 수준이다.

처우 수준은 회사의 지불능력이나 교섭력의 함수가 아니라 노동의 질(생산성)의 함수(직무급)이다. 그래서 현대자동차 노조원들과 직무가 비슷한 금속공과 조립공의 임금은 대략 30세 전후가 임금피크이고, 1인당 GDP의 1.3~1.4배를 넘지 않는다. 고소득 전문직의 경우 4~6배다. 2014년 초 철도 파업 사태로 인해 전 국민이 알게 된 코레일 노동자들의 평균은 GDP의 2.6배(6,300만 원)다. 현대자동차 생산직 정규직 평균은 1인당 GDP의 거의 4배다.

---

40) 2016년 1인당 국민총소득(GNI)는 3,198만 4천 원=2만 7,561달러다(1달러=1,160.5원).

41) 조선일보 2018. 3. 15(http://news.chosun.com/site/data/html_dir/2018/03/15/2018031500123.html)

1인당 GDP의 배수로 교사, 공무원들의 임금을 따져 보면, 유럽이라면 200만 명을 고용할 재원으로 한국에서는 100만 명밖에 고용하지 못한다. 임금과 연금 자체도 높고, 불필요한 풀타임 정규직도 많기 때문이다. 사실 시야를 좀 더 확장해 보면 한국은 대기업, 규제산업, 공기업, 공무원 등 상층근로자 500만 명이, 선진국이라면 1천만 명이 나눠 먹을 파이를 먹는다고 보아야 한다. 이들의 요구·기대를 상향·팽창시키는 메커니즘을 도식화하면 그림과 같다.

요구·기대를 과도하게 상향·팽창시키는 것은 주로 생산물시장과 노동시장의 지대다. 문제는 한국의 국가규제와 표준(공공부문 보수체계와 고용 패러다임)은 이를 축소 제어하기는커녕 편승하고 공고히 한다는 것이다. 요구·기대의 거품을 키우는 것은 이 외에도 높은 집값과 교육비(사교육비와 긴 수학기간 등), 오랜 고도성장 경험, 과소비(허영)와, 공무원·교수·공공기관 종사자 등이 주도하는 담론(프레임)도 빼놓을 수 없다. 또 하나는 변칙상속과 부동산시장에서 창출되는 거대한 불로소득이다. 이는 근로소득이나 사업소득으로 변신하여, 역시 요구·기대를 과도하게 상향·팽창시킨다.

8. 열 명의 빵나눔

10명의 사람과 10개의 빵이 있는데, 1명이 빵 5개를 먹고, 남은 빵 5개로 9명이 2개씩 나눠 먹을 방법은 없다. 아니, 한 개씩 나눠 먹을 방법도 없다. 빵을 1~2개 더 늘린다 하더라도 9명이 2개씩 나눠 먹을 방법은 없다.

유치원생도 다 아는 얘기를 하는 이유는, 의외로 한국의 격차, 불평등, 양극화, 일자리 관련 담론들이 파이(일자리, GDP, 가계소득 등) 총량과 나눔 주체(국민, 취업자, 임금근로자, 가계 등)를 연계한 전체적, 총량적, 구조적 시각을 결여하고 있기 때문이다. 뿐만 아니라 파이(빵)를 더 많이 생산하도록 만드는 합리적인 유인·보상=인센티브 체계 개념도 흐릿하기 때문이다.

1명이 빵 10개 중 5개를 먹고 나머지 9명이 2개를 먹는 것을 정상으로 여긴다는 것은 우리 생산력 수준에 비해 정년, 임금, 연금, 복지, 생활·소비 수준(표준)을 높게 설정한다는 것을 의미한다. 삼성전자 등 높은 생산성을 가진 존재들이나 정부나 공공기관, 독과점 산업과 강력한 노조를 가진 존재들은 이를 쟁취할 수 있다. 국민이나 소비자, 협력업체(을)나 미래세대의 권리·이익을 약탈하고 의무·부담은 전가할 수 있기 때문이다. 지극히 좁고 높은 정상頂上을 정상正常으로 간주하면, 빼어난 소수만 오를 수 있다. 하지만 대부분은 바로 그 때문에 더 죽어 나게 되어 있다. 루저가 될 수밖에 없다.

10명의 사람과 10개의 빵나눔 과정에서 빵 생산에 많이 기여한 1명이 빵 5개를 먹는다면, 빵의 총량이 늘어날 수 있다. 나머지 9명이 기여와 필요에 따라 잘만 나눠 먹으면 억울함도 덜하고, 사회의 역동성도 유지할 수 있다. 바로 미국 같은 사회다. 하지만 파이 창출에 별로 기여하지 않은 1명이 빵 5개를 먹는다면, 파이를 키우는 데 주도적인 역할을 해야 할 사람(엘리트)들은 대체로 놀고먹는 양반·귀족이 되려 한다. 그래서 놀고먹을 수 있는 자리, 하는 일에 비해 월등한 보상을 받는, 지대수취가 가능한 좋은 자리 쟁취에 매달리게 된다. 그렇게 되면 빵(파이) 자체가 늘어나지 않는다. 오히려 파괴적인 갈등과 생산의 욕 상실 때문에, 조선 후기처럼 파이 자체가 더 줄어들 수도 있다. 사실 이것이 지금 한국 저성장, 저신뢰=고불신, 고갈등의 뿌리다.

초과이윤(임금)이 별로 발생하지 않을 만큼 시장이 잘 작동하고, 공공부문(공무원과 공공기관 임직원)에 대한 민주공화적 통제가 선진국의 지방정부에서처럼 잘 이뤄진다면 경제주체들의 합당한 몫에 대한 고민은 그리 필요 없다. 선진국은 공공부문의 처우를 잘 작동하는 시장에서 형성된 평균값(평균임금)이나 중위값(중위임금) 등을 기준으로 책정하는 등의 방식으로 근로조건이 민간부문에 비해 결코 우월하지 않다. 그런데 한국은 보편적 기준이 되어야 할 시장(생산물시장과 노동시장) 자체가 비정상이다. 불완전경쟁시장이 너무 많다. 지대=초과이윤과 소득이 넘쳐난다. 설상가상으로 세금과 독점 요금으로 먹고사는 공무원과 공공기관 임직원은 국민은 물론 그 대리인(선출직 공직자와 정당)에 의해서도 제대로 통제되지 않는다.

지금 한국의 분배 담론과 고용임금 담론은 유치원생보다 못한 사고방식이 지배하고 있다. 민주통합당-새정치민주연합-더불어민주당의 고용노동 정책에 지대한 영향을 행사한 은수미 전의원, 현 성남시장의 얘기다.

사람들이 '귀족노조'라고 말하는데, 도대체 우리나라 노조의 평균 소득이 얼마입니까? 이명박 대통령은 7,000만 원에서 9,000만 원이라고 얘기하는데, 이것은 정말 예외적인 몇 개의 노조에 해당될 뿐이지요. 이들 일부 노조 때문에 전체의 밥그릇이 줄었다는 것은 말이 안 됩니다. 오히려 귀족노조라 지칭되는 곳 정도의 임금을 우리의 평균 임금으로 만들어야 하는 것 아닐까요. (…) 그래서 총량을 늘리자는 겁니다. 귀족노조를 탓하는 논리의 맹점은 임금소득의 총량이 정해져 있다고 상상하도록 만드는 것이지요.[42]

물론 자본(주주)의 몫을 일부 가져와서 임금소득 총량을 어느 정도는 늘릴 수 있다. 하지만 귀족노조가 누리는 수준으로 늘릴 수는 없다. 그래서 빵 5개로 9명이 2개씩 나눠 먹는 방법은 없다고 하는 것이다. 빵이 1~2개 더 늘어난다 하더라도 9명이 2개씩 먹을 방법은 없다. 게다가 귀족노조가 있는 공공부문과 독과점 대기업의 이윤은 정상적인 시장에서 얻어진 것도 아니다. 귀족노조의 임금(연 7천만~9천만 원)이 하는 일에 비해 매우 높은 이유는 기본적으로 초과이윤 및 임금 때문이다. 연 7천만~9천만 원의 임금은 세금을 과도하게 털었든지, 소비자나 협력업체나 후세대 몫을 턴 것이라고 보아야 한다.

일찍이 환경생태학자·운동가들은 지금 수준의 에너지와 자원 소비를 지속하려면 지구가 2~3개는 더 필요하다고 말해 왔다. 인간이 생태계에 끼치는 영향을 토지 면적으로 환산한 '생태발자국' 개념으로 보면, 인간이 소비하는 생물자원 규모를 감당하려면 2009년에 1.4개의 지구가 있어야 하고, 2033년엔 2개의 지구가 있어야 한단다. 그런데 희한하게도 한국의 고용과 불평등 담론에는 경제주체들의 합당한 격차나 몫을 가늠하려는 생각이 흐릿하다.

10명이 10개의 빵을 나누는 비유의 본체는 바로 국민계정에 근거한 거시분배 구조다. 국민경제통계에 입각한 합당한 권리·이익과 의무·

42) 『경제민주화 멘토 14인에게 묻다』 230-231쪽, 경제민주화를 연구하는 기자 모임, 퍼플카우, 2013

부담 개념이 없으면, 정상과 비정상을 분별하지 못한다. 지금 공공부문과 대기업의 정규직과 전문자격사(면허직업) 등의 임금 등 근로조건이 정상으로 여겨진다. 그런데 이들이 받는 임금을 1인당 GDP나 중위임금의 배수로 표시하면 세계 최고 수준이다. 많이 잡아도 인구의 10퍼센트(경제활동인구의 20퍼센트) 남짓이다. 이렇게 되면 경제활동인구의 나머지 80퍼센트가 비정상처럼 여겨진다. 이러니 3D산업 현장에는 외국인 노동자들이 넘쳐나고, 대학진학률은 세계 최고 수준으로 오르고, 청년들은 영혼을 팔아서라도 (좋은 직장에) 취직하려고 몸부림치는 것이다.

합당한 권리·이익 혹은 의무·부담 개념이 없으면, 지속가능한 성장과 통합을 가능케 하는 분배구조와 인센티브 체계 개념이 들어설 틈이 없다. 그렇게 되면 노동의 권리·이익의 상향, 사수, 안정화를 핵심 가치로 삼는 진보세력과 공무원은 필연적으로 사회적 착취·억압 세력이 될 수밖에 없다. 국민(세금) 약탈, 소비자 약탈, 협력업체 약탈, 후세대 몫 약탈을 일삼는 도적이 된다. 또한 이들이 주도적으로 사회의 창의·열정과 혁신·도전 에너지를 지대추구 쪽으로 몰아간다. 결과적으로 정의와 공정을 왜곡하고 물질적 문화적 생산력을 억압한다. 비정상을 정상으로 여기면 불평등, 양극화와 일자리 문제는 더 악화되게 되어 있다. 노동시장에 진입도 못 한 사회적 약자인 청년들이 가장 큰 피해자가 된다. 중하층의 근로계층은 물질적으로 궁핍하고, 그 박탈감과 열패감 때문에 정신적으로도 피폐하게 되어 있다. 청년실업, 결혼 기피·연기, 저출산 등 '헬조선'을 초래한 원인은 수십 가지가 되겠지만, 너무 높은 이상(요구, 기대, 표준)과 너무 저열한 현실의 괴리는 세 손가락 안에 드는 원인 중의 하나일 것이다.

요컨대 한국의 고용과 빈부격차 문제가 좀체 해결이 안 되는 핵심 이유 중의 하나는 속된 말로 우리의 다리 길이(생산력 수준 등)를 직시하지 않고 황새처럼 뛰려고 하기 때문이다. 수많은 뱁새들의 가랑이가 찢어지지 않을 수 없다.

제6장
정신적, 문화적 퇴행

1. 경제와 정치, 물질적 인프라와 정신문화적
인프라의 충돌

 1953년 휴전 이후 지금까지 경제와 물질적 인프라는 잠깐의 지체와 후진은 있었지만, 지속적으로 발전했다는 사실을 의심하는 사람은 없다. 그러나 대한민국의 정신문화적 인프라는 언제부터인지 몰라도 발전은커녕 퇴행하는 조짐이 역력하다.

 정신문화적 퇴행은 곧 가치, 제도, 정책, 조직, 리더십의 본말전도로 나타난다. 중세 말기의 마녀사냥처럼 분노가 엉뚱한 방향으로 분출하고, '짧은 생각의 따뜻한 마음'이 '길고도 잔악한 결과'를 초래하곤 한다. 정치·경제 주체들이 단기적이고 협소한 이익을 추구하면서 정치·경제 생태계와 정신문화가 급속도로 황폐화되고 있다. 포퓰리즘은 그중의 하나이다.

 망국적 현상의 뿌리에는 사회가 요구하는 가치 생산에 힘써서 삶을 개선하는 것이 아니라, 누군가 생산한 가치를 법·규제나 우월적 지위를 이용한 갑질이나 정보의 비대칭성 등으로 빼앗아서 삶을 개선하려 하는 정신문화가 사회 저변에 두텁게 깔려 있기 때문이다. 세대 재생산 위기, 즉 초저출산 고령화는 그 파생물이다.

그럼에도 불구하고 정책이 가는 방향은 이 문제를 완화하는 방향이 아니라 악화시키는 방향으로 간다. 1960년대 후반부터 핵심 국정 현안이었던 수도권 과밀·집중 문제=국토·지역 균형발전 문제는 이제는 저성장과 저출산 고령화 시대가 도래하자 지방 중소도시의 쇠락과 읍면의 소멸 문제로 악화되었다. 2002~03년경 본격화된 초저출산 문제를 해결한다면서 백수십조 원의 예산을 쏟아부었지만, 출산율은 꼼짝하지 않고 있다. 크리스틴 라가르드 IMF 총재는 2017년 9월 방한하여 대학생들과 가진 간담회에서 한국의 저출산 상황을 듣고 "집단적 자살사회(collective suicide society)"라고 말했다. 중소기업 살리기, 소상공인 살리기, 전통시장 살리기, 공동화된 원도심 살리기 문제도 헤아릴 수 없이 많은 정책질과 예산질이 가해졌지만 역시 별무신통이었다. 정치의 생산적 경쟁과 대승적 협력 문제도 마찬가지다.

우리가 아파하는 수많은 부조리들은 급속도로 발전한 경제와 물리적 인프라 수준에 비해 형편없이 지체된 정치와 정신문화적 인프라의 충돌에서 온다고 해도 과언이 아니다. 정신문화적 인프라가 저열할지라도 물리적 인프라는 쉬이 망가지지 않지만, 경제는 곧바로 망가지게 되어 있다. 한국이 연출하는 (부정적 의미에서) '또 하나의 기적'이 될지 모르는 급격한 정신문화적 퇴행은 문 정부 들어 급가속된 것은 분명하지만, 문 정부에 의해 시작된 것은 아니다.

진대제(노무현 정부 초대 정보통신부장관)가 사석에서 한 얘기다. "삼성전자 사장 하다가 정통부장관을 하니 뭐가 다르냐?"는 김병준(노무현 정부 정책실장)의 질문에 이렇게 답했다.

"삼성전자 사장 시절에는 고민의 90퍼센트가 미래였다. 그런데 장관이 되고 보니 고민의 90퍼센트가 과거였다. 야당 의원들의 추궁의 핵심이 부처의 과거였고, 자기가 하지 않는 일도 부처 수장으로서 답변을 해야 했기 때문이다. 또 하나, 삼성전자 사장 시절에는 9가지를 잘못해도 1가지만 잘하면 용서되었는데, 장관을 해 보니 9가지를 잘해도 1가지를 잘못하면 날아간다."

이런 차이를 낳은 원인은 자명하다.

첫째, 삼성전자는 인정사정 봐주지 않는 글로벌 경쟁하에서 생사를 걸고 사투를 벌이는 민간기업인 데 반해 국가는 여간해서는 망하지 않는 조직이기 때문이다. 특히 19세기 조선이나 지금의 북한은 국가의 갑질(행패)이 아무리 심해도 한반도의 지리적 특성상 이를 피해 달아나기도 어렵고 저항을 할 방법도 마땅찮기 때문이다. 대한민국은 조선이나 북한에 비해 자유롭고 개방된 국가이긴 하지만, 유럽, 남미, 중국보다는 국가의 갑질을 피해 달아나기는 어렵다.

둘째, 국가·권력이 좌지우지하는 것이 너무나 많기에, 수단과 방법을 가리지 않고 권력을 쟁취하거나 권력에 밉보이지 말아야 하기 때문이다. 현재 대한민국의 정치적 게임 규칙(선거제도) 하에서는 권력 유지나 쟁취의 유력한 방식은 경쟁 상대의 과거 허물을 들춰서 대중의 혐오·공포·증오를 조장하는 것이다. 이 과정에서 즐겨 사용되는 프레임이 '친일독재 대 종북좌익' 프레임이다. 종북좌익 프레임은 과거에는 과장이 많이 섞인 보수의 정략이었으나, 문재인 정부 출범 이후에는 점점 실체적 진실에 근접하고 있다.

1987년 이후 30여 년은 이구동성으로 준법이나 법치주의를 강조했지만, 법 자체의 보편타당성에는 별로 관심을 기울이지 않았다. 상식적으로 보편이성과 상식에서 먼 '악법'을 엄격하게 집행하면 사회의 퇴행은 필연이다. 복잡미묘한 실물 현장으로부터 먼 법관들이 정의감을 발휘하여 사법적극주의를 실현하면, 법원이 정치·외교·경제 현장에 엄청난 불확실성을 떠안게 된다. 법관들이 온정주의를 발휘하여 법과 원칙을 흔들어 버리면, 온정주의의 피해자가 되기 십상인 기업들은 큰 불확실성을 떠안게 되면서 국내투자와 고용을 기피하지 않을 수 없다. 1987년 이후 30여 년은 대통령을 누구로 뽑느냐는 관심을 많이 기울였지만, 그가 인사권과 감사권 등으로 통할하는 정부의 광대무변한 권한과 부실하기 짝이 없는 견제 균형 장치에는 별로 관심을 기울이지 않았다. 공직자의 도덕성은 강조했지만, 공직자의 업무능력이나 비전은 큰 관심사가 아니었다. 시험의 공정성은 강조했지만, 시험 준비 과정에서 형성되는 소양과 직무능력의 관계는 치열하게 묻지 않았다. 권력의 소명을 뒷전에 두고 권좌 쟁취나 유지에 올인하면 최악의 혼군, 독재자, 포퓰리스트가 나오기 십상이다.

2. 선조·인조 시대와 문재인 시대

지금 대한민국은 정신문화적으로 보면 조선 선조(재위 1567~1608), 인조(재위 1623~1649) 시대와 유사하다.

조선은 사림파가 정치적 주도권을 확고하게 틀어쥔 선조 시대부터 유교 근본주의(명분주의)를 바탕에 깐 도학道學 정치가 본격화되었다는 것이 정설이다. 그로 인해 정치의 본말은 전도되고, 국가의 무능은 구조화되었다. 조선 선조, 인조, 고종(재위 1863~1907)이 얼마나 혼미 무능하고 무책임한 군주인지는 모르는 사람이 거의 없지만, 이 지독한 혼미·무능·무책임이 조선의 정치 시스템에서 발원한다는 사실은 널리 알려져 있지 않다. 이는 지금 문 정부가 통할하는 대한민국도 마찬가지다. 대통령과 청와대와 국회의원 및 정당의 혼미 무능과 파괴적인 경쟁 갈등도 구조적이라는 얘기다.

선조대 중 임진왜란 전 10년은 동북방의 여진족들과 이탕개의 난 (1583), 녹둔도 전투(1587), 시전부락 전투(1588) 등 사실상 준準 전시상태였다.[43] 따라서 국방 문제가 큰 화두였고, 선조조차 큰 관심을 가지고 임진왜란 이전부터 누차 우려를 표명했다.

> 우리나라의 군사력이 고려조[前朝]에 못 미치고 있는데, 오랫동안 평화[昇平]를 누린 나머지 국방관련 시책[兵政]들 또한 해이된 지 오래이다. 나는 가끔 그것을 생각하고 남몰래 걱정하였으며, 실로 적당한 인재를 얻지 못한 것을 한탄하였다.
>
> [『선조실록』 16년(1583) 1월 22일]

> 우리나라의 소위 문관들은 어려움을 만나면 달아난다. 군사일[軍旅]도 당연히 해야 할 제 책임 범위 내의 일인데, 평시에는 그런대로 행하다가 어려움을 만나면 달아나 버리곤 하니, 어찌 이런 벼슬아치가 있을 수 있으랴. 대체로 편안히 날짜만 보내기 좋아할 뿐이다.
>
> [선조 21년(1588) 11월 8일]

그럼에도 불구하고 여진족과 대치하고 있는 함경도 방면 방어사령관의 탄핵–교체–재탄핵–재교체가 빈발한다. 선조 6년(1573)의 한 해, 단 한 달여 동안 파직 요구다.

> 7월 24일, 북병사 장필무에 대한 파직 요청
> 8월 2일, 북병사로 이전을 임명
> 8월 4일, 북병사 이전을 갈아야 한다고 탄핵, 곽순수 임명

---

43) 민덕기, 『조선시대 일본의 대외 교섭』(경인문화사, 2010), 355쪽.

8월 16일, 북병사 곽순수를 갈아야 한다고 탄핵, 유경선 임명

8월 24일, 북병사 유경선을 갈아야 한다고 탄핵

8월 26일, 북병사로 최웅룡을 임명

더 심각한 것은 탄핵 사유다.

"재능과 명망이 별로 없으므로 위무하고 통제할 계책은 이 사람이 감당할 바가 아니니 갈아 차출토록 명하소서."

"위엄과 명성이 없고 장수로서의 재주도 모자라니 체차[하라]."

심지어 곽순수 같은 경우에는 그저 다음 한마디가 기록되어 있을 따름이다.

"재주와 국량이 얕으니 갈으소서."

임진왜란 4~5년 전에도, 여진족과 전투가 많은 함경도 지역 한 부대 내의 군기문란 행위자에 대한 '선 참수 후 보고' 사건(선조 21년 10월 15일)이 큰 정치적 쟁점이 된다. 사간원은 최고책임자 신립 장군에 대한 파직 요구를 하였다. 사유인즉 "비록 한 도의 병마를 거느린 장수라 하더라도 싸움에 임하여 적과 맞선 시기가 아니면 (하급자에게) 참형을 쓸 수 없다"는 것이다. 이 건으로 세 차례에 걸쳐 군신 간에 실랑이가 벌어졌고, 선조는 일단 윤허하지만, 추가로 제기한 사헌부의 국문 요청에는 반대하였다.

이런 일이 숱하게 많았다. 이는 조선 과거시험에서 가장 우수한 성적을 기록한 자들이 주로 발령을 받는 사헌부, 사간원, 홍문관 '삼사(三司)'의 상소로 인해 벌어진 것이다. 남에 대해서만 탄핵·교체를 요구한 것이 아니다. 자기 자리도 과감히 내놓았다. 유불란은 선조시대를 "공변됨과 사사로움, 군자와 소인, 그리고 옳고 그름 같은 대립쌍들을 가지고 다투는 과시적인 경쟁과정 속에서 그렇지 않아도 과격하던 분위기는 더더욱 극단으로 치달을 수밖에 없었다. 이런 와중에서

정국은 매사가 명분과 의리를 향해 휩쓸려 오르는 소용돌이처럼 비칠 지경이었다"고 말한다.

조선의 명분과 의리 정치의 기념비는 신립 장군이 탄금대에서 전멸한 이후(1592년 4월 17일), 선조가 서울을 버리고 도망을 가는(파천) 과정에서 벌어졌다. 서울을 방어하는 것은 역부족이라는 것은 모두가 알고 있었다. 그러나 아무도 파천을 얘기하는 사람이 없었다. 하지만 이미 백성들은 물론 신료들의 가족들도 거의 다 서울을 떠난 상태였다.

파천 직전인 4월 28일의 일이다.

"충주에서의 패전 보고가 이르자 상上(임금)이 대신과 대간을 불러 입대入對케 하고, 비로소 파천에 대한 말을 발의하였다."

이미 결론이 뻔한 상황이었건만 누구도 파천 이야기는 꺼내지 않다가, "기다리다 지친" 임금이 비로소 이 이야기를 꺼내자, 끈질기게 누군가 입을 열기만 기다리고 있던 신하들도 비로소 "눈물을 흘리면서 부당함을 간"했다.

우승지 신잡은 이렇게 반대했다.

"신의 집엔 여든 살 먹은 노모가 계시니, 신은 종묘 대문 밖에서 스스로 자결할지언정, 감히 전하 뒤를 따르지는 못하겠습니다."

효자임에 분명했다. 하지만 임금과 대신들, 나라의 운명을 짊어진 온 조정에 대해서는 말이 없었다. 파천에 대해 운을 뗐다고 신하들의 열화와 같은 반대에 부닥친 선조가 "얼굴빛이 변하여 내전으로 들어"가자 얼마 후 영의정 이산해가 다시 파천을 얘기한다. 모든 신하들은 이구동성으로 영의정의 파면을 청했다(선조 25년 4월 28일).

사관이 기록한 실록에는 "모두가" 이산해에게 "그 죄를 돌렸"지만 "이때 도성의 백성들은 모두 뿔뿔이 흩어졌으므로 도성을 고수하고 싶어도 그럴 형편이 못 되었다"고 되어 있다. 이후 서울 사수한다, 개성 사수한다, 평양 사수한다는 허언을 하면서 의주까지 달아난다. 신하들도 당연히 "아니되옵니다" 하면서 대부분 따라갔을 것이다.

칠천량 해전(선조 30년, 1597) 대패로 인해 수군은 물론 삼남 전체가 새차 무너지는 사태를 맞이하게 되자, 조금 색다른 풍경이 펼쳐졌다. 왕은 또 다시 도망갈 궁리를 했고, 또 일부 신료들은 결사항전을 말했다. 그러자 선조는 이렇게 세게 받아쳤다고 한다.

> 듣건대 조관朝官의 가속들이 대부분 도성을 떠났다고 하는데, 그러면서도 내전內殿을 떠나지 못하게 강요하는 계사啓辭를 올리기까지 하니, 대체 무슨 마음으로 이러는 건가? 이렇게 하는 것이 충성이란 말인가? (…) 지금 사대부의 가속은 몰래 성을 빠져나갔다는 것을 백성들도 모두 알고 있다. 언관이란 자가 군상에게는 바른 말을 하면서 다른 신하들에게는 왜 바른 말을 하지 못하는가?
>
> (선조 30년 8월 8일)

조선의 명분과 의리 정치의 패악질은 병자호란 전후해서 더 기승을 부렸다. 이후 효종대의 북벌 소동, 예송논쟁,[44] 만동묘萬東廟 건립[45] 등으로 이어지면서 조선 망국까지 계속되었다. 『조선왕조실록』에는 선조의 지독한 우유부단, 무책임과 명분과 의리만 떠벌이고 현실적인 계책을 내놓지 않고, 그러면서도 자기 가족들은 다 피난시킨 조선 신료들의 추태가 수없이 나온다.

---

44) 1차(기해예송, 1659)는 효종이 사망하자 자의대비가 계모로서 상복을 몇 년 입어야 하느냐로 벌인 논쟁이다. 인조반정과 소현세자의 죽음으로까지 되짚다 보면 효종과 현종의 정통성을 건드리기 때문에 목숨을 건 격렬한 싸움이 이어졌다. 서인이 결과적으로는 이기지만 현종에게 미운 털이 박히게 되고 만다. 2차(갑인예송, 1674, 현종 15)는 자의대비가 시어머니로서 상복을 몇 년 입어야 하느냐로 벌인 논쟁이다(현종 15년). 1차 논쟁 때 말싸움은 이겼지만 하마터면 역적으로 몰릴 뻔했던 서인들이 이번에는 더 버티지 못하고 정권을 내놓는 것은 물론, 송시열까지 도태되는 대사건으로 번졌다. 남인이 승리한다.
45) 임진왜란 때 조선을 돕기 위해 조선에 원군을 파병한 명 신종과 명의 마지막 황제 의종(숭정제)을 기리기 위해 숙종 30년(1704) 충청북도 괴산군 청천면 화양동에 지은 사당.

유교정치의 핵심 가치는 "군군, 신신, 부부, 자자君君臣臣父父子子" 이다. 임금은 임금답고, 신하는 신하답고, 아비는 아비답고, 자식은 자식다워야 한다는 것이다. 한마디로 임금이든 신하든 수기나 수신을 잘하면, 한마디로 인과 덕과 예를 체현하는 군자가 되면 하급관리와 뭇 백성들이 감동 감화하여 따른다는 얘기다. 그러나 수기나 수신은 기본적으로 인품이나 덕성의 문제이지, 기술이나 기능의 문제가 아니 다. 정치는 요즘 말로 하면 인문학에 정통하고(철학자), 문필에 능하고 (문장가+서예가), 부모에 효도하고(효자), 가솔을 잘 통솔하고, 인격 수 양이 잘된 군자들만이 해야 한다고 생각하였다. 군자를 검증하는 것이 과거시험이고, 벼슬 이후에는 뭇 사람의 평판과 삼사였다. 장수나 관 료의 임무는 국방(전략, 전술, 기술, 행정), 행정(징세, 징병, 예산 편성, 공 공재 공급), 사법(재판과 처벌), 경제(일본으로 치면 식산흥업)인데, 이것은 상당한 노하우가 필요하다는 사실을 거의 인식하지 못하였다. 단적으 로 엄청나게 잦은 인사교체(체직遞職)와 자리 고사(피혐避嫌)는 벼슬= 공직을 국가적 현안 문제를 해결하는 자리로 생각했으면 있을 수 없는 일이다.

지배층이 중시하는 가치가 현실의 엄혹한 위기·도전에 한없이 괴리 되고, 따라서 군자와 소인, 명분과 의리 등 유교적 예법 시비에서 헤 어나오지 못한 것은 그만큼 조선이 대규모 외침이나 (민생 파탄에 따른) 내부 반란이나 복수의 정치체 간 정치군사적 경쟁에 대한 두려움이 없 었기 때문이다. 한마디로 형편없는 공공서비스를 제공해도 왕조나 양 반사족 지배체제가 근본적으로 흔들리지 않았기 때문이다. 또 하나, 국가를 구성하는 권력기관들이 공유하는 현실·문제 인식과 가치체계 가 없었기 때문이다. 지금 한국 정치권, 교수나 변호사가 중핵인 시민 단체, 감사원·검찰이 하는 행태도 선조시대 삼사와 그리 다르지 않다.

1년 전 '최순실 국정농단' 사건이 반년 넘게 검찰 특수본(1기)→특별검사→특수본(2기) 수사로 이어지더니 이 사건에서 파생된 박근혜·이명박 정부의 '블랙리스트' '화이트리스트' 수사까지 한정 없이 이어지고 있다. (…) 국내 10대 그룹 중 현재 검찰 수사나 법원 재판에서 자유로운 곳은 단 한 곳도 없다. 검찰은 박근혜 정부와 이명박 정부가 대기업을 동원해 보수단체를 지원하도록 한 소위 '화이트리스트' 의혹에 대해 본격 수사를 벌이고 있다. 보수단체 지원에 동원된 기업은 삼성, 현대자동차, LG, SK, 롯데, 한화, 한진, 두산 등 우리나라 주요 대기업 대부분이다. 검찰은 최근 10대 그룹 사회공헌 기금 사용 내역까지 제출받아 조사하고 있는 것으로 알려졌다. (…) 연말 대기업 인사철을 앞두고 대대적인 수사가 진행되자, 기업 경영활동도 차질을 빚고 있다. 현재 검찰 수사를 받는 한 기업 관계자는 "임원 인사나 내년 사업 계획 수립을 어떻게 할지 판단을 못하고 있다"고 말했다. 기부 등 기업의 사회공헌 활동도 위축되고 있다. 5대 그룹 사회공헌 담당 임원은 "10월부터 기부나 협찬을 준비하게 되는데 정상적인 기부도 '왜 저기만 했느냐'며 색안경을 끼는 오해를 받을까 봐 잘 집행하지 못하고 있다"고 말했다. (…) 한 재계 인사는 "요즘 대한민국은 검찰뿐 아니라 경찰·국세청·공정위까지 나서 대기업을 살펴보는 '조사천국'"이라 말했다.

(조선일보 2017. 10. 31)

　자동차도 달리는 기능이 있고 멈추는 기능이 있다. 인체도 교감신경이 있고 부교감신경이 있다. 국가도 과감하게 일을 벌여야 하는 부서가 있고, 이들이 금을 밟으면 제재하는 기능이 있다. 국가는 서로 조화와 균형을 이뤄야 하는 무수한 가치, 기능, 제도, 조직, 사람이 유기적으로 결합한 조직체다. 그런데 선조·인조 시대의 조선과 지금의 대한민국은 그 조화와 균형이 심각하게 깨진 것이 분명하다.

건국과 산업화 시대에는 국가와 국민 전체가 공유하는 위기의식 내지 국가적 과제가 있었다. 하지만 지금은 제각각이다. 그런 점에서 100~200년 뒤 후손들은 선조시대 여진족과 싸우던 함경도 방어군 장수와 지금 중국·일본 기업들과 생사를 건 전쟁을 하는 기업들이 겹쳐지지 않을까 한다. '선 참수 후 보고' 한 장수를 탄핵하라는 삼사와, 블랙리스트·화이트리스트 혐의로 기업들에 대해 먼지털이 수사·조사·고발을 하고 있는 검찰·국세청·법원·시민단체 등이 오십보백보로 보이지 않을까? 임진왜란, 정유재란, 병자호란은 아마 중국의 경제, 산업, 기업, 기술의 일취월장에 따른 한국 기업들이 겪는 고통과 겹쳐질 것이다. 정치권은 과거나 지금이나 진짜 위기를 모르고, 엉뚱한 가치를 쫓아서 부작위 국란을 일으키는 주범으로 기록될 것이다.

2008~09년 검찰, 국세청, 감사원, 국정원은 참여정부 관계자 수천 명에 대한 먼지털이식 수사와 조사, 표적감사, 별건수사, 망신주기 수사 등을 자행하였다. 그 과정에서 노무현 자살 사건이 일어났고, 이후 분노와 증오의 정치가 폭풍처럼 일어나 조선식 '사화士禍 정치'를 부활시켰다. 이명박 정부가 참여정부 관계자들에 대한 먼지털이 수사·조사·감사를 사주했는지 아니면 이들 사정기관들이 공을 노려 자가발전을 했는지는 알 수 없다. 그럼에도 불구하고 이명박 정부가 '죽은 권력 물어뜯기'에 나서는 이들 사정기관들을 제대로 제어하지 않았다는 것은 확실하다. 또한 무엇이 적정한 수사·조사·감사 행위이고 무엇이 과도한 행위인지는 당사자가 알기 어렵다는 것도 확실하다. 한국은 법령 자체에 검찰이 독점적으로 행사하는 국가형벌권으로 단죄해야 할 형사범죄가 너무 많이 적시되어 있고, 이를 검찰이 재량으로 봐주면 직무유기 내지 직권오남용 범죄를 저지르는 것이 되기 때문이다.

그런데 2019~20년 윤석열 검찰총장 하에서 벌어지고 있는 조국 일가와 울산시장 부정선거(청와대 비서들과 경찰의 공조)에 대한 검찰의 수사는 이전과 완전히 궤를 달리한다. 이전의 검찰 수사는 거의 '죽은 권력'에 대한 표적수사였지만, 2019년 하반기 이후 진행되고 있는 수사는 '살아 있는 권력'에 대한 관행적 수사였기 때문이다(물론 문 정부 지지층에서는 이를 검찰개혁을 저지하려는 검찰의 표적·과잉 수사로 보지만). 아무튼 권력의 눈치를 보지 않는 검찰의 태도는 선진국 검찰의 모습이다. 하지만 검찰의 정치적 중립과 권력으로부터의 독립이 제도화되지 않는 이상, 윤석렬이라는 특이하게 용기와 강단이 있는 검찰총장이 물러나면 과거에 숱하게 보아 온 '정권의 주구' 검찰이 되살아날 가능성이 높다.

제3부

문재인 정부와
진보세력의
경제고용 파괴

제1장
경계 밖에서 발원하는 문제

　양쯔 강과 미시시피 강은 큰 강이지만, 시원과 끝이 다 중국과 미국 안에 있다. 하지만 도나우(다뉴브) 강, 나일 강, 메콩 강 등은 여러 나라를 지나가는 국제 하천이다. 국제하천 문제는 한 나라의 노력으로 해결할 수 없다. 지금 한국이 당면한 문제들도 비슷하다. 지금 한국사회가 맞닥뜨린 중요한 문제; 즉 격차(불평등, 양극화)와 일자리(비정규직 등) 문제, 노조와 공공의 지대추구 문제, 교육(중고교, 대학, 시간강사) 문제, 초저출산(인구구조) 문제, 지방 균형발전 문제, 정치의 본말전도와 파괴적인 경쟁·갈등 문제 등은 개선·개혁 방향과 비용부담을 놓고 다투는 핵심 이해관계자들의 연구·고민, 책임·권한 범위를 벗어난, '경계' 밖에 그 주된 원인이 있는 문제들인 경우가 많다.

　단적으로, 교육 문제는 교육부처나 교육 핵심 이해관계자들이 풀 수 있는 문제에서 연유하는 것이 아니다. 물론 자신들이 풀 수 있는 문제조차 풀지 못하긴 하지만. 교육 문제는 교육 이해관계자들이 교육 문제로 생각하지 않는 사회적 유인보상(우대·차별) 체계 문제에서 연유한다. 즉, 학위·학벌을 근거로 심한 배제와 차별을 일삼으며, 한 번의 관문 통과 시험을 통해 평생을 가는 특권을 제공하는 경직된 노동시장이 그 원흉이다. 만약 진입도 어렵고, 퇴출도 어렵고, 패자부활전도 어려운 노동시장이 아니라, 진입·퇴출·패자부활전이 다 쉽고 시장의 요구와 자신의 실력(생산성)에 따라 임금과 지위와 역할이 오르내리는 유연한 노동시장이라면 한국과 같은 교육 문제는 거의 없어질 것이다. 당연히 비정규직 문제도 대학 시간강사 문제도 없다.

지방의 문제도 지방의 이해관계자들이 풀기 어려운 그 밖(국가와 중앙)의 문제에서 주로 연유하고, GDP의 10퍼센트 내외인 복지지출의 문제도 역시 그 밖(GDP의 25퍼센트 내외인 비복지지출: 인건비, 교육, 경제, 국방예산 등) 문제에서 연유한다. 저출산 문제는 출산 육아 비용(물질적 결핍)의 문제라기보다는 미래에 대한 암울한 전망(희망의 결핍)과 너무 높은 눈높이와 결혼 당사자 간 상호 현격히 차이가 나는 요구·기대 수준에 있다. 따지고 보면 서비스업 문제(종사자 수 과다, 과당경쟁, 저생산성) 문제는 제조업 등 비교우위산업의 이유 있는 고용기피에서 연유하고, 중소상공인(자영업 등) 문제는 자체 문제와 더불어 대상공인(중견기업과 대기업)의 고용기피와 우월적 지위의 오남용, 그리고 금융 문제(기회의 재분배 기능) 등에서 연유한다.

협소한 시야는 세분화·전문화된 전공체계의 문제만은 아니다. 책임 주시·수비와 권한·책임 범위를 엄밀하게 설정한 정부 조직체계 때문만도 아니다. 기본적으로 기득권 개혁을 비껴가려다 보니, '동전의 한 면만 보고 이를 펴려는' 헛된 노력을 기울이는 것이다. 동전의 앞면이 볼록하면 뒷면이 오목한데, 뒷면을 그대로 둔 채 앞면만 펼 수는 없다.

두 눈을 뜨고 보면, 비정규직 문제는 정규직 문제와 동전의 양면 관계다. 대학 비전임교원(전업시간강사) 문제와 전임교원(조교수, 부교수, 정교수) 및 '신이 숨겨 놓은 직장'이라는 대학 일반직원 문제도 동일하다. 요컨대 정규직과 대학 전임교원 및 일반직원의 과도한 권리·이익이 본체라면, 비정규직과 비전임교원의 형편없는 권리·이익은 그림자라고 할 수 있다. 실은 치열한 시장경쟁 속에서 살아가는 민간 — 성밖 사람, 시장소득자 — 의 낮은 권리·이익 문제와 국가(규제, 예산, 공기업)의 보호막 속에서 살아가는 공공 — 성안 사람, 세금소득자(공무원 등) 및 국가독점사업 소득자(공기업) — 의 높은 권리·이익 문제도 동일하다. 따지고 보면 대개 '을'인 미조직노동과 대개 '갑'인 조직노동의 관계도 동일하다. 그런데 한국에서는 철지난 기득권 덩어리인 문제의 본체는 그대로 놔두고, 열악한 처지에 있는 사람들의 형편없는 권리·이익을 개선하려고 하면, 그것도 외부로부터 자원 유입, 즉 기업의 수익성 제고, 등록금 상향, 학생 수 증가, 정부 보조·지원금 인상, 기업이나 재단의 전입금 증가 등을 비껴가면, 2~3명이 먹던 밥을 1명에게 몰아주고 나머지 1~2명은 사지로 내모는 잔악한 '약자 청소'를 할 수밖에 없다.

문재인 정부 들어 이런 '약자 처지 개선'의 이름으로 진짜 약자를 사지에 내모는 일이 끝없이 반복되고 있다. 비정규직 제로화, 시간강사 처우개선, 최저임금 급상향, 주 52시간 근무제(저녁이 있는 삶), 공공부문 일자리 늘리기 등은 성안 기득권(진보·노동·공공)이 자신의 요구수준에 맞게 설정한 표준을 정상正常으로 간주하여, 국가규제로 수혜 대상을 강제로, 그것도 대폭 늘리려다 초래한 참사이다. 이는 기본적으로 우리의 생산력이나 시장환경에 비해 정상=표준(고용계약)을 너무 높게 설정했기 때문이다. 어쩌면 문 정부가 찰나의 온기를 위해 돈다발을 과감히 태울 수 있는 단기 대중요법(포퓰리즘)의 대가이기 때문인지도 모른다.

시장·경제 문제도 마찬가지다. 한국경제의 저성장, 부자유, 불평등,

고갈등, 일자리 3불(부족·불안·불만) 문제도, 경제학자들이 연구하는 주요 경제변수(금리, 환율, 재정, 부동산, 금융규제, 세금, 공정거래 등)를 조정하여 풀기 어렵다. 인구구조(저출산 고령화)는 아무도 부인하지 못하는 핵심 경제변수지만, 산업, 재벌, 중소기업, R&D 등을 통합하는 경제부처가 어찌할 수 있는 변수가 아니다. 오히려 상수로 놓고 그 후폭풍을 완충해야 할 문제이다.

요컨대 한국 경제문제의 핵심은 정치와 정부·공공의 오작동에 있다. 법·규제와 제도, 사법, 정부 조직과 예산, 사법, 공무원(임용, 승진, 보직, 감사 등), 공공기관과 공공적 역할을 전제로 엄청난 힘을 행사하는 노조가 위기의 실체다. 저성장, 저출산, 부자유, 불평등, 고갈등, 일자리 3불 문제의 뿌리는 여기에 있다. 법·규제와 제도의 바탕에는 경제의 기본 중의 기본인 재산권과 경제적 자유권에 대한 몰이해 내지 무시가 흐르고 있다. 이 뒤에는 지독한 국가의존(국가주의)이 있다.

설상가상으로 최근에는 한국과 일본 간 과거사(징용공 배상 판결) 문제로 인한 험악한 갈등이 1965년 이후 유지되던 한일간의 비교우위에 바탕을 둔 교역질서를 뿌리채 흔들고 있다. 한미동맹과 미일동맹의 무게에 비추어 보면, 이는 한미관계의 악화로 귀결되어 한국경제를 뿌리채 흔드는 요인이 될 수 있다. 한국 경제문제는 거시·미시 경제변수의 조정·운용 문제가 아니라, 경제의 기본 내지 철학 문제이다. 거듭 말하지만 이 중심에는 정부·공공이 있고, 이를 통할하는 부실한 정치와 정신문화가 있다.

문제를 종합적, 균형적으로 보면 자칫 책임을 외부로 전가할 수 있다. 하지만 전공이나 부처를 뛰어넘어 문제의 연원과 연관을 살피고, 문제의 구조(상호연관관계)와 원인을 살피는 것이 문제 해결의 첫걸음이라는 것은 확실하다. 그리고 아무리 작은 것이라 할지라도 자기가

서 있는 곳에서부터 문제를 해결해야 한다는 것도 확실하다. 자신이 서 있는 곳에서 하는 작은 시도가 쌓이고 쌓여서 큰 문제를 해결하는 것이 아니라, 작은 시도를 하는 과정에서 큰 문제의 본질과 구조가 규명되고, 이를 해결하자는 전 사회적인 의지와 용기가 생겨나기에 해결되는 것이다.

제2장
불평등과 양극화 해소
'777플랜'과 문재인의 대선공약

1. 777플랜

문재인 정부와 더불어민주당의 불평등·양극화 해소 방략 내지 소득주도성장 정책의 원전原典은 2016년 3월 2일 더불어민주당이 야심차게 내놓은 총선공약이다. 재목은 '777플랜으로 양극화 해소'다. '777플랜'의 구호는 "국민총소득 대비 가계소득 비중 70%대로 UP! 노동소득분배율 70%대로 UP! 중산층 비중 70%대로 UP!"이다. 여기에 민주, 진보, 노동을 간판 가치로 삼아 온 정치세력과 지식인 세력의 불평등과 양극화 관련 진단과 대안이 집약되어 있다.

공약의 핵심 목표는 다음과 같다.

1) 국민총소득(GNI) 대비 가계소득 비중을 2014년 61.9%에서 2020년까지70%대로 끌어올림 (2011년 기준 OECD 평균 68.8%)
2) 노동자(자영업자 포함)에게 배분되는 몫인 노동소득분배율을 2012

년 68.1%에서 70%대로 제고(2012년 기준 OECD 평균 71%)

3) 중산층(중위소득의 50~150%)비중을 1997년 외환위기 이전 수준 인 70%대(1995년 73.5%)로 복원

777플랜은 그 3개월 뒤에 한 안철수의 국회 교섭단체 대표 연설의 '격차해소' 관련 내용과 흡사하다. 따라서 더불어민주당과 국민의당의 고용노동, 격차해소 정책을 주도 내지 자문하던 사람들의 성분 내지 생각이 비슷하다는 것을 의미한다.

다음은 777플랜의 주요 내용이다.

□ 기업소득은 늘고, 가계소득은 감소
　ㅇ 국민총소득에서 가계소득의 비중이 2000년 69%에서 2012년 62%로 하락한 반면, 기업소득은 같은 기간 17%에서 23%로 증가
　ㅇ 낙수효과(trickle-down)에 근간한 **재벌·대기업 위주의 감세정책과 규제완화** 등으로 인하여 기업의 소득은 늘어난 반면, 가계 소득 비중은 오히려 감소

□ 증가한 기업소득의 대부분이 대기업에게 집중
　ㅇ 이명박-박근혜 정부 7년간 코스피, 코스닥 상장 1,835개사 공시 자료 전수조사 결과, **사내유보금**이 7년간 519조 원('08년 326조 →'14년 845조 원) 급증하여 158% 증가, 당기순이익은 115% 증가
　ㅇ 30대 기업은 같은 기간 206조 원에서 551조 원으로 166.5% 폭증
　ㅇ 30대 기업이 상장사 전체 사내유보금의 65%를 차지(2014년 기준)

□ 대기업과 중소기업간 임금격차는 증가 추세

○ IMF외환위기 이후 **재벌 대기업에 경제력이 집중되면서, 대기업과 중소기업 근로자간 소득 격차도 커지고 있음**

○ 대기업(300인 이상)과 중소기업(5~299인)간 상용근로자의 임금이 2002년 각 262만 원과 177만 원으로 그 격차가 85만 원이었으나, 2014년에는 482만 원과 300만 원으로 그 격차가 182만 원으로 확대

□ 반면, 임금노동자 비중은 증가하는데 전체 국민소득 중 임금노동자에게 돌아가는 피용자보수 비율인 **노동소득 분배율은 오히려 정체 또는 하락**

○ 상위 10%와 하위 10% 가구 월소득(평균) 소득 격차가 1990년 8.5배 였으나 2014년 11.9배로 보다 증가

□ 이런 불평등을 시정해야 할 우리나라 **재정의 소득재분배기능**은 OECD 국가중 최하위로서 제 역할을 수행하지 못하고 있음

○ OECD 국가(26개 평균)의 경우 지니계수가 소득재분배 전에 0.467이던 것이 재분배 후에 0.298로 0.169정도 감소하여 조정률이 36.2%에 이름

○ 하지만 우리나라의 경우 2010년 기준 소득재분배 전 0.341이던 지니계수가 재분배 후 0.310으로 0.031% 감소하여 9.1%에 불과

(http://theminjoo.kr/policyBriefingDetail.do?bd_seq=52375)

777플랜은 김문조 교수팀이 내린 결론을 받아서 "(한국)사회의 가장 심각한 사회갈등의 진원지를 빈부격차로 인한 사회양극화와 불평등"으로 규정한다. 그 핵심 원인은 "기업소득은 늘고, 가계소득은 감소"하고, "증가한 기업소득의 대부분은 대기업에게 집중"된 데서 찾

는다. 여기까지는 안철수의 2016년 6월 교섭단체 대표 연설과 인식을 같이한다. 그런데 777플랜은 이 핵심 원인을 "재벌·대기업 위주의 감세정책과 규제완화 등"으로 규정했지만, 안철수는 이러저러한 요인을 더 나열했다.

777플랜은 "대기업과 중소기업 간 임금 격차"의 원인을 "IMF 외환위기 이후 재벌대기업에 경제력이 집중"된 데서 찾는다. 대기업과 중소기업 간 임금격차를 기업 간 소득 격차에 따른 자연스런 현상으로 보는 것이다. 공정성(직무에 따른 근로조건의 표준), 유연성, 연대성이 없는 한국 특유의 노동시장과 노동관계법의 문제와, 세금이나 독점요금으로 대기업 이상의 임금을 받는 공공부문의 문제를 간과하고 있는 것이다.

노동소득분배율의 정체 또는 하락과, 상위 10퍼센트와 하위 10퍼센트 가구의 소득격차도 주요하게 언급하였다. 하지만 이 원인을 밝히지는 않았는데, 기업소득과 가계소득 비중에 대한 얘기로 미루어 보면 **"재벌·대기업 위주의 감세정책과 규제완화"**와 **"재정의 저조한 소득재분배 기능"**에서 그 원인을 찾는 것이 분명하다. 원인 진단이 이렇게 되면, 재벌·대기업 증세(세금감면 축소, 법인세율 인상, 사내유보금 과세 등), 규제(갑질 단속 처벌, 각종 의무부담 등) 강화, 복지 강화가 핵심 대안이 될 수밖에 없다.

777플랜이 제시한 구체적 정책수단(대안)은 다음과 같다.

> 대통령 직속으로 '불평등해소위원회' 설치
> **대기업 사내유보금 과세(기업소득 환류세제)를 통해 임금 증가를 유도하여 노동소득분배율을 높이고, 가계소득 증가**
> **대·중소기업간 성과공유제의 확산 및 개선을 통한 중소기업 이익 증대**

계층 간 교육기회 격차 완화

노동자 간 임금격차 완화를 위해 ① **생활임금제 확산**, ② **최저임금 (시급)을 2020년까지 1만원으로 단계적 인상**, ③ **'비정규직 사용부담금제' 도입과 비정규직 정규직 전환 지원금 최대 1,200만 원(1인) 지원**, ④ **3동 (同) 원칙(동일가치노동, 동일임금, 동일처우) 법제화** 등

문제를 "재벌·대기업 위주의 감세정책과 규제완화 등"에서 찾는다면 "대기업 사내유보금 과세(기업소득 환류세제)"를 지렛대로 "임금 인상=가계소득 증가"를 유도하겠다고 하는 것은 자연스런 귀결이다. 그런데 문제는 한국의 재벌·대기업의 경우 임금수준이 하는 일에 비해 충분히 높다는 데 문제의 복잡성과 한국적 특수성이 있다.

게다가 재벌·대기업에 쌓인 사내유보금이 감세(법인세율 인하와 비과세 감면)의 산물인지도 명확하지 않다. 또 어떤 규제완화의 산물인지도 명확하지 않다. 그렇기에 증세 관련 정책(사내유보금 과세)은 있지만 완화했다는 규제를 재강화하는 정책은 없다. 한국 최고의 '세제 전문가'로 꼽히는 이만우(고려대 경영학과 교수)는 '기업이 사내유보금을 쌓아 놓고 투자나 임금 인상, 배당 등에 사용하지 않으면 세금을 물리는 제도'인 기업소득 환류세제에 대해 이렇게 말했다.

애초 취지는 기업이 투자를 늘려 일자리도 많아지게 하는 것이었죠. 하지만 시장에선 전혀 다른 방향으로 반응했습니다. 투자는 시장 상황 때문에 엄두를 못 내고 임금은 한번 올리면 다시 깎지 못하니 배당만 잔뜩 늘린 것이죠. 일부 비상장회사 대주주는 배당도 챙기고 세금도 감면받는 식으로 제도를 악용했습니다. 선의(善意)와 달리 부작용만 키운 셈이죠. 대표적으로 잘못된 조세정책입니다. 지금이라

도 조세특례제한법을 개정해 배당에 대한 혜택은 없애야 합니다.[1)]

보편적으로 감세혜택을 받았다는 재벌·대기업들도 경영사정은 크게 엇갈린다. 그나마 최근 들어서는 유럽과 중국의 경기침체와 조선·해운 등 주력산업에 대한 중국의 거센 도전으로 재벌·대기업 상당수가 크게 휘청거리고 있다. 아니, 반도체 하나만 빼놓고는 향후 5년을 낙관적으로 전망할 수 있는 주력산업이 없다. 2010년대 초반 재벌·대기업 경영사정이 전반적으로 좋았던 시절에도 (반 신자유주의 프레임에 입각한) 777플랜의 진단과 대안은 맞지 않았고, 더구나 재벌·대기업과 주력산업의 총체적인 위기의 시기에는 당치도 않다.

그래서인지 2017년 대선에서 문재인의 재벌개혁 공약(제3번)에는 사내유보금과 관련된 조항이 없다. 주로 지배구조 개선에 관한 내용과 "일감 몰아주기, 부당내부거래, 납품단가 후려치기 같은 재벌의 갑질 횡포"와 "횡령·배임 등 재벌의 경제범죄"에 대한 단속·처벌을 강화하는 내용이 중심이다.

2) 재벌의 불법경영승계, 황제경영, 부당특혜 근절 등 재벌개혁 추진

- 계열공익법인, 자사주, 우회출자 등 우회적 대주주 일가 지배력 강화 차단 방안 마련
- 다중대표소송제, 집중투표·전자투표·서면투표제 도입 추진
- 횡령·배임 등 경제범죄 엄정 처벌 및 사면권 제한 등

3) 문어발 재벌의 경제력 집중 방지

---

1) 한국경제 2016. 5. 1(http://www.hankyung.com/news/app/newsview.php?aid=2016050183071)

– 지주회사 요건과 규제 강화, 자회사 지분 의무소유비율 강화

– 검찰, 경찰, 국세청, 공정위, 감사원, 중소기업청 등 범정부차원의 '을지로 위원회' 구성하여, **일감몰아주기, 부당내부거래, 납품단가 후려치기 같은 재벌의 갑질 횡포**에 대한 전면적 조사와 수사를 강화하고 엄벌

– 소상공인생계형적합업종 지정 특별법 제정

– 금산분리로 재벌이 장악한 제2금융권을 점차적으로 재벌의 지배에서 독립

– 금융계열사의 타 계열사 의결권 행사를 제한하고 계열사 간 자본출자를 자본적정성 규제에 반영하는 통합금융감독시스템 구축

안철수의 '격차해소 방략'

안철수 대표는 2016년 6월 국민의당 대표 연설에서 격차해소 방략에 대해 길게 얘기하였다.

"경제성장에도 불구하고 국민의 삶이 나아지지 않는 이유"를 기업의 **저조한 투자**와 개인 간의 **임금격차 확대**로 요약했다. 즉, 국민총소득 중에서 "**가계소득 비중은 줄고, 기업소득(내부유보율)은 증가**"했지만 "(늘어난 기업 이익이) 미래 고용과 소득을 증가시키는 **확대재생산 투자**로 이어지지 않았고" "개인 간의 **임금격차가 확대**"되었기 때문이라고 하였다.

개인간 임금격차 확대 이유는 "**불평등**한 고용구조로 **정규직과 비정규직** 간의 격차가 확대되었고, **불균형**한 기업생태계로 **대기업과 중소기업** 간의 격차가 확대되었으며, 불공정한 시장구조로 **원청기업과 하청기업** 간의 격차

가 확대되었기 때문"이라고 하였다.

안철수의 대표 연설에 앞서 출간된(2015년 12월) 장하성(청와대 정책실장)의 책 『왜 분노해야 하는가』(헤이북스)에서 한국의 임금격차의 원인을 "정규직과 비정규직으로 양분된 고용 불평등"과 "대기업과 중소기업, 원청기업과 하청기업 간의 불균형"을 지목했다. 장하성은 이를 근거로 "소득 불평등의 원초적 책임은 재벌의 불공정하고 불법적인 행태"에 있다고 하였지만(28쪽), 안철수는 재벌을 구체적으로 지목하지는 않았다.

이 연설에서 안 대표는 2015년 12월 통계청 자료(순자산 통계)를 인용하여 자산격차도 언급했다. 전체 순자산이 1만 원이라면, 상위 30퍼센트가 7,340원을, 하위 30퍼센트가 250원을 가지고 있다고 하였다. 홍만표 게이트 등 법조비리(전관예우)를 예로 들면서 "사회적 신분에 따른 격차"까지 언급하였다. 그리고 격차 문제의 원흉으로, 실체가 모호한 기득권을 지목하였다.

"정치, 경제, 법조, 교육, 언론, 체육, 심지어 문화예술계에도 기득권의 뿌리는 단단"하며, "관피아에서 메피아까지 기득권 체제의 유착관계는 강력"하다고 하였다. 안 대표는 "기득권이 만들고 제도화한 것이 격차"라면서, "'기득권'이라 쓰고 '격차'라고 읽어도 틀리지 않다"면서 기득권을 내려놓을 것을 주문하였다.

"갑은 을에, 을은 또 다른 을에 대한 기득권"을, "공공은 민간에 대한 기득권을, 재벌대기업은 하청업체에 대한 기득권을, 기성세대의 미래세대에 대한 기득권을 내려놓아야" 한다고 역설하면서, '격차해소를 위한 20대 국회의 로드맵' 작성을 제안하였다. 문제는 기득권이고, 해법은 '기득권 내려놓기'라는 도덕적 호소인 셈이다.

2. 재벌대기업의 초과착취?

777플랜, 문재인 대선공약과 장하성 등 진보 학자들은 이구동성으로 재벌·대기업으로의 경제력 집중은 "**재벌·대기업의 불공정하고 불법적인 행태**, 즉 협력업체, 소비자, 노동자(비정규직 등)에 대한 착취(갑질)"에서 연유한다고 본다. 재벌·대기업이 공정하고 합법적으로 경영하면 경제력집중이 해소된다는 얘기다.

핵심 원인을 불공정하고 불법적인 행태로 규정하면, 해법은 대체로 감시, 단속, 처벌을 강화하자는 쪽으로 달려가기 마련이다. 문재인의 대선 공약은 그런 문제의식을 충실히 반영하고 있다. "횡령·배임 등 경제범죄 엄정 처벌 및 사면권 제한", "일감 몰아주기, 부당내부거래, 납품단가 후려치기 같은 재벌의 갑질 횡포에 대한 전면적 조사와 수사를 강화하고 엄벌". 저임금 문제에 대한 인식도 다르지 않다. 최저임금도 못 받는 수백만 명에 대해서도, 이들이 과도하거나 불법적인 착취를 당한다고 생각하고, 감시·단속 인력(근로감독관 등)을 대폭 늘리고, 위반 업주에 대해 엄벌을 가하려고 한다.

한편 김유선(한국노동사회연구소 선임연구위원)은 전혀 다른 통계를 가지고 재벌대기업의 초과착취를 성토한다. 그는 한국 노동시장의 핵심 문제를 "고용불안정, 소득불평등, 노사관계 파편화"로 집약한다. 이 세 개가 서로 맞물려 돌아가는데, 핵심 원인은 자본의 초과착취(이윤)와 노사 간의 힘의 불균형, 한마디로 '**사용자의 힘의 우위**'에서 찾는다.

고용불안정, 소득불평등이 증상이라면, 사용자의 힘의 우위는 원인이라고 할 수 있다. 김유선의 사고방식은 그가 한 해 수십 차례 하는 '노동시장 진단' 강연 목차에 집약되어 있다.

OECD 고용보호지수, 근속연수, 비정규직, 저임금계층, 노조조직률 등은 [진실 혹은 거짓]에서도 주요하게 다룬 내용이다.

초과착취의 증거로 제시되는 통계는 실질임금 증가율과 노동생산성 증가율의 격차, 즉 성장에 못 미치는 임금인상과 노동소득 분배율 하락, 제조업의 매출액 대비 인건비율 저하, 임금불평등지수(D9/D1)와 저임금계층 비율, 재벌의 사내유보금 추이 등이다.

김유선은 "2009~2013년 4년 동안 10대 재벌 사내유보금이 234조 원 증가하였으나 실물투자액은 20조 원 감소"했다면서, 이 함의를 세 가지로 해석한다. 첫째, **"중소영세업체 비정규직**에게 거둬들인 초과이윤이 몇몇 재벌에게 집중(빨대)"되었으며, 둘째, "다수 국민이 소비여력을 상실하고 안팎의 경제환경이 불확실한 상태에서 재벌 기업들도 투자할 곳을 찾지 못하고" 있으며, 셋째, "법률로 강제하거나 돈벌이가 되지 않는 한 재벌들이 투자를 확대하거나 일자리를 늘리지 않을 것"이라는 것이다.

그런데 10대 재벌의 사내유보금의 거의 절반은 삼성과 현대차가 갖고 있다. 그나마 사내유보금의 대부분은 재벌 금고에 현금으로 쌓여 있지 않다. 무엇보다도 사내유보금은 협력업체와 근로자들과 국내 소비자들을 쥐어짜서 축적했다고 볼 근거가 없다. 사내유보금의 대부분을 가지고 있는 10대 재벌(삼성, 현대차, SK, LG, 롯데, 포스코, GS, 현대중공업, 한진, 한화)의 주력기업들은 대체로 해외시장에서 수익을 냈다. 특히 사내유보금의 거의 절반을 가지고 있는 삼성과 현대기아차 그룹은 매출과 이익의 80~90퍼센트를 해외시장에서 얻는다.

당연히 이 하청 협력업체들 중에는 원청의 단가 후려치기 등에 볼멘소리를 하는 업체도 적지 않을 것이다. 그럼에도 불구하고 사내유보금이 많은 재벌대기업의 협력업체들의 처지가 대부분의 중소기업보다는 분명히 낫다는 것이 정설이다. 그래서 중소기업들은 삼성전자와 현대기아차 등의 협력업체가 되지 못해서 안달이다. 또한 사내유보금이 가장 많은 재벌대기업들이 그 종업원들에게 가장 많은 보상을 한다. 그러므로 사내유보금과 중소영세업체 및 비정규직의 피폐를 연결시키는 것은 한국 특유의 약탈적(지대추구적) 노동시장의 책임을 덮으려는 의도에서 나온 비약이라고 보아야 한다.

경제성장률과 노동생산성 증가율과 실질임금 증가율의 격차는, 분명히 크지만 적어도 재벌대기업과 공공부문이나 규제산업에 종사하는 노동자들에게는 남의 나라 얘기다.

3. 777플랜의 대·중소기업 임금격차 완화 방안

777플랜은 양극화의 핵심 진원지의 하나인 "대기업과 중소기업간 임금격차" 완화를 위한 해법으로 "대·중소기업 간 성과공유제 관련 인센티브를 확대"하자고 한다.

이와 관련하여 실행방안(대안)을 좀 더 진전시켜 본 사람이 장하성이다. 장하성의 '기업 간 불균형 해소' 방안은 이렇다.

> 제조업 대기업의 기업 잔류 수익 비중을 7.1%에서 6.5%로 0.6%p 낮추어서 이를 공급자 분배 몫을 늘리는데 사용하고, 중소기업이 늘어난 공급자 분배 몫을 중소기업 노동자 분배에 사용한다면 중소기업 노동자 임금이 약 10.6% 상승하는 효과가 있다. (…) 이익율이 가장 높고 현금 여유가 가장 많은 제조업 대기업이 사내유보를 줄이고 공급자 분배를 늘려서 중소기업 노동자 분배에 사용하도록 하는 것이 매우 현실적이고 직접적이며 파급효과도 큰 불평등 해소 방안이 될 것이다. 또 다른 방안은 제조업 대기업의 임금 일부를 중소기업 노동자 분배의 몫으로 분배하는 것이다. (…) 이것은 대기업 노동자의 양보가 전제되어야 할 만큼 당장의 임금 문제이기 때문에 현실성이 떨어지는 방법일 것이다. 하지만 (…) 대기업 노동자의 임금 인상분 일부를 중소기업 노동자에게 이전하는 방식으로 중소기업과의 임금격차를 줄이는 것은 노동계 전체가 심각하게 고민해볼 만한 방안이다.
>
> (『왜 분노해야 하는가』, 170–171쪽)

장하성의 얘기는 한마디로 "원청이 1차 협력업체에서 좀 더 비싸게 조달하라"는 얘기다(어차피 2차, 3차는 관할영역 밖이니). 그런데 통계를 원청 대기업과 하청 중소기업을 기준으로 냈지만, 각각은 처지와 조건이 천차만별인 수많은 개체들의 집합이다. 원청 대기업에도 하청 중소기업에도 적자기업과 흑자기업이 있다. 독보적 기술력이 있는 부품회사와 범용기술밖에 없는 부품회사도 있다. 원청 의존도 100퍼센트인 회사도 있고, 5퍼센트도 안 되는 회사도 있다. 삼성전자조차도 휴대폰과 백색가전 같은 최종소비재를 생산하는 원청회사인 동시에, 반도체 같은 중간재를 생산하는 하청(부품)회사다. 갑이면서도 을이다. 물론 어떤 기업이든지 기술력이 있으면 을이라도 갑이 된다. 사실 중소 협력업체 중에도 이런 회사들이 제법 있다. 요컨대 분배의 주체와 대상도 애매하다는 얘기다. 엄청난 수익을 내는 원청 대기업이 이윤 일부를 푼다 하더라도 1차 협력업체 이상은 책임질 수가 없다. 2차 협력업체에 푸는 것은 1차 협력업체의 몫이며, 3차는 2차의 몫이다.

1차 협력업체 중에도 적자기업들이 있을 텐데, 이들은 원청이 (납품단가 인상 차원에서) 돈을 풀면 적자를 보전하려 하지, 노동자 임금인상으로 돌릴 리가 없다. 사실 흑자기업이라 하더라도 임금인상으로 돌릴 수 있을지는 의문이다. 처지·조건을 불문하고 원청이 돈을 풀면서 국내 협력업체에게 무조건 임금 인상하라고 강요하는 것도 어불성설이다. 결국 장하성의 얘기는 돈 잘 버는 대기업이 혼자만 먹지 말고 중소 협력업체들에게 좀 풀라는, 정책이라기보다는 도덕적 호소에 불과하다. 이는 부유층이나 중산층에게 가능한 동네 슈퍼나 식당 혹은 재래시장을 자주 이용하자는 호소와 같다. 물론 수십, 수백 년 전부터 이런 나눔을 실천해 온 사람과 기업도 적지 않다. 그렇게 했음에도 불구하고 불평등과 양극화가 심각한 수준이다.

대기업이든 중소기업이든 각 부서의 목표와 존재이유가 있다. 구매나 자재조달의 본령은 좋은 물건을 적기에 싸게 사는 것이다. 장하성의 제안을 받아들인 최고경영자가 지시를 내려 비싸게 산다면 이는 일종의 배임이다. 악명 높은 부조리인 '일감 몰아주기'와 '기업간 불균형 해소'를 위해 가격 좀 더 올려 주는 것은 본질적으로 다르지 않다.

그럼에도 불구하고 장하성이 제대로 얘기한 것이 몇 개 있다. 전체 평균을 들먹이며 저임금, 장시간노동, 고용불안에 시달리는 '약자 코스프레' 하는 대기업 내부(노동자)의 노동분배율을 올리는 것이 능사가 아니라는 주장이 그것이다. "불평등을 해소하기 위해서 올려야 할 것은 대기업 내부의 노동분배율이 아니라 공급자, 즉 하청업체에 대한 분배 비율"이라는 지적이다(169쪽).

하지만 장하성의 방법은 전혀 아니다. 대부분의 고용노동 학자들이 이구동성으로 노동시장 이중구조 개선의 킹핀은 산업·지역 차원의 직무에 따른 근로조건의 표준을 사회적 합의를 통해 만들어 나가는 것이라고 하는 것은 다 이유가 있다. 비록 사회적 합의를 가능하게 하는 방법을 제시하지는 않았지만 말이다. 그래서 문재인의 대선공약에는 성과공유제의 정신을 이어받은 것이 없는 것이다.

문재인의 제9번 공약(농어민·자영업자·소상공인)은 "'중소기업청'을 '중소벤처기업부'로 확대 신설하여, 중소기업과 소상공인들의 권익 보호 추진 등 중소·벤처 선순환 생태계 구축"인데 그 상세 내용은 다음과 같다.

- 중소벤처기업부 확대신설로 중소기업 중심의 경제구조와 상생발전 구축
- 창업투자회사 설립을 위한 납입 자본금 완화(현행 50억원 이상)
- 스타트업 기업에 대한 엔젤투자(개인투자) 활성화 및 R&D 비중 확대
- 재기지원 삼세번 펀드 등 정부 창업지원 펀드·모태펀드, 기술금융투자, 엔젤 투자 확대
- 연대보증제 폐지
- 창업벤처 공공조달 참여기회 확대
- 성장단계별 정책자금 지원 확대로 Start-Up의 생존율 제고

777플랜은 "노동자간 임금격차 완화" 해법도 여럿 제시했는데, 이를 관통하는 정신은 한마디로 '국가규제를 통한 상향평준화'다. 즉, 거둬들인 세금으로 노임을 비싸게 쳐 주면 되는 지자체 주도의 "생활임금제를 전국으로 확산하고 민간기업 노동자까지 적용 유도"하고, "최저임금을 2020년까지 (4년간에 걸쳐) 1만 원(연평균 13.5% 수준)으로 상향"하고, "비정규직 사용 부담금제"를 도입하고, "비정규직 정규직 전환 지원금"을 늘리고, "3동원칙(동일가치노동·동일임금·동일처우) 법제화로 비정규직 차별을 해소"하는 등의 방식으로 비정규직 — 아마도 temporary — 규모를 OECD 평균 수준(11.8%)으로 감축"하는 것이다.

그런데 한국에서 운위되는 '3동원칙'은 공공부문의 가파른 호봉제에 눈을 감아 버린다. 단적으로 '25세, 임용 1년차, 2학년 1반 담임'에 비해 '60세, 임용 30년차, 2학년 2반 담임'의 연봉이 3배가량 되는 현실 말이다.

그리고 3동원칙은 한 기업 내에서 정규직과 비정규직에게 적용되는 원칙이 아니라, 산업 및 지역 차원에서 통용되는 원칙(직무에 따른 근로조건의 표준)이다. 시장의 일물일가 법칙과 노동의 연대성이 합의한 가치로, 국가의 법규제로 강요할 수 있는 원칙이 결코 아니다. 이는 기본적으로 잘 작동하는 노동시장과 산별노조의 세밀한 산업·업종, 직무별 협약으로 만들어 가는 것이다.

777플랜의 격차해소 방안은, '하는 일'에 비해 월등히 많은 몫을 챙겨가는 소수(상위 10퍼센트)의 과식 및 불안과 다수의 빈곤 및 불안은 동전의 양면 관계인데, 이를 중향평준화 방식으로 교정하지 않고 국가규제로 하한선을 높이는 방식이라고 할 수 있다. 가능하지도 바람직하지도 않다는 얘기다.

4. 프레임의 허구성

777플랜의 양극화 원인 진단과 해법이 별무신통인 이유는 문제를 분석하는 프레임(개념) 자체에 있다.

777플랜은 기업-가계, 자본-노동, 대기업-중소기업 프레임으로 문제를 진단했다. 하지만 현실의 양극화는 공공부문과 민간부문에서, 갑(원청)과 을(하청)에서, 제조업과 농림어업 및 서비스업에서, 규제·면허 산업·직업과 비규제(무한경쟁) 산업·직업에서, 비교우위 산업과 비교열위 산업에서, 수도권 및 충청권과 영호남권 등에서 일어난다.

노동과 노동의 과도하고 불합리한 격차(직장계급사회, 공공양반사회 등)는 선진국에서 찾아보기 힘든 한국 특유의 양극화 원인이다. 이로 인해 자본의 고용위험(유연성 부재, 구조조정 곤란 등)과 부담이 크게 증가하여 국내투자와 고용을 움츠리면서, 자본과 노동 간, 가계와 기업 간, 노동과 비노동(비임금근로자) 간의 분배관계도 악화일로를 걷는다.

그런데 노동과 노동의 격차에 대한 분석은 너무나 피상적이다. 노동과 노동 간의 격차는 자본의 힘 우위나 대기업과 중소기업 격차나 노동생산성 격차로 다 환원할 수 있는 것이 아니다. 높은 쪽은 정상, 낮은 쪽(비정규직과 최저임금 등)은 비정상으로 간주하고, 그 원흉을 자본의 탐욕으로 간주하는 것은 심각한 무지와 착각이다. 노동과 노동 간의 격차에는 공공과 민간의 격차, 규제산업과 비규제산업의 격차, 갑과 을 간의 격차, 근속연수에 따른 격차, 생산성 격차 등이 뭉뚱그려져 있다. 이들이 실체나 본체라면, 대기업과 중소기업 간 격차, 정규직과 비정규직간 격차, 유노조와 무노조 간 격차는 그림자인지도 모른다. 그림자를 바꾼다고 격차의 실체나 본체가 바뀌지 않는다.

노조조직률을 올리고, 최저임금을 올리고, 비정규직 규제를 강화하고, 성과공유제를 확산하는 방식으로는 양극화가 잘 해소되지 않는다. 바로 임금근로자들이 단시간근로자나 비임금근로자가 되거나 비경제 활동인구로 가는 길이 너무나 넓게 열려 있고, 이는 규제로 막을 방법이 없기 때문이다.

5. 무한확장된 국가권력의 패악

한국의 불평등 및 불균형의 원흉으로 지목한 "재벌대기업의 불공정하고 불법적인 행태"에 대해 장하성 등은 공정위, 검찰, 법원이 제 역할을 하면 '일감 몰아주기'와 하청업체 '단가 후려치기' 정도는 쉽게 바로잡을 수 있을 것처럼 말한다.

> 재벌이 모든 업종에서 시장을 장악하고 있는 것을 바꿀 수 있는 수많은 정책들이 있다. 그 중에서 계열사에 부당하게 '일감 몰아주는 것'과 하청업체 '단가 후려치기' 두 가지만 막아도 시장은 달라진다. (…) 이 두 가지 부당 거래를 해서 적발될 경우에, 부당 거래로 얻은 이익의 열 배, 백 배를 벌금으로 물도록 하는 징벌적 배상 제도를 도입하면 몰아주기와 후려치기는 반드시 변한다.
>
> (장하성, 407-408쪽)

그런데 문제는, 둘 다 범죄인지 정당한 상거래인지 구분하기 쉽지 않다는 것이다. 가격=단가이지만, 계약은 원래 거래 당사자의 처지, 조건, 정보, 지식, 전략 등에 따라 달라진다. 그것이 바로 상거래다. 그런데 이를 배임이나 불공정의 시각에서 보고 가혹하게 단죄하려 한다면 상거래활동 자체가 크게 위축될 수밖에 없다. 그러면 초대기업은 점점 더 해외발주량 내지 생산량을 늘릴 수밖에 없다.

하청단가 후려치기 역시 정당한 상거래와 범죄의 구분이 모호하다. 원래 숙련이 축적되면 생산성이 향상되게 되어 있다. 이를 협력업체가 다 먹도록 하면 협력업체로서는 더없이 기쁜 일이지만, 시장경제에서는 돈 잘 벌리는 곳에는 경쟁자들이 몰려오기 마련이다. 더 싼 가격으로 공급하겠다는 업체도 얼마든지 생기게 되어 있다. 게다가 업체들은 앞으로 밑지고 뒤로 남는 거래(공급)도 얼마든지 할 수 있다. 동서고금을 막론하고 갑과 을의 상호 선택권과 거부권(대항력) 격차는 가격 등 거래조건을 나쁘게 만들기 마련이다. 하지만 이를 다 불공정거래라고 규정할 수는 없다. 더 싸게 공급하겠다는 공급자가 나타났음에도 불구하고 처음 계약을 맺었으니 초기 계약조건을 끝까지 유지해야 한다는 것은 시장경제에 완전히 반한다. 사실 이것이 오히려 불공정거래다. 요컨대 부품 단가인하(후려치기) 그 자체를 악으로 규정하여 사법적으로 단죄하기가 쉽지 않다는 것이다.

지금 논란이 되는 갑질(을에게 가혹한 계약 조건)의 상당 부분은 상도의를 들어 비난할 수는 있어도 법적으로 단죄하기가 쉽지 않다. 마치 정치판(공천 과정 등)에서 일어나는 일을 정치도의나 국민정서를 들어 비난할 수는 있어도, 법적으로 단죄하기가 쉽지 않듯이 말이다.

그런데 한국 사람들은 대체로 시장과 사회의 악덕(부조리)은 힘센 악당의 불법·범법 행위의 결과로 간주하고, 국가의 형벌권으로 문제를 해결하려고 한다. 쌍용차 정리해고도(회계조작, 기술먹튀 운운), 한진중공업 정리해고도, 세월호 참사도 그렇게 보려 한다. 실패한 투자도 의도적인 돈 빼먹기로 보는 경향이 많다.

장하성은 불평등, 양극화, 일자리, 저성장 문제 등도 자본의 과도한 탐욕이나 가혹한 착취나 불법적 돈 빼돌리기(배임, 횡령 등)의 문제로 본다. 당연히 자본 활동에 대한 금지, 제한, 강제규제(규정)를 통해서 문제를 해결하려고 한다. 정년연장법, 비정규직법, 최저임금법, 경제민주화 관련법 등이 그런 것들이다. 뿐만 아니라 시장, 현장, 전문가가 판단할 일 — 특히 경제문제 — 를 꼼수와 야합이 판치며 때론 협상으로 무더기 통과시키는 (국회를 통과한) 법률로 정하려고 한다. 정치가 할 일과 하지 말아야 할 일을 엄격하게 분별하지 못하고, 그 일을 누가 가장 잘할 수 있는지도 고민하지 않는다.

사법적 단죄가 쉽지 않은 것을 무리하게 단죄하려면 결국 형벌권을 쥔 관료(검찰과 법원) 공화국이 되어 시장경제는 질식할 수밖에 없다. 유교적 윤리도덕으로 외교, 국방, 경제는 물론 가족 간의 언행과 사생활까지 다스리려고 한 조선은 무한확장된 국가(관료)권력의 패악을 망각했다고 볼 수밖에 없다.

6. 미국과 한국의 상위 10퍼센트의 차이

토마 피케티는 『21세기 자본』에서 주요국의 20세 이상 성인 인구와 국세청에서 파악한 소득을 놓고, 상위 0.1퍼센트, 1퍼센트, 10퍼센트, 50퍼센트 등 분위별로 소득(근로소득+사업소득+ 각종소득) 비중을 따져 국제비교를 했다. 이를 계기로 국내 학자들(김낙년과 홍민기 등)도 국세청 자료를 활용하여 한국의 소득분포(집중도)를 따져보았다.

김낙년(동국대 교수)은 "한국의 개인소득 분포: 소득세 자료에 의한 접근"(경제사학회 연말 학술대회, 2014. 12. 12)에서 국세청 자료를 통해 2010년 기준 총 3,121만 9천 명의 분위별 시장소득(근로소득+사업소득+금융소득+임대소득 등. 공·사적 이전소득은 제외)을 추정했다. 논문은 소득활동을 한 사람이 2010년 경제활동인구 2,382만 9천 명보다 무려

739만 명이 많다는 것을 밝혔다. 김낙년에 따르면 2010년 기준 3,121만 9천 명의 소득활동자의 중위소득은 1,047만 원에 불과하다. 소득연 308만 원 미만인 739만 명을 빼고, '비교적 고소득'인 2,383만 명(경제활동인구)만 가지고 따져도 중위시장소득은 1,594만 원, 평균소득은 2,640만 원에 불과했다. 소득구간별로 보면 1천만 원 미만이 32.3퍼센트, 1천만~4천만 원 49.0퍼센트, 4천만~1억 원 16.3퍼센트, 1억 원 이상 2.4퍼센트였다.

20세 이상 인구의 상위 10퍼센트(10분위, 379만 7천 명)의 경계소득은 연 4,432만 6천 원, 평균소득은 8,085만 1천 원이며, 이들이 차지하는 비중은 총소득의 48.05퍼센트라는 것도 밝혀냈다. 그 아래 10퍼센트(9분위, 379만 7천 명)는 경계소득 2,626만 4천 원, 평균 3,405만 6천 원, 총소득의 20.24퍼센트였다. 이 통계가 세간을 놀라게 한 것은, 상위 10퍼센트의 경계소득이 연 4,500만 원에 불과하며, 이들의 소득 비중이 전체의 48.05퍼센트로 거의 세계 최악 수준이라는 것이다. 상위 10퍼센트의 경계소득이 근로소득, 사업소득, 배당소득, 금융소득 등을 모조리 합쳐서 연 4,500만 수준이라면, 웬만한 대기업 화이트칼라, 블루칼라, 공무원, 교사 등이 다 여기에 들어간다.

홍민기(한국노동연구원 연구위원)은 "2017년까지의 최상위 소득비중"(월간 노동리뷰 2019년 2월호)에서 김낙년과 마찬가지로 국세청 자료와 통계청 인구통계를 토대로 근로소득, 사업소득, 재산소득(배당소득, 금융소득 등) 등 통합소득을 추정하였다. 역시 국제적 비교기준인 20세 이상 인구 4,181만 8천 명을 분모로 하여 분위별 소득점유율을 살폈다. 2017년 기준 총소득은 803조 9,760억 원으로, 상위 1퍼센트(p99~100)가 15.26퍼센트를, 그 아래 4퍼센트(p95~99)가 15.26퍼센트, 상위 10퍼센트는 50.65퍼센트를 차지하였다. 경계소득(하한선)은 상위 1퍼센트 1억 3,571만 원, 상위 5퍼센트 7,497만 원, 상위 10퍼센트는

5,153만 원이었다. 상위 10퍼센트 경계소득은 1인당 명목GNI(2017년 3,589만 원)의 1.44배다. 공무원 100만여 명의 2017년(2017. 5. 1~2018. 4. 30) 기준소득월액이 6,120만 원임을 감안하면, 한국 공무원 보수가 얼마나 높은 수준인지 다시금 확인할 수 있다. 2009년 이후부터는 상위 1퍼센트의 소득 비중이 가파르게 증가하고 있다.

최상위 소득 비중과 경계값

연도	20세 이상 인구(천 명)	총소득 (10억 원)	소득비중(%)			소득경계값(백만 원)		
			p99~100	p95~99	p90~100	상위 1%	상위 5%	상위10%
2002	33,556	370,107	9.68	15.5	37.14	63.42	33	19.56
2003	34,016	398,980	9.35	14.9	36.3	55.62	34.1	19.93
2004	34,482	425,799	10.42	16.85	40.71	71.19	39.2	27.64
2005	34,955	449,422	11.3	17.91	44.13	79.18	44.9	26.62
2006	35,310	476,103	12.16	19.06	46.72	91.18	49	36.64
2007	35,668	503,289	12.95	18.34	46.26	90.38	51.4	34.73
2008	36,030	525,296	12.33	18.66	46.23	95.1	54.1	36.62
2009	36,396	541,509	12.23	18.46	45.82	96.23	54.8	37.04
2010	36,765	578,751	12.78	18.73	46.67	100.54	57.9	39.51
2011	37,561	613,421	13.38	19.04	47.81	107.4	61.1	41.87
2012	38,374	640,330	13.6	18.96	48.07	103.72	62.9	44.93
2013	39,205	670,158	13.73	19.11	48.48	110.09	65.6	46.25
2014	40,054	700,770	14.04	19.31	49.1	116.36	68.4	47.38
2015	40,921	739,488	14.44	19.35	49.65	122.96	71.5	48.77
2016	41,363	769,795	14.54	19.31	49.79	128.44	72.2	50.03
2017	41,818	803,976	15.26	19.32	50.65	135.71	75	51.53

출저: 홍민기, "통계프리즘: 2017년까지의 최상위 소득 비중", 월간 노동리뷰 2019년 2월호

2014년 기준으로 한국, 미국 등 주요국의 분위별 소득 비중을 비교하면, 미국은 상위 1퍼센트가 17.85퍼센트를, 상위 10퍼센트가 47.19퍼센트를 차지하였지만, 한국은 상위 1퍼센트가 13.75퍼센트를, 상위 10퍼센트가 47.92퍼센트를 차지하였다. 프랑스, 스웨덴, 영국, 일본과 비교해도 상위 10퍼센트의 소득 비중은 한국이 월등히 높다. 이 통계로 보면 미국은 상위 1퍼센트의 과점이 문제라면, 한국은 상위 10퍼센트(2017년 시점에서는 대략 418만 명)의 과점이 문제라고 할 수 있다. 더 정확하게 말하면 상위 1퍼센트를 제외한 나머지 9퍼센트의 과점이 문제라고 할 수있다. 그런데 상위 10퍼센트로의 소득집중 수준이 2014

년부터 미국을 제친 것도 문제지만, 더 심각한 것은 소득분배가 악화되는 속도와 시점이다.

주요국 분위별 소득점유율 통계(%)

연도	분위	프랑스	일본	스웨덴	영국	미국	한국
2010	상위1%	8.11	9.51	6.91	12.55	17.45	12.69
2010	상위10%	32.29	40.5	28.27	38.08	46.35	46.34
2012	상위1%	8.94		7.13	12.7	18.88	13.35
2012	상위10%	32.34		27.9	39.13	47.76	47.06
2014	상위1%					17.85	13.75
2014	상위10%					47.19	47.92

자료: 홍민기, "최상위 소득비중의 장기추세(1958~2013년)"

홍민기의 논문 "최상위 소득비중의 장기추세(1958~2013년)"[2]에 따르면 최상위 10퍼센트의 소득비중은 1960년대 초반 약 17퍼센트였다가 1980년 35.21퍼센트에 이르렀는데, 1999년 32.11퍼센트까지 떨어졌다가 2000년에 36.11퍼센트로 폭증하였다. 이후 2003년 35.67퍼센트, 2004년 39.87퍼센트, 2005년 43.41퍼센트, 2006년 46.04퍼센트로 폭발적으로 증가하였다.

최상위 1~10% 집단의 소득 비중 추이(1987~2017)

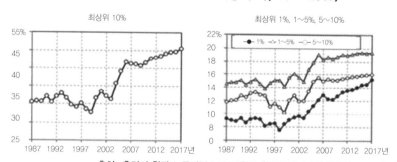

출처: 홍민기 월간 노동리뷰 2019.2월호, '2017년까지의 최상위 소득 비중'

---

2) 『경제발전연구』 제21권 4호, 1~34쪽(한국경제발전학회, 2015).

그런데 도대체 2000~06년 사이에 무슨 일이 있었기에 이렇게 소득집중도가 심화되었을까? 이는 상위 10퍼센트의 경계소득(하한값)이 2000년에는 1,898만 원, 2006년 3,664만 원, 2014년 4,835만 원이라는 것을 감안하고, 그동안 일어난 일을 생각해 보면 그 원인을 어느 정도 추측할 수 있다.

연도	1960	1970	1980	1990	1995	1996	1997	1998	1999	
p99~100	5.35	7.90	9.46	9.14	7.99	8.27	8.39	7.37	8.28	
p90~100	16.72	26.34	35.21	36.61	34.01	33.55	34.55	32.91	32.11	
연도	2000	2001	2002	2003	2004	2005	2006	2007	2008	2009
p99~100	8.93	9.24	9.44	9.19	10.21	11.11	11.98	12.64	11.97	11.85
p90~100	36.11	37.57	36.22	35.67	39.87	43.41	46.04	45.17	44.89	44.38
연도	2010	2011	2012	2013	2014	2015	2016	2017	2018	
p99~100	12.42	12.99	13.18	13.27	13.53	13.79	13.94	14.69	14.66	
p90~100	45.36	46.42	46.60	46.91	47.38	47.46	47.76	48.79	48.86	

출처: 홍민기, https://sites.google.com/site/hminki00/
결과 표와 그림(2018년까지 수치 갱신, 2020. 1. 3)

우선 신용카드 사용의 확산과 사용액 일부에 대한 소득공제 혜택이 소득파악률을 높인 것이 어떤 형태로든 영향을 미쳤을 것이다. 또한 이 시기에는 시장주의, 성과주의적 고용임금체계를 추구한다는 신자유주의 개혁이 거세게 일어났다는 것이 정설이다. 그러나 실제는 시장이나 성과와는 별로 상관이 없는 공무원, 공기업, 은행 등 공공부문과 지대를 깔고 앉은 규제산업의 임금이 급격히 상승하였다. 은행은 구조조정하면서 사람 잘라내고 살아남은 자 임금을 대폭 올렸을 뿐이다. 물론 삼성전자, 현대기아차, IT산업 등 비교우위 산업·기업의 임금도 급상승했다.

외환위기 이후 노동시장의 임금은 노동조합만이 올린 것이 아니다. 은행권과 공기업과 회사의 CEO 등 임원들은 미국식 성과연동제(스톡

옵션 등)라는 명분으로 보수를 급격히 올렸다. 그런데 그 원조국인 미국은 기업을 견제하고 평가하는 장치가 한둘이 아니다. 기업 인수합병시장과 전문경영자 시장, 분산된 주주, 독립된 이사회, 비교적 잘 작동하는 감사기구와 회계법인, 내부고발 장치와 징벌적 손해배상제도 같은 것들이다. 요컨대 미국은 잘 작동하는 상품시장, 기업(경영)에 대한 다양한 감시장치, 투명하고 공정한 성과평가 시스템, 너무 자유롭다 못해 비정한 해고제도 위에서 CEO와 임직원에 대한 성과·실력주의 보상 시스템을 운용하였다. 그런데 우리는 어느 것 하나 갖춰지지 않은 상태에서 CEO와 임원(재벌 등기이사 등)에 대한 천문학적 보상 시스템만 도입하였다. CEO와 임원의 천문학적 보수는 그 아래 사무관리직에 대한 높은 보상을 견인하였다. 노동조합은 뒤에서 밀고, 외피만 따온 미국식 가파른 성과주의 보상제도가 앞에서 끌면서 사무관리직 전반의 임금을 끌어올린 것이다. 사실 은행, 방송, 통신 등 규제산업이나 공기업은 CEO와 임원의 경영능력에 따라 회사의 수익과 주가가 크게 요동칠 수가 없고, 직원은 정리해고와 징계해고 외에는 해고를 할 수도 없는데, 미국의 외양만 흉내 내었으니 고용임금의 양극화가 점점 악화될 수밖에! 노조, 관료, 경영자 들이 공모한 정규직의 고임금과 안정된 고용에 비례해서 신규채용 숫자는 줄었고, 외주하청 협력업체의 고용은 늘어나고, 양자 간 고용임금 격차는 커져만 갔다.

한편 이 시기에는 세계화, 중국 특수, 지식정보화, 고속교통망도 양극화에 가세하고, 삼성전자와 현대기아차로 대표되는 글로벌 기업들도 상승 랠리를 펼쳤다. 반면에 하층 노동시장에는 중국 조선족과 동남아시아 노동자들도 밀고 들어왔다. 임금소득 분포에서 양끝단을 잡아당기는 힘이 작용한 것이다. 김대중 정부와 참여정부는 이 거대한 힘을 제대로 제어하지 못하였다.

그런데 정치권과 노동계에서는 재벌대기업의 수백조 원 사내유보금을 근거로 — 이를 '사내에 쌓아 둔 현금'으로 착각하는 사람이 적지 않다 — 양극화와 일자리 문제의 주범을 재벌대기업의 과잉 착취(탐욕)에서 찾았다.

빼놓을 수 없는 소득집중=격차 요인은, 세계화, 지식정보화와 중국의 경제적 비상은 한국의 비교우위 산업기업에게는 엄청난 기회를 주었지만, 반대로 비교열위 산업과 중소기업과 취약근로자(조선족 식당 아줌마, 건설 일용잡부 등)에게는 큰 재앙이었다는 데 있다. 정확하게 말하면 대한민국 정치와 정부는 중국 조선족과 동남아시아 이주 노동자들과의 경쟁에 벌거벗고 노출된 취약 근로자들을 제대로 보호하지 못하였고, 비교우위 산업·기업이 국내투자와 고용을 많이 늘릴 수 있는 조건도 제대로 만들어 주지 못하였다. 결과적으로 비교우위 산업·기업에서는 임금인상, 장시간 노동, 갑질 등으로 세계화와 중국의 경제 발전이 준 기회를 거의 독식하다시피 하였다. 사실 세계화, 중국의 부상, 지식정보화, 교통수단의 발달 등은 세계적 보편성인데, 한국이 유독 심한 것은 한국적 특수성이 있기 때문이다. 중국에 인접한 지경학적 조건, 한국 노동시장에 쉽게 들어올 수 있는 조선족의 존재와 실패한 외국인 인력정책, 중국이 쉽게 추격할 수 있는 산업구조, 부동산정책, 한국 특유의 노동조합 등이 그것이다.

그런데 속도보다 더 심각한 것은 집중의 내용, 즉 '상위 10퍼센트의 구성'이다. 소득격차가 세계 최고속에 최악으로 된 것은 이 상위 10퍼센트의 구성과 밀접한 관련이 있다.

취업자의 대다수는 경제의 글로벌화와 지속적으로 늘어나는 신규경쟁자(진입자)들로 인해 무한·과당 경쟁에 발가벗고 노출되어 있다. 하지만 상위 10퍼센트는 경제의 글로벌화에 따라 기회를 많이 얻는 존재들이거나, 세금소득자들이거나, 국가규제라는 방파제로 보호를 받는 존재들이다.

미국의 상위 1퍼센트나 10퍼센트는 대체로 자유롭고 공정한 시장의 승자들이다. 미국의 1퍼센트에는 혁신적인 아이디어로 당대에 세계적 기업을 일군 스티브 잡스, 마크 저커버그, 워런 버핏 등 천문학적 연봉을 받는 CEO들이 주요하게 포함되어 있다면, 한국의 1퍼센트에는 일감 몰아주기나 변칙상속으로 악명을 떨친 재벌과 부동산 부자의 2세, 3세들이 주요하게 포함되어 있을 것이다. 시장주의, 실력주의 문화가 뿌리 깊은 미국의 상위 10퍼센트에는 실제 높은 생산성을 가진 사람들이 대부분이라는 것이 중평이다. 그에 반해 한국의 상위 10퍼센트의 상당 부분은 공무원, 공기업, 규제산업(은행, 방송, 통신, 국방, 농협 등), 민간독과점 기업 종사자들과 부동산 부자들이다. 기본적으로 세금소득자이거나, 상속부자이거나, 지대수취자들이다. 하는 일(직무)이나 생산성에 비해 과도한 몫을 챙겨 간다. 노조로 조직된 존재들이 많다. 물론 실제 생산성이 높은 민간 대기업, 중견기업, 벤처기업 종사자도 있으나 그 비중은 높아 보이지 않는다. 물론 삼성전자, 현대기아차로 대표되는 세계적 경쟁력이 있는 제조업 대기업 종사자도 많이 포함되어 있을 것이다. 하지만 이들은 수요독점 기업으로서의 우월적 지위(갑질)를 가지고 있다.

게다가 한국의 고용임금 수준과 패러다임은 민간 대기업의 임금체계를 가만 놔두지 않는다. 공공부문, 규제산업, 독과점 기업, 전문직의 고용임금 수준이 높으면 글로벌 기업은 그보다 더 높아야 정상이다. 게다가 한국 노조는 임금을 '지불능력과 교섭력의 함수'로 여기며, 높은 성과는 내 탓, 손실은 경영자 탓으로 돌린다. 이들은 자신들이 받아 안아야 할 시장의 충격을 외부(민간부문과 외주 하청업체와 비정규직)에 전가한다. 공무원 역시 하는 일에 비해서도, 우리의 생산력에 비해서도, 변화부침이 심한 시장환경에 비해서도 너무 높고 안정적인 고용임금 체계를 정상으로 여긴다. 독과점과 규제산업에 시장원리가 왜곡 없이 흐르게 하는 일도 제대로 못 하고, 과도한 부동산 불로소득 내지 부동산을 매개로 한 근로소득 약탈도 거의 방치하고 있다. 그래서 상위 10퍼센트의 구성은 아마도 OECD 국가 중에서 한국이 가장 불건전하지 않을까 한다.

어느 나라나 상위 10퍼센트가 '시험의 승자'가 아니라 '시장의 승자', 즉 생산성이 높은 진짜 실력자라면, 소득격차가 클지라도 사회는 활력이 넘치고 억울함도 덜하게 되어 있다. 그러나 상위 10퍼센트의 대부분이 공무원, 공기업, 독과점 기업, 규제산업과 부동산(상속) 부자들이라면, 사회는 지대추구 판이 된다. 가치전도가 일어난다. 양적으로도 질적으로도 세계 최악인 한국의 분배-인센티브 구조는 사회적 에너지의 흐름을 지극히 비생산적으로 만든다. 머리 좋고 힘센 모든 사람을 지대추구자로 만든다.

우리 청년 구직자들의 로망도 자신의 창의와 열정 혹은 꿈과 끼를 맘껏 발휘할 수 있는 직장이 아니라, 구조적으로 초과이윤을 안정적으로 확보하는 곳, 그래서 하는 일에 비해 높은 처우를 안정적으로 보장해 주는 곳에 들어가는 것이 된다. 일단 정직원으로 채용되기만 하면 대과가 없으면 ― 징계해고되거나 정리해고만 없으면 ― 연공임금체계를 통해 임금도 가파르게 올라가고, 승진도 웬만큼은 하고 정년까지 가는 곳이다.

우리 사회는 자신의 직업적 소명에 충실하게 실력(생산성)을 끌어올려 삶을 개선하려는 것이 아니라, 공무원, 공공기관, 규제산업, 독과점 기업 등 일단 들어가기만 하면 별다른 노력 없이도, 하는 일에 비해 월등한 처우를 누리는 곳에 밀고 들어가서 삶을 개선하려 한다. 바로 가치전도, 본말전도다. 물론 아주 소수만 현대판 양반이 되는데 성공한다. 대다수는 루저가 되거나 고시·공시 낭인이 된다. 연애, 결혼, 출산은 양반이 돼야만 할 수있는 일이라고 생각한다. 대학 도서관은 고시·공시 준비장이 되고, 중소기업은 인재 기근난이 되며, 벤처기업은 가장 **빼**어난 청년이 아니라 양반 진입에 실패한 루저들이나 하는 일이 된다.

양적, 질적으로 최악인 분배구조는 벤처 중소기업이 좀체 성공하기 힘든 부조리한 산업생태계의 산물이기도 하다. 벤처 중소기업은 인재 (확보와 **빼**가기), 금융(자본, 대출 등), 대기업의 갑질, 기득권 보호용 규제, 실패 후 재기 문제 등으로 인해 고통을 겪고 있지만, 실효성 있는 해법을 제시하지 못하고 있다.

미국과 달리 초과이윤 및 임금의 수혜자인 상위 10퍼센트로의 소득 집중은 대한민국의 수많은 부조리의 중간귀착점이자, 다른 수많은 부조리의 원류다. 여기서 흘러나온 최고 최대의 부조리가 바로 급감하는 인구구조다. 상위 10퍼센트인 400만 명 가량이 하는 일에 비해 월등한 임금, 연금, 복지와 안정된 고용을 누리며 소득의 50퍼센트(근로소득, 사업소득을 포함한 통합소득 기준)를 가져가고, 나머지 50퍼센트를 놓고 2,400만~2,800만 명이 아귀다툼하는 사회가 지속가능할 리가 없다(하위 90퍼센트에는 어느 나라나 경제활동에 참여하지 않는, 800만~1,200만 명 가량의 노인과 전업주부들이 포함되어 있다).

문제 해결을 더 어렵게 하는 것은, 한국에서는 이 10퍼센트(400만 명)의 임금, 연금, 복지와 고용을 정상으로 여긴다는 것이다. 지독한 비정상을 정상=표준으로 여기는 것이다. 그러니 나머지의 박탈감, 상실감이 오죽하겠는가. 그럴수록 10퍼센트에서는 나머지와 크나큰 낙차 때문에 구조조정이 어렵다. 그렇기에 신규고용 창출을 수반하는 국내 투자가 제대로 이뤄질 수가 없다. 괜찮은 일자리가 만들어지려야 만들어질 수 없는 체제인 것이다.

이런 상황에서 청년의 결혼과 출산이 한없이 밀리지 않을 수 없다. 밀리다 보면 결혼 포기, 출산 포기로 간다. 사실 노량진에서 몇 년이고, 아니 10년이라도 고시공부 하는 것이 합리적 선택이다.

정년과 연금 등 생애소득 측면에서 보면, 한국에서는 9급 공무원이나 (이제는 거의 채용이 없지만) 현대기아차 생산직으로 취업하는 것이 일류대 로스쿨 나와 변호사 하는 것보다 낫다. 지방대 교수 하는 것보다는 훨씬 낫다. 이는 역으로, 투입(교육) 비용이 많고 노동시장에 늦게 진입하는 변호사, 교수, 고급 공무원 등의 기대·요구 수준을 한참 끌어 올린다. 물론 시장이 협조를 잘 하지는 않을 테지만, 어쨌든 상위 10퍼센트의 소득점유율을 끌어올리는 요인으로 작용할 것이다.

힘센 집단의 사실상의 약탈이 만연한 사회에서는 신뢰가 쌓일 수가 없다. 비정상을 정상으로 간주하는 한, 대한민국은 좋은 일자리가 많이 만들어질 수가 없고, 공공부문 선호도는 점점 높아질 수밖에 없고, 아기들은 안 태어날 수밖에 없다. 사회는 불공평과 불평등의 피눈물로 넘쳐날 수밖에 없고, 정치불신은 점점 더 악화될 수밖에 없다. 청년들이 '헬조선', '개한민국', '망한민국' '이생망'(이번 생은 망했다)이라는 신조어로 대한민국을 저주하지 않을 수 없다.

제3장
거시경제정책(소득주도성장론)

1. 진보진영의 오래된 컨센서스:
포장을 바꾸고 내용물을 재배열

문재인 정부의 초대 경제사령탑이었던 장하성은 청와대 정책실장 시절 기자간담회(2018. 8. 26)를 열어 배포한 발표문을 통해 '소득주도성장 정책'의 배경, 원리와 주요 정책을 발표했다. 이를 친절하게 해설하기 위함인 듯 청와대 공식 페이스북에는 '왜 "소득주도성장"인가요?'(2018. 8. 31 오후 4시 27분)라는 9장짜리 카드뉴스가 올라가 있다. 그 얼마 후(2018. 9. 6) '소득주도성장 특별위원회'가 출범했는데, 그 홈페이지에는 '소득주도성장의 3대 정책'이라는 이름으로 그 핵심이 집약되어 있다.

소득주도성장 정책은 장 실장이나 홍장표 전 대통령경제수석비서관의 독창적 생각이라기보다는, 민주·진보·노동 등으로 자신의 정체성을 표현한 집권연합세력이 널리 공유해 온 불평등·양극화·일자리 문제에 대한 생각을 체계적으로 정리하여 '소득주도성장 정책'으로 포장한 것이라고 봐야 한다. 단적으로, 소득주도성장 정책이라는 이름을 붙이지는 않았지만, 그 핵심인 '3년 내 최저임금 1만 원' 정책 등은 더불어민주당 총선공약 '777플랜'(2016. 3. 2)에 주요하게 들어 있다. 이를 '소득주도성장'이라는 말로 포장한 것은, "진보는 분배정책만 많고 성장정책은 없다"는 비판을 의식했기 때문일 것이다. 그래서 이미 있던 많은 사회·분배 정책을 3개 범주로 나눠서 재배열하고, 몇몇 외국 학자들이 주창해 온 '임금주도성장 정책'이라는 이론에서 (비임금근로자가 많은 현실을 감안하여) '임금'을 '소득'으로 바꿔서 이론적 배경으로 삼은 것이다.

아무튼 문재인 정부의 경제성장 정책은 '소득주도성장, 혁신성장, 공정경제'의 세 축이고, 소득주도성장은 '가계소득 늘리기, 가계 생계비 줄이기, 사회안전망과 복지'를 세 축으로 한다고 할 수 있다.

그런데 소득주도성장 정책의 3대 축 중 하나인 '사회안전망 확충과 복지 정책'은 보수와 진보를 초월한 확고한 컨센서스가 있었기에 김대중, 노무현, 이명박, 박근혜, 문재인 정부로 오면서 재정수입 및 지출의 증대에 따라 점점 확대 강화돼왔다. 아마 차기 정부에서도 그럴 것이다. 다만 확대·강화 속도와 대상별 우선순위와 급여 두께 등을 둘러싸고 이견이 좀 있을 뿐이다.

또 다른 축인 '가계 생계비 줄이기' 역사도 길다. 사교육비는 과외금지를 명한 전두환 정부부터 중요한 이슈였고, 주거비는 주택 200만 호 건설을 간판 공약의 하나로 내세운 노태우 정부부터 중요한 이슈였다. 이명박 정부에서는 신혼부부 보금자리주택 정책, 박근혜 정부에서는 수도권 행복주택(임대주택) 정책이 있었는데, 대체로 공약은 창대했지만 실적은 미미했다. 통신비와 카드수수료 문제 역시 김대중 정부부터 중요한 이슈였다. 가계 생계비 줄이기로 말하면, 이명박 전 대통령만큼 과감하고 구체적인 공약을 한 사람이 없다. 이 전 대통령은 '서민

생활비 30퍼센트 인하'를 공약했는데, 그 요지는 기름값, 통신비, 고속도로 통행료, 약값, 사교육비, 보육비 등 6대 부문의 주요 생활비 부담을 30퍼센트 절감해 4인 가족 기준으로 매월 44만 원, 연간 530만 원이상 줄여 주겠다는 것이다. 하지만 누군가의 소득이나 재산을 가계로이전하는 일이 쉬울 리 없는 터라 공약들은 대체로 용두사미가 됐다. 당연히 이 공약들을 기억하는 사람도 별로 없다.

결국 문재인 정부가 밀어붙이는 소득주도성장 정책으로 포장된 많은 정책 중에서 확실히 차별되는 것은 '최저임금 대폭 상향'을 통한 '가계소득 늘리기' 정책 정도다. 장 실장은 이것이 소득주도성장 정책의 극히 일부라지만, 사실상 전부라고 해도 과언이 아니다. 나머지는 다 해 오던 것들이고, 방향보다는 확대 강화 속도와 우선순위 문제로 간주돼 왔기 때문이다. 물론 '문재인 케어'는 예외인데, 이는 별도로 논할(제11장) 엄청나게 심각한 문제다. 홍장표(문재인 정부 초대 경제수석)가 위원장인 소득주도성장특위 위원은 크게 '소득재분배분야 위원'(11명)과 '시장소득개선분야 위원'(12명)으로 구성되어 있는데, 대체로 경제·조세재정·사회복지·고용노동 문제를 연구한 학자들로 문재인 케어나 보건의료정책에 대해 알 만한 사람은 없다. 당연히 이 특위도 문재인 케어를 강조한 적이 없다.

2. 장하성의 통계 곡해

장하성은 기자간담회(2018. 8. 26) 발표문에서 소득주도성장 정책의 필요성을 뒷받침하는 통계를 20여 개나 제시했다. 이는 OECD 30여 개국을 대상으로 한 △투자, △소비, △정부지출, △기업소득과 가계소득 비중 관련 통계다.

장 실장은 "소비가 경제성장을 견인하지 못하는 이유는 경제가 성장한 만큼 (중산층과 저소득층) 가계소득이 늘어나지 않았기 때문"이라고 진단하고 그 이유로 두 가지를 들었다. "첫째는 경제성장의 성과 중에서 가계소득으로 분배되는 몫이 크게 줄어들었고, 둘째는 고소득층과 저소득층 간의 소득불평등이 심해졌기 때문"이라는 것이다.

국민총소득(GNI)에서 가계소득이 차지하는 비중은 67.9%에서 61.3%로 크게 줄었습니다. 반면에 기업소득이 차지하는 비중은 2000년 17.6%에서 작년에 24.5%로 크게 늘어났습니다.(중략) 과거에 대기업들은 버는 것보다 더 많은 돈을 미래를 위해 투자했습니다. 그러다가 2008년 금융위기 이후에는 (…) 기업들이 버는 돈(기업소득)에 비해 투자 규모를 크게 늘리지 않았습니다. 가계소득 비중이 지속적으로 감소하면서 소비가 줄고, 기업소득 비중과 기업저축은 증가했지만 기업투자는 크게 늘지 않고 있는 것이 한국 경제의 현재 구조입니다.

장 실장은 "경제가 성장을 해도 가계소득은 늘지 않고, 근로자 간 임금격차는 더 커졌으며, 고용안정성은 낮고, 기업의 투자는 몇 년째 제자리걸음"을 하는 현실을 타개하고자 "경제구조를 바꾸는 일"을 시작했다면서, 그 핵심이 "가계소득을 높여 총수요 기반을 넓히고(소득주도성장), 대기업·수출기업 위주에서 중소·혁신기업 위주의 정책으로 전환하며(혁신성장), 불공정한 경제구조·거래관행 해소(공정경제)를 실현"하는 것이라고 하였다.

소득주도성장 특별위원회는 한국은행 산업연관표(2014년 기준)를 인용하여, "소비가 10억 원 늘어나면 15.2개의 일자리가 만들어지지만,

투자와 수출이 10억 원 늘어나면 각각 13.2개와 8.1개의 일자리만 만들어진다"면서 "소비를 증가시키기 위해 가계소득이 늘어나야" 하기에, "최저임금 인상, 근로장려금 확대 등을 통해 저임금 노동자의 소득향상을 유도하고, 카드수수료와 임대료 경감 등을 통해 영세 자영업자의 경영환경을 개선하려는 정책을 추진"한다면서, "저소득층의 가계소득을 개선하면, 소득불평등을 완화하는 데 기여할 뿐 아니라, 저소득층의 높은 소비성향으로 인해 소비증가를 통한 성장촉진 효과도 기대할 수 있다"고 하였다.

그런데 이 모든 가정은 유감스럽게도 통계의 세부 내역을 보지 못했거나, 평균값의 착시에 빠진 것처럼 보인다. 장하성 실장이 주요하게 언급한, 국민총소득(GNI)에서 기업소득과 가계소득이 차지하는 비중의 변화는 한국은행의 '제도부문별 소득계정(명목·연간)=본원소득분배계정' 통계에서 나온 것이다.

제도부문별 소득내역(2000, 2017)

대분류	소분류	2000	2007	배율
국내 총본원소득(GNI)(백만 달러)		636,614	1,730,461	2.74
기업소득	법인기업(비금융+금융) 총 본원소득 (영업잉여[고정자본 소모 포함]+순재산소득)	111,175	424,219	3.82
	*비금융법인(원천)	97,042	382,063	3.94
	*금융법인(원천)	14,134	42,157	2.98
가계소득	가계 및 비영리단체(원천) 총 본원소득	428,031	1,061,443	2.48
	*피용자 보수	260,974	766,203	2.94
	*가계 및 비영리단체 영업잉여(원천)	100,966	127,082	1.26
	*순재산소득(원천-사용)	45,342	111,685	2.46
기업소득 비중(%)		17.6	24.5	
가계소득 비중		67.9	61.3	
기업소득+가계소득 비중		85.5	85.9	

장 실장은 표에 근거해 가계소득 비중은 67.9퍼센트(2000)에서 61.3퍼센트(2017)로 줄고 기업소득 비중은 17.6퍼센트에서 24.5퍼센트로 늘었다면서, 그 원인을 "기업이 가계 몫을 과도하게 착취"한 데서 찾았다. 당연히 그 주범은 신자유주의를 신봉하며 기업과 재벌 친화적인 보수정부 – 김대중·노무현 정부 포함 – 의 정책에서 찾은 듯하다. 그러니 오랫동안 유지된 정책 기조를 확 뒤집은 것 아니겠는가.

국민계정체계에서 소득을 분류할 때는 피용자보수·영업잉여·순재산소득을 기준으로 분류하기도 하고, 가계소득·기업소득·정부소득을 기준으로 분류하기도 한다. 문 정부가 끌어올리려고 하는 가계소득은 피용자(임금근로자) 보수, 가계 및 비영리단체의 영업잉여, 순재산소득(순이자소득+배당금)으로 구성되어 있다. 기업소득은 법인기업의 소득인데, 영업잉여와 재산소득(순이자소득+배당금)으로 구성되어 있다. 기업소득은 앞의 표에서 법인기업의 '총 본원소득'으로, 비금융법인소득 90퍼센트, 금융법인소득 10퍼센트로 구성되어있다. 가계소득은 '가계 및 비영리단체'의 '총 본원소득'으로, 피용자보수(임금+사용자 측 사회보험료 부담분) 72퍼센트, 비법인기업(가계 및 비영리단체)의 영업잉여 12퍼센트, 순재산소득 10.5퍼센트로 구성되어 있다.

3. '자본=기업, 노동=가계'라는 착각

흔히 사람들은 '자본=기업, 노동=가계'라는 등식을 가지고 있다. 자영업이나 개인사업자도 자본=기업으로 본다. 그런데 '기업소득'과 '가계소득'을 논할 때, 기업은 '법인기업'이고 가계는 '비법인기업과 피용자(임금근로자)'이다. 비법인기업에는 자영업자와 근로자를 고용한 개인사업자들이 다 포함되어 있다.

잘나가는 개인사업자들이 법인기업으로 전환하면(빠져나가면) 기업소득이 증가하는 것처럼 보인다. 개인사업자 비율이 높은 한국은 이런 일이 지속적으로 일어났기에, 가계소득 증가율은실제 보다 더 낮아 보이고, 기업소득 증가율은 더 높아 보인다. 물론 이것이 가계와 기업의 소득증가율 차이를 낳은 원인의 전부도, 핵심 원인도 아니다. 어쨌든 '기업소득'이라고 하지 않고 '법인소득'이라고 했으면, '기업=자본, 가계=노동'으로 등치시켜 소득증가율 차이를 '착취'에서 찾는 사람은 많이 줄었을지도 모른다.

2000~2017년 기간 동안 가계소득을 구성하는 주요 항목의 증가율을 보면, 기업소득이 연평균 8.2퍼센트, 가계소득은 연평균 5.5퍼센트 증가하였다. 그런데 그 세부 내역을 보면, 피용자보수는 국민소득(GNI) 증가율보다 높은 연평균 6.5퍼센트, 가계 및 비영리단체 영업잉여는 1.4퍼센트, 순재산소득 5.3퍼센트(순이자소득 −17.9%, 배당금 11.4퍼센트) 증가하였다.

국민계정체계 내 가계·기업·정부 소득 분류 기준

					가계소득	기업소득	정부소득
국민처분가능소득	본원소득분배계정 (A)	요소비용국민소득	피용자보수	임금 및 급여	○		
				고용주의 사회부담금	○		
			영업잉여	법인(금융기관 포함)		○	
				일반정부			○
				가계 및 비영리단체	○		
			순재산소득	순이자소득	○	○	○
				법인기업분배소득 / 배당금	○	○	○
	(+) 생산 및 수입세 (공제)보조금						○
	《(+) 2차소득 분배계정(소득세, 사회부담금, 사회수혜금, 기타경상이전 등) (B)》			법인(금융기관 포함)		○	
				일반정부			○
				가계 및 비영리단체	○		

이로부터, 진짜 심각한 문제는 자영업자나 개인사업자가 포함된 가계 및 비영리단체의 연평균소득(영업잉여) 증가율(1.4%)이 극히 저조하는 사실이다. 그런데 뒤에 자세히 말하겠지만, 문 정부의 소득주도성장 정책은 이를 오히려 악화시킨다.

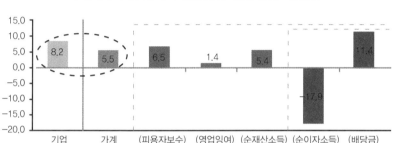

가계소득 구성 항목의 연평균증가율(2000~2017)

*순이자소득은 2000~2015년 기간의 연평균 증가율임. 단, 2016~2017 기간중 순이자소득(=이자수입-이자지출)이 적자(−)로 나타나, 연평균 증가율(CAGR: compound annnual growth rate) 계산이 불가능해 적자로 나타난 기간은 제외. 자료: 국회예산정책처(한국은행 국민계정(2010년 기준) 자료 이용)

임금·소득·계층별 세부 통계는 없지만, 천문학적 연봉을 받는 전문경영인과 연봉 1억 원이 넘는 현대기아차 근로자들이 주요하게 포함된 비교우위산업(수출·대기업) 종사자들의 피용자보수는 평균보다 많이 높을 것이고, 비교열위산업이나 내수서비스산업 종사자들의 피용자보수는 평균보다 많이 낮을 것이라는 것쯤은 충분히 유추할 수 있다. 자영업자나 비법인 기업이 포함된 '가계 및 비영리단체'의 다수는 내수 위주인 데다가 중국 등 해외 상품서비스와 경쟁을 해야 하니 소득증가가 낮기 마련이다.

재산소득은 가계소득의 10퍼센트밖에 안 되지만, 그나마 유럽·미국·일본 등에 비해 상위 계층·가구에 집중되어 있다. 한국은 가계자산에서 차지하는 금융자산의 비중이 낮기 때문이다. 서형수 이원(더불어민주당)이 '2018 국세통계연보'와 국세청 제출자료를 분석한 결과, 2017년 기준 이자소득 신고자는 5,243만여 명인데, 이들이 받은 전체 이자소득은 13조 8천억 원이고, 이 가운데 상위 1퍼센트인 52만 4천여 명의 이자소득은 6조 3,555억 원(45.9%)으로, 1인당 평균 이자소득은 1,200만 원이었다. 배당소득은 전체 신고 인원 931만여 명 가운데 상위 1퍼센트인 9만 3,100여 명의 배당소득 13조 5천억 원(69%), 1인당 평균 1억 4,500만 원이었다.[3]

그럼에도 불구하고 가계 및 비영리단체나 재산소득에 비해 피용자 보수의 쏠림(분위별 격차)은 상대적으로 작은 편이다. 연봉이 수십억 원이 넘는 대기업 전문경영인과 연봉 1억 원이 넘는 현대기아차 근로자들을 한계기업(법인)의 근로자과 함께 다같이 피용자로 뭉뚱그려 놓았는데도 그렇다. 그런데도 가계소득을 올린다면서 최저임금을 대폭 올리면, 한계기업 ― 그 상당수는 비법인기업, 즉 근로자를 고용한 개인사업자들일 것이다 ― 들은 폐업, 해외이전, 인원감축, 근로형태 변경, 근로시간 감축(쪼개기 알바 사용) 등으로 대응할 수밖에 없다. 이 과정에서 한계기업 근로자들이 일자리를 잃거나 근로시간이 줄어들 것은 애당초 명약관화한 일이었다

---

3) "상위 1%가 전체 이자소득의 46% 차지…금융소득 '쏠림' 심각"(한겨레 2019. 2. 1, http://www.hani.co.kr/arti/economy/finance/880914.html#csidx95b4f4ce25bd3408b100b1a69b7c604)

제3부 문재인 정부와 진보세력의 경제고용 파괴

4. 1995~2000년과 2011~15년은
왜 가계소득 증가율이 더 높았나

기간을 잘게 쪼개 보면, 2011~2015년에는 가계소득이 연평균 4.9퍼센트 증가하여 기업소득 2.1퍼센트, GNI 4.1퍼센트 증가를 웃도는 현상이 나타났다. 사실 1995~2000년에도 이런 역전 현상이 있었다. 이는 소득주도성장 정책을 써서가 아니다. 기업소득은 수출(경기, 경쟁력)이나 환율 등에 영향을 많이 받는 데 반해 가계소득, 특히 그 대부분을 차지하는 피용자보수는 하방경직적이기 때문이다. 반대로, 수출대기업의 실적이 좋으면 (법인)기업소득 증가율이 피용자보수 증가율보다 높아지게 되어 있다. 이 두 기간(1995~2000, 2011~2015년)을 제외한 기간에는 당연히 기업소득 증가율이 높았다. 그런데 이 역시 삼성전자, 현대기아차, 현대중공업 같은 글로벌 대기업들이 포함된 비금융법인이 증가를 주도했을 것이다.

GNI 증가율과 제도부문별 소득증가율(1995~2017)(%)

	1995~2000	2001~05	2006~10	2011~15	2016~17	1995~2017
GNI	8.1	7.5	7.1	4.1	5.1	6.6
가계	7.7	6.8	5.1	4.9	4.4	6.0
	(−0.4)[1]	(−0.7)	(−2.0)	(0.8)	(−0.7)	(−0.6)
기업	7.6	10.9	13.2	2.1	5.3	8.1
	(−0.5)	(3.5)	(6.1)	(−2.0)[2]	(0.2)	(1.5)
정부	10.6	6.4	6.4	4.1	7.8	7.0
	(2.5)	(0.7)	(−0.7)	(0.0)	(2.7)	(0.4)

주: ( )는 GNI 증가율과의 차이(%, p) 2) 2011~2015년 기간 중 기업소득이 감소를 보인 것은 세계 경기 침체로 인한 우리나라 기업의 수출감소에 기인

자료: 한국은행의 국민계정(2010년 기준년) 자료를 이용
국회예산정책처 작성

2000년과 2017년을 비교하면, 기업소득은 111조 원에서 424조 원으

로로 3.82배 늘었는데, 그중 비금융법인이 3.94배, 금융법인이 2.98배다. 이들 비금융법인의 소득증가율이 높은 것은 다른 경제주체(협력업체나 근로자)를 착취해서가 아니라, 전 세계 시장을 상대로 장사를 잘했기 때문이다.

수출대기업 임직원들의 임금은 충분히 높다. 일본보다 더 높다. 1차 협력업체들의 형편도 대체로 좋다. 기술력과 교섭력(선택권과 거부권)이 있는 곳은 확실히 좋고, 없는 곳은 상대적으로 이윤도 박하고, 임금도 낮다. 그런데 이를 최저임금 같은 국가규제로 해결할 수 있을까?

5. 거인과 난쟁이의 평균값으로 의자와 침대를

가계소득은 이건희, 이재용, 정몽구, 최태원 등이 받은 배당금과 임금, 현대기아차 근로자들의 임금, 한계기업(법인 또는 비법인) 근로자들과 편의점 알바의 임금을 다 포괄한다. 상식적으로 키가 3미터 넘는 거인과 1미터도 안 되는 소인의 키 평균을 내어 의자·침대·방 등을 설계하면, 쓸 수 있는 물건이 별로 없을 것이다. 마찬가지로 거인과 난쟁이가 뒤섞인 자본·노동·기업·가계도 평균값을 가지고 격차와 추세를 논하면 황당한 결론이 나올 수밖에 없다. 문 정부의 소득주도성장 정책이 딱 그 꼴이다. 한국은 기업도 가계도 천차만별이다. 삼성전자처럼 천문학적 이익을 내는 기업도 있지만, 영업이익으로 이자도 못 내는 기업도 무려 40퍼센트 내외다. 소득주도성장의 기치 아래 국가가 휘두르는 몽둥이(최저임금 등)는 키작은 난쟁이(가난한 한계기업: 자본 및 노동)들만 거꾸러뜨리고, 키큰 거인(부유한 기업과 가계)에게는 시원한 안마밖에 못 된다.

한국은 기본급이 낮고 제수당이 많고, 근속연수에 따라 임금이 가파르게 올라가는 임금체계를 채택하고 있는 곳이 많다. 특히 공공부문과 대기업이 그렇다. 이런 구조에서 최저임금을 끌어올리면 고임금 근로자의 임금도 덩달아 오를 수 있다. 노조 입장에서는 임금인상 투쟁을 하지 않아도 임금을 올릴 수 있는 것이다. 게다가 시장지배력이 있는 기업들은 최저임금과 노동시간 급상향으로 인한 생산원가 상승분을 가격에 전가할 수 있다.

결국 최저임금 급상향 정책은 소득 4~5분위 부자 근로자가구 중심의 임금소득 증대에 힘입어 전체 가구의 평균소득을 증가시킨다. 하지만 1~3분위 가구, 특히 비임금근로자 가구의 시장소득(근로소득과 사업소득)은 감소하게 되어 있다. 이는 2018년 가계동향조사(소득부문) 통계로 입증되었다. 4~5분위 가구는 과거 해 오던 대로 부동산 투자를 하거나 해외소비를 늘리는데, 1~3분위 가구는 일할 기회도 줄고 소득자체가 줄어드는, 의도와 정반대의 결과가 나온 것이다. 게다가 최저임금 급상향으로 인해 중소영세기업 근로자들이 기존 일자리에서 내몰리고 새로운 일자리 찾는 데 어려움을 겪게 되면, 미래에 대한 불안감 때문에 중저소득 가구의 소비는 더욱 움츠러들게 되어 있다.

사실 한국에서 최저임금 급상향의 최대 수혜자는 국내소비에 극도로 인색한 외국인 근로자다. 허술한 외국인 근로자 정책으로 인해 이들이 폭발적으로 늘어나면 국내소비를 더 위축시키게 되어 있다. 한국은 소비가 새는 구멍이 너무 많다. 수십 년 뒤를 대비한다면서 생산과 소비에 쓰일 피 같은 돈을 빼내어 높다랗게 쌓고 있는 국민연금, 고소득층의 높은 해외소비와 부동산 투자, (국내소비 성향이 극도로 낮은) 외국인 노동자 등이다. 천신만고 끝에 국내소비가 늘어난다 해도, 국내투자와 고용의 확대는 또 다른 문제이다. 최저임금으로 인해 생산요소비용이 급등하고, 생산성과 고용과 임금이 연동되지 않고, 무엇보다도 한번 채용하면 정년보장·연공임금·기업복지 등을 당연시하고, 노조에 대한 정당방위조차도 부당노동행위로 단죄한다면 국내투자와 고용은 너무나 위험한 일이 되기 때문이다.

개방경제에서 국민경제의 총수요는 '국산품에 대한 총지출'이다. 총수요=민간소비지출(C)+민간투자지출(I)+정부지출(G)+순수출(수출-수입)(N)이다. 총수요를 확대하는 것은 C, I, G, N 4가지 요소를 늘린다는 것을 의미한다.

그런데 문재인 정부의 일자리 창출 정책의 핵심인 '공공부문 일자리 81만 개' 정책과 '공공부문 비정규직의 정규직 전환 및 처우개선' 정책은 본질적으로 정부지출(G)의 증대다. 공공부문 고용임금의 엄청난 경직성을 감안하면, 이는 일시적인 정부지출이 아니라 짧게는 30년, 연금과 유족연금까지 포함하면 추가 30~40년, 도합 60~70년에 걸치는 지속적인 정부지출이다.

게다가 현 시점에서 정부(공공부문)의 지출이 적은 것도 아니다. 2016년 공공부문계정(한국은행, 2017. 6. 21)에 따르면, 일반정부의 총지출은 GDP의 32.4퍼센트(총수입은 34.5퍼센트), 공기업 총지출은 GDP의 11.6퍼센트로, 공공부문 총지출이 GDP의 44.0퍼센트(총수입은 46.7퍼센트)이다. 저소득 가구나 민간의 수중에 있었더라면 생산과 소비에 쓰일 돈을 정부가 빨아 가서 현대판 양반이자 해외소비를 즐기는 공공부문 종사자들의 임금과 복지에 사용하는 것이다.

그런 점에서 소득주도성장 정책은 국가규제와 세금을 통해 저소득 가구의 소득을 빼앗아서 고소득 가구의 소득을 늘려 주는 정책이다. 특히 가난한 자영업자와 근로자의 일자리와 소득과 임금을 빼앗아서 부유한 근로자의 임금을 올려 주는 정책이다. 소득주도성장 정책의 의도는 소비성향 높은 저소득 근로자의 소득을 늘려 주어 내수소비를 촉진하겠다는 것이었는데, 실제는 소비성향도 낮고 그 소비가 국내에 갇혀 있지 않은 고소득층의 소득을 늘려 주는 것으로 귀결된다. 해외 유명 관광지 패키지 여행객을 모으면 퇴직한 공무원과 교사 부부가 많다는 건 여행업계의 상식 아니던가.

6. 소주성 정책의 3대 가정의 허구

소득주도성장 정책의 핵심 원리는 노조와 근로자 편향의 국가규제(최저임금, 노동시간, 비정규직 등), 행정명령(파리바게프 5,378명 직고용 명령), 노조활동 지원(삼성전자서비스 전 사장 구속, 공공부문 노조 2대 지침 철폐) 등을 통해 기업소득을 가계소득으로 이전시킨다는 것이다. 조세와 재정(복지)으로 대표되는 2차 분배구조가 아니라, 기업소득을 바로 가계나 근로자에게 이전시킨다는 것이다. 이렇게 늘린 가계소득이 국내소비를 늘리고, 늘어난 소비가 국내투자와 고용을 촉진하게 한다는, 참으로 환상적인 선순환 정책이다. 되기만 하면 20년 집권이 아니라 200년 집권도 가능할 것이다. 세계 모든 정부들이 앞 다투어 한국을 따라 하려 할 것이다.

그런데 현실을 아는 사람이라면 소득주도성장 정책의 핵심 가정 3개, 즉 1) 국가 강권력으로 기업소득을 가계소득으로 이전한다는 것, 2) 이를 국내소비 증대로 연결시킨다는 것, 3) 이것이 기업의 국내투자와 고용을 촉진한다는 것 모두 심각한 모순이거나 비약임을 안다.

3대 가정의 허구성은 기업 능력이나 시장 성격이 천차만별인 수많은 기업들 중에서 소득증가를 주도한 기업들이 어떤 기업이고, 그 소득이 어떻게 얻어진 것인지, 이를 최저임금으로 뭉텅 떼올 수 있는지를 살피면 알 수 있다. 가계소득도 그 주요 구성부분인 피용자보수, 가계 및 비영리단체의 영업잉여(자본소득+노동소득), 순수취 재산소득이 어디서 어떻게 늘어났고, 분위별로 어떻게 분배되는지를 살피면 단박에 알 수 있다.

요컨대 소득주도성장정책의 핵심 가정은 다음과 같은 반대 결과에 의해 오류임이 입증된다.

결과 1 가계소득 증대는 부자 근로자(가구)의 소득증대에 힘입어 평균
        값으로는 달성할 수 있으나, 중저소득 가구의 일자리와 시장
        소득을 줄이고 미래에 대한 불안감을 심화시킨다. 따라서
결과 2 국내소비 증대는 정반대 결과를 초래하고,
결과 3 국내투자와 고용은 오히려 훨씬 악화된다.

김대환(노무현 정부 노동부장관, 박근혜 정부 노사정위원장)은 소득주도성장 정책에 대해 이렇게 비판했다.

> 우선 소득주도성장론의 이론적 기반이 취약하다. 소득주도성장이란 말 자체가 논리적으로 성립이 안 된다. 소득이 늘면 당연히 성장이 이뤄진다. 동어 반복일 뿐이다. 정부가 이야기하는 소득주도성장은 근로자 임금 상승을 통한 성장이다. (…) 그런데 여기서 근로자 임금 증가는 새로운 부가가치 창출을 통한 증가가 아니라 영세 자영업자나 정부 재정 등 다른 부분의 소득 일부를 '이전移轉'한 거다. '성장'이란 외피를 쓰고 있지만 속살은 '분배'다. 그런데 이렇게 한 이전소득 증대가 우리 경제 성장에 얼마만큼 도움이 되는지 따져봐야 한다. 저소득 근로자의 임금소득으로 이전되기 전 영세 자영업자의 소득이나 정부 재정일 때 창출한 생산성과 저소득 근로자 임금으로 이전된 후의 생산성을 비교해보는 등 여러 가지를 따져봐야 한다.

　원래 국가정책으로 민간소비지출을 늘리는 방식에는 최저임금 외에도 조세감면, 적정임금제도, 사회임금제도(근로장려금, 각종 사회수당, 기초생활급여, 실업급여 등), 외국인 노동자의 적정선 감축 등 다양한 것들이 있다. 그런데 문재인 정부는 중하층의 소득을 올려 줄 수 있는 다양한 정책수단을 건너뛰고, 하는 일에 비해 월등한 처우를 누리는 '현대판 양반' 공공부문 일자리 확충과, 소득이 0원이 되는 사람(영세자영업자와 중하층 근로자 등)이 속출할 수밖에 없는 '최저임금 대폭 인상'으로 달려갔기 때문에 문제가 심각한 것이다.

　최저임금 급상향 정책은 생산요소 가격을 급등시키고, 탄력성 없는 근로시간 상한(52시간) 규제는 기업의 인력운용에 큰 부담을 안긴다. 비정규직 제로화 정책은 변화부침이 극심한 시대에 정규직=영구직을 정상으로 여기니 고용에 대한 부담을 엄청나게 키운다. 고용창출을 주도하는 중소·영세기업의 경우, 너무나 급격한 경영여건의 변화로 인해 투자와 고용 의지 자체가 심대한 타격을 받을 수밖에 없다. 대기업의 경우 노조 편향의 거친 국가규제 외에 파리바게뜨 5,378명 직고용 명령 같은 행정규제, 노조에 대한 기업의 정당방위 행위에 대한 처벌, 법인세 인상, 검찰, 국세청, 고용부 등이 동시다발적으로 벌이는 먼지털기 수사, 조사 등으로 인해 국내 투자와 고용 의지가 한없이 움츠러들 수밖에 없음은 누누이 지적했다.

　요컨대 가계소득 비중 하락의 결정적인 요인은 비교우위 산업 및 기업과 창의 열정이 넘치는 중소기업 및 개인이 국내 투자와 고용 확대를 꺼렸기 때문인데, 문재인 정부는 이를 더욱 꺼리게 만든다. 문재인 정부는 내수소비를 늘려 소득을 늘리고 일자리를 늘린다는 경제이론까지는 잘 알고 있다. 하지만 공급을 혁신하여 소득을 늘리고 일자리를 늘리는 경제이론에 대해서는 잘 알지 못하는 것처럼 보인다. 공급 혁신은 수요와 상관없이 무턱대고 공급량을 늘린다는 것이 아니라, 새로운 가치를 창출하여 국내외에서 잠자고 있는 유효수요를 끌어내는 것이다. 한국은 비상하는 거대 중국에 인접하여, 중국이 필요로 하지만 충족시킬 수 없는 다양한 가치를 공급할 수 있는 유리한 위치와 경험과 기술을 가지고 있다. 또한 한국은 대륙과 해양의 가교국가(지정학적, 지경학적 요충)일 뿐만 아니라, 선진국과 개도국(아시아, 아프리카)의 가교 국가이기도 하다. 30억 인구의 개도국들에 한국은 축적된 자본, 기술, 상품과 서비스, 경험 등을 공급할 수 있다. 공급 혁신은 한국의 이런 특장점 내지 세계사적 사명을 살린다는 것을 의미한다.

소득주도성장 정책은 한국경제와 불평등·양극화·일자리 문제에 대한 돌팔이 의사의 진단서요 처방전이다. 당연히 비틀거리는 한국경제를 확실히 넘어뜨려 헤아릴 수 없는 서민과 중산층을 고통에 빠뜨리게 되어 있다.

소득주도성장 정책의 본질은, 그냥 "복지가 곧 경제요, 성장이요, 안정"이라면서 복지를 대폭 강화했으면 될 것을, 진보적 성장담론이 없다면서 실물경제에 무지한 강단 학자와 포퓰리즘에 찌든 권력자들이 지극히 특수한 조건(1930년대 대공황 상황 등)에서나 작동하는 경제이론(임금주도성장론)을 가져와서, 이를 토대로 국가 강권력으로 경제주체들이 밀고 당기면서, 나름의 질서를 형성한 시장에 거칠게 개입한 것이다.

문재인 정부의 경제정책에서 문제는 소득주도성장 정책 하나만이 아니다. 실은 '공정경제'와 '혁신성장' 정책도 소주성 못지않게 심각하다.

공정경제 정책이 문제인 것은, 갑질(부당한 약탈과 억압)의 최대 원흉인 정부·공공의 엄청난 패악질을 간과하기 때문이다. 혁신성장 정책이 문제인 것은, 사회적 유인보상체계−위험완충체계−지배운영구조의 부실과 외환위기, 2008년 금융위기, 문 정부의 경제 자해 정책이 만든 트라우마(외상후스트레스장애)를 모르기 때문이다. 그 결과 경제적 자원(돈, 사람, 인재, 부동산, 관심 등)을 움직이는 유인보상체계의 후진성에 관한 한 사회주의 국가와 남미의 실패국가 외에는 비교 대상이 없을 정도이다. 지난 세기에 의도는 고귀했으나 인간과 시장의 동역학에 무지하여 생지옥을 만든 정치·경제 이론이 몇 개 있었다. 사회주의, 파시즘, 주체사상이 대표적이다. 문 정부의 거시경제 정책들도 그 반열에 오를 조건을 충분히 갖추고 있다.

제4장
최저임금

최저임금은 문 정부의 단순, 무식성과 정책적 폭력성의 전형이다.

문재인 정부 출범 직후(2017년 7월) 최저임금위원회는 2018년 최저임금을 전년 대비 16.4퍼센트(1,060원) 오른 시간당 7,530원으로 결정했다. 이후 2019년 최저임금은 전년 대비 10.9퍼센트 올라 8,350원이 되었고, 2019년 7월에는 2020년 최저임금을 전년 대비 2.87퍼센트 오른 8,590원으로 결정했다. 인상폭이 매우 작자 양대 노총은 거세게 반발하며 총파업을 공언했다. 1988년 최저임금 제도가 실시된 이래 2017년과 2018년 몇 년을 제외하고는 거의 연례행사가 된 퍼포먼스다.

한국 최저임금은 시간당 임금수준만 보면 그리 높아 보이지 않지만, 실제로는 세계 수위권이고, 고용주가 느끼는 부담은 단연 세계 최고 수준이다. 임금수준, 산입(포함) 범위, 인상 속도, 산업·지역을 가리지 않는 일률성, 어기면 기업주 형사처벌, 고용임금 유연성 부재 등을 종합하면 의심할 여지가 없다.

1. 문재인 정부의 최저임금 인식

문재인 대통령은 당대표 시절부터 최저임금 대폭 상향을 공언해 왔다. 2015년 7월 9일 최저임금위원회가 2016년도 최저임금을 전년 대비 8.1퍼센트(450원) 오른 시간당 6,030원으로 의결했을 때, 당시 새정치민주연합 대표이던 문재인은 "대단히 미흡하고 유감스러운 일"이라면서, "최저임금을 최저생계를 보장할 수 있는 수준으로 인상해야 한다", "아무리 열심히 알바를 해도 시급 5,580원(2015) 가지고는 등록금과 용돈을 마련하는 것이 불가능하다", "OECD 국가들처럼 (최저임금이) 전체 노동자 평균임금의 절반 정도 수준 이상이 되도록 제도화해야"한다고 하였다.

2018년도 최저임금(7,530원)이 결정된 직후(2017. 7. 17)에도 문 대통령은 청와대 수석·보좌관회의를 주재한 자리에서 최저임금 인상안에 대해 "극심한 소득불평등을 완화하고 소득주도성장으로 사람 중심의 국민성장 시대를 여는 대전환점이 될 것"이라며, "최저임금 1만 원은 단순히 시급 액수가 아니라 사람답게 살 권리를 상징"하며, "경제적 효과 면에서도 당장 내년도(2018)부터 경제성장률을 더 높여 주는 효과가 생길 것으로 전망된다"고 말했다.

문재인 대통령의 생각을 구체화한 '문재인정부 국정운영 5개년계획'(2017. 7)에서 최저임금 관련 부분은 '목표 3. 내 삶을 책임지는 국가'의 '전략 4. 노동존중·성평등을 포함한 차별 없는 공정사회 〉64. 차별 없는 좋은 일터 만들기'에 주로 서술되어 있는데, 이를 임금격차 해소의 관점에서 바라보고 있다.

○ (임금격차 해소) '20년 최저임금 1만원 실현과 소상공인 등 부담 완화방안 마련, 공정임금 구축 등 임금격차 해소 추진

요컨대 문 대통령은 최저임금을 '최저생계비 보장수단이자, 가계소 득 증대수단'으로 본다. 은연중에 우리 기업(고용주)의 대부분은 지불 여력이 충분히 있음에도 불구하고, 최저임금이 낮게 설정되어 있기에 임금을 적게 지급한다고 생각하고, 최저임금을 대폭 올리면 저임금 근 로자의 임금도 대폭 오른다고 생각하는 것처럼 보인다. 한계기업이 문 을 닫거나 고용과 노동시간을 줄임으로써 취약근로자의 처지가 더 어 려워질 수 있다는 정책적 상식이 온데간데없다. 임금(소득)은 '임률(시 급)×근로시간'인데, 임률(시급)은 국가규제(최저임금)로 끌어올릴 수 있 으나 근로시간은 그럴 수 없다는 명백한 사실을 망각하고 있다는 얘기 다. 임률이 시간당 1만 원이 돼도 근로시간이 주 20시간에서 주 10시 간으로 줄어들면 임금(소득)은 줄어들 수밖에 없고, 근로시간이 0이 되 면 임금(소득)은 0이 된다.

책갈피▶

헌법과 최저임금법

최저임금법도 최저임금에 대한 착각을 조장하고 있다.
최저임금제도는 헌법 제32조 1항에 명시된 기본권이다.

제32조 ① 모든 국민은 근로의 권리를 가진다. 국가는 사회적·경제적 방 법으로 근로자의 고용의 증진과 적정임금의 보장에 노력하여야 하며, 법률이 정하는 바에 의하여 최저임금제를 시행하여야 한다.

1953년에 제정된 근로기준법에는 최저임금제가 들어 있었지만, 최저임금법은 1986년 12월 31일자로 제정되어 1988년 1월 1일부터 시행되었다.

현행 최저임금법 제1조는 법의 목적을 다음과 같이 규정하고 있다.

> 제1조(목적) 이 법은 근로자에 대하여 임금의 최저수준을 보장하여 근로자의 생활안정과 노동력의 질적 향상을 꾀함으로써 국민경제의 건전한 발전에 이바지하는 것을 목적으로 한다.

이 법에 따라 만들어진 최저임금위원회는 "최저임금제의 실시로 근로자의 임금이 최저임금액 이상 수준으로 인상되면서 다음과 같은 효과를 가져"온다고 적시해 놓았다.

① 저임금 해소로 임금격차가 완화되고 소득분배 개선에 기여
② 근로자에게 일정한 수준 이상의 생계를 보장해 줌으로써 근로자의 생활을 안정시키고 근로자의 사기를 올려주어 노동생산성이 향상
③ 저임금을 바탕으로 한 경쟁방식을 지양하고 적정한 임금을 지급토록 하여 공정한 경쟁을 촉진하고 경영합리화를 기함

최저임금위원회도 최저임금을 인상하면 최저임금액 미만을 받고 있는 근로자들의 임금이 오른다고 전제하고 그 효과를 얘기한다.

하지만 최저임금이 결코 낮지 않은 상황에서 대폭 인상하면 법 취지와 전혀 다른 효과를 초래할 수밖에 없다.

2. 최저임금 수준의 국제비교

최저임금의 효과를 가늠하기 위해서는 국가별, 산업별, 지역별 노동 생산성과 임금분포를 면밀히 살펴야 한다. 국제비교를 위해서는 소수의 고임금 근로자가 그 수준을 끌어올릴 수 있는 전일제 근로자(full-time workers)의 평균임금보다는, 중위임금 대비 최저임금 수준이 그 효과를 더 정확하게 가늠하게 한다.

OECD는 미 달러화(구매력환율)로 환산한 국가별 최저임금을 집계해 놓았다. 2018년 기준(최신) 시간당 최저임금은 호주 12.1달러, 프랑스 11.5달러, 독일 10.9달러, 영국 9.6달러, 일본 8.1달러, 한국 7.9달러 (7,530원), 미국 7.3달러다. 한국은 2019년에는 8.76달러(8,350원)로 일본을 추월했고, 2020년(8,590원)에 9달러를 돌파한다.

구매력 기준 시간당 최저임금(2018 USD PPPs)

국가	2001	2010	2015	2016	2017	2018	2018/2010 (%)
호주	10.5	11.1	11.5	11.6	11.7	12.1	110
프랑스	9.7	11.2	11.5	11.6	11.6	11.5	103
독일	–	–	10.8	10.8	11.1	10.9	–
영국	6.7	8.5	8.6	9.4	9.5	9.6	113
일본	6.4	7.2	7.6	7.9	8.1	–	112
한국	3.1	5.0	6.1	6.6	6.9	7.9	160
미국	7.3	8.4	7.7	7.6	7.4	7.3	87

OECD.Stat, 2019. 7. 18

그런데 한국은 대부분의 국가에는 없는 주 15시간 이상 근로자에 대한 주휴수당 제도가 있기에, 실제로는 20퍼센트가 더 많은 10.5달러 (8,350×1.2)이다. 2019~20년이면 영국을 추월하고 독일 수준에 근접할 것이다. 일본, 영국, 독일은 국민소득이 한국보다 20~30퍼센트 높은 나라들임에도 불구하고 최저임금을 매우 점진적으로 올리고 있다.

사실 국민소득 3만 달러가 넘는 나라 중에서 한국처럼 최저임금을 급격히 상승시킨 나라는 없다. 자국화폐 기준으로 보면 미국은 9년(2010~18) 동안 연간 최저임금이 1만 5,080달러로 동결됐고, 프랑스는 같은 기간 11.8퍼센트, 영국 32.8퍼센트 오른 데 비해, 한국은 69.4퍼센트나 올렸다. 2015년부터 최저임금을 도입한 독일은 2년에 한 번씩 조정하여 2015~16년 1만 7,280유로, 2017~18년 1만 7,976유로로 4년 동안 불과 4퍼센트 올렸다. 일본은 8년(2010~17) 동안 16.7퍼센트 올렸는데, 이는 한국의 2018년 한 해 인상폭(16.4%)과 거의 같은 수준이다. 한국은 2019~20년에 또 14.1퍼센트 인상되었기에, 최근 10년간 최저임금 상승폭은 타의 추종을 불허할 것이다.

OECD는 시간당 최저임금과 더불어 자국통화 기준 연간 최저임금도 집계해 놓았다. 2018년 기준 한국은 1,888만 5,240원(7,530원×209시간×12개월), 독일 1만 7,976유로, 프랑스 1만 7,982유로, 일본 177만 7,360엔(2017), 영국 1만 6,115파운드(2018), 미국 1만 5,080달러이다. 2020년이 되면 한국은 2,154만 3,720원이 된다. 최저임금 1만 원이 되면 연 2,508만 원이 되어 세계 최고 수준이 된다. 그런데 연간 최저임금 통계는 주휴수당(20%)까지는 포괄하지만, 여전히 포괄하지 않는 것이 많다. 1년이 지나면 발생하는 퇴직금(한 달치 월급=연봉의 8.33%)과 연차휴가보상비(26일치=7% 이상)와 식대가 대표적이다.

OECD 주요국 최저임금 추이(자국화폐 기준)

국가	화폐 단위	2010	2015	2016	2017	2018	18/10 (%)
프랑스	Euro	16,089	17,490	17,599	17,763	17,982	111.8
독일	Euro	–	17,280	17,280	17,976	17,976	–
일본	JPY	1,522,040	1,672,840	1,724,840	1,777,360	–	116.8
한국	KRW	11,146,320	13,994,640	15,123,240	16,226,760	18,885,240	169.4
영국	GBP	12,132	13,624	14,976	15,444	16,115	132.8
미국	USD	15,080	15,080	15,080	15,080	15,080	100.0

OECD.Stat, 2019. 7. 18

최저임금의 성격상 중위임금 대비 수준이 중요하다. 이것이 노동시장에 대한 영향 내지 충격을 말해 주기 때문이다. 2017년 현재(최신) 주요국의 중위임금 대비 최저임금 수준을 보면 한국(6,470원) 53퍼센트, 미국 34퍼센트, 일본 42퍼센트, 독일 48퍼센트, 영국 54퍼센트, 프랑스 62퍼센트다. 한국은 2018년 7,530원에서 2020년 8,590원으로 급격히 올렸기에 아마 60퍼센트 내외가 될 것이다. 더 심각한 문제는 그 비율이 오르는 속도인데, 2017년과 2020년을 비교하면 한국은 1.83배가 올랐다. 하지만 프랑스는 17년째 62퍼센트에 고정되어 있다. 일본은 1.29배, 영국은 1.31배 올랐으나, 미국은 36퍼센트에서 34퍼센트로 오히려 떨어졌다.

풀타임 근로자 평균임금 및 중위임금 대비 최저임금 수준(2000~2017)

국가	구분	2000	2015	2016	2017	17/00(%)
호주	평균임금	0.50	0.44	0.45	0.46	91
	중위임금	0.58	0.53	0.54	0.55	94
프랑스	평균임금	0.50	0.50	0.50	0.50	99
	중위임금	0.62	0.62	0.62	0.62	100
독일	평균임금	–	0.43	0.42	0.43	–
	중위임금	–	0.48	0.47	0.48	–
일본	평균임금	0.28	0.34	0.35	0.36	127
	중위임금	0.32	0.40	0.40	0.42	129

한국	평균임금	0.24	0.38	0.40	0.41	174
	중위임금	0.29	0.49	0.50	0.53	183
스페인	평균임금	0.29	0.31	0.31	0.34	116
	중위임금	0.36	0.37	0.37	0.40	110
영국	평균임금	0.34	0.41	0.41	0.44	130
	중위임금	0.41	0.49	0.49	0.54	131
미국	평균임금	0.29	0.25	0.25	0.24	85
	중위임금	0.36	0.36	0.35	0.34	94

자료: https://stats.oecd.org/》labor》earning》Minimum relative to average wages of full-time workers (2019. 7. 18)

2000년 이후 지금까지 최저임금을 평균임금 대비 50퍼센트, 중위임금 대비 62퍼센트에 맞춰 놓은 프랑스의 고용률·청년고용률 등 많은 지표가, 2015년에야 비로소 최저임금을 도입한 독일(평균임금 대비 43%, 중위임금 대비 48%)에 비해 좋지 않다는 사실은 최저임금의 성격에 비추어 보면 결코 놀라운 일이 아니다. 2016년 기준 연령계층별 고용률을 보면, 독일 74.7퍼센트, 일본 74.3퍼센트, 미국 69.4퍼센트인 데 반해, 프랑스 64.6퍼센트, 한국은 66.1퍼센트다.

연령계층별 고용률(2016)

	한국	프랑스	독일	일본	이탈리아	스페인	영국	미국
전체	66.1	64.6	74.7	74.3	57.2	60.5	74.3	69.4
15~24세	26.9	28.2	45.8	42.5	16.6	20.5	53.7	49.4
25~54세	76.2	80.3	84.0	83.3	68.8	71.5	83.0	77.9
55~64세	66.2	49.9	68.6	71.4	50.3	49.1	63.5	61.8

(전체고용률은 15~64세 기준. 단, 스페인·영국·미국은 16~64세)

https://stats.oecd.org

대학진학률과 최저임금의 영향을 많이 받는 15~24세와 55~64세 고용률을 비교해 보면, 전자(15~24세)의 경우 독일 45.8퍼센트, 일본 42.5퍼센트, 미국 49.4퍼센트인 데 반해, 프랑스 28.2퍼센트, 한국은 26.9퍼센트이다. 후자(55~64세)의 고용률은 독일 68.6퍼센트, 일본

71.4퍼센트, 미국 61.8퍼센트이고, 프랑스 49.9퍼센트, 한국은 66.2퍼센트다. 한국이 높게 나오는 것은 노후 사회보장 수단이 너무나 취약하고, 농업·음식숙박업·부동산업 등을 중심으로 저임금 자영업자들이 많기 때문이다.

3. 최저임금영향률

한국은 미국, 일본, 프랑스 등 대부분의 선진국처럼 최저임금을 소폭 올리거나, 상당기간 동결하다가 한꺼번에 올린 것이 아니다. 노무현 정부 출범 이후 2003년부터 꾸준히 물가상승률보다 훨씬 높은 수준(7~8%)으로 올려 왔기에, 16.4퍼센트(2018)와 10.9퍼센트(2019)의 충격은 여간 큰 것이 아니다. 이는 타의 추종을 불허하는 엄청나게 높은 최저임금영향률이 그 증거다. 최저임금영향률은 2016년 18.2퍼센트, 2017년 17.4퍼센트, 2018년 23.6퍼센트, 2019년은 25퍼센트로 추정한다.

전체 임금근로자 가운데 최저임금에 못 미치는 임금을 받은 노동자의 비율은 '최저임금미만율'이라고 하는데, 최저임금위원회는 2016년 13.5퍼센트, 2017년 13.3퍼센트로 추정했다. 최저임금위원회가 발간한 『2013년 주요 노동경제지표 분석 보고서』(2013. 6, 72-80쪽)에 따르면 해외 주요국의 최저임금미만율(2012)은 미국(4.7%), 일본(1.7%), 영국(5.1%), 캐나다(5.8%), 프랑스(11.1%), 포르투갈(12.7%), 멕시코(13.2%) 등이다. 그런데 한국의 실제 영향률은 위에서 제시된 영향률보다 훨씬 높다. 기본급이 낮고 상여금과 제수당이 많고, 근속연수에 따라 임금이 올라가는 연공임금 체계 때문이다. 최저임금영향률이 높으면, 더 많은 기업들이 가격인상, 임금인상, 영업과 폐업(해외이전), 근로시간 단축과 인력사업 구조조정 등을 고민하게 만든다.

최저임금의 산업별,, 고용형태별 영향을 보다 세밀하게 파악하려면 한국 통계청과 고용노동부의 관련 통계를 통해 추정하는 수밖에 없다. 최저임금 1만 원 정책에 따른 최저임금 폭증 정책이 시동을 걸기 직전인 2016~2018년의 산업별 임금분포와 연고용 통계는 이를 가늠하게 해 준다.

최저임금영향률: 경제활동인구 부가조사

(천 명, %)

연도	적용업종	적용대상 근로자	수혜 근로자	영향률
2019.1.1 ~ 2019.12.31	1명이상 전산업	20,006	5,005	25
2018.1.1 ~ 2018.12.31	1명이상 전산업	19,627	4,625	23.6
2017.1.1 ~ 2017.12.31	1명이상 전산업	19,312	3,366	17.4
2016.1.1 ~ 2016.12.31	1명이상 전산업	18,776	3,420	18.2
2015.1.1 ~ 2015.12.31	1명이상 전산업	18,240	2,668	14.6
2014.1.1.~ 2014.12.31	1명이상 전산업	17,734	2,565	14.5
2013.1.1 ~ 2013.12.31	1인이상전산업	17,510	2,582	14.7
2012.1.1 ~ 2012.12.31	1인이상전산업	17,048	2,343	13.7
2011.1.1 ~ 2011.12.31	1인이상전산업	16,479	2,336	14.2
2010.1.1 ~ 2010.12.31	1인이상전산업	16,103	2,566	15.9
2009.1.1 ~ 2009.12.31	1인이상전산업	15,882	2,085	13.1
2008.1.1 ~ 2008.12.31	1인이상 전산업	15,351	2,214	13.8
2007.1.1 ~ 2007.12.31	1인이상 전산업	14,968	1,784	11.9
2005.9.1 ~ 2006.12.31	1인이상 전산업	14,584	1,503	10.3
2004.9 ~ 2005.8	1인이상 전산업	14,149	1,245	8.8
2003.9 ~ 2004.8	1인이상 전산업	13,631	1,035	7.6
2002.9 ~ 2003.8	1인이상 전산업	13,216	849	6.4
2001.9 ~ 2002.8	1인이상 전산업	7,152	201	2.8
2000.9 ~ 2001.8	5인이상 전산업 (~2000.11.23)	5,366	98	1.8
2000.9 ~ 2001.8	1인이상 전산업 (2000.11.24~)	6,692	141	2.1
1999.9 ~ 2000.8	5인이상 전산업	5,030	53	1.1
1998.9 ~ 1999.8	10인이상 전산업	5,136	22	0.4
1997.9 ~ 1998.8	10인이상 전산업	5,324	123	2.3
1996.9 ~ 1997.8	10인이상 전산업	5,240	127	2.4
1995.9 ~ 1996.8	10인이상 전산업	5,380	103	1.9
194.9 ~ 1995.8	10인이상 전산업	4,863	103	2.1
1994.1 ~ 1994.8	10인이상 전산업	4,916	102	2.1
1993	10인이상 전산업	5,045	227	4.5
1992	10인이상 전산업	4,620	392	8.5
1991	10인이상 전산업	4,556	393	8.6
1990	10인이상 전산업	4,386	187	4.3
1989	10인이상 제조업,광업, 건설업	3,052	327	10.7
1988	10인이상 제조업	2,266	94	4.2

자료: 최저임금위원회

근로자들의 노동시간을 따지지 않는 통계청의 '2016년 하반기 지역별고용조사: 취업자의 산업 및 직업별 특성'(2017. 4. 25)에 따르면 임금근로자 1,968만 7천 명 중 월급여 100만 원 미만이 11.4퍼센트, 100만~200만 원 미만이 33.8퍼센트로, 200만 원 미만이 45.2퍼센트였다. 그런데 2016년 하반기 최저임금은 시간당 6,470원으로, 주 40시간 만근을 하면 월 135만 2,230원이다. 월 200만 원 이하 저임금이 집중된 산업은 농림어업(83.8%), 숙박 및 음식점업(79%), 사업시설관리 및 사업지원서비스업(69%), 예술 스포츠 및 여가 관련 서비스업(64.7%), 보건업 및 사회복지서비스업(64.5%) 등이다.

시간제 근로자들의 상황은 통계청의 '2016년 8월 경제활동인구조사 부가조사'를 통해 살필 수 있다. 이들의 평균 취업시간은 월 20.5시간이고, 월평균임금은 74.1만 원에 불과했다.

이로부터 어떤 근로자들이 큰 타격을 받을지는 충분히 예상할 수 있었다. 2018~19년 연속 2번 최저임금을 폭증시킨 후과는 고용통계를 통해 추정할 수 있다.

연도별 산업별 취업자 수(2016~2018)

(천 명)

산업별	2016	2017	2018	2016→2017 (%)	2017→2018 (%)
총 취업자 계	26,409	26,725	26,822	316	97
A 농업, 임업 및 어업(01~03)	1,273	1,279	1,340	6	62
C 제조업(10~34)	4,584	4,566	4,510	−18	−56
F 건설업(41~42)	1,869	1,988	2,034	119	47
G 도매 및 소매업(45~47)	3,754	3,795	3,723	41	−72
I 숙박 및 음식점업(55~56)	2,291	2,288	2,243	−3	−45
J 정보통신업(58~63)	784	783	837	−1	55
K 금융 및 보험업(64~66)	803	794	840	−9	46
L 부동산업(68)	483	540	528	57	−12
N 사업시설관리, 사업지원 및 임대서비스업(74~76)	1,391	1,374	1,311	−17	−63

O 공공행정, 국방 및 사회보장행정(84)	1,004	1,058	1,110	55	52
P 교육서비스업(85)	1,862	1,907	1,847	45	−60
Q 보건업 및 사회복지서비스업(86~87)	1,861	1,921	2,046	61	125
R 예술, 스포츠 및 여가관련 서비스업(90~91)	407	428	445	22	16

2017년 대비 2018년 취업자가 큰 폭으로 줄어든 산업은 도매 및 소매업(-7만 2천 명), 사업시설관리, 사업지원 및 임대서비스업(-6만 3천 명), 교육서비스업(-6만 명), 제조업(-5만 6천 명), 숙박 및 음식점업(-4만 5천 명)이다. 늘어난 산업은 정부재정에 크게 의존하는 보건업 및 사회복지서비스업(12만 5천 명), 농업·임업 및 어업(6만 2천 명), 정보통신업(5만 5천 명) 등이다. 특이한 곳은 '농업, 임업 및 어업'인데, 이는 151만 3천 명(2013) → 144만 6천 명(2014) → 133만 7천 명(2015) → 127만 3천 명(2016)으로 경향적으로 떨어지다가, 2017년 127만 9천 명 → 134만 명(2018)으로 증가하기 시작했다. 저임금 근로자가 집중된 도매 및 소매업, 숙박 및 음식점업, 사업시설관리 및 사업지원서비스업은 대체로 종사자들이 고령이거나, 기업주가 자영업자로의 변신이 쉬운 업종이다.

한편 취업시간별 취업자 수를 보면, 주 1~17시간 근로자가 2년 연속 증가하고, 18~35시간 근로자는 2017~18년으로 오면서 큰 폭(63만 9천 명)으로 증가하였다. 하지만 54시간 이상 근로자와 45~53시간 근로자는 큰 폭으로 감소하였다.

취업시간별 취업자 수(2016~2018)

(천 명)

	2016	2017	2018	2016→2017 (%)	2017→2018 (%)
총취업자 계	26,409	26,725	26,822	316	97
1~17시간	1,267	1,362	1,520	95	158
18~35시간	3,220	3,051	3,690	−169	639
36~44시간	9,465	9,961	10,586	497	625
45~53시간	6,684	6,789	6,236	105	−554
54시간 이상	5,360	5,179	4,387	−181	−792
일시휴직자	413	382	403	−31	21
주당 평균취업시간	43	43	42	0	−1

4. 최저임금에 대한 무지와 착각

최저임금은 사용자로 하여금 영업이냐 폐업(해외이전 등)이냐, 4~5명 고용이냐 2~3명 고용 혹은 자동화·무인화냐, 15시간 이상 근로계약이냐 초단시간 근로계약이냐 사이에서 선택하도록 몰아간다. 따라서 최저임금은 산업·기업·사업·인력 구조조정을 압박하는 장치다. 임금 하향압력을 강하게 받는 취약근로자를 보호하는 장치인 동시에, 취약근로자를 아예 실업자나 하루 두세 탕의 알바를 뛰는 '메뚜기'로 만드는 장치이기도 하다.

따라서 최저임금 수준을 결정할 때는 산업·업종별 경영사정과 노동시장 사정(임금분포와 고용 수요와 공급)을 살피고, 지역별 생활비 수준과 고용사정도 살피고, 무엇보다도 퇴출된 노동의 재교육을 통한 상향이동 가능성과 사회안전망 수준(실업급여, 기초생활보호 관련 지출, 기초연금, 근로장려금과 각종 사회수당 등)과 한계산업·기업에 종사하던 근로자들의 재교육·재배치 전략 등과 연계가 필수불가결하다. 그러나 문 정부는 이런 고민과 고려를 거의 하지 않았다.

또 하나는 소득임금격차를 축소하고 민간소비지출을 늘리는 방식은 최저임금 외에도 조세감면, 공공부문의 적정임금제도, 사회임금(근로장려금, 각종 사회수당, 기초생활급여, 실업급여 등), 노조의 단체행동에 의한 임금인상 등 다양하다. 그런데 문 정부는 거의 최저임금으로만 이를 달성하려고 한다. 최저임금위원회도 이런 복잡하고 어려운 고민을 할 이유도 능력도 없는 사람들이 노사 임금이나 단체협상 하듯이 최저임금을 결정한다. 노측을 대표하는 위원들은 최저임금은 높으면 높을수록 좋다고 생각하는 것처럼 보인다.

문재인 정부는 최저임금제의 본질을 모르고 있다. 최저임금이 중위임금에 비해 한참 낮은 수준이라면 몰라도, 40퍼센트나 50퍼센트를 돌파하면 최저임금은 더 이상 최저생계비 보장수단도, 가계소득 증대수단도 아니다. 뿐만 아니라 한국의 임금수준 및 체계(낮은 기본급과 연공임금, 주휴수당, 상여금과 식대 산입 배제)를 모르고 있다. 기본급, 상여금, 연장근로수당 등을 합치면 연봉 5천만 원을 넘게 받는 노동자가 최저임금 선에 걸리는 경우가 부지기수라는 것이 그 증거다.

한국의 최저임금은 이미 충분히 높다. 사실 우리의 생산력(1인당 GDP나 GNI) 수준을 감안하면 2017년 최저임금(6,030원)조차도 결코 낮은 수준이 아니었다. 인상 속도는 엄청난 과속이다. 최대의 수혜자는 외국인 근로자라고 해도 과언이 아니다. 그로 인해 불법체류자가 급증하고 있다. 이들은 한국 땅에서 소비지출에 지독하게 인색하기에 소득주도성장론의 거대한 구멍이다.

최저임금과 근로시간 상한(52시간)제는 초강력 국가규제인데, 지방이나 산업의 자율성이 전혀 없다. 지역, 산업, 기업, 사람의 처지, 조건이 천차만별인 5천만 대국에서 전국적, 일률적 규제로 최저임금을 운영한다는 것 자체가 보통 문제가 아니다. 따라서 과하면 일자리와 산업경쟁력을 파괴하는 핵폭탄급 대량살상무기가 될 수 있다. 그런데 문 정부는 이를 아예 선심의 방편으로 삼고 터뜨려 버렸다고 해도 과언이 아니다.

일본의 경우 최저임금중앙심의회가 전국 차원의 최저임금 목표치를 정하면 각 지역에서 정부 목표치와 지역의 상황에 맞게 다시 지역(47개 도도부현)별 최저임금을 정한다. 2016년 10월 1일~2017년 9월 30일 적용된 시간당 최저임금을 보면 도쿄 932엔, 가나가와(神奈川) 930엔, 오사카 883엔, 홋카이도 786엔 등이고, 오키나와와 미야자키(宮崎)가 가장 낮은 714엔이고 가고시마(鹿兒島) 715엔이 뒤따른다. 일본뿐 아니라 중국, 미국, 캐나다, 호주, 독일, 프랑스 등 큰 나라들(주로 연방국가)의 대부분은 지역, 업종, 직종별 차등이 있다.

한국에서 기업이 느끼는 가장 큰 부담은 높은 최저임금과 경직된 근로시간 상한(52시간) 규제와 더불어, 정규직의 고용임금 유연성이 거의 없다는 사실이다. 회사의 업무량, 근로자 생산성과 근로자 수, 임금수준, 근로시간, 근무형태 등을 유연하게 연동, 조합하기 어렵다는 것이다. 한국 노동관계법은 정규직은 본인의 의사에 반하여 구조조정하기 극히 어렵게 만들어 놓았기 때문이다. 설상가상으로 한국에서 임금은 생산성의 함수가 아니라, 근속연수와 단결투쟁력의 함수로 여겨진다. 그런 점에서 한국에서는 단 한 명이라도 고용하는 사람은 엄청난 위험과 부담을 짊어지는, 정말로 위대한 존재이다. 그런데 위대한 모험가만 고용주가 되는 나라가 번영할 리가 없다.

최저임금 1만 원 공약의 배경

최저임금 대폭 인상은 2017년 대선에서 어느 정도 예고되었다. 2017년 대선후보였던 문재인, 유승민, 심상정은 '2020년까지 최저임금 1만 원' 인상을 공약했고, 안철수와 홍준표는 '2022년까지(임기내) 1만 원'을 공약했다.

그런데 수많은 이슈에서 정면충돌하는 대선후보들이 유독 최저임금 정책에 관한 한 그 차이(3년내 vs 5년 내 1만 원)가 왜 이렇게 적었을까? 그것은 2015년 전후한 시기부터 최저임금 인상이 세계적 유행이었기 때문이다. 2015년 이후 미국, 일본, 독일, 중국 등에서 최저임금 인상 러시가 일었다. 미국 오바마 대통령은 2015년 신년연설에서 최저임금 인상을 촉구했다. 미국 주요 도시에서도 대폭적인 인상이 결의되었다. LA는 2020년까지 15달러로 인상한다고 했다. 독일은 최저임금제도가 없다가 2015년부터 연방최저임금(8.5유로)을 도입하였다. 중국은 노동자 평균임금의 2배 수준 인상을 위해 2010년부터 5년간 매년 13퍼센트씩 최저임금을 인상한다고 하였다. 일본은 12년 만에 시간당 780엔으로 올렸다. 2016년 6월 각의(국무회의)에서 매년 3퍼센트의 최저임금 인상을 결의해, 2017년 7월 중앙최저임금심의회가 전년보다 3퍼센트(25엔) 올렸다. 한국은 보수와 진보 공히 대한민국의 처지나 조건을 잊고 선진국의 권리이익 수준이나 정책적 유행을 무분별하게 쫓는 '정책적 사대주의' 내지 '선진국 추종주의' 경향이 강하기에 이런 움직임들이 2017년 대선 후보들에게 지대한 영향을 미쳤다고 보아야 한다.

그런데 가장 결정적인 것은 알바와 저임금 직장(직종)을 전전하며 사는 20~30대 청년 및 대학생들의 열화와 같은 요구라고 보아야 한다. 실제 대선후보 캠프에서 실시한 여론조사에서 최저임금 1만 원 공약은 그 지지도가 대체로 80퍼세트를 넘었다고 알려져 있다.

한국 20~30대 청년 대학생들의 열화와 같은 요구의 배경에는 대부분이

고등교육을 이수한 이들의 당혹, 좌절, 불만, 절망이 깔려 있다. 이들이 부모(50~60대), 대학, TV, 사회문화 등의 영향으로 몸에 밴 높은 소비지출 성향과 알바나 비정규직으로 접한 현실의 근로조건의 괴리는 너무나 컸다. 그렇다고 해서 좋은 일자리로 올라가는 사다리가 많지도 않고, 점점 줄어들고 가팔라지는 계층상승 사다리 아래서는 살인적인 경쟁이 벌어진다. 당연히 대부분은 탈락자가 될 수밖에 없다.

요컨대 최저임금 1만 원 운동은 고학력 청년백수의 양산, 대학생 과외(구하기)난, 노동시장의 경직성과 불공정성(기존 취업자 보호 위주), 창업환경의 척박함, 저임금·저소득 문제를 해결하는 국가의 다른 정책수단(사회임금 및 적정임금제도) 부재 등이 합작한 기형이다.

5. 최저임금 후폭풍을 줄이려면

속도조절을 하기는 했으나 2020년까지 최저임금을 1만 원으로 올리겠다는 정책은 기본적으로 문 정부가 '5,100만 국민'의 처지를 알지 못하고, 한국의 산업고용 현실을 알지 못하여 벌인 산업과 고용 대학살극이라고 해도 과언이 아니다.

최저임금제도는 '따뜻한 마음, 짧은 생각'의 잔혹하고 긴 폭력극이 만들어질 요소를 너무 많이 갖추고 있다. 정말로 조심스럽게, 냉철하게, 담대하게 다뤄야 할 폭탄 같은 규제다. 최저임금 1만 원 정책은 무개념·목상식·반노동·반민중 정책의 전형이다. 최저임금 1만 원은 산업과 고용을 초토화하는 핵폭탄 같은 것이다. 노동(상품)의 가격이자

기업의 노동비용이 높고 경직적이고, 갑자기 늘어나는 불확실성 가득한 나라에서 투자와 고용은 활발하게 일어나기 어렵다.

최저임금 상향에 앞서 노동시장의 수요를 늘리고, 노동 공급(특히 건설업, 제조업, 보건의료 분야의 외국인 근로자)을 통제하고, 비현실적인 요구·기대 수준을 적정수준으로 낮추는 것이 기본이 되어야 한다.

실업에 대한 국가의 책임수준 및 능력을 면밀히 살펴야 한다. 최저임금 인상보다 공공건설공사 등에 (하는 일에 비해 형편없는 처우를 받는 근로자들이 혜택을 받는) '적정임금'을 도입하고, '사회임금'을 높이는 것이 훨씬 정의롭고 일자리 친화적이다.

또 하나, 최저임금 상향에 쓸 에너지의 상당부분은 한국 특유의 고비용구조와 생활물가를 떨어뜨리는 곳으로 경주되어야 한다. 사실 이 부분에 대한 비전·전략이 부실하다 보니, 그 효과가 피부에 와닿는 최저임금 대폭 상향 쪽으로 에너지가 쏠리는 경향이 있다.

따라서 최저임금 결정 거버넌스를 바꿔야 한다. 금융통화위원회 같은 공공성, 전문성, 중립성을 가진 별도의 기구에서 결정하든지, 아니면 정부가 전적으로 책임지고 결정하든지 양자택일해야 한다. 지금처럼 노사가 임금교섭 하듯이 밀당 하고 사실상 정부가 결정하는 표리부동한 방식은 더 이상 지속해서는 안 된다.

그리고 최저임금에 상여금과 숙식비를 포함시키고, 감시단속적 근로자 등에 대해서는 적용을 제외하고, 산업·지역·연령별 차등화(65세 이상자에 대해서는 80~90퍼센트 적용)하고, 건설과 제조업 분야의 외국인 노동자 감축 등 거센 후폭풍을 막는 조치를 취해야 한다.

제5장
일자리정책

1. 그때도 일자리, 지금도 일자리

2016년 초 대통령직속 국민대통합위원회의 의뢰로 김문조 고려대 교수 등 정치·사회학자 5명의 연구팀이 지역·성별·연령·월소득 등을 기준으로 선발된 전국 성인 남녀 105명을 심층 인터뷰한 『'한국형 사회갈등 실태 진단' 연구보고서』를 발간했다. 보고서의 요지는 "우리 사회에서 가장 심각한 갈등의 진원지는 빈부격차"이며, "경제력 차이로 인한 위화감과 불만이 극에 달하여 분노사회를 넘어 '원한사회'가 되고 있다"는 것이었다.

보고서는 불안·경쟁·피로 등 한국사회에 축적된 갈등이 이제는 포기와 단절·원한·반감 등 극단으로 치달아, 경제력 차이로 인한 갈등이 적절하게 통제되지 않으면 한국사회를 무너뜨릴 수 있는 수준으로 악화될 것이라고 경고했다. 폭발 직전의 사회갈등을 푸는 최우선 해법으로 제시한 것은 '고용'이다. "일자리를 통해 국민이 안정적인 생활목표를 세우고 자아실현의 기회를 확보할 수 있게 해야만 사회갈등을

풀 수 있다"는 것이다.[4]

일자리는 인간의 자유와 행복의 원천이기에, 거의 모든 문명국 정부들은 일자리 창출에 올인해 왔다고 해도 과언이 아니다. 역대 대선의 최대 화두도 대체로 경제성장과 사회통합이었고, 그 핵심은 빈부격차(불평등, 양극화)와 일자리 문제 해결이었다.

두 차례 대선에 나선 문재인 후보의 간판 공약은 두 번 다 1번이 일자리 문제 해결이었다. 2017년 대선 직전 선관위에 제출한 10대 공약 중 1번 공약 제목이 '일자리를 책임지는 대한민국'이었고, 그 간판 구호가 '일자리 확대, 국민께 드리는 최고의 선물입니다'였다. 그전 2012년 민주통합당 대통령후보로 나섰을 때의 1번 공약도 '일자리 혁명'이었다.

> 일자리가 먼저다. (…) 일자리는 대한민국이 처해있는 많은 문제들을 풀어갈 수 있는 첫 실마리입니다. 성장도, 복지도, 경제민주화도 모두 일자리에서 시작되고 일자리로 귀결됩니다. 일자리를 통해 미래를 여는 것, 이것이 사람 경제의 출발점입니다. (…) 공공부문 좋은 일자리 40만개 확대, 비정규직의 정규직화 지원, 대기업 불법 파견과 위장도급 근절, 정리해고 요건 강화를 비롯한 고용안정체계 구축, 60세 법정정년도입 및 단계적으로 65세까지 정년연장.

같은 2012년 박근혜 대통령당선자의 핵심 공약도 일자리 문제 해결이었다. 박근혜 후보는 '일자리 늘(늘리고), 지(지키고), 오(올리는) 3대 약속'을 내놓았다. '창조경제로 좋은 일자리 늘리기'를 제외하고는 문재인 후보와 거의 다르지 않았다. 정년 60세 연장, 해고요건 강화, 근로시간 단축, 최저임금 인상 등이 골자였다.

---

4) "내부갈등에 무너지는 한국사회…충격의 국민대통합위 보고서"(매일경제 2016. 2. 25).

2012년 대통령선거 박근혜(위), 문재인 후보 공약 중 '일자리' 부분

일자리 늘(늘리고), 지(지키고), 오(올리는) 3대약속

❻ 창조경제로 좋은 일자리 늘리기
- 과학기술과 기초 산업의 융합을 통해 새로운 시장,
  새로운 일자리를 창출하겠습니다.
- 학벌, 스펙과 상관없이 도전정신과 창의력으로
  취업할 수 있는 일자리를 확대하겠습니다.
- 청년들의 해외취업 기회를 확대하겠습니다.

❼ 고용불안으로부터 일자리 지키기
- 근로자 정년 60세 연장, 해고요건 강화 등
  제도적 보호장치를 마련했습니다.
- 일방적 구조조정과 정리해고를 방지할
  사회적 대타협 기구를 구성하겠습니다.

❽ 고용복지 확충을 통한 일자리 질 올리기
- 근로시간을 단축하겠습니다.
- 사회보험에 대한 국가 지원을 확대하겠습니다.
- 최저임금을 인상하겠습니다.

사실 유권자들에게는 '격차, 불평등, 일거리'보다는 '일자리(늘리기, 지키기, 질 올리기)'가 더 호소력 있다. 일자리는 눈에 보이기 때문이다. 그런데 일자리는 돈을 지불하고 사고 싶어 하는 어떤 가치(일거리)를 창조하는 과정에서 생겨나는 조직적 위치(자리)다. 한마디로 일거리에서 일자리가 파생된다. 그런데 이 명백한 사실은 종종 망각된다. 일자

리 자체가 목표가 되면, 일거리가 없어도 일자리를 늘리는 시도를 하게 된다. 이는 민간부문에서는 가능하지 않지만, 공공부문에서는 가능하다. 그 결과가 바로 문재인 후보가 공언한 '공공부문 일자리 81만 개' 창출이다.

2017년 5월 9일 치러진 19대 대선에서는 일자리 문제가 핵심 화두였으나, 그 1년 전 2016년 총선에서는 격차, 불평등, 양극화, 경제민주화 문제가 핵심 화두였다. 아무래도 국민들은 대선 때 정책공약에 대해 상대적으로 관심이 높다 보니, 학자적 언어와 논리가 많이 사용되는 문제 진단(불평등, 양극화)보다는 대중이 알아듣기 쉬운 해법(일자리)을 앞세울 수밖에 없었기 때문일 것이다.

한국에서 취업자(일자리를 가진 사람) 기준은 "조사대상 주간에 수입을 목적으로 1시간 이상 일한 자"와 가족이 경영하는 농장이나 사업체에서 "수입을 위해 주당 18시간 이상 일한 무급 가족 종사자"로 되어 있다. 따라서 1~17시간 일한 자도 36시간 이상 일한 자도 취업자 1명으로 동일하게 취급된다. 그래서 취업자 숫자만 가지고 따지면 일자리 사정을 오판할 수 있다. 특히 문재인 정부가 정책적으로 주로 노인을 대상으로 초단시간 일자리를 양산하고 있기에, 노동시간별로 일자리 상황을 다시 살펴야 한다.

한편 실업자 기준(ILO의 실업자 요건)은 "15세 이상 인구 중 조사대상 주간인 1주일 동안 1시간도 일을 하지 못했고, 항상 취업이 가능하며, 지난 4주간 적극적으로 구직활동을 한 사람"으로 규정된다. 따라서 구직단념자나 취업준비생, 주당 18시간 미만 취업자 중 추가취업 희망자는 실업자가 아니다. 바로 이 때문에 한국은 그 어떤 경우에도 실업률은 거의 완전고용 수준으로 나온다. '소득이 있는 사람'은 '취업자'보다 대략 700만~800만 명 더 많다. 조사대상 주간에는 일을 하지 않았지만 다른 주간에는 일을 한 사람과, 취업자는 아니지만 임대소득이나 금융소득이 있는 사람들이 포함되기 때문이다.

취업시간대별 취업자

(천 명)

	전체 취업자	일시 휴직	1~17 (시간)	18~35	36~52	53이상	36이상	주당평균 취업시간
2014	25,897	413	1,174	2,810	15,417	6,084	21,501	43.9
2015	26,178	406	1,217	2,789	15,834	5,932	21,766	43.7
2016	26,409	413	1,267	3,220	15,984	5,525	21,509	43.0
2017	26,725	382	1,362	3,051	16,611	5,318	21,930	42.8
2018	26,822	403	1,520	3,690	16,704	4,505	21,209	41.5
증감 2018-2014	925	-10	346	880	1,287	-1,579	-292	
2017년 3/4	26,998	427	1,419	4,126	15,967	5,060	21,027	42.0
2018년 3/4	27,015	443	1,638	4,679	16,133	4,123	20,256	40.5
2019년 3/4	27,382	507	1,944	4,847	16,189	3,894	20,083	39.8
증감 19.3/4 -17.3/4	384	80	525	721	222	-1,166	-944	

통계청의 '2019년 9월 고용동향'(2019. 10. 16)에 따르면 2017년 3/4
분기와 2019년 3/4분기를 비교해 1~17시간(평균 9시간) 근로자는 141
만 9천 명에서 194만 4천 명으로 52만 5천 명 증가하였다. 18~35시
간 근로자도 72만 1천 명 증가하였다. 하지만 36시간 이상 근로자는
2,102만 7천 명에서 2008만 3천 명으로 94만 4천 명 감소하였다. 특히
53시간 이상 근로자가 116만 6천 명 감소하였다.

연령계층별 취업자

(천 명)

	전체 취업자	15~29 (세)	15~19	20~29	30~39	40~49	50~59	60 이상	60~64	65 이상
2014	25,897	3,802	245	3,556	5,805	6,896	5,947	3,448	1,494	1,954
2015	26,178	3,864	245	3,619	5,729	6,892	6,068	3,625	1,640	1,985
2016	26,409	3,908	244	3,664	5,672	6,832	6,150	3,848	1,780	2,068

2017	26,725	3,907	247	3,660	5,643	6,783	6,302	4,090	1,925	2,166
2018	26,822	3,904	205	3,699	5,582	6,666	6,346	4,324	2,013	2,311
증감 2018-2014	925	102	-40	143	-223	-230	399	876	519	357
2017년 3/4	26,998	3,965	256	3,709	5,640	6,798	6,329	4,266	1,956	2,310
2018년 3/4	27,015	3,938	209	3,729	5,549	6,655	6,355	4,519	2,054	2,465
2019년 3/4	27,382	3,977	194	3,783	5,534	6,493	6,476	4,902	2,211	2,691
증감 19.3/4 -17.3/4	384	12	-62	74	-106	-305	147	636	255	381

2017년 3/4분기와 2019년 3/4분기를 비교하면, 30대 취업자가 10만 6천 명 감소하고 40대가 30만 5천 명 감소한 데 반해 60세 이상은 63만 6천 명 증가하였다. 특히 65세 이상이 38만 1천명 증가하였다. 임금의 원천이 '세금'인 근로자(공공행정·국방 및 사회보장행정+보건업 및 사회복지서비스업)와 '시장'인 근로자(제조업, 건설업 등)의 추이도 눈여겨보아야 하는데, 보건업 및 사회복지서비스업 근로자는 증가하는데 제조업 근로자는 줄어드는 현상이 뚜렷하다.

산업별 취업자 증가(2018. 9~2019. 9)

일자리의 대전제인 일거리는 상품서비스(생산물) 시장, 노동시장, 금

융시장, 부동산시장, 교육체제, 공공부문, 국가규제 등에 의해 그 양과 질, 수요와 공급, 생성과 소멸이 일어난다. 이는 국가와 기업과 개인(노동)의 경쟁력(기술, 경영, 창의와 열정) 문제이자, 돈과 사람과 기업가정신 등을 규율하는 유인보상체계 및 위험완충체계 문제이자, 국가와 기업 등 조직의 지배운영(거버넌스) 구조 및 법·규제와 제도의 문제이다. 또한 국가와 기업의 전략적 선택과 집중 문제이다. 정말 온갖 요인들이 얽히고설켜 있다.

그런데 한국에서 일자리 문제는 주로 격차, 불평등, 양극화, 경제력 집중, 고용불안 문제로 접근한다. 격차 문제도 무수히 많은 격차 중에서 **대기업-중소기업 간, 정규직-비정규직 간의 격차**를 전면에 내세우고, 주로 **좋은 일자리를 가진 사람들의 고용불안 문제**를 전면에 내세운다. 그러니 일자리 문제가 개선되기는커녕 오히려 더 악화된다. 그도 그럴 것이, 지금 한국에서는 능력 있는 사람으로 하여금 창업이나 민간기업 취업을 기피하게 만들고, 능력 있는 기업으로 하여금 국내투자와 직고용을 기피하게 만들고, 가계나 국가에 축적된 금융자산은 부동산이나 저위험 저수익 자산으로 쏠리도록 만드는 강력한 유인체계가 작동하고 있지만, 이를 문제로 인식조차 하지 않기 때문이다.

한국에서 가장 크고 심각한 격차인, 일자리를 가진 사람과 갖지 못한 사람의 격차도 비껴갈 수 없다. 그래서 일자리 문제를 '좋은 일자리·일거리 창출'과 '나쁜 일자리 개선' 문제로 집약한다. 학자들, 노조운동가들, 경영자나 기술자들이 관심 있는 거시분배 구조나 집단 간 격차구조나 유인보상체계 등이 아니다. 국민 다수의 열망과 표심을 쫓는 정치인들이 이런 인식과 요구에 호응하는 것은 당연하다 할 수 있다. 그런데 일자리 문제는 복잡미묘한 문제를 우겨넣은 판도라의 상자 같은 것이다. 한국에서 좋은 일자리를 차지한 사람들은, 의식 하든 안 하든 문제를 고용불안과 좋은 일자리 부족으로 규정하려고 한다. 좋은 일자리는 정상이고, 나쁜 일자리는 비정상으로 규정하려고 한다. 좋다 나쁘다의 기준, 혹은 정상 비정상의 기준에 대해서는 깊이 캐묻지 않는다.

일자리 문제에서 출발하면 5,100만 인구 〉 15세 이상 인구 〉 경제활동인구 〉 취업자와 실업자 〉 임금근로자, 자영업자 〉 부문, 산업, 직업, 기업규모, 고용형태, 종사상 지위별 취업자의 처지와 건으로 좁혀 들어가며 살피게 된다. 이 과정에서 고용률, 실업률, 비정규직 비율, 노동시간 등을 살피고, 노동시장, 생산물시장, 공공부문, 노동관계법 등 국가규제를 살피게 된다. 이 과정에서 다양한 관점에서 살펴본 고용임금 격차 통계를 살피게 된다.

일자리 문제를 천착하다 보면 정보통신기술(ICT) 혁명과 4차 산업 혁명으로 대표되는 기술(패러다임)의 변화에 따른 산업과 직업의 변화, 중국의 경제적 비상에 따른 한국 주력산업의 위기, 중국·인도·동남아시아·아프리카 등 개도국 수십억 인구의 세계시장 참여, 해외로 생산기지 이동, 인구구조, 고등교육 이수율, 외국인 노동자, 노조, 고용임금 패러다임 등도 살피게 된다.

한편 빈부격차, 경제력집중, 불평등 프레임으로 사고를 전개하면 핵심 문제를 재산격차와 소득격차로 규정한다. 소득격차를 좇아가면 산업·기업 간 격차와 개인(일자리) 간 격차를 발견한다. 물론 핵심 해법은 좋은 일자리(정규직)의 양적 확대와 나쁜 일자리(비정규직)의 양적 축소 및 질적 제고다. 문제는 그 원인인데, 진보·노동을 간판 가치로 삼는 세력은 자본·재벌대기업의 불공정하고 불법적인 착취를 핵심 원흉으로 지목한다. 2017년 대선전에 나온 대부분의 후보는 이 문제를 한마디로 국가규제를 통해 해결하겠다고 한 것이었다. 나쁜 일자리(비정규직과 저임금 일자리)는 비정규직 규제와 최저임금 대폭 상향 등을 통해 해결하고, 좋은 일자리는 공공부문 고용 확대, (공공기관과 대기업에 대한) 청년고용(의무)할당제, 노동시간 단축 및 일자리 나누기 등을 통해 해결하겠다는 것이 대종이었다.

한국사회에서 널리 통용되는 격차(불평등, 양극화) 문제와 그 원인으로 지목되는 (좋은) 일자리 부족이라는 진단과 처방은, 기본적으로 외파 위기(환경생태 위기와 평화주권 위기)를 간과한다. 격차의 양대 지주인 '생산성과 지대'를 구분하지 않는다. 격차 및 일자리 문제를 세계적 보편성과 한국적 특수성의 관점에서 살펴 원인을 규명하고 해법을 내지 않는다. 분배와 불평등과 공정에 초점을 맞추면서 성장과 부자유(불합리한 규제) 문제를 간과한다.

2. 청년일자리

문재인 정부 국정운영 5개년계획이 제시한 '국가비전과 5대 국정목표' 중에서 청년일자리 관련 부분은 '목표 2. 더불어 잘사는 경제'의 '전략 1. 소득주도성장을 위한 일자리경제' 중 '국정과제 16. 국민의 눈높이에 맞는 좋은 일자리 창출'과 '18. 성별·연령별 맞춤형 일자리 지원 강화'에 주로 서술되어 있다.

'18. 성별·연령별 맞춤형 일자리 지원 강화'의 핵심은 다음과 같다.

○ (청년고용의무제 확대) '18년부터 공공기관 청년고용 의무비율 상향 (매년 정원의 3% → 5%), 민간부문 청년 신규채용 권고(인센티브 검토)

○ (추가고용장려금 신설) 중소기업이 청년 3명 정규직 채용 시 1명분 임금 지원('17년 5천명, '18년~'20년은 매년 신규 2만명)

○ (청년구직촉진수당 도입) 취성패 3단계와 연계한 구직촉진수당(30만

원, 3개월) 신설·지급('17년~'18년)

그런데 그 바로 아래에는 청년일자리 창출과 정면충돌하는 정책이 제시되어 있다.

○ **(청년일자리 보장)** 희망퇴직 남용 방지, 경영상 해고제도 개선방안 등 근로계약 종료 전반에 관한 개선방안 마련('17년)으로 정년제도 실효성 제고
○ **(적극적 고용개선조치 등)** 적용사업장 확대, 남녀고용평등법 전 사업장 적용

2018년 3월 15일 문재인 대통령 주재 '청년일자리 대책 보고대회 및 제5차 일자리위원회 회의'에서, 지난 10년간 통산 22번째에 해당하는 청년일자리 대책을 발표했다. 이날 문 대통령은 "정부 대책의 핵심은 청년들이 고용절벽에 아우성인데 중소·중견기업들은 인력난에 시달리는 이 모순된 현상을 해결하는 것"이라고 말하면서, '청년일자리 18만~22만 개 추가고용', '중소·중견기업 정규직 신규채용시 연봉 900만 원 지원', '중소기업 취업 청년 및 청년창업 기업 5년간 소득세 전액 면제', '청년 채용 기업에 세액공제 혜택', '졸업 후 구직활동하는 청년에 6개월간 50만 원 지원' 등을 발표했다.

구체적으로, 중소기업에 이미 취업한 34세 이하 청년에게 4년간 매년 1인당 1,035만 원 이상 지급하고, 신규채용하는 기업의 경우 청년 1인당 중소기업은 3년간 매년 1천~1,100만 원, 중견기업은 3년간 매년 700만 원, 대기업은 2년간 매년 300만 원 세금을 감면한다는 것이다. 그러면서 (2018년) 4월 국회에서 4조 원 규모 추가경정예산을 요구할 예정이라고 밝혔다.

이 정책에 대해 윤희숙(KDI연구위원)은 "OECD 국가들의 경험에 따르면 누수율 90퍼센트에 육박"한다고 평가했다. OECD 국가들의 정책시행 경험에 따르면 고용보조금을 주지 않아도 어차피 채용할 인력인 경우가 대부분이기 때문이다. 윤희숙이 지적하는 가장 큰 문제는, 불황 때문에 생긴 일자리 부족 문제라면 고용보조금이 어느 정도 효과를 가질 수 있으나, 구조적 문제(노동시장 이중구조)일 경우는 고용보조금이 구조개혁 필요를 가리기 때문에, 일찍 수술하면 좋을 중증(구조적 문제)을 더욱 악화시켜 후대로 미룬다는 것이다.

노동시장 신규진입자인 청년의 관점에서 보면 한국 고용체제는 가히 세계 최악일 것이다. 우선 당사자 청년들의 일자리에 대한 요구·기대 수준이 비정상적으로 높다. 선진국 같으면 열 명이 나눌 것을 다섯 명이 나눠 가진다. 장시간 노동만을 가리키는 것이 아니다. 공공, 진보, 노동이 정상으로 여기며 주도적으로 퍼뜨리는 고용임금 수준(패러다임)이 우리의 생산력 수준에 비해서도, 자신들이 하는 일(직무성과)에 비해서도 매우 높고, 변화부침이 심한 시장환경을 감안할 때 너무 경직적이라는 얘기다.

두터운 지대를 깔고 앉은 공무원, 공기업, 규제산업, 독과점기업과 높은 생산성에 지대까지 겸비한 현대자동차 같은 대기업이 주도적으로 끌어올린 임금 등 근로조건이 여간 높고 안정적인 것이 아니다. 이런 곳은 대체로 직무성과와 상관없이 근속연수와 단체교섭에 따라 임금이 올라간다. 한번 정규직이 되면 중도퇴출도 곤란하다. 쌍용자동차나 한진중공업처럼 기업이 사경을 헤매게 돼 정리해고라도 할라치면 "해고는 살인"이라는 함성이 광장을 메운다. 하는 일에 비해 근로조건이 워낙 높아 그곳을 나와서는 비슷한 조건을 가진 곳에 다시는 들어갈 수 없기 때문이다. 요컨대 한국에서 괜찮은 일자리는 들어가는 입구는 있는데 내보내는 출구가 없다. 세계 최고 수준의 임금과 안정성이 주어진다. 인간의 수명을 제외한 모든 존재, 즉 상품서비스, 지식, 기술, 산업, 기업, 공장, 설비, 장비 등의 수명이 짧아진 시장환경에서 비정상을 정상으로 여기니 괜찮은 일자리든 청년일자리든 많이 만들어질 수가 없다.

지금 한국의 고용체제는 이미 있는 일자리도 청년에게 너무 적게 배분되고, 새로운 일자리는 만들어지기 힘들게 되어 있다. 이미 있는 일자리가 청년에게 너무 적게 배분된다는 것은 소수 기득권층(소득 상위 10~20%)이 하는 일(생산성)에 비해 너무 많은 몫을 안정적으로 가져가는, 사실상 사회적 약탈(지대추구)을 일삼고, 설상가상으로 대중이 이를 정상으로 여기기 때문이다. 청년과 대중이 선망하는 일자리는 대개 합법적 약탈이 가능한 일자리다. 물론 청년의 잘못이 아니라 공공, 진보, 조직노동의 잘못이다.

새로운 일자리가 만들어지기 힘들게 되어 있다는 것은 우리 사회의 유인보상(인센티브) 체계나 지배운영(거버넌스) 구조상 ― 지대추구형 인센티브 체계와 권좌 약탈 후 지대할당형 거버넌스 구조다 ― 자원(돈, 권력[규제, 처벌, 예산, 공기업, 공직, 비전 등], 사람[인재], 관심, 창의, 열정 등)의 효율적 운용(적재적소)이 지극히 어렵기 때문이다. 1961년 체제는 선진국 따라하기에는 그런대로 높은 효율을 발휘했다. 하지만 창의와 열정의 분출 혹은 창의적 개념 설계에 입각한 가치 창조(창출)는 힘들다. 그런데 지금 체제는 선도하기는커녕 따라잡기도 힘들게 되어 있다.

현 국가시스템과 고용임금 패러다임은 이미 있는 (괜찮은) 일자리도 청년들에게 아주 인색하게 문호를 개방할 수밖에 없게 만든다. 물론 산업과 기술의 변화로, 중국 등 후발국의 도전으로 인해 그중 상당수는 오래지 않아 없어질 가능성이 많은 일자리다. 결정적인 것은 국가시스템(인센티브·거버넌스 구조) 상 새로운 일자리는 잘 만들어지지 않게 되어 있다는 것이다. 국가(중앙정부, 직업관료)가 너무 많은 영역을 규제, 예산, 공기업 등으로 틀어쥐고 있기 때문이다. 자기 책임영역에서 문제(사고)가 일어나지 않는 것을 능사로 여기는 관료가 규제, 예산, 공기업 등을 틀어쥐면, 자기 영역에 높은 칸막이를 치고, 자의적 권한(예산, 칸막이 등)은 키우고, 책임질 일은 줄이게 되어 있다. 근본적으로는 한국은 필요한 자리와 사업에 필요한 사람, 권한, 예산이 가기 힘들게 되어 있기 때문이다. 이는 선출직 공직자를 검증·선발·평가하는 선거제도와, 직업관료를 선발·배치(보직)·평가하는 인사제도의 후진성에서 기인한다. 이래저래 새로운 일자리는 만들어지지 않게 되어 있는데, 단군 이래 최고 스펙이라고 평가되는 청년들의 주관적 요구, 기대는 낮아질 수가 없다. 청년들의 주관적 요구, 기대가 홀로, '싸가지 없이' 과잉 상향·팽창되어 있는 것이 아니라, 우리 사회의 여론주도층(공무원, 공·대기업 노조, 사무관리직, 교수, 전문자격사 등)이 유포시킨 요구·기대 자체가 '터무니없이' 과잉 상향·팽창되어 있는 것이다. 한마디로 사회에 널리 퍼진 고용임금 사상(패러다임)이 지극히 비정상이라는 얘기다.

사실 허드레 일자리든 괜찮은 일자리든 급격한 소멸 위기에 노출되는 것은 인류 보편적 문제다. 인공지능과 시지각 기능 및 음성인식 기능을 갖출 로봇의 출현, 정보통신 기술의 발달 등이 초래한 전 인류적 문제라는 얘기다. 하지만 나머지 세 가지 문제, 즉 '청년에게 너무 적은 기회(인색한 문호개방)', '새로운 일자리의 산실인 혁신과 도전이 일어나기 힘든 국가시스템', '비정상적인 고용임금 사상'은 한국의 특수한 문제다. 이 세 가지 문제는 별개가 아니라, 사회 전반적으로 과잉 상향·팽창된 요구·기대, 한마디로 비정상적인 고용임금 사상에서 나온 것이다. 이것이 소수 기득권층으로 하여금 하는 일(생산성)에 비해 너무 많은 파이(소득임금, 일자리, 안정성 등)를 가져가도록 한다.

사실 생산성 높은 소수가 잘 작동하는 시장 메커니즘(소비자선택)을 통해 너무 많은 파이를 가져가도 문제다. 그런데 생산성이 높지 않은 소수가 국가(규제, 예산 등)와 잘 작동하지도 않는 시장 메커니즘을 통해 너무 많은 파이를 가져가면 그보다 백배는 더 심각한 문제다. 이들이 가져가는 파이의 상당부분은 지대인데, 이것을 정당화하면 사회는 지대추구 판으로 변한다. 합법적 약탈을 허용하는 자리(권좌, 직장, 직업) 쟁취 판으로 변한다. 사회의 인센티브 체계 내지 가치체계가 뒤집힌다. 이 자리를 쟁취하기 위해 엄청난 시간과 비용(학력, 학위, 학벌, 자격증, 사원증)을 투입한다. 현재의 국가시스템과 고용임금 사상은 소모적 (자리 차지하기) 경쟁과 그로 인한 엄청난 고비용을 요구한다. 우리 사회의 인센티브·거버넌스 구조를 왜곡하여, 새로운 일자리의 원천인 변화, 혁신, 도전을 틀어막는다. 물질적 문화적 생산력의 요체인 인재, 돈, 권력, 관심이 적재적소로 흘러가지 못하도록 한다.

　한국은 전 세계 산업(제조업) 지각변동의 중심인 중국에 인접하여 변화의 바람과 도전의 파도가 더 거칠고 강할 수밖에 없다. 당연히 변화, 혁신에 뒤처지면 고통은 (일본, 유럽, 미국과 다른 중국 주변국에 비해) 훨씬 심할 것이고, 반대로 변화, 혁신에 앞서가면 전인류가 않게 될 청년일자리 문제를 훨씬 완화된 형태로 맞을 수 있을 것이다. 그런데 문제는 현재의 국가시스템과 고용임금 사상은 변화, 혁신의 발목을 강하게 잡고 있다는 것이다.

　청년일자리 문제를 엄청나게 악화시킬 수밖에 없는 현재의 체제와 사상은, 그 전방의 교육 문제와 그 후방의 결혼·출산(인구구조)·보육·주거 문제를 엄청나게 악화시킬 수밖에 없다. 재정과 복지의 지속가능성 위기도 덤이다. 깊은 절망, 불신과 환멸(인재유출)도 덤이다. 부를 창업자가 아니라 상속자가 주로 소유하는 '상속자 사회'가 된다. 다시 말해 이 체제는 직장계급사회, 공공양반사회를 만들어 가치를 전도시켜 버리다 보니, 사회 전반적인 창의, 열정, 혁신, 도전을 왜곡, 억압한다. 제4차 산업혁명이 가져다주는 거대한 기회를 살리기는커녕 위기를 더 증폭시킨다. 현재도 문제가 심각하지만, 미래는 더 심각하다. 결과적으로 1961 체제(산업화)와 1987 체제(민주화)가 이룩한 모든 것이 무너져 내리게 되어 있다.

3. 청년고용할당제의 반면교사

청년고용(의무)할당제는 공공기관을 대상으로 2014년부터 2016년까지 3년간 한시적으로 시행한 제도다. 시행 전부터 헌법소원이 제기되어, 2014년 헌법재판소에서 4(합헌) 대 5(위헌)로 위헌정족수 6명을 채우지 못해 합헌이 되었다. 합헌 의견을 낸 재판관도 '공공부문에 한해' 적용된다는 점을 고려했다고 한다. 민간부문까지 강제하면 위헌 소지가 다분했다는 얘기다. 그나마 적용 대상 공공부문 393개 기관·기업 중 102개는 의무기준을 지키지 못하였다.[5]

우리나라의 청년고용할당제는, 2000년 4월 세계 최초로 실시한 벨기에의 '로제타 플랜(Rosetta Plan)'의 취지와 실행 교훈을 제대로 받아 안지 못한 듯하다.

2000년 4월부터 시행한 로제타 플랜의 기둥은 2개다. 하나는 상담과 훈련 등을 포함하는 '활성화 정책(activation policy)'인데, 이는 당시 벨기에 대학진학률이 32퍼센트에 불과했고, 청년실업은 저학력 청년층에서 특히 심각했기 때문이다. 다른 하나가 바로 '최초고용협약'이라는 이름의 청년고용 의무할당제다. 그 핵심은 50인 이상의 근로자를

---

5) "청년 의무고용 할당제, 묘약인가 독인가"(중앙일보 2016. 5. 5).

고용하고 있는 민간기업에게는 매년 전체 종업원의 3퍼센트, 공공부문과 민간 비영리부문에는 1.5퍼센트의 청년층(주로 25세 미만) 고용의무(청년쿼터)를 부과한다. 고용조건은 최소계약기간만 1년으로 규정하고 있을 뿐, 계약 형태는 무기계약, 기간제계약, 풀타임 계약, 파트타임 계약 등 아무런 제약이 없다. 어쨌든 고용의무(쿼터)를 이행한 기업에게는 보조금(사회보험료의 사용자분 감면)을 지급하고, 미이행한 기업에게는 벌금을 부과한다. 프로그램의 목표집단은 '학교를 졸업하거나 그만둔 지 6개월 미만인 25세 미만의 청년구직자'다. 물론 지역 노동시장 상황에 따라 25세 미만 또는 30세 미만의 청년구직자로도 확대가 가능하다. 근로계약의 형태는 최소 12개월의 전일제 또는 반일제 이상의 무기계약이나 기간제다. 이런 형태의 계약이 96퍼센트에 달했다.

원래 프로그램이 지향했던 파트타임 근로와 파트타임 훈련이 결합된 고용형태(계약기간 1~3년)는 1퍼센트다. 그리고 세금이나 독점적 업역을 가지고 있는 공공부문과 민간 비영리부문에는 민간기업의 절반인 1.5퍼센트 쿼터만 부과하고, 고용형태는 기간제나 파트타임도 허용한 것도 주목할 만하다.[6]

로제타 플랜 시행 결과 벨기에의 청년일자리는 유의미하게 늘어났을까? 결과는 기업들은 저학력 청년보다는 고학력 청년을 선호하였다. 어차피 고용할 청년들을 정부보조금을 받아 가면서 고용한 셈이다. 한국의 청년고용할당제는 로제타 플랜의 요란한 껍데기만 선전하느라, 앞서간 자의 실패로부터 저렴하게 배울 수 있는 기회는 놓쳐 버렸다.

---

6) 이인재(인천대 경제학과), "청년의무고용제도의 분석", The HRD Review (2012. 3).

4. 외국인 노동자

한국은 새벽에 인력시장 나가서 일자리를 알아보는 수백만 중하층 날품팔이 노동자들에게 너무나 가혹한 나라다. 특히 외국인 노동자들과 얼굴을 맞대며 손짓 발짓으로 소통하며 일해야 하는 중하층 노동자들에게 너무나 야박한 나라이다. 그런데 이들의 눈물과 한숨을 정치적으로 대변하는 정치사회 세력이 없다. 보수, 진보, 노동, 시민, 인권, 공공, 종교 등 그 어느 세력도 아니다. 내국인 중하층 노동자들보다 오히려 외국인 노동자들의 인권을 보호하는 단체는 적지 않다.

15세기와 17~18세기 조선은 동시대 다른 나라에 비해 꽤 괜찮은 나라였지만 19세기 조선은 찢어지게 가난한 나라였다는 데는 이견이 없다. 19세기 조선 지배층의 정치투쟁은 백성의 곤궁하고 처참한 삶과 동떨어져 있었다. 그리고 21세기 대한민국이 19세기 조선을 점점 닮아 가고 있다.

2018년 말 기준 국내 체류 외국인은 236만 7,607명(장기 168만 7,733명, 단기 67만 9,874명)이다. 이 중 불법체류자는 35만 5,126명으로 전체 체류 외국인의 15%에 이른다. 특히 2017년 이후 폭증하는 것처럼 보이는데, 최저임금의 급격한 인상과 밀접한 관련이 있는 것으로 보인다.

체류 외국인 현황

연도 연도	총 계 (장기+단기) 총 계 (장기+단기)	장기체류			단기체류 단기체류	불법체류 불법체류
		소 계	등 록	거소신고		
2008년	1,158,866	895,464	854,007	41,457	263,402	
2009년	1,168,477	920,887	870,636	50,251	247,590	
2010년	1,261,415	1,002,742	918,917	83,825	258,673	
2011년	1,395,077	1,117,481	982,461	135,020	277,596	
2012년	1,445,103	1,120,599	932,983	187,616	324,504	
2013년	1,576,034	1,219,192	985,923	233,269	356,842	
2014년	1,797,618	1,377,945	1,091,531	286,414	419,673	

2015년	1,899,519	1,467,873	1,143,087	324,786	431,646	214,168
2016년	2,049,441	1,530,539	1,161,677	368,862	518,902	208,971
2017년	2,180,498	1,583,099	1,171,762	411,337	597,399	251,041
2018년	2,367,607	1,687,733	1,246,626	441,107	679,874	355,126
2019년 6월	2,416,503	1,709,002	1,257,366	451,636	707,501	

자료: E-나라지표 http://www.index.go.kr/potal/main/EachDtlPageDetail.do?idx_cd=2756

2019년 5월 기준 15세 이상 국내 상주 외국인은 132만 3천 명이고, 경제활동인구는 91만 4천 명(경제활동참가율 69.1%)이다. 이 중 취업자는 86만 3천 명이다. 국적별로 보면 한국계 중국인이 50만 7천 명, 중국인이 13만 6천 명, 베트남인이 16만 6천 명이다.

국적별 외국인 상주인구

(단위: 천명)

	15세 이상인구	아시아	한국계 중국	중국	베트남	기타 아시아	아시아 이외
2018.5.	1,300.8	1,193.9	521	137	149.1	386.8	106.8
2019.5.	1,322.6	1,208.0	506.6	136.3	165.9	399.2	114.6

자료: 통계청/법무부, '2019년 이민자 체류실태 및 고용조사 결과'(2019. 12. 19)

산업별로 외국인 취업자를 보면, 농림어업에 5만 2천 명, 제조업에 39만 9천 명(전체의 46.2%), 건설업에 9만 5천 명, 도소매숙박음식업에 16만 5천 명, 사업개인공공서비스업에 13만 8천 명이 취업하고 있다.

산업별 외국인 취업자

(천명, %)

연도	취업자	농림 어업	광·제조업	제조업	건설업	도소매, 음식, 숙박업	전기, 운수, 통신, 금융	사업,개인, 공공서비스
2018. 5	884.3	49.5	404.9	403.3	110.7	163.2	14.2	141.8
2019. 5	863.2	52.1	399.4	399.1	95	164.5	14	138.3
구성비(%)	100	6	46.3	46.2	11	19.1	1.6	16

월평균 임금 수준별로 보면 월 200~300만 원 미만을 받는 근로자가 42만 4천 명(51.3%)이고, 100~200만 원 미만을 받는 근로자가 22만 5

천 명(27.2%)이다.

월평균 임금수준별 임금근로자

(천 명, %)

	임금 근로자	100만 원 미만	100만~200만원 미만	200만~300만원 미만	300만 원 이상
2018.5.	845.8	32.3	288.2	418.3	107.1
2019.5.	825.4	42.4	224.7	423.8	134.4
구성비(%)	100	5.1	27.2	51.3	16.3

2015년 기준 불법체류자는 21만 4168명인데, 이는 일본의 6만 2,818 명의 3.4배다. 일본 인구가 한국의 2.5배임을 감안하면, 한국이 8.5배 많은 것이다. 연합뉴스 보도(2016.5.3.)[7]에 따르면, 일본 법무성은 2004 년 '불법체류자 5개년 반감계획'을 수립해 불법체류자 단속 직원의 수 를 큰 폭으로 늘리고, 불법체류자 고용업체에 대한 벌금을 대폭 올리 는가 하면 허가를 취소하는 등 강력한 행정조치도 병행해 불법체류자 줄이기에 성공했다고 한다. 그런데 이를 보도한 연합뉴스도 한국의 불 법체류자가 많은 가장 결정적인 이유를 "지나치게 적은 단속인력"(아 마도 공무원)에서 찾는다. 기사 소스(취재원)가 공무원이기 때문일 것이 다. 앞에서는 "불법체류자 고용업체에 대한 벌금을 대폭 올리고, 허가 를 취소하는 등 강력한 행정조치"를 언급해 놓고 말이다.

외국인 노동자에 대한 정책적 대응은 일본과 한국의 정책적 문제해 결 능력의 차이를 보여 준다. 이는 단지 공무원의 문제해결 능력의 차 이가 아니다. 한국은 외국인 노동자로 인해 중하층 노동시장에서 터져 나오는 비명과 절규를 듣는 '담론의 귀'가 부재한다. 만약 의사, 변호 사, 공무원 등 상층 직업시장을 개방하여 외국인을 10~20퍼센트를 밀 어넣었다면 외국인 노동자 문제에 이렇게 안이하게 대응하지 않았을 것이다. 과다한 외국인 노동자 문제가 그 심각성에 비해 담론이나 실

---

7) https://www.yna.co.kr/view/AKR20160427135600056

효성 있는 정책으로 연결되지 않는 것은 노동시장의 분절과 밀접한 관련이 있다. 한국 노동시장의 이중구조는 같은 민족을 노예(노비)로 부리던 조선의 연장이다. 양천차별, 반상차별, 적서차별 등 부당한 차별에 너무나 대범(?)한 조선적 둔감함을 빼놓고는 설명할 수 없다.

한국은 사건 사고가 터지면 상류, 중류, 하류의 원인분석을 찬찬히 하지 않고, 이를 기화로 핵심 이익집단들이 평소 내밀던 욕망을 채우려 든다. 대구지하철 참사 때는 기관사 2배(2인 운전)를 요구했고, 세월호 참사 나고 나서는 안전업무는 비정규직을 정규직으로 전환해야 한다는 데만 열을 올리고, 정규직인 해경(123정장)의 업무해태에 대해서는 별 말 안 했다. 박봉이었다면 "문제는 처우"라고 했을 것이다. 그리고는 사건 사고 처리과정에서 대통령의 잘못이 있는 것처럼 이를 침소봉대하고 질기게 물고 늘어진다. 그렇기에 사고의 원인 치료나 구조개혁이 안 된다. 그리고 이러한 관심이 국민의 삶을 행복하게 하는 '진짜 정치'로 관심으로 흘러가는 것이 아니라, 대통령이 누가 되어야 하는지, 누가 되면 안 되는지로 흘러간다. 대한민국은 이런 식으로 망가져 간다. 특히 전체 가구의 하위 40퍼센트에 해당하는 1분위, 2분위 가구의 소득과 일자리 사정은 너무 열악하다. 외국인 노동자들은 여기에 지대한 영향을 끼친다.

제6장
공공부문 일자리 81만 개

1. 문재인 정부 일자리정책의 핵심

문재인 대통령의 일자리 공약은 2017년 1월 18일 발표되었는데, 그 핵심은 다섯 가지다.

1) 공공부문 일자리 81만 개 창출
2) 노동시간 단축으로 50만 개 창출
3) 4차 산업혁명 시대 신성장산업 육성
4) (공정임금제로) 중소기업 노동자들의 임금을 대기업 노동자들의 80 퍼센트 수준까지 상향
5) 정규직과 비정규직 격차를 해소하여 질 나쁜 일자리를 좋은 일자리로 전환

이 중에서 셋째, 넷째, 다섯째는 역대 정부들이 다 추구하던 정책이지만, 그 주체가 민간기업이기에 별무신통이었다. 하지만 첫째는 정부

가 마음만 먹으면 정부예산과 공공기관을 통해서 할 수 있다. 둘째도 근로시간 상한제를 엄격히 시행하면 할 수는 있다. 하지만 일자리가 50만 개가 될지, 5만 개가 될지, 마이너스 50만 개가 될지는 모른다. 그런 점에서 문재인 정부의 확실히 차별화되는 일자리 정책은 '공공부문 일자리 81만 개 창출' 정책이다. 이 공약은 너무나 황당해서 많은 사람들이 공약 따로 실제 국정운영 따로일 것으로 예상했지만, 놀랍게도 취임 후 국정운영 5개년계획에 그대로 반영되었다.

공약 발표 당시(2017. 1. 18)일 문재인 후보의 발언을 다시 보자.

일자리가 경제이고, 복지입니다. 지금 대한민국이 겪고 있는 저성장의 위기, 저출산 고령화, 청년실업, 경제적 불평등과 양극화 등 국가위기의 근본원인은 바로 **좋은 일자리의 부족**입니다. (…) 청년 10명 중 3~4명이 실업상태입니다. 그러니 청년이 취업, 결혼, 출산을 포기해야 하는 헬조선이 되고 말았습니다. (…) 국가가 동원할 수 있는 모든 정책수단과 재정능력을 총 투입해서 반드시 해결해야 합니다. (…) **좋은 일자리 만들기가 국정운영의 중심이 되도록** 하겠습니다.

첫째, 정부가 당장 할 수 있는 공공부문 일자리부터 늘리겠습니다. 일자리는 기업이 만드는 것이다. 반만 맞는 말입니다. '작은 정부가 좋다'는 미신, 이제 **끝내야** 합니다. 정부와 공공부문이 최대의 고용주입니다. 일자리 창출, 이제 정부가 앞장서야 합니다. 재원이 문제 아니냐 ― 이명박 정부가 4대강 사업으로 강바닥에 쏟아 부은 국가예산 22조원이면, 연봉 2200만 원짜리 일자리를 100만 개 만듭니다. 재정운용의 우선순위 문제일 뿐입니다.

현재 국민의 생활안정, 의료, 교육, 보육, 복지 등을 책임지는 공공부문 일자리가 전체고용에서 차지하는 비율은 OECD 국가 평균이 21.3%인데 비해 우리나라는 7.6%밖에 안 됩니다. OECD 국가 평균의 3분의1 수준입니다. 공공부문 일자리 비율을 3% 올려 OECD 평균의 반만 돼도 공공부문 일자리 81만 개를 만들어낼 수 있습니다. 소방관, 경찰, 교사, 복지공무원 등의 일자리를 늘리겠습니다. 정부의 의지만 있으면 만들 수 있는 꼭 필요한 일자리, 당장 만들겠습니다. (…) 사회복지 공무원 수가 크게 부족합니다. OECD국가들의 평균 복지 공무원 수는 인구 1천 명당 12명인데, 한국은 0.4명에 지나지 않습니다. OECD 평균의 절반 수준으로 늘리기만 해도, 사회복지 공무원 25만 명을 늘릴 수 있습니다. 그 밖에도 대한민국의 미래 어린아이를 교육하는 보육교사, 초고령화 시대를 대비하는 의료인력, 국방력을 강화하는 부사관 등의 일자리를 계속 늘리겠습니다.

문재인 후보는 문제를 '좋은 일자리' 부족으로 규정하고, 일자리는 실제 부가가치를 창출하는 일거리가 있어야 만들어진다는 사실을 외면하고, 정부가 당장 할 수 있는 공공부문 일자리 늘리기를 정책이랍시고 내놓았다. 그에 따라 문재인 후보는 2017년 2월 6일 서울 노량진 고시학원을 찾아서 수험생들을 앞에 두고 공약을 재확인하였다. 2월 10일 JTBC '썰전' 프로그램에 출연하여 **"공무원 초임이 연봉이 2천만원 정도"** 되니 **"10조면 연봉 2천만 원짜리 공무원 일자리를 50만 개 만들 수 있다"**고 하였다. 2017년 대선후보 초청 5차 TV토론(4. 28)에서 문재인 후보는 자신의 일자리 정책을 집약한 그림('일자리 100일 플랜')을 TV화면을 통해 내보였다.

문재인 후보 '일자리 100일 플랜'

공공부문 일자리 81만 개
소방·경찰·부사관 등 17만 4천 개
의료·보육·요양 등 공공서비스 34만 개
경비·청소 등 직접고용.
일자리 나누기 30만 개

노동시간 단축 50만 개
노동자에게 저녁, 휴일, 휴가
구직자에게 일자리

대통령직속
국가일자리위원회
(10조 원 추경 편성)

중소기업과 벤처 일자리
중소기업 청년고용(2+1)
중소벤처기업부 설립

4차 산업혁명 선도
5G·IoT·빅데이터센터 조기구축
4차 산업혁명 맞춤인재 양성

선관위에 제출한 10대 공약집의 관련 내용은 다음과 같다.

■ 공공부문을 중심으로 일자리 81만 개 창출

소방관, 사회복지전담공무원, 교사, 경찰, 부사관, 근로감독관 등 국민의 안전과 치안, 복지 등을 위해 서비스하는 공무원 일자리	17.4만 개
보육, 의료, 요양, 사회적 기업 등 사회서비스 공공기관 및 민간수탁 부문 일자리	34만 개
공공부문(위험안전 업무 등)의 간접고용을 직접 고용으로 전환 및 근로시간 단축으로 일자리 창출	30만 개

■ 재원조달방안 등

– 공공부문 일자리 창출: 5년간 21조원(연평균 4.2조원) 소요
– 창업국가 조성: 기존 예산 범위 내 지출 예산 편성 조정
– 재원조달은 재정지출개혁과 세입확대를 통해 마련

공공부문 81만 개 일자리 공약은 처음 나올 때부터 많은 비판을 받았고, 대선후보 5명 초청 TV토론에서도 크게 논란이 되었다. 비판이 거세지자 더불어민주당 선거대책위원회 정책본부나 외곽 싱크탱크인 '국민성장'의 일자리추진단장인 김용기 교수(아주대 경영학과) 등에 의해 공약은 점점 다듬어지며 구체화되었다. 김용기 교수가 한 언론매체(아시아경제 2017. 3. 8)의 공약검증 질의에 응답하는 형식으로 밝힌 바

에 따르면, 공공부문 일자리 81만 개는 크게 '공무원 일자리 17만 4천 개'와, 정부 예산이 투입되고는 있지만 민간이 위탁관리하고 있는 의료·보육·복지·교육 분야의 '사회적 일자리 30만 개'와, '공기업이 민간에 용역을 주던 일자리 33만 6천 개'로 삼분된다는 것이 밝혀졌다. 따라서 공무원 일자리 17만 4천 개는 신규창출이며, 나머지 63만 6천 개는 민간부문에 이미 존재하는 공공·사회서비스 일자리를 공공부문으로 전환하는 것이다. 즉, 17만 4천 개만 새롭게 생기는 공무원 일자리고, 30만 개는 정부의 간접고용에서 직접고용으로 전환되고(사회서비스를 공공기관 산하로 편제), 33만 6천 개는 공공기관의 간접고용에서 직접고용으로 전환되는 것이다.

새로 생기는 공무원 일자리 17만 4천 개는 매년 3만 4,800개씩 늘려 임기 말년까지 17만 4천 개를 채우는 방식이다. 더불어민주당 정책본부(본부장 윤호중)에 따르면 공무원 평균직급은 7급 7호봉에 연봉은 3,400만 원(4대보험 포함)으로 책정했기에, 5년간 총 소요예산은 17조 원(연평균 3조 4천억 원)이다. 고용형태가 전환되는 64만 개의 경우, 그 절반 이상은 공공기관이 간접고용을 직접고용으로 전환하는 것이기에 정부예산이 들지 않는다고 가정하였다. 정부 간접고용 30만 개는 고용주가 민간기업(시설)에서 사회서비스 공공기관으로 바뀌는 것이기에, 신분 전환에 따라 연평균 8천억 원씩 5년간 총 4조 원이 소요될 것으로 추정했다.

공공기관 경영정보 공개시스템에 따르면 2018년 중앙정부 산하 공공기관 339개 중 223곳은 비정규직 1만 4,324명을 정규직으로 전환했다(2017년 6,692명, 2016년 3,977명). 세부내역을 보면 한국마사회 1,921명, 부산대병원 1,022명, 코레일테크 541명, 국립공원공단 508명이 각각 정규직으로 되었다. 바로 '공공부문 비정규직 제로' 정책의 산물이다. 이로 인해 인건비도 폭증하고 있다. 기획재정부가 국회에 제출한

'2014~2019년 공공기관 인건비 현황'에 따르면 2019년 339개 공공기관의 인건비로 편성된 예산은 28조 4,346억 원이었다. 그전 2016년에 23조 원, 2017년 24조 3천억 원, 2018년 25조 7천억 원에서 갑자기 2조 6천여억 원(10.7%)이 껑충 뛴 것이다. 공공기관 임직원 수는 2015년 31만 5,231명에서 2019년 1분기 현재 40만 3,962명으로 4년새 8만 8,731명(28.1%) 늘어났다. 공공기관의 순이익 합계는 1조 1억 원으로 2017년(7조 7천억 원)의 7분의 1 수준으로 줄었다.

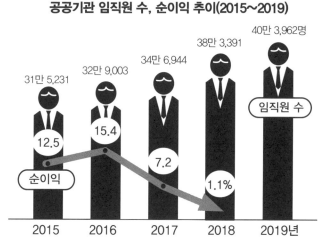

공공기관 임직원 수, 순이익 추이(2015~2019)

자료: 한국경제 2019. 5. 17(https://www.hankyung.com/politics/article/2019051642581)

2. 공공부문 증원 정책의 무지와 거짓말

공공부문 일자리 81만 개와 공공부문 비정규직 제로화 정책의 치명적인 문제는 열 손가락으로 헤아리기 힘들 정도로 많다.

(1) 정책 수립의 기본과 원칙

첫째, 정책 수립의 기본과 원칙이 틀렸다.

OECD 평균을 근거로 정책목표를 수립하는 것은 그야말로 몰상식이다. 정책수립의 기본 수순은 유럽 소국들이 주도하는 'OECD (산술) 평균과의 격차'가 아니라, 한국사회가 필요로 하는 공공서비스의 양과 질, 소비자·이용자의 요구와 불만에 대한 평가가 먼저다. 그다음, 비용(예산) 대비 국민편익을 극대화할 수 있는 공공서비스 공급 방식을 고민해야 한다. 유휴인력 배치전환, 정년보장직(정규직) 신규채용, 비정규직(시간제, 기간제, 임기제) 채용, 보조금, 바우처, 민간위탁, 경쟁입찰과 효과적인 규제와 감독 등을 놓고 고민해야 한다.

공공부문의 고용비중과 공공서비스 수준 내지 국가공공성 수준은 등치되지 않는다. 따라서 정부의 직접고용(정년보장직)에 의한 공공서비스 공급은 정말로 신중해야 한다. 한국 공공부문의 고용은 매우 경직되어 있고, 고용비용도 높기 때문이다. 그리고 좋은 일자리란 어떤 일자리인지, 민간기업이 왜 좋은 일자리를 많이 만들지 못하는지를 천착해야 한다. 문 정부는 이 중요한 의문을 너무나 간단히 건너뛰었다.

(2) 일본은 왜?

둘째, 공공부문 비중이 한국과 비슷한 일본에 대해 전혀 연구하지 않았다.

문재인 대통령의 일자리 공약의 근거로 삼은 OECD 통계는 'Government at a Glance − 2015'이다. 이에 따르면 한국의 공공부문(public sector) 고용비중은 총고용(total employment) 대비 7.6퍼센트, 총경제활동인구(labour force) 대비 7.4퍼센트다. OECD 평균은 문대통령이 말한 대로 각각 21.3퍼센트, 19.3퍼센트다. 미국을 제외한 G7(영국, 프랑스, 독일, 이탈리아, 호주, 캐나다, 일본)[8] 평균은 각각 17.8퍼센트, 16.4퍼센트다. 이웃 일본은 우리와 엇비슷한 7.9퍼센트, 7.6퍼센트다. 아무튼 2013년 기준 연평균 취업자는 2,506만 6천 명이니까 7.6퍼센트는 190만 5천 명에 해당한다. 이는 2008 SNA 기준에 따른 공공부문 일자리 224만 개(2015년)와 상당한 편차가 있다.

그런데 GDP 대비 정부지출은 일본 39.8퍼센트 대 한국 25.9퍼센트 (2014년 기준), GDP 대비 공공사회복지 지출은 일본 23.06퍼센트 대 한국 10.36퍼센트(2016년 기준)로서, 일본의 공공부문 고용비중이 높아야 마땅하지만 실제 일본은 공공부문 고용비중이 낮다. 하지만 낮아서 문제라는 얘기가 없다. 일본과 한국의 공공부문 고용비중이 낮은 주요한 이유 중의 하나는 프랑스, 영국 등 유럽 국가들과 달리 보건의료 인력의 대다수가 민간부문에 고용되어 있기 때문이다.

일본에서는 소방직이나 사회복지공무원의 노동강도(과로사 등), 공공 서비스 질 문제가 사회적 논란이 되지 않는 것은, 일본의 공무원 및 공공부문 인력이 적어도 한국만큼 경직적이지 않기 때문이다. 뿐만 아니라 일본에서 공공부문의 임금이 한국처럼 높지 않기도 하기 때문이다.

(3) 북유럽 소국은 왜?

셋째, 공공부문이 큰 북유럽 소국을 자세히 살펴보지 않았다.

공공부문 일자리 81만 개 공약 수립에 크게 기여한 김용기 교수는 OECD 국가 중 공공부문 일자리 비중이 큰 국가로 덴마크(34.9%), 노르웨이(34.6%), 스웨덴(28.1%)을 지목하면서, 이들은 형평성과 경제성장을 함께 성취한 나라들이라고 하였다. 그런데 김용기는 이것이 어떻

---

8) 단, 통계 설명에 '호주, 체코, 독일, 한국, 아일랜드, 포르투갈'은 OECD 평균에 포함되어 있지 있다고 했다. 미국은 아예 빠져 있다.

게 가능했는지는 천착하지 않았다.

　'2013년 OECD 교육지표'는 회원국 30개국, 비회원국 6개국 등 총 36개국의 교육 관련 26개 지표를 상세하게 비교하고 있다. 2011년 현재 한국 PPP는 2만 8,829달러, 중학교 교사 초임은 2만 7,476달러, 15년차 4만 8,146달러(4,412만 6,400원), 최고호봉은 7만 6,423달러다. 이를 1인당 PPP의 배수로 표시하면 차례대로 0.95배, 1.67배, 2.65배다. 그 어떤 나라도 교사 임금이 이렇게 가파르게 올라가는 나라가 없고, 그 어떤 나라도 교사 최고호봉이 1인당 GDP의 2.65배에 이르는 나라가 없다. 이는 한국 교사 임금체계의 기준인 국공립교사가 공무원으로 분류되어 공무원 임금체계를 적용받기 때문이다.

　공공부문이 큰 노르웨이, 덴마크, 핀란드, 스웨덴의 경우는 15년 경력의 교사 임금이 각각 1인당 GDP의 0.84배, 1.24배, 1.14배, 0.90배에 불과하다. 최고호봉도 1인당 GDP의 0.94배, 1.24배, 1.20배, 1.02배다. 이들 나라는 전반적으로 임금과 소득의 격차가 크지 않고, 여성 취업률도 높고, 공공부문의 임금은 정치적·철학적 고려에 의해 낮게 유지된다.

　교사는 '공공부문의 대푯값'이고 '전문직업인의 하한'이기에, 이를 통해 그 나라의 공공부문과 전문직업인과 사회 전반의 임금수준 및 체계를 유추할 수 있다. 한국 교사들의 높은 임금수준은 교사 지원 인력, 노동시간, 여성취업률(부부 맞벌이의 일반화 여부), 문화적 전통(유교적 전통), 교원노조의 영향력 등과 밀접한 관련성이 있지만, 이 모든 것을 감안해도 1인당 국민소득을 감안할 때 한국 교사의 임금은 국제수준에 비해서 매우 높고, 초·중·고의 격차는 너무 적고, 근무연수에 따라 임금수준이 너무 가파르게 올라가는 것이 확실하다.

(4) 한국은 왜?

넷째, 한국 공공부문의 고용비중이 적은 이유를 천착하지 않았다.

한국의 거의 모든 구직자들이 공공부문을 선호하는 이유는, 시장의 변화부침에 상관없이 높고 안정적인 근로조건을 누리기 때문이다. 한마디로 공공부문이 최상위 포식자 내지 하는 일에 비해 월등한 권리이익을 누리는 지대수취자이기 때문이다.

문재인 대통령은 사회복지 공무원 수가 크게 부족하다고 하였다. OECD 국가들의 평균 복지공무원 수는 인구 1천 명당 12명인데 한국은 0.4명이기에, OECD 평균의 절반 수준으로 늘리기만 해도 사회복지 공무원 25만 명을 늘릴 수 있다고 하였다. 그런데 GDP대비 복지지출 비중(2014년)은 한국 10.4퍼센트, OECD 평균 21.0퍼센트다. 거칠게 계산하면 사회복지 공무원이 OECD 평균의 절반(10.4/21.0) 정도가 되어야 정상이다. 공공부문 고용이 한국 7.6퍼센트이고 OECD 평균이 21퍼센트라면, 사회복지 공무원도 대충 3분의 1(7.6/21)쯤은 되어야 마땅하다. 그런데 한국은 왜 30분의 1(0.4/12)에 불과할까? 그것도 ICT 기술과 전자정부가 세계 최고 수준이라서 사람이 하던 일을 컴퓨터와 인터넷으로 대체하여 엄청나게 많은 인력을 사회복지부문으로 배치전환할 수 있을 것 같은 나라에서?

이유는 뻔하다. 정부(공무원)나 공공기관이 할 일을 민간 복지기관(종사자)이 하기 때문이다. 정부예산에서 운영비와 인건비가 나가는 민간 어린이집과 사립중고등학교 교원이 대표적이다. 그 외에도, 대부분이 비정규직이겠지만, 방과후교사, 예체능교사, 급식조리원, 학교 사회복지사, 사서, 요양보호사, 장애인 활동보조인, 아이돌보미, 간병인 등 다양한 돌봄노동 종사자들도 있다. 이들은 유럽 같으면 당연히 공공부문에 정규직으로 직고용되었을 것이다. 하지만 한국에서는 공공부문 정규직이 임금은 너무 높고 경직되어 있다 보니 민간고용으로 돌려 버린 것이다.

지하철 2호선 구의역 사고로 숨진 김 군이 다니던 은성PSD는 유럽 같으면 공기업인 서울메트로의 한 부서로 존재했을 것이다. 당연히 김 군도 공공부문 정규직이 되었을 것이다. 그런데 서울메트로의 고용임금이 너무 높고 경직되어 있고, (스크린도어 유지 관리 업무 같은) 위험하고 힘든 업무를 기존의 조직과 인력이 수행하기를 꺼리니, 무늬만 민간업체인 은성PSD에 외주하청을 주어 버린 것이다. 그런데 이 업체를 서울메트로 퇴직자들이 장악하다 보니, 실제 업무를 하는 김 군 같은 청년들은 너무 적은 임금을 받으면서 지극히 위험한 환경에서 일하다가 사고를 당한 것이다.

이처럼 공공부문의 임금수준과 고용안정성이 민간과 별 차이가 없는 유럽이라면 당연히 공무원이나 공공기관 임직원 형태로 존재해야 할 무수히 많은 인력이 한국에서는 민간부문 종사자로 되어있다. 물론 경찰·소방 공무원은 몇 만 명 늘릴 필요가 있을 것이다. 하지만 도시화, 교통 통신 수단의 발달, 전자정부화 등으로 인해 다른 분야에서는 그 몇 배수를 줄일 여지가 있을 것이다. 이런 배치전환, 구조조정 작업을 잘 못하니 공공부문을 함부로 못 늘리는 것이다.

김대중·노무현은 왜 늘리지 않았을까

　정부예산으로 일자리를 늘리기는 너무나 쉽다. 그럼에도 불구하고 왜 김대중·노무현 정부가 공무원 총정원제(대통령령)를 유지했을까? 왜 이 령에 "3년마다 정원감축계획을 수립하여 국무회의의 의결을 거쳐 시행"하도록 했을까?

　국가공무원총정원령은 1999년에 도입되어 6차례 개정되었다. 1999년 제정 이후 김대중, 노무현, 이명박 정부 내내 국가공무원 총 수는 27만 3,982명을 유지했다. 박근혜 정부 들어서 2만 명이 늘어 현재 29만 3,982명이 되었다. 그 제정 이유는 여전히 유효하다.

국가공무원총정원령

제정　　[시행 1999.1.1.] [대통령령 제15995호, 1998.12.31., 제정] 273,982명

4차개정 [시행 2012.5.23.] [대통령령 제23809호, 2012.5.23., 타법개정] 273,982명

5차개정 [시행 2013.3.23.] [대통령령 제24461호, 2013.3.23., 일부개정] 293,982명

7차개정 [시행 2017. 7. 26.] [대통령령 제28211호, 2017. 7. 26., 타법개정] 293,982명

8차개정 [시행 2018. 3. 30.] [대통령령 제28727호, 2018. 3. 30., 일부개정] 305,913명

9차개정 [시행 2019. 2. 26.] [대통령령 제29565호, 2019. 2. 26., 일부개정] 315,293명

2020년 1월 29일 행정안전부는 국가공무원총정원령 일부개정령(안)을 입법예고했는데, 골자는 총 정원을 31만 5,293명에서 32만 2,463명으로 확대한다는 것이다.

□ **제정이유**

공무원 정원관리의 효율화를 도모하고 **공무원 정원의 동결기조를 정착함으로써 작은 정부를 실현하기 위하여 행정기관에 두는 국가공무원 정원의 최고한도를 정하고, 주기적인 정원감축계획의 수립·운용을 통하여 총정원의 범위안에서 정원운영의 합리성을 제고**하려는 것임.

□ **주요골자**

가. 행정기관에 두는 국가공무원 정원의 최고한도를 27만3,982인으로 정함(령 제2조제1항).

나. 국회·법원·헌법재판소·선거관리위원회 및 감사원의 국가공무원, 정무직공무원, 검사 및 교원 등의 정원은 총정원에 포함하지 아니함(령 제2조제2항).

다. 행정자치부장관은 **3년마다 정원감축계획을 수립하여** 국무회의의 의결을 거쳐 시행하도록 하되, 최초의 정원감축계획은 2001년부터 시행하도록 함(령 제3조 및 부칙 제2항).

한국에서 공무원은 '관리'라 하고, 공공부문은 '관치'부문, '정치'부문이라고 해야 그 본질과 성격이 정확하게 드러난다. 한반도의 국가권력은 마을(타운), 지방, 사회공동체로부터 보충성 원칙을 토대로 (공공서비스 위임)계약에 의해 탄생한 것이 아니다. 오히려 그 역이다. 그래서 스위스, 미국, 영국, 독일, 일본과 달리 한국 공공부문 종사자의 처우가 엄청나게 높은 것이다. 한국의 공공부문은 예산도 늘리고 서비스의 양과 질도 높여야 하지만,

공무원과 공공기관 직고용은 지금보다 오히려 더 줄어들어야 마땅하다.

한국의 낮은 공공부문 고용 비중은 신자유주의 담론이 동반한 '작은 정부' 이데올로기의 산물이 아니다. 오히려 양반관료가 백성 위에 군림하면서 백성을 약탈하던 조선의 유산이다. 한국의 공공부문은 유럽처럼 민간고용 가뭄이면 대량 흡수(채용)하고, 민간고용 풍년이면 대량 방출(해고)하는 고용 저수지가 아니다. 한국의 공무원은 600년 이상 백성 위에 군림하면서 백성을 계도해 온 관리다. 헌법 제7조에 신분보장이 되어 있는 대단한 존재다. 그래서 노량진 학원가에 현대판 과거시험인 고시·공시 준비하느라 수십만 명의 청춘들이, 떨어지면 아무짝에도 쓸모없는 공부를 죽자 사자 하고 있는 것이다.

(5) 분식회계

다섯째, 신규로 창출할 17만 4천 개 관련 예산(5년간 17조 원, 연평균 3조 4천억 원)도 터무니없이 적게 잡았다.

공무원들에게 적용되는 확고한 정년과 가파른 호봉제(자동 승급·승진 등)를 감안하면 평균호봉을 7급 7호봉에 연봉 연 3,300만~3,400만 원으로 잡은 것은 분식회계 같은 것이다. 공무원 1명을 신규채용하면 대체로 정년까지 근무한다고 보아야 하기에, 평균호봉은 9급 임용 후 9~10년 만에 도달할 수 있는 7급 7호봉이 아니라 '평균 공무원'이나 '기준소득월액'에 근접한다고 보는 것이 타당하다.

실제로 한국납세자연맹이 '평균 공무원'에 가까운 '7급 16호봉'에게 지급되는 예산을 서울 중구청 2017년 사업예산서에서 뽑아 보다. 기본급은 3,445만 7천 원이었으나 연금부담금, 건강보험료 부담금 등을 합했더니 6,209만 원이었다. 그런데 여기에도 간접경비는 빠져 있다. 공무원 1명에 소요되는 정부예산은 평균연봉에다가 '복지포인트 등 복리후생 비용+정부 부담 4대보험료 부담분+공무원연금 적자보전금(연평균 10조 6천억 원=1인당 연평균 1천만 원)+제반 간접경비'를 합치면 대략 1인당 1억 원 내외로 보는 것이 타당하다.

'평균 공무원' 1인 연간 예산 소요액(7급 16호봉)

(원)

구분	내용	연단위	구분	내용	연단위
과세분	기본급(봉급 연액)	34,457,000	비과세분	식대(비과세분)	360,000
	상여금	2,727,830		복지포인트	629,435
	초과근무수당	5,332,943		직원명절격려금	100,000
	정근수당 가산금	960,000		콘도이용 및 하계휴양소 운영지원	116,000
	가족수당 및 자녀학비보조수당(평균)	1,100,000		합계	1,205,435
	성과상여금(포상금)	2,822,242	사회 보험료	연금부담금	4,367,350
	정액급식비(과세분)	1,200,000		재해보상부담금	73,583
	명절휴가비	3,445,680		건강보험료	1,693,565
	연가보상비	905,448		노인장기요양부담료	118,550
	직급보조비	1,680,000		합계	6,253,048
	합계	54,631,143	공무원 연금	연 공무원연금 잠재부채	4,192,656

총계	66,282,282 (기본급 대비 2.5배)
총계(공무원연금 제외)	62,089,626 (기본급 대비 1.8배)
총계(공무원연금+사회보험료 제외)	55,836,578 (기본급 대비 1.6배)

출처: 서울 중구청 2017년 사업예산서, 재구성

공무원 17만 4천 명 고용에 소요되는 예산은 '5년간 17조 원'이 아니라 매년 17조 4천억 원(1인당 1억 원×17만 4천 명), 즉 '5년간 87조 원' 정도라고 보아야 한다. 문 정부는 이 소요예산을 5분의 1로 분식회계했다.

3. 대통령이 직을 걸고 해야 할 일

문재인 정부의 공공부문 정책은 공공부문 노조가 주력인 조직노동의 이해와 요구의 대변이자, 선거 시기 흔히 나타나는 포퓰리즘의 전형이다. 실행 과정에서 공기업 경영간섭, 일감 몰아주기, 국가계약법 위반 등을 숱하게 저지르고 있다. 그러면서도 공공부문 호봉제 축소 내지 폐지, 공공부문 연장근로 대폭 축소와 미사용 연차휴가 사용 권장 등에 대해서는 미온적이기 짝이 없다.

한마디로 문재인 정부는 공공부문의 불합리한 기득권은 거의 건드리지 않으면서 공공부문을 확충하여 자신의 강철 지지 대오로 삼으려는 것이다. 이는 결국 관의 악랄한 가렴주구와 사농공상 차별로 국력을 소진하여 망국으로 내달린 조선 후기의 재판이라고 해도 과언이 아니다.

한국에서 공공서비스의 양을 늘리고 질을 올릴 필요가 있는 것은 틀림없다. 그런데 공무원이나 공공기관 정규직이 직접 제공해야 공공서비스의 양과 질이 올라가는 것은 아니다. 지금 공공재원에 기초한 민간이 제공하는 공공서비스의 질이 낮은 것은 민간의 영리추구 때문이 아니라, 터무니없이 적은 재원에 부적절한 규제·감독의 소산이다. 그로 인해 국회의원과 지자체장과 정부관료에게 큰 영향력을 행사하는 민간 복지업자들에 의한 중간착취(빼먹기)가 만연하다는 것이 정설이다. 이는 적절한 규제·감독을 통해서 상당부분 바로잡을 수 있다.

물론 정부나 공공기관에 의한 직접제공이 필요한 서비스도 있을 것이다. 하지만 이 역시도 공공서비스를 제공받는 국민(소비자)의 관점에서 평가해야 한다. 국제비교 통계로 보면 우리나라는 부족하지 않은 공공서비스가 없다. 서비스 공급자들은 예외없이 예산, 인력, 조직, 직급, 요금 등이 태부족이라고 아우성이다. 하지만 국민들이 느끼는 바는 다르다. 단적으로 교사 1인당 학생 수 감축은 오랫동안 교육 선진화의 핵심 가치(지표)였다. 그래서 예산을 많이 투입했고, 저출산까지 겹쳐서 대폭 개선되었다. 하지만 공교육의 질이 올라간 징후는 거의 없다.

진보·공공·노동계에서는 정부의 모범사용자(model employer)로서 의무를 강조하면서 "상시·지속적인 일자리는 '정규직 채용'의 원칙 확립"을 얘기한다. 그런데 없어지는 업무나 줄어드는 업무를 수행하던 조직과 인력을 어떻게 해야 할지에 대해서는 함구한다. 국민의 상식은 전환배치, 재교육, 시간선택제 등을 도입하고, 그렇게 해도 안 되면 정리해고도 할 수 있어야 한다는 것이다.

공공서비스의 질은 공급자의 관점이 아니라 소비자의 관점에서 평가해야 한다. 국민(소비자)들은 공공서비스와 관련하여 더 많은 선택권을 원한다. 더 치열한 공급자 경쟁을 원한다. 비용(예산, 인력) 대비 편익(공공서비스의 양과 질)을 끌어올릴 것을 원한다. 공공부문 고용임금의 유연화·공정화와 국민(소비자)의 선택권 강화를 요구한다. 핵심은, 고용이든 임금이든 '늘릴 곳 늘리고 줄일 곳 줄이고, 올릴 곳 올리고 내릴 곳 내리는' 것이다. 무엇보다도 한국의 생산력 수준에 비해 너무나 높게 설정된 보수기준(표준)과 체계를 바꿔야 한다. 이렇게 되면 인건비를 몇십조 원씩 추가로 투입하지 않아도, 민간어린이집 교사나 은성PSD 김 군 같은 사람들이 공공부문에 직고용되면서 공공부문 고용 비중이 올라간다. 인력이 남아 넘치는 곳과 인력이 태부족인 곳의 지독한 불균형도 해소된다. 직무 전환배치만 잘해도 공무원 총원 100만 명 선에서 경찰, 소방, 사회복지 인력부족도 상당 정도 해소할 수 있을 것이다. 이런 조건에서 예산까지 늘리면 공공서비스의 양과 질이 비약적으로 향상되게 되어 있다.

지금 대한민국 대통령이 직을 걸고 해야 할 일은, '청년인재의 블랙홀'이자 '기업가정신의 블랙홀'이자, '수백만 고시·공시 낭인의 양산공장'인 공공부문의 말도 안 되는 고용임금 체계를 깨부수는 일이다. 세계 최고 수준의 임금과 안정성을 가진 공공부문 일자리를 더 만드는 것이 아니라, 그에 소요되는 예산으로, 공공부문 종사자가 아니어도, 비정규직이어도 살 만한 세상을 만드는 일이다.

제7장
비정규직

　문재인 후보는 2017년 1월 18일 '일자리 공약'에서 "상시·지속적 일자리는 법으로 정규직 고용원칙을 강제하고, 비정규직 규모를 OECD 수준으로 감축"할 것을 공약했다. 문재인 후보가 선관위에 제출한 10대 공약의 제1번 제5항 공약이 비정규직 관련 공약이다.

---

③ 비정규직 격차 해소로 질 나쁜 일자리를 좋은 일자리로 전환

· 「비정규직 차별금지 특별법」(가칭) 제정 등으로 비정규직에 대한 차별을 적극적으로 해소하고, 상시·지속적 업무의 정규직 고용화로 비정규직 규모를 OECD 수준으로 감축
· 상시적이고 지속적인 일자리는 법으로 정규직 고용을 원칙으로 정함
· 정부와 지자체 공공부문 비정규직을 점차적으로 정규직화
· 동일기업 내에서 동일가치노동, 동일임금이 반드시 실현될 수 있도록 강제
· 사내하청에 대해서 원청기업이 공동고용주의 책임을 지도록 법 정비

물론 2017년 대선에서 후보들은 이구동성으로 비정규직 감축 또는 오남용 방지를 공약했다. 홍준표 후보도 비정규직 줄이는 기업에 조세 감면을 확대하고, 원·하청 격차해소를 공약했다. 안철수 후보는 공공 부문에 '직무형 정규직'을 도입하여 민간부문으로 확대하며, 공공조달제도 개선을 통해 비정규직 남용 기업체에 불이익을 부과할 것을 공약했다. 유승민 후보는 비정규직 고용총량을 설정하는 한편, 동일노동에 대해 차별시 징벌적 배상을, 심상정 후보는 모든 비정규직 채용금지와 공공기관과 대기업부터 즉각 정규직 전환을 공약했다.

　　문재인 대통령은 당선 확정 직후(2017. 5. 10) 제1호 업무 지시로 '일자리위원회' 구성을 지시하였다. 취임 3일째(5. 12) 인천공항공사를 방문하여 "임기 내에 **공공부문 비정규직 제로** 시대를 열겠다", "**공공부문부터 비정규직 문제**를 해결할 수 있도록 특단의 조치가 필요하다"고 공언했다. 이날 문 대통령은 비정규직을 포함하여, 간판 공약인 일자리 문제에 대한 인식과 방향을 가늠하게 하는 발언을 많이 하였는데, 주요 내용은 다음과 같다.

　　비정규직 노동자들의 임금수준이 **정규직의 절반 수준**이어서 극심한 경제적 불평등과 양극화로 사회통합을 막고 있고 그 때문에 경제 성장의 걸림돌이 되는 상황이다.

　　간접고용까지 합치면 **절반 정도는 비정규직**이고, 지난 10년간 비정규직이 100만 명 정도 늘었다.

　　저는 임기 중에 비정규직 문제를 반드시 해결하겠다고 약속했다.

　　공공부문에서 좋은 일자리 81만 개를 만들겠다고도 약속했는데, 나쁜 일자리를 좋은 일자리로 전환하는 것도 포함된다.

　　특히 업무가 상시적이고 지속적인 업무에 종사하는 비정규직 노동자들, 안전과 생명 관련 업무에, 그 분야는 반드시 정규직으로 전환하겠다는

원칙을 세우겠다.

출산이나 휴직·결혼 등 납득할 만한 사유가 있으면 비정규직을 사용할 수 있도록 하고 그렇지 않으면 전부 정규직 고용을 원칙으로 삼겠다.

그 외에도 "비정규직을 정규직으로 전환하고 노동시간을 단축하고 일자리를 더 늘리고 나쁜 일자리를 좋은 일자리로 만드는 방안이 쉬운 것은 아니다", "기업에 부담될 수도 있고 노동자의 경우에도 기존 임금구조를 그대로 가져간 채 노동시간이 단축되면 그간 초과근무수당으로 유지했던 임금이 줄어들 수 있어 이런 부분에 대해 노사정이 고통을 분담하면서 합리적인 방안을 찾아내는 사회적 대타협이 필요하다", "노동자들께서 한꺼번에 다 받아내려고 하진 마시고 차근차근히 해나가면 제 임기 중에 비정규직을 중심으로 한 전체적인 노동시장의 이중구조를 확실하게 바로잡도록 최선을 다하겠다" 등을 약속했다.

5월 16일 국무회의에서 '일자리위원회'를 의결했다. 위원장은 문재인 대통령 본인이고, 이용섭(전 의원)이 부위원장을 맡았고, 당연직 위원 15명, 민간위촉직 15명으로 구성한다고 되어 있다. 당연직에는 기획재정부, 교육부, 미래창조과학부, 행정자치부, 산업통상자원부 등 관계부처 장관과 일자리수석비서관, 민주노총, 한국노총, 한국경총, 대한상의, 중기중앙회 등이다. 한국노총과는 대선 때 정책연대 협약까지 맺었다. 문재인의 공약은 '국정운영 5개년계획'에 거의 그대로 반영되었다.

1. 오래된 무지와 착각(장하성, 김유선, 배규식)

한국의 불평등과 일자리 담론은 '정규직=정상, 비정규직=비정상'이라는 도식을 깔고 있다. 따라서 비정규직의 열악한 근로조건과 노동시장의 이중화를 정부의 허술한 규제 및 단속·처벌과 자본의 노동(비정규직) 및 을(자본)에 대한 불법부당한 행태(착취)에서 찾는다. 한국 특유의 불평등의 성격이나 비정규직 문제의 원인과 구조를 천착한 담론은 찾아보기 어렵다.

배규식(현 한국노동연구원장)은 "대기업의 시장지배적 지위 강화 — (이를 배경으로 한) 지속적인 하청단가 인하 — 중소기업의 수익성 악화"라는 도식을 그리고 있다. 외환위기 이후 비정규직과 아웃소싱 증가와 노동시장의 이중화 원인을 기업의 단기수익 중심 경영=장기투자 감소에서 찾는다(『대한민국 국가미래전략 2016』, 194쪽).

장기투자 감소와 단기수익중심 경영은 주주자본주의=신자유주의의 산물로 본다. 대기업들이 아웃소싱과 원·하청 관계(외주하청화)를 확대한 이유는 '대·중소기업 간 임금격차' 혹은 '수익 전유 – 책임 외부전가' 전략에서 찾는다.

더불어민주당, 정의당과 노동조합에 강력한 사상이념적 영향력을 행사하는 김유선(노동사회연구소이사장)은 이미 10여 년 전에 고용불안(비정규직 증가 등)과 국내 투자·고용 부진의 주요 원인으로 외환위기 이후 급속도로 확장된 "인건비 절감을 통한 단기수익 극대화 전략"을 지목했다.

외환위기 직후 구조조정과 대량 해고의 칼바람이 휩쓸고 간 뒤, 빈자리는 하나둘 비정규직으로 채워지기 시작했다. (…) 90년대 중반 김영삼 정부가 노동시장 유연화를 추진하면서 비정규직이 늘어나기 시작했고, 김대중 정부와 노무현 정부를 거치면서 관행으로 굳어졌다. (…) 저출산 문제는 청년층 일자리가 대부분 미래를 예측하기 힘든 비정규직 저임금 일자리인데서 비롯된 측면이 크다. (…) 비정규직 고용이 증가하고 차별이 심화된 것은 기업의 '인건비 절감에 기초한 단기수익 극대화 전략'에서 그 원인을 찾을 수 있다. (…) 기업이 '인건비 절감을 통한 단기수익 극대화'라는 일종의 '죄수의 딜레마' 상태에서 벗어나 '인적자원 개발에 기초한 장기수익 극대화'와 '기업의 사회적 책무'를 다하기 위해서는, '비정규직 남용과 차별 해소, 법정 최저임금 현실화' 등 사회적 규제를 강화하고, 기업 지배구조를 이해관계자 모델로 전환해야 한다.[9]

그러다가 2011년을 전후하여 재벌의 사내유보금이 논란이 되자, 이를 재벌의 초과이윤의 증거이자, 투자·고용 여력의 징표이자, 한국 고용문제의 핵심 원인으로 간주하기 시작했다.

장하성(문재인 정부 초대 청와대 정책실장)도 고용임금 격차의 원인을 '강자(자본)와 약자(노동)의 힘의 불균형' 문제로 보고, 사법적 수단으로 문제를 해결하려 한다. 강자는 자본(사용자)·대기업·원청기업·정규직이고, 약자는 노동·중소기업·하청기업·비정규직이다.

어떤 경제적 논리도 지금과 같은 대기업과 중소기업, 원청기업과 하청기업 그리고 정규직과 비정규직의 임금격차를 설명하지 못한다. 이것은 강자와 약자의 힘의 불균형이 결정한 것이다. 1990년대 초에

---

9) 김유선, "비정규직의 사회경제적 폐해"(한겨레 김유선 칼럼, 2008. 9. 30, http://www.hani.co.kr/arti/opinion/column/313039.html)

는 중소기업 임금이 대기업의 90%이었던 것이 지금은 60%수준까지 격차가 커졌다. 과거보다 경제성장이 더뎌지고, 고용이 늘지 않으니 노동자 보다 사용자의 힘이 강해져서 임금격차가 커진 것이다.

(장하성, 『왜 분노해야 하는가』, 407쪽)

장하성은 『왜 분노해야 하는가』(2015)에서 **"소득 불평등의 원초적 책임은 재벌의 불공정하고 불법적인 행태"**에 있다고 하였다(28쪽). 그에 앞서 『한국 자본주의』(헤이북스, 2014)에서는 700조 원 넘게 쌓인 사내유보금에 대해, "투자금은 주식이나 부채로 조달하는 것이 더 비용효율적"이라면서, 한국에서 배당도 투자도 늘지 않고 사내유보만 마냥 쌓여 가는 현상을 "기업의 지분·지배구조 문제와 시장의 검증을 회피하고자 하는 재벌대기업의 꼼수"로 보았다. 물론 재벌대기업의 꼼수가 없지는 않을 것이다. 하지만 이보다 몇십 배 큰 구조적 요인(국내투자와 고용에 따른 위험과 비용)이 수두룩한데, 여기에 대해서는 모르쇠로 일관한다. 대표적인 것이 한국 산업과 기업의 국내투자와 고용에 대한 위험(리스크)이다.

배규식, 김유선, 장하성의 논리적 뼈대는, 노동시장의 이중화는 생산물시장, 특히 재벌대기업에서 연유한다는 것이다. 여기서 노동시장 문제가 파생한다고 보는 것이 분명하다. 하지만 생산물시장과 노동시장을 왜곡하는 공공부문과 국가규제에 대한 문제의식은 찾아보기 어렵다.

그런데 수많은 통계와 현실을 종합해 보면, 한국 노동시장의 이중화는 하는 일(직무 및 생산성)과 처우의 극심한 괴리(노동시장의 왜곡), 기업 간 및 개인 간 생산성 격차와 지대(불법적, 합법적 약탈) 과다, 국민경제 수준과 시장환경에 대한 고려도 연대성도 없는 고용임금 패러다임에서 연유한다.

외환위기 이후 증가한 대기업의 아웃소싱과 직고용 회피를 도덕성의 잣대로 시비하는 사람들에게는 기본적으로 '거래비용' 개념이 없다. 한국은 많은 것을 내재화하고, 그에 따라 직고용을 확대함으로써 기업 규모가 커질 때 비용과 위험이 여간 커지는 것이 아니다. 한국에서 거의 모든 규제는 기업 규모를 기준으로 주어지기에, 대기업이 되었을 때 지는 의무·부담이 너무 많다. 뿐만 아니라 대기업일수록 지대추구를 핵심 이념으로 하는 거대노조의 조직력과 투쟁력도 여간 커지는 것이 아니다. 그런 점에서 배규식이 성토한 수익 전유−책임 외부 전가는 기업으로서는 지극히 합리적인 경영전략이다. 임금=비용 격차를 활용한 아웃소싱도 마찬가지다. 기업의 단기생존이 장기번영의 토대라는 것을 감안하면, 단기수익 중심 경영과 장기수익 중심 경영은 외부자가 쉽게 판단할 수 있는 것이 아니다. 기업의 '투자'와 '투기'를 분별하기 어려운 것과 마찬가지다.

문제는 고칠 수 있는 것을 고치고, 고칠 수 없는 것에는 순응하고, 이 둘을 분별하는 것이다. 사실 이것이 지혜의 핵심이자 전략의 핵심이다. 문재인 대통령과 장하성 등이 공유하는 '불법적 착취, 수탈, 약탈, 갑질' 프레임에 입각한 불평등, 양극화, 일자리 담론은 세계화, 개방화, 지식정보화와 맞물린 산업·기업 간의 생산성 격차와 거래당사자(협력업체와 소비자 등)의 대항력 격차를 간과하고 있다. 한국 특유의 약탈적(지대추구적) 노동시장과 직장계급사회를 당연시하는 고용임금 패러다임에 대한 문제의식도 없다. 뿐만 아니라 우리의 평균소득 수준이나 시장환경에 비추어 너무 높고 경직된, 한마디로 양반 반열에 올라간 공공기관의 고용임금 표준(공무원 보수 기준 등)도 간과하고, 은성 PSD에서 서울메트로 출신과 2016년 6월 불의의 사고로 숨진 김 군의 임금격차 등 국가가 전적으로 책임져야 할 부조리도 간과하고 있다.

가계자산의 70퍼센트 이상이 부동산인 상황에서 재산격차 문제도 너무 과소평가하고 있다. 가장 결정적으로, 외환위기 이후 점증한 국내 투자와 고용에 따른 위험과 비용 문제, 즉 기업의 위험 분산·완충 시스템 미비 문제를 간과하고 있다.

2. 비정규직의 실체와 규모

한국에서 대중이 느끼는 어감 상 비정규직은 비정상이고, 나쁜 것이며, 부당한 것이다. 반면에 정규직은 정상이고, 좋은 것이며, 당연한 것이다. 그러므로 비정규직은 조속히 축소되거나 없어져야 할 나쁜 존재로 간주되고, 따라서 공공부문은 이를 축소하는 일에 솔선수범하고, 민간기업들은 이를 뒤따라가야 한다. 김진표의 말대로 "(재계에서) 압박으로 느낄 땐 느껴야 한다". 민간대기업들은 정규직 전환이 안 되면 비정규직 사용에 따른 부담금이라도 내야 한다. 이것이 문재인 대통령과 측근들의 비정규직 문제에 대한 인식인 것처럼 보인다. 그런데 비정규직은 그 실체부터 애매모호하다. 기준이나 이해관계에 따라 규모가 들쭉날쭉하다. 2016년 8월 기준 정부 공식 통계(통계청 2016년 하반기[8월 기준] 경제활동인구 부가조사)에서 비정규직 비중은 임금근로자의 32.8퍼센트(644만 4천 명)이지만, 동일한 데이터를 가지고 기준만 달리한 한국노동사회연구소 통계는 '고용형태 공시제'를 통해 나온 간접고용(파견·용역+사내하청) 등을 다 쓸어넣어 임금근로자의 44.5퍼센트(874만 명)으로 보고 있다.

한국에서 비정규직은 말 그대로 '정규직이 아닌 근로자'다. 정부, 경영자단체, 노동단체 사이에 이론이 거의 없는 정규직의 핵심 조건은

(정년제도가 있기에) '정년보장'과 법정근로시간 이상의 근로시간 보장 ('전일제')이다. 문제는 분사화·외주화된 기업의 근로자와, 노동자성과 자영업자성이 혼합된 근로자 혹은 사업자를 어떻게 분류하느냐다. 노동단체들은 근로를 하는 사업장이 대기업(원청)의 공장 안에 있거나 원청으로부터의 수주(도급 등)에 절대적으로 의존하는 경우 사내하청이나 간접고용으로 규정하고 이를 비정규직이라고 주장한다. 예컨대 4대그룹 상장사가 제기한 비정규직 비중은 삼성이 3.2퍼센트, 현대차 4.4퍼센트, SK 2.4퍼센트, LG 2.9퍼센트에 불과하지만, 고용형태 공시제 등을 통해 고용부가 파악한 비정규직 비중은 삼성이 35.8퍼센트, 현대차 33.0퍼센트, SK 32.1퍼센트, LG 16.6퍼센트이다.

비정규직 현황: 4대그룹 상장사 제시 vs 고용노동부

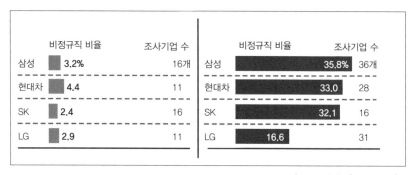

자료: 조선일보(2017. 6. 5)

노동자성과 자영업자성이 혼합된 존재들에 대해서도, 노동자성을 강조하면 임금근로자 규모가 늘어나고, 동시에 비정규직 규모가 늘어나기 마련이다. 정부(통계청)의 비정규직 분류기준은 2002년 7월 노사정위원회 비정규특위에서 정했는데, 고용형태를 기준으로 한시적(기간제+비기간제) 근로자, 시간제 근로자, 비전형 근로자로 대별한다. 그런데 이 세 부류는 중복된다. 통계청의 2019년 하반기(8월 기준) '경제활동인구조사 근로형태별 부가조사'에 따르면, 15세 이상 인구는 4,454만 6천 명, 경제활동인구는 2,821만 6천 명, 취업자 2,735만 8천 명, 임금근로자 2,055만 9천 명, 비임금근로자 679만 9천 명이다. 원래 임금근로자는 계약기간을 기준으로 상용직, 임시직, 일용직으로 구분해 왔는데, 비정규직 시비가 크게 일면서부터 임금근로자를 정규직과 비정규직으로도 구분한다. 2019년 8월 기준 비정규직은 748만 1천 명(36.4%)인데, 이 중 한시적 근로자 478만 5천 명(기간제 379만 9천명), 시간제 근로자 315만 6천 명, 비전형 근로자 204만 5천 명이다. 한시적+시간제+비전형 근로자를 합치면 998만 6천 명으로 비정규직 748만 1천 명을 훨씬 상회하는데 이는 중복이 있기 때문이다. 예컨대 한시적 근로자이면서 비전형 근로자에 해당하는 사람들은 한시적 근로자에도, 비전형 근로자에도 포함된다. 비정규직 근로자 통계는 이런 중복을 제거한 것이다. 중복을 제거해 집계하면 한시적 근로자(55.8%), 시간제 근로자(16.8%), 파견용역(10.7%), 일일근로(9.0%), 특수형태근로(7.1%), 가정내 근로(0.6%) 순인데, 증가를 주도한 것은 한시적(주로 기간제) 근로자이다. 문정부가 비정규직을 줄이기 위해 기울여 온 노력을 감안하면, 한시적 근로자의 폭발적 증가는, 정부로서는 어찌할 수 없는 시장의 강력한 필요를 의미한다.

비정규직 내 중복을 제거한 근로형태별 근로자 숫자

(단위: 천 명,%)

	2018. 8		2019. 8		증가율(%)
	숫자(천 명)	구성비	숫자(천 명)	구성비(%)	
비정규직근로자 전체	6,614	100	7,481	100	13.1
− 특수형태근로	506	7.6	528	7.1	4.3
− 가정내근로	53	0.8	44	0.6	−17.0
− 파견·용역	785	11.9	797	10.7	1.5
− 일일근로	728	11	676	9	−7.1
− 한시적근로자	3,296	49.8	4,177	55.8	26.7
− 시간제근로자	1,248	18.9	1,259	16.8	0.9

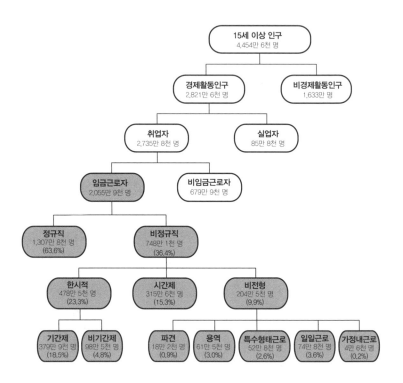

근로형태별 근로자 구성(2019. 8)

한시적 근로자는 고용의 지속성을 기준으로 근로자를 분류한 것인데, 근로계약기간을 정한 근로자(유기계약직=기간제 근로자)와 비기간제 근로자로 대별된다. 비기간제 근로자는 근로계약기간을 정하지 않았으나 계약의 반복갱신으로 계속 일할 수 있는 근로자와, 비자발적 사유로 계속 근무를 기대할 수 없는 근로자를 말한다. 정부 통계에서 '한시적 근로자'가 OECD 통계의 'temporary worker'와 비슷한 개념인데, 전자(한시적 근로자)는 23.3퍼센트이고,[10] 후자(temporary worker)는

---

10) e나라지표에서는 'temporary worker'를 '한시적 근로자'로 번역한다. 여기서는 "1년 미만의 근로계약을 체결하는 근로자로 기간제 근로자, 계약기간을 명시하지 않더라도 자신의 의지와 상관없이 계약이 종료될 수 있는 자 등을 포함"한다고 되어 있다.

24.4퍼센트다. OECD의 'temporary worker'통계는 '기간제 근로자+단기기대 근로자(비기간제의 일부)+파견 근로자+일일 근로자'를 합산한 것이다.

사실 한국의 정규직은 계약기간이 한정되지 않았기에 '영구직 근로자(permanent worker)' 또는 '정년보장 근로자'라 불러야 마땅하다. 시간제 근로자(part-time worker)는 근로시간을 기준으로 분류한 것인데, 말 그대로 근로시간이 짧은 근로자를 말한다.

'비정규직 보호법'의 정식 명칭은 '기간제 및 단시간 근로자 보호 등에 관한 법률'과 '파견근로자 보호 등에 관한 법률'이다. 법에 따르면 '기간제 근로자'란 "근로기간이 정해져 있는 근로계약을 체결한 근로자"로, 계약직, 임시직, 촉탁직 등 근로의 명칭과 관계없이 근로계약기간이 정해져 있는 경우에는 모두 기간제 근로자로 분류한다.

'단시간 근로자'란 1주일 동안의 소정 근로시간이 그 사업장에서 같은 종류의 업무에 종사하는 통상 근로자의 1주일 동안의 소정 근로시간(통상 40시간)에 비해 짧은 근로자를 말한다(법 제2조 제2호 및 근로기준법 제2조 제1항 제8호). 아르바이트 근로자가 대표적이다. 현재 일주일에 15시간 미만인 근로자는 휴일 및 휴가, 주휴수당, 퇴직급여, 사회보험 가입 등 노동관계법의 적용 제외 대상이다.

'비전형 근로자'는 근무제공 방식을 기준으로 분류한 것인데, 파견·용역근로자(temporary agency worker), 특수형태근로 종사자, 가정내 근로자(재택근로자와 가정내 근로자), 일일(호출)근로자를 다 망라한다. '파견근로자'란 "파견사업주가 고용한 근로자"다. (파견근로자 보호 등에 관한 법률[파견법] 제2조 제5호). 근로자 파견 대상 업무는 파견법 제5조 제1호로 규정되어 있는데, 대통령령으로 정한다. 파견근로자는 업무지시를 하는 사업주와, 임금을 지급하고 고용 관련 각종 의무·부담을 지는 고용주가 일치하지 않는다.

제5조(근로자파견대상업무 등) ① 근로자파견사업은 **제조업의 직접생산공정업무를 제외**하고 전문지식·기술·경험 또는 업무의 성질 등을 고려하여 적합하다고 판단되는 업무로서 대통령령이 정하는 업무를 대상으로 한다. 〈개정 2006.12.21.〉

② 제1항의 규정에 불구하고 출산·질병·부상 등으로 결원이 생긴 경우 또는 일시적·간헐적으로 인력을 확보하여야 할 필요가 있는 경우에는 근로자파견사업을 행할 수 있다. 〈개정 2006.12.21.〉

③ 제1항 및 제2항의 규정에 불구하고 다음 각 호의 업무에 대하여는 근로자파견사업을 행하여서는 아니 된다. 〈신설 2006.12.21., 2007.8.3., 2011.8.4.〉

1. 건설공사현장에서 이루어지는 업무 (…)

'용역근로자'는 용역업체(청소, 경비용역업체 등)에 고용되어 고용업체의 지휘 하에, 용역계약을 맺은 다른 업체에서 근무한다. 파견업체가 근로자를 '빌려주는' 것이라면, 용역업체는 특정 업무를 '위탁'받아 처리하는 것이다. 양적 차이는 있지만 그 근로를 필요로 하는 원사업자의 업무지시를 받긴 마찬가지여서, 파견업체와 용역업체의 경계가 다소 애매하다. 예를 들어 개성공단은 조선로동당이 일종의 파견업체 역할을 한다.

'특수형태근로 종사자'는 독자적인 사무실, 점포 또는 작업장을 보유하지 않았으면서 비독립적인 형태로 업무를 수행하면서 근무제공의 방법, 근로시간 등은 독자적으로 결정하면서, 개인적으로 모집·판매·배달·운송 등의 업무를 통해 고객을 찾거나 맞이해서 상품이나 서비스를 제공하고 그 일을 한 만큼 소득을 얻는 자다. 골프장 캐디, 학습지 배달교사, 화물차 운전기사, 보험설계사, 대리운전기사, 간병인 등이 대표적인데, 업무의 특성으로 인해 자영업자와 경계가 애매하다.

비정규직 중에서 시간제 근로자가 논란이 되는 경우는 별로 없다. 규제를 통해 근로시간을 늘리는 것이 힘들다는 것을 누구나 알고 있기 때문이다. 또한 일일근로와 가정내 근로도 마찬가지다. 주로 논란이 되는 것은 대기업이나 공공기관 등 능력 있는 고용주가 많이 사용하는 기간제 근로자, 파견·용역 근로자, 특수형태 근로자와 사내하청 등 간접고용 근로자다.

2012년부터 2019년까지 7년간 각년도 8월 기준 비정규직 추이를 보면, 전체 임금근로자에서 차지하는 비중은 2012년 33.2퍼센트, 2013~2016년까지 32퍼센트대를 유지하다가 2018년 33.0퍼센트, 2019년 36.4퍼센트로 폭증하였다. 핵심 원인은 한시적 근로자가 19.1퍼센트(2018)에서 23.3퍼센트(2019)로 폭증한 데 있다. 시간제 근로자는 10.2퍼센트(2012)에서 15.4퍼센트(2019)로 경향적으로 증가하고, 비전형 근로자는 12.8퍼센트(2012)에서 9.9퍼센트(2019)로 경향적으로 감소하였다. 2018~2019년은 한시적 근로자와 시간제 근로자가 갑자기 큰 폭으로 증가하였는데, 이는 문재인 정부의 급격한 최저임금 인상과 주 52시간 근무제와 비정규직 관련 규제를 빼놓고는 설명하기 어렵다. 이는 2017년 6월 최저임금(2018년 1월 1일부터 적용)을 무려 16.4퍼센트 인상함에 따라, 2013년 이후 매년 46만 2천 명, 58만 9천 명, 48만 2천 명, 26만 9천 명, 26만 3천 명 씩 늘어나던 임금근로자 수가 2018년에는 불과 3만 9천 명(비정규직은 3만 6천 명) 늘어나는 결과를 초래하였다. 2019년에는 임금근로자가 51만 4천 명 늘어났는데, 비정규직은 무려 86만 7천 명이 늘었다.

각년도 8월 기준 근로형태별 근로자 비중 추이

(단위: 천 명, %)

		2012	2013	2014	2015	2016	2017	2018	2019
임금근로자 전체		17,941	18,403	18,992	19,474	19,743	20,006	20,045	20,559
−정규직		11,987	12,426	12,869	13,166	13,262	13,428	13,431	13,078
−비정규직		5,954	5,977	6,123	6,308	6,481	6,578	6,614	7,481
−비정규직		33.2%	32.5%	32.2%	32.4%	32.8%	32.9%	33.0%	36.4%
	한시적	3,427	3,446	3,529	3,655	3,671	3,725	3,823	4,785
	한시적	19.1%	18.7%	18.6%	18.8%	18.6%	18.6%	19.1%	23.3%
	시간제	1,828	1,883	2,035	2,236	2,488	2,663	2,709	3,156
	시간제	10.2%	10.2%	10.7%	11.5%	12.6%	13.3%	13.5%	15.4%
	비전형	2,304	2,234	2,137	2,229	2,245	2,112	2,071	2,045
	비전형	12.8%	12.1%	11.3%	11.4%	11.4%	10.6%	10.3%	9.9%
임금근로자 증감(전년 대비)			462	589	482	269	263	39	514
비정규직 증감(전년 대비)			23	146	185	173	97	36	867

자료: 통계청, '2019년 8월 경제활동인구조사 근로형태별 부가조사 결과'(2019. 10. 29)

2019년 8월 기준 비정규직의 산업별 분포를 보면, 보건업 및 사회복지서비스업 97만 8천 명(13.1%), 사업시설관리·사업지원 및 임대서비스업 86만 6천 명(11.6%), 건설업 85만 1천 명(11.4%) 숙박 및 음식점업 76만 5천 명(10.2%), 도매 및 소매업 70만 6천 명(9.4%) 제조업 66만 9천 명(8.9%) 순이다. 반대로 비정규직이 거의 없는 산업은 농림어업(1.0%), 정보통신업(1.7%), 부동산업(2.6%), 예술·스포츠 및 여가관련서비스업(2.6%) 등이다. 한편 직업별 분포를 보면 단순노무 종사자가 230만 6천 명(30.8%), 전문가 및 관련 종사자 116만 2천 명(15.5%), 서비스 종사자 113만 8천 명(15.2%), 사무종사자(11.4%) 순이다. 2018~2019년 주요 산업별로 비정규직 숫자의 증감을 보면 전체적으로 86만 7천 명(13.1%) 늘었는데, 증가를 주도한 산업은 제조업 17만 5천 명(35.4%), 보건업 및 사회복지서비스업 14만 1천 명(16.8%), 숙박 및 음식점업 11만 6천 명(17.9%), 교육서비스업 6만 6천 명(11.7%) 순이다. 증가한 근로형태는 대부분 한시적(25.2%)과 시간제(16.5%)다. 비전형(−1.3%)은 오히려 감소하였다. 이는 비전형 근로에 대한 규제 강화와 관련이 있는 것처럼 보인다. 한시적(기간제)이나 시간제는 규제를 하려야 할 수 없기 때문이다.

비정규직 추이(2018. 8~2019.8)

(천 명)

	비정규직 (2018.8)	비정규직 (2018.9)		비정규직 (2019-2018)		증감률 (한시적)	증감률 (시간제)
	수 (천 명)	수 (천 명)	구성비	증감 (천 명)	증감률		
전 체	6,614	7,481	100	867	13.1%	25.2%	16.5%
제조업	494	669	8.9	175	35.4%	49.3%	34.6%
건설업	815	851	11.4	36	4.4%	34.2%	10.3%
도매 및 소매업	644	706	9.4	62	9.6%	21.4%	2.8%
운수 및 창고업	174	217	2.9	43	24.7%	31.3%	52.9%
숙박 및 음식점업	649	765	10.2	116	17.9%	42.4%	20.0%
금융 및 보험업	306	281	3.8	−25	−8.2%	−15.1%	2.6%
부동산업	158	196	2.6	38	24.1%	24.5%	−1.8%
전문, 과학 및 기술 서비스업	146	194	2.6	48	32.9%	42.6%	26.2%
사업시설관리, 사업지원 및 임대 서비스업	846	866	11.6	20	2.4%	12.8%	14.6%
교육 서비스업	564	630	8.4	66	11.7%	15.9%	21.5%
보건업 및 사회복지서비스업	837	978	13.1	141	16.8%	20.8%	19.9%
예술, 스포츠 및 여가관련 서비스업	146	195	2.6	49	33.6%	59.5%	21.9%
협회 및 단체, 수리 및 기타 개인서비스업	263	246	3.3	−17	−6.5%	10.2%	−7.7%

'내부자=우리 식구=정규직', '외부자=남의 식구=비정규직'이라는 도식이 문화로 정착된 한국에서는 정규직과 비정규직의 격차는 근로 복지 격차로 나타난다. 2012~2019년 7년 동안 근로복지 수혜율 추이를 보면 그 격차는 전반적으로 확대되었다. 평균취업시간은 정규직이 7년 동안 −6퍼센트인 데 반해 비정규직은 −12퍼센트이고, 그에 따라 월평균임금도 정규직은 29퍼센트, 비정규직은 24퍼센트 증가하였다. 국민연금 가입률은 정규직이 80.4퍼센트에서 87.5퍼센트로 9퍼센트 증가하는 동안 비정규직은 39.2퍼센트에서 37.9퍼센트로 오히려 감소하였다. 문정부의 경제고용 정책 효과가 나타난 2018년과 2019년을 비교하면 비정규직의 평균근속기간이 31개월에서 29개월로 줄었다.

	근로형태	2012	2015	2018	2019	19년/12년	19년/18년
평균근속 기간(개월)	정규직	82	88	93	94	15%	1%
	비정규직	28	28	31	29	4%	-6%
평균취업 시간(시간)	정규직	41.4	41.3	39.3	38.8	-6%	-1%
	비정규직	34.9	34.3	31.2	30.8	-12%	-1%
월평균임금 (만 원)	정규직	246.2	270.2	300.9	316.5	29%	5%
	비정규직	139.8	147.3	164.4	172.9	24%	5%
국민연금 가입률(%)	정규직	80.4	82.1	86.2	87.5	9%	2%
	비정규직	39.2	37	36.6	37.9	-3%	4%
건강보험 가입률(%)	정규직	82.3	84.8	90.1	91.5	11%	2%
	비정규직	45.5	43.9	45.9	48	5%	5%
고용보험 가입률(%)	정규직	79	82.4	87	87.2	10%	0%
	비정규직	43.5	42.6	43.6	44.9	3%	3%
퇴직급여 수혜율(%)	정규직	80.3	84	89.9	91.7	14%	2%
	비정규직	39.6	40.6	41.5	42.9	8%	3%

3. OECD 통계로 본 비정규직 문제의 특성

한국 문제를 알기 위해서는 외국과 비교가 필수다. 그런데 한국과 일본 외에는 비정규직 혹은 (영어식 표현인) 'non-standard worker'나 'non-normal worker'라는 개념으로 근로자를 분류하는 나라는 없다. 사실 노동권을 보호하기 위한 고용 관련 규제는 어느 나라나 다 있지만, 사적자치의 영역인 고용형태에 (국가가 개입하여 바로잡거나 확산해야 할) 표준이나 정상을 설정하는 것 자체가 다른 나라에서는 찾아보기 힘든 한국적 특성이 아닐 수 없다. 이는 한마디로 국가주의와 도덕주의다.

새로운 현상도 아니고 그렇다고 지난 20년 가까이 수수방관한 것도 아닌데, 2019년 8월 기준 임금근로자의 36.4퍼센트에 이르는 비정규직을 새삼 '제로'로 만들어야 할 어떤 것으로 보는 시각 자체도 여간 뜨악한 일이 아니다. 비정규직이 한국 고용문제의 핵심 문제 중 하나임에는 틀림없는데 이에 상응하는 OECD 통계가 없으니까 'temporary worker' 통계를 가져와서 비정규직 문제를 성토한다.

그런데 OECD 통계에서 사용하는 'temporary worker'는 한국의 비정규직과 개념이 다르다. 우선 어감부터 한국처럼 '나쁜 일자리' 또는 '가능한 한 없애야 할 일자리'가 아니다. OECD 통계상 임시직 근로자(temporary worker)는 '유기계약 근로자(worker with fixed-term contract)', '계절근로자(seasonal worker)', '파견근로자(temporary agency worker)', '호출근로자(on-call worker)'를 총칭하는데, 한국은 이 기준에 맞춰 '기간제 근로자+단기(계약)기대 근로자+파견근로자+일일근로자' 통계(매년 8월 기준)를 OECD로 보낸다. 말 그대로 고용계약이 한시적인 근로자들이다. 한국에서는 비정규직으로 분류하는 '반복갱신 근로자, 시간제 근로자, 용역근로자, 특수형태근로 종사자, 가정내 근로자'를 OECD는 temporary worker로 보지 않는다. 그래서 OECD 기준에 따르면 한국의 'temporary workers' 숫자는 2019년 8월 기준 500만 9천 명으로, 임금근로자 2,055만 9천 명의 24.4퍼센트이다.

임시직 근로자 숫자 및 비중

(단위: 천 명, %)

	2015. 8	2016. 8	2017. 8	2018. 8	2019. 8
임금근로자(천 명)	19,474	19,743	20,006	20,045	20,559
− Temporary Workers(천 명)	4,328	4,320	4,125	4,242	5,009
임금근로자 대비 Temporary Workers 비중(%)	22.2	21.9	20.6	21.2	24.4

한국의 Temporary Worker 비중은 2018년 21.2%에서 2019년 24.4%로 폭증하였는데, 이는 문정부의 노동권 강화 정책에 대한 시장의 반응으로 보아야 한다.

주요국 임시직 근로자 비중 추이(2011~2018)

(단위: %)

	2011	2012	2013	2014	2015	2016	2017	2018
캐나다	13.7	13.6	13.4	13.4	13.4	13.3	13.7	13.3
독 일	14.5	13.7	13.3	13	13.1	13.1	12.9	12.6
네덜란드	18.3	19.4	20.5	21.5	20.2	20.8	21.8	21.5
폴란드	27	26.9	26.9	28.4	28	27.5	26.2	24.4
스페인	25.1	23.4	23.1	24	25.1	26.1	26.7	26.8
일 본	13.7	13.7	--	--	--	--	--	--
영 국	6.2	6.3	6.2	6.4	6.2	6	5.7	5.6
한 국	23.7	23	22.3	21.6	22.2	21.9	20.6	21.2

자료: 통계청, '2019년 8월 경제활동인구조사 근로형태별 부가조사 결과'(2019. 10. 29)

2018년 한국의 Temporary Workers 비중(21.2%)은 스페인(26.8%), 폴란드(24.4%), 네덜란드(21.5%)보다는 낮고 독일(12.6%)보다는 높다. 만약 한국 기준으로 비정규직 통계를 낸다면 이 나라들도 파트타임(시간제) 근로자와 파견·용역 근로자 등이 비정규직으로 분류되면서 비정규직 비중이 껑충 뛰게 될 것이다. 그러면 선진국과의 '무식한' 비교를 토대로 비정규직 과다를 시비하는 한국의 비정규직 담론들은 무색해진다.

주당 30시간 미만 일하는 파트타임(시간제) 근로자[11]의 성별 비중과 추이는 고용형태 변화의 세계적 보편성을 보여 준다. 한국노동연구원(KLI) 해외노동통계의 파트타임(시간제) 근로자 비중을 보면, 2018년 기준 한국 12.2퍼센트데 일본 23.9퍼센트, 영국은 23.2퍼센트, 독일 22.0퍼센트, 덴마크 20.0퍼센트, 이탈리아 18.0퍼센트, 프랑스 14.0퍼센트, 미국 12.7퍼센트 등이다. 고용이 원래 유연한 영국과 미국은 2000~2018년까지 18년 동안 파트타임 비중에 거의 변화가 없지만 그 외 나머지 국가들은 경향적으로 파트타임이 증가하고 있다. 파트타임 근로자의 60~75퍼센트는 여성이다. 이는 파트타임 일자리가 육아

---

11) ① 파트타임 취업자는 주업무(main job)에서 **통상** 주당 30시간 미만 일하는 자를 의미(usual hours 기준). ② 일본, 한국의 파트타임 취업자는 **실제** 주당 30시간 미만(0<주당시간<30) 일한 자 기준임(actual hours 기준). ③ 미국은 dependent employment 기준임.

와 가사 부담을 많이 할 수밖에 없는 여성의 요구에 부합된다는 것을 의미한다. 당연히 파트타임 근로자 비중이 높은 일본, 영국, 독일, 덴마크 등에서 파트타임을 없애거나 최소화해야 할 나쁜 일자리로 보지 않는다. 한국을 제외한 유럽, 미국, 일본의 노동시장은 대체로 수요와 공급에 따라 움직이면서 하는 일(직무성과)과 받는 처우(임금, 복리후생 등)의 균형을 잡아 주기에, 부당한 차별이 적고 따라서 비정규직 시비도 적다.

주요국 전체 취업자 중 파트타임 취업자 비중
(Proportion of Part-time Employment)(%)

	한국	덴마크	프랑스	독일	이탈리아	일본	스페인	영국	미국
2000	7.0	15.3	14.2	17.6	11.7	15.9	7.5	23.3	12.6
2005	8.9	17.3	13.2	21.5	14.7	18.3	10.8	22.9	12.8
2010	10.6	19.2	13.7	21.8	16.4	20.2	12.2	24.6	14.1
2015	10.5	20.0	14.4	22.4	18.7	22.7	14.5	24.0	13.3
2016	10.8	21.7	14.2	22.1	18.6	22.8	14.1	23.8	13.4
2017	11.4	20.4	14.3	22.2	18.5	22.4	13.8	23.5	12.9
2018	12.2	20.0	14.0	22.0	18.0	23.9	13.3	23.2	12.7
취업자 중 남자 파트타임 비중	7.8	15.2	7.1	9.3	7.8	12.7	6.2	11.4	8.4
취업자 중 여자 파트타임 비중	18.2	25.4	21.4	36.6	31.9	38.3	21.6	36.4	17.2
전체 파트타임 취업자 중 여성 비중	63.2	59.9	73.9	77.4	74.8	70.1	75.1	74.1	65.5

자료: 한국노동연구원, 2019 KLI 해외노동통계 표 2-30

산별노조와 경영자단체의 주도, 혹은 잘 작동하는 노동시장에 의해 직무급이 정착된 대부분의 OECD 국가에서 파트타임(시간제) 근로자와 파견·용역 근로자는 한국처럼 '하는 일에 비해 처우가 현격히 낮은' 그런 존재가 아니다. 고용이 한국만큼은 경직되어 있지 않기에 고용주가 직접고용에 따른 의무·부담을 회피·저감하려는 경영전략의 산물이 애당초 아니다.

왜 시간제 근로자가 증가할까? 그 이유를 짐작하는 것은 그리 어렵지 않다.

지금 시대는 세계화, 자유화, 지식정보화, 과학기술혁명의 물결로 인해 인간의 수명을 제외한 거의 모든 것들의 수명이 짧아져 가고 있고, 시장에서 거래되는 모든 상품·서비스의 변화부침이 극심하다. 정보통신과 교통수단의 발달은 가치생산 과정의 시간적·공간적 분리를 용이하게 한다. 이 같은 시장과 기술 환경은 기본적으로 노동의 기능적 분화(세분화, 전문화)와 생산의 국제화 및 외주화(분업과 협업), 고용임금의 유연화를 촉진하게 되어 있다. 개인과 기업 등의 생산성 격차도 확대되는 추세다.

한편 일과 가정(임신, 출산, 육아)의 병립을 갈망하는 여성들도 늘어나면서 시간제 근로자의 증가는 시대의 요구가 아닐 수 없다. 인공지능 기술과 시지각 기능을 갖춘 로봇에 의한 노동 대체도 용이하기에, 경직된 고용과 생산성을 넘어서는 보상은 로봇에 의한 노동 대체를 촉진한다고 보아야 한다.

이 같은 환경에서 기업은 이전보다 훨씬 다양한 선택지를 놓고 고민할 수밖에 없다. 필요로 하는 상품·서비스를 직접 생산할지 외주로 조달받을지, 인력을 직접고용할지 간접고용(파견·용역 등)으로 조달할지, 직접고용을 한다면 주 40시간 정규직(정년보장직)을 채용할지 기간제나 시간제를 채용할지 등, 다양한 선택지를 놓고 심사숙고하게 되어 있다. 선택의 핵심은 거래비용=생산성이다.

현대 경제학과 경영학의 상식으로 통하는 '코즈의 정리(Coase's theorem)'에 따르면 기업은 필요한 상품·서비스를 외부(시장)에서 조달할 때 거래비용이 크면, 계획·지시·명령·위계·수직적 관계로 움직이는 내부(기업)에서 생산한다. 반대로 거래비용이 작으면 분권·자율·등가교환·수평적 관계에 의해 움직이는 외부(시장)에서 조달한다. 따라서 거래비용의 크기에 따라 기업이 수천 수만 명의 단일기업으로 묶일 수도 있고, 수백 수천 개의 소기업으로 쪼개질 수도 있다. 노동시장의 공정성, 연대성, 유연성이 극히 낮은 상황(직무성과에 따른 근로조건의 표준 부재), 즉 고용과 임금이 생산성의 함수가 아니라 기업별 노조의 쟁취의 대상이 되는 상황에서는 제정신이 있는 기업이라면 내재화 비중과 직접 고용규모를 효율이 허용하는 한 최소화해야 마땅하다. 이것이 미국, 일본, 독일에 비해 한국 대기업의 직고용 비중이 유달리 낮은 이유다.

정규재[12]에 따르면, 250명 이상을 고용하고 있는 대기업의 비중은 한국은 기업 수는 0.2퍼센트, 고용은 19.9퍼센트(전체 근로자 기준)다. 일본은 기업 수 0.6퍼센트, 고용 25.8퍼센트, 독일은 기업 수 2.1퍼센트, 고용은 52.9퍼센트다. 반면에 한국의 9명 이하 영세업체는 기업 수 81.1퍼센트, 고용은 24.2퍼센트다. 일본과 독일은 고용 비중 14퍼센트, 6.7퍼센트에 불과하다. 이처럼 대기업이 기업 수와 고용 모두 미미하고 영세업체의 고용 비중이 한국에서 유달리 높은 현상은 한국 특유의 '노동시장의 부조리'를 빼놓고 설명할 수가 없다.

한국 제조업이 산업용 로봇을 가장 많이 사용하는 이유도 마찬가지로 설명할 수 있다. 노동자 1만 명당 다목적 산업용 로봇 대수를 보면, 세계 평균은 66대, 중국은 50대 이하, 이탈리아·미국·대만·덴마크·스웨덴은 150~200대 사이이고, 제조업 강국인 독일이 292대, 일본 314대인데, 한국은 무려 478대로[13] 중국의 10배, 일본의 1.5배다. 이는 로봇을 많이 필요로 하는 산업구조(표준품 대량생산)와 고용에 대한 부담(공포)을 빼놓고는 설명이 되지 않는다.

---

12) "대기업이 너무 적은 것이 문제다!(정규재칼럼)"(한국경제 2017. 4. 24).
13) JEFF DESJARDINS (2016. 3. 25).

4. 정규직-비정규직 격차의 본질

한국에서 많이 시비되는 격차는 **고용형태**(정규직-비정규직), **기업체·사업체 규모**(대기업-중소기업), 노조(유-무), 근속기간(장기근속자-단기근속자), 학력(대졸-고졸이하), 성별(남-여) 등에 따른 고용, 임금, 복지 격차다.

통계청의 '2016년 8월 경제활동인구조사: 근로형태별 부가조사'(2016. 11. 3)에 따르면, 2016년 6~8월 정규직의 월평균임금은 279만 5천 원이고, 비정규직은 149만 4천 원이다. 그런데 시간제 근로자를 제외할 경우 비정규직 월평균임금은 196만 7천 원으로 올라간다.

근로형태별 월평균임금(명목임금)

(만 원)

	임금 근로자 전체 평균	정규직	비정규직	한시적	기간제	비기간제	시간제	비전형
2015. 6~8월 (평균)	229.7	269.6	146.7	162.9	162.6	163.9	70.5	150.6
2016. 6~8월 (평균)	236.8	279.5	149.4	166.4	165.6	169.4	74.1	157.1

그런데 이 자료에서 "성별, 연령, 혼인상태, 교육수준, 근속기간, 직업, 산업 등을 동일하게 제한한 후, 정규직과 비정규직 근로자간 월평균 임금 격차를 임금 근로자 전체와 전일제 근로자(시간제 근로자 제외)에 대해 분석"하면, 임금근로자 전체로 보면 정규직과 비정규직 근로자 간 격차는 10.5퍼센트다. 정규직 근로자가 100일 때 비정규직 근로자는 89.5라는 얘기다. 그런데 시간제 근로자를 제외한 전일제 근로자만 갖고 따지면 정규직과 비정규직 근로자 간 월평균임금 격차는 7.7

퍼센트로 줄어든다.

정규직-비정규직 근로자의 월평균임금 격차

(%)

	월평균임금 격차	
	임금근로자(전체)	임금근로자(시간제 제외)
2015년 8월	10.2	7.6
2016년 8월	10.5	7.7

고용임금 격차를 낳는 다른 변수를 통제하여 산출한 '임금함수로 파악한 시간당 임금격차'를 보면, 2013년 기준 정규직과 비정규직 간 임금격차는 4.4퍼센트에 불과하다. 전문대졸 이상과 고졸의 임금격차는 11.5퍼센트, 남성과 여성의 임금격차는 15.7퍼센트, 대기업과 중소기업 간 임금격차는 29.7퍼센트였다.

임금함수로 파악한 시간당임금 격차(2010~2013)

(%)

	2010	2011	2012	2013
고용형태별(비정규직/정규직)	12.6	8.2	8.1	4.4
성별(여성/남성)	18.5	16.1	15.7	15.7
규모별(중소기업/대기업)	29.2	29.5	28	29.7
학력별(고졸/전문대졸 이상)	10.3	10.4	11.5	11.5

1) 개인 속성(성, 연령, 학력, 근속년수, 직종 등) 및 사업체 속성(기업별 더미변수)을 이용한 임금함수를 만들고 임금격차를 분석한 결과
2) 기업규모별 분석의 경우 기업별 더미변수 대신 산업더미를 사용
자료: 고용노동부(2013); 고영선 외, 『노동의 미래』(문우사, 2016), 43쪽 재인용

정규직과 비정규직의 임금격차가 2013년 기준 4.4퍼센트에 불과한 것은 기업 규모, 연령, 학력, 근속기간 등이 동일하다고 보고 계산했기 때문이다. 하지만 실제로 느끼는 격차는 이보다 훨씬 크다. 정규직은 대부분이 장기근속자에 숙련된 근로자고, 비정규직은 단기근속자에 대체로 미숙련 근로자다. 그리고 한국은 근속연수에 따른 임금격차

가 세계에서 가장 큰 나라다. 뿐만 아니라 한국은 고용형태에 따라 사회보험 가입율과 근로복지 수혜율이 큰 차이가 나는데, 이는 임금으로 환산이 곤란하다.

대기업과 중소기업의 임금격차가 29.7퍼센트로 가장 크게 나오는 것은, 기업과 개인의 능력(생산성) 격차와 지대격차가 중첩되어 있기 때문이다. 기업의 지대는 협력업체나 소비자에 대한 우월적 지위나 국가 규제에 의한 초과이윤이며, 개인의 지대는 연공임금체계와 노조에 의한 초과임금이다. 그런데 실제 피부로 느끼는 대기업과 중소기업의 임금격차는 29.7퍼센트보다 훨씬 크다. 대기업은 연공임금체계도 적용받고, 노조의 단체교섭의 수혜도 입는 정규직 비중이 높기 때문이다.

e-나라지표의 '대중소기업 상생협력 현황'에 의하면 제조업 대기업 대비 중소기업의 임금수준은 거의 절반(54.1%)에 불과하다. 대기업 대비 중소기업 임금은 2001년 65.9퍼센트에서 경향적으로 하락하여 2015년 현재 54.1퍼센트(2014년이 52.5%로 저점)에 이르렀는데, 이는 통계상 정규직과 비정규직 간의 임금격차를 벌이는 데 일조했을 것이다. 정규직-비정규직 및 대기업-중소기업의 임금격차 배경에는 개인과 기업의 본원적인 능력(생산성)과 지대가 중첩되어 있는데, 어느 것 하나 쉽게 개선할 수 있는 것이 아니기 때문이다. 설상가상으로 정부와 노동계는 고용형태 변화에만 집중하다 보니, 다양한 격차 요인을 분해, 분리하여 효과적인 정책적 대응도 하지도 않았다.

제조업 대기업과 중소기업 격차(2007~2015)

(%)

	2007	2008	2009	2010	2011	2012	2013	2014	2015
영업이익률 차이(%p)	2.4	1.8	1.9	3.1	1.9	1.1	1.2	0	1.1
임금격차	58.4	55.4	57.6	54.8	52.9	53.2	52.9	52.5	54.1
중소기업 R&D 비중(%)	26.6	28	29.1	26.2	25.8	25.8	23.2	22.5	23.9

자료: e-나라지표 '대중소기업 상생협력 현황'(http://www.index.go.kr/potal/main/

EachDtlPageDetail.do?idx_cd=1145),
한국은행 '기업경영분석', 중소기업중앙회 '중소기업 위상지표'
(노동부 '사업체 임금근로시간 조사' 재편 가공),
미래창조과학부 「연구개발활동 조사보고서」를 종합

5. 문제는 '한국식 정규직'이다

비정규직은 '정규직이 아닌 근로자'로 정의된다. 따라서 '지금, 여기 정규직'을 알아야 '지금, 여기 비정규직' 문제의 원인과 해법을 알수 있다. '지금' 정규직이 과거(1980년대)와 어떻게 다른지, '한국에서' 정규직 문제가 OECD 주요국과는 어떻게 다른지를 알아야 한다.

한국에서 정규직의 조건은, 법정 정년까지는 고용주(정부와 기업 등)가 근로자의 의사에 반하여 근로계약을 단절할 수 없는 근로자다. 법정 근로시간(주 40시간) 이상의 근로기회도 보장받는다. 여기까지는 법정 정년이 있는 대부분의 OECD 국가들도 비슷하다. 하지만 고용주의 판단(사정)에 의한 근로계약 단절의 어려움은 나라마다 다르고, 과거와 지금이 다르고, 임금 등 근로조건에 따라 다르다. 바로 여기에 한국 비정규직 문제의 뿌리가 있다. 대부분의 선진국들은 고용주의 판단에 따른 근로계약 단절이 한국보다 훨씬 쉽다. '정당한 사유 없이는 해고하면 안 된다'는 취지의 법조문은 대부분 나라의 노동관계법에 다 있다. 그런데 한국은 법원의 판결(해석)로 '정당한 사유'를 아주 엄격하게 해석한다.

국가와 사용자에 의해 법이 대체로 무시되던 1987년 이전에는 대기업이나 공공부문에서 해고가 그리 어렵지 않지만, 지금은 어디서나 어렵다. 임금 등 근로조건이 외부 노동시장 수준에 근접한 중소기업은 해고가 비교적 쉽고, 그 수준보다 월등히 높은 대기업 및 공공부문의 블루칼라는 법에 상관없이 해고가 사실상 불가능하다. 단적으로 2009년 쌍용차 정리해고 당시, 원청에서는 '정리해고=살인'이었지만, 하청 협력업체에서는 '정리해고=전직의 계기'였다. 이 차이는 사회안전망의 차이가 아니라, 고용임금에 들어 있는 지대(시장 수준과의 격차)의 크기다. 한국에서는 대기업, 공공부문, 규제산업의 경우 화이트칼라라 하더라도 거액의 해고비용(명퇴금 등)이 필요하다는 것이 정설이다.

근로기준법

제23조(해고 등의 제한) ① 사용자는 근로자에게 **정당한 이유 없이** 해고, 휴직, 정직, 전직, 감봉, 그 밖의 징벌(懲罰)(이하 "부당해고등"이라 한다)을 하지 못한다. (…)

제24조(경영상 이유에 의한 해고의 제한) ① 사용자가 경영상 이유에 의하여 근로자를 해고하려면 긴박한 경영상의 필요가 있어야 한다. 이 경우 경영 악화를 방지하기 위한 사업의 양도·인수·합병은 긴박한 경영상의 필요가 있는 것으로 본다.

② 제1항의 경우에 사용자는 **해고를 피하기 위한 노력을 다하여야 하며, 합리적이고 공정한 해고의 기준**을 정하고 이에 따라 그 대상자를 선정하여야 한다. 이 경우 남녀의 성을 이유로 차별하여서는 아니 된다.

③ 사용자는 제2항에 따른 해고를 피하기 위한 방법과 해고의 기준 등에 관하여 그 사업 또는 사업장에 근로자의 과반수로 조직된 노동조합이 있는 경우에는 그 **노동조합**(근로자의 과반수로 조직된 노동조합이 없는 경우에는 **근로자의 과반수를 대표하는 자**를 말한다. 이하 "근로자대표"라 한다)**에 해고를 하려는 날의 50일 전까지 통보하고 성실하게 협의**하여야 한다.

제23조의 "정당한 이유"는 대법원에 의해 "사회통념상 근로계약을 계속시킬 수 없을 정도로 근로자에게 책임 있는 사유가 있는 경우"로 규정되었고,[14] 그 입증책임은 사용자에게 있다.[15] 경영상 이유에 의한 해고(정리해고)의 정당성을 판단하는 요소들은 경영자 측의 "긴박한 경영상의 필요"(제1항), "해고를 피하기 위한 노력"과 "합리적이고 공정한 해고의 기준"에 따른 대상자 선정(제2항), 노동조합에 대한 50일 전 통보와 성실한 협의(제3항)이다. '긴박한 경영상의 필요'는 사용자들이 가장 잘 안다. 그런데 한국 법관들은 이를 잘 알지도 못하고, 한 술 더 떠서 "법에도 눈물이 있어야 한다"면서 약자(정리해고자)의 손을 들어 주는 것을 정의라고 생각하는 경우가 많다. 자신의 판결로 인해 엄청난 후폭풍이 생겨도 여기에 대해 책임을 지지 않는다. "정당한 이유 없이 해고, 휴직, 정직, 전직, 감봉, 그 밖의 징벌을 하지 못한다"(제23조 1항)는 조항은 위기에 처한 기업의 경영상의 판단을 기업경영도, 시장 상황도, 기술도 거의 알지 못할 뿐만 아니라 판결에 따른 책임도 지지 않는 관료=판사에게 맡겨 버렸다고 해도 과언이 아니다. 설상가상으로 이 관료=판사들은 온정주의에 경도되기 쉽다. 그 온정에 따른 부담은 오로지 경영자만 지고 판사 자신은 전혀 지지 않기에 온정주의적 판결을 내리기 십상이다. 게다가 판사의 온정주의적 판결은 비록 보편 상식과 정의에 어긋난다 할지라도 대한민국 최대의 자발적 조직인 노동조합의 지지와 환호를 받는다. '생각은 짧고 마음이 따뜻한' 적지 않은 국민들도 여기에 환호한다.

고용주의 판단(사정)에 의한 근로계약 단절의 어려움은 법이 정한 절차와 요건만으로는 판단할 수 없다. 또 이중화된 노동시장에서는 소수의 고임금 집단에 크게 영향을 받는 평균값으로 속단할 수 없다. 착시

---

14) 대법원 1992. 4. 24. 선고 91다17931 ; 2002. 12. 27. 선고 2002두9063.
15) 대법원 1992. 8. 14. 선고 91다29811.

를 일으키기 때문이다. 상식적으로 임금과 복리후생 등 근로조건이 노동의 생산성(직무성과)이 아니라 고용주(정부와 기업 등)의 능력에 따라 천양지차가 되면, 또 근속연수에 따라 임금과 지위가 가파르게 올라가는 연공임금·승진 체계가 작동한다면, 능력 있는 고용주 아래서 높은 초과이득(지대)을 누리는 사람, 그것도 장기근속자에 대한 근로계약 단절은 정당한 이유가 있든 없든 지극히 어려울 수밖에 없다. 이는 고용주로 하여금 연공임금+기업별 노조의 단체교섭 등에 의해 생산성(직무성과)에 비해 월등히 높은 임금을, 그것도 정년까지 받게 되어 있는 한국식 정규직 채용을 극력 기피하게 만들 수밖에 없다.

요컨대 한국식 정규직은 '법정근로시간(주 40시간) 보장+정년보장+강고한 고용보장(정리해고, 징계해고 외에는 해고 불가)+연공임금(직무별 근로조건 표준 부재, 생산성과 괴리된 임금)+두터운 기업복지'를 누리는 존재다. 한국식 비정규직은 바로 그 한국식 정규직의 그림자다. 본체를 없애면 그림자도 없어지기 마련이다.

국가라는 강력한 보호장벽이 있는 공공부문은 그렇지 않겠지만, 변화부침이 심한 시장에서 생존해야 하는 민간기업들은 시장원리에 너무 반하는 한국식 정규직을 극력 기피하는 것이 지극히 정상이다. 이들은 핵심 역량을 제외한 아웃소싱 확대, 기간제, 시간제, 파견용역 등 다양한 고용계약을 통해 시장의 변화부침에서 오는 위험과 충격을 분산하고 노동비용을 줄여야 생존하고 번영할 수 있기 때문이다. 그런데 한국 진보와 노조와 공공부문 종사자들은 '주 40시간 이상 정규직=영구직'과 근속연수에 따라 가파르게 임금이 올라가는 '호봉제'를 정상으로 여긴다. 그것도 삼성전자처럼 생산성 자체가 높거나, 아니면 지대수취가 용이한 독과점 대기업과 은행 등 규제산업과 공공부문의 근로조건을 정상으로 여긴다.

공무원과 노동계와 진보가 고용임금의 유연성, 연대성, 공정성(생산성에 비례하는 임금체계)을 외면하면서 오로지 정규직=영구직을 강제한다면, 중소기업 근로자, 비정규직 근로자는 더 가파르게 증가할 수밖에 없고, 비임금근로자도 더디게 줄어들 수밖에 없다. 뿐만 아니라 파트타임을 비정규직으로 규정하면서 최대한 줄여야 할 어떤 '악적' 존재로 간주하다 보니, 이들을 보호할 수 있는 방안이 고용 현안으로 부상할 리 만무하다.

물론, 그럼에도 불구하고 비정규직 문제와 관련해서는 '시장에 대한 허술한 고삐(법규제)'와 '자본의 과도한 탐욕' 문제도 의심해 봐야한다. 하지만 한국에서는 문제의 뿌리인 '한국식 정규직'이 정상이나 표준으로 될 수 있는지를 의심해 봐야 한다.

지금 한국에서 비정규직은 고용이 불안하고 임금이 낮고 기업복지 혜택에서 소외된 근로자의 대명사가 되었다. 자본에 의해 부당한 착취·억압을 받는 존재로도 간주된다. 물론 그런 측면이 없을 리 없다. 그런데 문제는 개인과 기업의 생산성을 제쳐 놓고 고용형태만 바꾸면 고용불안과 저임금을 해결할 수 있다고 생각하고 국가규제에 매달리는 것이다. 대기업이나 공공부문에 붙어 있는 비정규직은 가능할 것이다. 하지만 전일제 근로와 정년보장은 기업의 존속을 전제로 하고, 고임금은 기업의 지불능력을 전제로 한다. 그런데 공공부문을 제외하고는 그 어떤 민간기업도, 심지어 삼성전자와 현대기아차도, OECD 주요국 식 정규직이 아닌 '한국식 정규직'은 여간 큰 부담이 아니다. 대기업 블루칼라 장기근속자의 경우, 근속연수와 단체교섭에 의해 생산성을 훨씬 넘어서는 임금을 줘야 하고, 바로 그 이유로 유사시 해고가 살인으로 받아들여지기 때문이다.

한국의 비정규직 문제는 개인의 고용임금 수준이 자신의 본원적인 생산성(직무성과)에 의해 정해지는 것이 아니라, 소속된 집단의 지불능력과 노동의 교섭력에 의해 정해지는 부조리한 현실의 자식이다. 한마디로 소속집단이 제공하는 지대가 지나치게 많은, 단지 소속 덕분에 거저먹는 무임승차사회, 직장계급사회의 산물이다. 이런 사회에서 최고의 직장은 당연히, 민주적 통제를 벗어난 국가(공공)부문이다. 이 종사자들은 시장의 변화부침에 초연할 수 있고, 필요하면 세금이나 요금을 통해 지불능력을 만들어 낼 수 있기 때문이다. 그 다음은 협력업체나 소비자에 대해 압도적으로 우월한 지위에 있는 현대기아차 같은 민간독과점 대기업과 은행 같은 규제산업이다.

'한국식 정규직도 비정상, 비정규직도 비정상'이라는 인식이 비정규직 문제를 푸는 킹핀이다. 각자의 고용, 임금, 복지 수준이 근속연수, 기업규모, 기업능력, 노조 유무가 아니라 자신의 본원적인 생산성(숙련 등)과 시장의 요구에 조응하도록 만들면 비정규직 문제가 있을 수 없다. 핵심은 생산물시장과 노동시장과 공공부문에서 지대를 축소·제거하는 것이다.

상시·지속업무 정규직 전환

상시·지속업무의 정규직 전환은 얼핏 너무나 지당한 정책으로 보인다. 공공부문 비정규직의 정규직 전환도 마찬가지다. 그래서인지 이는 2012년 대선 당시 문재인과 박근혜 공통 공약이었고, 2017년 대선에서도 거의 모든 후보의 공통 공약이었다.

한국에서 상시·지속 업무란 '앞으로 2년간 지속될 업무'로 정의되고, '정규직'은 주 40시간 이상의 근로기회를 법정 정년까지 보장받는 근로자다. 그런데 세계화와 과학기술혁명 등으로 인해 일거리·일자리는 3~5년 뒤, 혹은 10년 뒤에 없어질 수도 있고, 대폭 줄어들 수도 있다. 지금은 상시·지속업무처럼 보이는 일이 몇 년 뒤에 얼마든지 없어질 수 있다. 이런 경우, 한국은 해고를 정리해고와 징계해고 외에는 인정하지 않기 때문에, 근로조건이 좋은 곳은 적절한 절차를 밟아서 내보내기가 사실상 불가능하다.

그러나 '상시·지속업무의 정규직 전환'을 공약한 후보 중에서, 그 업무의 존재이유가 사라질 경우의 대책을 얘기한 사람은 없다. 즉, 지금의 상시·지속업무 정규직 전환론은 일거리 자체가 소멸하거나 줄어드는 경우에 어떻게 할 것인지에 대한 대책이 없다. 기업이 어떻든 떠안고 있으라는 얘기다.

공무원이나 공기업은 국민이나 소비자에게 부담을 떠넘길 수도 있다. 하지만 부당하기 짝이 없다. 공무원의 임금, 연금, 고용의 원천은 국민이 낸 세금이고, 공기업은 국가독점 업역과 (전기, 가스, 수도, 철도) 요금이기 때문이다. 그러나 이들을 제외한 정상적인 민간기업은 어디 부담을 떠넘길 데도 없다. '업무=일거리'가 줄어들거나 없어지면, 노동시간이 줄어들거나 일자리를 잃는다. 사실 이것이 정상이다. 선진국은 공무원이나 공기업이라 할지라도 민간기업과 다르지 않다.

그런 점에서 상시·지속업무 정규직 전환론은 문제의 핵심을 전혀 못 짚고 있다. 아니, 모르쇠로 일관하고 있다. 기업들이 정규직을 부담스러워 하는 이유의 핵심은, 임금이 직무가 아니라 근속연수나 단체교섭에 따라 무조건 올라가고, 유사시 고용조정이 어렵기 때문이다. 그런데 한국 정치, 관료, 노조, 진보는 이를 도덕(불법)의 문제로 규정하고, 각종 명분을 붙여 — 상시·지속업무니, 생명안전 관련 업무니, 청년고용 촉진이니 하면서 — 사람들을 법으로 일단 기업에 쑤셔넣고 정년까지 책임지라는 요구를 해 왔다. 출구는 막아 놓고 입구에서 계속 쑤셔 넣는 격이다.

설상가상으로 문재인 정부는 정리해고 요건을 "기업 유지가 어려운 경우"로 한정하자고 한다. 그렇다면 지금도 어렵기로 정평이 나 있는데 이를 더더욱 어렵게 만들자는 얘기에 다름 아니다.

공공부문은 이래도 저래도 망하지 않기에 — 사실 망해서도 안 되기에 — 기업 유지가 어려운 경우가 있을 수 없다. 사실은 필요 없는 업무를 얼마든지 유지하거나 만들어 낼 수도 있다. 하지만 요동치는 무한경쟁 시장에서 생존투쟁을 벌이는 민간부문은 필요 없는 업무나 자리를 '사람'을 위해서만 만들어 낼 수는 없다. 공공부문은 아무런 부담이 없겠지만, 민간기업은 엄청난 부담을 안을 수밖에 없다. 상시·지속업무 정규직 전환론을 비롯한 문재인과 다른 대선후보들의 고용노동 정책 패러다임은 평생직장이 존재하던 1980년대 이전 패러다임에 머물고 있다.

제8장
주 52시간 근무제
샴페인을 너무 일찍 터뜨렸다

1. 노동시간 단축

'공공부문 일자리 81만 개 창출' 정책과 더불어, '노동시간 단축(주 52시간 근무제)을 통한 새로운 일자리 50만 개 창출' 정책은 문재인 정부의 일자리 정책의 양대 기둥이라고 해도 과언이 아니다. 주 52시간 근무제 이 역시 2017년 1월 18일 문재인 후보의 일자리 공약에 들어 있었는데, 주요 내용은 다음과 같다.

둘째, 노동시간 단축으로 새로운 일자리 50만 개를 창출하겠습니다. (…) 노동시간단축으로 일자리를 창출하고 온 가족이 함께 할 수 있는 저녁과 휴일을 드리겠습니다. (2004년에 비해) 1인당 연간 노동시간이 500시간 가까이 줄었지만 우리 경제는 더 성장했고, 국민의 삶은 더 윤택해졌습니다. 휴일노동을 포함하여 주 52시간의 법정노동시간만 준수해도 근로시간 특례업종을 제외할 경우 최소 11만 2천 개, 특례업종까지 포함하면 최대 20만 4천 개의 새로운 일자리가 만들어집니다. 나아가서 ILO협약에 정해진 대로 노동자들이 연차휴가를 의무적으로 다 쓰게 하겠습니다. 노동자들이 휴가만 다 써도 새로운 일자리 30만 개가 만들어집니다.

주 52시간 근무제는 주당 법정 근로시간을 기존의 최대 68시간에서 최대 52시간으로 단축시켜 근로자들에게 '저녁이 있는 삶', 일명 '워라밸(work-life balance)'을 제공하겠다는 것이 골자다. 근로기준법 제53조와 부칙 개정을 통해 2018년 7월 1일부터 300인 이상 사업장과 공공기관에서 먼저 시행됐고, 50인 이상 300인 미만 사업장은 2020년 1월부터(계도기간 1년 부여), 5인 이상 50인 미만 사업장은 2021년 7월부터 시행된다.

> 제50조(근로시간) ① 1주 간의 근로시간은 휴게시간을 제외하고 40시간을 초과할 수 없다.
>
> ② 1일의 근로시간은 휴게시간을 제외하고 8시간을 초과할 수 없다.
>
> ③ 제1항 및 제2항에 따른 근로시간을 산정함에 있어 작업을 위하여 근로자가 사용자의 지휘·감독 아래에 있는 대기시간 등은 근로시간으로 본다. 〈신설 2012. 2. 1.〉
>
> 제53조(연장 근로의 제한) ① 당사자 간에 합의하면 1주 간에 12시간을 한도로 제50조의 근로시간을 연장할 수 있다.
>
> ② 당사자 간에 합의하면 1주 간에 12시간을 한도로 제51조의 근로시간을 연장할 수 있고, 제52조 제2호의 정산기간[16]을 평균하여 1주 간에 12시간을 초과하지 아니하는 범위에서 제52조의 근로시간을 연장할 수 있다. (…)

---

16) 2. 정산기간(1개월 이내의 일정한 기간으로 정하여야 한다).

제110조(벌칙) 다음 각 호의 어느 하나에 해당하는 자는 2년 이하의 징역 또는 2천만원 이하의 벌금에 처한다. 〈개정 2009. 5. 21., 2012. 2. 1., 2017. 11. 28., 2018. 3. 20.〉

1. (…) 제50조, 제53조제1항·제2항·제3항 본문 (…)

2018년 2월 28일 개정안의 핵심은, 기존에는 휴일근로가 연장근로에 포함되지 않아 '법정 근로시간 40시간+연장근로 12시간'에 더하여 '휴일근로 16시간'을 추가하면 주 68시간까지 근로를 할 수 있었으나, 법 개정으로 휴일근로를 연장근로에 포함시키면서 주당 최대 연장근로를 총 12시간까지만 허용한 것이다. 옳고 그름을 떠나서 급격한 변화는 분명하기에 산업현장에 엄청난 충격파를 던질 것임이 분명하다.

주 52시간 근무제는 사람(노동)의 운용(근로) 시간만 제한한 것 같지만, 실제로는 건물, 설비, 장비 등 제반 생산요소의 가동, 운용, 활용 시간도 제한한다. 사람을 더 뽑으면 물적 생산요소의 가동, 운용, 활용 시간을 늘릴 수 있으나, 한국의 근로기준법과 문재인 정부는 정규직(주 40시간 이상 법정 근로시간과 정년보장)을 당연시하기에, 변화부침이 심한 글로벌 시장에서 사투를 벌이는 기업들은 추가 인력채용을 극도로 꺼릴 수밖에 없기 때문이다. 뿐만 아니라 주 52시간 근무제는 고도의 집중·연속근로에 재갈을 물림으로써, 가장 중요한 생산요소인 인간의 창의와 열정에 재갈을 물린다.

제110조(벌칙)에 명기된 벌칙조항(제50조, 제53조 제1항 위반 등에 대하여 "2년 이하의 징역 또는 2천만원 이하의 벌금에 처한다")도 여간 큰 부담이 아니다. 기존 법과 비교하면 벌금만 2배로 올린 것이다. 사실 기업주에게 벌금 2천만 원은 별것 아닐 수도 있지만, 징역형은 보통 부담이 아니다. 징역형은 과거에도 법조문에는 있었지만 실제로는 사문화된 형벌이었다. 하지만 지난 2년 반 동안 문 정부와 사법기관이 보여

준 '기업주 본때 보이기'식 징벌로 인해 징역형도 얼마든지 집행될 수 있다는 불안과 공포가 엄존하기에, 기업주들은 엄청나게 몸을 사릴 수밖에 없다. 특히 공공기관장이나 부서장 입장에서는 주 52시간 근무제 위반으로 형을 받으면 파면 등 중징계를 받을 수 있고, 자칫 연금이 절반 이상 삭감되는 참사가 일어날 수 있기에 극도로 몸을 사릴 수밖에 없다. 바로 이 때문에 사무실이나 연구실의 전원을 꺼서 퇴근을 강제하여 법 위반 소지를 원천봉쇄해 버리는 것이다.

대부분의 나라가 법정 근로시간 규정을 두고 있지만 위반시 형사처벌하는 나라는 한국과 대만 정도다. 미국·영국·프랑스는 처벌규정 자체가 없고, 독일은 과태료를 부과하고 있다. 기업인들로 하여금 '교도소 담장 위를 걸어가는' 느낌을 주는 나라에서 투자와 고용이 활발하게 일어날 리가 없다.

박영범 한성대 교수는 물론, 문재인 정부 4차산업혁명위원장을 지낸 장병규까지도 주 52시간 근무제의 후폭풍을 우려한다.

> 주 52시간제는 신제품 개발과 관련해 일시에 집중적으로 일하는 정보기술(IT) 기획, 게임 개발 등 연구개발(R&D) 업종 종사자들도 컨베이어 벨트를 따라 부품 조립을 반복하는 공장 근로자처럼 근로시간 제약을 받게 된다. 이 때문에 한국의 R&D 경쟁력은 급속히 떨어질 가능성이 크다. 방탄소년단으로 대표되는 한류 산업도 크게 위축될 우려가 있다. 합숙 생활을 하는 연습생·신인들은 근무시간을 정하는 것이 어렵다. 제작여건과 시스템이 판이한 상황에서 사전제작제 등 구미 방식을 당장 도입할 수 있을지 의문이다. 연예인들은 일이 없으면 몇 주, 몇 달씩 쉬는데 오히려 상당수 연예인과 종사자들이 기간제 근로자나 독립사업자가 될 가능성이 크다.[17]

17) 박영범, "일본보다 경직된 한국의 근로시간 규제"(중앙일보 2018. 4. 17, (https://

52시간제의 본질적인 문제는 국가가 너무 획일적으로 정했다는 대목이다. 두발 규제나 치마 몇 센티(미니스커트 길이)와 같은 느낌으로 다가오지 않느냐. 52시간제 자체가 (기업의) 자율권을 침해한 것이다. 우리 권고안은 다양성을 인정하고, 국가가 아니라 기업·산업 단위로 근로 시간을 정해야 한다는 취지다. 이 제도는 지금 대학원생들, R&D(연구개발) 직종, 제조업 할 것 없이 모두 적용한다. 도대체 왜 R&D 시간을 제한해야 하나. 원래 R&D라는 영역은 불확실성과 싸우는 것이고, 시간이 곧 성과로 연결되는 분야가 아니다….(52시간 근로시간제) 법안이 왜 대기업과 민주노총, 한국노총만의 대화로 결정됐는지도 의문이다. 대기업, 민노총, 한노총만 한국 경제를 대표하는 것이 아니지 않으냐.[18]

2. 탄력근로시간제

주 52시간 근무제의 충격을 완화하는 장치가 바로 탄력적 근로시간제(탄력근무제)다. 그런데 현행 탄력적 근로시간제는 '2주 또는 3개월 단위' 기준으로 매우 제한적이다. 게다가 2018년 2월 28일 근로기준법 개정으로 주 52시간 근무제를 통과시키면서 뜨거운 감자인 '탄력적 근로시간제의 단위기간 확대'는 원칙만 부칙(제3조)에 삽입하는 무책임한 입법행위를 하였다.

제3조(탄력적 근로시간제 개선을 위한 준비행위) 고용노동부장관은 2022

news.joins.com/article/22541740?fbclid=iwar1jwvydkkhgapyye0v4358n_hddywqxlykn-yxrme4jw54d-ttea84oahe)
18) "친기업·반기업 아닌 문정부는 無기업"(조선일보 2019. 11. 9, http://news.chosun.com/site/data/html_dir/2019/11/09/2019110900118.html)

년 12월 31일까지 탄력적 근로시간제의 단위기간 확대 등 제도개선을 위한 방안을 준비하여야 한다.

사실 '탄력적 근로시간제의 단위기간 확대'만 슬기롭게 정하면 52시간법의 후유증은 꽤 줄어든다. 그런데 노조나 공공부문 종사자들은 업무특성상 계절을 타는 것도 아니고, 연속·집중근로가 필요한 업무도 별로 없고, 무엇보다도 탄력적 근로시간제의 단위기간을 협소하게 정해야 할증률 50퍼센트나 100퍼센트짜리 '짭짤한' 연장근로가 많아지기에 극력 반대해 왔다. 그래서 정부와 국회는 '특례업종'을 만들어서 이 충격을 미봉하려고 하였다. 근로기준법 제59조가 그것이다.

> 제59조(근로시간 및 휴게시간의 특례) ① (…) 다음 각 호의 어느 하나에 해당하는 사업에 대하여 사용자가 근로자대표와 서면으로 합의한 경우에는 제53조제1항에 따른 주(週) 12시간을 초과하여 연장근로를 하게 하거나 제54조에 따른 휴게시간을 변경할 수 있다.
>
> 1. 육상운송 및 파이프라인 운송업. **다만, 「여객자동차 운수사업법」 제3조 제1항 제1호에 따른 노선(路線) 여객자동차운송사업은 제외한다.**
> 2. 수상운송업
> 3. 항공운송업
> 4. 기타 운송관련 서비스업
> 5. 보건업 (…)

그런데 2015년 9월 근로시간 단축 관련 노사정 대타협 때 (탄력근로시간제) 특례 업종을 10개 업종을 정했는데, 2018년 법 통과 과정에서 갑자기 합의를 뒤집고 전기통신업, 방송업, 영상 제작 및 배급업, 사회복지서비스업, 하수·폐수처리업을 빼 버리면서 5개 업종만 남긴 것이다. 그나마 '1. 육상운송 및 파이프라인 운송업'에서 "노선路線 여객자동차운송사업은 제외한다"고 하여, 향후 버스 파업 대란의 단초를 마련했다.

일본과 미국은 탄력근무제 단위기간이 최대 1년이고 독일은 단위기간이 6개월이지만 노사합의를 통해 1년까지 확대가 가능하다. 일본은 법정 근로시간은 주 40시간(일 8시간)이지만, 연봉 1,075만 엔 이상을 받는 IT 전문가나 컨설턴트, 금융업 종사자에게는 '예외조항'을 둬서 근로시간 규제를 적용하지 않는다. 다만, 예외조항을 적용할 때는 근로자 본인의 동의를 받도록 하여 기업의 악용 소지를 막았다. 일본이 예외조항을 두는 이유는, 근로시간을 줄여서라도 가족이나 친구들과 함께하는 시간을 늘리고 싶어 하는 노동자가 대다수인 단순 생산·사무직 노동자의 근로시간은 줄이되, 더 많은 시간을 일해서라도 더 높은 성과를 내서 더 많은 보수를 받고 싶어 하는 전문직 노동자가 일하고 싶어도 하지 못하는 환경이 되는 것은 막겠다는 것이다.

현재 일본은 최장 근로시간에 법적 제한이 없다. 2018년 4월 6일 일본 참의원에 제출된 '일하는 방식 개혁' 법안에 따르면 연장근로시간을 연 720시간, 월 100시간(휴일근로 포함)을 넘지 못하게 하고 있다. 한국은 연장근로를 주 12시간을 넘지 못하도록 정했으니 대략 48시간+@가 상한인데, 이는 일본의 절반 수준에 불과하다. 일본은 예외 인정 업종은 없지만 계절적 요인, 제품 납기 이행의 사유가 발생했을 때를 대비하여 연장근로시간의 상한선을 높게 설정해 놓았다.

독일은 6개월 또는 24주 이내로 탄력근무제를 운용하도록 되어 있으나, 노사가 합의하면 1년 단위 탄력근무제도 가능하다. 프랑스·스웨덴·오스트리아·미국 등도 탄력근무제의 단위기간을 1년까지 허용하고 있다. 주당 법정 기준근로시간이 35시간인 프랑스는 산업·기업별 단체협약을 통해 연장근로시간을 정할 수 있는 예외조항이 있다. 2017년 9월부터는 50인 미만 기업은 노조를 거치지 않고 사내 근로자대표 또는 개별 근로자(20인 미만)와의 협상을 거쳐 자체적으로 근로시간을 정할 수 있다.

3. 이미 급격히 단축되던 추세에 가속페달을

파이터치연구원은 OECD 25개 국가들의 연도별(2011~2017) 근로시간 추이와 자동화의 영향을 분석했는데('근로시간 단축이 자동화에 미치는 영향'), OECD 국가 중 주당 근로시간이 가장 많이 단축된 국가가 바로 한국이었다. 2011년 44.1시간 → 2017년 42.2시간으로 4.5퍼센트 단축되었는데, 이는 25개국 평균 주당 근로시간 변화율(1.3퍼센트 감소)의 약 3.5배였다.

보고서 작성자 마지현 연구원은 "OECD 국가 중 자동화지표가 가장 높은 국가는 우리나라(근로자 만 명당 102.2대)이며, OECD 국가의 평균 자동화지표(근로자 만 명당 21.2대)와 비교하면 약 5배 높다"는 연구결과를 제시했다. 이를 토대로 예측하면 "주 52시간 근무제로 인해 주당 근로시간이 1.3%(43.1시간→42.5시간) 단축될 시 자동화로 인해 단순노무 종사자가 22만 1천명이 감소된다"고 분석했다. 이는 문재인 대통령의 예측(20만 4천 개 새로운 일자리 창출)과는 정반대다.

버스 파업 대란

버스를 주 52시간 근무제 특례업종에서 제외하면서(이것이야말로 긁어 부스럼이다), 연장근로시간이 줄어들면서 임금이 월 100만 원 가까이 줄어들게 된 버스기사들의 항변은 2018년 가을부터 시작되었다.

한국의 임금체계는 기본급은 낮게 하고, 각각 50퍼센트인 연장근로, 휴일근로 할증수당을 합쳐서 총액으로 임금수준을 맞춰 왔기에, 근로시간 단축=임금 감하에 따른 갈등은 삼척동자라도 예견할 수 있었다.

2018년 9월 포항(파업 직전 타결), 2019년 1월 진주(50일간 파업), 3월 경기 오산 시내버스(16일간 파업), 제주 9개 버스노조 파업 예고 등이 그것이다. 그러다가 2019년 5월 15일 전국 버스 총파업 일정이 잡히자 정부는 부랴부랴 대책을 내놨다. 결국 버스요금을 15퍼센트 인상하면서, 적게 보이려고 "겨우 200원, 400원(광역버스) 올린다"는 둥, "그쯤(푼돈)은 감수해야 한다"는 둥, "한국은 공공요금이 너무 싼 나라"라는 둥, "요금인상은 국민안전을 위해 필요한 비용"이라는 둥, "대중교통은 원래 공공재"라는 둥 온갖 변명을 늘어놨다. 그러면서 '버스 준공영제' 카드도 꺼내고, 슬그머니 정년도 61세에서 63세로 올리겠다고 하였다. 코미디 중의 코미디는, 이재명 경기지사가 "(버스) 준공영제는 정해진 기한 없이 노선에 대한 권한을 영구적으로 대물림하는 것으로, 자손만대 흑자가 보장되는 버스기업을 낳는다"며 반대한 일이다.

4. '노동시간 단축으로 500만 개 일자리 창출' 신화

노동시간 단축으로 500만 개 일자리를 창출하겠다는 공약은 맨 처음 2007년 대선후보였던 문국현이 했다.

산술적으로 평균노동시간을 연 1,700~1,800시간으로 단축할 경우, 300만~400만 개의 일자리가 나온다. 취업자 전체적으로는 500만 개 이상의 일자리가 만들어질 수 있다는 얘기도 가능하다.

그런데 왜 노동시간을 급격히 단축하지 못했을까? 그것은 노동시간 단축에 따른 기득권 노동(피용자)의 임금 감하를 선택가능한 옵션으로 생각하지 않고, 노동시간 단축에 따라 생기는 일자리를 주 40시간 혹은 35시간 이상의 정규직(실은 영구직)으로 요구하고(파트타임·기간제 거부), 근무형태(시간)의 다양화 등을 거부하기 때문이다. 게다가 한국은 초과근로에 대한 인센티브가 강하다. 할증률이 기본 무려 50퍼센트이고, 주말 초과근로면 100퍼센트이기 때문이다. 노조의 힘이 강하기도 하거니와 신규 정규직 채용에 대한 부담이 워낙 크기에, 물량이 늘어날 경우 이를 추가고용이 아니라 장시간 노동으로 소화하는 경향이 큰 한국의 비교우위 산업이나 대기업에게는 이만저만한 부담이 아니다. 노동시간 단축을 가로막는 또 하나의 요인은 한국의 핵심 산업·기업 경쟁력이 사무·관리·기술직의 집중(장시간) 노동에서 나오는 측면이 있기 때문이다.

그럼에도 불구하고 공공부문의 경우 강력한 초과근로 통제와 연차휴가 의무소진 정책 등을 통해서 조 단위의 재원을 마련하여 일자리를 만들어 낼 수 있다. 물론 파트타임(시간선택제 및 근무형태 변경), 기간제, 파견제 등을 활용해야 한다. 이는 고용임금의 하향 조정 혹은 고용임금 패러다임을 바꿔야만 가능하다.

문 정부가 도입한 그 어떤 국가규제 – 최저임금, 비정규직, 산업안전·환경, 문재인 케어, 분양가 상한제 등 – 보다 주 52시간 근무제가 경제와 고용에 미치는 악영향이 클 것이다. 최저임금 폭증과 더불어 주 52시간 근무제는 산업현장에 떨어진, 그것도 한국경제의 강점을 철저히 파괴하는 핵폭탄 같은 것이다.

제9장
강사법

　흔히 '강사법', '시간강사법'이라 불리는 법은 별도의 법이 아니라, 고등교육법 일부 개정안이다.[19] 핵심은 강사의 '법적지위 개선(교원으로 인정)과 처우개선'을 목표로, 2018년 12월 18일자로 개정하여 2019년 8월 1일자로 시행하는 '고등교육법 제14조의2(강사)'다. 주요 대상은 '비전임이면서 강사 일을 전업(비겸직)으로 하는 사람'이다.

　강사법의 핵심은 고등교육법 제14조 제2항과 제14조의2(강사)의 1, 3, 4, 5항이다. 즉, (전업=비겸직) 강사에게 고등교육법상 교원 지위 부여, 강사 임용기간 1년 이상 의무화(따라서 자동으로 퇴직금 발생), 방학 중 임금 지급 추가, 3년까지 재임용 절차 보장 등이다. 재임용이 거부되더라도 전임교원들처럼 "의사에 반하는 불리한 처분"이라고 소청심사를 청구해서 보호받을 수 있기에, 과거처럼 대학이 마음대로 해촉하는 것이 곤란하다.

　고등교육법 제14조, 14조의2의 주요 내용은 다음과 같다.

---

19) 고등교육법은 1998년 3월 1일 제정된 이후 무려 52차례(2019. 10. 24 시행 예정 법률 포함) 개정되었다.

제14조(교직원의 구분) (⋯) ② 학교에 두는 교원은 제1항에 따른 총장이나 학장 외에 교수·부교수·조교수 및 강사로 구분한다. 〈개정 2012. 1. 26.〉

제14조의2(강사) ① 제14조 제2항에 따른 강사는 대통령령으로 정하는 임용기준과 절차, 교수시간에 따라 임용기간, 임금 등 대통령령으로 정하는 사항을 포함한 근무조건을 정하여 서면계약으로 임용하며, 임용기간은 1년 이상으로 하여야 한다. (⋯) 〈개정 2016. 3. 2., 2018. 12. 18.〉

② 강사는 「교육공무원법」, 「사립학교법」 및 「사립학교교직원 연금법」을 적용할 때에는 교원으로 보지 아니한다. 다만, 국립·공립 및 사립 학교 강사의 임용·신분보장 등에 관하여는 다음 각 호의 규정을 각각 준용한다. (⋯) 〈개정 2016. 3. 2., 2018. 12. 18.〉

③ 제1항 및 제2항에서 정한 사항 외에 강사의 임용·재임용 절차(신규임용을 포함하여 3년까지 재임용 절차를 보장하고 그 이후는 신규임용 또는 재임용 등의 절차를 진행한다) 및 그 밖에 필요한 사항은 대통령령으로 정하는 기준에 따라 학칙 또는 학교법인의 정관으로 정한다. 〈개정 2018. 12. 18.〉

④ 강사에게는 방학기간 중에도 임금을 지급한다. 이 경우 임금수준 등 구체적인 사항은 임용계약으로 정한다. 〈신설 2018. 12. 18.〉

⑤ 강사에게는 「교원의 지위 향상 및 교육활동 보호를 위한 특별법」을 적용한다. 〈신설 2018. 12. 18.〉

고등교육법 제14조의 교원은 "교수·부교수 및 조교수"까지만이었다가, 2012년 1월 26일 시행안에서 "전임강사"도 포괄했다가 그해 7월 22일 시행안에서는 전임강사를 뺐다가, 2019년 8월 1일 시행안(현재 시행중)에서는 시간강사도 교원 범주에 집어넣었다.

한편 '교원의 지위 향상 및 교육활동 보호를 위한 특별법'에서 시간강사(교원)와 관련된 사항은 제3조(교원 보수의 우대)와 제6조(교원의 신분보장 등)이다.

> 제3조(교원 보수의 우대) ① 국가와 지방자치단체는 교원의 보수를 특별히 우대하여야 한다.
>
> ② 「사립학교법」 제2조에 따른 학교법인과 사립학교 경영자는 그가 설치·경영하는 학교 교원의 보수를 국공립학교 교원의 보수 수준으로 유지하여야 한다.
>
> 제4조(교원의 불체포특권) 교원은 현행범인인 경우 외에는 소속 학교의 장의 동의 없이 학원 안에서 체포되지 아니한다.
>
> 제6조(교원의 신분보장 등) ① 교원은 형(刑)의 선고, 징계처분 또는 법률로 정하는 사유에 의하지 아니하고는 그 의사에 반하여 휴직·강임(降任) 또는 면직을 당하지 아니한다.
>
> ② 교원은 해당 학교의 운영과 관련하여 발생한 부패행위나 이에 준하는 행위 및 비리 사실 등을 관계 행정기관 또는 수사기관 등에 신고하거나 고발하는 행위로 인하여 정당한 사유 없이 징계조치 등 어떠한 신분상의 불이익이나 근무조건상의 차별을 받지 아니한다. [전문개정 2008. 3. 14.]

1. 법개정의 배경

2017년 기준 대학 시간강사 — 겸임교수 등 기타 강사 포함 — 는 7

만 6,164명, 전임교원 9만 902명이다. 시간강사가 전공강의의 19.4퍼센트, 교양강의의 27.4퍼센트를 맡고 있다. 연령대별로 보면 41~50세 39.3퍼센트, 51세 이상 24.5퍼센트 순으로 많다.

시간강사는 고등교육법상 '교원'이 아닌 '일용잡급직'으로 분류되어, 매 학기 15주짜리 계약을 맺었다. 임용이 아니라 '위촉'되는 형태여서, 계약기간이 만료되면 별다른 사유나 절차 필요 없이 해촉되었다. 시간당 강의료는 2017년 기준 전체 국·공립대학은 평균 7만 1천 원, 사립대는 평균 5만 3천 원이다. 임순광 전 한국비정규교수노동조합 위원장은 "전임교원의 주당 최대 강의시수인 9시간을 기준으로 보면 사립대 시간강사 연봉은 1,350만 원이다. 시간강사와 정교수의 임금격차는 국립대는 5배, 사립대는 10배에 달한다. 그런데 시간강사 중 태반이 주당 9시간은커녕 6시간도 강의하지 못하기 때문에 실제 상황은 더 열악하다. 연금까지 포함하면 격차는 훨씬 커질 것"이라고 한다.[20]

고등교육법상 교원은 근로기준법 제23조 제1항[21]에 따라, 정당한 이유 없이 해고, 정직, 전직, 감봉이나 징벌을 하면 안 되는 (정규직) 근로자와 같다. 소비자의 선택 여하에 따라 죽고 사는 민간기업 근로자의 경우, 기업 경영난에 따라 해고할 정당한 사유가 얼마든지 발생한다. 하지만 한국은 적어도 학령인구가 증가하고 '묻지마' 대학 진학 관행이 유지되던 시기에는 학생이 없어서 경영난을 겪는 대학이 별로 없었다. 따라서 일단 교원이 되면 근로자보다 훨씬 안정적인 지위를 누릴 수 있었다. 교원(교수~전임강사)들도 재임용심사를 받긴 했지만, 심각한 결격사유가 발생하지 않는 한 재임용되었다. 행여라도 재임용에서

20) "'강사법'이 한국 사회에 던진 질문"(시사IN 2019. 4. 24, https://www.sisain.co.kr/?mod=news&act=articleView&idxno=34394)

21) 제23조(해고 등의 제한) ① 사용자는 근로자에게 정당한 이유 없이 해고, 휴직, 정직, 전직, 감봉, 그 밖의 징벌(懲罰)(이하 "부당해고 등"이라 한다)을 하지 못한다.

탈락되면 교육부 산하 교원소청심사위원회에 소청심사를 청구할 수 있었고, 전임교원의 소청심사는 대부분 받아들여졌기 때문이다.

군사부일체君師父一體에 숭문천무崇文賤武 전통까지 있는 조선과 한국에서 대학생이라는 지식인 — 20세기 거의 전 기간에 걸쳐 그렇게 여겨졌다 — 의 스승인 교수의 지위는 높았다. 개항 이후 150년 동안 해외유학파 지식인·교수들은 선진문물 수입의 선봉이었기에, 국가나 사회 차원에서 예우받았다. 교수들은 대학을 근거지로 하여 정부, 기업, 언론, 시민단체 등에서 큰 영향력을 행사했다. 그래서 지금도 법조인과 더불어 부·권력·명예를 다 가질 수 있는 거의 유이한 직업으로 간주되고 있다. 당연히 이 좋은 직업으로 엄청난 투자(박사학위 취득과 유학 등)가 일어났다.

한편 1987년 이후 30여 년에 걸쳐 노동권=정규직의 권리가 지속적으로 강화되었다. 총장직선제 등으로 재단이사회의 지배권이 약화되면서, 기존 정규직(교원)의 권리 이익이 강화되는 것은 필연이다. 그럼에도 불구하고 학령인구 증가와 대학진학률 상승에 따라 자산가들에게는 대학 설립은 꽤 괜찮은 수익 모델이었기에, 대학의 신·증설이 지속적으로 이루어졌다. 교원의 자격을 갖춘 사람들에게는 기회의 시대가 열린 것이다.

박사학위를 취득하고 갓 강단에 서기 시작한 시간강사는 오랫동안 전임강사→조교수→부교수→정교수로 가는 징검다리에 첫 발을 디딘 것으로 여겨졌다. 그래서 시간강사는 도제나 인턴사원처럼 열악한 처우가 당연시되었다. 그런데 대학이 팽창기를 지나면서(대략 2000년대 초반)부터 이 사다리가 끊어지며, 투입한 시간·비용이나 하는 일에 비해 크게 열악한 처우를 무한정 감내해야 하는, 노비를 방불케 하는 직업이 되어 버렸다. 다시 말해 대학교육 팽창기라는 호시절을 지나서 노동시장(강사시장)에 진입한 죄로, 시간강사들 대다수가 실력에 상관없이 사실상 만년 강사 신세가 되었다. 전공마다 차이가 있는데, 예술과 인문학 분야의 사다리는 훨씬 일찍 끊어지고, 사회과학은 그보다 늦게, 이공계는 지금도 그런 대로 사다리가 작동한다고 알려져 있다.

2003년 서울대 러시아 어과 시간강사 백모 씨, 2006년 서울대 독문학과 시간강사 권모 씨와 부산대 시간강사 김모 씨, 2008년 2월 서울대 불문과 강사, 2008년 건국대 영어과 강의전담교수 한모 씨의 자살이 잇따랐다. 2010년 5월에는 조선대 영어영문과 시간강사 서정민 씨(당시 45세)가 유서를 남기고 자살했다. 서 씨는 유서에서 교수임용 비리와 교수 갑질(논문대필 등) 실태를 고발했다.

> 교수 한 마리(자리)가 1억 5천만 원, 3억 원이라는군요. 저는 두 번 제의받았습니다. (…)
> 조 아무개 교수와 쓴 모든 논문은 제가 쓴 논문으로 (조 교수는) 이름만 들어갔습니다. 저는 스트레스성 자살입니다. 조 교수를 처벌해주세요. (…)
> 교수님과 함께 쓴 논문이 대략 25편, 함께 발표한 논문이 20편, 교수님 제자를 위해 쓴 논문이 박사 1편, 학진(한국학술진흥재단. 2009년 한국연구재단으로 통합) 논문 1편, 석사 4편, 학진 발표 논문이 4편입니다. 한국의 대학이 존재한 이래로 전례 없는 천문학적인 수치입니다.

사회적 파장은 컸으나, 자체 진상조사위원회를 꾸린 조선대는 결국 대필 의혹을 부인했고, 이를 기초로 한 경찰 역시 "논문 대필도, 채용 비리도 사실이 아니다"라고 부인했다.

2. 누가 비용을 부담할 것인가

강사법 적용 대상이 몇만 명인지는 정확히 알 수 없지만, 강사의 법적지위 개선과 처우개선을 목표로 개정한 법률이니 재정적 부담이 늘어나지 않을 수 없다. 대학 측이 추산한 비용부담은 방학 4개월분의 임금과 퇴직금까지 합치면 연 3,326억 원이다. 하지만 교육부의 추산은 연 793억 원이다. 방학중 임금을 1개월분만 포함하고, '주 3시간' 강의하는 강사는 퇴직금 지급 대상에서 제외했기 때문이다.

강사 처우개선에 소요되는 비용은 정부 지원, 기득권의 축소조정을 통한 이해관계자의 고통분담, 학생 수 늘리기, 등록금 올리기, 재단전입금 인상 등이 있다. 그런데 학생 수 늘리기와 등록금 올리기는 거의 불가능하다. 학생들이 선호하는 서울·수도권 대학의 학생 정원은 규제에 묶여 있고, 대다수 지방대학은 정원을 못 채우고 있다. 등록금은 거의 모든 대학이 2009년 이후 10년간 사실상 동결 상태였다.[22] 재단 전입금도 소수 상위권 대학에 집중되어 있을 뿐만 아니라, 대부분 사용처가 지정되어 있다.[23] 요컨대 대학 재정이 극도로 팍팍하거나(일부 비용증가 요인을 소화하기 힘들거나) 어려워져 왔기에, 강사법으로 인한 추가 비용부담이 매우 크게 다가오는 것이다.

당연히 처우개선 혜택을 누리는 시간강사 숫자 자체를 줄이는 방법

---

22) 2009년 이후 대학등록금은 실질적 동결 상태다. 2009년부터 등록금을 동결 또는 인하하지 않으면 각종 정부 재정지원 사업에 참여할 수 없게 되었다. 2011년에는 '최근 3년 동안 물가상 승률의 1.5배'까지 등록금을 올릴 수 있는 '등록금 인상률 상한제'가 시행되었다. '상한제'이지만 '등록금을 인상해도 된다'는 의미이기도 하다. 그러나 대학들은 등록금을 올리지 못했다. 국가장학금 지원 여부와 연계되어 있기 때문이다. 그래서 현재 한국 사립대학들은 적어도 물가상 승률 정도로는 등록금을 올릴 수 있게 허용하라고 정부에 요구하고 있다.

23) 대학 적립금이 많다지만(2017년 결산 기준 4년제 사립대학 139곳의 누적적립금 총액 7조 9,498억 원), 국내 153개 4년제 대학이 보유한 적립금 중 70퍼센트는 상위 10개 대학에 집중되어 있다. 그나마 적립금의 상당액은 연구·건축·장학·퇴직금 등 정해진 목적에만 쓸 수 있다.

도 있다. 졸업이수학점 축소(개설 강의 축소), 강의의 대형화(소규모 강의 폐지), 온라인 강의 확대 등이 대표적인 방법이다. 그 외에 강사의 역할을 대신할 다른 강사(기타 교원=겸임교수 등)를 늘리는 방법도 있다.

한국의 고용노동체제(문제)에 관한 한 최고 권위자로 알려진 정이환 서울과학기술대 교수(사회학)는 "그동안 한국 대학이 강사들을 너무 쉽게, 싸게 써 왔다. 전임교원이 누리는 고용보호에 비해 너무 가혹한 룰을 강사들에게 적용해 왔다"면서, 두 가지 해결책을 제시했다. 우선 "정부의 지원이 필요"하고, 그것으로 부족하다면 결국 "교수들이 임금동결과 같은 양보, 희생으로 연대해야 한다"는 것이다.

그런데 한국에서 이런 상황, 다시 말해 하는 일에 비해 형편없는 대우를 받는 소수의 처우를 '내부 이해관계자들의 자조와 연대(고통분담)'를 통해 개선해야 할 상황이 생기면, 거의 예외없이 정부 지원은 인색하고, 고통분담은 건너뛰고, 처우개선 대상자들의 숫자를 줄여 처우를 올린다. 한마디로 가난한 사람들의 밥그릇을 통폐합해서, 일부에게만 밥 수북한 밥그릇을 선사하고 나머지는 아예 밥상에서 퇴출(대량 해고)시켜 버린다.

교육부와 한국대학교육협의회(대교협)가 2019년 4월 1일 기준 4년제 일반대학·교육대학 196곳 강좌 수를 분석한 결과, 2019년 1학기 전국 4년제대학 강의 수는 총 30만 5,353개로, 2018년 1학기(31만 2,008개)보다 6,655개 줄었다. 특히 수강생 20명 이하인 소규모 강좌 수가 눈에 띄게 줄었다. 1학기(2019) 소규모 강좌는 10만 9,571개로 전년 1학기(11만 8,657개)보다 9,086개 줄었다. 대신 수강생 50명을 초과하는 대규모 강좌가 4만 2,557개(전체의 13.9%)로 전년(3만 9,669개, 12.7%)보다 늘었다. 비전임교원 중 시간강사가 담당한 학점은 2018년 1학기 16만 4,689.4학점에서 2019년 1학기 13만 8,854.9학점으로 2만 6천여 학점이 줄었다.

대교협이 4년제 사립대학 152교(일반 150교, 산업 2교) 대학알리미 '2011~2018년 전체 교원 대비 전임교원'을 분석한 결과에 따르면, 시간강사 수는 2011년 6만 226명에서 2018년 3만 7,829명으로 7년간 2만 2,397명(37.2%) 감소했다. 전체 교원 중 시간강사 비율도 같은 기간 45.3퍼센트에서 29.9퍼센트로 15.4퍼센트포인트 줄었다. 대신 비전임교원 중 '기타교원(겸임교수·특임교수·대우교수 등)'은 2011년 1만 2,445명에서 2018년 2만 1,998명으로 9,553명(76.8%)이나 늘어났다. 초빙교원도 4,329명에서 4,676명으로, 347명(8.0%) 늘었다. 2011년 12월 '강사법'이 처음으로 국회를 통과한 이후 대학들이 법 시행에 대비해 시간강사를 해고하고, 일부를 기타교원·초빙교원 등으로 전환했기 때문이다.[24]

전국 대학 교원 현황(2011~2018)

(명, %)

구분 연도	비전임교원(A)					전임교원 (B)	합계 (A+B)
	시간강사	겸임교원	초빙교원	기타	계		
2011	60,226 (45.3)	8,221 (6.2)	4,329 (3.3)	12,445 (9.4)	85,221 (64.1)	47,801 (35.9)	133,022 (100.0)
2012	58,787 (43.7)	7,901 (5.9)	4,276 (3.2)	13,645 (10.1)	84,609 (62.9)	49,950 (37.1)	134,559
2013	51,083 (39.2)	8,735 (6.7)	4,881 (3.7)	14,050 (10.8)	78,749 (60.4)	51,637 (39.6)	130,386
2014	48,430 (37.9)	8,040 (6.3)	4,431 (3.5)	14,196 (11.1)	75,097 (58.7)	52,840 (41.3)	127,937
2015	46,528 (36.4)	7,544 (5.9)	4,398 (3.4)	15,398 (12.1)	73,868 (57.8)	53,826 (42.2)	127,694
2016	39,920 (32.0)	8,338 (6.7)	4,338 (3.5)	18,508 (14.8)	71,104 (56.9)	53,805 (43.1)	124,909
2017	38,314 (30.6)	7,657 (6.1)	4,801 (3.8)	20,336 (16.2)	71,108 (56.8)	54,180 (43.2)	125,288
2018	37,829 (29.9)	7,664 (6.1)	4,676 (3.7)	21,998 (17.4)	72,167 (57.1)	54,153 (42.9)	126,320
증감 (2018 -2011)	-22,397 (-37.2)	-557 (-6.8)	347 (8.0)	9,553 (76.8)	-13,054 (-15.3)	6,352 (13.3)	-6,702 (-5.0)

---

24) "삐걱이는 강사법, 무엇이 문제인가?"(대학저널 2019. 6. 28, https://www.dhnews.co.kr/news/articleView.html?idxno=104396)

　반면 전임교원은 2011년 4만 7,801명(35.9%)에서 2018년 5만 4,153명(42.9%)으로 6,352명(13.3%) 증가했다. 이는 정부 재정지원제한 대학 평가, 대학 구조개혁 평가에서 전임교원 확보율, 전임교원 강의담당비율을 평가지표로 반영하였기 때문이다.

　이런저런 규제를 통해 시간강사 자리를 많이 줄이는 대학에 불이익을 주려 하지만, 교원인 강사를 늘리면 대학의 부담이 지속되기에 대학들은 강사를 가능한 한 줄이려고 할 수밖에 없다. 특히 지방대학은 10년간 등록금 동결, 입학금 폐지, 전형료 인하에 더하여 학령인구 감소, 대학진학률 하락, 수도권 대학 쏠림 현상에 따라 사중고, 오중고를 겪어 왔기에 시간강사 처우개선 비용이 결코 작은 부담이 아니다. 바로 이런 상황이 뻔히 예측되었기에 이명박 정부 때인 2011년에 이 법(고등교육법 개정안)과 거의 유사한 법(개정안)을 통과시켜 놓고도 8년 동안이나 실행을 못 하고 있었다. 비용부담을 우려한 대학들도 반대하고, 대량해고를 우려한 시간강사들도 반대했기 때문이다.

　사실 시간강사법은 갑자기 톡 튀어나온 것이 아니다. 만들어 놓고(2011년 고등교육법 개정), 시행을 거듭 연기해 왔다. 그러는 사이 대학들은 전격적인 법개정 및 시행에 대비하여 시간강사를 지속적으로 줄여 왔다. 마침내 2019년 8월 1일자로 법이 시행되면서 강사법으로 인해 강사 대량해고가 현실화되자, 2019년 추경에 시간강사 연구지원 사업(280억 원)을 편성하여 2천 명에게 1,400만 원씩 지원하기로 하였다. 최저임금 대폭 올려 놓고 대량실직 사태가 생기자 '일자리 안정자금'을 지급한 것과 비슷한 행태다.

3. 한국의 진정한 야만

그런데 '좋은 시절'에 대학에 자리를 잡은 교원, 감시·견제의 사각지대에 있던 교직원들의 높은 권리·이익과, 실력은 출중해도 단지 늦게 강사시장에 나온 죄 하나만으로 형편없는 권리·이익을 감내해야 하는 강사들 간의 크고도 부당한 격차를 자조·연대·공정·공평의 원리로 해결하자는 목소리는 시간강사 쪽에서도 별로 나오지 않았고, 교원 쪽에서는 당연히 거의 나오지 않았다. 뿐만 아니라 노동조합 쪽에서도, 진보적 시민단체 쪽에서도, 정치권에서도 나오지 않았다. 기존 교원 및 교직원들의 기득권을 건드리는 것을 모두 꺼렸기 때문이다. 사실 이것이 한국사회의 야만성 내지 잔악성의 기념비가 아닐까 한다.

비정규직 처우개선(정규직화)과 시간강사 처우개선(교원화)은 공히 정규직·정규교수의 처우를 '정상'으로, 비정규직·시간강사 처우를 '비정상'으로 놓고, 비정상을 정상으로 만들겠다는 정책의지의 산물이다. 따지고 보면 최저임금 대폭 상향도 저임금 근로자의 처우에 대한 도덕적 분노 ─ "그 돈으로 어떻게 사냐?" "최저임금으로 최저생계를 유지할 수 있을 정도가 되어야 한다" ─ 에 기반해 있다. 근로시간 상한제(주 52시간) 장시간 노동으로 인해 '저녁도 없는 삶'에 대한 분노의 산물이다.

하지만 비정규직, 시간강사, (최저임금 선의) 저임금 근로자, 장시간 근로자의 처우를 국가규제를 끌어올려서 개선할 때, 그 부담을 져야 할 기업과 대학의 처지와 조건을, 정부와 국회와 국가규제 상향을 부르짖는 사람들은 거의 생각해 보지 않았다. 한마디로 선심을 쓰는 사람들이, 부담을 져야 할 사람들의 처지와 조건을 생각해 보지 않은 것이다. 또한 무엇이 정상이고 무엇이 비정상인지도 전혀 따져보지 않은 것이다.

강사법에 따른 강사 대량해고 사태는 1987년 이후 숱하게 목격된 '짧은 생각, 따뜻한 마음, 얄팍한 꼼수'가 합작한 또 하나의 잔혹극이다. 지옥으로 가는 길은 언제나 이렇게 선의로 포장되어 있다.

제10장
국민건강보험 개혁(문재인 케어)

1. '갑 중의 갑' 국민건강보험

의료서비스는 일반 상품서비스와 다른 점이 몇 개 있다. 일단 소비자가 어떤 상품서비스를 구매해야 하는지 모른다. 어떤 검사를 해야 할지, 어떤 약을 먹어야 할지, 수술을 해야 할지 말아야 할지, 입원을 해야 할지 말아야 할지 등을 모른다. 시장기능이 작동할 기본 요건이 결여되어 있는 것이다. 교육에도 이런 측면이 있지만 의료와 비교할 바 아니다.

뿐만 아니라 누가 봐도 필수의료가 아닌 미용·성형 서비스와, 누가 봐도 국가가 보장해 줘야 할 필수의료 사이에 다양한 스펙트럼이 있다. 가치, 이념, 지식, 연령, 질환, (의사의) 전공 등에 따라 판단이 크게 다르다. 투입(비용) 대비 산출(효과)인 '가성비'도 사람에 따라 천차만별이다. 6개월을 더 살기 위해 집 한 채 값을, 석 달의 고통 경감을 위해 수억 원을 기꺼이 쓸 사람이 있는가 하면, 당장 몇백만, 몇천만 원이 없어서 의료서비스 받기를 포기하는 사람도 부지기수다.

의료서비스의 이런 특성은 세계 공통이다. 이 문제를 가장 간단하게 (단순무식하게) 해결하는 방법으로, 모든 의사를 공무원으로 만들고 모든 병원을 국가기관(공공병원)으로 만들고, 모든 (의료)상품서비스의 공급량과 가격을 국가가 정하는 길이 있다. 당연히 사회주의 계획(배급)경제와 국가독점사업의 모순이 발생하게 되어 있고 실제 그러고 있다.

그 대척점에 미국 방식이 있다. 저 수많은 애매한 것들을 공급자(의사·병원) 못지않은 전문성을 가진 수많은 보험회사가 공급자와 '밀당'하면서 판단하게 하는 것이다. 개인은 보험회사 중 하나를 선택하면 되는데, 보험회사와 개인의 정보·지식 차이가 크니 바가지를 쓰기 일쑤다. 그래서 질환에 대한 표준 진단과 치료법을 만들어 포괄수가제 등을 적용해 보완하기도 한다. 그런데 이 역할을 하는 한국의 보험회사는 사실상 국민건강보험(공단과 국민건강심사평가원=심평원) 하나다. 국가독점사업체라서 의사·병원에게는 갑 중의 갑이다. 게다가 의사나 병원이 여기를 빠져나가면 안 되도록 만든 '당연지정제'다.

국가독점체인 국민건강보험이 많은 애매한 것을 판단한다. 급여(보험) 영역에 대해서는 어떤 검사, 어떤 치료법, 어떤 질환에 어떤 약을 써야 할지 등을 판단한다. 당연히 급여 대상(질환, 검사, 서비스, 약 등)과 가격과 관련해서 어마어마한 분쟁이 있다. 실은 분쟁이 아니라 항변이다. 갑 중의 갑인 국가독점 건보공단·심평원과 을인 의사·병원끼리는 애초에 게임이 안 되는 관계이기 때문이다.

2. '비급여'가 해온 역할

이 모든 것이 파국으로 치닫지 않은 것은 '비급여' 영역이라는 꽤 큰 숨구멍 내지 텃밭이 있었기 때문이다. 이것이 없었다면 건강보험에는 진작에 대란이 일어났을 것이다. 우리의 의료에 대한 보상시스템이 둔탁하고 특수이익집단 편향적이기 이를 데 없기 때문이다. 미용성형을 제외한 모든 의료에 건보를 적용하겠다는 것은 곧 모든 애매한 것을 건보가 판단하겠다는 것이다. 텃밭을 없애 버리겠다는 것이다. 건보가 판단해서 배급하는 것만 먹으라는 것이다.

문제는 한국은 의료서비스에 관한 한 소비자선택권이 세계 최고라는 사실이다. 저 먼 지방의 환자가 서울의 5대 병원에서 진료나 치료를 받는 것이 어렵지 않다. 아마 세계에서 제일 쉬울 것이다. 당연히 의료 이용의 쏠림이 극심하다.

공공의료가 발달한 나라는 대체로 수요(쏠림) 통제 장치가 있다. 주치의 제도가 그것이다. 그리고 의사나 병원이 생존이나 파산을 걱정하지 않고 전문가적 판단을 하도록 만들어주는, 한마디로 과잉의료를 막는 장치도 있다. 그런데 한국은 서울·큰병원 쏠림을 제어하는 장치가 없다.

의사나 병원은 환자가 안 오면 파산할 수밖에 없다. 보험수가가 낮아도 그렇게 된다. 당연히 의사·병원은 벌 수 있을 때 벌어야 한다. 게다가 최선을 다해 치료를 하지 않으면 '업무상 과실' 등으로 소송을 당할 수 있다. 그래서 최선을 다해 진료를 하고 치료를 해야 한다. 그래서 환자가 오면 온갖 검사를 다 하는 것이 보신(의사면허 유지)에도 좋고 돈도 더 많이 벌리니 누가 안 하겠는가.

그러니 '비급여'가 '급여'로 되고 의료비 경감 혜택이 주어지면 의료수요가 폭발할 수밖에 없다. 이건 숱하게 경험한 일이다. 그러면 당연히 통제가 들어갈 것이다. 환자는 천차만별이고, 질환은 오만 가지가 얽히고설켜서 나타나고 더 좋은 치료법은 계속 나오는데, 이를 현장에서 멀리 떨어져 있는 국민건강보험이 다 알아서 판단한다? 이게 가능하다면 사회주의 국가들은 지금쯤 다 의료 강성대국이 되어 있었을 것이다.

3. 보장성 강화 실패의 역사

문 정부 건강보험 개혁(문재인 케어)의 핵심은 국민건강보험의 보장성을 강화하는 것이다. 현재 63퍼센트를 70퍼세트로 올리겠다는 것이다. 그런데 공적보장률은 2017년 현재 62.7퍼센트인데, 2006년 64.5퍼센트, 2007년 65.0퍼센트에서 조금 하향조정된 것이다. 그전 2004년에는 61.3퍼센트, 2005년에는 61.8퍼센트였는데, 2006년에 64.5퍼센트로 껑충(2.7%p) 뛴 것은 입원환자의 비급여 비용 중 약 30퍼센트를 차지하던 식대가 2006년 6월부터 국민건강보험 급여 처리로 바뀌었기 때문이다.

건강보험 보장률 추이(2004~2017)

연도	2004	2005	2006	2007	2008	2009	2010
건강보험 보장률(%)	61.3	61.8	64.5	65.0	62.6	65.0	63.6
연도	2011	2012	2013	2014	2015	2016	2017
건강보험 보장률(%)	63.0	62.5	62.0	63.2	63.4	62.6	62.7

자료: 보건복지부 (국민건강보험공단 자료, http://www.index.go.kr/potal/stts/idxMain/
selectPoSttsIdxSearch.do?idx_cd=2763)

국민건강보험을 포함한 정부 의무가입 제도에서 지출된 의료비는 2007년 33조 9천억 원에서 2017년 77조 5천억 원으로 10년 새 129퍼센트나 늘었지만 보장률은 오히려 65.0퍼센트에서 62.7퍼센트로 떨어졌다.

이상이(제주대 교수)는 OECD 평균 수준의 보장성 달성을 위해 정부

재정지원과 함께 보험료 인상으로 완전의료보장을 구현할 수 있다고 전망했다.

> 2007년 말 현재 연간 국민건강보험 재정이 25조 원인데, 보장성 수준이 64%다. 당장 10조 원을 더 투입하면 OECD 평균 수준의 보장성을 달성할 수 있게 된다. 정부가 재정에서 5조 원을 지원하고, 보험료를 20% 정도 인상하면 사실상의 '완전 의료 보장'에 필요한 10조 원을 공적으로 마련할 수 있게 된다. 이는 정부가 정치적으로 결단만 하면, 그리 어려운 일이 아니다.[25]

2010년 전후해서는 '건강보험하나로운동'이 "돈 1천 원씩 더 내면 공적보장률이 획기적으로 올라간다"고 했고, 2017년에는 문재인 대통령이 "매년 건보료를 2~3퍼센트씩 인상해서 공적보장률을 획기적으로 올리"는 일을 하겠다고 하였다. 그런데 익히 너무 많이 들어 본 '뻥'들이다.

왜 그런가? 비급여 영역을 급여 영역으로 바꿔 버리면, 그동안 높은 (비급여)비용에 억눌렸던 수요가 폭발적으로 팽창한다. 정치만 살아 숨쉬는 생물이 아니라 의료수요도 생물이다. 유럽 대부분의 나라들은 의사가 공무원화되어 있고, 행위별 수가체계도 아니며, 의료기관도 명실상부한 공공의료기관적 성격을 띠고 있는 곳이 많다. 따라서 과잉의료 충동을 막는 기제가 어느 정도 작동하고, 유사시 정부나 보험공단이 주치의 제도 등을 통해서 말단에서 의료수요를 어느 정도 통제할 수 있다. 하지만 한국은 전혀 그렇지 않다. 단적으로 2006년 새롭게 급여 항목이 된 식대, 초음파, 양전자단층촬영 등에 대한 실제 집행률은 예

---

25) 이상이, "한국의 건강보험 문제와 복지국가 전략", 장하준 외, 『한국 사회와 좌파의 재정립』(산책자, 2008).

산보다 68퍼센트 초과하였다. 이런 일은 비급여를 급여로 바꾸는 과정에서 계속 반복될 수밖에 없다. 하지만 식대를 건강보험 처리했을 때는 예외적으로 공적보장률이 계산만큼 올라갔는데, 이는 식대가 급여 항목이 된다고 하여 사람이 하루 네 끼며 다섯 끼씩 먹지는 않기 때문이다.

현재 눈에 보이는 급여 항목과 비급여 항목이 의료수요의 전부라면, 점차적으로 재정을 늘리고 도덕적 해이를 줄여 대부분을 급여 항목으로 바꿀 수 있을 것이다. 그러나 현실은 새로운 의료장비, 약품, 서비스와 새로운 의료 니즈(needs)가 끊임없이 솟아나서 비급여 영역을 끊임없이 늘려 간다. 게다가 의료비의 블랙홀인 노인 인구가 급증한다. 또한 한국 보건의료 이해관계자들의 높은 기대수준이나 비용조장적 수가체계나 변칙·편법이 만연한 문화적 풍토로 인해 도덕적 해이를 획기적으로 줄이는 것이 쉽지 않다. 그런 의미에서 공적보장률의 상향은 말하자면, 다가가면 또 멀어지는 무지개인지도 모른다. 그래서 아예 비급여 영역 자체를 획기적으로 줄여 버리겠다고 했을 것이다.

과잉의료 충동이 넘쳐나는 상황에서 국가통제=책임 영역이 획기적으로 늘어나면, 재정이 파탄나든지 의료시스템이 파탄나든지 어느 한쪽은 망할 수 밖에 없다. 의료시스템의 파탄이란, 필수의료라서 통제를 많이 받는 진료과들이 완전히 망하는 것이다. 기술 발전도 없고, 전공하려는 사람도 없는 사태가 벌어질 것이 명약관화하고, 이미 일부 진료과에서 상당 정도 그렇게 되어 있다. 그렇게 되면 해당 전공 의료인을 한국보다 못 사는 나라들에서 수입해 오거나, 시장 바깥에서 따로 육성할 수밖에 없다.

4. '건장한 포로'의 역설

그런 점에서 한국의 의사와 병원은 '소련군 포로수용소에 갇힌 독일군 포로'와 비슷하다. 1942~43년 스탈린그라드 전투에서 포로가 된 독일군 10만여 명 중에서 종전 후 살아 돌아간 사람은 6천 명에 불과했다고 한다. 그런데 이들 포로들이 수용소에서 죽은 순서는 상식과 반대로 크고 건장한 사람부터였다고 한다. 닭의 생사에 관심이 전혀 없는 양계장 주인이 닭을 A4용지 1장 크기 공간에 집어넣고 사료를 부실하게 주는 것과 비슷한 일이 수용소에서 일어났던 것이다.

특정 공간(포로수용소, 비좁은 닭장)에 갇힌 병원과 의사에게 먹을 것을 던져 주는 존재는 환자다. 그런데 환자는 전국 어느 병원이든 갈 수 있다. 용하다고 소문이 나면 몇 개월을 기다려서라도 그 병원, 그 의사에게 간다. 환자가 많이 몰리는 병원과 의사는 과로사를 걱정해야 하지만, 파리 날리는 병원과 의원은 굶어죽는 것을 걱정해야 한다.

그동안 비급여 영역이 꽤 있어서 이러저러한 창의성과 변칙을 부릴 여지가 있었다. 비급여 영역은 사회주의 국가 농촌의 텃밭과 비슷한 존재였다. 그런데 거의 모든 의료에 건보를 적용한다는 것은 이런 텃밭을 없앤다는 것을 의미한다. 문재인 케어는 의료급여(보험) 대상을 대폭 확대(비급여 '텃밭' 전면 축소)하고, 의료행위(서비스, 투약 등)와 가격(급여수준)을 정부가 전면 통제하여 의료비를 경감하겠다는 정책이다. 의료수가는 국가가 백 퍼센트 통제하고 의료기관 선택권은 무제한으로 허용하는 모순을 서울대병원 허대석 교수가 비판한 바 있다.

> (비급여의 전면 급여화를 통한) 수가통제와 의료선택권은 양립하기 어려운 두 가지 명제이다. 국가가 의료수가를 통제하는 영국과 같은 제도에서는 의료서비스는 국가가 배급을 하는 것이지, 환자에게

선택권을 주지 않는다. 의료기관이나 의료진에 대한 자유로운 선택권이 있는 미국의 경우, 동일 의료행위에 대한 수가는 천차만별이다. 보험료를 많이 지불하는 고가보험에 가입할수록 의료기관 선택의 폭도 넓어진다. 시장논리로 수요와 공급의 균형을 조절한다. 커피 한 잔의 가격을 자판기든, 커피전문점이든 특급호텔 커피숍이든 동일하게 받도록 규제하면 많은 사람들이 특급호텔에서 커피를 마시려고 줄지어 기다릴 것이다. 중이염 수술비가 동네 의원이나 수도권 대학병원이 비슷하다면 어느 쪽을 선택할까? 대부분의 사람들은 전문의 료진과 고가 장비가 있는 대형병원을 선호한다. 우리나라에서는 감기, 타박상 환자까지 대학병원에 와도 진료를 거부할 수 없고, 의료기관 종별로 수가에 약간의 차등을 두지만, 실질적 본인부담금은 차이가 거의 없다. (…) 대형병원 의사들은 경증 외래환자를 보는데 지쳐, 입원중인 중환자 진료에 소홀해지는 것도 안전사고의 한 원인이다. 또, 일단 입원하면 퇴원하지 않으려 하는 환자들도 적지 않으니, 수도권 대학병원 병실 구하기는 점점 어려워지고 응급수술 환자가 와도 입원할 수가 없는 경우가 많다. 현 정부의 의료정책은 "병원비 걱정하지 말고 상급종합병원을 원하는 대로 이용하세요"로 요약할 수 있다. (하지만) 반드시 필요로 하는 순간에 이용할 수 없다면 의료 선택권이 무슨 의미가 있겠는가? 의료수가는 국가가 강제 통제하면서 의료기관 선택권을 제한하지 않는 나라는 없다.

(메디칼타임즈, 2018. 7. 2)

한국의 의료비 증가 속도는 세계에서 가장 가파를 것이다. 2005년 GDP의 4.9퍼센트에서 2008년 5.7퍼센트, 2014년 6.8퍼센트, 2007년 7.6퍼센트, 2018년 8.1퍼센트로 매년 급속히 늘어 왔다. 인구고령화 구조로 볼 때 이 추세는 더하면 더했지 꺾일 전망이 전무하다. 한국 건강보험은 재정 측면에서도 파국을 향해 달려가는 것이다.

GDP 대비 경상의료비 추이(2005~2018)

(조 원, %)

연도	2005	2008	2011	2014	2017	2018
경상의료비(조원)	44.9	63.0	83.9	101.3	131.6	144.4
(GDP대비 비중, %)	4.9	5.7	6.3	6.8	7.6	8.1
○정부, 의무가입제도	26.5	36.7	50.0	59.5	77.5	86.3
(구성비, %)	58.4	58.4	59.6	58.8	58.9	59.8
○ 민간의료비	18.4	26.3	33.9	41.8	54.1	58.1
(구성비, %)	41.6	41.6	40.4	41.2	41.1	40.2

문재인 케어는 보건의료 시스템이 안고 있는 수많은 치명적인 문제 중에서 '가계 의료비 부담' 하나에 초점을 맞춰 놓고서, 제시한 해결책이라야 결국 '비급여 의료비' 하나만 어거지로 잡고 나머지 모든 것들(의료기술, 의료전달체계, 의료인력의 직업윤리, 소비자윤리 등)을 다 악화시키게 되어 있다. 따라서 종국에는 수많은 환자도 '잡을' 수밖에 없다. 뿐만 아니라 상품과 가격을 통제하는 사회주의 계획경제의 모순을 피해 갈 방법이 없기에 환자후생(건강), (바이오헬스)산업발전, 고용확대, 경제발전에 완벽히 역행한다.

5. 건강보험 개혁과 의료산업 육성

국가 시스템 중에서 전 국민이 피부로 그 효용과 불편을 느끼는 것은 단연 의료(그리고 공교육) 시스템이다. 우리나라 국민의료비 증가율은 GDP 증가율의 2배가 넘는다. 아직까지는 OECD 국가 가운데 비용 대비 효과가 우수한 시스템으로 알려져 있으나, 구조적 모순으로 인해 악화의 속도가 너무 빠르다. 이는 건보료 부과체계 개혁(2016년 민주당 총선 공약 중의 하나) 정도로 해결될 문제가 아니다.

무엇보다도 먼저 상병傷病 구조에 적합하게 대응하는 의료서비스 공급체계로 개혁해야 한다. 병원 중심 의료체계에서 지역사회 중심으로 의료체계를 전환해야 한다. 만성 질환의 경우 장기간 입원한다고 해서 증상이 호전 또는 완치되는 것이 아니므로, 1990년대 이후부터 대부분의 선진국들은 1990년대 이후 의료서비스 공급체계를 개혁하여 만성 질병 관리에 부합하는 통합의료체계나 질병관리 프로그램(disease management program) 형식으로 의료체계를 병원에서 지역사회 움직임으로 전환하는 수순을 밟고 있다.

건강보험의 보장성을 제고하고, 국민의료비를 합리적으로 관리해야 한다. 이를 위해 건강보험료 부과체계 개혁은 필수다. 건강보험 수가 결정 거버넌스와 수가구조를 개혁해야 한다. 또한 의료서비스 관리(질 관리, 감염관리 등) 부문을 개혁해야 한다.

의료산업을 미래 먹거리산업이라는 새로운 관점으로 보고 육성해야 한다. 현재와 같이 모든 의료기관을 건강보험 요양기관으로 지정한 상태에서는 의료서비스 분야의 산업적·경제적 가치를 전혀 활용할 수 없다. 요양기관 계약제를 도입하여 '산업적 가치를 살릴 수 있는 분야'와 '국민 건강보장에 기여할 분야'를 구분해야 한다. 건강보험 환자를 진료하지 않는 병원은 세계(동아시아) 시장을 겨냥하도록 해야 한다. 정부(국민건강보험공단)가 정한 낮은 가격(저수가)에 얽매이지 않고 외국인 환자들에게서 높은 가격을 받아 국민경제에 기여할 수 있도록 해야 한다.

제11장
국민연금, 공무원연금

1. '보장과 연대' 다 놓친 국민연금

사회보험(공적보험)은 공시적·미시적으로 이해관계가 충돌할 것 같은 집단끼리의 거시적 연대(solidarity)의 장치다. 고용보험은 '취업자와 실업자의 연대', 앞 장에서 살핀 국민건강보험(의료보험) 제도는 '건강한 사람과 병약한 사람'의 연대를, 이 장에서 살피는 국민연금보험 제도는 '일하는 세대와 은퇴한 세대'의 연대를 전제로 한다. 연대까지는 아니라도, 공무원연금과 군인연금 등도 고용자(중앙·지방정부, 군)와 개인(공무원, 군인)의 상호 책임과 부담을 전제로 만들어졌다.

사실 한국에서는 '국민'이라고 써도 많은 경우 '정규직 근로자'로 읽어야 말이 되는데, 그 '국민' 노후보장 제도의 핵심은 단연 국민연금이다. 한국의 국민연금은 조세나 사私보험 방식이 아닌 사회보험방식이고, 그해 그해 필요한 만큼 걷는 것이 아니라, 인구가 적은 후세대의 부담을 줄여 준다며 적립 방식을 취하고 있다. 약정된 금액을 불입하면 약정된 금액 ─ 낸 금액보다 훨씬 많은 ─ 을 지급하는 확정급

부형 방식이다.

지금 한국의 국민연금은 노후보장이라는 본래의 취지로 보나, 부담과 혜택의 세대간·계층(소득분위)간 형평의 관점으로 보나, 경제적 자원의 효율적 운용의 관점으로 보나, 너무나 비효율적인 데다가 불의하기까지 하다.

(1) 인구구조 및 과학기술혁명과 충돌

21세기 들어 급격하게 진행된 저출산 고령화에 따른 역삼각형 인구구조는 '연대를 통한 보장'이라는 국민연금(그리고 뒤에 볼 건강보험도)의 대전제를 뿌리채 흔든다. 뿐만 아니라 세계화, 지식정보화, 과학기술혁명 등으로 인간의 수명을 제외한 모든 것(산업, 직업, 직장, 기술, 상품 등)의 수명이 짧아져 장기근속 근로자가 급속히 줄어드는 시대는 국민연금의 대전제를 또 흔든다. 현재 국민연금제도는 인구구조 및 과학기술혁명과 크게 충돌한다. 수입과 관련된 핵심 가정들(경제성장률, 합계출산율, 수익률 등)이 목표에 한참 못 미치는 가운데, 지출의 핵심 변수인 기대수명은 예상보다 많이 길어졌다.[26] 우리 정치권은 이 불편하고 고통스런 진실과 맞대결 자체를 하지 못하고 있다.

1970년 신생아 수 100만 명에서 2017년 35만 8천 명, 2018년 32만 7천 명으로 급감한 인구구조로 인해, 2060년경에는 연금보험료 내는 사람 1명당 연금수령자는 1.2명에 불과할 전망이다. 따라서 적립기금이 소진되는 2060년 시점에서, 인구가 줄어든 근로세대는 소득의 무려 26.8퍼센트를 국민연금보험료로 내야 할 판이다. 이 점은 똑같이 적립방식인 국민건강보험 역시 마찬가지다. 여기에다 소득세까지 내게 되면 소득의 절반 이상을 세금과 사회보험료로 내야 한다. 인구가 급감

---

26) 국민연금보다 훨씬 일찍 1960년대 초에 설계되고 공무원 기득권에 밀려 제대로 개혁을 하지 못한 공무원연금이 국민연금보다 수입과 지출 둘 다 훨씬 나쁘다.

한 후세대로서는 도저히 감당하기 힘든 부담을 떠안게 되는 것이다.

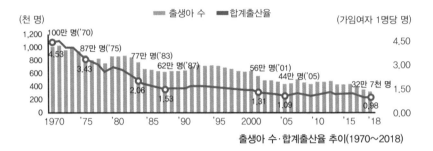

출생아 수·합계출산율 추이(1970~2018)

국민연금은 인구구조가 정삼각형이던 시절 가입자를 끌어 모으기 위해 약속한 과도한 수익비를 적정 수준으로 인하하는 데 실패했다. 2019년 현재 국민연금 40년 가입 기준 수익비는 상한(월 468만 원)은 불입액의 1.6배, 월 200만 원 소득자는 2.2배, 월 100만 원 소득자는 3.3배, 하한소득자는 4.4배다. KDI 보고서에 따르면 최근 공무원연금 수급자의 수익비는 대략 3 정도이다. 물론 물가상승률을 반영한 수치다. 가입자 전원에 대한 높은 수익비는 결국 후세대와 미가입자의 과중한 부담을 의미한다. 그런 점에서 현재 국민연금제도는 인구도 많았고, 근로조건도 좋았고, 근로기회(근속연수 등)도 많았던 기성세대가, 인구도 작고 모든 것이 열악한 후세대에 뒤집어씌우는 파렴치한 부담전가 내지 착취 제도다. 이런 '먹튀' 내지 덤터기 씌우기는 부도덕할 뿐 아니라, 당연히 지속불가능하다.

국민연금 적립금액의 고갈 시점(2060)도 국민연금(관리공단)이 소유한 부동산과 주식 등을 시장에 내다 파는 시기에 자산가치가 유지된다는 것을 전제로 한 것인데, 현실적으로 제값 받기는 난망하다. 이는 적립금 축적 및 소진 곡선을 훨씬 완만하게 유지해야 한다는 것을 의미한다.

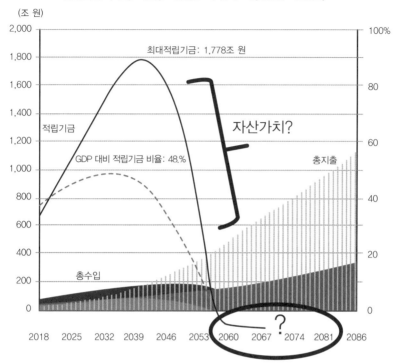

국민연금 수입, 지출, 적립금 기대 추이(2018~2088)

(조 원)

최대적립기금: 1,778조 원

적립기금

GDP 대비 적립기금 비율: 48.%

자산가치?

총지출

총수입

?

2018 2025 2032 2039 2046 2053 2060 2067 2074 2081 2086

역대 정부의 국민연금 개혁의 기조는, 납입보험료는 인상하거나 그대로 두고, 받는 금액(소득대체율)은 인하하고, 수급 연령은 올리는 것이었다. 납입보험료율은 1988년 소득의 3퍼센트에서 시작하여 1993년 6퍼센트, 1999년 9퍼센트(본인 4.5%, 고용주 4.5%)로 점진적으로 오르고는 동결되어 현재에 이르고 있다. 받는(받을) 것에 비해 보험료율이 여전히 너무 낮다는 것은 주요국과 비교해 보면 알 수 있다.

주요국 국민연금 보험료율

(소득 대비, %)

OECD 평균	한국	일본	미국	독일	캐나다
18.4	9.0	17.828	12.4	18.7	9.9

받는 금액(소득대체율)은 1999년(김대중 정부) 70퍼센트에서 60퍼센트로, 2007년(노무현 정부)에 '2028년까지 40퍼센트로 점진적으로 인하'하기로 하였다. 수급연령도 올렸다. 2007년까지 만 60세이던 연금보험 수급(개시)연령은 2013년부터 늦추기 시작해 현재 62세이고, 2033년 이후부터는 65세가 된다. 그럼에도 추가로 납입보험료율 상향, 소득대체율 하향, 수급개시연령 연장 등이 필수불가결하다.

(2) 거대한 사각지대

국민연금 제도의 또 하나 치명적인 결함은 '거대한 사각지대'의 존재다. 사회보험 방식이라서, 보험료를 내지 않은 사람은 보장을 받을 수 없기 때문이다.

2017년 현재 지역가입자 830만 명 중 54퍼센트인 451만 명이 국민연금 납부예외자이고, 지역보험료 납부대상자(지역가입자) 3명 중 1명은 체납자다. 지역가입자 중 납부유예자는 417만 명, 직장보험료 누적 미납액은 2조 2,165억 원이다. 한국의 노인빈곤율은 49.6퍼센트이지만 65세 이상 인구 중 국민연금 수급자 비율은 38.1퍼센트, 이들의 평균 연금수령액은 38만 원에 불과하다. 국민연금 체납자 중 118만 명(72.3%)은 월소득 125만 원 미만이다. 저소득자일수록 수명과 가입기간 등이 낮아 연금수급액도 낮거나 아예 없다.

2017년 말 현재 국민연금 적용대상자 약 2,147만 명 중 납부예외자와 장기체납자는 모두 약 488만 명으로, 국민연금 적용대상자 전체의 22.8퍼센트에 이른다.

공적연금 가입 실태(2017. 12월말 기준)[27]

18~59세 총인구 32,632천명[4] (100.0%)					
	경제활동인구[5] 23,338천명				
	공적연금 적용자[7] 23,099천명				
	국민연금 적용대상[8] 21,479천명				
비경제활동인구[6] 9,293천명	공적연금 비적용자[9] 239천명	납부예외자 3,852천명	소득신고자 17,627천명		특수직역연금[10] 1,620천명
			장기체납자[11] 1,036천명	보험료 납부자 16,591천명	
28.48%	0.73%	11.81%	3.17%	50.84%	4.96%
소 계 14,421천명(44.19%)				소 계 18,211천명(55.81%)	

자료: 국민연금연구원, 「국민연금 생생통계」(2017)

현재의 국민연금 급여 계산 방식은 대기업 등 장기근속 가능한 좋은 직장을 가진 근로자에게 유리하게 설계되어 있다. 거칠게 말하면 한국 국민연금은 '연금보험료를 장기간에 걸쳐 착실히 낸, 괜찮은 직장을 다닌 중상류층 노인들'의 노후만 책임질 뿐이다. 그나마 가장 괜찮다는 직장을 가진 공무원, 교원, 군인 등은 국민연금이 아니라 특수직역연금 가입 대상이다. 결국 막상 연금이 가장 필요한, 노후 대비가 전혀 되지 않은 노인들, 영세자영업자, 저임금에 고용도 불안정한(납입 기간이 짧은) 사람들은 공적부조에서 구조적으로 소외될 수밖에 없다.

---

27) 이 자료에는 다음과 같은 주가 달렸다: "1. 동 산출결과는 한 시점 기준으로 우리나라 공적연금 가입실태를 살펴보기 위해 '17년 12월말 기준으로 산정한 수치이므로, 연금수급권자에 대한 직접적인 해석으로 연결 짓는 것은 주의가 필요함. 이는 1년 연금에 가입했다고 수급권자가 되는 것이 아니며, 매년 가입이력과 자격변동이 발생할 수 있기 때문임. 2. 통계청 자료와 국민연금자료 산출기준의 차이로 인해 일부 통계치가 관점에 따라서 달라질 수 있음에 유의해야 함 (예를 들면, 통계청 기준으로 볼 때 경활자인 협업배우자는 국민연금제도에서 적용제외 집단이며, 비경활자 혹은 실업자 중에서도 국민연금 보험료를 납부하는 경우가 있으므로 두 통계치간 단순 합산시 오류가 발생할 수 있음)."

이들 취약계층은 비록 소득세(직접세)는 내지 않지만, 부가세·주세·담배세·유류세 등 다양한 형태의 간접세와 교통위반범칙금(일반재정) 등을 내서, 자기들보다 상대적으로 부유한 노인들인 공무원, 교원과 국민연금 장기가입자들의 노후보장에 일조한다. 하지만 자신들은 국민연금보험료를 제대로 내지 않았기에 노후보장을 받을 수가 없으니 폐지라도 주우며 연명해야 한다.

이 후안무치하고 잔악무도한 제도를 문재인 정부와 민주당은 모르쇠로 일관하고 있다. 그렇다고 옛 새누리당, 지금 자유한국당이 이를 고치려 몸부림치는 것도 아니다.

(3) 불평등 양극화 심화

결과적으로 한국은 국민연금(그리고 특수직 연금들)으로 인해 소득불평등이 더 심화되고 있다. 사회보험(공적부조)의 핵심인 소득재분배 기능이 약하거나 없는 정도를 넘어서 사실상 역진적이기 때문이다. 왜냐하면, 평균적으로 고소득자는 장수하는 데 반해 저소득자는 단명하기 때문이다. 미국의 경우 소득 상위 1퍼센트의 평균기대수명(남성)은 87.3세로, 하위 1퍼센트보다 14.6년이나 길다. 한국도 대동소이하다. 2002년 기준 소득 상위 20퍼센트 남성 지역가입자의 기대여명은 76.7세였는데 하위 20퍼센트는 62.7세로, 14년의 차이가 났다. 한편 소득 1분위(하위 20%)는 생애가입기간이 평균 12.9년에 불과한 데 반해, 5분위(상위 20%)는 27.6년으로 거의 15년이 더 길다. 연금 수령액이 납입연수에 비례하도록 설계된 산식으로 인해 장기가입자일수록 절대적으로 유리하고, 반대로 보험료 납부액의 기회비용은 저소득자가 훨씬 높다. 그야말로 피 같은 돈이다.

국민연금 가입자 추이(1988~2017)

(명)

연도	총 가입자	사업장 가입자	지역가입자			임의 가입자	임의계속 가입자
			소계	농어촌	도시		
1988	4,432,695	4,431,039				1,370	286
1992	5,021,159	4,997,441				32,238	11,480
1995	7,496,623	5,541,966	1,890,187	1,890,187		48,710	15,760
1999	16,261,889	5,238,149	10,822,302	2,083,150	8,739,152	32,868	168,570
2003	17,181,778	6,958,794	9,964,234	2,062,011	7,902,223	23,983	234,767
2006	17,739,939	8,604,823	9,086,368	1,972,784	7,113,584	26,991	21,757
2013	20,744,780	11,935,759	8,514,434	1,962,071	6,552,363	177,569	117,018
2014	21,125,135	12,309,856	8,444,710	1,972,393	6,472,317	202,536	168,033
2015	21,568,354	12,805,852	8,302,809	1,949,757	6,353,052	240,582	219,111
2016	21,832,524	13,192,436	8,060,199	1,881,248	6,178,951	296,757	283,132
2017	21,824,172	13,459,240	7,691,917	1,787,649	5,904,268	327,723	345,292

소득분위별 국민연금 생애가입기간 전망

소득분위	1분위	2	3	4	5	평균
가입기간	12.9년	17.4	21.3	24.4	27.6	20.7

자료: 최기홍, "국민연금 이력자료에 의한 계층별 생애가입기간의 전망 모형",
『연금포럼』 58호(2015. 8)

국민연금 40년 가입자의 소득별 수익비 변화

(만 원, 2017년 현재가)

가입기간	40년 가입				가입기간	40년 가입			
소득금액	총기여액 (1)	수급총액 (2)	순이전액 (3=2-1)	수익비 (배)	소득금액	총기여액 (1)	수급총액 (2)	순이전액 (3=2-1)	수익비 (배)
하한	1,210	5,372	4,162	4.4	하한	1,210	806	-404	0.7
100만 원	4,320	14,359	10,039	3.3	100만 원				
200만 원	8,640	18,879	10,239	2.2	200만 원				
상한	18,749	29,457	10,708	1.6	상한	10,499	44,196	33,686	4.4

1) 연금수급기간은 20년으로 가정
2) 2017년 기준 평균소득(A값)=약 218만 원(2019년 가입자 기준)

국민연금 적립금은 민간의 수중에 있었으면 생산과 소비에 사용될 돈을, 수십 년 뒤 오직 가입자의 노후소득 보장을 위해 과잉축적=퇴장 시켜 경제성장의 발목을 잡는다. 민간의 수중에 있었다면 고위험 고수익 투자에 사용될 가능성이 높은 돈을, 정부가 걷어서 저위험 저수익 투자에 사용한다. 또한 국내 투자와 고용 증진에 사용되어야 할 돈을 해외 채권·주식·부동산 투자 등에 사용한다. 국내투자는 정부채권 매수와 대기업 주가 부양에 사용된다. 하지만 주식이나 부동산에 투자되어 올린 장부상 수익은 미래 필요한 시점에 현금화도 곤란하고, 무엇보다 실제 그 가치를 유지한다는 보장이 없다. 축적된 국민연금 자산이 고래라면, 한국 금융시장(주식시장, 채권시장 등)은 연못이나 다름없다. 그래서 해외의 주식, 채권, 금, 부동산 등에 투자해야 하는데, 이 역시 20~30년 뒤 연금 지출이 급증할 즈음에는 대량으로 팔아서 유동화해야 하기에 제값을 받기 어려울 것이다. 결국 문제는 적립금이 너무 과다하는 것이다.

2. 공무원연금 등 특수직 연금 개혁

공무원연금 등 특수직역 연금은 관존민비·공공양반·가렴주구 대한민국의 징표나 다름없다. 공공부문에 대한 민주공화적 통제의 실패와 정치의 혼미·무능을 보여주는 기념비가 특수직 연금이다.

민주공화국에서 공공사무를 대리해서 처리하는 공무원의 평균적 처우(임금, 연금, 복리후생, 고용)는 그 결정 원리상 납세자인 민간의 그것에 비해 월등히 높을 수 없다. 경찰, 소방, 군인을 제외한 일반직 공무원의 평균적 직무 난이도나 위험도는 민간의 그것에 비해 결코 높다고 볼 수 없다. 다만, 연금 산식에서 핵심 변수인 근속기간은 민간에 비해 다소 길 수밖에 없기에, 그것만큼은 높을 수 있다. 주요국 공무원연금의 1인당 GDP 대비 수준을 비교한 통계를 본 적은 없지만, 특수직역의 하나이면서 대표적인 공공사무인 초·중·고 교사의 임금수준은 OECD 교육지표를 통해 상당히 정확하게 유추할 수 있다. 한국이 월등히 높다.

국민연금이든 공무원연금이든, 어느 나라나 연금 수준은 임금 수준에 비례하게 되어 있기에(소득대체율 40~70%), 임금이 높은 한국 공무원이 연금 수준도 매우 높을 것이라는 것은 불문가지다. 일본은 연금개혁을 통해 공무원연금과 (우리 국민연금과 유사한) 후생연금을 통합하면서 공무원연금의 수준을 후생연금에 근접하게 만들었는데, 후생연금의 1인당 평균수령액(원화 환산)은 약 152만 원이다. 일본과 동일한 잣대로 비교하면, 즉 퇴직연금공제 일시금 수령자들과 재직기간이 짧은 연금수령자들을 제외하면, 우리나라 33년 이상 근속 공무원의 2019년 기준 평균 연금수령액은 월 300만 원을 넘는다는 것이 정설이다.

한국 공무원연금과 주요국 국민연금 수급액 비교

국가(기준연도)	연금제도	1인당 월평균 연금수급액	원화 환산액
한국(2017)	공무원연금	2,436,261원	2,436,261원
미국(2014. 12)	사회보장연금 (OADSDI)	1,329달러	1,601,445원
독일(2015)	일반연금보험 (국민연금)	1,314유로	1,669,030원
일본(2014)	후생연금	147,613엔	1,520,222원

연금종류별 1인당 평균지급액(2017)

구분	국민연금	공무원연금	군인연금	사학연금
평균수령액 (만 원)	38	244	261	282

자료: 국회 예산정책처 자료(공무원·군인 연금), 사학연금 통계연보

2017년 기준 국민연금의 평균지급액은 38만 원인 데 반해 공무원연금은 244만 원, 군인연금 261만 원, 사학연금 282만 원이다. 국민연금

이 현저히 낮은 것은 아직 수령자의 평균 불입(가입)기간이 짧기 때문이다. 그런데 사학연금, 군인연금, 공무원연금도 실제보다는 낮게 포착됐다. 공무원연금은 납입기간 중 '연금형'과 '부분일시금' 중 선택할 수 있기 때문이다. 예컨대 33년 근속시 20년치는 연금으로, 13년치는 퇴직연금공제 일시금으로 수령 가능하다. 따라서 2017년 기준 244만 원이라는 연금액은 퇴직연금공제 일시금 수령자들과 재직기간이 짧은(20년 갓 넘은) 연금수령자를 다 포함하기에 실제보다 낮게 나온 수치다. 그런데 정부는 근속연수별 공무원연금 수령액 등 상세 내역을 밝히지 않고 있다.

2014년 기준 33년 완납 공무원의 평균 연금수령액은 295만 원이다. 만약 85세까지 25년간 수령할 경우(인상률 2%) 총 11억 3,387만 원을 받는다. 연금복권 1등 당첨자(월 500만 원씩 20년간 지급)의 총수령액이 9억 3,600만 원임에 비춰보면 공무원연금이 얼마나 대단한 것인지 알 수 있다.

연금 종류별 지급액 및 수급자 수(2017)

연금종류		금액(원)	수급자(명)
국민연금		19조 838억	4,716,226
특수직역연금	공무원연금	14조9,817억	480,096
특수직역연금	사학연금	2조 9,567억	69,218
특수직역연금	군인연금	3조 3,815억	91,071
특수직역연금	별정우체국	330억	1,590
특수직역연금	소계	21조3,529억	641,975

원성이 하늘을 찔러 공무원연금을 말로는 '개혁'했다고 하는데도 여전히 국민연금에 비해 엄청나게 좋다. 연금액을 결정하는 큰 변수인 가입자 평균소득은 국민연금이 227만 원인 데 반해 공무원연금은 500만 원으로 그 2배가 넘기 때문이다. 2019년 공무원연금 가입자 평균소득이 530만 원인데, 최근 3개년간 평균소득이 '재분배값'으로 반영되

므로 기준액은 대략 508만 원 정도다. 2016~18년 3년간 공무원 평균 기준소득월액[28]은 2018년 522만 원, 2017년 510만 원, 2016년 491만 원이었다.

공무원연금과 국민연금 소득대체율 비교

1) 2016년 신규 입직 공무원과 국민연금 가입자 비교 2) 월 400만 원 동일소득, 국민연금 소득대체율 40%, 30년 가입 기준

자료: 김형모, '공무원연금 숨은 특혜와 당면개혁 방안'(2019.5.21.),
플랫폼자유와공화 세미나 발표자료

흔히 공무원연금 액수가 많은 것은 "공무원이 재직기간 동안 많이 냈기 때문"이라고 변명한다. 그런데 이 역시 사실이 아니다. 국민연금 가입 근로자의 소득이 월 100만 원이라면, 국민연금 납입액(본인부담금)은 '소득의 4.5퍼센트'인 4만 5천 원이다. 공무원의 소득이 월 100만 원이라면, 납입액(본인부담금)은 '소득의 65퍼센트(=보수월액)의 6.5~7.5퍼센트', 즉 4.2~4.9퍼센트인 4만 2천~4만 8,700원이다. 그나마 저 65퍼센트도 2010년 공무원 연금개혁 당시 기준이고, 실제 보험료 비중(기여금)은 이 금액보다 더 적다. 지금 공무원연금 수령자는 보수월액 대비 5.5퍼센트, 즉 소득의 3.3퍼센트 수준만 낸 사람들이 대부분이다.

---

28) 비과세 및 공무원 보수규정에 없는 소득을 제외한 공무원연금 납입 기준소득.

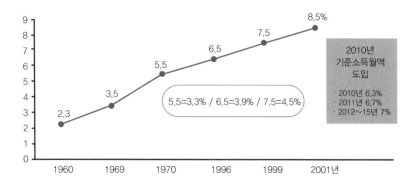

공무원 보수월액 대비 연금보험료(기여금) 비중 추이(1960~2009)

김형모는 "공무원은 퇴직금이 없어서 연금액수가 높다"는 주장을 반박했다. 공무원은 퇴직금은 없지만 '퇴직수당'을 받기 때문이다. 퇴직수당은 20년 이상 근속 기준 '급여×근속연수×39%'이다. 따라서 덜 받는 퇴직수당은 9,550만 원으로, 연금으로 환산하면 20~30만 원에 불과하다. 그런데 공무원연금은 못 받는 퇴직수당보다 월등히 많이 받는다.

퇴직금과 퇴직수당 손익 비교

이 외에도 공무원연금에는 너무 많은 특혜가 주어진다. 김형모에 따르면 공무원이나 산재보험상 근로자가 업무상 사망하게 되면 유족연금(유족급여)을 받는다. 연금은 유족 1인당 5퍼센트씩 가산한다. 만약 돌아가신 분의 부모가 모두 59세라면, 공무원은 두 분 모두 유족으로 인정되어 '5%+5%=총 10%'가 가산된다. 하지만 산재보험의 경우, 두 분 모두 60세 미만이라면 적용 제외다.

공무원은 퇴직연금과 공무원재해보상법상 장애연금(공상장애연금)을 함께 받을 수 있다. 하지만 국민연금은 노령연금과 장애연금(공무원의 장해연금) 둘 다 받을 수 없다. 순직한 공무원은 유족연금과 별도로 일시 보상금을 따로 받는다. 본인의 직급이나 소득과 상관없이 전체 공무원 평균기준소득월액에 따라 지급된다.

순직 유족보상금은 전체 평균소득의 24배(1억 2,720만 원), 위험직무 순직 유족보상금은 45배(2억 3,850만 원), 대간첩작전 수행 재해보상금은 60배(3억 1,800만 원)이다. 산재보험에서도 일시금을 받을 수 있으나 '유족급여'는 50퍼센트까지 삭감된다. 하지만 공무원은 '유족연금'과 별도로 일시보상금을 받을 수 있다. 공무원은 공무원법상 장애등급 7등급 이내면 받지만, 산재보험은 장애인복지법상 장애등급 2급(시각 3급) 이내에 들어야 받을 수 있다.

공무원이 업무상 부상이나 질병으로 휴직하게 되면 100퍼센트 봉급이 지급되며, 기간도 3년까지 가능하다.[29] 산재보험은 일단 본인 급여의 70퍼센트를 최대 2년까지 지급받는데, 소득상한액(2019년 기준 하루 21만 원)이 있어 아무리 소득이 많아도 상한선 이상은 받을 수 없다. 공무원은 비업무상 질병, 부상일 경우도 보상한다.

일반 직장인은 일하다 다치거나 하면 공상이나 산재 처리라도 받지만, 업무와 연관성을 찾을 수 없는 질병이나 회사 밖에서 다치거나 하

---

29) 공무원 보수규정 제28조: 공무상 질병 또는 부상으로 휴직시 봉급 전액 지급; 국가공무원법 제72조: 공무상 질병 또는 부상으로 인한 휴직기간은 3년.

면, 대부분의 직장인들은 일단 본인 연월차 다 쓰고 무급으로 휴직하며 병 치료한다. 하지만 공무원은 국가공무원법 제71조 및 보수규정 제28조를 통해 업무와 상관없이 아프거나 다쳐도 봉급의 50~70퍼센트를 보장받으며 2년 정도는 쉴 수 있다.[30]

공무원은 개인 사정으로 해외유학이나 연수를 가더라도 봉급의 50퍼센트를 받을 수 있다. 교육공무원은 6년까지 유급휴직이 가능하다.[31] 유학이나 해외 주재원으로 가는 배우자를 따라가는 경우도 휴직 가능하다. 다만 무급이다. 이 외에 19세 이하 어린이·청소년을 입양할 경우, 직계존비속(시부모·처부모 포함) 간호시, 교사가 자기개발을 위한 학습을 하고 싶을 경우 등 다양한 상황에 대해 '휴직'이 가능하다. 주요 모성보호 보장 제도에서도 공무원과 일반 근로자 사이에는 하늘과 땅 사이만큼의 차이가 있다.

공무원과 일반 근로자의 모성보호 보장 비교

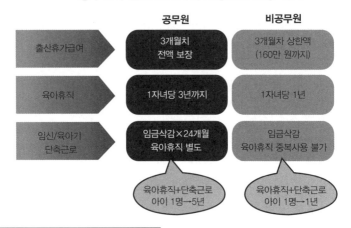

	공무원	비공무원
출산휴가급여	3개월치 전액 보장	3개월차 상한액 (160만 원까지)
육아휴직	1자녀당 3년까지	1자녀당 1년
임신/육아기 단축근로	임금삭감×24개월 육아휴직 별도	임금삭감 육아휴직 중복사용 불가
	육아휴직+단축근로 아이 1명→5년	육아휴직+단축근로 아이 1명→1년

---

30) 국가공무원법 제71조: 신체·정신상의 장애로 장기 요양이 필요할 때; 공무원 보수규정 제28조: 1. 휴직 기간이 1년 이하 – 봉급의 70%, 2. 휴직 기간이 1년 초과 2년 이하 – 봉급의 50%.

31) 공무원 보수규정 제28조 및 교육공무원법 제45조의2: ② 외국유학 또는 1년 이상의 국외연수를 위하여 휴직한 공무원에게는 그 기간 중 봉급의 50퍼센트를 지급; 제44조 1항 5호 사유: 휴직기간 3년 이내로 한다. 다만, 학위취득을 하려는 경우에는 3년의 범위 연장 가능.

제4부

한국경제
어떻게 살릴 것인가

제1장
한국경제를 조망하는 프레임

케인스가 1936년에 발표한 『고용, 이자 및 화폐의 일반이론(The General Theory of Employment, Interest and Money)』의 유명한 마지막 문장은 사상 혹은 세상을 보는 프레임의 중요성을 일깨워 준다.

경제학자와 정치철학자의 사상(idea)의 힘은 옳고 그름을 떠나 사람들이 생각하는 것보다 훨씬 강력하다. 세계는 그 사상들이 움직여 나간다. 어떤 지적 영향도 받고 있지 않다고 믿는 실용주의적 인간도 사실은 이미 죽은 어느 경제학자의 정신적 노예이기 일쑤다. (…) 선하건 악하건 결국에는 위험한 것은 사상들이지 기득권들이 아니다 (Soon or late, it is ideas, not vested interests, which are dangerous for good or evil).

사상의 골조는 세상을 보는 프레임이다. 프레임은 본래 복잡다단한 문제, 예컨대 적과 친구, 본질과 현상, 미래의 변화 방향(맥락) 등을 빠르고 정확하게 판단하기 위해 만들어진 인식적, 언어적 도구로써, 흐릿한 것을 선명하게 보게 하는, 그러나 색이 있는 안경과도 같다. 조지 레이코프가 주창한 프레임 이론에 따르면 프레임은 "현대인들이 정치·사회적 의제를 인식하는 과정에서 본질과 의미, 사건과 사실 사이의 관계를 정하는 직관적 틀"이다. 이는 세계관(현실인식)과 가치관의 토대로서, 사람들의 정서(공포, 혐오, 분노), 가치, 정책, 시민운동의 모태가 된다. 프레임은 수많은 사람들의 구체적인 경험, 지식과 주요 관심사와 이해관계의 총화이다.

그런데 시대가 크게 변할 때는 프레임이 현실(사태)을 완전히 오판하게 만들곤 한다. 예컨대 일본 식민통치 경험이 빚은 어떤 프레임을 통해서 보면, 2차대전 전의 일본과 그 이후의 일본이 구분되지 않는다. 그러면 일본의 제반 정치적, 경제적 행위는 한반도를 재강점하려는 전략으로만 보인다. 1945~53년의 혹독한 경험이 빚은 프레임으로 한국사회를 바라보면, 좌파세력이 북한과 손을 잡고 대한민국을 적화(연방제)통일 하려고 온갖 책동을 하는 것처럼 보인다. 1987년 이전의 노동 착취·억압이 빚은 프레임으로 한국사회를 바라보면, 외환위기 이후 신자유주의가 상륙하여 노동이 피로써 쟁취한 성과물들을 야금야금 갉아먹고 있는 중이다.

이렇듯 사회의 주된 대립구도와 힘 관계가 변하고 정치경제 환경이 크게 변하는 시대의 전환기에는 오랫동안 사용하던 프레임에 대한 재검토가 필요하다. 프레임은 시대를 빠르고 정확하게 읽기 위해 사용하는 언어적 도구이기 때문이다.

민주주의를 '반독재'로 규정할 때와 '국민이 스스로 지배하는 정치체제'로 규정할 때, 생각의 방향과 깊이는 다를 수밖에 없다. 독재 프레임은 나쁜 권력자의 전횡, 억압, 불통, 부도덕을 연상케 하고, 1970~80년대에 치열하게 전개했던 반독재 민주화투쟁을 핵심 해법으로 설정하게 된다. 그러나 헌법 제1조의 정신, 즉 민주공화주의의 근본을 떠올리면, 보편이성의 표현인 법의 지배(법치주의), 정확한 정보와 건전한 미디어와 시민적 덕성, 덕성과 지성이 앞선 사람에 의한 대의제, 생산적 경쟁과 대승적 협력이 가능한 정치제도 등이 주요하게 부각된다.

경제를 개인 및 가계의 관점에서 보면, 한마디로 먹고사는 문제이고, 벌고 쓰는 문제다. 따라서 일자리와 소득(자산, 근로, 사업)과 격차(불평등·양극화)가 초미의 관심이다. 이것들은 피부로 체험하고, 국가의 고용노동통계와 개인이나 가구를 단위로 하는 소득·지출 통계(가구동향조사 등)를 통해서 조망한다. 국가경영자의 관점에서 보면 경제는 파이 키우기(성장)와 나누기(분배), 혹은 파이 만들기(가치 창조하기)와 적절히(공정하게, 평등하게) 나누기다.

일반적으로 부의 생산·분배 혹은 성장·통합 구조를 경제구조라고 한다. 경제·시장(시스템)은 유한한 가치(부, 권력, 명예 등)를 생산·분배하는 주요한 방식(시스템)의 하나다. 정치·국가와 연대공감·사회공동체도 유한한 가치를 생산·분배하는 방식(시스템)의 하나다.

국가경영의 관점에서 보면 지속가능한 정치공동체를 유지, 발전시키기 위해 필수생명자원(에너지, 식량, 의약품 등)을 구하는 것, 외세와 자연으로부터 오는 외파 위기를 막아 내는 것, 정치공동체의 내적 갈등이라는 내파 위기를 막아 내는 것, 물질적 문화적 재생산을 원활하게 하는 것(경제를 성장시키는 것)이 중요하다. 따라서 자연환경과의 조화, 세대 간 조화(인구와 재정 구조), 외국과의 평화와 협력 등도 중시된다. 경신대기근(1670~71), 을병대기근(1695~96)과 북한대기근(1995~98년)의 경험은 대한민국도 북한도 세계인이 간절히 원하는 상품과 서비스를 생산·판매하고 그에 소요되는 원자재, 에너지 등을 원활하게 조달할 수 있어야 생명과 자유와 자존을 지킬 수 있다는 것을 똑똑히 가르쳐준다. 하지만 이 중대한 사건이 중·고교 역사교과서에는 전혀 언급되지 않고 있다. 더구나 지금은 기후변화 시대라서 어떤 환경재앙이 닥칠지도 모른다. 뿐만 아니라 산업기술 패러다임이 바뀌고 중국의 산업굴기가 본격화하면, 자칫 우리의 주력 산업과 기업이 초토화될 수도 있다. 이런 대전환의 시대에는 경제학자의 시각이 아니라 국가경영자의 시각으로 한국경제를 조망할 필요가 있다.

1. 2015년 산업연관표의 경제문제 인식

문명국가들은 국가나 사회를 조망하는 통계에 비해 경제를 조망하는 통계가 월등히 많다. 단적으로 한국은행경제통계시스템(https://ecos.bok.or.kr/)에는 헤아릴 수 없이 많은 통계가 있다. '1. 통화 및 유동성지표, 4. 금리, 7. 물가, 12. 기업경영분석, 13. 산업연관표, 14. 국민대차대조표, 18. 해외/북한' 등 대분류로 18개, 세부항목으로는 1,902개(2019년 7월 현재)의 경제통계가 제공된다. 이를 통해 금리, 물가, 환율, 생산·소비·투자, 수출·수입 현황과, 기업·가계, 자본·노동의 분배구조와, 제조업·서비스업 등 산업 간 불균형 문제를 알 수 있다. 통계 중에서 가장 기본적이고 생산에 가장 시간이 많이 걸리는 통계 중의 하나가 이 장에서 살필 '산업연관표'다.

하지만 아무리 통계가 많아도 문재인 정부나 진보세력이 한국경제 최대의 문제처럼 얘기하는 재벌·갑질과 신자유주의 문제를 보여 주지는 않는다. 독과점에 초점을 맞춘 공정위의 '시장구조조사'도 일부만 짐작하게 해 줄 뿐이다. 공정위의 조사자료는 한국경제에 엄청난 영향력을 행사하는 국가규제와 예산과 사법, 국가=공공부문 종사자, 노동조합과 노사관계 등에 대해 보여주지 않는다. 부의 분배 문제인 불평등(격차)은 경제·고용·소득 통계 등을 통해 비교적 잘 알 수 있지만, 부의 생산 문제인 부자유 문제는 이런 통계로는 알기 어렵다.

사실 모든 경제사회 정책 및 제도의 귀결인 사회적 유인보상(비용-편익)체계와 위험완충체계(위험-이익)와 지배운영구조는 한국은행 경제통계로는 알기 어렵다. 유인보상체계와 위험완충체계는 사람(인재, 노동력), 돈(민간자산, 공공자산=연기금, 예산, 공기업)의 흐름 또는 경제심리를 좌우한다.

현대 자본주의 국가의 생산·분배(물질적 재생산) 구조를 집약적으로 보여 주는 대표적인 거시경제 통계가 '5대 국민계정'이다. 국민소득통계(GDP statistics), 산업연관표(input-output tables), 자금순환표(flow of funds), 국제수지표(balance of payments), 국민대차대조표(national balance sheet)가 그것이다. 국민소득통계는 언론 등에서 많이 보도되기에 국민 기초교양처럼 되었다. 국민소득통계의 모태가 되는 것이 물질적 재생산 구조를 집약적으로 보여 주는 산업연관표(투입산출표)다. 이는 1년 동안 국민경제 내에서 발생한 모든 거래, 즉 수많은 상품·서비스의 생산 및 처분 과정을 집약적으로 표시한 행렬(matrix)이다. 기업회계로 치면 재료비, 노무비 등을 명시한 제조원가명세서와 비슷하다. 자금순환표는 기업의 현금흐름표와 비슷하고, 일정 시점의 자산상태를 나타낸 국민대차대조표는 기업의 대차대조표와 비슷하다. 다른 나라와의 관계를 표시한 국제수지표는 기업회계에는 없다.

이들 통계로부터 국가 자산구조와 자본-노동 혹은 기업-가계-정부의 소득분배 구조를 알 수 있다. 최근에는 국세청 소득자료에 근거한 소득분위별 분배구조(피케티 통계)와 분위별 가구 자산소득부채통계(가계금융복지조사 등) 등도 거시 분배구조를 파악하는 데 많은 도움을 준다.

한국은행이 생산하는 산업연관표는 대외의존도, 제조업과 서비스업, 국산화율과 부가가치율, 최종소비 구조, 생산·부가가치·수입유발효과, 전후방 연쇄효과의 현주소와 추이를 주로 보여 준다.

2019년 3월 15일자로 발표된 '2015년 산업연관표'의 주요 내용은 다음과 같다.

경제구조

1. 총공급 및 총수요 구조: 대외거래 비중 축소
- 총공급에서 국내 총산출이 차지하는 비중이 서비스를 중심으로 상승하고 수입 비중(16.3%→14.0%)은 하락
- 총수요 측면에서는 소비, 투자 등 국내 최종수요가 확대되고 수출 비중(16.8%→16.1%)은 하락
2. 산업 구조: 서비스화 진전
- 정보통신 기술의 발전, 기업의 R&D 투자 확대 등으로 생산자서비스(전문·과학 및 기술서비스 등) 시장이 크게 성장하면서 산출액(40.3%→44.9%) 및 부가가치(57.7%→59.9%)에서 서비스가 차지하는 비중이 확대
3. 투입 구조: 중간재 국산화율 및 부가가치율 상승
- 국제 원자재 가격 하락, 국내 생산기술의 발전 등의 영향으로 수입 중간재 투입 비중이 감소하면서 중간재의 국산화율(74.2%→78.3%)은 상승
- 산업 전반에 걸친 서비스화 진전, 생산원가 하락 등으로 부가가치율(39.5%→42.7%)이 상승
4. 수요 구조: 최종수요 비중 확대

– 가계의 소득수준 향상, 여가활동 확대 등으로 서비스 소비(음식 및 숙박, 예술·스포츠 및 여가관련서비스 등)가 증가하면서 소비를 중심으로 최종수요 비중(49.4%→50.7%)이 상승

5. 대외거래 구조: 수입의존도 하락

– 국제 원자재가격의 하락, 국내 생산기술의 발전 등으로 중간재 수입 비중이 감소하면서 수입의존도(15.6%→12.4%)가 하락

– 내수 위주인 서비스의 산출액이 수출이 많은 공산품 산출액보다 더 큰 폭으로 증가함에 따라 국내 총산출 중 수출 비중인 수출률(20.1%→18.7%)은 하락

주요국의 공급 및 수요 구조1)

(%)

	총공급		=	총수요				대외거래 (A+D)	수입 의존도
	국내 총산출	수입 (A)		국내 수요 (B+C)	중간 수요 (B)	최종수요2)			
						국내(C)	수출(D)		
한국	86.0	14.0	100	83.9	49.3	34.6	16.1	30.1	12.4
미국	92.4	7.6		93.9	39.5	54.4	6.1	13.7	4.1
중국	93.5	6.5		92.4	57.4	35.0	7.6	14.1	4.9
일본	91.7	8.3		91.8	43.3	48.5	8.2	16.5	5.5
독일	85.7	14.3		82.2	40.8	41.4	17.8	32.1	9.8
영국	87.0	13.0		87.9	38.9	49.0	12.1	25.1	7.0

1) ICIO(2015) 기준, 한국은 2015년 실측 산업연관표 기준
2) 국내 최종수요는 소비와 투자로 구성

1. 생산·부가가치·수입유발효과: 부가가치유발계수 상승(0.717→0.774), 수입유발계수 하락(0.283→0.226)
– 생산유발계수는 중간재의 국산화율이 높아졌으나 중간투입률 자체가 낮아지면서 2010년과 비슷한 수준을 유지(1.814→1.813)
– 부가가치유발계수는 제조업 내 서비스업무의 외주화(outsourcing) 등 서비스화 진전으로 부가가치율이 높아진 데 힘입어 상승. 수입유발계수는 수입의존도 완화 등의 영향으로 하락
2. 전후방연쇄효과: 대외여건 변화에 민감한 산업간 연관구조 지속
– 대외거래 비중이 높은 화학제품과 운송장비가 각각 전방 및 후방 연쇄효과가 가장 큰 것으로

나타나 글로벌 경제여건 변화가 국내 생산활동 수준에 미치는 영향이 여전히 큰 상황

2. 경제학자들의 경제문제 인식

정대영, 김상조, 이영훈, 정대영, 변양균 등은 한국경제를 크게 보고 세밀하게 살펴 정책 대안을 제시한 책을 썼다.

한국경제의 주요 난제(금리, 환율, 부동산, 금융위기, 격차, 혁신 등)를 다룬 책이나 경제시평이나 대담집은 헤아릴 수 없이 많을 것이다. 하지만 한국경제를 큰 틀에서 조망하고, 주요 경제현안에 대해 자신의 의견을 과감하게 제시한 책들은 그리 많지 않아 보인다. 위의 네 저자는 비교적 정치에 덜 오염된 시각으로 한국경제를 조망했다. 책들의 서술 항목(주제)을 보면 이들이 무엇을 한국경제의 주요한 문제로 보는지 알 수 있다. 이 책들의 목차(체계)와 주요 주장을 살피는 것은 한국경제의 위기와 활로를 보다 정확하게, 또 종합적, 균형적으로 인식하는 어떤 틀을 정립하고 싶어서다.

정대영

정대영은 『한국경제 대안 찾기』(창비, 2015)에서 경륜(한국은행 금융분석국장)을 살려 한국은행의 (국민)경제 분석틀을 토대로, 자신의 통찰을 결합하여 한국경제 문제를 분석하였다. 그래서 소비·투자·수출입과 금리·물가·부동산과 국민경제를 주요한 항목으로 다뤘다. 주요하게 지적한 문제와 대안(개혁방안)은 책 제2장과 제3장의 소목차에 집약되어 있다.

정대영, 『한국경제 대안 찾기』 서술체계

제1장 한국경제의 흐름과 구조 이해하기: 불균형과 불평등의 구조

1. 국민경제는 어떻게 순환하는가 / 2. 소비·투자·수출입, 어떻게 움직여야 하는가 / 3. 금리·물가·부동산과 국민경제 / 4. 무리하지 않고 성장할 방법은 있다 / 5. 피케티 이론과 한국의 불평등 / 6. 경제위기, 또다시 올 수 있다

제2장 한국경제, 무엇이 문제인가: 구조적 문제와 부조리

1. 얽히고설킨 문제의 뿌리 / 2. **신뢰의 부족과 불확실성** / 3. **특권적 이익집단의 발호와 직업 간 과도한 격차 / 4. 부동산 등 고비용 구조** / 5. 정책의 불투명성과 자의성 / 6. 금융의 낙후성 / 7. 부실하고 어설픈 조세·복지 제도 / 8. 창업과 기업발전의 실질적인 제약요인

제3장 한국경제, 해법은 있다: 구체적 개혁 방안

1. 어떤 정책이 살림살이에 도움이 될까 / 2. **부동산**시장을 우선 정상화해야 한다 / 3. 괜찮은 일자리 창출은 가능하다 / 4. **관료개혁**, 꼭 필요하다 /5. **금융산업**에 제 역할 찾아주기 / 6. **조세와 복지**, 이렇게 개혁하자 /7 . 산업정책과 남북협력사업에 관한 몇가지 아이디어

변양균

변양균(노무현 정부 청와대 정책실장)은 2017년 6월 『경제철학의 전환』(바다)을 출간했다. 이 책은 평생을 "국가기획과 경제정책 업무에 종사해 온 정통 경제관료"가 자신의 경륜을 살려, 경제철학부터 구체적 실행계획 및 수단(법안, 예산운용 방안 등)까지 일관된 체계로 서술한, 일찍이 본 적이 없던 경제개혁 방략이다. 이 책은 문재인 정부의 성공과 대한민국의 한 단계 도약을 염원하며, 문재인 정부에 헌정한 책이다. 향후 5년에 걸친 재원 조달 및 지출 계획이 비교적 상세하게 서술되어 있는 것을 보면 그 목적이 분명하다. 하지만 문재인 정부의 핵심들에 의해 철저히 외면당한 비운의 책이다.

책 서문에서 서술하듯 혼자만의 지식과 경험으로 쓴 책이 아니다. 빼어난 전문가 및 관료들과 2년간에 걸친 토론과 고뇌의 결과물이다. 이 책의 시발점은 '비전 2030'이다.

국가 정책을 실행하는 데는 (…) 목표가 아니라 수단이 더 중요하다. (7쪽)

비전2030은 우리 경제의 목표와 수단을 체계적으로 해결해보기 위해 수립한 장기 실천계획이었다. 목표는 국민의 '삶의 질 향상'이었다. 1차적 수단은 '재원 배분의 전환'과 '사회적 자본의 확충(신뢰사회의 구축)'이었다. 실천 가능성을 제고하기 위해 소요 재원도 점검했다. 하지만 소요 재원 제시는 언론과 정치권으로부터 '세금 폭탄' '허황된 계획'이라는 '융단폭격'의 기폭제가 되었다. 여당과 야당, 진보와 보수 모두에게 공격당했다. (…) (비전2030에서 제시한) 혁신과제(정책수단) 50개는 아직도 팽개쳐져 있다. (2006년 이후 10년의 세월이 흐르면서) 세상이 완전히 바뀌었다. 당시는 정보화 사회가 꽃피기 시작하던 시점이었다. (…) 이제는 모바일로 대표되는 초연결 시대조차 넘어서, 인공지능 시대로 들어서고 있다. 2006년은 3차 산업혁명 시대였다. 지금은 4차 산업혁명 시대다. 시대에 맞게 정책수단이 완전히 달라지려면 수단 전체를 관통하는 철학이 제시되어야 한다. (8-9쪽)

변양균, 『경제철학의 전환』 목차

들어가면서

Ⅰ 경제철학의 전환

　　1장 케인스식 수요 확대에서 슘페터식 공급 혁신으로

　　2장 새로운 성장의 길: 슘페터식 성장정책의 기본방향

Ⅱ 어떻게 할 것인가?: 슘페터식 성장정책의 실천방법

　　3장 노동의 자유: 국민기본수요의 충족

　　4장 토지의 자유: 수도권과 비수도권의 이익 공유

　　5장 투자의 자유: 모험을 촉진하는 혁신금융

　　6장 왕래의 자유: 플랫폼 국가의 건설

나가면서

　이 책은 드물게도 경제철학에서 출발하여 핵심 정책기조(4대 자유)를 도출하고, 이를 법령 개정 사항까지 포함한 세부정책과 이를 수행하는 데 필요한 5년간 재원 조달 및 지출 계획까지 제안하고, 이 전체를 '플랫폼 국가'라는 국가비전으로 승화시킨 것이다. 책의 핵심 주장을 한 문장으로 표현하면, 자본·노동·토지 등 생산요소를 창조적으로 결합하여 슘페터적 공급 혁신이 일어날 수 있도록 "노동의 자유, 토지의 자유(수도권과 비수도권의 이익 공유), 투자의 자유(모험을 촉진하는 혁신금융), 왕래의 자유(플랫폼 국가의 건설)"를 높은 수준으로 끌어올리자는 것이다.

　이 핵심 주장은 서문에 집약되어 있다. 간추리면,

　　첫째, '노동의 자유'를 위해서는 국가는 노동자들에게 기본 수요를 충족해주어야 한다. 기본수요란 주택, 교육, 보육, 의료, 안전을 모두 포함하는 것으로 기존의 실업자 대책 수준을 훨씬 넘어서는 개념이다.

　　둘째, '토지의 자유'를 위해서는 수도권 투자에 따라 발생하는 이익을 비수도권과 나누어야 한다. 특별기금을 설치하고 고향기부금 같은 세금공제제도를 마련해야 한다.

셋째, '투자의 자유'를 위해서는 국가자본주의식 정부 규제를 과감하게 떨쳐버려야 한다. 법에 허용된 사업만 허용하는 포지티브 규제에서, 법에서 명시적으로 금지하지 않는 사업은 원칙적으로 허용하는 네거티브 규제로 전환해야 한다.

넷째, '왕래의 자유'를 위해서는 국가운영 자체가 세계를 향해 열려 있는 플랫폼 국가를 지향해야 한다. (11쪽)

사실 변양균이 한 작업(한국사회를 업그레이드할 경세방략 정립)은 내가 오랫동안 매달려 온 작업이다. 하지만 나는 경제사상에 조예가 깊지 못하여, 서구 경제사상가들의 이론을 뒷배로 깔지 못하였다. 또한 수많은 예산 항목을 들여다보면서 가위질과 바느질을 해 본 경험이 없기에 재원조달(기존 지출 삭감) 계획과 소요예산 계획수립은 언감생심이었다.

변양균이 역설하는 슘페터 철학과 문재인 정부가 의지하는 케인스 철학 ― 소득주도성장론의 뼈대다 ― 에 대한 비교 평가는 이 책에서 가장 경청할 만한 주장 중의 하나가 아닐까 한다.

지난 30년간 나의 경제관료 생활도 케인스주의 철학과 정책을 수행하는 일이었다. 하지만 이제는 우리는 케인스주의의 한계를 실감하고 있다. 단기적 통화정책으로 경기를 부양하려던 조치들은 장기적으로 볼 때 분배구조를 악화시키는 역효과를 낳았다. (10-11쪽)

슘페터는 '공급+중장기'이론이고, 케인스는 '수요+단기'이론으로, 정책의 핵심 내용은 금융정책과 재정정책의 혼합(한마디로 수요 확대)이다. 즉 통화량의 팽창과 수축, 재정의 확대와 축소를 계량적으로 조정 제어하는 것이며, 숫자로 표현 가능하다. (…) 하지만 슘페터는 수학의 뒷받침이 없는 서술식으로 경제학을 과학으로 공부하던 많은 경제학자들에게는 부담이다. (뿐만 아니라) 우리의 정치사회 시스템(5년 단임제 등)은 장기 대책을 용납하지 않는다. (18-19쪽)

케인스주의에서 슘페터주의로 전환을 역설하는 변양균에 따르면, 슘페터는 기업가를 "생산의 3요소(토지, 노동, 자본)를 결합하는 일을 직분으로 삼는(따라서 지주, 노동자, 자본가와 구별되는) 제4의 인격체"로 본다. "기업가는 신결합을 수행하는 경제주체이므로 일상 업무만 처리하는 경영자는 기업가가 아니다. 기업가가 움직이는 동기는 좁은 의미의 이득이나 금전 욕심이 아니라 1) 사적 제국(자신의 왕조), 2) 승리의 의지(성공의욕), 3) 창조의 기쁨"이다(21쪽).

따라서 슘페터가 생각하는 정부의 역할은 "제4의 인격체가 자유롭게 생산요소를 결합하여 '창조적 파괴'가 수없이 일어날 수 있도록 생태계를 만들어" 주는 것이다(23쪽).

내가 과문해서인지 몰라도, 경제학은 대체로 경제행위자(사람, 기업, 노동, 자본, 정부 등)들을 추상화, 계량화시켜 수학으로 그 동역학을 분석하다 보니 사람의 창의, 열정, 의지, 심리와 기업가정신을 놓치는 경우가 많다. 뿐만 아니라 한국사회의 주류적인 기업관이나 창업관은 대체로 '돈을 벌기 위한 수단'에 불과하다. 한마디로 천민적 기업관이다. 이 기업관의 거울상이 바로 좌파와 노조에 뿌리내린, 노동착취의 수단으로서의 기업관이다. 이 기업관은 기업이 얻은 이익은 정부의 특혜와 협력업체 및 소비자 약탈의 산물로 본다. 한국에서는 "인류가 필요로 하는 가치를 창조(생산)하는 것이 기업이고, 돈은 그냥 따라오는 것"이라는 선진적인 기업(창업)관을 가진 사람을 찾아보기가 쉽지 않다. 하다못해 개발연대에는 흔했던, 부동산 투자나 투기를 경멸하던 '산업보국'의 정신(애국애족적 기업관)조차도 박물관에 가야 겨우 볼 수 있는 어떤 것이 되었다. 지금 한국의 상황이 이러하기에 '기업가(정신)'의 중요성을 강조하는 슘페터를 재조명하는 것은 특별한 의미가 있다.

변양균은 경제철학을 케인스주의에서 슘페터주의로 전환할 필요성이 다른 나라보다 한국에서 훨씬 절실한 이유를 네 가지로 설명했다.

첫째, (한국은 전형적인 소규모 개방경제이기에) 케인스식 금융재정 정책에는 한계가 있다는 것이다. 단적으로 국내외 금리차가 커지면 급격한 자본유출입과 환율 급등락이 일어난다(28쪽).

둘째, '소득주도성장론'도 슘페터식 경제정책과 같이 가야 한다는 것이다. 소득주도성장론은 사실 내수 중심 성장론인데, 문제는 가장 소비가 활발한 45~49세가 2018년에 436만 명으로 정점에 도달한 후 급격히 감소하는 한국 특유의 인구구조로 인해 내수의 토대가 약하다는 사실이다. 그러면서 변양균은 "인위적 임금상승보다는 저비용 사회로 우리 사회를 구조조정하여 실질적인 가계소득을 높여야 한다"고 강조한다. 그가 지목한 대표적인 고비용 분야가 주거, 교육, 보육, 의료, 레저 분야다(31-32쪽).

셋째, 성숙 단계로 접어든 한국경제에 시급한 것은 '창의'와 '혁신'이다. 생산성이 낮은 부문의 인력, 자본, 기술을 생산성이 높은 부문으로 원활하게 이동 — 실은 구조조정 — 시킬 수 있어야 한다는 것이다(33쪽).

넷째, 4차 산업혁명은 부단한 혁신을 요구한다는 것이다. "슘페터의 경제철학은 산업과 기술혁명의 격변기에 적합"한데, 한국은 이제 "4차 산업혁명으로 불리는 신산업 격변기를 맞이하고" 따라서 "혁신 속도를 높여야 글로벌 경쟁을 뚫고 생존이 가능"하다는 얘기다(34쪽).

기업가정신에 초점을 맞춘 GEM(Global Entrepreneurship Monitor)의 2016년도 보고서에 의하면 우리나라의 초기 창업활동(TEA)은 6.7%로 65개국 중 53위다. (…) 왜 그럴까? 공급혁신의 기본이 되는 생산요소인 토지, 자본, 노동의 자유로운 결합 자체가 어렵기 때문이다. 토지는 규제가 너무 많다. (…) 새로운 토지의 공급이 어렵다. 결과적으로 토지 거래는 지주 쪽으로 기울어진 거래다. 자본은 거래 자체가 자유롭지 못하다. 국가의 통제 아래 놓여 있다. 금융 분야만 놓고 보면 우리나라는 국가자본주의다. 노동의 거래에서는 노동자 쪽의 거래 자유는 없다. (…) 기업이 파산하면 워크아웃 과정을 통해서 구조조정이 이루어질 수 있도록 정부가 기업주를 돕는다. (…) 그러나 노동자들이 새로운 일자리를 모색하도록 지원하는 데는 정부가 지나치게 인색하다. (39-40쪽)

변양균의 주장은 너무나 타당한 주장이다. 하지만 문재인 정부는 그 어떤 정부보다도 생산요소의 창조적 결합과 파괴를 어렵게 한다. 산업·기업의 구조조정은 백안시 정도가 아니라 아예 범죄시한다. 고용노동 패러다임은 19세기 공장법 시대나 노동자가 컨베이어벨트의 부속물처럼 여겨지던 찰리 채플린 시대, 아니면 평생직장과 직업이 보장되던 1950~60년대에 머물러 있다. 그런 점에서 변양균의 간곡한 제언은 문 정부에게는 도대체 씨알이 먹힐 소리가 아니다.

김상조

문재인 정부 초대 공정거래위원장이자 현 청와대 정책실장인 김상조가 쓴 『종횡무진 한국경제』(오마이북, 2012)의 서술 항목과 체계는 이렇다.

1부('한국경제 종단')는 신자유주의(이념) → 국민경제(거시) → 산업(중위) → 기업(미시) 순으로 서술되어 있다. 추상에서 구체로 종단하면서, 과거·현재·미래 모습을 조망하면서 경로의존성의 제약 내용을 점검하려고 하였단다.

2부('한국경제 횡단')는 재벌, 중소기업, 금융, 노동 등 주요 부문별 현황, 과제, 대안을 도출하여, 상충하는 개혁 목표들의 우선순위를 조정하는 기준을 세우려 했단다.

김상조의 관점과 문제의식은 목차에 잘 나와 있다. 문 정부와 더불어민주당을 비롯한 진보진영이 중요하게 생각하는 많은 경제문제를 다루었다.

김상조, 『종횡무진 한국경제』 서술체계

1부 한국경제 종단: 거대담론부터 미시정책까지

1장 신자유주의 극복의 전제조건은 무엇인가 – 경제 이데올로기
　　비틀거리는 다이내믹 코리아 / 중상주의부터 신자유주의까지 / 신자유주의 극복과 구자유주의의 확립

2장 국민경제가 성장할수록 모두 행복해지는가 – 국민경제 성장과 위기
　　성장률이 왜곡하는 세상 / 성장과 위기 사이의 롤러코스터 / 금융위기 앞에 무력한 경제 이론

3장 낙수효과는 유효한가 – 산업별 양극화
　　제조업과 서비스업을 둘러싼 논쟁 / 만병통치약일 수 없는 개방 정책

4장 기형적 양극화는 왜 계속되는가 – 기업구조
　　부실기업과 관치금융의 관계 / 중소기업의 영세화와 양극화 / 재벌도 안전하지 못하다

　책에서 김상조는 "**하도급 거래는 중소기업–중소기업 거래가 60% 안팎**이고, 대중소기업간 거래가 30%, 대기업–대기업의 거래가 10% 가량이기에, **중소기업의 열악한 현실은 대–중소기업간 불공정 거래(수탈)의 문제에만 초점을 맞추는 것은 확실히 일면적**"(238쪽)이라고 하였다. "생산물시장은 물론 노동시장, 자본시장 등의 광범위한 영역에서 이중구조가 형성되어, 대중소기업 간의 생산력 격차가 확대되고 있기 때문에, 중소 하도급 기업의 경영상황을 개선하는 것이 **노동시장의 이중구조를 해소**하기 위한 전제조건"(239쪽)이라는 것이다. "독일의 중소기업은 일본과 달리 대기업으로부터 상당히 독립적인 지위를 유지"하는데, 이는 "일찍부터 수출시장에서 경쟁력 우위를 통해 독자적인 판로를 확보하여 국내 대기업에 의존할 필요성이 적었기 때문"이라 하였다.

이영훈

이영훈은 『한국형 시장경제체제』(공저, 서울대 출판문화원, 2014)의 제1

장(총론: 한국형 시장경제체제를 찾아서)과 11장(한국사회의 역사적 특질: 한국형 시장경제체제의 비교제도적 토대)에서 한국경제의 핵심 특성을 고도의 개방성, 국가경쟁력의 중심인 대기업과 혁신 역량 없는 방대한 생계형 소기업, 불안정한 노동시장, 인력수급 불균형, 직접금융이 우세한 금융시장, 강력한 국가규제 등 7가지로 정리했다. 즉 강한 국가개입(규제)과 약한 이익단체(기업 및 노동자 단체)가 "국가주의 시장경제"를 만들었다는 것이다. 이영훈은 한국은행 경제통계시스템과 OECD가 제공하는 방대한 경제통계에 근거하여 한국경제를 분석한 대부분의 경제연구자·담론가들과 달리, 조선사회까지 거슬러 올라가서 가치관과 문화 등 "한국사회의 역사적 특질"을 천착하였다. 이영훈은 한국은 뿌리 깊은 "저신뢰 고갈등 사회"이며 이것과 커다란 불균형이 국가의 다방면에 걸친 강력한 개입을 초래했다고 진단했다. 한국경제의 국가주의적 성격은 정부의 규제 선호 때문만이 아니고, 사회와 문화 역시 규제를 선호한다는 것이다.

이영훈 외, 『한국형 시장경제체제』 서술체계

제1장 총론: 한국형 시장경제체제를 찾아서 – 이영훈
제2장 한국의 국가혁신체제: 국제 비교와 추격형에서 선진국형으로의 전환 – 이근
제3장 한국 대규모 기업집단의 특징과 전망 – 이건범
제4장 경제발전의 전개 형태와 중소기업 – 김주훈
제5장 한국 자영업 부문의 현황과 구조적 특성: 경쟁의 성격을 중심으로 – 김창욱·김정근
제6장 한국 식료 부가가치 사슬의 특징: 시장지배력과 협동조합을 중심으로 – 이명헌

이영훈은 "한국의 연구자들이 보이는 공통의 결함"을 이렇게 지적
한다.

　　그들은 한국의 경제체제를 제약하고 있는 (…) 한국인들이 역사로
부터 물려받은 비공식적 제도와 규범에 대해 알지 못하거나 적절한
관심조차 표하고 있지 않다는 점이다. 한국인들이 상호 신뢰하고 협
동하는 원리는 무엇인가. 한국 사회의 조직적 특질은 어떠한가. 그것
은 역사적으로 어떻게 형성되고 발전해왔는가. (…) 한국경제의 유형
적 특질에 관한 국내의 논의가 경험적이라기 보다 규범적이며, 전체
적이라기보다 부분적이며, 심충적이라기보다 표피적일 수밖에 없는
한계를 노정하고 있음도 이 같은 이유에서이다. (…) (자본주의 다양
성 이론의 소개자) 임현진은 한국사회가 안고 있는 여러 병폐의 근원
을 **권위주의적 근대화 내지 신자유주의**에서 찾고 그 대안으로서 서유
럽의 조정시장경제를 추천하였는데, 그가 그 근거로 제시한 것은 순
전히 그의 개인적인 도덕적 확신뿐이었다. 한국의 사회과학자들에게
서 관찰되는 이런 절망적인 수준의 도덕적 규범성은 (…) 한국형 시

장경제체제에 내재한 한국 지성사회의 특질이나 한계일지도 모른다. (…)

한국형 시장경제체제의 특질과 관련하여 가장 의미있는 현상은 제조업과 서비스업에서 경쟁력과 혁신능력을 결여한 **영세사업체가 국제적으로 이상치라 할 정도로 과다**하고, 또 적체되어 있다는 사실이다. 거기에 한국경제가 몸살을 앓고있는 저임금, 고용불안, 저복지의 늪이 형성되어 있다. **무슨 연유에서, 어떠한 과정을 거쳐 그러한 영세사업체의 군락이 성립하였는지**에 관해서는 참조할 만한 연구가 거의 없다.(중략) 영세사업체의 과다와 적체를 대기업의 탓으로만 돌릴 수 없다. (…) 산업, 시장, 기업에 대한 경험적 분석이 빈약한 가운데, 대조적으로 정치적으로 오염된 도덕적 논의만이 무성(하다). (25−27쪽)

그런데 이영훈이 말한 "영세사업체의 과다"는 영세사업체에 몸을 담가 본 사람들은 안다. 1987년 이후 (선진국과는 전혀 다른) 한국 특유의 노동조합 운동과 기업규모를 주된 기준으로 가해진 국가규제는 대기업의 부담을 너무나 크게 만들었기 때문이다. 이는 현대기아차의 임금 등 근로조건과 노사관계를 보면 안다. 그리고 대우자동차, 쌍용자동차, 한진중공업 구조조정 과정에서 벌어진 전쟁을 방불케 하는 갈등을 보면 안다.

김상조는 영미형 시장경제를 표준으로 하여 한국경제의 핵심 주체인 재벌과 여러 가지 관행(구자유주의적 결핍)을 범죄 프레임으로 보았다. 김상조와 이영훈은 한국경제를 통합하는 이념에 대해 얘기했는데, 김상조는 '신자유주의(과잉)와 구자유주의(결핍)'를 지적하고, 이영훈은 한국경제를 "국가주의 시장경제"로 분류하였다.

한국의 경제, 정치, 사회, 문화를 관통하는 어떤 '주의'를 말한다면, 그것은 신자유주의가 아니라 문재인 정부와 집권연합세력이 체현하고 있는 국가주의와 도덕주의다. 신자유주의는 개방화·자유화의 이름으로 시장의 일부에만 영향을 미쳤을 뿐이다. 그것도 많은 분야를 규제로 칭칭 감아 놓았기 때문에, 규제를 풀어준 영역에는 개인이나 기업들이 엄청나게 많이 진입하여 그야말로 레드오션을 만드는 경향이 있다. 이것이 한국에서는 신자유주의가 과잉인 것처럼 착각하게 만들지 않았을까 한다. 그리고 실물경제 현장에서는 약탈주의(지대추구)와 가족주의가 횡행한다. 약탈과 억압은 국가 스스로가 자행하기도 하고, 민간 이익집단이 국가(법·규제, 예산, 공기업 등)를 포획하거나 활용하기도 한다.

고용학자와 노조

빈부격차, 불평등, 양극화 문제를 논하는 학자들이 주로 주목하는 것은 거시 생산·분배 구조다. 산업연관표 등 국민계정에 입각하여 생산·분배·지출 국민소득('3면 등가 법칙'), 생산성, 투자, 소비, 수출, 고용, 기업−가계−정부, 자본−노동 소득 분배구조 등 거시범주로 국가의 생산·분배 구조를 조망한다. 최근 들어 피케티 통계 등 분위별 소득분배 구조(소득집중도) 등도 많이 거론한다. 통계청에서는 국부(국가자산) 통계와 가구 단위로 자산, 소득, 부채 통계(가계금융복지조사)를 생산하는데, 이는 경제학자나 고용학자 및 노조운동이 별로 주목하지 않는다.

고용학자들과 노조운동과 진보정치세력이 주로 주목하는 것은 고용임금 격차다. 이들은 정규직−비정규직, 대기업−중소기업, 대졸−고졸, 남성−여성 임금격차와 고용안정성=유연성(평균근속연수) 격차 등 무수히 많은 고용, 임금, 복지 격차를 시비한다. 그런데 의외로 취업자−실업자 및 실망실업자(비경제활동인구) 간 격차와 임금근로자−영세 자영업자 간 격차와 세금이나 독점요금에서 소득을 얻는 공공부문 종사자와 무한경쟁의 시장에서 소득을 얻는 민간부문 격차 등은 시비하지 않는다. 고용학자들과 노조운동과 진보정치세력 등이 주로 전자(취업자, 임금근로자, 공공부문 종사자)의 이해와 요구를 대변하고 있기 때문이 아닐까 한다. 관점을 달리하면, 후자의 경우 집단화·조직화되어 아우성을 치지 못하기 때문이다.

고용학자들과 노조운동과 진보정치세력 등은 대체로 격차(불평등, 양극화)의 본질·성격과 구조를 시비하는 것이 아니라, 그 증상·현상을 시비한다. '정규직=정상, 비정규직=비정상', '공공부문=정상, 민간부문=비정상', '고임금=정상, 저임금=비정상'이라는 도식을 내면화하여, '비정상 일소=상향평준화'를 지향한다. 그런데 일자리 문제를 격차 해소=비정규직 문제 해결로 등치시키는 노조운동과 노조편향적 학자들의 관점과 프레임을 정치인들이 채택하면서, (나쁜 일자리 개선이 아니라) '좋은 일자리 창출'과 그 일환으로서 '비정규직의 정규직화'가 불평등 해소 담론의 전면에 등장하였다. 그리하여 적당한 명분; 즉 상시지속업무니, 생명안전 관련 업무니, 공공부문의 솔선수범 운운하며 공공부문과 대기업 비정규직의 정규직 전환을 핵심 정책으로 삼게 되었다. 이는 대선후보들의 공약에 그대로 나타났음을 제3부에서 살펴보았다.

한편 기업경영자, 기술자, 과학자, 경영학자, 금융인 등이 주목하는 것은 돈과 사람을 움직이는 유인보상(인센티브)체계, 위험분산(risk hedging)체계, 지배운영(거버넌스)구조 등이다. 이들은 시장 환경과 기술 변화를 강조하고, 위험(공헌)과 이익, 비용과 편익, 부담과 혜택의 균형을 중시한다. 따라서 위험분산 및 노하우(개념설계 역량) 축적 지향의 유인보상체계가 경제와 사회 발전의 관건이라고 얘기한다. 요컨대 이들은 격차(불평등, 양극화)의 본질·성격, 구조·원인을 시비하는데, 현재 한국의 불평등, 양극화, 일자리 담론에서 이들의 관점은 빠져 있다시피하다.

특이하게도 장하성 청와대 정책실장은 경영학자임에도 불구하고, 유인보상체계나 위험분산체계 관점을 외면하고 주로 고용학자들과 노조운동의 관점으로 현실을 진단했다. 그리고 조선의 지적 전통을 계승한 사람답게 불평등·양극화의 원흉을 사법적 단죄가 가능한 '재벌대기업의 불법적 약탈'로 지목한다.

거대 개혁 담론을 주창하는 사람들도 반대하는 사람들도, 많은 가치·자원 운용의 핵심 주체이거나 주체가 될 시장, 사회, 국가, 지방 및 주민에 대해 잘 알지도 못하고, 연구도 하지도 않는다. 대체로 한국의 시장, 사회, 국가, 지방을 유럽이나 미국이나 일본의 그것과 대동소이하게 보는 경향이 있다. 또한 서로 긴밀히 연결되어 상호작용하는 국가, 시장, 사회 각각을 매우 분절적으로 이해하고 있다. 그 하위 시스템에 대한 연구, 고민도 없다. 다만 뒤틀리고 얽히고설킨 구조가 만들어 낸 다양한 증상을 완화하는, 관료적 개선론(미봉책)만 무성하다. 시스템의 본질, 소명, 전제조건에 충실한 개혁론은 정말로 드물다.

결론만 먼저 말하면, 한국경제 내지 한국 시장경제체제를 위에서 통할하고 아래에서 떠받치는 국가와 사회(공동체) 및 사상을 천착하지 않음으로써 한국경제 내지 한국 시장경제체제의 동역학조차 제대로 해명하지 못하였다.

3. 문 정부의 경제철학

문재인 정부와 집권연합세력의 경제철학의 치명적 결함은 열 손가락으로도 헤아리기 힘들다. 19~20세기에 서구를 풍미했던 경제철학(마르크스주의, 케인스주의, 슘페터주의)의 조합으로는 도저히 설명할 수가 없다.

문재인 정권과 집권연합세력의 시장관, 경제관, 정의·공정관은 시장질서와 경제현상에 대한 객관적인 관찰과 치밀한 분석의 산물이 아니다. 실물로부터 아주 먼, '도덕'이나 '정의'를 팔아서 권력과 부와 명예를 얻은 정치인, 사법관료(법관), 행정관료, 강단 교수, 시민단체 활동가(변호사) 등의 일면적 인식과 세상물정 모르는 사춘기 청소년의 도덕적 분노가 결합되어 있다.

그러다 보니 원인과 결과를 혼동하고, 정상과 비정상을 혼동하고, 강자와 약자를 혼동하고, 정당한 격차와 부당한 격차를 혼동한다. 부당한 격차에도 불법행위에 기인한 것도 있고, 정의와 상식에 어긋나지만 합법적인 것(공무원의 근로조건과 노조의 지대추구 행위)도 있는데, 이를 구분하지 못한다. 뿐만 아니라 정규직과 비정규직, 공공과 민간, 조직노동과 미조직노동, 현재 취업자와 미래 취업자는 전자의 권리·이익을 강화하면 후자의 그것이 감소하는 제로섬 관계 내지 동전의 양면 관계인데, 이를 완전히 별개로 인식한다. 반면에 비교우위에 따라 거래당사자 모두가 이익을 볼 수 있는 개방경제 하에서는 부자와 빈자, 자본과 노동, 기업과 가계, 수출대기업과 하청협력업체 관계는 얼마든지 협력적 관계가 될 수도 있는데도 불구하고, 이들을 제로섬 관계로 인식하는 오류를 보여 준다. 분절적, 일면적, 피상적 사고를 전형적으로 보여 주고 있다.

문 정부와 집권연합세력은 조선 망국, 북한 참상, 사회주의의 실패, '이명박근혜' 정부는 말할 것도 없고, 자기들의 뿌리인 노무현 정부의 실패와 좌절에서 배운 것이 거의 없다. 아니, 성찰한 적이 없다. 경제문제로 말하면 '한강의 기적'을 만든 동력과 환경도 알지 못하고, 1987체제의 빛과 그늘도 알지 못하고, 1997년 외환위기의 원인과 교훈도 알지 못한다. 그러니 여전히 유효한 몇 안 남은 한강의 기적의 동력들을 모조리 파괴하고 있다. 산업생태계에 산성비를 퍼붓고 있다고 해도 과언이 아니다.

조선, 식민통치, 한국전쟁으로 인한 폐허 등 경제의 초기조건도 모르고, 경로의존성도 모른다. 오랜 자본주의 시장경제의 역사와 시장·자유 친화적인 문화와 크고 개방된 시장을 가진 영미식 경제를 잣대로 한국경제를 재단하니, 한국 자본주의는 온갖 결함이 있는 중환자(천민자본주의)로 폄하되었다. 한국 경제발전의 견인차인 재벌대기업은 범죄집단처럼 취급되고, 불평등과 양극화와 천민자본주의의 주범으로 되어 돌팔이 의사의 수술을 수차례 받았다. 지금은 역사상 최악의 돌팔이 의사의 대수술을 받고 있다. 진짜 경제·고용 파괴범인 정부·공공과 조직노동은 무슨 정의의 사도나 경제개혁의 선봉대처럼 되었다. 적반하장도 이런 적반하장이 없다.

문 정부와 집권연합세력은 돈(자본, 가계금융자산, 예산과 기금), 사람(인재, 노동력), 기업가정신 등 경제적 자원을 움직이는 핵심 동력이 사회적 유인보상체계와 위험완충체계라는 사실을 알지 못하고 있다. 또이 전체를 통할하는 것이 국가와 사회의 지배운영(거버넌스) 구조라는 사실도 역시 알지 못하고 있다.

특히 이들은 국내 투자와 고용의 발목을 잡는 족쇄나 애로가 무엇인지 파악하지 못하고 있다. 과거 한강의 기적을 창조한 독특한 위험분산·완충(risk hedging) 시스템이 붕괴되었지만 새로운 시스템은 만들어지지 않은 현실을 간과하고 있다. 생산물시장 및 노동시장의 이중구조 원인도 파악하지 못하고 있다. 비교우위 산업·기업의 투자·고용 기피 원인을 파악하지 못하니 근로시간 단축이 고용으로 연결될 수가 없다. 또한 국내소비에 극도로 인색한 외국인 노동자층과 높은 자영업자 비중도 간과하고 있다. 세계적인 기형인 노조와 비정상적이기 이를 데 없는 정규직과 공무원의 철학·가치를 대변하면서 이를 늘리려 하니, 노동시장의 이중구조와 경직성은 더욱 악화될 수밖에 없다.

이들은 복잡미묘한 실물은 모르면서도 국가권력(법, 규제, 사법, 예산 등)으로 공정한 시장경제와 도덕적인 사회를 구현할 수 있고, 구현해야 한다는 확신과 사명이 넘쳐 난다. 바로 이런 지독한 오만·독선과 무지몽매함이 최저임금 1만 원, 주 52시간 근무제, 비정규직 제로화, 기업 겁박, 친노조, 공공부문 팽창, 문재인 케어, 탈원전 정책 등을 낳았다.

미국, 일본, 유럽과 완전히 엇박자를 낸 대북정책과 그야말로 백해 무익한 한일간 경제전쟁을 초래한 사고방식의 뿌리도 동일하다. 1965년 한일 국교정상화 및 청구권협정을 통해 정립된 한일관계의 기본틀을 흔든 대법원(2012년 김능환 주심의 소부 재판과 2018년 김명수 대법원장의 전원합의체 재판)의 징용 배상 판결은 국제관계(조약)에 대한 무지이자 사법부의 월권인데, 문 정부는 외교를 책임진 행정부로서 이 우물 안 개구리식 판결을 완충하기는커녕 오히려 일본에 '존중'을 요구하여, 일본의 격한(그러나 지극히 상식적인) 반발을 초래하였다. 그리고는 일본의 의도된 경제침략이라고 길길이 뛰며, '죽창가'와 의병 궐기를 부르짖는다.

경제철학이든 정치철학이든 외교안보철학이든, 그 토대는 역사인식과 현실인식이다. 대한민국이 어디쯤 있고, 어디로 가야 하는지에 대한 통찰이다. 달리 말하면 당면 과제(국가적 현안)가 무엇이고, 이를 어떻게 해결하여 어떤 나라를 만들어야 하는지다. 그런데 이 중요한 역사·현실 인식이 너무나 시대착오적이고 조야하기에 국정철학이든 경제철학이든 바로설 수가 없다. 역사는 보기 나름이라, 확증편향이 심하면 교정하기 어렵다. 하지만 현실인식은 가설 검증, 실사구시(현장탐방), 통계, 대화와 토론 등을 통해서 어느 정도 교정할 수 있다. 문재인 정부와 집권연합세력에게는 이것이 필요하다.

4. 경제문제 인식 및 분석 프레임 교체

현재 가장 보편적으로 쓰이는 '국민경제 순환모형'과 '산업연관표'는 한국경제에 지대한 영향을 미치는 공공부문(규모, 위상, 국가규제, 공기업 등), 부동산, 지대추구를 조장하는 사회적 유인보상체계와 개인 및 기업의 위험완충체계 등을 제대로 천착하지 못하고 있다.

국민경제 순환모형

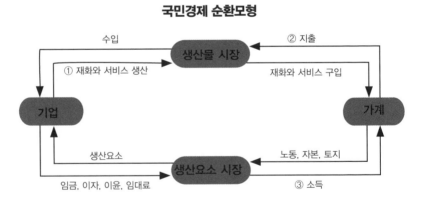

이 '경제순환모형'과 '산업연관표'는 선진국에서 주도적으로 개발했을 것이고, 아마 널리 쓰이는 경제학 교과서에도 적시되어 있을 것이

다. 한마디로 '세계적 보편성'에 충실한 것이다. 그런데 한국은 세계적 보편성 프레임에는 포착되지 않는 것들이 많다. 그것이 바로 국가 혹은 정치다. 어쩌면 여기에 지정학적 조건도 추가되어야 할 것이다. 세계적 강대국(미, 중, 일, 러)으로 둘러싸인, 에너지·식량을 자급하지 못하는 — 그래서 외국인이 간절히 원하는 상품과 서비스를 팔아 산 것을 바다를 통해 운반해야 하는 — 인구대국이라는 조건 말이다.

생산요소(노동) 시장의 경우 고용임금 격차의 본질(생산성+지대)을 직시하지 못하고 있다. 이와 더불어 중하층 노동시장에 파괴적인 영향을 미치는 외국인 노동자 변수, 상층 노동시장을 왜곡하는 인재들의 탈한국과 공공지대 추구 경향도 간과되고 있다. 노동시장 전반을 왜곡하는 (저출산 고령화 쓰나미가 몰려오는) 인구구조와 급속히 고령화하는 산업인력 구조, 높은 대학진학률, 고교 및 대학의 교과과정과 산업 및 사회 간의 미스매칭, 노동시장의 공정·유연·안정 시스템 구축 문제도 간과되고 있다.

재화(생산물) 시장은 경제민주화·재벌개혁·공정거래질서에 비해 국가독점(공공부문의 지대추구), 민간 독과점, 주력산업 쇠퇴 이후를 대비한 신성장동력 육성(4차 산업혁명 등 기술 패러다임 변화 대응), R&D 시스템, 김우중식 세계경영, 건강한 벤처 창업(기업 생멸) 생태계 형성, 산업인력 구조조정 시스템, 합리적 국가규제, 소생산자들의 연대와 협동, 지역균형발전 등이 간과되고 있다.

금융시장 문제는 김상조와 정대영 등이 강조해 왔지만, 은행산업 과보호를 지적해 왔으면서도 이를 감안한 금융개혁 담론이 부상하지는 않았다. 인터넷은행은 그야말로 지엽말단적인 문제이다. 부동산시장 문제는 정대영이 특별히 강조하는데, 주로 경제정의(임대소득 과세 등) 관점에서 접근하고 있다.

한국경제 전체를 통할하는 이념으로 제시된 것은 '경제민주화' 외에

"신자유주의 과잉―구자유주의 결핍"(김상조), "국가주의 시장경제"(이영훈) "관원대리체제"(주진형), "케인스주의 대 슘페터주의"(변양균) 등이다. 이영훈은 국가주의 시장경제의 역사적 연원을 비교적 잘 천착하였지만, "전면적인 규제완화와 대기업 중심 세계경영"을 대안으로 제시한 데서 보듯이, '구자유주의의 결핍' 문제를 비껴갔다. 김상조는 '구자유주의의 결핍' 문제를 제시하였지만, 제대로 작동하기 힘든 국가(공정위, 사법부 등)에서 그 대안을 찾고 있다. 변양균은 슘페터 이론에 입각하여 문제를 진단하고 대안을 제시하지만, 정부·공공의 문제와 강고한 기득권 타파 문제를 비껴갔다.

4. 21세기 한국경제 문제

21세기 한국경제는 헤아릴 수 없이 많은 문제를 안고 있다. 증상과 원인이 뒤섞이고, 증상과 증상은 합병증이 발생하고 있다. 과거에도 한국경제는 문제투성이라고 아우성이었지만, 지금 보면 그때는 엄살이었다. 한마디로 세계 속에서 대한민국의 위상을 알지 못하고, 우물 안 개구리 안목으로 한국경제를 봤기 때문이다. 하지만 지금은 세계와 중국을 알고 산업과 기업을 아는 기업인들이 심각한 위기 징후를 호소하고 있다. 한국경제는 국가 주도의 자살 내지 타살(질식사)로 내달리고 있다.

경제학자들이 가장 문제 삼는 것은 경제성장률이다. 매 5년마다 1퍼센트포인트씩 떨어져, 3퍼센트대에서 2퍼센트대를 거쳐 2020년대 중반 즈음에는 0퍼센트대로 떨어질 것으로 예상하고 있다. 그런데 경제성장률은 인구구조와 모든 경제행위 및 경제정책의 총화다. 그래서 성장 위기는 다양한 각도에서 얘기된다. 그냥 세계적 보편성으로 해석하기도 한다. 그야말로 장님 코끼리 만지기다.

김상조 정책실장은 2016년 2월에 쓴 칼럼에서 "한국경제의 성과를 좌우하는 세 차원의 환경요인이 최악의 상황"이라 하였다.

첫째, 세계경제를 보면, ICT화 및 글로벌화가 초래한 양극화의 상처가 아물기도 전에, 2008년 위기 이후 밀어닥친 저성장·불확실성의 뉴노멀(New Normal) 시대가 끝도 없이 이어지고 있다. 둘째, 일본-한국-중국-아세안으로 이어지는 동아시아의 분업구조가 급변하면서 한국의 경쟁 우위가 마모되었고, 특히 2000년대 한국의 성장을 이끌었던 '중국 효과'(China effect)가 이제는 저주로 바뀌었다. 셋째, 국내적으로는 재벌 중심·수출 주도 성장모델의 낙수효과(trickle-down effect)가 소멸한 가운데, 유례없는 고령화 추세가 소비절벽과 세대갈등을 증폭시키고 있다.

이 세 차원의 요인은 우리가 통제할 수 없는 외생변수이거나 단기간에 변화시킬 수 없는 구조변수다. 한마디로, 암울하다. "한국경제의 성장을 이끌 새로운 산업도, 한국제품을 받아줄 새로운 시장도 보이지 않는다."

김상조는 "이것이 경제민주화를 추진해야 할 절박한 이유"라면서, 20세기 최고의 경제학자라는 케인스의 말을 인용하여 "우리를 둘러싼 경제환경이 급변했고, 따라서 우리의 생각도 바뀌어야 한다"는 당연한 얘기를 했다. 그러면서 야당과 진보진영에 대해서는 "서비스업에 대한 고정관념"을 바꿀 것을 주문했다. "서비스업은 먹고 노는 '불생산적'(non-productive) 산업"이 아니며, 제조물품에 콘텐츠와 충성 고객이라는 핵심 소재를 공급하는 중간재산업이자, 신규 고용의 80%를 만

들어내는" 중요한 산업이라 하였다.[1]

　김상조의 지적은 틀린 구석이 하나 없는 얘기지만, 이것을 다 이룬다 하더라도 경제 재도약에는 한참 모자란다는 것이다. 서비스업에 대한 고정관념을 바로잡아도, 시장, 기업, 노동, 규제, 금융, 공공 등을 바라보는 시각 자체가 치명적인 문제가 있기 때문이다.[2]

　그런데 지금 대한민국이 맞닥뜨린 성장위기, 아니 경제위기의 핵심은 한마디로 '현재 먹거리 위기와 미래 먹거리 위기의 중첩'이다. 중국 등 후발 개도국의 경제적, 기술직 약진 내지 굴기로 인해 비교우위를 상실한 주력 산업 및 기업들은 속출하지만, 이를 대체할 새로운 주력 산업과 기업은 생겨나지 않고 있다는 것이다. 10대 (주력) 수출품목의 추이와 성격이 그것을 말해 준다. 이는 제품과 기술의 성격 및 수명주기 상의 문제와 관련이 깊다.

2010~2019년 주요 수출품목 비중과 순위

연도	전체수출액 (천 달러)	1위 반도체	2위 자동차	3위 석유제품	4위 선박해양구조물 및 부품	5위 평판디스플레이 및 센서	6위 자동차부품	7위 무선통신기기	8위 합성수지	9위 철강판
2019	542,333,337	17.3	7.9	7.5	3.7	3.8	4.2	2.6	3.7	3.4
2018	604,859,657	20.9	6.8	7.7	3.5	4.1	3.8	2.8	3.8	3.3
2017	573,694,421	17.1	7.3	6.1	7.4	4.8	4.0	3.9	3.6	3.2
2016	495,425,940	12.6	8.1	5.3	6.9	5.1	5.2	6.0	3.5	3.1
2015	526,756,503	11.9	8.6	6.1	7.6	5.7	5.1	6.2	3.5	3.1
2014	572,664,607	10.9	8.5	8.9	7.0	5.8	4.9	5.2	3.8	3.3
2013	559,632,434	10.2	8.6	9.4	6.6	6.6	4.9	4.9	3.8	3.1
2012	547,869,792	9.2	8.5	10.2	7.3	6.9	4.7	4.2	3.6	3.6
2011	555,213,656	9.0	8.1	9.3	10.2	6.2	4.3	4.9	3.5	3.8
2010	466,383,762	10.9	7.5	6.8	10.5	7.3	4.1	5.9	3.7	3.6

자료: 무역협회 홈페이지 http://stat.kita.net/stat/cstat/anal/AnaCtrProg.screen

　한국은 점차 데워지는 가마솥에서 한가로이 노는 개구리와 같다. 2010년 대비 2019년 수출액 점유율의 변화를 살펴보면, 반도체는 전

1) "[김상조의 경제시평] 뉴노멀 시대의 경제민주화"(경향신문 2016. 2. 2).

2) http://news.khan.co.kr/kh_news/khan_art_view.html?artid=201602022037475#csidx456
d2e0f482ae9bb81834494ddcec5e

체수출의 10.9퍼센트(2010)를 차지하다가 2017~2018년에 수출이 폭발적으로 팽창하여 20.9퍼센트(2018)까지 같다가 2019년에 17.3퍼센트로 소폭 떨어졌다. 2010~2019년의 9년 간의 경향을 보면 자동차, 자동차부품, 석유제품, 합성수지, 철강판은 전체 수출액에서 차지하는 비중이 유지되고 있으나, 선박해양구조물 및 부품은 10.5퍼센트(2010)에서 3.7퍼센트(2019)로, 평판디스플레이 및 센서는 7.3퍼센트(2010)에서 3.8퍼센트(2019)로, 무선통신기기는 5.9퍼센트(2010)에서 2.6퍼센트(2019)로 떨어졌다. 자동차와 자동차부품은 비중은 유지되는 듯 보이지만 금액으로 보면 2013년 482억 달러, 2014년 484억 달러, 2015년 452억 달러에서 2016년 402억 달러, 2017년 417억 달러, 2018년 409억 달러, 2019년 430억 달러로 전성기를 지났다고 보아야 한다. 이는 자동차부품도 동일하다.

자동차와 자동차부품산업의 위기는 한국GM 등 자동차산업의 위기로 표면화되고 있다. 1999년 이후 10위권에 든 품목 중 컴퓨터, 영상기기, 의류는 순위 밖으로 사라졌다는 사실은 지금의 수출 주력 품목도 같은 전철을 밟을 수 있다는 것을 말해 준다.

중국의 추격으로 인해 우리의 주력산업인 조립가공산업에서 기술력 격차는 급격히 좁아지거나 심지어 추월당하고 있지만, 일본·독일·미국 등 선진국과의 격차는 좀체 좁아지지 않고 있다. 문제는 이것이 불운이나 우연이 아니라 구조적인 문제이자 오래 전에 예측되었던 문제라는 것이다.

개념설계 능력이나 부품·소재·장비 관련 기술 능력을 갖추는 것은 원래 과감한 시도와 경계를 뛰어넘는 협력과 오랜 축적이 필요한데, 지금 한국은 이런 것들이 너무나 어려운 제도와 문화를 가지고 있다. 원래부터 그랬던 것이 아니고, 외환위기를 계기로 제도와 문화의 발전이 지체, 서행하다가 문재인 정부 들어서는 아예 급속도로 퇴행하고 있다.

지금 한국은 반도체와 자동차를 제외하고는 중국에 대해 안정적인 비교우위를 구가하는 산업이 거의 없다. 자동차는 전기차·자율주행차로 인해 자동차 기술 패러다임이 바뀌고, 자동차 소유에서 공유로 패러다임이 바뀌면 지금과 같은 위상을 유지할 수 있을지는 의문이다. 중국 등 후발국이 쉽게 추격하기 힘든 부품, 소재, 장비 분야로 확장이 잘 일어나지 않고, 대체로 조립가공 분야에 머물러 있다. 노동시장(고용임금 격차로 인한 숙련인력 유지 곤란), 조립가공산업의 수요 독점과 하도급거래, 중소기업 오너리더십, 금융시스템, R&D 시스템 등의 문제가 사중, 오중으로 중첩되어 있다. 설상가상인 것은 문재인 정부는 바이오헬스 등 차세대 신성장동력(신산업) 발전을 억압하는 철학·가치를 견지하고 있다는 것이다. 당연히 대기업과 중견기업의 탈한국이 가속화되고 있다.

중국과 한국의 벤처기업에 대한 양적, 질적 비교는 한국 미래 먹거리의 위기적 상황을 말해 준다.

중국과 한국의 벤처기업 비교(2015)

	총 벤처기업 (개)	현존하는 '유니콘' 벤처기업(개)	벤처캐피털기업 (개)	벤처캐피털 투자액(달러)
한국	3만	2	101	23억
중국	443만	35	10,000	377억

*유니콘은 벤처기업 중 기업가치 10억 달러 이상 기록한 비상장기업

자료: 중국 벤처캐피탈사 제로두 IPO 및 플래텀 정리
(『차이나 인사이트 2018』, 102쪽)

빼어난 청년들이 고시·공시와 규제산업에 종사하려고 하는 한국과, 빼어난 청년들이 벤처기업을 하려고 덤비는 중국과 인력의 질과 열정을 비교하면 더 큰 차이가 있을 것이다.

4차 산업혁명의 견인차로 알려져 있는, 전후방 파급효과가 크고 차

세대 성장동력으로 알려진 전기자동차, 자율주행차, 인공지능, 사물인터넷(IoT), 빅데이터, 드론, 로봇, 3D 프린터, 센서 등에서는 미국·일본은 말할 것도 없고, 중국에도 뒤지고 있다. 당과 정부와 기업이 혼연일체가 된 중국의 추격은 너무나 빠르고,[3] 때이른 승자의 혼미와 나태, 게다가 자승자박까지 겹친 한국의 대응은 너무나 굼뜨고, 손발도 맞지 않는다. 한국의 산업(기업)은 2000년대 중반 이후 그 어떤 나라보다 중국의 경제적 비상으로 인해 많은 수혜를 입었지만, 2010년대 중반 이후에는 그 어떤 나라보다 '중국과의 직접경쟁'이라는 위기(리스크)에 노출되어 있다.

산업 현실을 아는 사람들에게 심각한 위기를 알리는 아우성을 친 지 오래다. 이정동 서울대 교수(대통령 경제과학특보)는 이를 다단 로켓에 비유해, "1단 엔진 분리 실패, 2단 엔진 점화 실패"를 통해 한국 경제의 중장기적 위기를 경고한다. 1단 엔진은 실행 역량을 말하며, 2단 엔진은 개념설계 역량을 말한다. 개념설계 역량을 형성하려면 "도전적 시행착오 경험을 꾸준히 축적해야" 하는데(『축적의 길』, 지식노마드, 2017, 67쪽), 지금 한국의 정치, 경제, 사회, 문화, 기업경영 등 주요한 시스템은 '도전'을 꺼리게 하고 '시행착오에 의한 경험 축적'도 가로막는다고 한다.

뉴노멀과 같은 외부적 요인, 기술혁신과 같은 외생적 요인, 인구(저출산 고령화) 문제와 같은 내부 구조의 문제가 겹쳐서 우리 산업의 전망을 더 어둡게 하고 있지만, 그것보다 훨씬 중요한 문제가 있다. 바로 도전의식, 기업가 정신의 쇠퇴이다. (…) 청년 취업준비생

---

3) 중국의 놀라운 역동성과 유연한 규제는 우리를 놀라게 한다. 단적으로 인터넷 상거래시 이 것저것 보안 소프트웨어 깔지 않고 모든 PC에서 단 두어 번 클릭만 하면 물건 구입이 완료되는 시스템을 중국은 구현했다. 중국은 위챗페이로 스마트폰 등을 이용한 간편페이를 보편화시켰다. 수수료도 낮다. 풀러스나 우버 등 택시 외의 교통수단도 활성화되었다.

의 35%가 공무원 시험을 준비하고 있다는 조사도 있다. 기업들은 창의적인 제품과 서비스에 승부를 걸기보다 각종 제도적 장벽으로 보호받는 독과점적 지대추구 비즈니스에 사운을 걸고 있다……지금 우리는 터널의 입구에 막 들어섰다.

(『축적의 길』, 34-35쪽)

한국은 국가, 기업, 개인에게 미증유의 위기이자 기회인 제4차 산업혁명 시대에 지진아가 될 가능성이 매우 농후하다. 제4차 산업혁명은 인공지능, 시지각 능력이 향상된 로봇, 빅데이터, 사물인터넷 등이 발전을 거듭하면서, 사물-지식정보-기계-인간 등이 연결되고, 영역 간 경계가 허물어지고, 다방면에서 융복합과 창조적 파괴가 일어난다. 결정적으로는 "기계가 웬만한 인간(노동)을 대체"해 버린다는 것이다. 단순 반복 업무를 수행하는 일자리 외에, 데이터 수집·비교·분석 등을 수행하는 상당수 지식근로 일자리도 대량으로 대체될 가능성이 높다. 이는 산업 고용 구조와 소통 및 생활방식에 거대한 태풍을 몰고 오게 되어 있다. 그런데 한국은 수많은 분야가 배타적, 독점적 보호장벽으로 둘러쳐져 있어서 융합이 쉽지 않다. 생산요소의 자유로운 결합과 파괴를 가로막는 무수히 많은 기득권 보호용 칸막이와 국가규제가 즐비하다. 19세기 공장법 시대나 근로자가 컨베이어벨트의 부속품처럼 취급되던 찰리 채플린 시대를 상정한 노동법, 국가주의 교육체제와 각종 국가자격제도, 기득권만 보호하는 법·규제, 지대추구를 조장하는 유인보상체계, 지시 명령에 따라 일사불란하게 움직이는 추격돌관형 (catch up & breakthrough) 조직문화 등은 제4차 산업혁명이라는 거대한 도전에 대한 응전을 가로막고 있지만, 개혁할 엄두도 내지 못하고 있다. 그러므로 초연결-융복합-창조적 파괴는 언감생심이다.

성장 위기의 뿌리에는 '도전'도 꺼리게 하고 '시행착오에 의한 경험

축적'도 가로막고, 창조적 파괴도 꺼리게 하는 정치경제사회 시스템이 자리하고 있다. 생산성 높은 존재(사람 및 기업)와 낮은 존재의 격차가 커지는 것은 세계 공통인데, 한국은 선진국에서는 찾아보기 힘든 '생산성이 아닌 것', 즉 지대에 따른 격차도 크다. 그 결과 능력 있는 고교생이 이공계 대학 진학을 꺼리고, 그나마 규제산업이자 내수산업인 의약계로 쏠리고 있다. 능력 있는 청년은 민간기업 취업을 꺼리고, 자본·기술·인적 네트워크와 열정이 있는 사람들은 창업을 꺼리고, 능력 있는 기업은 국내 투자와 고용을 꺼리고 있다. 중소기업은 능력이 있다 해도 중견기업을 거쳐 대기업으로 성장하기도 어렵지만, 기회가 있어도 기업 규모는 키우지 않으려 한다. 대기업이 되면 너무 많은 국가 규제를 받고, 이미 받던 국가의 지원은 못 받고, 종사자의 요구 기대는 높아지고, 노조의 교섭력은 강력해지기 때문이다.

더 걱정스러운 것은 오늘이 아니라 내일의 모습을 가늠할 혁신의 분위기가 가라앉고 있다는 점이다. 오늘 비록 어렵다고 하더라도 그 어디에서든 새로운 도전적 기술과 비즈니스 모델을 계획하고, 또 시도하고 있다면 희망을 기대할 수 있다. 도전의 결과가 반드시 좋다고 보장할 수는 없겠지만, 아무런 도전도 하지 않는 상태보다는 절반의 가능성은 기대할 수 있기 때문이다. (…) 입학금을 막 납부한 대학 신입생이 곧바로 뒤돌아서 공무원 고시학원에 등록했다는 언론 보도는 빙산의 일각에 지나지 않는다. 성적이 좋다 싶으면 의사나 변호사처럼 라이선스로 보장받는 직업을 선택하고, 다음으로 교사나 공기업 혹은 세금으로 월급 받는 공적 조직으로 몰려든다. (…) 개인의 진로 선택뿐만 아니다. 기업의 현실은 '도전'이라는 단어를 입에 올리기 민망할 정도로 위축되어 있다. 획기적인 신상품 개발, 새로운 비즈니스 모델에 대한 담대한 도전 스토리는 한국말로 번역된 경영전략

서에 잔뜩 소개되어 있지만, 모두 잘 나가는 실리콘밸리 회사들의 이
야기다. 도전의식 대신에 내 손 안에 현금을 쥐고 어떻게든 소나기를
피하고 살아남아야 한다는 절박감이 가득하다. 오늘 혁신에 도전하
지 않는 기업들의 분위기에서 내일 글로벌 챔피언 기업이 탄생할 것
을 기대하는 것은 어불성설이다. 이래저래 오늘이 아니라 내일이 더
걱정이다. (…) 우리가 아직 정신을 못차리고 있는 이즈음에 산업선
진국들과 중국은 인공지능, 빅데이터 등 혁신이 키워드들을 기반으
로 앞서거니 뒤서거니 새로운 비즈니스 모델을 턱턱 내어 놓고 있다.
날이 갈수록 격차가 더 벌어지는 것은 아닌지 두렵기만 하다.

(이정동, 『축적의 길』, 11-13쪽)

　한국 시장생태계는 다산다사多産多死 구조에서 소산소사少産少死 구
조로 바뀌는 조짐이 역력하다. 태어나야 할 사람이 태어나지 않고, 태
어나야 할 기업이 태어나지 않는다. 가치 창조와 도전의 선봉인 청년
인재는 국제경쟁을 하는 민간기업을 기피하고, 창업도 기피한다. 가치
창조의 중심인 돈도 갈 곳에 가지 못하고, 빠져나와야 할 곳에서 빠져
나오지 못한다. 그래서 성장해야 할 기업은 성장하지 못하고, 죽어 마
땅한 기업은 좀비가 되어 기회와 자원을 낭비하고 있다. 만들어져 할
공공기관도 만들어지지 않고, 수명이 다한 공공기관은 없어지지 않고
있다. 없어져야 할 공직이 없어지지 않으니, 생겨나야 할 공직도 생겨
나지 않는다. 공공부문에는 일이 많아 죽어나는 곳과 일이 없어서 탱
자탱자 노는 곳 ― 이를 기득권이라 부른다 ― 이 병존하지만, 인력은
규제와 노조 기득권 등에 막혀 물 흐르듯 흐르지 않는다.
　한국경제의 활력 내지 역동성이 현저히 떨어지고 있다. 산업계의 역
동성을 나타내는 산업구조변화지수(산업별 부가가치 비중 변화치를 합산
한 수치)는 2000~13년 경제규모 상위 35개국 중 29위에 불과했다. 이

는 낮을수록 산업구조가 정체되었음을 의미하는데, 한국은 0.90(1980년대) → 0.73(1990년대) → 0.48(2000년대) → 0.40(2015)으로 지속적으로 떨어지고 있다(변양균, 『경제철학의 전환』, 54쪽).

문화일보와 한국경제연구원이 매출 상위 100대 기업(2016년 전체 산업 매출 기준)의 설립연도를 조사한 결과, 1960년대 27곳(삼성전자·현대자동차·SK에너지·포스코·롯데쇼핑·GS칼텍스 등), 1970년대 20곳(현대중공업 등), 1980년대 17곳(SK텔레콤·아시아나항공·LG디스플레이 등), 1950년이전 15곳(LG화학 등), 1950년대 13곳(LG전자·CJ제일제당 등), 1990년대 7곳(이마트·홈플러스 등) 순이다.

국내 100대 기업 설립연도(2016년 매출 기준)

(개)

설립 연도	1950년 이전	1950 년대	1960 년대	1970 년대	1980 년대	1990 년대	2000 년대	2010 년대
기업 수	15	13	27	20	17	7	1	0

자료: 한국경제연구원, http://m.munhwa.com/mnews/view.
html?no=2017120101070103011001

2000년대 설립된 기업은 현대글로비스(2001년 2월 22일 설립)가 유일하다. 그나마도 현대·기아자동차의 일감 몰아주기에 힘입고 있다. 국내 10대 산업 대표 기업의 평균 나이는 2017년 기준 평균 58세(1959년생)였다.

미국의 경제정보 미디어 블룸버그의 세계 400대 부자 목록(2015. 12. 31 기준)에 따르면, 400명 중 259명(65%)이 자수성가(self-made)형이다. 그런데 미국은 125명 중 89명, 중국은 29명 중 28명, 인도는 14명 중 9명, 러시아는 18명 모두 자수성가형이었다. 그런데 한국은 5명 모두가 상속형이다. 이건희 삼성그룹 회장과 이재용 삼성전자 부회장, 서경배 아모레퍼시픽 회장, 정몽구 현대차그룹 회장, 최태원 SK그룹 회장이 그들이다. 모두 재벌 2~3세로, 부의 원천은 상속(inherited)이다. 그 아래 1천대, 1만대 부자들의 부의 원천(성격)에 대한 조사는 없지만, 한국은 상속자의 비율이 매우 높으리라는 것은 의심할 여지가 없다. 단적으로 웬만한 중견기업과 도심 요지의 수많은 빌딩(한국에서는 알짜 자산)과 지방의 웬만한 좋은 땅의 소유주 역시 서울 강남에 주소지를 둔 상속자들이 대부분이라는 것이 그 바닥을 아는 사람들이 이구동성으로 하는 얘기다. 물론 이건희, 정몽구, 서경배 회장도 (일반 사람은 잘 모르는) 빼어난 수완을 발휘했을 수도 있다. 그러나 한국은 자수성가형이 너무 적다는 것은 분명하다. 그리고 도심 요지 땅부자들이 최종 승자라는 것도 확실하다. 그리고 유수의 기업 중에 미국의 애플, 페이스북, 구글 같은 신생기업이 거의 없다는 것도 확실하다. 무능한 오너(대주주)가 최고경영자가 되고 싶도록 만드는 '경영권 프리미엄'이 과도한 현실, 다시 말해 배당보다는 경영권 행사를 통하여 얻는 이득이 큰 현실도 개선되지 않고 있다.

한국무역협회 국제무역연구원이 2015년 12월 2일 발표한 '한·중·일 청년창업 관련 보고서'(2015년 10월 4~7일 3국의 수도권 대학(원)생 534명을 대상으로 한 설문조사 결과)에 따르면 졸업 후 창업을 희망하는 대학(원)생의 비중은 중국 40.8퍼센트, 한국 6.1퍼센트, 일본 3.8퍼센트였다. 해외 진출을 고려하는 비율은 중국 84.6퍼센트, 한국 32.4퍼센트, 일본 16.7퍼센트였다. 취업의 어려움을 주요 창업 동기로 생각하는 비율은 한국 30.2퍼센트, 중국 10.7퍼센트, 일본 9.1퍼센트였고, '실패에 대한 부담'을 주요 창업 장애요인으로 생각하는 비율은 한국 38퍼센트, 중국 17.8퍼센트였다(중앙일보 2015. 12. 3).

통계청의 '2016년 5월 경제활동인구 조사'(2016. 7. 21)에 따르면, 청년 취업준비생은 65만 2천 명인데, 이 중 공시생(사법시험 및 5급 임용시험 포함)은 25만 6천 명이고, 일반 기업 취준생은 약 14만 명이었다. 아이삭브록소사이어티 발표에 따르면, 미국 이민자 중 자국 국적 포기자 수는 인구 10만 명당 한국이 1,680명으로 압도적 1위이고, 그리스 3명, 뉴질랜드 4.5명, 일본 89명, 대만 153명, 크로아티아 200명, 싱가포르 431명이었다.

한국의 출생아 수는 1984~90년까지 60만 명대였고, 1990년 64만 9,738명이었다가, 1991~95년까지 70만 명대를 유지하다가 다시 60만 명대로 떨어졌다. 이후 2000년에 64만 명, 2001년에 56만 명을 거쳐 2002년부터 40만 명대로 떨어져 2016년까지 유죄되다가 2017년에 드디어 35만 명대로 떨어졌다.

출생연도별 인구

(명)

2015	2014	2013	2012	2011	2010	2009	2008	2007	2006
5세	6세	7세	8세	9세	10세	11세	12세	13세	14세
424,583	437,994	439,969	488,716	475,519	473,120	447,817	468,546	495,761	449,663

2005	2004	2003	2002	2001	2000	1999	1998	1997	1996
15세	16세	17세	18세	19세	20세	21세	22세	23세	24세
436,313	474,284	493,916	495,316	559,996	639,869	620,297	640,126	671,503	685,469

1995	1994	1993	1992	1991
25세	26세	27세	28세	29세
707,868	713,497	709,734	724,581	701,903

출처: http://news.chosun.com/site/data/html_dir/2017/08/30/2017083002329.html

2015년 기준 OECD 평균 합계출산율은 1.68명이다. 1.3명 미만 국가는 한국과 폴란드(1.29명)뿐이었다.

취업자 평균연령도 급격히 증가하는데, 우리의 주력산업은 더할 것이다.

취업자·실업자 평균연령 증가 속도

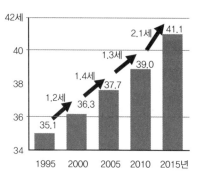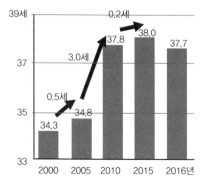

　한국의 시장·산업·사회 생태계와 정신문화가 시나브로 황폐화되고
있다. 세대 재생산 위기(저출산 고령화)는 그 파생물이다. 이런 망국적
현상의 뿌리에는 사회가 요구하는 가치 생산에 힘써서 삶을 개선하는
것이 아니라, 누군가 생산한 가치를 권력이나 갑질 등으로 빼앗으려
하는 지대추구적 정신문화가 사회 저변에 두텁게 깔려 있기 때문이다.
가치에 대한 약탈과 경제적 자유에 대한 억압은 우월적 지위를 오남용
하는 기업보다 국가표준, 규제, 형벌, 예산, 공기업 등을 좌지우지하
는 국가가 더하다. 국가의 방조에 의해 노조, 농협, 직능협회 등 각종
특수이익집단도 지대추구에 매진한다. 노동시장, 교육시스템, 금융시
스템 등이 지대추구를 조장하거나 방조한다. 한국은 조선 말기처럼 머
리끝부터 발끝까지, 피부 솜털부터 뼛속 깊이까지 지대추구=약탈 충
동이 넘치는 나라가 되었다. 공공부문, 대기업, 규제산업 종사자와 부
동산 임대소득자 등 소득 상층은 우리의 생산력에 비해, 또 각자의 생
산성에 비해 과도한 소득을 얻고, 나머지는 과소한 소득을 얻는다. 소
득 상층은 시장환경에 비해 과도한 보호를, 나머지는 과소한 보호를
받는다. 공공부문과 대기업과 규제산업에 포진한 지대수취자들의 소
득·생활 수준을 정상으로 여기다 보니 요구·기대 수준 자체가 과도하

게 높다. 고졸자가 갈 수 있는 좋은 일자리가 거의 멸실되고, 대학진학률이 세계 최고 수준에 육박하면서, 직장에 대한 요구·기대 수준도 올라갔다. 하지만 괜찮은 직장은 구조적으로 많이 나올 수가 없기에 직장 탐색 기간이 길어지고, 노동시장 진입 연령이 높아졌다. 중소기업은 구인난, 대기업 및 공공부문은 취업난이 벌어졌다. 청년들은 결혼과 출산을 연기, 포기하면서 초저출산 현상이 초래되었다.

그러므로 한국의 청년 일자리 및 저출산 문제는 세계적 보편성으로 환원할 수 없다. 저성장 탓이라고 할 수도 없다. 일본과 달리 시간이 해결해 줄 수 없다. 결과적으로 세대 간 연대를 전제로 만든 공적연금 제도도, 건강한 젊은층과 노쇠한 노인층의 연대를 전제로 만든 건강보험 제도도 뿌리째 흔들리고 있다. 특히 공무원, 교원, 군인을 위한 특수직 연금은 민간에, 국민연금은 후세대에 너무 많은 부담을 떠넘기고 있다. 국민 노후보장의 핵심인 국민연금도 거대한 사각지대를 해소하지 못하고 있다. 취약계층은 연금보험료를 장기간에 걸쳐 내지 않았기에 노후보장을 받을 수가 없어, 폐지를 주우며 연명해야 한다. 당연히 무수히 많은 동반자살 가족을 양산하고 있다.

요컨대 약탈과 강압의 정신문화는 우월적 지위를 가진 '갑'은 '을'에게, 조직노동과 정규직 등 사회적 강자는 약자에게, 공공은 민간(납세자 국민)에게, 중장년세대는 청년세대에게, 현세대는 미래세대에게 부담을 층층이 전가하게 되어 있다. 따라서 이 망국적인 정신문화는 기업들로 하여금 국내 투자와 고용을 회피 기피하게 만들고, 청년들로 하여금 한 번의 시험으로 '공공 양반'이 되기 위해 필사적으로 노력하게 만든다. 결혼과 출산 연기, 기피는 덤이다. 가장 불행한 것은 사회적 취약계층이다. 이들은 아예 범죄나 자살로 내몰린다.

제2장
인센티브와 거버넌스

일반적으로 국가(정치공동체)든 기업이든 명운을 좌우하는 요소는 크게 세 가지다.

첫째, 리더(사람)의 현명한 선택 혹은 결정이다. 선택의 핵심 대상은 가치(목적), 방향, 수단, 친구와 적, 우선순위, 시간(타이밍) 등이다. 뒤에 길게 설명할 유인(인센티브)체계, 지배·운영(거버넌스)구조, 시스템도 중요한 선택 대상이다. 리더는 자본, 권력, 지식, 사상, 문화, 종교 등 사회의 중추기능(자원과 시스템 운영)을 담당하는 사람으로, 직업적 소명 의식과 이를 뒷받침하는 실력과 직업윤리가 있어야 한다. 현명한 선택을 하는 리더, 실력과 직업윤리가 단단한 리더는 하늘에서 뚝 떨어지는 존재가 아니다. 리더 역시 특정 생태계에서 경쟁하고, 진화하고, 적자생존하는 존재이다. 리더의 안목, 통찰, 결단은 거대한 전황판을 보며 끊임없이 작전을 고민하는 참모본부의 뒷받침을 받아야 한다. 국민이 왕이고 총사령관인 민주사회에서는 리더 스스로가 전황과 작전을 간명하게 브리핑할 수 있는 참모본부 장교가 되어야 한다. 아니, 그렇게 되도록 사회가, 시스템이 압박을 해야 한다. 퇴근 후 캔맥

주 기울이며 TV 뉴스를 보다가 혀를 차고, SNS에서 종종 한탄하고 분노하고, 때론 열변을 토하는 필부필부라 하더라도 머릿속에는 대한민국이 어디쯤 있고 어디로 가야 하는지를 연구, 고민하는 참모본부가 들어앉아 있어야 한다. 이런 수많은 참모본부의 경험, 지혜, 분노가 쌓여서, 권력, 돈(자본), 관심을 크게 운영하는 리더의 현명한 선택, 결단으로 만개한다.

둘째, 사람(개인, 집단 및 열정, 관심 등)과 돈(자산, 자본, 금융, 예산 등)과 권력을 의도한 방향으로 움직이게 하는 유인보상체계다. 사람이든 돈이든 나름대로 비용과 편익, 위험과 이익, 투입과 산출, 가격과 성능, 부담과 혜택, 상(인센티브)과 벌(페널티) 등을 타산해서 움직인다. 사회는 비용과 편익, 위험과 이익 등을 조정하여 인센티브=유인력을 만들어, 사람과 돈을 의도한 방향으로 움직인다.

기업이든 시민단체든 정당이든 그 뭐든 특정한 목적을 수행하는 조직(인간집단)을 운영해 본 사람들에게 조직의 성과를 좌우하는 것은 리더십, 지배운영구조, 유인보상체계라는 것은 상식이다. 그런데 지금 문재인 정부와 집권연합세력의 뇌리에 이 기초적인 상식은 보이지 않는다. 오직 도덕(정의, 공정)만 보인다. 한국사회의 모순 부조리는 격차·집중(불평등, 양극화) 프레임보다 유인보상(인센티브)체계 프레임으로 보면 훨씬 잘 보인다.

1. 사회적 유인보상체계

손으로 대충 쓰면 'B'와 '13'은 비슷하다. 'A, B, C…'로 이어지는 흐름 속에 13을 써 넣으면 B로 읽히고, '12, 13, 14…'로 이어지는 흐름 속에 B를 써 넣으면 13으로 읽힌다. 이렇듯 인간은 사건이나 사물을 어떤 맥락(context)을 통해서 인식한다. 맥락은 사회적으로 형성된 어떤 편견 내지 반사·연상 작용이다.

$$A$$
$$12 \quad 13 \quad 14$$
$$C$$

개념(이름)이나 프레임(인식틀)은 본래 대상의 한 측면을 포착한 것이다. 세상을 보는 창이자 편광안경으로 시선이나 시야를 결정하고, 생각의 초점, 방향, 범위를 결정한다. 개념과 프레임은 수많은 연관을 갖고 있기에, 컴퓨터의 자동실행 파일처럼 생각의 연쇄반응을 일으킨다. 그렇기에 잘못된 개념이나 프레임은 사물이나 사건의 실체나 본질을 왜곡할 수 있다. 요컨대 인간은 동일한 문제(현상)라 할지라도 그 정의나 개념이나 프레임·이론에 따라 다르게 인식한다. 그러므로 문제나 위기를 분석할 때는 자신의 인식주관(눈과 귀와 개념)에 대한 의심이 필요하다. 개념과 프레임에 의한 맹시盲視나 왜곡을 경계해야 하는 것이다.

우리 시대 최고, 최대의 문제라는 빈부격차와 일자리는 관점에 따라 각기 다른 개념으로 정의된다. 개인의 관점에서 보면 빈부격차는 '불평등 혹은 불공평'이다. 부당한 배제, 차별, 소외를 의미한다. 노동시장을 분석하는 사람들은 빈부격차를 '노동시장의 이중화'라 한다. 자본, 노동, 기업, 가계, 정부, 재벌, 대기업, 중소기업을 주요한 범주로 국민경제를 조망할 때는 '경제사회적 양극화, 경제력의 소수집중'이라 한다. 사람이나 기업의 행동을 유인하는 힘에 주목하면 격차는 유인보상(인센티브)체계와 위험완충(risk hedging)체계이다.

격차, 불평등, 차별, 집중, 양극화, 불균형, 불공평, 인센티브 등은 다 어떤 격차를 가리키는 말이다. 그런데 사용되는 맥락이 다르다. 격차는 높은 것과 낮은 것의 단차를 말한다. 집중은 부와 권력 등 가치나 에너지가 특정 지점에 쏠려 있는 현상을 말한다. 격차는 가치(부와 권력)의 집중에 따른 분포·분산의 확대나 불균형 문제로 표현할 수도 있다. 권력격차 문제는 소수 혹은 일부의 집중 문제로 표현할 수도 있다. 격차와 집중은 가치판단이 빠진 일종의 객관적 현상이다. 불평등, 불공평과 차별은 부당하다는 가치 판단이 내려진 격차를 말한다. 차별은 부당한 배제, 소외, 억압을 가리킨다.

정당하지 않다고 생각하는 격차나 차별을 불평등이나 불공평이라고 부른다. 하지만 이는 통속어라서 그리 엄밀하게 개념이 정의되지 않는다. 평등(equlity)이 대체로 '같음' 내지 '균등'을 의미한다. 따라서 적극적 보정을 통한 '같음'을 담아 내지 못하는 경우가 있어서 공평(equity)이라는 개념을 사용한다. 요컨대 평등은 기회, 조건, 출발선의 '기계적 평등'으로, 공평은 처지, 조건, 능력의 차이를 감안한 '적극적 평등'으로 정의하려고 한다. 그림은 평등과 공평의 차이를 보여 준다.

평등(equality)과 공평(equity)

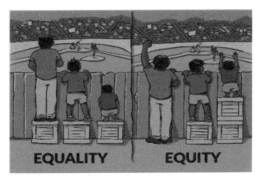

격차나 차등이 정당하고 적절하면 발전의 촉진제가 된다. 그렇지 않으면 균열·갈등과 정체·퇴행의 촉진제가 된다. 격차, 차등 혹은 차별 문제의 핵심은 정당성과 적정성이다. 이는 사람(관점)에 따라, 시간(시대)에 따라, 공간(사회)에 따라 달라진다. 동일한 격차나 차등이라도 보는 관점이나 기준에 따라 불평등·불공평이 되기도 하고, 발전·분발의 동력이 되는 합리적 격차나 차등이 되기도 한다. 격차와 차등의 정당성과 적정성, 부와 권력의 집중과 분산, 사회적 상벌체계 등은 정치와 정책의 영원한 화두다.

문제를 '과도하고 불합리한 격차'로 규정하면 해법의 기본은 '적정하고 합리적인 격차'가 된다. 그런데 한국에서 통용되는 '격차해소'는 격차의 정당성이나 가능성을 묻지 않고 '상향평준화'와 동의어로 사용한다.

문제를 '집중'으로 규정하면, 해법의 기본은 '분산, 분권'이다. 부(경제력)의 집중은 부의 분산으로, 권력의 집중은 권력의 분산·분권과 권력에 대한 견제·균형이 된다. 문제를 '불균형'으로 규정하면 해법의 기본은 '균형'이다. 여기에는 국가의 군사력, 경제력, 외교력과 개인 및 기업의 생산성, 교섭력 등 힘의 균형도 있고, 위험과 이익, 권리와 의무, 권한과 책임처럼 서로 조응해야 할 가치 간의 균형도 있다.

당연한 얘기지만 격차·차등·집중은 물론이고, 차별·배제조차도 그 자체는 악이 아니다. 크다 하더라도 악은 아니며, 작더라도 선이 아니다. 정당하고 적절하면 발전의 동력이 되고, 그렇지 않으면 균열과 갈등의 진원지가 된다. 낙차가 큰 계곡 물의 흐름이 격렬하듯이, 격차가 크거나 가치의 집중이 심하면 경쟁과 갈등도 그만큼 강하고 격렬해지기 마련이다.

격차나 차등은 사람(인재), 돈, 관심 등을 유인하기도 하고 왜곡하기도 하는 경제적, 사회적 유인보상체계로 볼 수 있다. 격차와 집중은 사물 혹은 가치(자산, 소득, 권력 등)와 에너지의 정태적 분포 상태에 주목하지만 경제적, 사회적 유인보상체계는 사회가 가진 가치와 에너지의 동태적 흐름과 가치 생산 문제를 주목한다. 사람(인재), 돈(자본, 예산, 금융, 가계 유휴자금 등), 관심, 배려, 기업가정신 등을 주목한다.

격차·집중 프레임은 특정 시점에서 전체를 100으로 놓고, 각 경제주체(기업/자본, 가계/노동, 정부)가 차지하는 몫을 주로 따지기에 대체로 제로섬적 사고로 빠져든다. 결핍과 격차의 원인을 어떤 힘센 놈이 많이 가져간 데서 찾게 된다. 지금 한국에서 가장 많은 손가락질을 받는 '힘센 놈'의 이름은 자본, 특히 재벌대기업이다.

격차·집중 프레임은 더 고른 분배, 조화, 안정, 소외극복, 복지, 노동권(약자 권리) 등 유가儒家적, 여성적 가치를 중시한다. 반면에 사회적 유인보상체계 프레임은 더 많은 가치의 생산과 이를 뒷받침하는 창조, 도전, 개방, 경쟁, 차등, 활력, 자본권(능력자 권리) 등 법가法家적, 남성적 가치를 중시한다. 동시에 위험과 이익, 의무와 권리, 혜택과 부담, 권한과 책임 등의 균형을 중시한다. 거칠게 말하면 생산한 만큼 먹고, 기여한 만큼 가져가라는 좀 비정한 논리다.

격차, 불평등, 양극화 프레임은 노동-자본, 가계-기업 등 '거시 분배구조와 개인 및 집단의 자산·소득 격차(불평등) 구조'를 주된 문제로 본다. 하지만 경제적, 사회적 유인보상체계 프레임으로 보면 '돈과 사람을 움직이는 힘과 흐름'이 주된 관심사로 자리잡게 된다. 이는 돈과 사람의 흐름을 불건전하게 만드는 구조, 즉 위험은 적은데 이익은 크고, 부담은 적은데 혜택이 큰 구조, 한마디로 '지대추구' 현상을 예리하게 포착한다.

우수한 청년들의 이공계 기피, 민간기업 기피, 벤처창업 기피 현상과 면허증으로 보장 받는 직업(의사, 약사, 변호사) 과잉선호 현상, 고시·공시족의 양과 질 등은 경제적, 사회적 유인보상체계의 산물이다.

이는 실물을 접하는 수많은 기업인들과 과학기술자들이 절감한다. 사실 이것이 동서고금의 국가 흥망사가 증명하는 망국병의 핵심인데, 한국은 너무나 둔감하다. 한국에서 가장 선망하는 직업은 배타적 독점권이 부여되는 면허직업과 공무원이다. 2016년 2월 29일 JTBC '탐사플러스' 취재팀이 서울시내 초·중·고등학생 830명을 대상으로 한 조사 결과(2016. 2. 29)에 따르면, 고등학생들이 선망하는 직업 1위가 공무원(22.6%), 2위가 '건물주와 임대업자'(16.1%)였다.

결혼정보회사 듀오휴먼라이프연구소의 '대한민국 미혼남녀 결혼인식'에 대한 연구 결과(2018), 남편 직업으로는 15년째, 아내 직업으로는 5년째 1위가 공무원·공사이다. 그전의 아내 직업 1위는 교사였다.

이상적 배우자상(2018, 듀오 제공)

듀오의 '2018년 이상적 배우자상像' 조사결과에 따르면, 여성의 이상형은 "연소득 5,319만 원, 4년제 대졸, 공무원·공사직 남성"이다. 남성의 이상형은 "연소득 4,194만 원, 4년제 대졸, 공무원·공사직 여성이다." 한국보다 국민소득이 대략 20퍼센트 이상 높은 일본의 비슷한 연령대 청년들과 비교해 보면 높아도 여간 높은 수준이 아니다.

결혼정보업체 가연의 미혼남녀 500명 대상 '결혼에 대한 인식' 정기 설문조사 결과, 현재 결혼을 하지 못하거나 안 한 주된 이유는 '경제적 상황'(54%), '사회적 제도'(12.2%), '가족(5.8%)', '불안정한 고용'(4.4%) 등 순이었으며, 결혼하기 위해 갖춰야 할 소득은 전체 응답자의 39.4퍼센트가 "연소득 5천만 원 이상"으로 답했다.

일자리와 배우자 및 결혼에 대한 인식이 이런 식이면 결혼 연기·기피는 물론, 민간기업 취업이나 창업을 꺼릴 수밖에 없다. 한국직업능력개발원 조사에 따르면 2018년 취업 관련 시험을 준비 중인 청년층(만 15~29세) 105만 7천 명 중 38.8퍼센트인 41만 명이 공시족이었다. 민간기업 시험 준비생 29만 7천 명보다 11만 명 이상 많았다. 2012년에 비해 민간기업 시험 준비생은 16퍼센트 증가한 반면 공시족은 41퍼센트 늘었다.[4]

한국의 공무원과 공기업을 포함한 공공기관 정규직원은 200만 명을 넘지 않고, 연소득 5,319만 원은 **1인당 명목 GDP의 1.84배로, 20세 이상 인구의 상위 10퍼센트, 근로소득세를 내는 1,619만 명의 상위 20퍼센트다.** 공무원은 임금의 원천이 세금이고, 공기업은 국가독점 업역과 규제다. 그래서 민주주의가 잘 작동하는 선진국에서는 공무원의 임금은 그리 높지 않고, 고용안정성도 민간에 비해 월등하지 않다. 공기업과 규제산업 자체가 적기도 하거니와, 임금도 민간기업과 비규제(완전경쟁) 산업에 비해 결코 높지 않다. 그러므로 이는 정부에 전적인 책임이 있는, 완전히 잘못된 유인보상체계의 문제이다.

돈과 사람의 흐름은 투입 대비 산출, 투자 대비 손익, 위험 대비 이익 등에 의해 촉발되고 유도된다. 그러므로 격차 확대의 산실이자 격차 해소의 관건인 능력 있는 사람의 창업과 취업, 기업의 국내 투자와

---

4) "공시생 잔뜩 늘려놓고…최악 실업률 원인이 4월 공무원시험 탓?"(한국경제 2019. 5. 15, https://www.hankyung.com/economy/article/2019051595911)

고용 문제는 경제적, 사회적 유인보상체계에서 연유한다. 경제적, 사회적 위험완충체계는 그 일환이다. 한국사회의 문제·위기는 격차·집중(불평등, 양극화) 프레임보다 유인보상(인센티브)체계 프레임으로 보면 훨씬 잘 보인다.

한국에서 빈부격차, 불평등, 양극화, 일자리, 저성장 문제는 관점이나 프레임에 따라 문제의 본질·성격과 해법이 달라진다. 진짜 문제는 관점에 따라 문제의 본질·성격이 달라지는 것이 문제가 아니라, 다양한 관점이 종합되지 않는다는 것이다.

말을 의도한 방향과 속도로 뛰게 하는 것이 마부의 고삐질과 채찍, 그리고 당근이라면, 사람과 돈과 권력을 움직이는 것은 본인이 추구하는 가치와, 고객이나 유권자들이 주는 상(인센티브)과 벌(페널티)이다. 원칙(가치, 방향, 의도)이 있는 우대와 차별의 질서를 유인보상체계 또는 인센티브 체계라 한다.

한국에서 인센티브는 기본급 외에 추가로 주는 무슨 보너스나 성과급으로 생각하는 사람이 많다. 하지만 인간이 갈망하는 가치, 즉 일자리, 부(자산, 소득, 임금, 배당, 연금, 복지 등), 권력(자리, 권한, 거버넌스 등), 명예 등이 다 인센티브다. 인센티브는 사람만 움직이는 것이 아니다. 개, 고양이, 원숭이 등을 길들이는 사람들도 먹이, 매, 사랑 등을 상과 벌로 사용한다. 그래서 사람, 조직, 돈을 움직이는 것은 결국 인센티브라고 할 수 있다.

의사 출신 경제학 교수 김현철(코넬대)은 아프리카 말라위에서 수행한 가장 인상적인 프로젝트에 대해 이렇게 답했다.

아프리카에서 에이즈 검사는 예방과 치료에 반드시 필요한 절차다. 게다가 무료다. 하지만 평생 에이즈 검사를 받는 사람은 전체 인구의 10%도 채 되지 않는다. 왜 에이즈 검사 비율이 저조한지 분석하고 해결책을 마련하기 위해 연구를 시작했다. 마을 주민 2000명을 네 개 집단으로 나눠 실험했다. A 집단에는 에이즈 검사의 중요성을 교육했고, B 집단에는 에이즈 검사를 위해 연구원이 직접 집을 방문하는 조건을 부여했다. C 집단에는 에이즈 검사를 받으면 생필품을 구입할 수 있는 쿠폰(작은 인센티브)을 지급했고, D 집단에는 아무런 조건도 주지 않았다.

결과는 놀라웠다. A 집단의 에이즈 검사 비율이 5퍼센트였고, D 집단은 0퍼센트였다. 하지만 B와 C 집단에서는 60퍼센트가 에이즈 검사를 받았다.

게임과도 같은 이 연구가 의미하는 것은, 더 많은 사람들이 에이즈 검사를 받도록 하려면 교육만으로는 부족하다는 것이다. 주민들을 직접 찾아 에이즈 검사를 실시하거나, 에이즈 검사에 대한 작은 인센티브를 제공하면 놀라운 성취로 이어질 수 있다는 사실을 보여 준다.[5]

합리적인 인센티브체계가 바로 경제적, 사회적 유인보상체계이고, 이 핵심은 시장에서는 가격이고, 사회공동체에서는 권위(평판)와 사랑이고, 국가에서는 지위와 권력이다.

만약 별로 노력을 하지 않아도 너무 쉽게 돈이 벌리는 자리가 있다면, 또 책임은 별로 없으면서 권한만 큰 자리가 있다면, 이를 차지하기 위한 경쟁이 치열하지 않을 수 없다. 그런데 진입장벽이 낮은, 자유롭고 공정한 시장은 이런 자리를 잘 용납하지 않는다. 하지만 부동산과 방송주파수 등은 수요는 늘어도 공급이 불가능하여 많은 지대를 낳는다. 국가 그 자체와 국가 규제로 진입장벽을 친 곳, 즉 공공부문

---

5) "에이즈 퇴치에도 인센티브 필요"(조선일보 2016. 2.18, http://biz.chosun.com/site/data/html_dir/2016/02/17/2016021702846.htm)

(정부와 공기업)과 은행, 방송, 통신, 면세점 등 규제산업과 독과점산업은 지대의 양산 공장이라고 할 수 있다.

한국에서 가장 잘 알려진 재테크 내지 지대추구 수단은 '좋은 곳에 위치한 부동산(아파트)'이었다. 한국은 급격한 산업화·도시화에 따른 인구집중, 그리고 베이비붐 세대에 의한 인구증가(인구구조), 불로소득에 너무 관대한 세제 등으로 인해 부동산 불로소득이나 투기소득이 더 컸다. 부동산에 비하면 학력·학위는 비교적 건전한 지대추구 수단이다. 그럼에도 불구하고, 들어가기 위해서 혹은 취득하기 위해서 길게 줄을 서는 모든 곳은 사회적 유인보상체계의 합리화 차원에서 그 위험·기여 대비 권리·이익 전반을 점검해 볼 필요가 있다.

현실의 모순 부조리가 복잡한 물리, 화학, 수학, 경제학 문제라면, 사회적 유인보상체계와 지배운영구조는 초중등 수학, 과학 같은 것이다. 문제를 푸는 데 필요한 기본 소양임은 확실하지만, 그것으로는 복잡한 문제는 다 풀리지 않기 때문이다. 그런데 지금 대한민국은 초중등 수학, 과학 지식조차 망각하거나 무시하는 경우가 많다.

노동시장, 산업현장, 정치시스템 등 사회 각 영역에서 작동하는 인센티브체계는 일종의 혈액검사와도 같다. 혈액검사로써 사람의 건강과 장기 상태를 다 알 수는 없지만, 중요한 정보를 쉽게 알 수 있다. 지금 한국의 노동시장은 가치전도된 인센티브체계의 핵심이고, 정치, 정당, 국가는 가치전도된 인센티브와 거버넌스 구조의 본산이다.

인센티브 체계는 복잡한 문제를 단순화시킨다. 인센티브는 적정한가? 책정 과정은 정당한가? 권리·이익을 올릴 것인가 내릴 것인가 그대로 둘 것인가? 지금의 권리·이익(임금, 연금, 복지 등)은 정당한가? 이를 둘러싼 경쟁을 공정한가? 어떤 경쟁 장에서 그 권리·이익을 결정하는 것이 합리적인가 등이다. 거버넌스 구조도 마찬가지다. 그 결정을 그 사람이 혹은 그곳에서 하는 것이 맞는가? 최선의 결정을 할 수 있는 사람은 누구인가? 그 단위는 어디인가?

한 사회의 성격과 핵심 부조리는 사람과 돈과 권력에 대한 인센티브 체계, 즉 '우대와 차별' 체계에 집약적으로 나타난다. 조선의 '사람' 관련 인센티브체계, 즉 우대와 차별의 기준은 출신(양반-상민-천민·서얼)과 직업(사농공상)이었다. 양반은 상민이 부담하는 각종 의무, 부담(세금, 병역 등 부역)을 면제받고, 양반으로만 구성된 향회鄕會를 통해 수령과 함께 지방행정을 좌지우지하는 특권을 누렸다. 양반이 되려면 과거에 급제한 조상이 있어야 했다. 당대에 급제하든지, 시험관을 매수하여 부정급제하든지, 벼슬을 사든지, 족보를 사든지(세탁) 해야 했다. 이런 시스템이 어떤 폐악을 낳았는지는 설명이 필요없을 것이다.

2. 사회적 위험완충체계

사회적 위험완충체계는 사회적 유인보상체계의 일종이다. 전자는 위험의 문제고, 후자는 당근의 문제다. 이 둘은 위험과 이익 혹은 손실의 문제다.

외환위기와 김대중의 4대 개혁(기업, 금융, 노동, 공공)을 계기로 '주식회사 한국' 시절에 기업-금융-정부-노동이 암묵적으로 합의한 위험 분산·완충(risk hedging) 시스템이 거칠게 붕괴되었다. 그런데 낡은 위험 분산·완충 시스템은 붕괴되었지만, 새로운 시스템은 만들어지지 않았다. 새로운 위험완충시스템의 부재가 경제에 미친 충격에 비하면, 고용유연성을 조금 늘렸다는 고용법규는 새발의 피라고 보아야 한다.

1997년 외환위기를 전후하여 30대 재벌 중 16개가 파산하였다. 1997년 기준으로 29개였던 국내은행은 대량감원을 동반한 수차례 인수합

병을 거쳐 현재 11개로 줄었다. 1945년 이전에 설립된 5개 은행(조흥, 상업, 제일, 한일, 서울) 중에서 간판을 그대로 유지하고 독자생존하는 은행은 하나도 없다. '대마불사 신화'는 확실히 붕괴되었다. 한편 파산한 재벌대기업은 대체로 총수나 핵심 임원들이 회계조작, 배임, 횡령 등으로 거액의 추징금과 함께 형사처벌을 받았다. 동시에 기업 대출 등에 대한 연대보증으로 인해, 변칙적으로 빼돌려 놓지 않은 재산은 대부분 잃어버렸다.

외환위기를 계기로 한국 기업은 금융과 부채로 인한 리스크를 훨씬 크게 느끼게 되었다. 2000년을 전후한 시기의 대우, 동아, 메디슨과 최근의 STX, 동부 등 주요 재벌대기업의 파산 혹은 은행 주도 구조조정 과정을 통하여, 한국 금융은 관의 보호, 간섭 아래 성장하여 덩치는 크되 머리는 나쁘고, 부모(관) 눈치나 보는 비만아나 다름없는 존재로 판명되었다. 금융의 노하우와 행태가 저열하고 예측불허면 기업들은 금융시스템이 잘 작동하는 나라에 비해 현금보유량을 더 늘리고, 부채비율은 더 줄여야 한다. 이는 기업으로서는 너무나 합리적인 선택이지만, 기업소득과 가계소득의 격차 확대 속도는 그만큼 커질 수밖에 없다. 가계는 주로 국내의 생산과 소비 활동에서 소득을 얻지만, 기업은 전 지구적 차원에서 소득을 얻기 때문이다. 이것이 한국 기업의 과잉건전화=과소부채비율과 기업소득의 빠른 증가로 몰아간 주요한 요인 중의 하나이다.

2010년까지는 중국은 거대한 '기회' 요인이었으나, 그 이후에는 거대한 '위기' 요인으로 부상하고 있다. 물론 오래 전에 다 예상했던 일이다. 한국은 산업과 기술의 특성상 중국의 도전에 매우 취약하다. 우리의 10대 수출 품목이던 석유화학, 철강, 조선, LCD, 휴대폰 산업 등이 어려움을 겪는 것을 보면 알 수 있다. 이 품목들은 대체로 생산설비나 (싸게 빨리 만드는) 생산기술이 경쟁력의 요체이기에 중국이 상대적으로 쉽게 추격할 수 있다. 그 때문에 그 어떤 나라보다 중국의 경제적 웅비로 인해 위기(리스크)에 더 많이 노출되어 있다.

한국 기업은 다른 나라에 비해 정규직 직고용에 따른 리스크가 훨씬 크다. 원래 노동이 느끼는 위험은 내부자(승자)와 외부자(패자) 간의 낙차는 크고, (사회 및 기업) 안전망과 재기의 사다리가 없을 때 커진다. 요구·기대 수준이 높고 국가가 이를 표준으로 강제하면 낙차=격차는 더 커진다. 강자는 생산성을 높이거나, 국가표준을 높이거나, 약자를 착취·억압해서라도 요구·기대에 도달하려 하기 때문이다.

외환위기 이후 한국의 노동은 좋은 직장에서 한번 밀려나면 그걸로 끝이다. 다시는 그런 좋은 직장에 들어갈 수가 없다. 당연히 대기업 구조조정 과정에서 노동자들의 결사항전은 필연이다. 한국은 사경을 헤매는 대기업(대우자동차, 쌍용자동차, 한진중공업 등) 인력사업 구조조정 과정에서 어김없이 전쟁을 방불케 하는 갈등이 일어났고, 앞으로도 일어날 것이다. 따라서 대기업의 고용 리스크, 즉 구조조정 리스크와 비용은 그 어떤 나라보다 크다. 2016년 세계 7위의 조선사 한진해운 파산과 세계 2~3위권 조선사 대우조선 처리 과정은 우리의 노동, 자본, 정부, 금융의 위기대응력이 얼마나 취약한지를 보여 주는 징표다. 산업의 구조조정 비용은 너무 높고, 국가의 구조개혁 능력은 너무 저열하다. 설상가상으로 문 정부는 통상임금 판결, 최저임금 급상향, 근로시간 급단축, 정규직 고용의 의무화에 따른 협력업체 직고용 명령, 한진 일가 털기, 노조에 대한 정당방위를 한 기업 임원 구속(부당노동행위 혐의), 전격적인 탈원전 등을 통해 사법 위험, 규제 위험, 정책 위험, 노조 위험이 얼마나 큰지도 확인시켰다.

기업들의 해외 진출, 국내외 아웃소싱, 자동화 투자를 통한 단순노동력 축소는 세계 보편적 현상인데, 한국 기업들은 한국 특유의 위험 때문에 훨씬 더 적극적, 공세적으로 행해야 한다. 게다가 한국은 거의 모든 규제는 기업 규모를 기준으로 주어지기에 대기업이 되었을 때 떠안게 되는 의무·부담이 너무 많다. 뿐만 아니라 지대추구를 핵심 이념으로 한 노조의 조직력과 투쟁력도 여간 커지는 것이 아니다. 그런 점에서 '수익 전유, 책임 외부전가'는 기업으로서는 지극히 합리적인 경영전략이다. 임금=비용 격차를 활용한 아웃 소싱도 마찬가지다. 외환위기 이후 기업의 국내 투자 및 직고용 기피와 과잉건전화는 기업으로서는 너무나 합리적인 선택이다. 하지만 기업소득과 가계소득의 격차는 더 확대될 수밖에 없다. 가계는 주로 국내의 생산과 소비 활동에서 소득을 얻지만, 기업은 전 지구적 차원의 생산과 판매 활동에서 소득을 얻기 때문이다.

한국은 다른 선진국보다 훨씬 큰 중국 리스크, 고용 리스크, 금융 리스크, 법규제 리스크(정년연장법, 청년고용할당제, 최저임금 규제, 비정규직 규제, 노동시간 규제 등), 사법 리스크(통상임금, 휴일근로, 회계조작, 배임 등)로 인해 다른 나라보다 더 보수적으로 경영을 해야 한다. 한국 기업이 국내 투자와 고용 확대, 특히 대기업화를 꺼리는 것은 외환위기를 계기로 바뀐 위험완충시스템과 한국 특유의 고비용 구조를 보지 않으면 이해되지 않는다. 게다가 재벌대기업과 중소기업 가리지 않고 상속 문제로 인한 어려움과 재벌 지배구조 상의 결함(무능한 2세, 3세, 4세 승계 등)까지 있다.

문재인 대통령과 민주, 진보, 노동, 공공을 간판 가치로 삼는 정치 사회세력들이 공유하는 '불법·착취' 프레임에 입각한 불평등과 일자리 담론은 기본적으로 세계화, 개방화, 지식정보화와 맞물린 산업·기업의 생산성 격차 문제를 간과하고 있다. 또한 기업의 위험 분산·완충 시스템 미비 문제도 간과하고 있다. 결정적으로는 한국 특유의 약탈적(지대추구적) 노동시장 문제와 공공부문 문제도 간과하고 있다. 이를 고치지 않는 한, 여름날 재래식 변소에서 구데기가 기어 나오듯이 현실과 괴리된 정책담론들이 끊임없이 기어 나올 것이다.

3. 지배운영구조(거버넌스)

국가, 시장, 사회 등 제도와 조직을 지배하고 운영하는 구조(사람과 조직)가 있기 마련이다. 이를 '지배운영구조' 또는 '거버넌스(governance) 구조'라 한다.

좋은 거버넌스는 전략적 선택을 잘하고 그 방향으로 자원 혹은 에너지(창의, 열정, 관심 등)가 흘러가도록 인센티브체계를 잘 짜는 것이다. 한편 조직의 소명을 잘 이행하는 사람이 지배운영구조에서 중추적인 역할을 할 수 있도록 인센티브 체계를 만들어야 좋은 거버넌스가 만들어진다. 요컨대 좋은 거버넌스는 좋은 인센티브의 산물이고, 좋은 인센티브는 좋은 거버넌스의 산물이다.

거버넌스 문제는 그 일에 적합한 사람(리더)을 선발하여 적정한 권한과 책임을 부여하는 문제이다. 인센티브 문제는 사람을 분발하게 하는 가치 할당 문제이다. 한마디로 격차, 즉 우대와 차별의 문제이다. 거버넌스는 사람(구성)의 문제고, 인센티브는 격차(차별)의 문제다. 거버넌스는 '누가 지배할 것인가'의 문제이고, 인센티브는 '무엇으로 (행동을) 유도할 것인가'의 문제다. 거버넌스는 '적재적소', 인센티브는 '적정 격차' 문제다. 좋은 거버넌스 구조는 좋은 인센티브 체계의 산물이고, 좋은 인센티브 체계는 좋은 거버넌스 구조의 산물이다. 거버넌스 안에 인센티브가 있고, 인센티브 안에 거버넌스가 있다. 이는 닭과 달걀의 관계처럼 순위를 따지기 곤란하다.

인센티브와 거버넌스는 기본적으로 유한한 가치를 나누는 문제이기에 경쟁이 필연이고, 따라서 합리적 경쟁규칙이 중요하다. 경쟁규칙은 경쟁 참여자(자격), 허용되는 수단과 방법, 승자와 패자의 권리, 이익 수준 등이 핵심이다.

한국에서 거버넌스구조가 왜곡되는 이유는, 누가 해도 그 일을 그런 대로 할 수 있을 것 같기 때문이다. 잘하는지 못하는지 표가 잘 안 난 다는 얘기다. 이는 경영·운영 능력이 별로 필요하지 않기 때문이다. 다시 말해 소비자나 유권자에 의한 선택과 심판이 잘 작동하지 않기 때문이다.

누가 해도 웬만큼 할 수 있는 자리, 혹은 누가 해도 잘하는지 못하는 지 표가 잘 안 나는 자리는 차지하는 자가 임자가 된다. 국가독점 공기 업, 은행 등 규제산업, 공립학교와 지자체, 직업공무원 등이 대표적이 다. 공무원의 승진경쟁, 금융기관과 공기업 낙하산인사 시비와 부정취 업 시비의 뿌리는 바로 여기에 있다. 전혀 준비되지 않은 사람이나 소 명도 실력도 없는 사람이 요직을 꿰차는 일이 비일비재한 이유도, 실 은 누가 해도 별 차이가 없기도 하고, 그런 인사 행태가 표심에 별로 영향을 미치지 않기 때문이다. 하지만 글로벌 경쟁시장에서 생사를 걸 고 싸우는 기업들은 그렇지 않다. 누가 하느냐에 따라 흥망이 극적으 로 갈린다. 한국민들이 성토하고 아파하는 부조리의 상당부분이 유럽, 미국, 일본, 중국에는 없거나 적은 이유다.

『7공화국이 온다』에서 얘기했지만 조선의 갈라파고스적 특징은 기 본적으로 대규모 외침, 반란, 대대적인 주민 이주(도피) 등 정치체 간 의 생사를 건 경쟁을 걱정할 필요가 없는 지정학적 조건에서 온다. 사 대만 잘하면 강대한 외세의 침략을 걱정 안 해도 되는 중국대륙의 안 정되고 통일된 왕조(명과 청), 폐쇄적 농업경제와 잘 조응한 독특한 질 서(예) 관념도 이를 더욱 강고하게 만들었다. 마찬가지로 한국 특유의 지대 추구 내지 본말전도 현상도 기본적으로 사력을 다해 생산성을 높이거나 '본'에 충실하지 않아도 되게 만드는 어떤 구조, 한마디로 좋은 자리=성채만 차지하면 생산성이 높거나 '본'에 충실한 외부 도전자들의 공격을 손쉽게 막아낼 수 있는 기득권 편향의 법제도와 습속에서 온다. 지나치게 강한 정규직 고용보장과 공무원 신분보장이 대표적이다.

한국에서 불공정 시비는 뜨겁지만 이는 땅 짚고 헤엄치기 식으로 돈을 쉽게 버는 구조 그 자체나, 시험이나 입사라는 관문만 통과하면 사실상 양반 귀족이 되는 자리 그 자체를 향하지 않는다. 지대의 성채로 들어가는 자격요건을 묻는 시험이나 선발제도의 공정성을 향할 뿐이다. 단적으로 명문대학, 법학전문대학원, 의학전문대학원 입시 비리나 공공기업 취업(비정규직의 정규직 전환 등) 비리에 대한 성토는 직업이나 직장의 지대 그 자체를 성토하지는 않는다.

그런 점에서 이윤, 임금, 연금, 권력, 권좌, 명예 등 가치 배분의 공정성 내지 건전성=지속가능성을 관리하고 조정해야 할 정치의 혼미, 무능, 기득권 편향이야말로 한국형 부조리의 핵심 원흉이라고 할 수 있다.

제3장
봉우리, 사다리, 안전망

1. 한국의 특이한 시장구조

한국의 시장구조는 매우 특이하다.

삼성전자, 현대기아차, 현대중공업 등 세계적인 경쟁력=생산성을 자랑하는 (한국시장이 연못이라면) 고래와 같은 글로벌 초대기업이 있다. 이들의 임금수준은 당연히 높다. 수요독점 기업이기에 갑질이 없을 리 없겠지만, 그래도 이 기업의 1차, 2차 협력업체(을)가 되는 것을 행운으로 여긴다.

한편 일찍부터 개방되어 세계시장을 상대로 무한경쟁을 해온 제조업은 기본적으로 창출하는 부가가치에 비해 고용이 너무 적다. 이상고생산성인 것이다.

게다가 국가 주도 경제발전=수출 드라이브 전략의 유산인 국가독점산업(공기업)과 불완전경쟁 산업이 너무 많다. 국가가 진입(자격) 규제, 가격 규제, 행위 규제 등으로 관여, 보호하는 규제산업이 많기 때문이다. 금융, 의료, 교육, 방송통신, 토지/주택, 도로, 철도, SOC, 에너지, R&D, 농업 등이 그렇다. 이들은 하나같이 두터운 지대(렌트=초과이익)를 깔고 있다. 또 하나는 업종별로 몇몇 기업을 수출 전략기업으로 육성하기 위해 각종 특혜를 몰아주다 보니, 해외의 강력한 경쟁자가 국내에서 경쟁을 하지 않는 한 독과점 횡포를 부리게 되어 있다.

연대의식이 기업을 벗어나지 못하는 노동조합도 안(내부자)과 밖(외부자), 하는 일과 받는 처우의 괴리를 키우는 데 크게 일조하였다. 게다가 국가(공무원과 공공기관)도 하는 일과 받는 처우의 괴리를 키우는 쪽으로 움직였다. 단적으로 공무원 고용임금 표준은 높은 생산성과 두터운 지대와 노조 효과가 중첩된 민간대기업과 공기업을 기준으로 삼았다. 설상가상으로 이들에게는 없는 고용안정성과 연금까지 추가했다. 결코 지속가능하지 않은, 사회의 과도한 요구·기대 수준도 노동조합과 공무원을 지지하고 엄호했다. 그 결과가 지금 같은 청년, 외부자, 비기득권, 미래세대에게 최악의 체제인 것이다.

제조업과 서비스업의 큰 격차 내지 불균형은 오래전부터 지적된 문제인데, 희한하게도 문제의 원인의 제조업 과소고용은 외면하고 서비스업의 과잉고용만 문제 삼는다.

2016년 6월에 발표된 '2014년 산업연관표'에 따르면, 제조업은 총부가가치 30.15퍼센트를 생산하고, 취업자 비중은 16.2퍼센트(382만 8,700명)다. 서비스업은 총부가가치의 59.6퍼센트를 생산하고 취업자 비중은 70.2퍼센트(1,653만 7,700명)다. 건설업은 총부가가치 5.0퍼센트에 취업자 비중 6.7퍼센트(158만 2천 명), 농림어업은 총부가가치는 2.3퍼센트 취업자 비중 6.0퍼센트(141만 7,900명)이었다. 제조업의 취업자 1인당 부가가치=생산성(1억 669만 원)은 서비스업(4,883만 원)의 2.18배다. 하지만 OECD 대부분의 국가는 고용이 (생산성이 높은 쪽으로) 물 흐르듯이 흐르기 때문에 제조업과 서비스업의 1인당 부가가치=생산성이 거의 비슷하다.

한국 제조업의 고생산성은 삼성전자, 현대기아차, 포스코, 현대중공업 등 세계적인 경쟁력을 가진 기업들에 기반을 두고 있다. 한국의 주력 수출품목인 자동차, 조선, 철강, 석유화학, 반도체, 평판디스플레이(LCD) 등 완성품(최종품) 제조기업은 대기업이 될 수밖에 없다. 한국에서 기업 규모에 따른 격차는 기본적으로 '기업의 생산성(산업의 특성과 기업 능력) 및 지대'와 '개인의 생산성(숙련) 및 지대'가 중첩되어 있다. 산업 및 기업의 생산성은 기술력, 자금력, 마케팅력, 브랜드파워, 경영능력과 지대수취능력의 총화이다.

제조업, 건설업, 도매 및 소매업 등 17개 산업별로 월평균임금을 집계하면, 2016년 1~3월 기준 임금 1위는 전기·가스·증기·수도사업(618만 7천 원)이고, 2위는 금융·보험업(614만 5천 원)이다. 취업자 기준 생산성이 무려 세계 3위인 제조업(398만 8천 원)은 5위다. 1위 전기·가스·수도업은 공기업이 주도하는 산업이며, 2위는 시장참여 자격과 상품·가격(수수료, 이자) 등에 대한 국가규제가 심한 규제산업이다. 그런데 한국 청년들이 선망하는 직장은 **공기업과 은행, 방송·통신 등 규제산업과 삼성전자·현대자동차 같은 글로벌 과점(국내적으로는 수요독점) 기업**이다. 산업, 기업, 고용임금의 격차는 생산성 외에도 **국가규제(진입장벽), 공무원과 공기업 등을 규율하는 고용임금 표준, 노동의 교섭력(노동지대), 근속기간(연공지대와 숙련)과 노동시간(초과근로시간과 할증률) 격차**가 삼중, 사중으로 중첩되어 있다.

고용불안뿐 아니라 고용 부족과 불만, 더 나아가 우리 시대의 지독한 불평등 양극화 문제조차 그 원인과 해법은 '봉우리(peak), 사다리(ladder), 안전망(safety net)'이라는 틀로 꿸 수 있다. 봉우리는 정상이라고 생각하는 수준=표준이다. 고용안정 수준, 임금수준, 복지(연금)수준 등 권리·이익의 수준을 의미한다. 사다리는 계층이동 수단, 패자부활 수단, 경쟁규칙 등을 의미한다. 안전망은 매트리스(mattress)라고도 하는데, 개인과 가족의 사회경제적 위험을 완충해 주는 복지제도다.

비유하자면, 한국사회는 기본적으로 봉우리=표준 자체가 너무 높고, 좁다. 봉우리가 높은 것도 시장경제, 민주주의, 사회연대기구(노동조합)가 정상적으로 작동하지 않아서 많은 초과이윤(소비자, 협력업체, 납세자에 대한 약탈)이 생겼기 때문이다. 단적으로 공무원, 자동차산업, 은행, 통신회사 등의 고임금은 생산성이 높아서가 아니다. 한편 생산성 자체가 높은 글로벌 산업·기업은 최근 조선회사, 해운해사, 석유화학과 철강회사들이 보여 준 것처럼 시장 상황에 따라 크게 요동친다. 그런데 이윤은 크게 요동치지만, 이 충격은 주로 협력업체들이 흡수하고, 정규직들은 안녕하다.

한국은 봉우리 자체가 높기에 올라갈 수 있는 사람이 적을 수밖에 없다. 그래서 위(정상)와 아래(바닥), 안(내부자)과 밖(외부자), 승자와 패자 간의 격차=낙차가 너무 크다. 높고 좁은 정상으로 올라가는 길은, 북한산 인수봉 암벽 등반처럼 어렵고 고단하다. 올라가는 사다리 내지 밧줄은 너무 적다. 그러니 사다리 타기 내지 밧줄 잡기 경쟁이 너무 치열해서 고단하다.

반면에 정상에서 혹은 중간에서 굴러 떨어진 사람을 받아 안아 주는 안전그물이나 매트리스는 너무 빈약하니 불안하다. 정상=봉우리에서 한번 굴러 떨어지면 다시는 정상으로 복귀하기 힘드니, 요컨대 미끄럼틀만 있고 사다리가 없으니 더 불안하다. 그래서 높은 봉우리에 비유되는 소수 대기업의 경우 "해고는 살인"이라는 절규가 터져 나온다. 대학입시, 고시·공시 등 사다리 타기 경쟁규칙도 흙수저에게 너무 불리해서 억울하다. 무엇보다도, 하는 일은 비슷해도 위냐 아래냐, 안이냐 밖이냐에 따라 사람 값(처우)의 차이가 너무 커서 억울하다. 기회도 금수저냐 흙수저냐에 따라 너무 차이가 커서 억울하다.

지난 몇 년 사이에 복지국가 바람이 불면서, 우리 사회는 사회안전망에 대해서는 비교적 잘 알게 되었다. 수많은 국제비교 통계와 복지프로그램별 보장수준 등을 근거로 부실한 사회안전망에 대해 성토하는 사람은 많다. 이구동성으로 "세금을 더 많이 거둬서 복지를 늘려야 한다"고 말한다. 그런데 부자(극소수 슈퍼부자와 재벌대기업) 증세에는 열을 올리는 사람은 많아도, 중산층 증세나 보편증세를 얘기하는 사람은 드물다. 역사적으로(선진국에서) 복지국가 건설의 주력부대인 노동조합도 보편증세, 소득세 증세와 국가복지 강화에 대해서는 소극적이다. 그도 그럴 것이, 개별사업장에서 단체협약이나 (공무원의 경우) 법령으로 고용을 보장받고, 임금도 올리고, 복지를 늘려 자신들의 사회적 위험을 다 해결해 왔기 때문이다. 또한 대부분의 사회안전망이 기업이나 사업장 규모를 기준으로 큰 곳에서 작은 곳으로 내려오는 방식을 취해 왔기 때문에 대기업과 공공부문의 '노동(조직노동과 공무원)'의 이해관계를 정면 거스르지를 못하였다. 시장환경(생산물시장, 노동시장 등)으로 보면 고용안전망이 절실함에도 불구하고 터무니없이 취약한 고용보험이 그 단적인 예다. 이유는 대기업 조직노동과 공무원들에게 정리해고 등 구조조정은 '강 건너 불'이었기 때문이다.

　이렇듯 사회안전망의 부실을 성토하는 사람은 많아도, 그것이 부실한 이유와 증세가 어려운 이유에 대해서는 깊이 성찰하지 않았다. 그런데 부조리의 상류·중류에 해당하는 봉우리와 사다리 문제는 그 중요성과 심각성에도 불구하고, (사회안전망을 건드린 것과 비교하면) 거의 털끝도 건드리지 않았다.

　사실 구조조정 과정에서 격렬한 갈등이 일어나는 곳, 특히 해고=살인론이 터져 나오는 곳은 예외없이 고용임금 수준이 하는 일(직무와 생산성)에 비해서도, 우리의 생산력(1인당 GDP 등) 수준에 비해서도 월등히 높다. '해고살인론'이 설득력을 가지는 이유는 안(좋은 회사)과 밖

(기타 대부분의 회사, 실업상태)의 격차=낙차도 크고, 한번 좋은 회사서 밀려나면 다시는 그곳에 들어갈 수가 없기 때문이다.

노조의 겁박 때문이건 법령 때문이건, 하는 일에 비해 월등히 높은 처우를 해 줘야 하는 회사는 기존 고용 유지에 급급할 뿐, 여력이 있어도 신규채용(직고용)할 이유는 없다. 게다가 한국의 공공부문과 조직노동의 요구는 일단 정규직으로 채용만 하면 중간점검·퇴출 없이 다 정년을 보장하도록 하는 등 철저한 기득권 노동 중심이기에 사다리가 더더욱 빈약하다. 한국의 근로기준법은 정리해고와 징계해고 외에는 해고가 불가능하며, 징계해고 요건에는 '저성과'는 포함되지 않는다. 명백한 범법만 저지르지 않으면 해고가 불가능하다는 얘기다. 결국 출구(중간 퇴출)를 막아 놓고 입구에서 계속 밀어 넣으려 하니 일자리 사정이 더 어려워지는 것이다.

따지고 보면 사다리 문제도 봉우리 문제의 파생물이다. 하는 일(생산성)과 받는 처우(근로조건) 혹은 안(내부 노동시장의 근로조건)과 밖(외부 노동시장의 근로조건)의 격차가 별로 없는 중소기업의 경우 해고는 결코 살인이 아니라 대체로 전직의 계기일 뿐이다. 이는 2001년 대우자동차, 2009년 쌍용자동차, 2011년 한진중공업 협력업체 구조조정이 보여 주었다. 하지만 하는 일과 처우의 격차가 큰 모기업에서는 예외없이 해고살인론이 터져 나왔다.

생산성과 근로조건의 괴리, 혹은 우리 실정에 비해 너무 높은 표준(봉우리) 문제는 한국사회의 부조리 중의 부조리다. 사회의 표준=정상 수준이 높게 설정되면, 공무원, 공기업, 대기업, 전문직 등 힘센 존재들은 여기에 쉽게 도달하지만, 나머지는 그 때문에 더 멀어지기 때문이다.

생산된 파이(가치)의 분배구조를 악화시킬 뿐만 아니라, 파이(가치)의 생산·창조 자체도 틀어막고 있다. 보상(인센티브)체계, 규제지배(거버넌스)구조 등 시스템(체제)의 문제가 집약되어 있다. 이 원인을 밝히는 것은 양극화, 일자리, 저성장, 저출산, 저신뢰, 고갈등 등 대한민국의 핵심 부조리 구조를 밝히는 것이기도 하다. 그래서 긴 논증이 필요하다.

그동안 노동시장의 격차에 대해 시비를 한 사람은 헤아릴 수 없이 많았지만, 대체로 상대적 격차만 문제 삼았고, 결론은 상향평준화였다. 그런데 하는 일(직무와 생산성)과 처우의 크나큰 괴리를 만들어 낸 구조를 살펴보면, 상향평준화가 구조적으로 불가능하다는 것을 알 수 있다.

한국 특유의 봉우리-사다리-안전망은 시장-사회(공동체와 문화)-국가의 합작품으로, 지독한 불안함, 고단함, 억울함의 뿌리다. 이 구조는 어느 한 정당이 집권해서 해결할 문제가 아니다. 일조일석에 해결할 문제도 아니다.

2. 중향평준화: 맥주컵을 접시로, 인수봉을 남산으로

기업의 이윤, 근로자의 임금, 가계의 소득과 자산, 은퇴자의 연금격차 등 거의 모든 경제적 격차는 '정당한 격차(생산성)'와 '부당한 격차(지대=초과이익)'의 중첩이다. 전자는 상향평준화(생산성 향상)로, 후자는 규제개혁을 통한 개방·경쟁과 '을'의 대항력 강화를 통해 해결하는 것이 기본 방향이다.

한국에서 임금 등 근로조건은 집단(기업)의 생산성 및 지대(초과이윤)와 개인(노동)의 생산성(숙련) 및 지대(초과임금)의 4중 중첩 구조를 이루고 있다. 개인(노동) 지대(초과임금)의 핵심은 생산성과 상관없이 올라가는 연공임금과, 생산성과 상관없이 오로지 기업별 노조의 힘(기업별 단체교섭)에 의해 올라가는, 생산성을 훨씬 초과하는 임금과 복리후생이다. 이를 떠받치는 것은 임금을 개인의 기여(생산성)에 대한 보상이 아니라 기업의 지불능력과 노동의 교섭력(단결투쟁력)의 함수로 보는 약탈적이고 지대추구적인 임금관이다. 또 하나는 임금을 기여(생산성)에 대한 대가가 아니라 생애주기상 필요에 대한 배려로 보는 임금관이다. 더 근원적으로는 사람을 직무·기능·역할 중심으로 보는 것이 아니라 '집의 식구'로 보는 문화다. 그로 인해 대부분의 나라에서는 교육수준이나 직무(숙련)에 따른 격차가 주요한 격차지만 한국에서는 '소속 직장'이 압도적으로 중요한 변수다.

초과임금을 물질적으로 담보하는 것은 초과이윤이다. 이는 공공부문과 국가규제(진입장벽)와 민간독과점 시장구조가 뒷받침한다. 이들은 국가 또는 과당경쟁과 민간 불량사업자로부터 소비자나 공공성을 보호한다는 구실로 국가독점을 보장받거나 높은 진입장벽(국가규제)에 의해 과잉보호를 받는다. 가장 심각한 문제는 4중 중첩구조, 특히 기업과 노동이 깔고 앉은 지대를 녹여 내야 할 공공부문과 노동관계법이 이를 더욱 공고하게 만든다는 것이다.

단적으로 공무원의 보수기준은 한국사회의 최상층인 상시근로자 100인 이상 기업의 임금을 기준으로 삼고 있다. '동일가치노동 동일임금'을 부르짖지만 공무원과 공기업이 오히려 더 가파른 호봉임금체계를 유지하고 있다. 뿐만 아니라 파업시 사업장 점거를 가능하게 하고, 직장폐쇄를 지극히 어렵게 만들고, 대체인력 투입은 틀어막아 놓고, 사용자의 노조에 대한 정당방위도 부당노동행위로 처벌하는 노동관계법과 (불법행위를 진압하는 과정에서) 공권력의 사소한 실수도 엄단하는 법원의 판결은 대기업과 공공부문에서의 노조의 압도적 힘의 우위를 뒷받침하고 있다.

가계와 기업, 노동과 자본의 분배구조나 힘의 격차는 소리 높여 외치지만, 노동(갑)과 노동(을), 노동과 비노동(자영업자와 비경제활동인구)의 부당한 격차에 대한 성토는 별로 없다. 대기업과 중소기업, 정규직과 비정규직 간 격차는 고창하지만, 공공(세금소득자와 독점수혜자)과 민간, 규제산업 및 면허직업과 완전경쟁산업, 단기근속자와 장기근속자의 격차는 거의 공론화되지 않는다. 남북 간 격차와 지역 간 격차는 논외로 하고라도, 한국의 격차(불평등, 양극화) 해소 담론은 심각한 결함을 갖고 있다.

요컨대 부문, 산업, 직업, 직무의 임금수준을 1인당 GDP라는 잣대로 재보면, 한국은 높고 좁은 북한산 인수봉 내지 엎어 놓은 맥주컵 구조라면, 대부분의 선진국은 낮고 넓은 서울 남산 내지 엎어 놓은 접시 구조이다. 따라서 격차해소 방향은 (좁고 높은 인수봉을 인위적으로 깎기보다) 노동시장, 상품서비스시장, 금융시장의 수요·공급과 공정 경쟁·거래를 왜곡하는 제반 요인을 제거하여, 한마디로 자유롭고 공정한 시장환경을 조성하여, '지대 거품(방석)'을 빼는 것이다. 이 거품(방석)이 빠지면 소수가 독식·과식하던 파이가 전후방 가치생산사슬로 퍼져나가게 되고, 동시에 노동력 수요가 많은 산업으로 노동력 유입이 촉진되어, 시간이 흐르면 선진국처럼 낮고 평퍼짐한 남산 구조를 가지게 된다.

동시에 '진짜' 생산성이 낮은 곳의 생산성을 끌어올리는 것이다. 이는 세계화, 지식정보화, 자유화, 제4차 산업혁명이 제공해 주는 기회를 극대화하고, 위험을 분산·완충하는 시스템을 구축하는 것을 의미한다. 이는 생산성이 낮은 곳에 머물러 있는 과잉인력을 분산하는 것이 될 것이며, 그 관건은 합리적인 격차=인센티브 체계이다.

이를 위해서는 무엇보다도 먼저 현재의 노동시장의 상층이 누리는 권리·이익 수준이 하는 일(사회적 가치)에 비해서나, 한국의 생산력 수준(평균값이나 중위값)에 비해서 대단히 높다는 인식을 공유, 확산해야 한다. 따라서 다양한 부문, 산업, 직업, 직무와 층위의 고용, 임금, 복지 등에 대한 풍부한 상대비교와 국제비교 통계가 필요하다.

한국 통계청과 고용노동부에서 생산하는 격차 통계만 가지고는 한국 특유의 부조리를 제대로 포착할 수 없다. 단적으로 광주 기아차의 가치생산사슬의 부조리나 서울메트로와 은성PSD의 부조리를 파악할 수 없고, 청년 인재와 진취적 기업가정신의 블랙홀로 기능하는 한국 공공부문의 근로조건도 파악하기 곤란하다. 은성PSD의 서울메트로 출신 고령의 정규직 근로자와 사망한 김 군 같은 비정규직의 격차는 상대비교만으로도 격차의 부당함을 알 수 있다.

하지만 애초 기준이 된 서울메트로의 고용임금 수준, 즉 평균근속연수 21년 8개월, 1인당 평균임금 6,383만 3천 원(지방공기업 경영정보 공개시스템)은 업무 성격이 비슷한 일본(도쿄), 프랑스(파리), 독일(베를린), 영국(런던) 등의 지하철 운영회사와 비교하지 않으면 그 수준을 가늠하기 곤란하다.

국제비교의 주요한 가늠자는 각 나라의 1인당 GDP나 근로자 평균임금이나 중위임금이 될 것이다. 서울메트로와 공무원 등 공공부문의 고용임금은 시장에서 결정되는 것이 아니라 국민(소비자)이 요금이나 세금으로 얼마를 부담할 것인가의 문제이며, 따라서 풍부한 국내 다양한 직무와의 상대비교와 비슷한 직무의 국제비교를 통해 결정되어야 한다. 중향평준화는 부문, 산업, 기업, 직무, 직업의 권리·이익(고용임금, 연금, 복지) 수준에 대한 풍부한 정보공개를 통한 상대비교 및 국제비교 통계를 먹고 자라는 가치이다.

중향평준화는 '선(先) 내적 조정-후(後) 외적 조정', '선 공공부문-후 민간부문 조정'으로 가야 한다. 1차적 대상은 미국 등 선진국도 골머리를 앓고 있는 생산성 격차에 따른 소득·임금 격차가 아니라, 시장과 민주주의가 제대로 작동하지 않아서 생긴 지대나 과도한 국가표준으로 인한 소득·임금 격차이다. 따라서 무엇보다도 국민의 80~90퍼센트가 공분하는 악질적 격차, 특히 지대수취에 기반한 고임금을 선차적인 타격 대상으로 삼아야 한다.

중향평준화는 궁극적으로는 기업을 뛰어넘어 부문, 산업, 기업, 직업, 직무 간의 고용과 소득·임금 격차를 합리적으로 축소하는 것이지만, 우선은 동일 기업 내 정규직과 비정규직, 장기근속자(고호봉)와 단기근속자(저호봉) 간의 격차를 조정하는 것이 급선무로, 주어진 파이를 내부에서 합리적으로 조정하는 것에 주안점을 두어야 한다. 스웨덴 사민당과 노총은 산업·기업·노동의 생산성 격차에 따른 정당한 격차조차도 노동의 연대성 기치 아래 중향평준화 방식으로 축소했지만, 현재 한국에서는 높은 생산성을 가진 노동의 양보로 격차를 축소한다는 것은 시기상조이거나 한참 후순위 문제라고 보아야 한다.

노동지대, 공공지대, 독과점(갑질)지대 축소를 위해서는 선택권 및 거부권(대항권)의 균형 회복이 관건이며, 이를 위해서는 노동관계법 개혁이 절실하다. 특히 파업시 직장점거 금지, 파업시 대체인력 투입 규제 개혁이 절실하다.

제4장
노동개혁: 새로운 고용체제

한국의 고용체제 내지 노동시장은 과거 조선처럼 '거대한 위선'의 체제다. 우리 시대 가장 심각한 시대착오이자 적폐라고 할 수 있다.

조선 체제의 수혜자이자 사수대는 양반사족들이었다. 한국 고용체제의 최대 수혜자이자 사수대는 공공부문과 조직노동과 (자칭) 진보다. 청년과 한계기업의 근로자는 최대의 피해자다.

새로운 고용체제 설계의 첫걸음은 시장, 산업, 기업, 고용 문제의 세계적 보편성과 한국적 특수성을 파악하는 것이다. 세계적 보편성은 지식정보화와 글로벌화, 중국과 인도와 동남아의 세계시장 참여(제조업, R&D), 제4차 산업혁명 등이다. 한국적 특수성은 노동조합과 노사관계, 상법 및 노동관계법(인력·조직·근로조건의 경직성), 고용임금 사상(무임승차, 지대추구 경향), 과도한 공공표준, 고학력 취업난(산업-교육의 미스매칭), 생산물시장 구조, 금융 등 창업 환경, 민간독과점 등이다.

1. 비정규직 해법: '한국식 정규직'을 없애야

새로운 고용체제의 대원칙은 다음과 같다.

첫째, 인간의 수명을 제외한 모든 존재들; 상품, 기술, 설비, 기업, 직업 등의 수명이 짧아졌고, 변화부침, 탄생 소멸도 극심하다. 2014년 기준 기업생멸 행정통계 결과(통계청, 2015. 12. 23)에 따르면 한국 기업의 1년 생존율은 60.1퍼센트, 2년 생존율 47.3퍼센트, 3년 생존율 38.2퍼센트, 5년 생존율은 29.0퍼센트에 불과하다. 업종별 차이도 크다. 5년 생존율은 부동산임대업(43.3%), 운수업(42.3%), 보건사회복지업(38%), 제조업(37.9%) 순으로 높고, 예술스포츠여가업(14.3%), 숙박음식점업(17.7%) 등은 낮다.

모든 존재들의 수명이 짧아지고, 변화부침이 극심하고, 업무의 다양한 변형(분리, 추가, 통합 등)이 일어나기에 '상시지속업무' 자체가 줄고 또 정의하기도 어렵다고 보아야 한다. 2012년 대선 때부터 박근혜와 문재인이 합의한 '상시지속업무 정규직 전환'이 2017년 이후로도 또 고개를 처든 이유다.

한국은 좋은 직장일수록(공무원을 보면 안다) 업무가 없어져도 해고할 수 없고, 생산성이 현저히 떨어져도 임금 등 근로조건을 깎기도 어렵기에, 회사 입장에서는 정규직이 더 까다롭다. 한편 과거에는 장기근속이 회사에 이로웠기에, 장기근속 촉진 인센티브 차원에서 (근속연수에 따라 임금이 자동으로 올라가는) 호봉제가 필요했다. 하지만 지금은 전혀 그렇지 않다.

둘째, 통신수단과 교통수단 등의 발달에 힘입어 상품과 서비스 생산과정은 공간적, 시간적 분리가 쉽다. 또한 노동의 기능적 분화(세분화,

전문화, 분업화)도 필연이다. 분리, 분화, 통합 여부는 거래비용에 달려 있는데, 한국은 내재화(정규직)했을 때 그 비용과 위험이 너무 높아진다. 그래서 한국 기업들은 외주화 충동이 강하다. 그러므로 기간제, 시간제(파트타임), 파견·용역·호출 등 특수형태 근로의 증가는 법으로 막을 수 없다고 보아야 한다.

비정규직은 사라져야 할 어떤 악적 존재가 아니다. 특히 한국의 공공부문, 대기업 등은 직무에 따른 근로조건의 표준(공정한 시장가격) 개념 자체가 없기에, 또한 기능부전 상태의 정치로 인해 생산성(사회적 가치)을 훨씬 상회하는 임금, 복지를 쟁취하였다. 시장환경과 전혀 맞지 않는 경직된 고용도 쟁취하였다.

이는 우리의 근로기준법이 한번 정규직으로 채용되면 정리해고, 징계해고, 정년퇴직 외에는 근로자 의사에 반하여 내보내는 방법이 없고, 직무성과가 바닥이어도 임금을 깎을 수도 없고, 웬만한 대기업과 공기업에서는 노조가 압도적으로 힘의 우위에 있기 때문이다. 그래서 이들이 누리는 높은 권리, 이익, 혜택에 따른 부담을 누군가는 받아 안아야 한다. 이것이 (유럽, 미국, 일본보다) 훨씬 더 적극적으로 외주화를 추진하도록 만들고, 대기업화를 가로막고, 갑—을 모순(격차)과 비정규직 문제도 심화시킨다. 채용과 동시에 정년이 보장이 되는 정규직은, 적어도 한국에서는 기업에게 너무 가혹한 것이다. 좋은 직장일수록 더하다.

셋째, 사람의 창의, 열정, 직무적성, 사회적 관계 역량 등의 총체인 노동생산성은 개인별 편차가 크다. 하지만 이를 사전에(일 시켜 보기 전에) 파악하기가 쉽지 않다. 그래서 이병철은 관상쟁이를 대동하여 면접을 보았던 것이다. 게다가 노동생산성은 인센티브에 의해서도 크게 변화하지만, 사회적 관계에 의해서도 크게 변한다. 여기에는 리더십

(지휘 체계), 주변 관계(조직문화) 등이 포함된다. 게다가 독과점기업과 은행 등 규제산업 등은 초과이윤·임금이 발생하기에 생산성에 거품이 많이 끼어 있다. 공무원 등은 원래 생산성과 무관하다.

이래저래 개인별 노동생산성 파악이 쉽지 않아 '3동(동일가치노동–동일임금–동일처우)'을 법으로 강요하면 곤란하다는 얘기다. 이는 잘해야 같은 기업 안에서만 적용되게 되어 있다. 3동이 기업 안에서만 들이미는 칼이 되면, 결국 공공부문과 대기업의 일부 비정규직만 팔자 고칠 것이다. 3동=생산성과 임금의 조응은 기업 차원이 아니라 산업과 사회 차원에서 관철되어야 한다. 기업을 고의적으로 분리(외주하청화)해서 무력화시켜서도 안 되고, 공장 담벼락 안에서만 통하는 가치가 되어서도 안 된다.

동일가치노동–동일임금–동일처우는 법으로 해결할 문제가 아니라, 잘 작동하는 사회적 노동시장으로 해결할 문제다. 다만, 좋은 일자리를 둘러싼 경쟁이 너무 치열하고, 채용자(갑)와 구직자(을)의 힘(거부권)의 격차가 너무나 크기 때문에, 완전히 시장에 맡겨 버리면 구직자(을)에게 너무 불리한 계약이 맺어질 수밖에 없기에 국가의 개입이 분명히 필요하다.

넷째, 노동의 요구(임금, 안정, 보람 등)와 시장(기업)의 요구는 충돌하는 경우가 많고 대체로 노동이 많이 불리하다. 특히 높은 대학진학률과 산업·기업의 노동력 수요의 충돌은 한국이 특히 극심하다.

이 외에도 고용노동체제의 환경과 골조에 해당되는 것들이 많을 것이다. 그럼에도 불구하고 지속가능한 고용노동체제의 기조는 몇 개 알 수 있다.

다섯째, 아무리 인공지능, 시지각능력이 향상된 로봇 기술 등이 발달해도 일자리가 사라지고 있다고는 속단할 수 없다. 인간의 욕망은 무한대고, 이를 만족시키는 창의적인 상품과 서비스가 무한히 개발되기 때문이다. 또한 지구적 차원에서 생각하면 한국처럼 창의, 열정이 넘치고 억척스러운 사람이 많은 나라는 해외로 나가든지 해외에 먹히는 상품 서비스를 개발하든지 하여, 기술 발전에 따른 일자리의 소멸 및 축소라는 세계적인 보편성을 거스를 수 있다.

여섯째, 노사간 힘(선택권과 거부권, 파업권과 직장폐쇄권 등)의 균형이 필요하다.

이런 전제 하에서 고용체제를 설계하면 그 대강은 다음과 같다.

노동시장의 공정성, 유연성, 연대성, 안정성은 반드시 구현되어야 할 가치다. 하지만, 현실적으로 연공임금체계의 수혜자로서 새로운 노동환경에 적응이 어려운 한국의 중장년 근로자들이 받아들일 수가 없다. 공정성, 유연성의 충격을 감내하기 힘든 고임금 중장년 세대와 노동시장에 막 진입하는 청년 세대에게 동일한 형태의 고용계약을 강요하게 되면, 청년 세대가 불리할 수밖에 없다. 노동시장의 이중구조를 당장 고칠 수 없다면, 사회적 합의를 통해 신규채용자부터 새로운 형태의 고용계약을 맺을 수 있어야 한다. 노동시장의 이중구조는 지금 신규채용 공무원에게 하고 있듯이 이중고용 체제로 풀 수밖에 없다.

노동시장에 들어오는 청년 근로자들에 대해 7년 일하면 (자발적 퇴직이라도) 1년 정도 통상임금을 받으며 재충전할 수 있도록, 통상임금의 14퍼센트(비정규직 사용부담금)를 적립하는 특별고용보험(희망충전계좌)을 신설해야 한다.

반대급부로 기업에 지금보다 훨씬 자유로운 해고 권한을 부여한다. 특히 퇴직금을 주지 않으려고 7개월, 9개월, 11개월 만에 계약 해지하는 기업에게는 임금의 10퍼센트 이상(퇴직금은 임금의 8.33%) 희망충전 계좌에 적립을 의무화해야 한다.

공공기관과 대기업에서 노조의 압도적 힘의 우위를 뒷받침하는 파업시 대체인력 투입 금지와 사업장 점거 파업을 금지해야 한다.

'정규직=정상, 비정규직=비정상'의 고용 패러다임을 철폐해야 한다. 한국의 정규직은 주 40시간 이상 근로시간 보장 외에도, 확고한 정년보장(정리해고와 징계해고 외에 중도퇴출 불가)+생산성과 무관한 가파른 연공임금(호봉제)+기업별 단체교섭(직무에 따른 기업횡단적인 근로조건 표준의 부재)+두터운 기업복지+직접고용(간접고용은 비정규직으로 규정) 등 5대 혜택을 누리는 존재로, 상품과 기술의 수명이 길고 변화부침이 적은 전통 제조업의 생산직 노동자와 철밥통 공무원을 전제로 하기에, 노동시장의 보편상식에 완전히 반한다.

한국식 인건비 절감과 고용임금 유연성 확보를 위한 비정규직은 한국식 정규직의 그림자다. 노동시장의 정의·공정에 정면 반하는 한국식 정규직이 줄어들고 유럽식 정규직이 늘어나면, 즉 다양한 고용형태, 적정한 고용유연성(상대적으로 약한 정년보장), 직무와 성과에 따른 공정한 임금체계가 확산되면 한국식 비정규직은 줄어들게 되어 있다.

비정규직은 이름부터 바꿔야 한다. 정규직을 '정년직=영구직', 비정규직을 '비정년직=비영구직으로' 바꿔 부를 것을 제안한다. 지금 한국에서 비정규직은 고용이 불안하고 임금이 낮고 기업복지 혜택에서 소외된 일자리의 대명사가 되었다. 자본에 의해 부당한 착취·억압을 받는 존재로 간주된다. 한국 노동계와 진보도 비정규직을 이렇게 규정하고 싶어 한다. 그리고는 여기에 시간제근로자나 파견용역직은 말할 것도 없고 무기계약직, 임기제 공무원까지 욱여넣으려 한다. 또한 생명·안전 업무니 하는 명분을 들이대어 비정규직 사용 사유 제한을 가하려고 한다.

비정규직이라는 이름은 '빨갱이·좌익, 수꼴(수구꼴통)·극우, 적폐세력'처럼 언어에 의한 사고의 왜곡·조작 현상을 조장한다. 예컨대 '빨갱이, 좌익, 좌파, 진보, left, progressive, liberal'은 다 엇비슷한 대상을 가리키지만, 느껴지는 어감과 사용되는 맥락이 많이 다르다. 사람마다 부여하는 의미도 제각기 다르다. 한국에서 비정규직 관련 논란과 갈등은 기본적으로 잘못 지은 이름 내지 악의적으로 왜곡하는 개념에서 연유하는 측면이 크다.

한국식 정규직을 없애야 한다. 한국식 비정규직은 한국식 정규직의 파생물 내지 그림자다. 본체를 바로잡으면 그림자도 바로잡힌다. 한마디로 한국식 정규직도 비정상, 비정규직도 비정상이라는 인식 하에 이 둘을 중향평준화 방식으로 격차를 좁히면서 합리화해야 한다.

비정규직(irregular job)은 '종신고용, 연공임금(직무급 미발달), 기업복지, 미발달한 외부노동시장'으로 요약되는 한국과 일본에서만 쓰이는 단어다. 그래서 OECD 통계에는 'irregular job'이라는 통계항목 자체가 없다. 비슷한 개념이 있는 일본에 비해 한국에서 비정규직 시비가 훨씬 심한데, 이는 한국이 일본에 비해 고용임금에 대한 사회적 조정이 거의 이뤄지지 않고, 또 기업 간 초과착취(갑질)에 기초한 직장계급사회=지대추구사회적 특징이 강하기 때문이다.

한국에서 비정규직 시비는 시간제 근로가 아니라, 주로 한시적(기간제) 근로와 일부 비전형 근로와 사내하청에서 일어난다. 이는 기본적으로 공공부문과 대기업 등 지불능력이 있는 생산조직의 정규직(정년보장직)이 누리는 권리와 이익이 매우 크기 때문이다. 그 권리와 이익의 핵심은 시장의 변화부침에 요동치지 않는 안정된=경직된 고용과 외부노동시장 수준을 훨씬 상회하는 높은 임금 및 기업복지다. 바로 여기에 비정규직 문제의 원인과 해법이 함께 들어 있다.

한국의 비정규직 문제는 개인의 고용임금 수준이 자신의 본원적인 생산성(직무성과)에 의해 정해지는 것이 아니라, 소속된 집단의 지불능력과 노동의 교섭력에 의해 정해지는 현실의 자식이다. 한마디로 소속 집단이 제공하는 지대가 지나치게 많은, 단지 소속으로 거저먹는 무임 승차사회, 직장계급사회의 산물이다.

당연히 이런 사회에서 최고의 직장은 민주적 통제를 벗어난 국가(공무원·공공)부문이다. 공공부문 종사자들은 시장의 변화부침에 초연할 수 있고, 필요하면 세금이나 요금을 통해 지불능력을 만들어 낼 수 있기 때문이다.

그 다음은 협력업체나 소비자에 대해 압도적으로 우월한 지위에 있는 현대기아차 같은 민간독과점 대기업과 은행 같은 규제산업이다. 각자의 고용, 임금, 복지 수준이 근속연수, 기업 규모, 기업 능력, 노조 유무가 아니라 자신의 본원적인 생산성(숙련 등)과 시장의 요구에 조응한다면 비정규직 문제가 있을 수 없다.

시간제·기간제 고용과 파견용역 고용 등 비정규직이어도 억울하지 않고 살 만한 세상을 만들어, 정규직과 비정규직이 노사의 처지, 조건에 따라서 얼마든지 선택 가능한 옵션이 되도록 한다. 기업이 고용을 지금보다 덜 부담스럽게 늘리도록 시간제·기간제·파견제 등을 오히려 폭넓게 인정하고, 이들의 부담을 국가가 떠안아 준다. 고용보험을 튼튼하게 하고, (이들에 대한 소득보전을 위해) 근로장려세제를 강화한다.

2. '투트랙' 고용

한국에서 불합리한 고용임금체계가 가장 집중적, 전형적으로 나타나는 분야는 공공부문, 독과점산업, 규제산업 및 면허직업이다.

공공부문부터 한국식 정규직을 없애야 한다. 정부의 직접적 통제하에 있는, 따라서 초과이윤과 우월적 지위를 기반으로 생산성에 비해 월등히 높은 근로조건을 누리는 공공부문, 독과점산업, 규제산업 및 면허직업의 고용임금 수준을 상세히 (분위별로) 인터넷에 공개하도록 의무화해야 한다. 공무원 보수 기준을 현행 '상시근로자 100인 이상 민간기업'에서, '상시근로자 5인 이상 민간기업'으로 변경하고, 임금 인상률은 중위임금 인상률과 연계해야 한다.

공공부문부터 호봉제를 대폭 축소(예컨대 9급 1호봉과 6급 30호봉의 격차를 중향평준화)해야 한다. 더 세분화되고 합리적인 직무급을 도입해야 한다. 즉, 소방·경찰·복지 등 위험하고 힘든 직무, 고도의 전문성이 필요한 직무와 나머지 분리하여 필요한 곳은 상향해야 한다. 세금이 주된 재원인 전 분야(관급 건설공사, 민간 복지기관 등)에 적정임금제(prevailing wage) 도입으로 중간착취를 방지해야 한다. 예컨대 사실상 세금소득자인 은성PSD 같은 곳의 임금도 그 내역을 들여다보아야 한다는 얘기다.

높은 기술·기능이 요구되는 직무는 처우를 높이고, 낮은 기술·기능으로 충분한 직무는 처우를 낮춰야 한다. 공공부문이 모범을 보일 것이 있다면, 비정규직의 정규직 전환이 아니라, '정규직의 계약직(비정규직) 전환'이다. 상시지속인 줄 알았는데 아닌 업무에 종사하는 사람들을 과감히 재교육·훈련시켜 재배치하거나 민간부문으로 보내야 한다. 그렇게 되면 비상시·비지속 업무라도 정규직 전환을 할 수 있다.

공공부문이 진짜 솔선수범할 것은, 노동시장에서 시장원리를 너무 왜곡하는 장벽·규제를 제거하여 하는 일과 누리는 처우가 조응하도록 하는 것이다. 호봉제는 철폐하거나 대폭 축소하는 것이다. 외부=민간 노동시장에 비해 월등히 높은 근로조건을 누리는 직무의 근로조건을 조정하는 것이다.

한국에서 고용임금 체계의 합리화(근로조건의 공정성, 유연성, 연대성, 안정성)가 잘되지 않는 것은, 일단 좋은 곳에서 해고되면 다시는 복귀 불가능하기 때문이다. 따라서 노동시장 전반에 적용되는 '고용유연화' 방안은 자본과 국가의 무자비한 해고의 공포에 떨며 백척간두에 서 있는 듯한 느낌을 갖게 마련인 기득권 노동의 극단적인 반발을 불러일으킬 수 있다.

청년들과 중장년에게 일률적으로 적용되는 법제도를 만드는 것은 현실적으로 어렵다. 사실 고용보험 강화가 잘 안 되는 것도 부문·산업·기업 간 안정성 격차가 워낙 크기 때문이다. 정년보장도 받고, 유사시에 수십 개월치 명퇴금도 받아 낼 수 있는 대기업과 공공부문 근로자들은 보편적 사회안전망인 고용보험 강화에 관심 없으며, 이것이 노사 각 0.65퍼센트를 내는 고용보험료율이 오르지 않는 이유이다.

그렇다면 노동시장에 새로 진입하는 청년들은 7년 일하면 1년 정도 (자발적 퇴직이라 하더라도 기존에 받는 통상임금을 받으면서) 쉬거나 새로운 일을 할 수 있도록 특별고용보험을 만들 수도 있다. 이는 일종의 비정규직 사용부담금으로, 사용자가 통상임금의 14퍼센트 전액을 고용보험료로 다 내거나, 아니면 사용자 10퍼센트+정부 2퍼센트+근로자 2퍼센트로 분담하는 방식이 가능할 것이며, 반대급부로 기업에 언제든지, 상식적인 기준으로 해고할 수 있는 권한을 부여하는 것이다.

정규직의 권리, 이익을 과도하게 상향시켜 정규직이 생겨나기 어렵게 만들어 놓고, 또 비정규직으로는 도저히 살기 힘든 세상을 만들어 놓고 비정규직의 정규직화에 매달리는 것이 아니라, 괜찮은 비정규직 일자리를 만들어 비정규직으로도 얼마든지 행복하게 살 수 있는 세상을 만들어야 한다. 이 관건은 노동, 기업, 국가가 충분히 합의 가능한 고용 패러다임을 정립하는 것인바, 이는 중향평준화─'중'규직─중부담─중복지에 그 단초가 있을 것이다.

고용보험

현재 고용보험은 통상임금의 1.3퍼센트,(고용주 0.65%+근로자 0.65%)고, 실업자가 되면 가입기간 동안 기본급 평균의 50퍼센트만 지급한다. 10년 가입시 최대 210일에서 240일(50세 이상의 경우) 수급하며, 1일 최대 지급 액 4만 3천 원으로 최대금액 129만 원이다. 이는 4인가구 최저생계비(166만 8,329원), 현금급여액(생계급여, 134만 9,428원)보다 낮다. 1995년 도입 당시 1일 급여상한액이 3만 5천 원이었는데, 2015년 현재 4만 3천 원에 불과하다. 인간의 수명을 제외한 모든 것의 수명이 짧아졌고, (우리 조선, 철강, 석유화학 산업과 수출이 보여 주듯이) 산업의 변화부침하는 환경을 감안하면 터무니없이 얇은 것이다.

그럼에도 불구하고 2017년 대선에서 고용보험(실업급여) 강화에 힘을 실은 후보는 없다. 문재인은 10대 공약에서 실업급여 자체를 올리겠다고 한 것이 아니라 "3개월 계속 근로를 제공하는 청년알바에게 실업급여 확대 적용(초단시간 포함)하고, 65세 이상 어르신에게도 실업급여(고용보험)을 적용하여 실직 위험으로부터 보호"하겠다고 하였다. 안철수도 "육아휴직 급여 확대 및 배우자 출산휴가 확대를 위해 필요한 추가 예산 약 8,000억 원 정도(2017년 기준)"를 "고용보험법 개정을 통해 고용보험기금 실업급여 재원(실업급여계정상 모성보호지원급여)"으로 조달하겠다고 했을 뿐이다. 유승민은 관대한 고용보험(실업수당 인상 및 지급기간 연장)을 언급은 하였지만, 힘을 실은 다른 복지공약 — 가정양육수당과 아동수당 등 — 과 달리 구체적인 수치를 얘기하지 않았다. 심상정도 청년 공약의 하나로 "청년실업부조(15~35세 중 고용보험 미혜택 실업자, 최저임금 50% 지급) 도입, 고용보험 확대(자발적 실업자, 초단시간 노동자 등 포함, 실업급여 요건 완화, 수급기간 연장)"를 얘기했을 뿐이다.

부실하기 짝이 없는 고용보험(실업급여)은 왜 대선전에서조차도 별로 주목을 못 받을까? 그것은 바로 공무원과 공기업과 노조가 있는 대기업 현장직은 구조조정의 무풍지대라서 고용보험이 사실상 불필요하기 때문이다. 특히 대기업과 공기업 노조는 만에 하나 정리해고가 있어도 기업으로부터 고용보험의 몇 배나 되는 희망퇴직금을 받을 수 있기 때문이다.

이렇듯 공공부문과 조직노동의 이해와 요구가 진하게 반영되다 보니, 고용노동 관련 담론이 대다수 중소기업과 노동시장에 새로이 진입하는 청년들의 이해와 요구로부터 너무 동떨어져 있다. 단적으로 정년은 극소수 행운아만이 누리는 것이 현실인데, 정년 연장과 임금피크제가 핵심적인 노동현안이 되었다. 실제로는 정년 연장은 법으로 강제하고, 임금피크제는 노사합의 사항으로 만들어 놨기에 임금피크제는 생색내기만 하는 곳이 적지 않다.

제5장
경제·공공 개혁: 새로운 국가체제

한국의 경제위기는 정부·공공의 부실에서 비롯되며, 이 핵심은 정치 부실이다. 공공의 이름으로 정치와 정부가 좌지우지하는 거의 모든 일; 법령(규제), 예산·기금, 사법, 공공기관, 정부조직, 공무원이 경제위기의 핵심 원흉이다. 재벌의 악덕은 새 발의 피라고 할 수 있다.

1980년대 이후 유럽과 미국을 풍미한 신자유주의도 이런 인식을 공유하였다. 신자유주의의 핵심 정책 기조는 "정부·공공에 족쇄를! 시장에 자유를!"이라고 할 수 있는데, 그 어떤 나라보다 정부·공공이 좌지우지하는 것이 많고 시장의 자유가 결핍된 한국에도 딱 맞는 처방이라고 할 수 있다. 그러므로 한국이 가야 할 방향은 공공을 참칭하는 (정치, 행정, 사법) 권력집단과 독과점을 도모하는 경제집단과 공급이 곤란한 부동산으로부터 시장을 자유롭게 만들어야 한다. 진입도 어렵고 퇴출도 어려운 사회가 아니라, 진입도 쉽고 퇴출도 쉽고 패자부활전도 용이한, 유연하고 역동적인 나라를 만들어야 한다. 자신의 실력에 따라 그 지위와 역할이 오르내리는 유연하고 열린 사회를 지향해야한다. 이런 정책 기조가 제대로 실현이 되면, 한국은 공무원의 나라에서 국민의 나라로, 건물주와 임대사업자의 나라에서 사업자와 근로자의 나라로, 세습자의 나라에서 창업자의 나라로 변모할 것이다.

우선 공무원과 공공기관의 처우(평생고용, 고임금, 호봉제, 두터운 사내복지 등)가 모범, 표준, 정상으로 간주되는 현실을 바꿔야 한다. 아니, 결사적으로 싸워야 한다.

다른 나라는 몰라도 한국 경제개혁의 관건은 재벌개혁이 아니라 국가주의 체제와 그 핵심인 국가규제 개혁이다. 이는 수요와 공급이 물 흐르듯이 흘러 가격기능이 잘 작동하는 시장을 만드는 것을 의미한다. 그런 점에서 한국경제의 성장전략은 자유·시장 주도 성장이요, 개척(세계경영) 주도 성장이요, 유효수요(고도화, 산업화) 주도 성장이요, 생산요소의 결합과 파괴(투자, 고용, 구조조정, M&A)가 용이한 제도와 문화 기반 성장이다. 규제는 체제의 한 부분으로 보아야 한다. 규제개혁은 규제에 따른 비용, 수혜자 집단, 현실의 준수 여부(비율) 등을 조사하여, 고리 5, 6호기 문제를 다루었던 '공론화기구' 방식으로 규제 존폐와 일몰시점을 권고하게 한다. 특별히 교육, 의료, 금융, 엔터테인먼트의 산업화를 촉진하는 규제를 개혁해야 한다.

공무원과 공공부문의 근로조건과 노동비용을 상세하게 공개해야 한다. 공무원 숫자와 인건비와 노동비용을 퍼즐 맞추기를 해서 추정할 수밖에 없는 현실만큼 어이없고 부조리한 것이 없다.

정년보장을 전제로 고참=고호봉의 신참=저호봉에 대한 착취체계인 호봉제를 철폐해야 한다. 신참자 및 하위직은 지금보다 조금 많이 올려야 한다. 단적으로 연봉 2천만 원 내외(그런데 이런저런 수당을 다 합치면 2,500만 원을 넘는다는 설도 있다)의 9급 1호봉을 2,500만 원 이상으로 올려야 한다. 대신에 6급 32호봉 등 고참자는 많이 내려야 한다.

공공부문의 호봉제는 철폐하든지 자동승급은 아주 완만하게 하고,

직무(위험성, 중요성, 사익집단의 포획가능성 등)에 따라 임금 차가 크게 나도록 해야 한다. 예컨대 소방, 경찰 직무, 규제단속 직무, 기획예산 직무가 대표적이다. 자살자가 속출하는 악명 높은 기피 직무와 편하고 안전하기로 소문난 일반행정 직무는 임금 및 보상체계가 달라야 한다. 분명한 것은 직무의 질(전후방 파급력)이 높다면 연봉은 높아야 하고, 연공(근속연수)에 따라 직무능력(생산성)이 계속 올라간다면 지금의 연공급도 필요하겠지만, 연공과 직무의 질이 비례하지 않는다면 50대 어느 시점부터 강력한 임금피크제를 실시해야 한다. 불합리하고 가파른 호봉제는 시대착오요, 거의 망국적 부조리다. 이는 신참의 몫을 빼앗아 고참에게 몰아주는 시스템으로, 초장기 근속(정년보장)을 해야 의미를 갖는다. 그런데 인간의 수명을 제외하고 모든 존재(산업, 기업, 기술, 직무 등)의 수명이 짧아졌는데 정년을 전제로 보수체계를 설계하는 것은 어불성설이다. 이런 시스템은 민간의 경험과 전문성을 유입시키는 것을 틀어막는다.

공무원급여법과 (국가 및 지방) 공무원 총정원법을 제정한다. '국가공무원총정원령'을 '총정원법'으로 바꿔야 한다. 국가공무원총정원령은 1999년에 도입되어 6차례 개정되었다. 1999년 제정 이후 김대중, 노무현, 이명박 정부 내내 국가공무원 총 수는 27만 3,982명을 유지했다. 박근혜 정부 들어서 2만 명이 늘어 현재 29만 3,982명이 되었다. 문재인 정부 출범이후 7차, 8차, 9차 개정이 있었고, 총정원은 29만 3,982명에서 30만 5,913명(2018. 3. 30)을 거쳐 31만 5,293명(2019. 2. 26)까지로 늘어났다. 그러면서 지방공무원과 공공기관의 정원 통제 장치도 사실상 제거함으로써 현대판 양반·아전인 공공부문 종사자가 폭증하였다는 것은 의심할 여지가 없다. 국가공무원총정원령은 (국가 및 지방 공무원) 총정원법으로 바꿔야 한다.

무엇보다도 먼저 공무원 보수 기준을 '상시근로자 100인 이상 사업체의 사무관리직'에서 '전체 근로자의 중위임금'으로 바꿔야 한다. 동시에 더 세분화되고 더 합리적인 직무급을 도입한다. 소방·경찰·복지 등 위험하고 힘든 직무, 고도의 전문성이 필요한 직무와 나머지 직무를 분리하여, 필요한 곳은 상향해야 한다.

공무원 인사와 조직을 개방화, 전문화, 유연화해야 한다. 개방직, 계약직, 정무직을 대폭 확대하고, 신규채용자는 5년 계약직, 10년 계약직을 기본으로 하며, 장기적으로 정년보장직을 50퍼센트 이상 감축해야 한다. '저위험 저수익, 고위험 고수익(Low risk, low return ; high risk, high return)' 원칙하에 계약직·임시직 보수는 상향한다. 사실 고시·공시로 공무원 뽑아서 오랜 기간 순환보직시키고 교육훈련 열심히 시키는 정도로는 만들어 낼 수 없는 전문성이 부지기수다. 민간 아니면 만들어 낼 수 없는 창의와 열정도 있다. 따라서 공직이 필요한 사람을 적기에 계약직으로 충원하는 시스템을 만들어야 한다. 민간의 전문성, 창의성과 주민의 민주적 요구가 공직으로 원활하게 들어올 수 있도록 계약직과 정무직을 대폭 늘려야 한다.

주무부처 출신 퇴직 공무원의 산하기관 취업을 5년간 금지하며, 그 5년 뒤에는 취업 이력과 업무내역을 상세히 보고·공개해야 한다. 민간기업 취업시 공무원연금 수령액을 대폭 삭감하든지, 아니면 연금세를 신설하여 환수한다. 이를 거부한다면, 그래서 싱가포르 공무원 같은 특별히 높은 대우를 받으려 한다면, 공무원은 지금보다 절반 혹은 반의 반 이하로 줄여서 정예화하고, 매년 하위 10퍼센트는 잘라내고, 웬만한 공공서비스는 외주화해야 한다. 이게 싫다면, 다시 말해 유럽·미국·일본처럼 큰 공공부문을 유지하려 한다면, 임금과 근로조건을 국민들의 수준 내지 생산력 수준과 맞춰야 한다. 그 기준은 중위임금이나 1인당 GDP가 될 수밖에 없다. 우리 공무원들은 어느 길을 택할 것인가? 공무원의 고용주인 우리 국민들은 어떤 선택을 할 것인가?

공기업을 가치생산사슬 별로 잘게 분할하여, 비용과 편익 구조를 파악한 후, 정부가 더 단단히 틀어쥘 것은 틀어쥐고, 최대한 많은 가치사슬을 자유롭고 공정한 경쟁이 가능한 시장으로 보내야 한다. 독립채산이 가능하고 효율적인 단위(가치사슬)를 중심으로 공기업을 분할하여 경쟁체제를 만들어야 한다. 진흥육성 명목의 공공기관 일몰제를 실시해야 한다.

사정기관의 정치적 중립화와 민주적 통제를 강화해야 한다. 검찰, 국세청, 감사원, 공정위, 금융위 등의 표적수사·조사·감사와 보복성 인사조치에 대한 견제·감시 장치를 정비해야 한다. 우선 착수 근거를 상세히 공개하여, 감사가 가능하도록 한다.

국가규제가 많은 것은 국가 주도 발전체제의 유산, 관료 편의주의, 시장 참여자들의 꼼수와 로비도 있겠지만, 기본적으로 경제주체 간 힘의 불균형이 극심하기 때문이다. 시장질서를 건강하게 하기 위해서는 재벌(대규모 기업집단)의 상호출자관계, 지배구조, 내부거래 등에 대한 분석과 감시가 필요하다. 하지만 이 못지않게 중요한 것은 수백 개의 산업·업종·직업의 시장구조에 대한 분석이다. 소비자와 공급자(기업) 관계, 공급자(갑)와 공급자(을) 관계, 국가규제, 예산, 공기업과 시장 및 산업의 내밀한 관계를 규명하는 것이다. 특히 하나의 원청업체에 매출의 대부분을 의존하는 전속거래는 우월적 지위의 남용 가능성이 크기에 공정위의 특별한 관리·감독이 필요하다. 전속거래의 경우, 공정위는 원청업체에 대해 더 많은 거래정보를 요구할 수 있어야 한다. 특히 재벌과 더불어 공기업과 독과점산업과 규제산업에 의한 시장 왜곡 현상을 바로 잡아야 한다.

시장질서 개혁 정책의 기본은 이해당사자인 협력업체와 소비자의 힘을 키우는 것이다. 협력업체와 소비자가 더 많은 선택권을 가지고, 불리한 거래를 거부할 수 있는 거부권(대항력)을 가지는 것이다. 다양한 기업 이해관계자들; 기관투자가, 소액주주, 사외이사, 감사, 회계법인, 채권금융기관 등의 견제, 감시를 작동시키는 것이다.

실물과 괴리된 연역적 주장의 천국

자신의 주장을 펼칠 때 쓰이는 방법으로 연역(deduction)과 귀납(induction)이 있다. 귀납은 '개별적이고 구체적인 특수한 사실이나 원리로부터 일반적이고 보편적인 명제나 법칙을' 끌어내는 것이고, 연역은 그 반대로 '보편적인 법칙이나 원리, 혹은 일반적인 사실로부터 개별적이고 구체적인 특수한 사실에 대한 판단을' 끌어내는 것이다. 3단논법(modus ponens)이 대표적인 연역법이다.

문재인 정부의 주요 정책(경제, 외교, 안보, 대북)은 주로 연역법에 기초해 있다. 문제는, 연역의 대전제가 되는 법칙과 원리들에 보편성이나 일반성이 별로 없다는 사실, 즉 그것들이 사실은 법칙과 원리가 아니라는 데 있다. 문 정부와 집권연합세력은 '자본 대 노동·일자리', '기업 대 가계', '성장 대 분배', '수출·생산 대 내수·소비', '시장 대 공공', '돈·이윤 대 생명·안전', '무한경쟁 대 더불어공존', '갑 대 을', '남북대결 대 한반도평화' 등을 이항대립을 무수하게 설정해 놓고, 보수 정부는 전자(자본, 기업, 성장, 수출, 시장, 돈·이윤, 무한경쟁, 갑, 남북대결) 친화적인 정책을 펼쳤다고 전제하고, 진보 정부는 후자 친화적인 정책을 펼쳐야 한다는 생각을 견지한다. 단적으로 소득주도성장 정책은 2000년 이후의 가계소득과 기업소득의 증가 속도 차이와 소비·투자·수출의 일자리 창출 기여도 차이를 근거로, '최저임금 급상향을 통해 가계소득을 올려 주면 이것이 소비를 촉진하여 일자리를 많이 만든다'는 가정 하에 추진한 정책이다. 공공부문 일자리 81만 개 창출 정책은 한국이 그동안 '신자유주의 작은 정부' 사조에 사로잡혀 공공부문 고용 비중을 지나치게 낮게 유지했다고 전제하고, OECD 평균과 한국의 격차를 축소해야 한다면서 추진하는 정책이다.

현재 공공부문 일자리가 전체고용에서 차지하는 비율은 OECD 국가 평균이 21.3%인데 비해 우리나라는 7.6%밖에 안 됩니다. (…) 공공부문 일자리 비율을 3% 올려 OECD 평균의 반만 돼도 공공부문 일자리 81만 개를 만들어낼 수 있습니다.

'작은 정부가 좋다'는 미신, 이제 끝내야 합니다. 정부와 공공부문이 최대의 고용주입니다.

이런 말들이 '문재인정부 국정운영 5개년계획'의 '3. 내 삶을 책임지는 국가'에서 변주된다.

시장만능주의의 확산은 불평등과 격차 확대, 공공성 약화 현상을 초래(…)

무한경쟁과 각자도생의 논리에서 벗어나 국민 모두가 더불어 공존하고 번영하는 질 높은 사회통합을 실현(…)

문 정부 출범 3년 내(2020년까지) 최저임금을 시간당 1만 원으로 올리겠다는 정책의 근거도 보편성이나 일반성이 없기는 마찬가지다.

최저임금을 최저생계를 보장할 수 있는 수준으로 인상해야 한다.

(최저임금으로 대학생은) 등록금과 용돈을 마련 할 수 있어야 한다.

OECD 국가들처럼 (최저임금이) 전체 노동자 평균 임금의 절반 정도 수준 이상이 되도록 제도화해야 한다.

그런데 세계 어디서도 '최저임금으로 최저생계를 보장해야 한다'고 생각하는 정부는 없을 것이다. 임금(소득)은 '임률(시급) × 근로시간'인데, 임률(시급)은 국가규제(최저임금)로 끌어올릴 수 있어도 근로시간이 0이 되면(실업자가 되면) 임금이 0이 되기 때문이다.

문 정부가 남용하는 연역법은 실물을 잘 모르고 통계(숫자)만 가지고 현실을 분석·재단하는 강단 학자와, 분노 가득한 도덕감정을 가진 정치인들에 의해 주도되고 있다. 서구에서 만들어진 프레임인 '자본 대 노동', '시장 대 공공'이나 'OECD 평균과의 격차'나 OECD 통계지표상의 순위 같은 것들이 이 단순무식한 연역법의 권위를 뒷받침하는 데 동원된다. OECD 평균과의 격차를 좁히는 것이나 각종 통계지표상 하위 순위(특히 꼴찌)를 탈피하는 것이 조선왕조로 치면 중국 역사나 (거기에 등장하는) 성군, 성현, 명신들의 언행처럼 무조건 받들어야 하는 정언명령처럼 여겨진다. 집권세력이 정치적, 정책적 주장을 하는 방법은 그러고 보면 수백 년 전이나 지금이나 크게 달라지지 않은 셈이다.

구체적인 현실(부조리) 분석을 토대로 이를 어떻게 개선할 것인가보다는 어떤 도덕적, 이념적 당위나 교리를 내세워 모순 부조리의 개선 방향, 속도, 목표를 도출하거나, 누군가를 적대시·단죄하거나, 자기 집단의 정체성을 형성하는 것은 한반도에서는 최소 600년 이상된 악습이다. 도덕적, 이념적 당위나 교리는 성리학에 입각한 덕치·예치주의와 소중화주의(화이華夷질서, 숭명반청, 사대교린 정책 등)로 외화되기도 했다. 북한이 부르짖는 '사회주의 강성대국'과 '자주통일'도 크게 다르지 않다. 문 정부가 부르짖는 '반反 신자유주의', '경제민주화(재벌개혁)', '불평등 양극화 해소', '좋은 일자리 창출'도, 노동·진보세력이 부르짖는 '각종 경제사회 지표의 OECD 평균 수준 도달'도, '왜?'라는 질문을 건너뛰기는 마찬가지다.

　정치권 일각에서 쉽게 접하는 용어인 '보수우파', '자유우파', '개혁적 보수', '전투적 중도', '성찰적 진보', '종북좌파', '친일독재' '조국통일', '평화' 역시 그 내용(정의)이나 근거가 애매하거나 부실하다. 핵심 질문을 건너뛰고 이항대립의 두 항이 선험적·선천적으로 자명한 선과 악으로 간주되어, 누군가를 적대하는 도덕적, 이념적 기준(정언명령)이나 자신의 정체성을 나타내는 준거로 사용된다. 이런 단순무식한 연역이 진보좌파만의 전가의 보도인 것도 아니다. 21세기 대한민국에서는 사건이나 사물, 현상에 대한 엄밀한 분석 없이 도출된 도덕적, 이념적 주장(당위)들이 주로 무지나 착각에 기반한 통계 해석이나 서구에서 통용되는 프레임의 권위를 뒷배로 하여 자명한 진리나 정언명령으로 여겨지기 일쑤다. 구체적인 현실을 천착해야 간신히 답할 수 있을까 말까 한 '왜?' '무엇(무슨 의미)?'이라는 질문을 건너뛰니, 내용이 공허하거나 부실한 경우가 많다. 오구라 기조(小倉紀藏)는 이를 "한국 사회 특유의 철학성=이념성"이라 하였다. 세계적 추세나 OECD 평균 등을 근거로 주요 정책(공공부문 일자리 81만 개, 최저임금 1만 원, 52시간 근무제, 비정규직, 문재인 케어 등)을 수립하는 것도 그렇다. 가치와 정책의 근거를 현실의 분석과 통찰에서 찾는 것이 아니라 외부(중국, 유럽, 미국 등)에서 구하는 오래된 습성의 발로다.

역사적으로 도덕적, 이념적 당위를 강하게 설파해 온 사람들은 대체로 물질적 생산현장이나 생사를 건 전투현장으로부터 멀리 떨어져 있으면서 '도의', '도리', '정의', '공정' 등으로 사람이나 사건을 정죄하는 존재들이었다. 그것이 과거에는 도학자와 문신(관료)들이었다면 지금은 그와 정신이 유사한 법조인(법관, 변호사 등), 강단 학자, 시민단체와, 이들의 정신과 방법을 온전히 받아 안은 정치인과 권력자들이다. 이념이나 논리가 아니라 힘(실력)과 전략전술이 생사를 가르고 지위와 역할을 결정하는 무사, 군인, 상인, 공인, 기업인들에게는 경직되고 공리공담 같은 도덕적, 이념적 당위나 정언명령이 파고들 여지가 없다. 구체적인 내용을 알기 어려운 주문呪文에 가까운 도덕적, 이념적 정언명령들이 온 사회를 휘젓는 국가는 대체로 신정(정교)일치 국가이거나, 국가권력이 세상만사를 재단하는 권력 과잉·만능 국가다. 권력은 예외없이 도덕과 이념을 앞세우기에, 이런 국가들은 거의 예외없이 도덕과 이념 과잉 국가다. 경쟁하는 정치집단들은 당연히 권력 유지나 탈환을 위해 대중의 공포, 분노, 증오에 기름을 붓게 되어 있다. '정치적 결집, 동원과 분노, 증오의 조직화'의 기제인 도덕·이념과 역사해석은 끊임없이 정치투쟁의 현장으로 소환되게 되어 있다.